神と人の古代学

◆太陽信仰論◆

大和岩雄

大和書房

神と人の古代学――太陽信仰論――　目次

序章　古代日本人の太陽信仰

はじめに　15
古代日本人の太陽信仰は朝日・夕日信仰　19
伊勢の夫婦岩の間から昇る朝日と輿玉神　21
猿田彦の「猿」と太陽信仰と輿玉神　24
「海照」である事を示す太陽信仰と船の信仰　28
古代の伊勢の人々の冬至・夏至の太陽祭祀　32
古代日本人の埋葬頭位の方向と太陽信仰　36
方位観の中国のタテ意識と日本のヨコ意識　43
神社の「神座」の東面・西面のもつ意味　46
天武天皇と太陽信仰と「高天原」神話　50
古代日本人の太陽信仰と作られた王権神話　52

一章　縄文時代の太陽信仰

青森県の三内丸山遺跡の六本柱と太陽信仰　63
石川県の真脇遺跡・新潟県の寺地遺跡の四本柱　65
山形県長井市の長者屋敷遺跡と太陽信仰　69
縄文遺跡の埋葬頭位と太陽信仰　71
秋田県の大湯環状列石の太陽信仰　73
縄文時代の太陽信仰と環状列石の位置　76
縄文遺跡と山と二至二分の太陽信仰　79
縄文遺跡と山立ての山と石柱と土坑墓　82
縄文遺跡の柱の作る影と太陽信仰　84

二章　弥生時代の太陽信仰──銅鐸論──

通説化している「聞く銅鐸から見る銅鐸」説　91
銅鐸を「鳴る物」・「鐘」と主張する説批判と太陽信仰　96
銅鐸はなぜ地中に「埋納」されたのか　101
死と再生儀礼の銅鐸埋納と太陽信仰　103
銅鐸が巨大化した理由はなにか　105
銅鐸が古くなれば埋納された理由　108
銅鐸祭祀は地的宗儀か天的宗儀か　110
銅鐸は春分・秋分・夏至・冬至の観測器具説　112

銅鐸を巨大化した弥生人の太陽信仰 114

三章　弥生時代の太陽信仰——武器形祭器・鏡論——

武器形祭器の銅矛について 121
銅鐸・銅矛などの巨大化の理由 123
武器形祭器や銅鐸の巨大化と埋納の意味 128
境界神猿田彦の巨大化と太陽信仰 130
弥生時代の鏡の用途・信仰と太陽信仰 134
平原遺跡の鏡の巨大化と太陽祭祀 137
奈良県の唐古・鍵遺跡の太陽祭祀 143
弥生土器の絵に見られる太陽信仰 147

四章　古墳時代初期の太陽信仰

奈良県の纒向石塚古墳の位置と太陽観測 153
三輪山麓の石塚古墳の中軸線と太陽信仰 158
三輪山麓の太陽祭祀と鶏型木製品 161
前期古墳の位置と二至二分の関係 168
古代日本人の太陽信仰と日向・伊勢・出雲 172
古墳時代の遺体の埋葬頭位について 174
伊勢神宮の伊勢国と大和の三輪山山麓の太陽祭祀 177

五章　天照大神以前の日神天照御魂神

日本の日神は古くから女神と主張する溝口説 185
古代から日神女神説を主張する溝口説批判 187
古くから信仰されていた男神天照御魂神 190
鏡作坐天照御魂神社（一） 192
鏡作坐天照御魂神社（二） 196
他田坐天照御魂神社（一） 199
他田坐天照御魂神社（二） 203
新屋坐天照御魂神社 206
男神の日神を祀る全国に多数ある天照神社 209

六章　天照御魂神を秦氏がなぜ祭祀するのか

渡来氏族秦氏祭祀の木島坐天照御魂神社 215
木島坐天照御魂神社の三柱鳥居について 218
日神祭祀の向日神社も秦氏が関与している 221
新羅系渡来人が祀る「白日」の神と白木神社 224
新羅を「白城（木）」と書く神社の氏子の風習 227
向日神社と「白日神」と韓国の「白日峰」 229
新羅の王城の位置と冬至日の出線 230
新羅の始祖王・初期王の陵墓と日の出線 235

日本と新羅の王権の太陽信仰の基本的類似 237
難波の小郡宮での宮廷の日の出遥拝儀礼 241

七章　天照大神以前の太陽信仰と関係氏族

天照大神高座神社の祭祀氏族の秦氏 247
天照大神高座神社と同一神を祀る多神社 250
多神社は三輪山から昇る太陽祭祀の聖地 254
日神・天皇霊の宿る御諸山と日向神社 257
二つの「日向」神社と「春日」の地名と神社 261
「仲臣」であった多氏と春日氏 266
『記』『紀』が天皇霊を祀ったと書く御諸山 270
多神社の祭祀と天照大神の「笠縫邑」 272
多氏と同族の日神を祀る伊勢の船木氏 275

八章　天照大神の原像は日神の妻になる日女

「弁才天社」になっている天照大神高座神社 281
天照大神の原像を示す天照大神高座神社 283
興玉の森と高倉山の天の岩屋と言われる古墳 287
「高座」「高倉」の「クラ」のもつ意味 290
日女から日神に成り上った天照大神 293
伊勢神宮の祭神撞賢木厳之御魂天疎向津媛命 296

太陽に向う天疎向津媛と日向神社 298
日神・皇祖神を祀る伊勢皇大神宮の創祀 300
持統天皇の伊勢行幸と三輪高市麻呂 302
皇祖神としての日神はなぜ女神か 305
皇祖神を祭神にする伊勢皇大神宮の創祀時期 309
太陽の死と復活物語が「天岩屋」の神話 311
天岩屋神話の洞窟と沖縄・韓国の墓の形 315

九章 太陽信仰と多氏・秦氏・三輪氏・賀茂氏

日女としての天照大神と難波の坐摩神社 323
三輪山背後の大和高原のツゲ国の居住氏族 326
闘鶏国造・秦氏・三輪氏・多氏・都下国造 331
三輪氏の祖は渡来人と主張する諸説 333
四、五世紀の三輪山の日神祭祀を行なった氏族 336
陶人大田田根子命を祖にする三輪氏・賀茂氏 341
葛城腋上を共に居住地にする賀茂氏と秦氏 343
天照大神以前の日神祭祀と秦氏・三輪氏 347
平原遺跡の埋葬が示す日の出方位信仰 349

十章　難波の地の太陽信仰が示す実相

坐摩神社と住吉大社の神は同一神　357
住吉大社の最初の祭祀氏族は多氏系の船木氏　360
住吉大社の祭祀氏族の船木氏と日神祭祀　362
等乃伎神社の巨木伝説と巨木が作る日の影　364
等乃伎神社の巨木の影の方位と太陽信仰　368
「ナニハ」の地名にかかわる太陽信仰　371
新羅王子天之日矛の妻を祀る比売許曽神社　375
比売許曽神社の最初の鎮座地は「日女島」　378
住吉大社の神宮寺はなぜ新羅寺なのか　380
住吉神・坐摩神・比売許曽神が示す日神信仰　383

十一章　日光感精伝承・丹塗矢伝承の太陽信仰

日光感精伝承は世界各地にある　391
天の岩屋かくれの物語と日光感精伝承　394
日光感精伝承と「加賀の潜戸」　395
伊豆志袁登売と三輪伝承の丹塗矢伝説　397
『山城国風土記』に載る賀茂の丹塗矢伝承　400
秦氏の丹塗矢伝承と御阿礼乙女神事　403
三輪氏と賀茂氏と丹塗矢伝承　406

鳴鏑矢伝承と松尾神社・木島坐天照御魂神社 409
日光感精伝承と丹塗矢伝承が意味するもの 412

十二章 日神の妻の「日女」から「一夜妻」へ

一夜妻と新室の宴について 417
「神妻」としての「一夜妻」と「日女」 419
「一夜妻」としての斎王と釆女 422
「一夜妻」と新室の宴と新嘗 425
「一夜妻」としての「貸妻」の風習と「初夜権」 428
折口信夫の「古代生活に見えた恋愛」について 433
「一夜妻」・「嬥歌会」・「雑魚寝」神事 437
「オナリ」と「日女」と太陽信仰 442

十三章 世界各地の古代の太陽信仰

エジプトのスフィンクスとピラミッド 449
エジプトの聖柱について 453
エジプトの太陽神殿と太陽信仰 456
太陽神との聖婚の場としての聖塔 458
冬至・夏至の太陽が奥室を照らす羨道墓 461
ストーンサークルと冬至・夏至の太陽 464
マヤ・アステカの二至二分「観測」 466

北アメリカ先住民の冬至・夏至の観測　468
インカ帝国の太陽信仰　470
インカ文明発祥の地の遺跡と聖柱　472
マチュ・ピチュ遺跡の太陽神殿の聖婚秘儀　474
エジプトの太陽神殿・聖塔の聖婚秘儀　477
「ハレム」の「神殿淫売」と呼ばれた聖婚秘儀　480

十四章　太陽信仰と渦巻文――死と再生の循環神話――

アイルランドと日本の渦巻文と同心円文　489
渦巻文は太陽の死と再生を示す象徴（一）　495
渦巻文は太陽の死と再生を示す象徴（二）　499
海・船の子宮表現と空船伝承・日光感精伝承　503
死と再生の輪廻を示す渦巻表現と蛇　507
死と再生を繰り返す「永遠の生」と蛇・渦巻　511
銅鐸に見られる渦巻表現と太陽信仰　518
死（夕日）・生（朝日）の輪廻を繰り返す太陽と渦巻　522

十五章　「日本」国号の成立と太陽信仰

「日本」国号始用時期に関する諸説と批判　533
国内・国外で始用時期が違うと主張する説　537
小国日本が倭国を併合したと書く『旧唐書』　539

倭国が小国日本を併合して「日本」と称したと書く『新唐書』 542
「日本」国号と新旧『唐書』 544
天武天皇の東国の軍と「小国日本」 546
「倭」から「日本」に国号を変えた天武天皇の意志 549
なぜ使者は「矜大」で「実を以て対へず」か 552
「日本」国号の始用時期を唐が正式に認めた時期（一） 553
「日本」国号の始用時期を唐が正式に認めた時期（二） 556
［補記］
あとがき 561
［注］ 563

神と人の古代学——太陽信仰論——

序章　古代日本人の太陽信仰

はじめに

本書を書く理由を箇条書にして示す。

一、『神と人の古代学』と題したのは、二つの理由がある。まず「神と人」としたのは、歴史は「人」が作るが、いま「科学」と称している人々の思考は、古代人の「神」観念、人智でははかり知れない事を、すべて「神のしわざ」とする観念の克服・否定に拠っている。しかし万物に「カミ」が宿っていると見ていた古代人の視点に立って見ることが、今、求められている。その「神」は唯一神を信仰する人々の「カミ」ではない。「八百万《やおよろず》」の「神々《かみがみ》」である。

二、この「神」と「人」とのかかわりを、本書で述べるが、一九九八年に私は『神々の考古学』を刊行したが（二〇一一年六月に改訂版を刊行）、前著の続篇が本書である。学問上の分類では、古代の考究は「歴史学」と「考古学」だが、本書では「古代学」と題した理由は、私が専門学者でないから、文献史料と出土遺物資料の検証を一体にして論じたからである（前著の「考古学」も「古《いにしえ》」を考えるの意味で、専門学者の考古学的視点ではなかった）。

三、サブタイトルを「太陽信仰論」としたのは、太陽・日神信仰を中心に置いたからである。「天照大神」「天皇」などと表記する「天」の観念は、中国思想によっており、垂直観念だから、『記』『紀』神話では、

高天原──▶葦原中国

という視点である。この視点で日神を高天原の「天照大神」に限定して、古代日本の太陽信仰・日神祭祀を、天上・高天原から地上・葦原中国を照らす、垂直意識・タテ認識のみで論じていたのでは、見るべきものも見えてこない。そのことは拙著『日本書紀成立考』で詳述したが、『日本書紀』の神代紀は、最終編纂時の工作意図に依って書かれた「タテ」認識であった。ところが『古事記』『万葉集』『祝詞式』は、「朝日」「夕日」の照る地を「甚吉《いとよ》き地」と書き、「ヨコ」認識である（『皇太神宮儀式帳』も「天照らす国」という国讃《くにほ》めはなく、国讃めは「朝日の来向う国、夕日の来向う国」という）。この「朝日」「夕日」のヨコ認識が従来の「太陽信仰論」では欠落していた。

四、『日本書紀』の神代紀ではタカミムスビが天孫降臨の司令神になっている。したがって天照大神以前の日神・皇祖神は、タカミムスビとみる説が有力だが、顕宗紀（三年二月条・三月条）にはタカミムスビは日神・月神の祖とあり、『古事記』は「高木神」と書き、単に高い木の神になっている。拙著『日本書紀成立考』で述べたが、顕宗紀に書かれている日神・月神が、『紀』の最終成立期に日神・皇祖神に仕立てられたのであり、タカミムスビ皇祖神説には問題が多い（顕宗紀の記事を消せなかった事実は、神代紀〈二〉の改変以外に手がまわらなかったのであろう）。

五、タカミムスビは外来神で、古くからの日神は女神の天照大神と主張する説がある（この説が成り立たないことは第五章で書く）。しかし『延喜式』（醍醐天皇の命で延喜五年〈九〇五〉に編集に着手し、延長五年〈九二七年〉完成）の「神名帳」には、「名神大社」「大社」という格式の高い男神の「天照御魂神社」が四社載り、この四社以外にも天照玉命神社・天照神社・阿麻氐留《あまてる》神社が載る。『日本三代実録』（宇多天皇の命で延喜元年〈九〇一〉完成）は『延喜式』に着手する直前に完成している正史だが、天照神・天照真良《ますら》建雄《たけを》神・天照御門《みかど》神・天照押日《おしひ》神・豊日神など、『延喜式』神名帳に載らない神名が載る。『日本三代実録』『延喜式』など勅命で編纂された書に載る日神名は、平安時代に新しく祀られた神名ではない。公式文献に男神の日神名が明記されている事実は無視できない（唯一、松前健が「天照御魂神考」〈『日本神話と古代生活』一九七〇年・有精堂書店〉で、この事実を指摘している）。

六、女神の日神（天照大神）については、第八章の「天照大神の原像は日神の妻になる日女《ひるめ》」で、詳述するが、『三代実録』には天照高日女《ひるめ》神・日乃売《ひのめ》神が載る。「日乃売」は「日女」のことである。「日女神」を記す『三代実録』は、母子神の「朝日豊明姫抜田神」と「朝日豊明姫抜田子神」を載せる。「抜田神」が「朝日豊明姫」だが、この「抜田神」と「抜田子神」はセットで、「抜田神」は「朝日豊明姫」で「日女（日乃売）の神」である。この「日女神」が天照大神の原像であることを、第八章や本書全体で明記する。

七、『延喜式』の「神名帳」に載る「天照大神高座神社」（河内国高安郡所在の唯一「天照大神」とある神社）は、注記に「大社」で「元名二春日戸神一」とあるが、同じ高安郡に「春日戸社坐御子神社」が載るから、天照大神高座神社は「春日戸神」であり、春日戸神と春日戸子神の関係は、抜田神と抜田子神の関係と同じである。「春日戸神」に「天照大神」を冠している事実からみても、「天照大神」が日の御子神の母神であって、日神でなく日女・日妻から成り上った神であることを証している。

八、問題は「天照大神高座神社」の元名の「春日戸神」である。第七章の「天照大神以前の太陽信仰と関係氏族」で述べるが、春日戸氏は新羅・伽耶系の渡来氏族で、天照大神高座神社は後代になると秦氏が祭祀氏族になっている。「神名帳」に載る神社の中で、もっとも格式の高い「名神大社」である「木島坐天照御魂神社」も、秦氏が祭祀する神社である。「神名帳」に載る神社のうち、唯一「天照大神」を冠する神社や、「天照御魂神社」四社のうちの一社が、なぜ秦氏の祀る神社なのか（この理由は第六章の「天照御魂神を秦氏がなぜ祭祀するのか」で述べる）。仏教は外来宗教だが、神道・神社祭祀はわが国固有の伝統宗教と見られている。しかし「天照大神」を冠する唯一の神社を、渡来系氏族の秦氏が祭祀している事実は、通説を否定する。この事実は無視できない。

九、天照大神高座神社の祭祀には、いずれも式内社の摂津国の住吉大社（名神大社）・坐摩《いかすり》神社（大社）、和泉国の等乃伎《とのき》神社がかかわる。天照大神高座神社とかかわるのは、太陽信仰・日神祭祀の関係である。但し、この信仰・祭祀には新羅系渡来人が関与しており、国粋主義的視点でのみ神祇信仰を論じたのでは、真の実相を見誤ることを、「第十章　難波の地の太陽信仰が示す実相」、「第十一章　日光感精伝承・丹塗矢伝承の太陽信仰」で示す。

十、従来の神社研究は国学院大学皇学館大学系の、平田篤胤・本居宣長を祖師とする国粋主義的視点で論じられがちだが、拙著『神社と古代王権祭祀』『神社と古代民間祭祀』や、『日本の神々』（全十三巻）の各巻で述べたが、古代人の信仰は国学的呪縛を解く必要がある。したがって第一章から第四章は考古学視点から、縄文・弥生・古墳時代の古代人の信仰を論じ、第十三章・第十四章では汎世界的視点から太陽信仰を論じ、わが国の信仰が島国に限定された信仰でないことを述べた。

汎世界的視点とは、朝日として生まれ、夕日として死に、翌朝、再生して昇る太陽を、死と再生の輪廻と見る視点で、そのような太陽観は、洞窟（人工の密室・ジッグラト）などで日光を受ける秘儀（日光感精の聖婚儀礼）に見られるが、そのことについては、第十三章の世界各地の古代の太陽信仰で述べる。このような秘儀は死と再生神話だが、その表象の一つが、わが国の天の岩屋神話である。この神話には「女陰を突いて死ぬ」記述があり、この記述は日神と日女の聖婚により日の御子を生む聖婚譚と、日の御子誕生譚を秘めている。『日本書紀』（神功皇后摂政前紀）が伊勢神宮の祭神名を「天疎向津媛《あまさかるむかつひめ》命」と書くが（この神名を「荒魂」と解するが、荒魂説が成り立たないことは二九七頁に書く）、この神名は日神に向う媛の意で、日光感精神話の日女である。この神名が日神・皇祖神に成り上った天照大神の実像である。このような事実を、『神と人の古代学』と題して書くが、サブタイトルを「太陽信仰論」にしたから、国号の「日の本」思想は無視できないので、最終章で日本国号の成立について論じた。以上、本書の主要な主張を示しておく。

古代日本人の太陽信仰は朝日・夕日信仰

古代日本人の太陽信仰・日神祭祀の太陽神・日神といえば、天照大神である。「アマテラス」の「アマ」は「天」表記だけではない、「海」表記がある。『記』『紀』の仁徳天皇条の「海人」は「アマヒト」または「アマ」と訓む。同じ仁徳記に「海部《アマベ》」「山部《ヤマベ》」を定めたとあり、「アマ」は天でなく海をいう。『万葉集』にも「海人《アマ》舟《ブネ》」（二七四六）「海女《アマメ》」（二九三）「海未《アマヲ》通《ト》女《メ》」（三六六・九三〇・九三五・一一五二）などの用例がある。「アマ」は「天」という「タテ」でなく、「海」という「ヨコ」をいう。「アマ」を「天」と「地」という、上下関係だけの視点で見たのでは、古代日本人の信仰・思考、特に太陽信仰は一面的になるので、序章で力説しておきたいのは、次の視点である。
『古事記』は天孫が降臨する地を「甚吉《いとよ》き国」だと書き、理由として、

朝日の直刺《たださ》す国　夕日の日照《ひて》る国

と書く。この記事をとって山城国の『向日神社記』も、神社の所在地を、

朝日の直刺す地　夕日の日照る地　天さかる向津日《むかつひ》山

と書く。『古事記』（雄略記）の「天語歌《あまかたりうた》」には「纏向《まきむく》の日代《ひしろ》の宮」（景行天皇の宮）を、

朝日の日照る宮　夕日の日影《かげ》る宮

と書いている。『祝詞式』の竜田神社の条にも、「吾宮《わがみや》は」、

朝日の日向《ひむか》う処　夕日の日隠《ひかげ》る処

とあり、大和の丹生大明神の「告文」にも、

朝日なす輝く宮　夕日なす光る宮

とある。また『皇太神宮儀式帳』は伊勢の国を、次のように書いている。

朝日の来向う国　夕日の来向う国

この国讃《ほ》めは前述した『古事記』が、天孫が降臨した日向の地を「甚吉《いとよ》き地」として、「朝日の直刺す国、夕日の日照る国」と詠んでいるのと同じである。『万葉集』巻十三の長歌（三二三四、持統天皇の伊勢行幸の時、鈴鹿市山辺町付近の行宮を詠んだ歌といわれている）も、

うち日さす　大宮仕《つか》へ　朝日なす　まぐはしも　夕日なす　うらぐはしも

と詠んでいる。「うち日さす」は「宮」の枕詞。大宮は朝日のように見事《みごと》で、夕日のようにすばらしい、と讃えている。天皇の宮への讃え言葉だが、その讃美は朝日・夕日であって、天上で照り輝く日神〈天照大神〉を言っているのではない。タテでなくヨコの視点で、古代人は朝日・夕日を讃美していた。

この朝日・夕日の讃言は民間伝承にもある。「朝日さす　夕日かがやく」という讃言を、秋田県北秋田郡森吉山麓で行なわれる獅子舞の「居笹羅の事」でうたわれている事を、江戸時代の民俗学者の菅江真澄が、「水のおもかげ」で書いている。朝日・夕日の讃え言葉は民間でも朝廷でも使っていたのであり、この言葉には「高天原」という「天」にさらに「高」を冠した垂直思考はない。王権によって作られた日神像をそのまま引用して、太陽・日神信仰を論じても、古代日本人の心意も信仰も見えてこない。

高天原──→葦原中国

という垂直思考は、『記』『紀』神話を作った支配者の統治思考であって、われわれの祖先、権力者でない人々は、太陽の讃美は天上に輝く太陽でなく、

朝日さす　夕日かがやく

朝日・夕日であった。『古事記』はこの讃え言葉を伝えているが、なぜか『日本書紀』にはない。この事実からも、『記』『紀』を同じ勅撰書と見ていては、見るべきものも見えてこない。

伊勢の夫婦《めおと》岩の間から昇る朝日と興玉《おきたま》神

日神の天照大神は単なる「日神」ではない。「皇祖神」でもある。「皇祖神」は「高天原」に居り、天上で

輝く太陽神だが、この子孫が葦原中国に降臨した。その発想が現代の伊勢神宮の日神信仰だが、伊勢の民衆にとっての日神としての太陽は、天上（高天原）に照り輝く太陽ではなく、海から昇り山に沈む朝日・夕日であった。

図1はジェラルド・S・ホーキンズの『巨石文明の謎』に載る絵だが、ホーキンズはこの絵について、次のように述べている。

エジプトから地球を半まわりもまわった所、太平洋の西側の沿岸では、太陽神の影響が強いことは周知の通りである。「旭日の国」という言葉は第二次大戦中、太陽から発した宗教である神道でもてはやされた。二千年前、あるいはもっと昔に発祥したかもしれない「八百よろずの神々」の中でも、太陽の女神たるアマテラスオオミカミは主神であった。この万神殿の「万神」の中には、山や川や木の精霊、古代ペルーのワカに一脈通ずる神々も入っている。私は一枚の版画を見つけた。その図柄は、フタミガウラの神殿からながめた風景で、ある霊山の左手から昇る朝日を描いたものである。この太陽指向線は、二つの天然のとがった岩と木の門（三石塔）とで標識されている。

神道は、一連の観念の力についての解釈として、戦前の日本では勢いさかんだった。太陽の女神は国の祖神である。皇帝は太陽の後裔である。皇帝とその一族とは永久に日本を統治するのであろう。天と自然の力との霊的なつながりによって、日本民族は他民族よりも勇敢にして志操高く、知恵がある。(1)

このようにホーキンズが述べて紹介している図1の江戸時代の版画は、「嘉永七甲寅」とある。嘉永七年（一八五四）は日米和親条約を幕府がペリーと締結した年である。ホーキンズは天文考古学の立場から天文指向性のある各地の遺跡を述べ、江戸時代の版画から二見ヶ浦の日の出と、日本の神道まで論じている。森浩一は、「私は一九九一年三月二十三日、二見ヶ浦に宿をとった。多くの人の足音に目をさまして早朝の海岸に至った。普通の日であるのに、すでに百人くらいの人が集まって日の出を待っていた。一年のうち、夫婦《めをと》岩の中間から朝日が昇る日もあるそうだが、この日は夫婦岩の右方向（南）の低い山の向こうから、強烈な火の塊があらわれ、大阪や京都で知っている朝日とはまったく異なった厳粛さに打たれた」と書いている。[2] 森浩一は「夫婦岩の中間から朝日が昇る日もある」と書いているが、その日は夏至の日である。**図1**の絵は夏至の朝の日の出を描いている。

図1　江戸時代の伊勢二見ヶ浦の夏至の日の出

この夫婦岩の版画には夫婦岩の間に見える暗礁に御幣が二つ立っているが、暗礁は元は岩で「興玉石」といわれていた。しかし江戸時代の宝暦年間（一七五一～六四）の地震の大津波で海中に沈み、百年後の嘉永七年（一八五四）に描かれた版画では**図1**のようだが、神石は陸から百メートルぐらいのところにあったと宇治土公貞明は『謎のサルタヒコ』（一九九七年・創元社）で語っている。

絵では夏至の朝日は富士山の横から昇っているが、人々が拝する太陽（日神）は、天空・真上の太陽ではない。高天原の「天《あま》」の太陽ではなく、「海《あま》」である。昔はこの地は「浜参宮」といわれ、伊勢神宮に参拝する人々はこの海岸で「みそぎ」をした。この地に興玉神社があり「興玉石」を神として拝すが、「オキタマ」の「オキ」は「沖」でヨコ意識だが、「興」と書くように昇る意味をもつ。西に沈んだ夕日（太陽の死）は、翌朝は再生して東から朝日となって昇る。この再生を「興」と書いたのだが、「興《おき》」は「起《おき》」で「起上《おきあが》り」であり、上昇しようとしているのであって、天上から照らす天照の神ではない。海中で夜中寝ていた太陽（または死んでいた太陽）が、起きて（興きて）朝日となったのである。したがって朝日が「興魂」なのである。

写真1は二見ヶ浦の夫婦《めおと》岩の間から昇る夏至の朝日だが、図2は二見ヶ浦の興玉神社社務所発行の絵ハガキについている、季節による夫婦岩の間から昇る日の出の位置図だが、この図から見ても、この岩が信仰の対象になったのは、二至（冬至・夏至）の信仰によることがわかる。

猿田彦の「猿」と太陽信仰と興玉神

図3は二見興玉神社の掛軸の一部で、「猿田彦大神出現の絵」といわれている。猿田彦は興玉石の上に乗っている。鎌田東二は「異貌の神・サルタヒコ」で次のように書く。

二見ヶ浦の名所となっている興玉神社では、海中から突き出た二つの巨岩、雄岩《おいわ》と雌岩《めいわ》に注連縄《しめなわ》を張り、その間の水平線からさし昇っている朝日を礼拝するという信仰が伝わっている。興玉とは沖魂、す

写真1　二見ヶ浦、興玉神社の雄岸、雌岩の間から昇る夏至の朝日（撮影・森下誠）

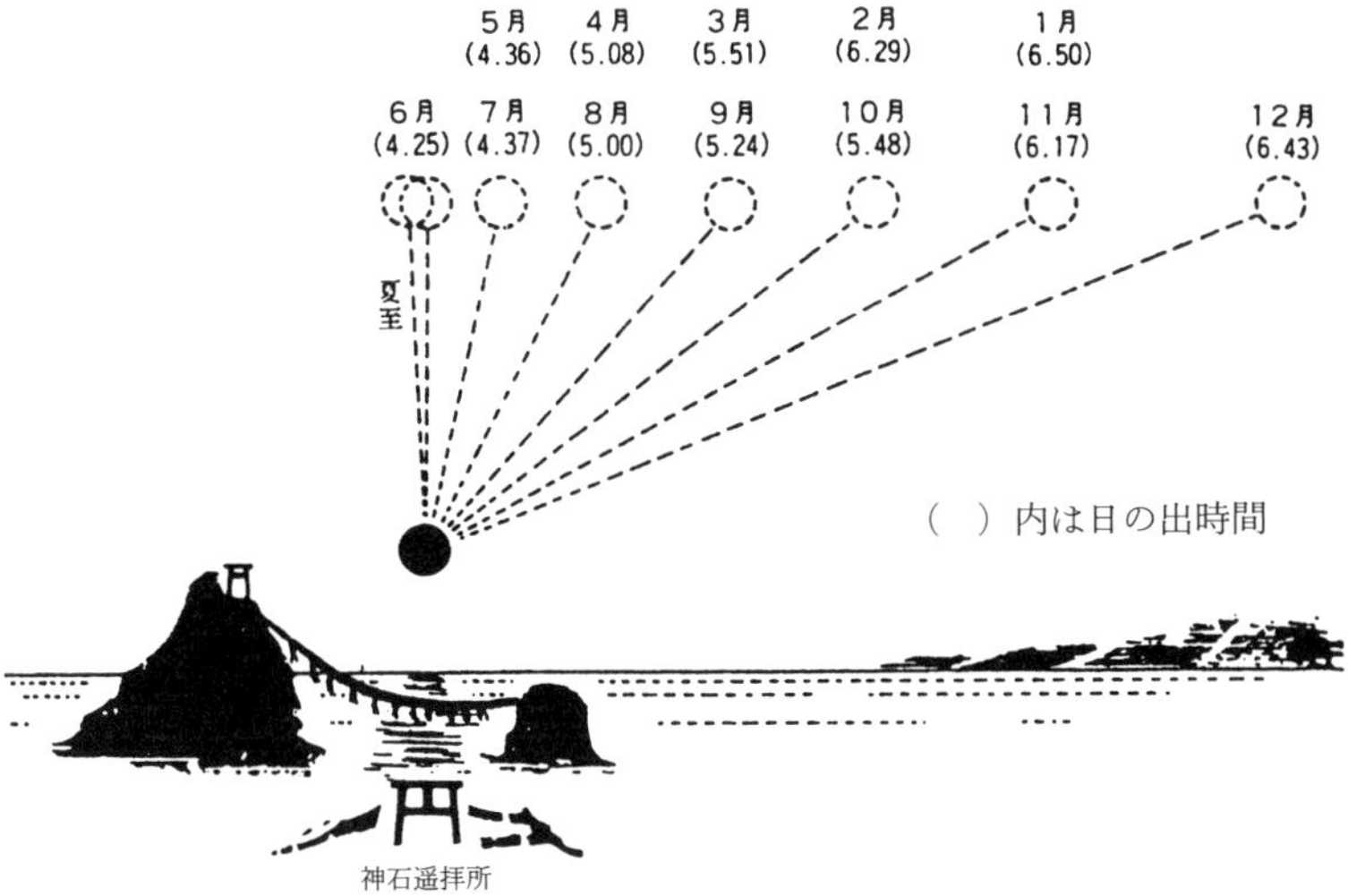

図2　季節による二見ヶ浦の夫婦岩から拝する日の出の位置

図3　猿田彦大神出現の絵（二見興玉神社の掛軸の一部）

なわち海上より立ち昇る光の玉である朝日に対してつけられた名前である。ここにはまた、天照大神を奉じて二見ヶ浦に来た倭姫《やまとひめ》が、その景色のあまりの見事さ、美しさに二度振り返ってその海と沖を眺めやったので「二見ヶ浦」という地名がついたという言い伝えが残っている。そして、その沖合には、猿田彦大神が来臨し、立ち現れたといわれる神石が残っている。

　こうして、猿田彦大神＝興玉＝沖魂＝朝日＝二見ヶ浦＝天照大神という連関が見てとれるのである。

猿田彦大神に旧き古《いにしえ》の太陽神の面影が宿っているというのは、こうした理由からである。[3]

猿田彦に日神的要素があることは、鎌田東二の論考（「増刊歴史と旅」一九九九年一月号所収）より十六年ほど前の一九八三年に刊行した拙著『天照大神と前方後円墳の謎』で、私は次のように述べている（一一四頁〜一一五頁)。

猿が日の出を迎えるという話は、古代エジプトの伝説であるとホーキンズは書くが(ジェラルド・S・ホーキンズ『巨石文明の謎』二九三頁)、猿を太陽神の霊獣、猿田彦神に太陽神格をみる松前健も、太陽神が失くした眼を、猿が探しだしたエジプトの神話を紹介している(松前健『日本神話の研究』四四頁)。この神話では、太陽神の眼を探し出したのは、大猿に化身した神で、猿田彦神と似ている。猿田彦は天孫(日神の孫)を迎え、案内するが、エジプトの神話でも、日の出を歓《よろこ》び迎え讃歌を捧げるのが猿神の役目だという点も、猿田彦神と共通している。しかし、エジプトと日本で、猿の神が太陽(朝日)を迎える神話をもつのは、猿が日の出前にさわぐ習性があるためで、その習性による神話化と考えられ、同じ話があるからといって、すぐエジプトに源流をみるわけにはいかない。しかし、松前健も紹介しているインドの猿神信仰はそうとはいえない。猿神は太陽神ボラームと同一視されており、「印度各地には、村の入口に守神として猿形の像を立て、あるいは石にこの形を彫み、石の裏には太陽と月の形が画かれているものがある。猿形の道祖神に、不妊の女は子を授けて貰《もら》うように祈り、未明に全裸となり、この像を抱くという」(松前健前掲書四五頁)

日本の猿田彦神も『日本書紀』に「衢神《やちまたのかみ》」とあり、村々の入口の守神(道祖神)である。この神に天鈿女《あめのうづめ》は女陰を見せている。そして猿田彦と結婚している。松前健は、「現今でも猿田彦と称する石像を裸形の女人が抱いて、子生みや安産を祈るという習俗は諸処に行なわれている」と書くが(前掲書四五頁)、猿田彦という太陽神格との類似行為も、聖婚儀礼の一種であろう。猿田彦の鼻が長いのは、男性のシンボルを示しているといわれ、現在も日本の民俗のなかでは、猿田彦は性神の代表だが、この源流は南インドにあるのかもしれない。

このように私は書いたが、仏教もインドから中国経由で入っている。源流をインドとしても直輸入ということはあり得ないが、中国に猿を太陽神とする文献・伝承を私は示せないので、「あるのかもしれない」とのみ書いたが、源流説をとらず、わが国でもエジプト・インドと似た考え方をもった猿＝日神観があったとみてもよいのではないかと、今は思っている。例えば二荒山を中心として関東、東北にわたって分布している猿丸大夫の伝説には、朝日長者・朝日姫が関係している。『二荒山神伝』によれば、猿に似ているから猿麻呂（猿丸）といわれた人物の祖母は朝日長者の娘である。柳田国男も「神を助けた話」の「一四、猿丸と小野氏」、「一五、朝日長者」の記述で、猿と太陽伝承の関係を論じている。[4]

図3の興玉神＝猿田彦は太陽、といっても朝日である。朝日は天上でなく東の海・地平・山から昇り、ヨコ意識である。伊勢の日神は本来は「オキ（興・沖）」に居る神で、伊勢神宮で祀るタテ意識の天上・高天原の日神で、女神の天照大神ではない。

「海照《あまてらす》」である事を示す太陽信仰と船の信仰

五十鈴川の旧名は「磯洲川《いそす》」だが、この川辺に興玉の丘がある。「興玉の森」とも呼ばれているが、伊勢市中村町の五十鈴川畔のこの丘の上には、約三メートル×一メートルの平石がある。この前に昔は鳥居が建てられていたが、今は注連縄が張られている。この位置からは**図4**のように、内宮の鼓ヶ丘山頂に没する冬

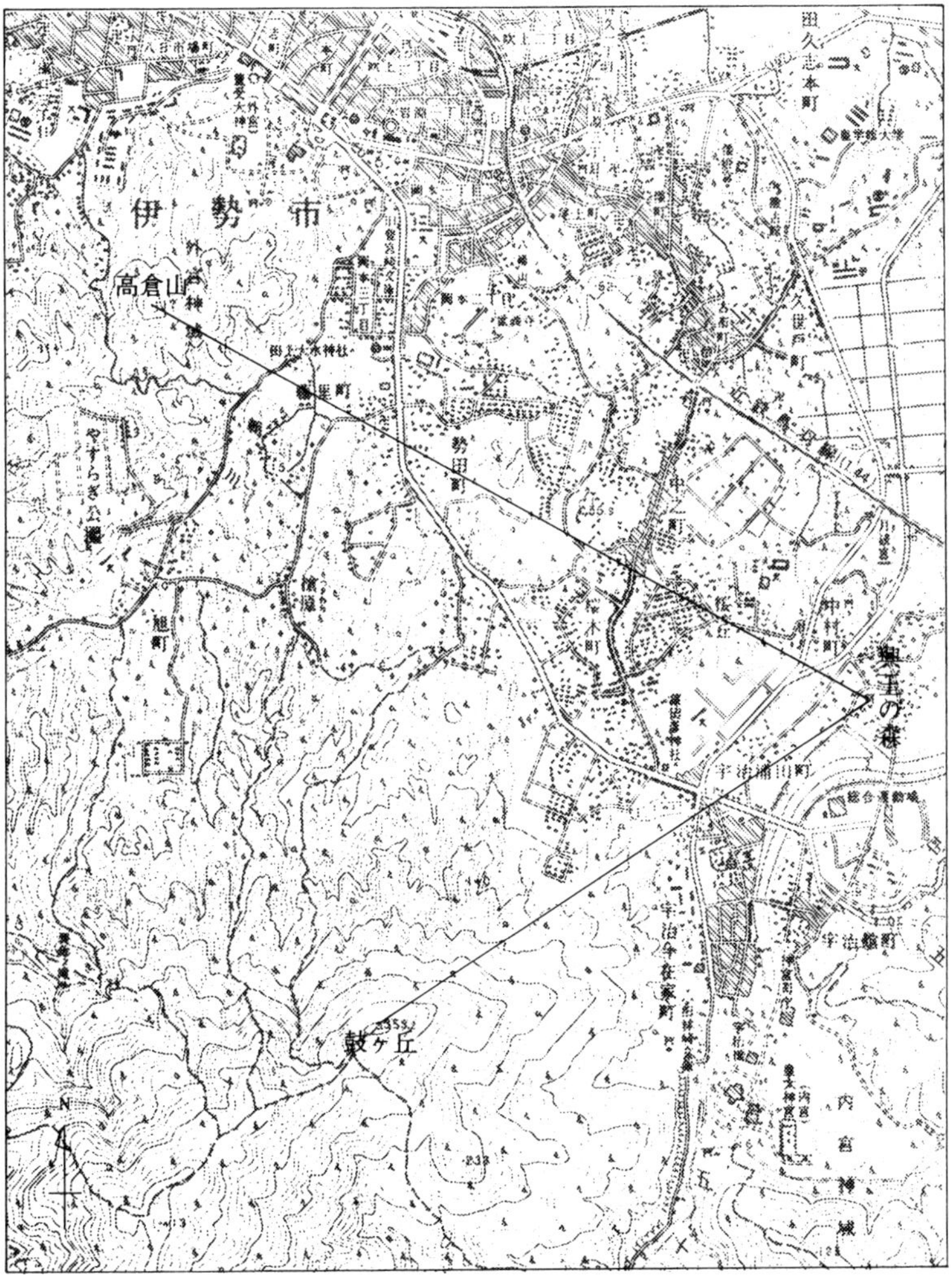

図4　興玉の森と鼓ヶ丘・高倉山の冬至・夏至日没線

写真2　興玉の森（猿田彦の森）

至の夕日、外宮の高倉山山頂に落ちる夏至の夕日が拝せる。

伊勢の人々にとって朝日は海から昇り、山に夕日として落ちる。興玉神は海から昇る朝日をいうだけでなく、夕日もまた興玉神なのである。この興玉神（太陽）は鼓ヶ丘山頂に立って興玉の森を通してみると、海から昇る冬至の朝日が拝せる。また高倉山山頂からは、興玉の森方向に向って立てば夏至の日の出を遥拝できる。**写真2**は興玉の森だが、「猿田彦の森」といわれていることからも、猿田彦の神は伊勢の海人《あま》が信仰する日神である（今は「海人」を女性に限定して言っているが、本来の「アマ」は字のように「海の人」であり、「アマ」は「天」表記より海であり、この「アマ」から昇るのが太陽・日神であった）。

『皇太神宮儀式帳』によれば、内宮の神体は「心の御柱」と「八咫の鏡」である。八咫鏡を入れる船の木材（御船代木《みふねしろき》）や、「御柱」の神木は、すべて鼓ヶ丘山中から猿田彦神を始祖とする宇治土公がきり出すことになっている。このように聖山の鼓ヶ岳の神木が、皇太神宮（内宮）のもっとも重要な「心の御柱」や、御船代木になっているのは、鼓ヶ丘は興玉の森を通して伊勢の海から昇る冬至の朝日遥拝地であり、興玉の森からは夏至の夕日が鼓ヶ丘に落ちるのが拝せる。このような山が鼓ヶ丘であったから、この聖山から神木を伐って、神の形代の「御柱」や、神鏡の入れ物の用材にしたのであろう。問題は入れ物が「箱」でなく「船」であることである。なぜ船なのか。神は「アマ」から来るが、その「アマ」は「天《あま》」でなく「海《あま》」から来ると見られていたからである。海で生まれた太陽（再生したか、新しく誕生した「日の御子」）は、船に乗って来ると考えられていたから、神は海から依り来る。

『古事記』は三輪山の大物主神の出現を、

海を光《てら》して依《よ》りくる神ありき

と書き、『日本書紀』（神代紀一書の六）も、次のように書く。

神《あや》しき光、海を照し　忽然《たちまち》に浮び来る者あり

と書いており、「アマ」でも「天」でなく「海」である。筑紫申真は『アマテラスの誕生』で、「皇大神宮では、神体の鏡は木の舟に乗って天から地上に降ってくる」と書き、「賀茂川すじの場合、貴船のカミは皇大神宮とおなじように木の舟に乗って降りてくる」し、「賀茂社のカミは空から岩の舟に乗っておりてくる」とも書き、「古代のカミは、木や岩の舟に乗って天降る」という考え方は、「きわめてふつう」と書く。(5) しかし「アマ」の漢字表記に、「海」と「天」があるように、「海」の船を「天」の船と見るようになってからの思考である。船は海を行く「ヨコ」方位の乗り物であり、「天降る」乗り物ではない。『古事記』は「鳥之岩《いわ》楠《くす》船神、亦の名は天鳥船と謂ふ」と書く。『日本書紀』も天磐橡樟《あまいわくす》船神（本文）、鳥磐橡樟船神（一書の六）と書く。「鳥」「天」とあるから天上の船と筑紫申真は書いているが、『記』『紀』は神名を書くだけで高天原

の神とは書いていない。鳥が飛ぶように速く、岩のように頑丈な楠の木で作った船の意であり、「アマ」は「海」であったのを、皇国史観の『日本書紀』の編者が「天《あま》」に変えたのである。したがって「古代のカミが、木や岩の舟に乗って天降るという考えかた」（傍点引用者）は、「きわめてふつう」ではない。このような考え方は後代の考え方である。そのことは『記』『紀』も、海《あま》から来たと大物主神の登場神話を書いていることが証している（国つ神だから「海」から来たという見解もあるだろうが。後述するがミワ山の信仰も日神信仰であった）。

「アマ」は本来は「海」「海人」表記の意味であった。しかし漢字表記を知らない人々の「アマ」の太陽信仰を、民衆統治に用いるために「天」という漢字を用いて、「ヨコ」意識の朝日・夕日の太陽観を「タテ」意識に変えたから、「船」は「海《あま》」の乗り物であるのに、「天《あま》」を行く「船」の神話が作られたのである。

古代の伊勢の人々の冬至・夏至の太陽祭祀

興玉神は伊勢神宮の内宮でも正殿の神域内に、宮比《みやび》神と共に祀られている。正殿の北北西の隅に石積石畳の神座が二つあり、中央に立石が一つと榊の木が一本ある。東の立石が興玉神、西の榊の木が宮比神といわれている。この二神には社殿がない。立石と榊の木のみだが、この両神は、伊勢の海人たちの昔ながらの信仰を内宮の境内にとどめている。

伊勢神宮の方位観は中国の方位観を採って子午線を聖線にしているから、神殿はほとんど南面している。その中で唯一東面している神殿が外宮にある。内宮の宮比神は外宮では「土御祖神《つちのみおや》」といわれて祀られているが、平安時代末期の大治三年（一一二八）六月、別宮に昇格して「土宮」といわれている。元の神名は「御祖神」であったのを、皇祖神でないから「御祖」をとって、土着神の意味で「土宮」と言ったのである。この神が官製の皇祖神の日神を祀る伊勢神宮祭祀以前の土着の人々（磯部つまり海人たち）の祖神であったことは、「土宮」以前の神社名（「御祖」と言っている）が証している。

大治三年の別宮昇格の経緯について、伊勢神宮禰宜桜井勝之進は、その著書『伊勢神宮』で次のように書いている（傍点は引用者）。

> 土宮はめずらしく東向の宮である。また、豊受大神宮の域内にありながら鳥居があることも多賀宮とはちがっている。別宮昇格によって正殿を大きく造替するにあたって、南面に変更するかどうかと、かれこれ評議した当時の閣議の状況は『長秋記』にくわしいが、「昔より東向きにすえ奉る。何ぞ改定すべけんや」という権中納言宗能卿の前例尊重論が通って、改定をみなかったという。（中略）御卜《みうら》によって決しようという内大臣や参議の提案が通らないで、前例尊重という伝統主義が勝ったのは記憶にとどめておきたいことの一つである。(6)

土宮は「東向」と書かれているが、私が現地で方位をはかると、冬至日の出方位であった。東といっても東南東の冬至日の出方位なのは、伊勢の人々は太陽は夕日は西の山に沈み（死に）、翌朝、東の海から昇るが、この死と再生を繰り返す太陽が、もっとも象徴的に死と再生を表示しているのが、冬至だったからである。冬至は日照時間がもっとも短い日だが、その日から日照時間は長くなり、夏至の日が最長になる。太陽が真東にある時は、春分・秋分だが、二見ヶ浦の夫婦岩の間から昇る朝日は、夏至の日とその前後であることから、特に信仰の対象になったのであり、土宮の向く方位が冬至日の出方位なのも、古代人の日神祭祀にとって、特に冬至・夏至が重要な日であったからである。

太陽は世界中で照り輝いているから、エジプトでも同じに冬至・夏至を重視していた。伊勢では夫婦岩や、鼓ヶ丘・高倉山が目印になっていたが、エジプトではオベリスクがその役を果していた。

エジプトでは紀元前三〇〇〇年ぐらい遡って、太陽崇拝の痕跡がある。三品彰英はエジプト第五王朝では、「国王は日の神をラ（Ra）の真実の子であり、日の神と合体した人格として崇拝されたのである。そうしてこの王朝に建設された日の神の祭壇の遺跡の一つがカイロの近くに現存しており、その構造の主要部は、金属性のオベリスクの尖端が地平線から昇る朝日の最初の光をとらえ、それを母神の祭壇に反射するように設計されているという。エレイウス山の母神の岩屋の祭壇の形式も、それに準ずるものと理解してよかろう」と書いている(7)。三品彰英がカイロの近くに日の神の祭壇の遺跡があると書くのは、ヘリオポリスの太陽神殿のことだが、この神殿のオベリスクについて、ジョン・アイヴィミは、アラブの年代記者マクリジの文章を引用して、『太陽と巨石の考古学』で、次のように書く。

「アイン・シャムスはヘリオポリスの太陽神殿であり、そこに非常にすばらしい二本の石柱が立っている。これ以上に美しいものはもとより、これに近いものも、人はこれまでに見たことはない。石柱は約五〇キュピット（二六・二メートル）の高さであり、地表に安定している。……頂点は銅でできている。……太陽が山羊座の第一点に達するとき、すなわち一年の中の最も短かい日に達するとき、太陽は二本のオベリスクの南端に達し、その頂きを飾る。太陽が蟹座の第一点に達するとき、すなわち一年の中の最も長い日に達するとき、太陽は北端のオベリスクに達し、その頂きを飾る。こうして二本のオベリスクは太陽の振幅の両端を形成し、昼夜平分時の線が正確にその間を通っている[8]……」

「一年の中の最も短かい日」は冬至であり、「一年の中の最も長い日」は夏至である。ジョン・アイヴィミは**図5**を示し、「ヘリオポリスの太陽神殿は、初心者に対しては宗教上の崇拝の場として説明されていたものの、実際には本質的に科学上の目的のために科学者によって設計され装飾された天文学上の観察所だったのだ」と書いている[8]。古代は宗教と科学はジョン・アイヴィミが書くように明確に区別されていなかった。古代の「科学」は「秘儀」であった。ヘリオポリスのオベリスクは、太陽（日神）との聖婚の神儀を行なう神殿の祭壇へ、冬至と夏至の特別の日の光をあてるための装置、聖なる塔であった。塔の尖端のみ銅製なのは日光をより強く反射させるためであった（日光感精秘儀は世界各地にあるが、その具体例は各章で詳述する）。

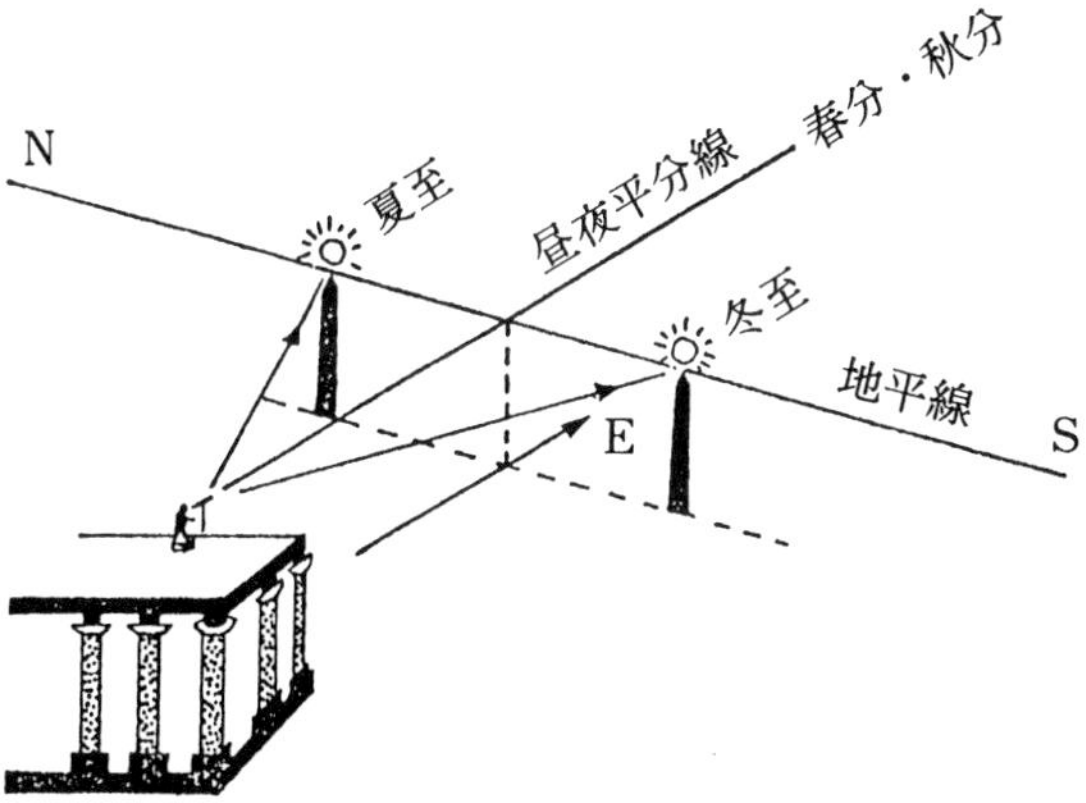

図5　ヘリオポリスのオベリスク

伊勢とエジプトの例は相違はあっても、基本的な太陽信仰・祭祀の観念は同じで、天上から照らす「天照」の神ではなく、**図5**でも明らかなように昇る朝日であった。

古代日本人の埋葬頭位の方向と太陽信仰

中国では「天」は、日や月や星など天空にかかわるものを統合した抽象的観念としての「天」である。その「天」は「地」と対で、「日」は「月」と対である。天は父、地は母。日は兄、月は姉とみられていた。「天」は「顚也、至高無レ上」（『説文』）、「顕也、在レ上高顕也」（『釈名』釈天）、「天之為レ言、神也」（『爾雅』釈天）、「天何言哉、四時行焉、百物生焉」（『論語』陽貨）、「天者、百神之君也」（『春秋繁露』郊義）などと書かれており、「至高・至尊」の神の意で、そのことを『説文』は「顚也」と書く。「顚」は頂上の意だから「至高無レ上」といわれている。『記』『紀』が書く「高天原《たかまがはら》」は「顚」である。天はタテだから『礼記』王制の「天、謂レ日也」は、朝日・夕日でなく中天・顚にある「日」で、ヨコでなくタテ意識である。この「天」は太極・太一・北極と見なされ、北方位が至高になっており、動かぬ北極星に具象化されている。わが国の宮廷の「大極殿」も北に位置する。

図6は都出比呂志作図による「畿内地方の前期古墳における埋葬頭位」である。Nは磁石だから真北は六・二〇度ほど東にずれるが、真北の方位には奈良県のメスリ山古墳、東大寺山古墳、マエ塚古墳、日葉酢媛陵古墳や、京都府の椿井大塚山古墳が入っている。頭位が北方位であることについて都出比呂志は、「もし前期古墳の古い段階において頭位を北優位にとる約束を認めることができるとすれば、そこに首長を葬る際の祭祀形式に何らかの新しい要素が加わったのではないかと考える手がかりとなるでしょう」と述べている(9)（傍点引用者）。

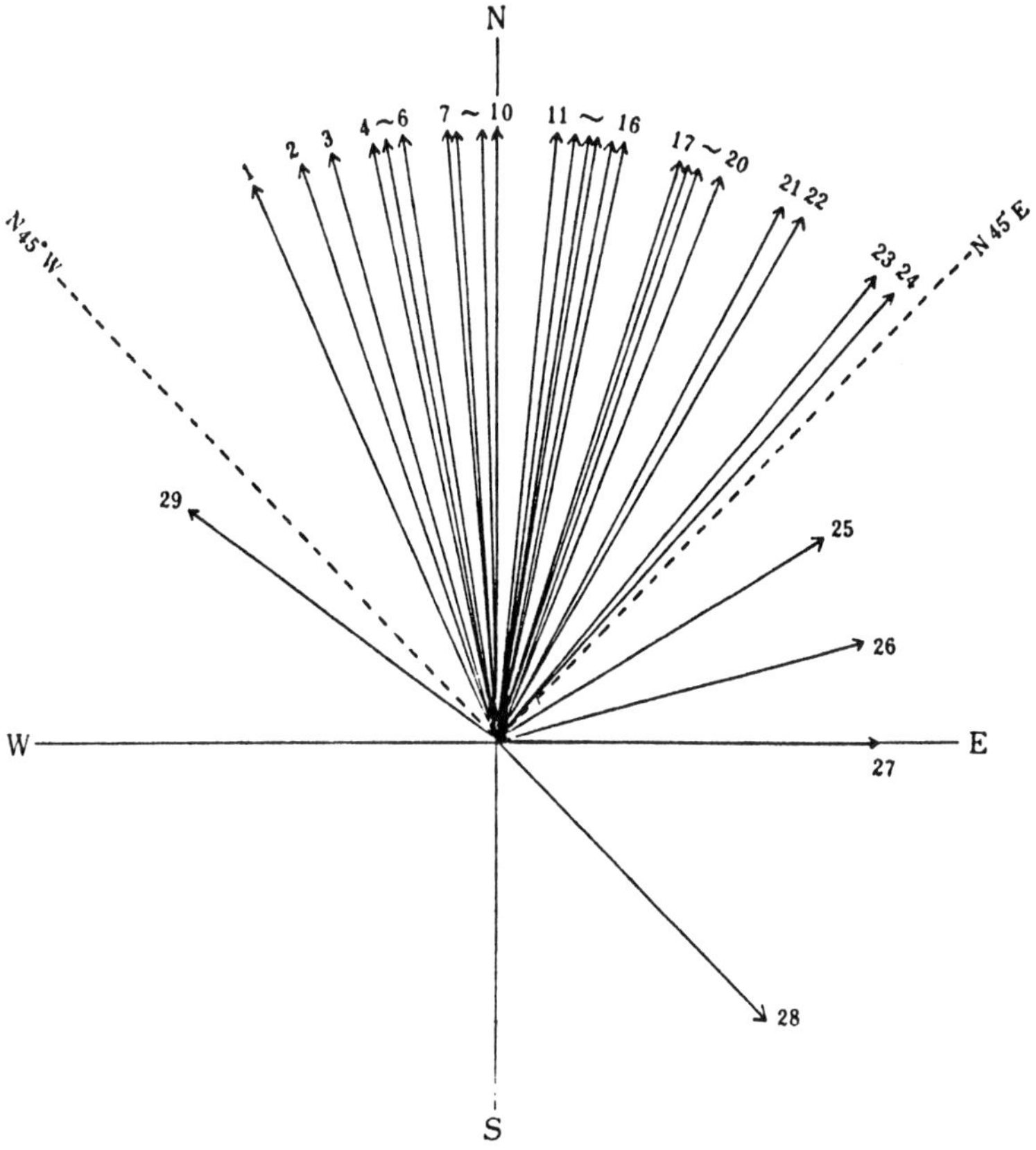

1）大阪府松岳山古墳
2）大阪府弁天山C１号墳後円部石室
3）奈良県上殿古墳
4）大阪府忍ヶ岡古墳
5）兵庫県万籟山古墳
6）京都府寺戸大塚古墳後円部石室
7）京都府長法寺南原古墳
8）京都府尼塚古墳
9）京都府元稲荷古墳
10）奈良県桜井茶臼山古墳
11）奈良県メスリ山古墳
12）奈良県東大寺山古墳
13）奈良県マエ塚古墳
14）奈良県「日葉酢媛陵」古墳
15）京都府椿井大塚山古墳
16）兵庫県得能山古墳
17）奈良県池ノ内１号古墳
18）奈良県小泉大塚古墳
19）奈良県櫛山古墳
20）奈良県古市古墳
21）京都府八幡茶臼山古墳
22）大阪府池田茶臼山古墳
23）滋賀県安土瓢箪山古墳
24）大阪府黄金塚古墳
25）大阪府駒ヶ谷宮山古墳
26）京都府妙見山古墳
27）大阪府将軍山古墳
28）大阪府真名井古墳
29）京都府鳥居前古墳

図６　畿内地方の前期古墳における埋葬頭位

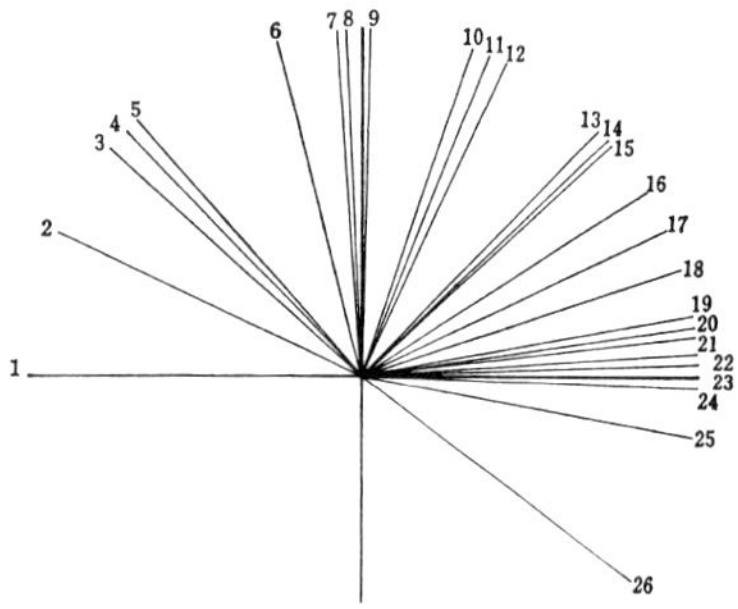

1：千葉水神山　2：群馬本郷大塚　3：神奈川白山　4：東京砧7号　5：茨城山木　6：茨城勅使塚　7：茨城狐塚　8：茨城丸山　9：茨城鏡塚　10：茨城桜塚　11：茨城須和間11号　12：茨城佐自塚・千葉神門4号　13：群馬前橋天神山　14：栃木佐野八幡山　15：茨城上出島2号　16：千葉大厩9号・飯合作1号　17：埼玉安行寺2号　18：群馬朝倉2号　19：千葉金塚　20：千葉小田部・茨城原1号　21：栃木那須八幡塚　22：千葉東間部多1号　23：千葉新皇塚　24：千葉北作1号　25：千葉能満寺・埼玉前山2号　26：栃木大桝塚

図8　関東地方古式古墳の頭位

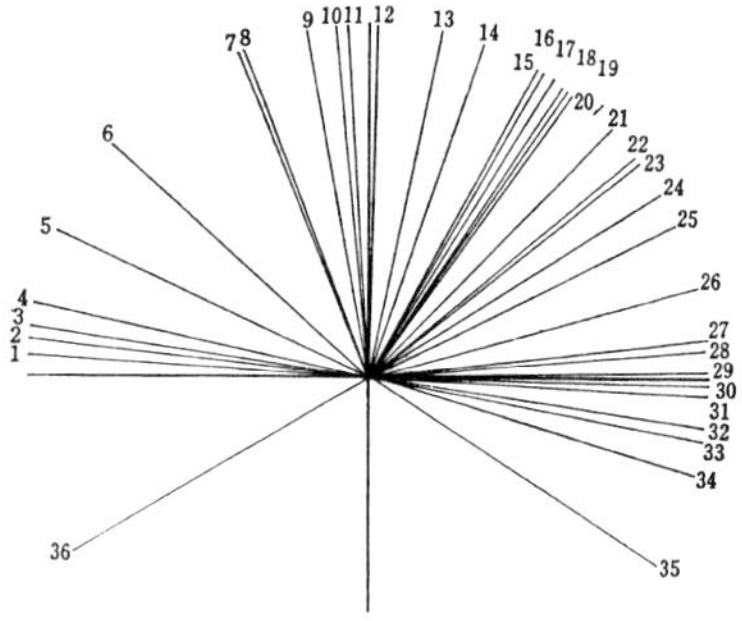

1：香川猫塚　2：香川古枝　3：香川爺ヶ松　4：徳島丹田・福岡若宮八幡　5：兵庫吉島　6：神奈川白山　7：島根造山3号　8：茨城勅使塚　9：岐阜円満寺　10：島根神原神社　11：茨城丸山　12：静岡松林山　13：愛媛相ノ谷　14：香川快天山1号　15：静岡赤門上　16：熊本向野田　17：広島石槌山　18：山口長光寺　19：岐阜花岡山　20：静岡三池平　21：群馬前橋天神山　22：福岡神蔵　23：長野弘法山　24：佐賀経塚山　25：兵庫丸山1号　26：岡山金蔵山　27：栃木那須八幡塚　28：島根松本1号　29：香川高松茶臼山　30：鳥取馬山4号　31：福島会津大塚山　32：福島本屋敷1号　33：千葉能満寺　34：岐阜長良竜門寺　35：福岡一貴山銚子塚　36：長野森将軍塚

図7　畿内を除く主要古式古墳の頭位

岩崎卓也は、都出比呂志の埋葬頭位の作図に関連して図7の「畿内を除く主要古式古墳の頭位」を示し、「この図からいえることは、全国的規模で見るならば北優位の約束は貫徹されていない。（中略）しかし、例えば西頭位のピークを形成している古墳のほとんどが、四国のそれであるという傾向は注目に価しよう。東頭位の高松茶臼山古墳を加えるならば、猫塚古墳を含めて四国グループの多くは、東西位埋葬を特色とするということになりそうである。すなわち、埋葬頭位には当初から地域性が存在した可能性を示しているのである」と書いている。(10)「地域性」を具体的に指定していないが、図8の関東地方の北方位は茨城県の古墳に限定されているし、図7の北方位にも茨城県の丸山古墳が入っている。図7は図8とちがって、東・西方位があるが、特に多いのは真東方位である。図8では西頭位は一例のみで、東方位がもっとも多い。

『探訪日本の古墳』(東日本編・西日本編)に図が載る古式古墳の埋葬方位を調べると、次のようになる。

東頭位

江田船山(熊本県玉名郡菊水町) 築山(大分県北海部郡佐賀関町) 城ノ山(兵庫県朝来郡和田山町) 長塚(東京都狛江市) 能満寺(千葉県長生郡長南町) 三昧塚(茨城県玉造町) 舟塚(茨城県新治郡玉里村)

東北東頭位

会津大塚山(福島県会津若松市)

仲仙寺九号墳(島根県安来市) 宮山四号墳(島根県安来市) 大谷古墳(和歌山市) 川柳将軍塚(長野市) 宝来山(東京都大田区) 内裏塚(千葉県富津市) 七廻り鏡塚(栃木県大平町)

東北頭位

八幡山五号墳(兵庫県村岡町) 和泉黄金塚(大阪府和泉市) 弘法山(長野県松本市) 三池平(静岡県清水市)

北北東頭位

谷口(佐賀県唐津市) 大将軍(長崎県対馬上県町) 祇園山(福岡県久留米市) 芝丸山(東京都港区)

北頭位
椿井大塚山（京都府山城町）　メスリ山（奈良県桜井市）　桜井茶臼山（奈良県桜井市）　松林山（静岡県磐田市）

北頭位（北枕）の椿井大塚山・メスリ山・桜井茶臼山古墳は、畿内の前期古墳の中でも代表的な前方後円墳であり、メスリ山古墳は真北、桜井茶臼山は磁北に頭位は向いている。石野博信は「〝やまと〟における特殊埴輪が前方後円墳を主体とする柳本古墳群には採用されていないこと、とくに行燈山古墳（崇神陵）、渋谷向山古墳（景行陵）の両大王墓に採用されていない事実は重要視すべきであろう。前代以来の葬送儀礼を払拭し、新たな祭祀を創始した、と考えることができるからである」と書いている。[11] この地域では古い「特殊埴輪」が用いられておらず、北頭位という「新たな祭祀」を、「創始」でなく中国から受入れたのである。しかし外来の「新たな祭祀」は定着しなかった。都出比呂志は畿内の前期古墳でも古い古墳に北頭位が見られるが、「新しい時期に属するものは北優位からはずれる」と書く。[9] 中国から入った太極・太一・北極思想は、空間的にも全国に普及せず、時間的にも時が経つにしたがって実行されなくなったのである（都出比呂志・岩崎卓也の論考や『探訪日本の古墳』の北は磁北で、真北と磁北では磁北は真北より約六度西にふれている）。

古墳時代以前の縄文・弥生時代の被葬者の頭位について、縄文時代に関しては、清野謙次は各地の多く人骨を出土した貝塚をあげ、頭位を示しているが、頭位には厳重な規定はない。しかし東方に頭を向けた場合がいちじるしく多いことを、清野は指摘している。[12] 三宅宗悦も「東南に向けたものがもっとも多く、東、北、北東、南にむくものが、これにつぐ」と書き[13]、多くの頭位は東へ向いている。弥生時代については鏡山猛は箱式石棺で方位の明らかなものについて、東西に長軸をもつもの十三、南北に長軸をもつもの四、北北東から南南西に長軸をもつもの二例と書く。また甕棺でも福岡県浮羽郡船越村秋成の甕棺遺跡の八個は東西、同県三潴《みずま》郡の荒木町の甕棺十六例のうち、南北二例以外はすべて東西、同県朝倉郡夜須村東小田、同県同郡三輪村栗田の甕棺のほとんども東西であると書く[14]。

甲元真之は弥生時代前期の山口県豊浦郡豊北町の土井ヶ浜遺跡の埋葬人骨の頭位を調べて、東区と北区に区別し東区は在来の人たちで、北区は後から来た人々の地区だが、東区の頭位は小児を除いてほぼ東南東の冬至日の出方向、北区の頭位は東の春分・秋分の日の出方位だと書く。特に箱式石棺に一体または二体葬られている東区の被葬者は、すべて冬至日の出方位に頭が向いていたと書く[15]。

藤本英人はアイヌの墓地を調査して、「北海道の縄文時代後・晩期以降の墳墓では、太陽の上昇（あるいは下降）方向を指向した方向性が、かなり明確にあらわれている」と書き、擦文時代初期にあたる千歳市ウサクマイ墳墓遺跡の例をあげる。二十五例の墓壙が発見されているが、その方向は図9である。この図について藤本英夫は「ウサクマイは北緯四二度五〇分であり、この点における夏至・冬至の太陽の日の出（日没）点も作図的に求めることができる。そうするとウサクマイでは、二二例が年間の夏至点と冬至点の間に埋葬軸がおかれていることがわかる」と述べ、「ウサクマイ人は、埋葬のための墓穴を掘るときには、太陽の日の出（日没）方向を指向していた、ということができる」と結論している。またオホーツク文化の代表的遺跡のモヨロ貝塚の埋葬例についても、「明らかに冬至の日の出方向、あるいは夏至の日没方向を指向し

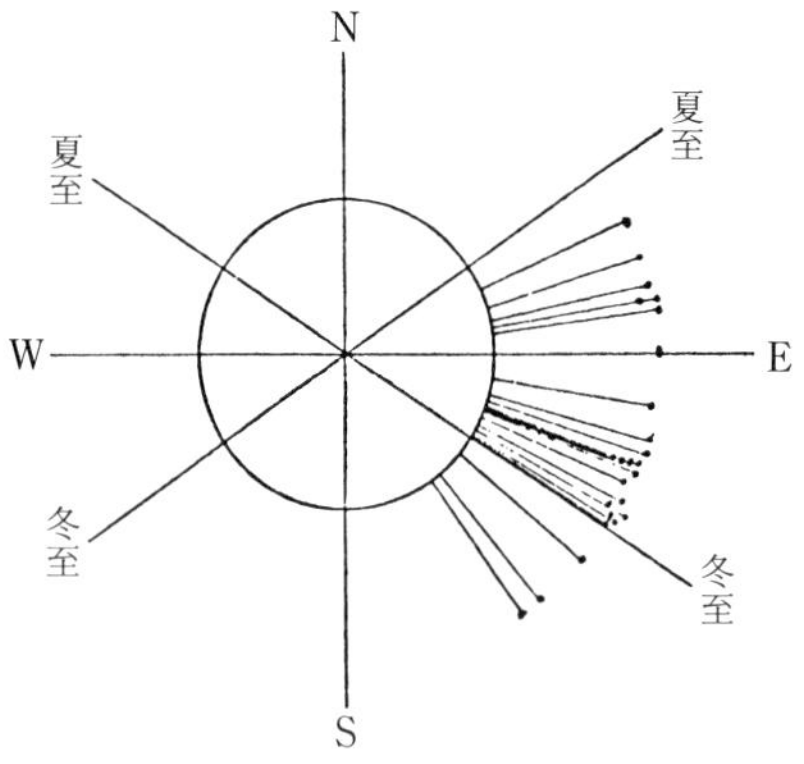

図９　ウサクマイ墳墓遺跡頭位方向（千歳，北緯42°50′）

ていたと考えられる。ある集団の人間の死は極端にひとつのシーズンに集中することはないから、このことから、大胆に推論してみると、モヨロ人は、夏至、あるいは冬至の時期に埋葬する宗教習慣があったかも知れない」と書いている[16]。

モヨロ人も古代日本人の頭位は東に向き、冬至・夏至・春分・秋分方位だが、図６・７・８の初期古墳の権力者の頭位は、庶民の方位観と違って中国思想・文化を取り入れ（鏡の埋納がそのことを示している）北方位が見られるが、図８ではもっとも多いのはやはり、東と東北の春分・秋分と冬至方位であり、次に日没の西方位である。関東では真西の日没方位はなく、集中しているのは東の日の出方位（19〜25度）で、七例のうち一例（21）を除いて六例は千葉県の古墳で、伊勢と同じに東海から昇る日の出に向かって頭を向けている。たぶん再生を信じての埋葬であろう。古墳に埋葬される権力者も、このような太陽信仰（これは中国のタテ意識と違うヨコ意識）によって埋葬者の頭位をきめているのは、海にかこまれた人々の太陽信仰であった（関東の場合は西の落日に向けた頭位はないが、畿内を除く古式古墳は、東・西方位に埋葬されているが、やはり東が多い）。

方位観の中国のタテ意識と日本のヨコ意識

古代の私たちの祖先は、今まで述べてきたように、朝日・夕日の照る地を「吉き地」にしていた。この空間意識は東西のヨコ意識だが、中国は天と地の関係でタテ意識である。『礼記』王制に「天、謂レ日也」とあるが、「天」は動かぬものと観念されていたから、「天」は太極・太一・北極とされ、動かぬ北極星に具象化された。天に対して日は動く。動く日の位置の相反する極限が冬至と夏至である。暦は冬至の南中時(太陽が中天にあるとき)に日の影をはかってきめた。『五雑俎』巻二の冬至の条に、「漢の時の宮中の女工、毎に冬至の後に、一日に一線を多とし、計《かぞ》えて夏至に至る」とあり、『荊楚歳時記《けいそさいじき》』(梁の宋懍《そうりん》の撰)にも魏晋(二二〇〜四二〇)の間、宮中では冬至から紅線で日の影をはかり、毎日一線を加えたとある。

このように冬至を基準にしているが、冬至は「暦元」として観念化されているから、太極(太一)の子《ね》(北)に配置され、実際の方位の辰(東南東)ではない。中国では東→南→西と動く太陽を北に固定し、冬至を暦元の視点でしか見ないから、守屋美都雄は「世界の諸民族がしばしば冬至を太陽の誕生日と考えているが、中国ではその痕跡がない」と書き、(17)沢田瑞穂は「中国民間の太陽信仰とその経典」で、「太陽君誕辰」が冬至の太陽でないことを論じている。(18)冬至の太陽は「北極(太一)」と一体の動かぬ太極として重視されているのであって、太陽の誕生の日として重視されているのではない。

このような思想がわが国に入って、高天原——葦原中国という上下・タテ関係が作られたが、古代の日本人は前述したように、朝日・夕日が問題であって、中天・天上に輝く太陽ではない。タテでなくヨコの意識

である。『万葉集』巻一の「藤原宮御井の歌」に、

大和の　青香具山は　日の経《たつし》の　大御門《みかど》に　春山と　繁《しげ》さび立てり　畝火《うねび》の　この瑞山《みづやま》は　日の緯《よこし》の
大御門に　瑞山と　山さびいます　耳成の　青菅《あをすが》山は　背面《そとも》の　大御門に　宜《よろ》しなべ　神さび立てり
名くはし　吉野の山は　影面《かげとも》の　大御門ゆ　雲居にそ遠くありける

とあり、東は日経《ひのたつし》、西は日緯《ひのよこし》、北は背面《そとも》、南は影面《かげとも》とある。延暦八年（七八九）に高橋氏が朝廷に提出した『高橋氏文』には、東が「日の堅《たつし》」、西が「日の横《よこし》」、南を「陰面《かげとも》」、北を「背面《そとも》」と書き、『万葉集』と同じである。しかし『日本書紀』の成務天皇五年九月条には、

山河を隔《さか》ひて国県《くにあがた》を分ち、阡《たたさのみち》陌《よこさのみち》に随《したが》ひて、邑里《むら》を定む。因《よ》りて東西を日縦《ひのたたし》とし、南北を日横《ひのよこし》とす。山の陽《みなみ》を影面《かげとも》と曰ふ。山の陰《きた》を背面《そとも》と曰ふ。

とある。この記事は「国県を分ち」「邑里を定める」測量用の呼称である。本来の東西南北の呼称は『万葉集』『高橋氏文』の呼称だが、いずれも「日」「影」または「背」とあり、朝日・夕日の讃辞と同じに、太陽に強くこだわっている。これが古代日本人の方位観で、「ヨコ」「水平」観であり、中国の天と地の「タテ」「上下」観に立つ視点とは、まったく違う。

我々の先祖は太陽を人と同じように見て、「東」を太陽が起きて立つ所だから「日の経《たつし》（たて・たつ）」と言った。太陽も人と同じに歩いて行く方向の南は、日光を受けて影をつくる面だから「影面《かげとも》」といい、影をつくる面の背の北を「背面《そとも》」と言ったのは、北は日のあたらない背と同じだからである。このようにわが国の方位観は日の出から日の入までの動く太陽で、動かぬ天上の一点、具体的には北極星を「太一」とし、

「太一」を基点とする方位観とは決定的に違う。中国の観念化に対し具体的であり、自然に即した方位観といえる。

「ヒガシ」の語源は「ヒ・ムカ・シ」で（「シ」は方向を意味する）「日に向く方向」であり、沖縄の東の意味の「アガリ」も朝日の昇る状態をいう「アガリ」であって、天上をいうのではない。西の意味の「イリ」も真西をいうのではなく、夕日の落ちる範囲をいうのである。本土でいう「ニシ」も「去方《いにし》」で「日没の方向」をいい、真西のみをいうのではない。このようにわが国では動く「日」に基点を置くのに対し、中国では動かぬ「天」、「中天」「中心」を基点にし、その観念化・抽象化した動かぬ一点を、「太一」といって天の「真中」を「極」とした。この中国思想の影響を受けたのが、『記』『紀』の「天御中主神」で、この神は中国思想（「太一」思想）を受入れて作られた神名である。「天御中主神」という神を作文した発想が、「天原」に「高」を冠した「高天原《たかまがはら》」である。

『万葉集』には「高天原」という表記・用法はない。すべて「天原《あまのはら》」であることからも、「高天原」は一般的用語でなく（『万葉集』に歌を載せた人々は用いていないことが証している）、民衆統治のためにタテ意識にもとづいて、権力維持と国民統治の観念用語として作られたのである。つまり『記』『紀』は「天原」に垂直観をもたせるため、「高」を冠したのであり、その発想が「天御中主神」を創作させたのである。そのことは『日本書紀』（一書の四）が、

高天原に生《な》れる神　名《なづ》けて天御中主尊

と書き、「高天原」を強調して、高天原の日神の子孫のみが葦原中国の統治者（日神の御子）という、タテ意

識（垂直観）を生んだ。益田勝美は西郷信綱が『古事記の世界』（一九六七年・岩波書店）で、「高天原・葦原中つ国・黄泉《ヨミ》の国」を、「上中下三重層の神話的世界像」と書き、この垂直的神話思考（タテ意識）による宇宙軸の水平的把握を、伊勢――大和――出雲とし、高天原――葦原中国――黄泉国という垂直的思考に対応すると書いていると述べて、この西郷説に益田勝実は賛同しながらも、西郷信綱が古代の人びとの一般的観念とする垂直的神話思考は、中央権力（大和朝廷）側の「勝手な考え方」だと書く[19]。私も益田見解を採るが、このような「勝手な考え方」は、「日本」国号が公式化した頃の思考である。『日本書紀』が伊勢の「神祠」を「天照大神宮」と書き始めた天武朝の時期が、日神・皇祖神である天照大神の誕生時期で、「高天原」神話が作られ、「日本」国号も成立したのである（この論証は拙著『日本国はいつできたか――日本国号の誕生――』で詳述したが、「日本」国号成立については、第十四章で詳述する）。

神社の「神座」の東面・西面のもつ意味

『日本書紀』雄略天皇十八年八月十日条に、「物部菟代宿禰・物部目《め》連を遣して、伊勢の朝日郎《あさけいらつこ》を伐《う》たしめたまふ。朝日郎、官軍《みいくさ》至ると聞きて、即ち伊賀の青墓に逆《ま》ち戦ふ」とあり、「朝日郎」について日本古典文学大系『日本書紀・上』は、「未詳。恐らく造作された名。伊勢が大和の東方にあるための命名ともいうが、朝日は、地名で、伊勢国朝明郡か」と書いている。「朝明郡」という郡名からも、この地が朝日遥拝の地で、大和王権の命令で伊勢に侵攻した物部軍と戦った「伊勢朝日郎」こそ、伊勢の太陽信仰の祭祀者の長にふさわしい名である。その太陽信仰は「高天原」という天上から照らす太陽ではなく、海上・山上から昇る「朝日」だから、この名がつくのである。朝廷にはむかったから「天照」とはつけられなかったなどという見解は成り立たない。このような太陽信仰を持つ「朝日郎」を、雄略天皇の命令を受けた物部氏が討っている。倭王武（雄略）は『宋書倭国伝』によれば、「使持節都督倭・新羅・任那・加羅・秦韓・慕韓七国諸軍事安東大将軍倭国王」と自称していたから、中国王権の太陽信仰に合わせる必要があって、朝日郎を討ったのだろう。しかし王権のタテ意識による「高天原」の創設と、天孫降臨の天下り神話の作文は、拙著『新版・古事記成立考』『日本書紀成立考』で詳述したが、天武朝に作られたが、この時に天皇の統治思想として作られた天上（高天原）――地上（葦原中国）という垂直思想は、なかなか民衆には浸透しなかった。しなかっただけでなく、王権も古くからのヨコ意識に上下関係の発想を導入したから、ヨコ意識を全面的に消し去ることは出来なかった。

　前述したように朝日の昇る東と、夕日の落ちる西は、「朝日の直刺《たださ》し、夕日の日照る　いと吉《よ》き地」で、優劣はなかった。しかし『記』『紀』神話では、東の伊勢は皇祖神で日神の天照大神を祀る、「朝日の直刺す」、「いと吉《よ》き地」だが、西の出雲、夕日の落ちる地は、「夕日の日照る、いと吉《よ》き地」ではなくなっている。まつろわぬものたちの居る地であり、高天原の「天」の勢力に抵抗する人々の住む「地」になった。この支配する権力と支配される民との上下関係を東西関係に適用し、東は上、西を下にした。そのことは出雲大社のみ、他の神社の神座は東面しているのに、西面している事実が示している。

　図10は平安時代の宮中の図だが、右上方に八つの神殿と三つの鳥居が見られるが、この場所は宮廷の神々を祀る「八神殿」である。この図では北方位が向って右になっているので、八神殿の向《むき》と鳥居は東向である。

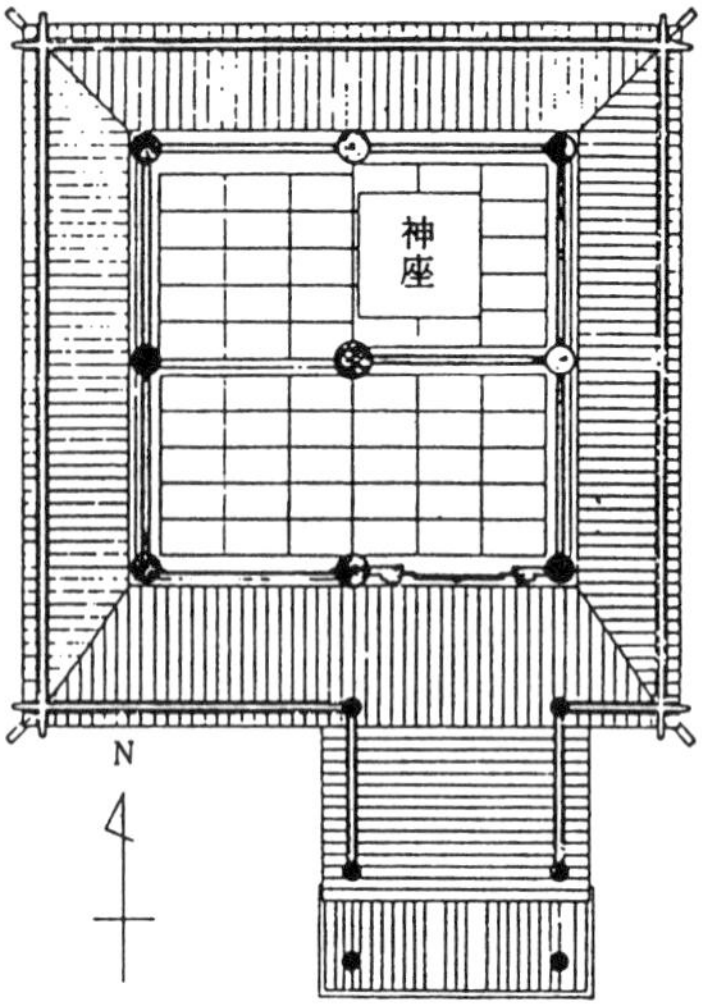

図13　神座が西面する出雲大社の社殿

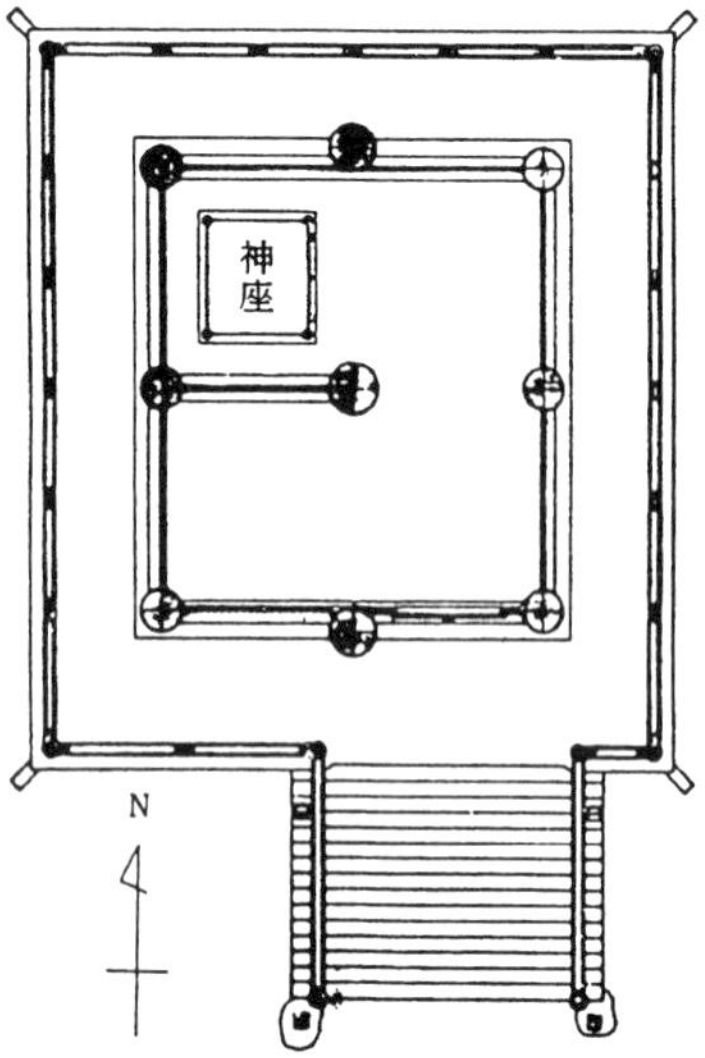

図14　神座が東面する出雲神魂神社の社殿

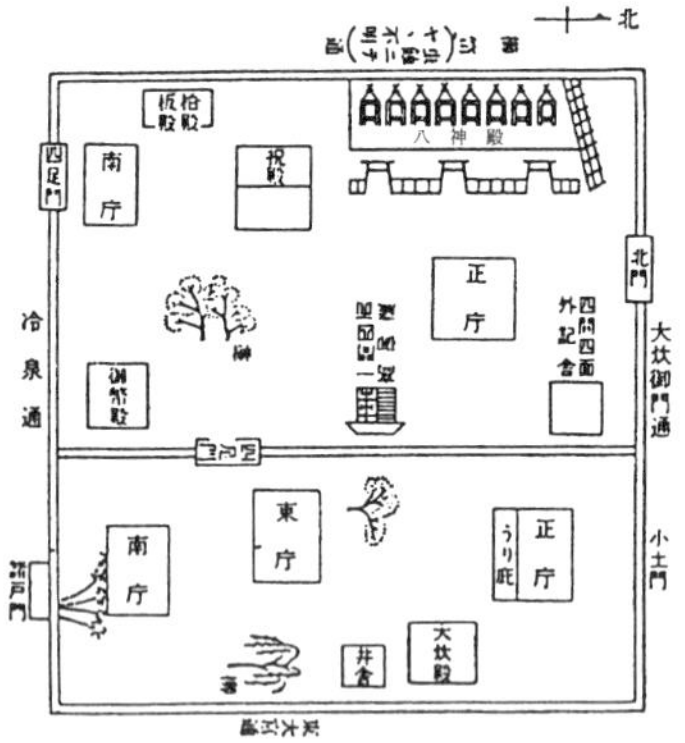

図10　東面している宮中の八神殿の図

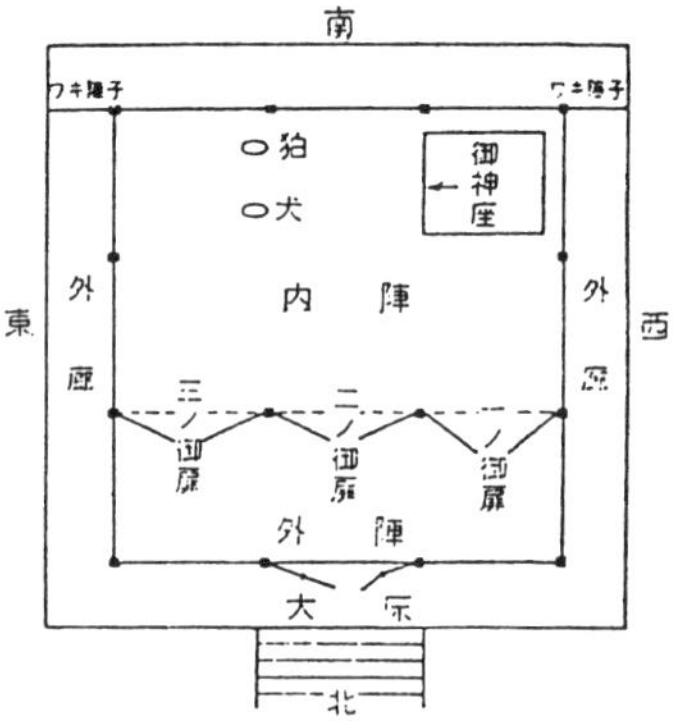

図11　神座が東面する鹿島神宮の社殿

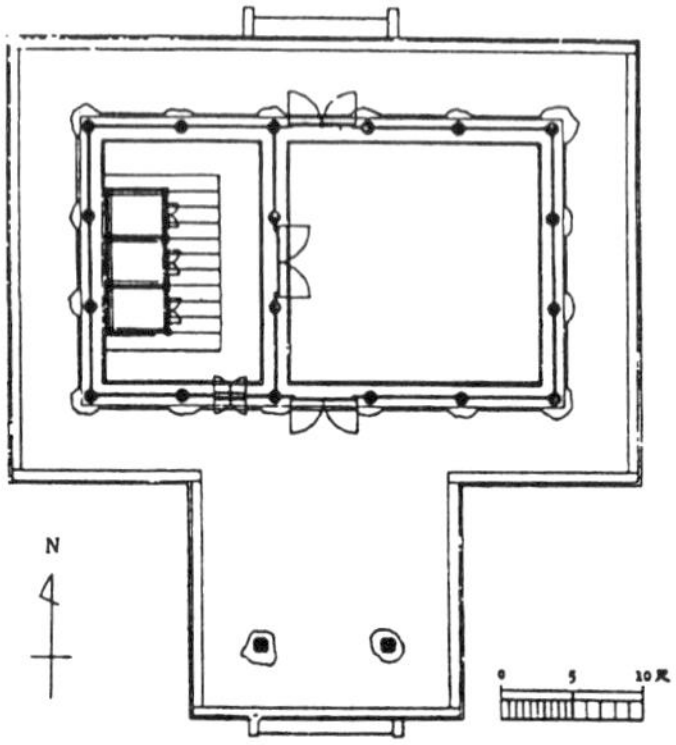

図12　神座が東面する日前国懸神宮の社殿

図11の茨城県の鹿島神宮の内陣は南が上になっているから、神座は東向で八神殿と同じである。図12は和歌山県の日前《ひのくま》国懸神宮の神殿の図だが、北が上だから神座は東に向いている。このようにすべて東向きなのに、図13の出雲大社のみ西に向いている。ところが松江市の神魂《かもす》神社は図14のように東面している。神魂神社は出雲国造と深くかかわる神社で、「国造火継《ひつぎ》式」も神魂神社で行なわれる重要な神社である。神座の東面は古代日本人の日の出方位の信仰からであり、出雲人もその考え方に変りはないから、出雲国造の祭る神社の神座は東面したが、出雲大社は中央政権が直接関与していたから、『記』『紀』の出雲観に依って西面した、というより西に向けさせられたのであろう。そのことは出雲大社が「日隅《ひすみ》宮」といわれていることからもいえる。

西面は異常だから、本州の西南守護のための西向きだとか、本殿の後に大国主神の父の素戔嗚尊を祀る素鵞神社があるので、後《うしろ》に向けるわけにいかないので西向きだとか、大国主神は天孫に国譲りしたから、遠慮して西面したとか、西の方が開けていて景色がよいからなどという見解も出ている。このようにさまざまに推測が出るのは、西面が異常だからである。この異常な西面は、東に伊勢神宮、西に出雲大社を置いた、王権の政治意図、天と地の上下関係を、東と西の平面上の上下関係に用いて、出雲大社の神を葦原中国の代表として西に置き、高天原の皇祖神を東に対置させたのである。つまりわが国の伝統としての太陽信仰の東西観に、王権が統治思想として中国から受入れた上下観を重ねたから、特に出雲大社を西向にしたのであろう。

天武天皇と太陽信仰と「高天原」神話

高天原——葦原中国という天と地の上下関係が、『記』『紀』神話で徹底したのは天武・持統朝である。『万葉集』には「高天原」という表記・用法はない。すべて「天原」である。このことからも「高天原」表記は一般的用語でなく、上下のタテ意識にもとづく特殊な観念用語であった。『万葉集』の「天原《あまのはら》」の用例は十五例あるが、十三例は広い大空の意味で用いられているが、他の二例（柿本人麻呂が詠んだ「日並皇子挽歌」〈巻二・一六七〉。大伴坂上郎女の祭神歌〈巻三・三七九〉）は違う。人麻呂は「天原　石門《いはと》を開き　神上り」と詠み、坂上郎女は「天原より　生れ来たる　神の命」と詠んでおり、「高天原」を意識した「天原」だが、まだ「高」を冠していない。「高」を冠した『記』『紀』はタテ観念をより強調している。

道教に「高天」「皇天原」という用語があり、この用語の「高」を「天原」に冠したのは、日本人の「天《あま》原《のはら》」では、天皇権力の強調にならなかったからである。「アマノハラ」は大空の意で「高」というタテ意識はない。『万葉集』の十三例のうちもっとも多いのが七例の「天原振《あまのはらふ》り放《さ》けみれば」だが、二例は「天原振り放けみつつ」で、合計九例が「振り放け」と詠んでいる。他の一例の「見放《みさ》けむ山」（巻一・一七）も「放け」とあるが、「放《さ》け」は「はるか」の意であるから、「放」という漢字を用いている。このように十三例のうち十例が遠くの意の「放け」と書き、九例が「遥《はる》か」の意の「振り」を冠して、「天原」は「遥か遠く」にあると見ており、空高く中天にあるという「天上」意識、垂直観ではない。山部赤人が富士山を詠んだ長歌（巻三・三一七）も、「富士の高嶺《たかね》を　天原《あまのはら》　振り放《さ》け見れば」と詠んでおり、「高嶺」が天上に近い意味で詠んでいるのでなく、「高嶺」も「遠望」の意味で詠んでおり、ヨコ意識である。

しかし山部赤人と違って宮廷御用歌人の柿本人麻呂は違う。草壁（日並）皇子の殯宮で詠んだ柿本人麻呂の「天原」は「高天原」のことである。その長歌（巻二・一六七）を示す。

天地《あめつち》の　初めの時　ひさかたの　天の河原に　八百万《やほよろづ》　千万《ちよろづ》神の　神集《つど》ひ　集ひいまして神はかり
はかりし時に　天照らす　日女《ひるめ》の尊（一に云ふ「さしあがる日女の命」）　天をば　知らしめすと　葦原の
瑞穂《みずほ》の国を　天地《あめつち》の　寄り合ひの極《きは》み　知らしめす　神の命《みこと》と　天雲の八重《やへ》かき分けて　神下《くだ》し　いま
せまつりし　高照らす　日の皇子《みこ》は　飛ぶ鳥の　浄《きよみ》の宮に　神ながら　太敷《ふとし》きまして　天皇《すめろき》の　敷《し》きま
す国と　天の原　石門《いはと》を開き　神上り　上りいましぬ

この長歌の「高照らす日の皇子」は「日女《ひるめ》の命《みこと》」の命によって降臨する瓊々杵《ににぎ》尊であり、「飛ぶ鳥の　浄《きよみ》の宮」以降の文は、天武天皇を詠んでいるとみられるが、草壁皇子を詠んでいる挽歌だから、草壁皇子ともとれるから、両説がある。だが草壁皇子は「日並」であって「日」ではない。降臨した「日」（または「日の皇子」）は天武天皇である。この「日」は前述した朝日・夕日のヨコ意識の「日」でなく、高天原の日の御子の降臨で、タテ意識で書かれている。伊藤博は「飛ぶ鳥の　浄の宮」以降の「日の皇子」は、天武天皇のこととし、瓊々杵尊と天武天皇の関係について、「ニニギノミコトに天武を重ねた表現ではなくて、天武天皇にニニギノミコトのイメージを重ねた表現と見るべきで、そこにこそ白鳳宮廷歌人人麻呂らしい神話があると思われる」と書いているが、[20] 私は伊藤見解を採る。

前述の人麻呂の挽歌には、

　天照らす日女《ひるめ》の命（一に云ふ「さしあがる日女の命」）　天をば　知らしめす

とあるが、「さしのぼる」を「天照らす」に人麻呂は変えたのだろう。「日女」は朝日（日神）を受けて日の御子を生むのだが、「さしのぼる」は朝日を受けるのだから、東向きの「ヨコ」意識であった。それを「タテ」を強調するため「天照らす」に変え、日神に成り上った天上の「日女」にしたのである。人麻呂が「さしのぼる」から「天照らす」に変えていることからも、本来の「日女」の実像がうかがえる。

「高天原」と「葦原中国」の観念は、皇祖神天照大神を高天原の主神（日神）にするためであり、この発想が高天原の日神の子孫が葦原中国の統治者（日の御子）というタテ意識を生んだ。このタテ意識は前述した益田勝実が引用した、「高天の原、葦原の中つ国、黄泉《ヨミ》の国という上中下三重層の神話的世界像」とみて、この垂直的神話思考（タテ意識）による宇宙軸の水平的把握を、伊勢――大和――出雲と書き、高天原――葦原中国――黄泉国に対応すると書く西郷説だが、益田勝実はこの説に賛同しながらも、西郷信綱が古代の人びとの一般的観念とする垂直的神話思考は、中央権力（大和朝廷）側の「勝手な考え方」と書く。[19]私は「勝手な考え方」でなく、意図して王権統治の基本とした考え方とみる。その意図は「高天原」神話の創作と共に、具体的には国号「日本」の成立、日本国の誕生に発展したと推測しているからである。その推論は拙著『日本国はいつできたか――日本国号の誕生――』で詳述したが、本書でも第十五章で述べる。

古代日本人の太陽信仰と作られた王権神話

古代日本人の太陽信仰を述べたが、序章の結びに『隋書』東夷伝俀《たい》国伝（俀は倭のこと）の「日出処天子」の倭国王と「日没処天子」の唐国王の問題を、太陽信仰の視点で述べる。

栗原朋信は「日出る処」と「日没する処」は、東西という国土の位置の相対的関係によるものでなく、日本を優位に、隋を次位に見立てた見解と書く[21]。この見解に対して井上光貞[22]・上田正昭[23]は単純な東西の意味にすぎないと書いている。しかし単純に東西なら、東と西の、方位を述べればよいのに、「日」と言っているのは、前述の讃《たた》え言葉の朝日・夕日の意味での「日出づる」「日没す」であり、優劣の意味ではなかった。このことも前述したが、『万葉集』巻十三の長歌（三二三四）の「朝日なす　まぐはしも　夕日なす　うらぐはしも」は、朝日のようにみごとで、夕日のようにすばらしい、の意だが、このような意味での朝日・夕日観は、中国朝廷には通じなかったのである。

諸橋轍次著の『大漢和辞典』の「日兄」の条には、「天子の弟妹に対して天子を日兄といふ」とある。

天父――天子・日兄
　　　　　　　‖
　　　　　　日弟

という関係の「天」は、垂直（タテ）関係で並列（ヨコ）関係ではない。ところが倭王は「天」と「日」を、

天兄
‖
日弟

という並列関係でみていたから、「訓《おし》え改めさせた」のである。中国人の「天」は、日や月や星など天空に

かかわるものを統合した、抽象的観念としての「天」だから、天と地は「タテ」関係だが、日・月はヨコ関係である。

『南斉書』の「礼志」には、

> 故冬至祀天於二圓丘一、夏至祭レ地於二方沢一 春分朝日、秋分夕月。……故礼云、王者必父レ天、母レ地、兄レ日、姉レ月

とある。冬至と夏至は日照時間のもっとも短い日と長い日なのに、冬至を天で圓、夏至は地で方にしており、まったく観念化している。この発想が春分を朝日、秋分を夕月にし、秋分も春分と同じに太陽にかかわるのに、月にしており、日本人の自然に即した見方に対して、観念化・理念化し、非現実の考え方に立っている。『宋書』の「礼志」にも、魏・晋時代の日月の拝礼について、「按礼二天子一、以二春分朝日一於レ東、以二秋分夕月一於レ西」とあり、『隋書』の「礼儀志」にも開皇（五八一～六〇〇年）の始に後周の制に従って、「以二春分朝日一 以二秋分夕月一」の行事をしたとある。春分と秋分は共に日照時間は同じで、ただ、春と秋の相違だけなのだから、朝日と夕日ぐらいの相違にするならいいのに、春分の朝日に対して秋分を夕月にし、方位も春分を東、秋分を西にしている。このような反自然の観念的思考と、自然のままに受入れている日本人の思考は、大きな相違である。日本人の思考は素朴ではあるが、事実に合わせている。

中国のタテ意識の「天」にまったく「日」の観念がないとはいえない。しかし『礼記』王制には「天、謂レ日也」とあるが、この日は中天にある日をいうのであって、「朝日・夕日」のヨコ意識の「日」ではなく、天＝日と観念化された動かぬ日である（「天」は太極・太一・北極とされ、動かぬ北極星に具象化されている）。

ところが日本の「日」は動く。延暦八年（七八九）に高橋（膳部）氏が朝廷に提出した『高橋氏文』には、東を「日の竪《たつし》」、西を「日の横《よこし》」、北を「陰面《かげとも》」、南を「背面《そとも》」という。東から昇る朝日は「日の立《たつ》し」であり、西に没する夕日は「寝る」または「死ぬ」ため横になるからである。南の「背《そと》」は日光を受ける背であり、北の「影」は日光を受けて作る影の方向である。

『万葉集』巻一の「藤原宮御井の歌」（五二）に、

大和《やまと》の　青香《かぐ》具山は　日の経《たつし》の　大御門《みかど》に　春山と　繁《しげ》さび立てり　畝火《うねび》の　この瑞山《みづやま》は　日の緯《よこし》の
大御門《みかど》に　瑞山と　山さびいます　耳成の　青菅《あをすが》山は　背面《そとも》の　大御門に　宜《よろ》しなべ　神さび立てり
名くはし　吉野の山は　影面《かげとも》の　大御門ゆ　雲居にこそ遠くありける

とある。藤原宮からみて東（日の経）は香具山、西（日の緯）は畝火山と詠まれているから、二つの山は真東・真西にあると、現代人は思うが、そうではない。図15は藤原京大極殿と天香具山・畝傍山との関係図だが、東の天香具山は冬至日の出方位、西の畝傍山は夏至の日没方位であり、北の耳成山は真北である。このように大和三山は単に「三つの山」があるから、「大和三山」といわれているのではない。図15のように藤原京との深い関係があったからである。大極殿は耳成山と結びつき、「大極」の殿の真北にある耳成山は「極北」で、この北方位は中国思想の天皇観に依っている。しかし東西観は違う。真東・真西方位観ではない。古くからの日本人の冬至・夏至の朝日・夕日信仰に依っており（実際の朝日・夕日は香具山と畝傍山の背後の山脈《やまなみ》、朝日は御破裂山から昇り、夕日は水越峠に落ちる）、重視しているのは北の耳成山でなく、東西の香具山と畝傍山である。

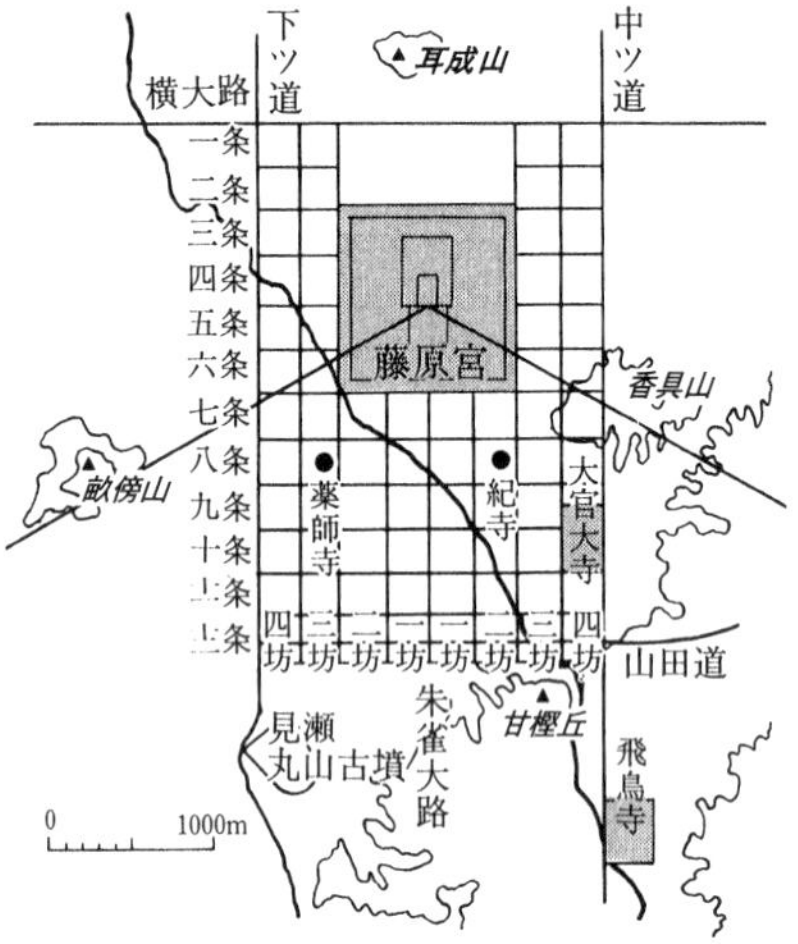

図15　藤原京大極殿と天香具山、畝傍山山頂との関係

『日本書紀』の天武十三年条に、「京師《けいし》を巡行し宮室の地を定む」とあるから、この頃に既に造営計画が決定していたと、岸俊男は「日本における『京』の成立」で述べている[24]が、大極殿院の大溝から天武十一年・十二年・十三年の年紀を記す木簡が出土していることからも、岸見解は正しい。天武天皇の意志によって、大極殿の位置は天香具山・畝傍山山頂の冬至の朝日・夕日方位にある地に新京を作る設計図が出来ていたと推測できる。

香具山のみに「天」がつくのは、この山は冬至の朝日の昇る山だから、特に「天」をつけたのであろう。香具山は高天原からの降臨、「天降《あも》り」した山と、『伊予国風土記』（逸文）は書くが、柿本人麻呂は高市皇子挽歌で、天武天皇も「天降り」したとうたう。冬至の日の出方位の香具山に「天」を冠したのは、高天原神話と無縁ではないが、この神話は天武・持統朝と深くかかわっていることは、後述する。

図16で示した方位観が、天皇権力が支配のために用いた方位観ではなく、民衆が持っていた方位観であることを『源氏物語』が証している。六条院の辰巳《たつみ》には、源氏と春の御前の紫上、未申《ひつじさる》に秋の好中宮、丑寅の東の院に夏の御方花散里、戌亥の西の町に冬の御方明石君が住んで居たと書いている。図示すると**図16**のよ

うになる。紫式部は用語だけは中国の方位用語を使っているが、中国の方位観にしたがっているのではなく、日本固有の方位観に依って、真北・真南・真東・真西の方位ではない。辰巳（巽）と書いても、東南より東南東方位、つまり冬至日の出方位を重視したのは、新しい年、春を意識したから、この方位に源氏は住む。中国も冬至を重視するが、わが国と違って観念的である。

冬至は中国では「暦元」と書き観念化されている。図17のように太極（太一）の子《ね》（北）に配置され、実際の方位の辰（東南東）ではない。中国では、東→南→西と動く太陽を北に固定化して、冬至を暦元の視点でしか見ないから、前述したが守屋美都雄が「世界の諸民族がしばしば冬至を太陽の誕生日と考えているが、中国ではその痕跡がない」[17]のである。沢田瑞穂も「中国民間の太陽信仰とその経典」で、「太陽君誕辰」が冬至の太陽でないことを論じている[18]。冬至の太陽は「北極（太一）」と一体の動かぬ太極として重視されているから、冬至は真北に観念化されており、冬至の太陽は東から昇る朝日でなく、動かぬ中天の太陽（日）である。

わが国では基点はヨコ意識の東（真東でなく冬至の日の出の位置）だが、中国はタテ意識の真北である。弘中芳男は「中国地図」が北上方位を常とするのに対して、たまたま集めた一六種の行基図には北上方位がまったくない」のは、「何か文化系統の相違を考えさせられるものがある」と書いている[25]。弘中芳男の調べた九世紀から十七世紀までの日本の古地図（いわ

図16 『源氏物語』の方位観

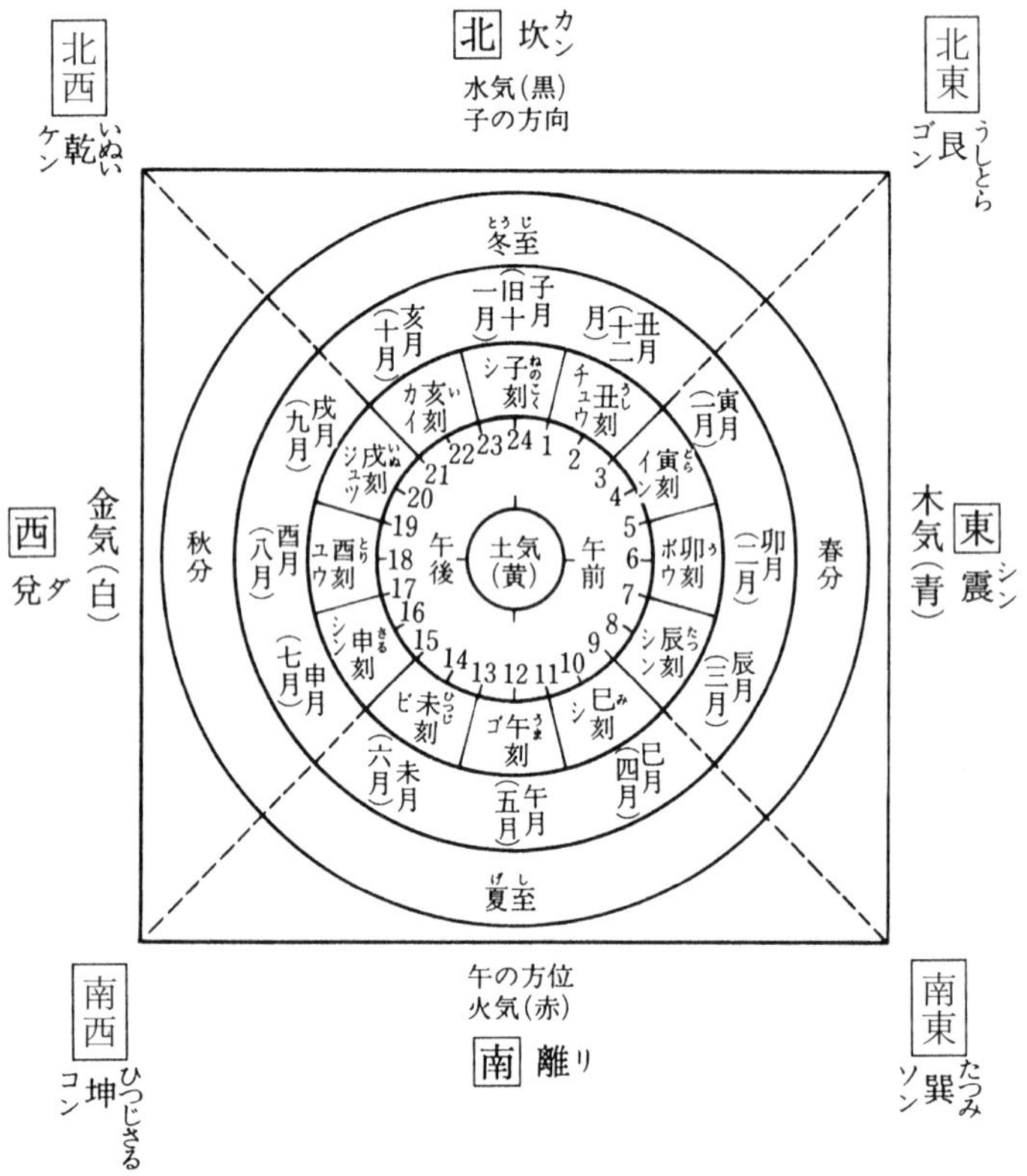

図17　五行・易・十二支と方位・時との関連

ゆる「行基図」）は、「東」が上になっている。日本の古地図が「東」を上にしているのは、「北」を基点にする中国の視点でなく、「東」（日の出の地）重視だから、中国の地図が北を上にするのに、東を上にしているのである。

五行・易・十二支と方位・時との関連を図に示したのが**図17**だが、この基点は「北」で「北」が冬至に観念化されている。この中国思想を受入れて、「天皇」「天照」などと書いてタテ関係の「天」の思想を入れ、「高天原」→「葦原中国」→「黄泉国」

という、上（天国）→中（中国）→下（黄泉国）の関係を天皇権力・支配者は導入した。理由は権力維持のためには、ヨコ意識にタテ関係を入れる必要があったからで、その工作例の一つが、高天原の皇祖神・日神として作られた「天照大神」である。この作られた日神神話・王権神話（『記』『紀』神話）だけを根拠に、日本人の太陽信仰を論じ、古代日本人の心意を知ろうとしても、実像は見えてこない。そのことを序章でまず述べておきたい。

一章　縄文時代の太陽信仰

青森県の三内丸山遺跡の六本柱と太陽信仰

青森市の三内丸山遺跡は縄文時代前期中頃（五五〇〇年前）から、中期末（四〇〇〇年前）までの一五〇〇年ほど続いた大規模集落である。藤尾慎一郎は炭素14年代測定法（AMS法）によって、始めは五九〇〇年前、終りは四三〇〇年前とし、大型の掘立柱建物を四七六〇年前、有名な大型の六本柱を四六二〇年前と推定している。(1)

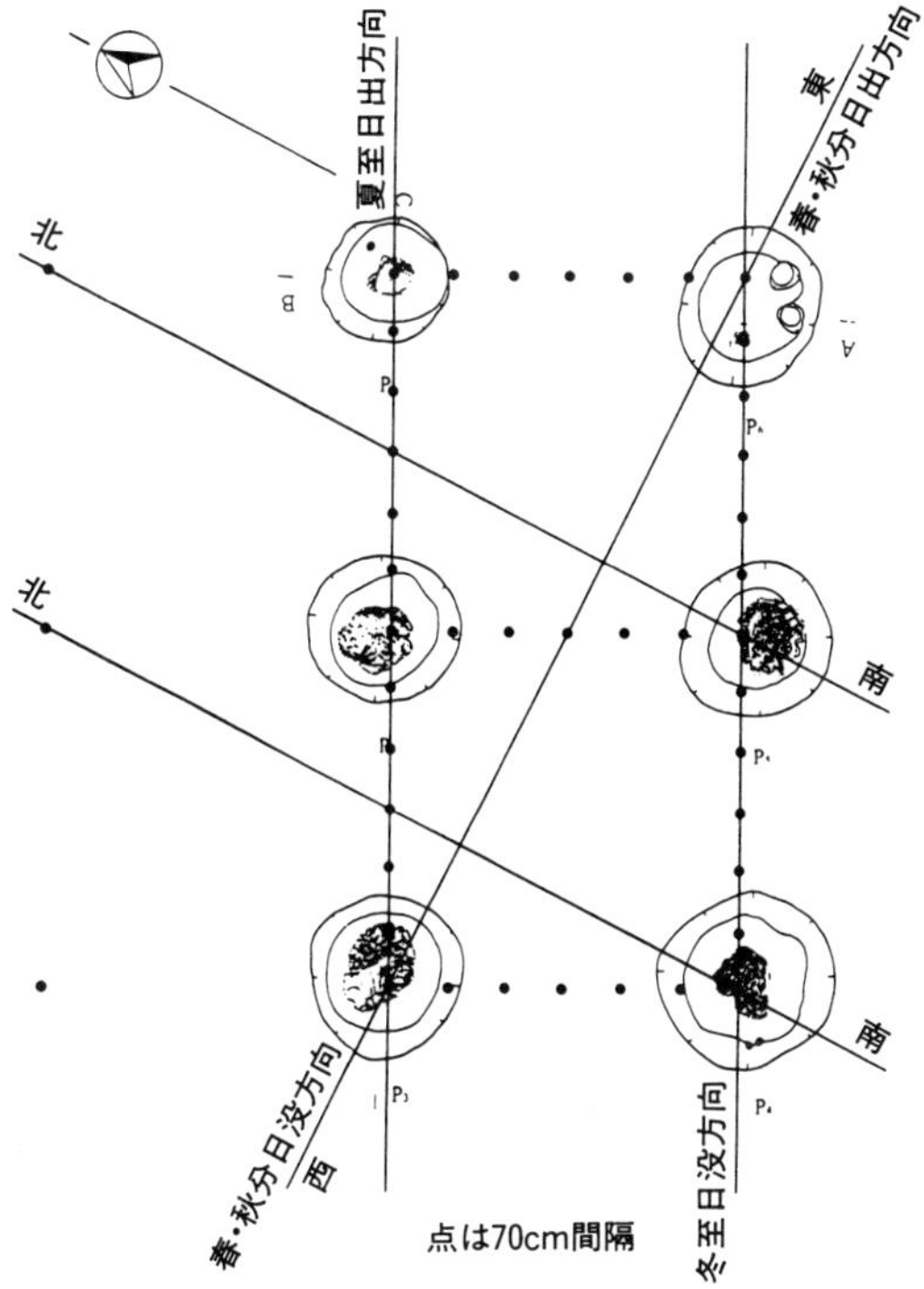

図18　六本柱巨木柱列と方位（岡田康博他1996『三内丸山遺跡Ⅵ』の図に点と線を追加）

大型の六本柱は復元されているが、この復元は、六本の柱を立てたという説と、六本の柱は家の柱とする説があるので、両説を折衷して復元している。柱は家の柱で屋根があったという説の代表は、大林組プロジェクトチームである。その見解は『三内丸山遺跡の復元』（一九九八年・学生社）にまとめられている。この建物説について太田原潤は、「三内丸山遺跡の

写真3　夏至日出（1999年）

写真4　冬至日没（1999年）

六本柱は建物か」と題する論文で反論している。太田原潤は大林組プロジェクトチームの説を「建物説」、非建物説を「木柱列説」とし、「建物説」の工学的データをくわしく検証し、「データを素直に解釈すると、むしろこれら工学的データは、木柱列説を裏付けることにこそなれ、それを否定する結論にはならない」と述べている[2]。

　屋根のついた建物ではないとすると、このような柱を、なんのために六本も等間隔に立てたのか。太田原は前頁の図18を示し次のように書く。

　パソコンによるシミュレーションや実際の写真撮影等を通じ、巨木柱列の位置と柱穴の配置を検討してみたところ、図18のように、日の出、日の入り、方位との関係においては、長軸方向が冬至の日の入りと夏至の日の出方向に対応し、それぞれの延長上の有意な位置に岩木山、高森山があることがわかった。一方、対角線方向は春分・秋分の日の出、日の入りの方向、即ち東西に対応し、日の出の位置には三角岳があることがわかった。また、北側木柱列の中間点と南側木柱を結ぶラインは正確に南北を指し、北側の延長には北海道の駒ヶ岳が位置することがわかった。これらは人間の力が及ばない太陽の運行や景観を、遺跡の位置と木柱の配列を工夫することによって自らの社会の中に秩序付けた結果とみることができる。(2)

このように太田原潤は書くが、縄文時代の考古学を研究する小林達雄は、「三内丸山遺跡の六本柱は夏至の日の出および冬至の日の入りを柱廊の真中に望むことができる」と書き、太田原潤が撮影した一九九九年の夏至の太陽が昇る**写真3**を示し、更に同じ年の冬至の日の入りの六本柱の**写真4**を示す。このような事実から小林達雄は、「六本柱は、現在三層の床が張られているが、これでは日の出、日の入りを妨《さえ》ぎる恰好となり、縄文人の意図を否定する結果となっている。ましてや屋根を架けるという復元にいつまでも拘るのは、縄文人に対する冒瀆とさえいわねばなるまい。諏訪の御柱のように六本が天を衝いてすっくと立つ姿こそ本来のカタチであり、縄文人の世界が初めて偲ばれるよすがとなる」と書いている。(3) 私は小林達雄・太田原潤の主張に賛成する。

石川県の真脇遺跡・新潟県の寺地遺跡の四本柱

小林達雄や太田原潤は、現在の考古学・天文学的視点で、二至二分にかかわる柱列として、三内丸山遺跡

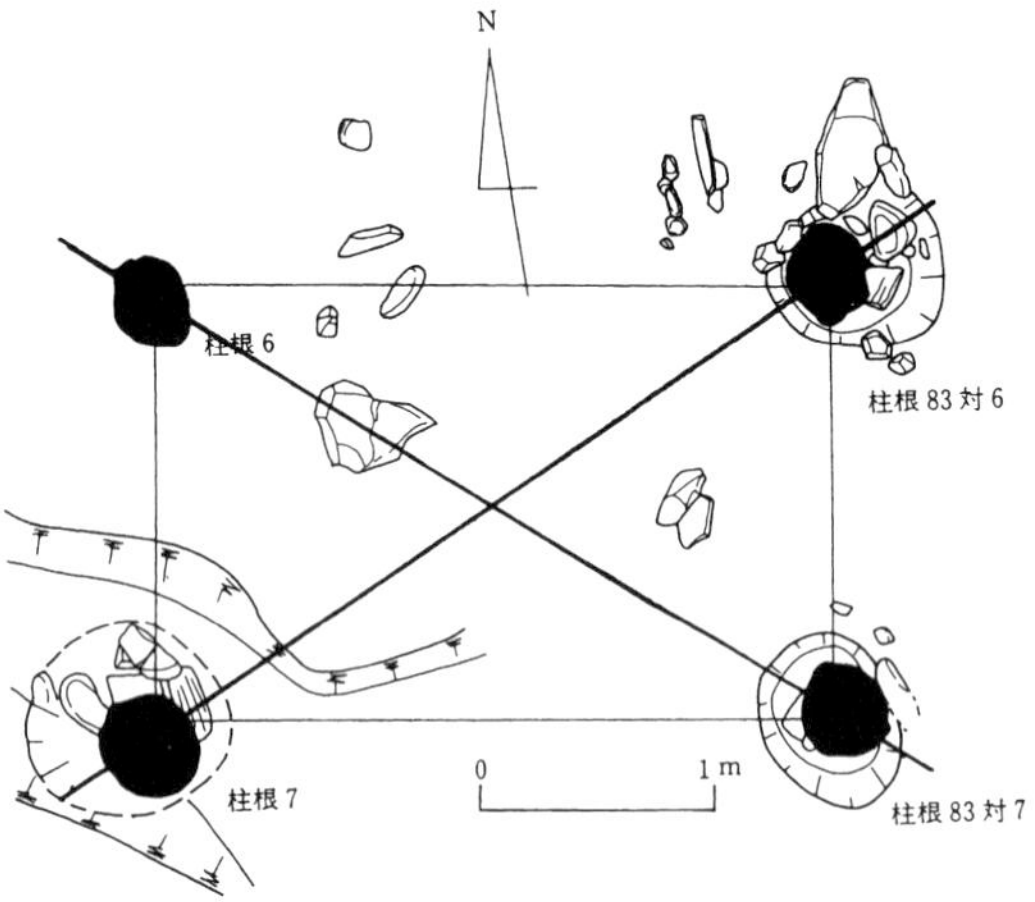

図19　二至・二分が観測できる真脇遺跡の四本柱

の六本柱は立てられたと述べているが、三内丸山の縄文人たちが現在の考古学・天文学的視点と同じ視点で、六本柱を立てたとみているわけではない。六本柱を高層建物や物見やぐらなどと推測する人たちは、六本柱を単に高層建造物の柱としてしかみていない。しかし小林や太田原は縄文人の視点に立って、祭祀・儀礼用の柱とみている。考古学者の中にも二至二分の観測用とはみないが、単なる高層建造物の柱とは見ず、祭祀・儀礼用と見る人たちもいるが、小林や太田原は更に祭祀・儀礼のための用途を、より具体的に示したのである。縄文人にとって二至二分の観測は「まつり」としての行為であり、六本の柱も単なる柱ではなかった。後代になって、神を「一柱・二柱」というように、柱は神の依代である。縄文時代に彼らが立てた六本柱も、「日の神（太陽神）」の依代であったと考えられる。

柱が単に建造物の一つとしてでなく、神聖な形代として立てられていたのは、三内丸山遺跡だけではなく、他の縄文遺跡にもみられる。石川県能登町にある縄文晩期の真脇遺跡からは、三内丸山遺跡と同じ巨木穴遺構が発見されている。方形配石遺構の中に直径六〇〜七〇センチの柱穴が四つある。図19は四本の柱穴だが柱穴に対角線を引くと、対角線方位で冬至・夏至の二至、柱間からは春分・秋分のいずれも朝日・夕日が拝される。また真脇遺跡からは三木柱が立っていたとみられる柱穴がある。この三本柱の穴について、小林達雄は、「2本の柱なら、結びさえすれば直線を作り、柱の位置関係によって、方位も融通無碍である。しかし3本で直線を作るには、正確に一線に並べる計画的な行為が必要とされる。真脇の3本柱が一直線をなすのは、その意味で縄文人の意識が断固として働いていた結果なのだ。その方位の延長線上には、立山連峰の南端の山頂をきちんと指している。しかも、その山頂からは冬至の日に太陽が落ちて沈むのである」と書いている。(4)

真脇遺跡の三本柱・四本柱から見ても、三内丸山遺跡の六本柱も、同じ意図で立てられたのであり、屋根つき建物ではあり得ない。したがって建造物と立柱の二つの見解を取って、六本柱に三段の床のような意味のないものを取り付けているが、これは取り払うべきだ。六本柱として立てるのが本来の姿である。

図20は真脇遺跡の環状列柱の立つ村の想像図である。柱の前でイルカを解体している絵があるのは、この遺跡からはイルカの骨が大量に出土しているからだが、この環状立柱も三内丸山遺跡の六本柱と同じ祭祀用であろう。

新潟県青海町の寺地遺跡にも環状列柱柱穴以外に、四本柱が立っていた柱穴がある。この四本柱も二至二分にかかわる。**図21**は寺地遺跡の配石遺構に立つ四本柱の神まつりの想像図だが、四本柱の奥に環状列柱が描かれている。この**図21**は、四本柱を二至二分にかかわる柱とみていないので、四本柱そのものを神の依代とみて、巫女が祭壇で四本柱を拝し、村人が参列している絵になっている。この作図にかかわった寺地遺跡

図20　石川県能都町の縄文晩期の真脇遺跡の環状列柱の立つ想像図

図21　寺地遺跡の配石遺構に立つ四本柱の神マツリの想像図

を発掘調査した寺村光晴は、「信仰的な立柱」「神の依代、のちの斎柱《いみばしら》のオリジンが、この巨木木柱」とみて、長野県の諏訪大社の「御柱」と関係があるとみている(5)。

寺村光晴は見落しているが、寺地遺跡の四本柱も、図20の真脇遺跡の四本柱の穴とほぼ同じ配置の柱穴であることからみても、二至二分の観測(縄文人は「観測」も祭祀であった)のためと推測できる。真脇遺跡も寺地遺跡も柱が四本なのは、「観測」に四本がもっとも適していたからである(三内丸山遺蹟の六本は、四本の基本に二本を付加することで、観測をより厳密にしている)。

諏訪大社の「御柱」も四本で真脇・寺地遺跡と同じだから、四本が基本であったろう。それが後代になって神社の四隅に立てて結界を示すようになったのではないだろうか。北陸地方には直脇・寺地遺跡以外にも、石川県金沢市のチカモリ遺跡にも似た立柱跡があり、他にも北陸の縄文晩期の遺跡に数例がある。

山形県長井市の長者屋敷遺跡と太陽信仰

四本柱が聖域の結界を示すとみられる例に、山形県長井市の縄文中期後半の長者屋敷遺跡の四本柱の半截木柱遺構がある。真脇遺跡や寺地遺跡の四本柱は、三内丸山遺跡の六本柱と同じに、近距離に四本が立っている。それは図20・21からもわかる。ところが長者屋敷の場合は正方形で、柱と柱の間隔は三・五メートルある。この遺跡の四本柱は、直径五〇センチ～八〇センチの巨大半截木柱だが、四本柱と二至二分の日の出・日の入を観測した岩崎義信は、「冬至の『日の入』方向は3号柱から1号柱を望むと、2本の柱のほぼ延長線上の山並みに日没を確認することができた」と書き、「夏至の『日の出』方向は1号柱から3号柱を望んだ延長線上の東側、白鷹山の東肩から日の出が観測された」と書くから、1号柱と3号柱を結ぶ線は、冬至の日没の「観測」にはぴったり合うが、夏至の日の出はやや東にずれていると書く。また「春分の『日の出』方向は1号柱と2号柱の間から東方向を望むと、2本の柱の中間地点にあたる山並みから朝日が昇った。つまり1・4号柱と2・4号柱の中央部から日の出を確認」しており、「秋分の『日の出』は春分と同様に1・4号柱と2・4号柱の中央部から日の出を確認」している。(6)

このように書いて岩崎義信は、「これらのことから、4本柱は季節の節目にあたる冬至や春分・秋分の日の出・日の入り方向を詳細に調べ、その方向に合わせて木柱を配置したものと考えられ、季節を知る暦のような役割を果たしていたのかもしれない。また、4本柱跡の中央部には土坑が検出され、多くの礫が出土しお墓跡と考えられることから、4本柱は日の出・日の入に係わる祭祀遺構の可能性もある」と書いている。(6)

この記述で無視できないのは、四本柱の中心部が墓地になっていることである。このことは三内丸山遺跡の六本柱とちがっている。なぜ二至二分の日の出・日の入にかかわる四本柱の中心に墓があるのだろうか。

太陽は朝、東の地から昇り（日の出）、夕方、西の地に落ちる。朝は太陽の誕生であり、夕方は太陽の死である。死の時間は闇の空間であり、夜明けから生の時間が始まり、光の空間となる。この生と死の時間と、光と闇の空間が、一日であり、この繰り返しを毎日つづけているが、冬至の日から毎日、日照時間は長くなり、夏至から日照時間は短くなる。日照時間がもっとも長いのは夏至であり、もっとも短いのは冬至であり、中間が春分・秋分である。この二至二分を縄文人は知っていたから、その観測に巨大柱を立てたと考えられる。

三内丸山・真脇・寺地・長者屋敷の六本柱や四本柱は、縄文人の太陽信仰による「神の依代」であったが、この神柱を四本立てて、その中心を墓にしているのは、太陽が死と再生を繰り返すことからみて、再生願望による埋葬と考えられる。

縄文遺跡の埋葬頭位と太陽信仰

四本柱の中心を埋葬地とする長者屋敷遺跡の場合、四本柱が二至二分の方位とかかわっているが、埋葬の遺体の位置が二至二分にかかわっている例が、縄文時代の埋葬にみられる。

冨樫泰時は「縄文人の天体観測予察」で、縄文晩期の秋田県能代市の柏子所貝塚の土壙内の八体の人骨が、一体が北東頭位である以外は、「すべて西北線」であり、頭位は「夏至の日没線の範囲内におさまる」こと、またこの方位の足位は冬至の日の出線の範囲内に入るから、この遺体埋葬は「太陽を観察し、夏至・冬至をしっかりと意識していたと考えることができる」と書いている(7)。

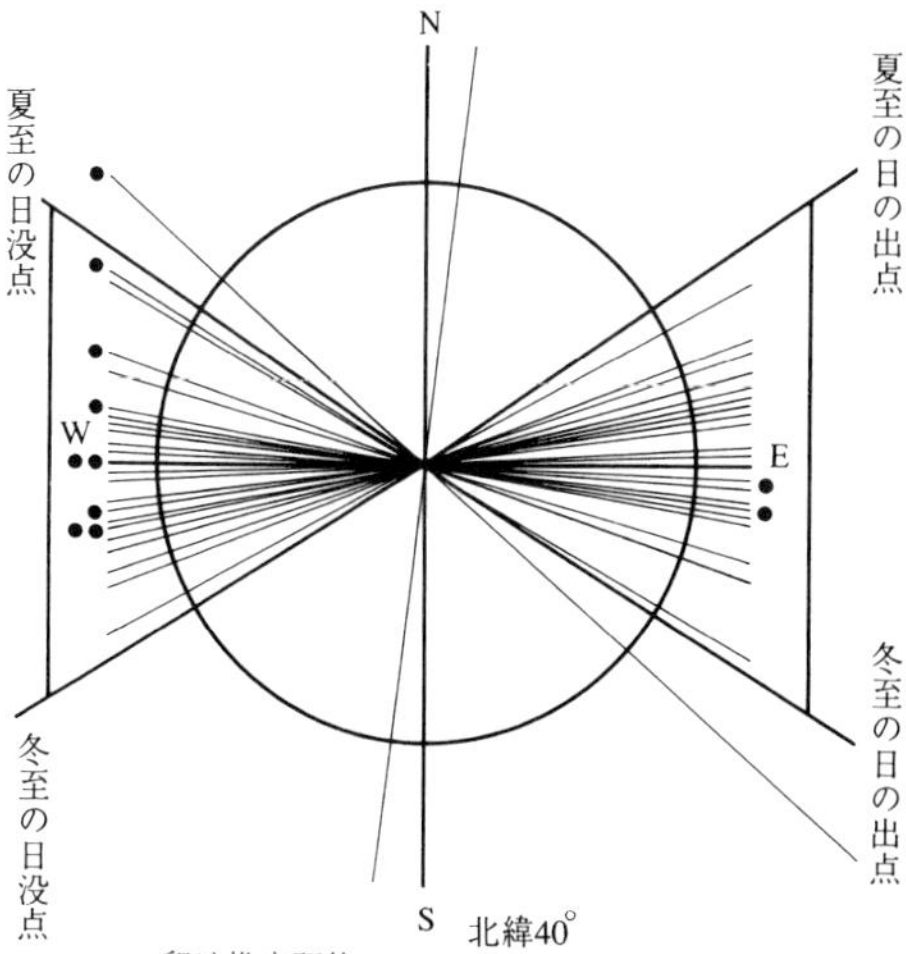

図22 縄文晩期の青森県浪岡町源常平遺跡の土壙墓の埋葬頭位

図22は縄文晩期の青森県浪岡町源常平《げんじょうたい》遺跡の土壙

墓の埋葬頭位だが、西田泰民はこの図を示して、冬至・夏至の「ほぼ日の出、日の入りの方向内と一致するので、埋葬にあたり、太陽の方向が基準になったらしいことがわかる」と書いている。(8)

藤本英夫は序章で述べたが、「北海道の縄文時代後・晩期以降の墳墓では、太陽の上昇（あるいは下降）方向を指向した方向性が、かなり明確にあらわれている」として、アイヌの墓地の千歳市のウサクマイ遺跡をあげる。この遺跡についても序章で示したが、藤本英夫は「ウサクマイは北緯四二度五〇分にあり、夏至・冬至の太陽の日の出（または日没）点も作図的に求めることができる」から、「ウサクマイ人は、埋葬のための墓穴を掘るときには、太陽の日の出（または日没）方向を指向していた」と書いている。またオホーツク文化の代表的遺跡の網走市のモヨロ貝塚の埋葬軸を示し、モヨロ人は夏至あるいは冬至の時期に埋葬する宗教習慣があったかも知れない」、またあるいは、「この遺跡は夏至あるいは冬至のシーズン・サイトだった可能性も考えられる」と書いている。(9)

清野謙次は縄文時代の主に東北・関東の貝塚の被葬者の頭位を示して、頭位には厳重な規定はないが、東方に頭を向けた例が、いちじるしく多いことを指摘しており、(10)三宅宗悦も「東南にむけたものがもっとも多い」と述べている。(11)東方・東南方位は二分（春分・秋分）と冬至の日の出方位である。

以上述べたように、埋葬頭位からみても、縄文人の日の出・日の入りの関心（太陽信仰）が、埋葬に強く影響していることが推測できる。

秋田県の大湯環状列石の太陽信仰

埋葬頭位が太陽信仰とかかわっているとすれば、墓域が太陽信仰・祭祀の祭場とみることができる。その代表例に秋田県鹿角市の縄文後期前半の大湯環状列石（万座・野中堂の環状列石の総称）がある。**写真5**は野中堂の「日時計」と呼ばれている特殊組石である。

写真5　縄文後期の鹿角市の大湯遺跡の「日時計」と呼ばれる野中堂の環状列石

小林達雄は**図23**を「大湯環状列石と夏至の日没」の図として示すが[4]、この図は一九五六年に川口重一が発表した論文「大湯町環状列石の配置」に載る図を参考にして作図したものである。川口重一は大湯環状列石の夏至日没方位角の数値を、名古屋市東山天文台の山田博に依頼して調べ、環状列石の方位角の三三度と方位角の数値が合うことから、環状列石を作った人は「かなり正確に夏至観測をしていた」と書いている[12]。この説を天文学者の下保茂はとりあげて、「古代立石の天文学」で、「野中堂の通称日時計とよばれる立石は高さ約一メートルで、根元に菊花形の組石をもっている。環の中心から見て、この日時計はほぼ夏至の日没方向にあたり、逆に見れば冬至の日の出方向である。万座の日時計も同じである」と書く[13]。暦学者の岡田芳朗は

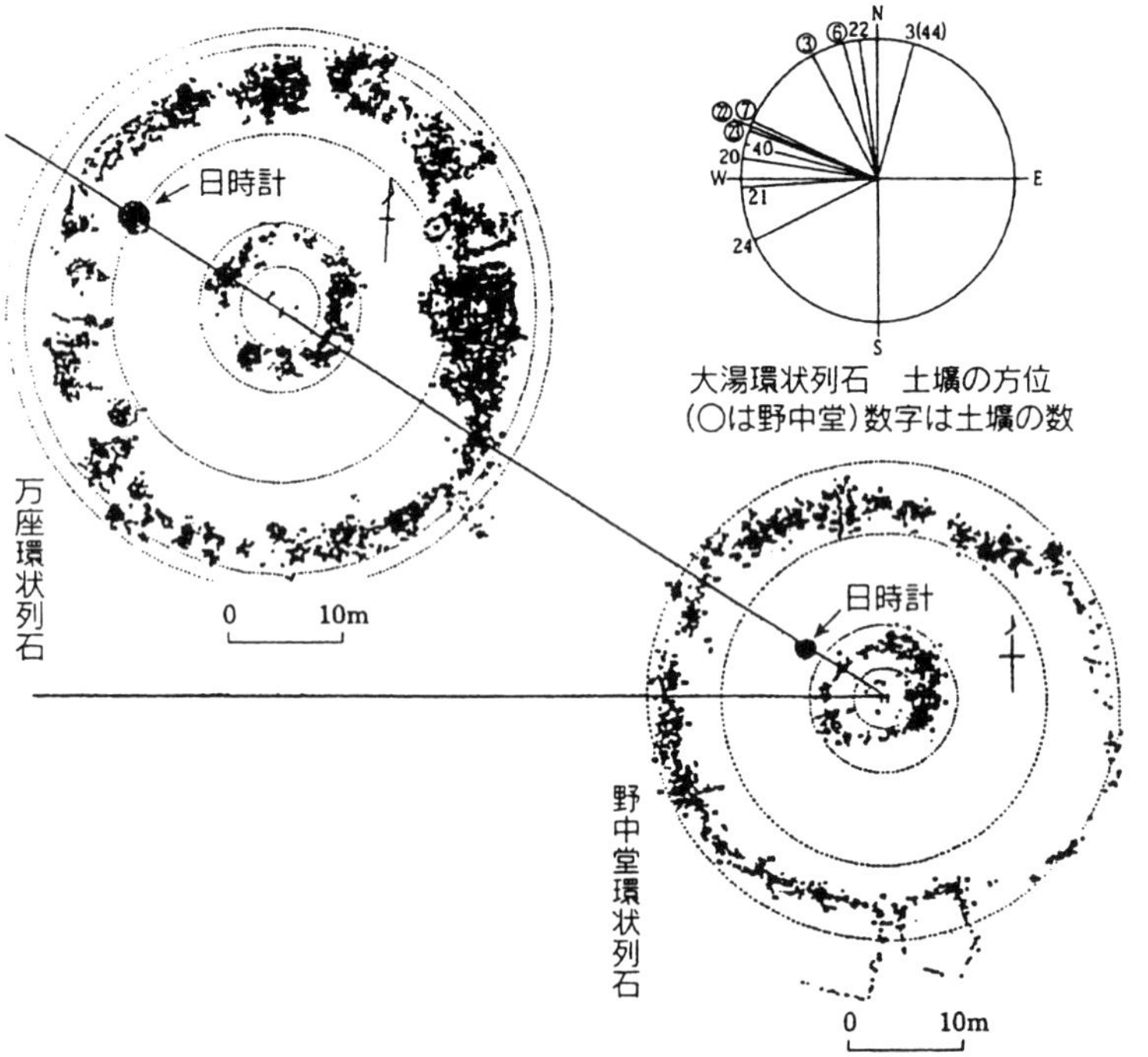

図23　大湯環状列石と夏至の日没

『日本の暦』で、大湯環状列石を日本でもっとも古い暦の遺跡だと述べている(14)。

小林達雄は大湯環状列石についての川口説に対し、「考古学からの反応は冷ややかで、時には積極的な反対意見さえも出されたりした」事実は、「縄文人の最もよき理解者となるべき研究者が、さしたる検討も抜きにして、ついつい縄文人の知的水準を見下してきたせいである」とみて、一九九四年に川口説の検証を思い立ったが、四月にイギリスのケンブリッジ大学に、一年間行くことになったので、秋田県立埋蔵文化財センター所長の冨樫泰時と、鹿角市教育委員会の秋元信夫に、実地検証を依頼した。二人は夏至の日に

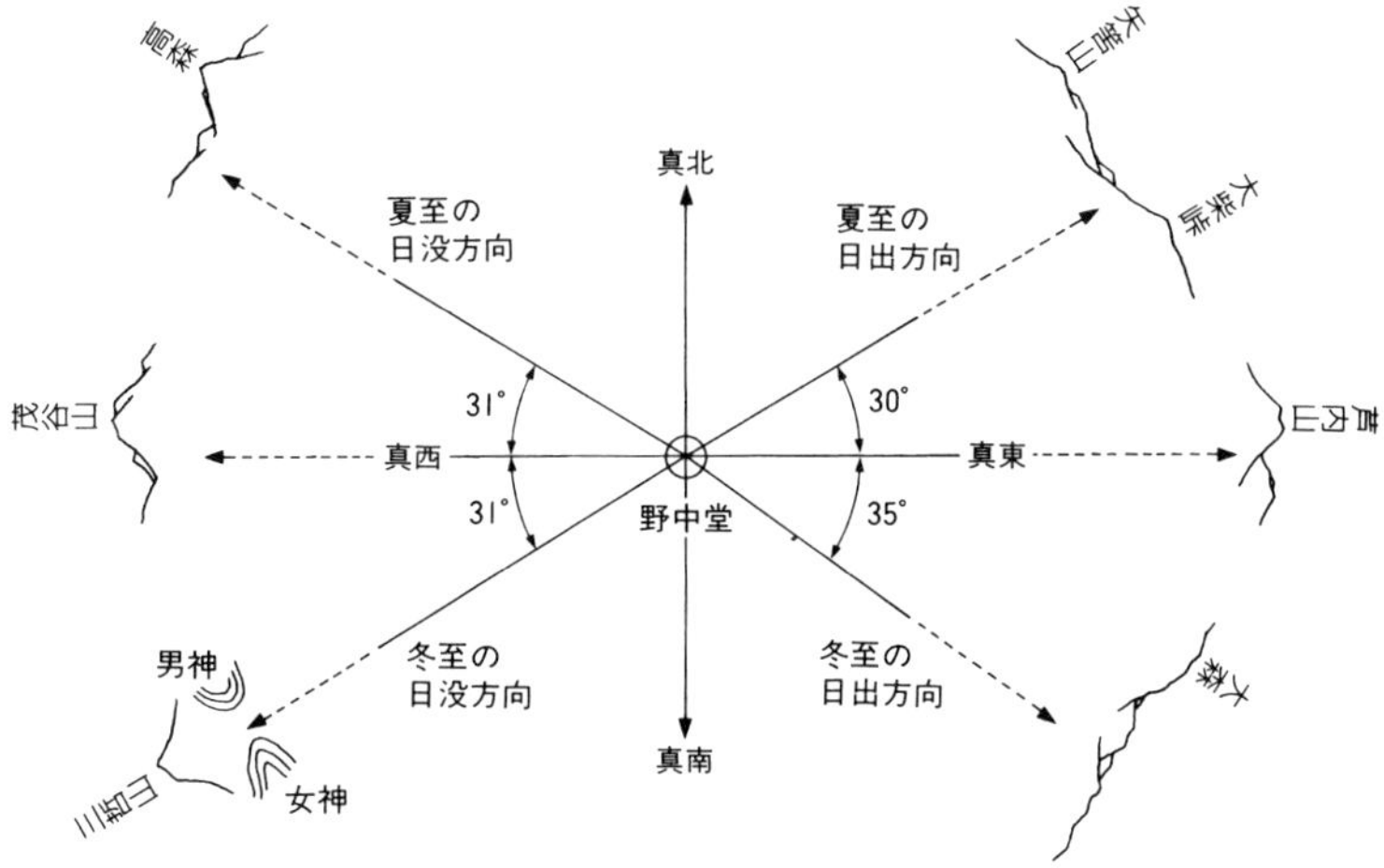

図24　大湯環状列石（野中堂）から見た二至二分の日出没方位図

「あいにくの梅雨空であったが、一瞬の晴れ間をとらえて、棒を立てて影を地上に映しながら、二つの環状列石、万座と野中堂に鎮座する日時計が日没線上に一直線に並ぶことを、ついに確認した」。その翌年の夏至には、小林は現地に行き、「二つの『日時計』の上に見事に太陽が沈んでいくことを目撃し」、この実見から、「縄文人が冬至や夏至をはっきりと意識し、記念物構築の設計の中にそのことを織り込んでいた事実は疑いようのないものである」と書く⑮。

このような万座と野中堂の一つの環状列石と石柱を結ぶことによる太陽観測だけではなく、例えば野中堂を例にすれば、野中堂環状列石の位置そのものも太陽観測と深くかかわっている。柳沢兌衛は図24の野中堂環状列石から見た二至二分の日の出日没方位図を、「大湯環状列石と二至二分の太陽」で示し、「大湯環状列石の造営は太陽信仰に裏づけられた、太陽運行の観察の結果として設営の場所が設定されたと言ってもよかろう。この場所の設定によって、大湯縄文人は季節毎に太陽——太陽神と言える——に祈りをささげることができ、日々の平安を獲得することができたのであろう」と述べている[16]。

このような位置は山形県の長者屋敷遺跡の四本柱の中心部と同じだが、長者屋敷遺跡の中心部は前述したように墓域で、墓域の大湯環状列石が墓域であるのと同じで、環状列石の構成する小単位の組石が、一つの墓（土壙）を表わし、その集合が万座と野中堂の環状列石になっている。

冨樫泰時が能代市の柏子所貝塚の土壙内の遺体の頭位は「西北線」で、「夏至の日没線の範囲内に収まる」と書いていることは前述したが、野中堂の土壙の方位についても、冨樫泰時は「西北方向を示すものが多い」と書き、「この西北方向を示す土壙は、夏至・冬至の日没・日の出の線（方向）の中におさまり太陽を意識していたものと考えられる」と書いている[7]（大湯環状列石の土壙には遺体は残っていないが、土壙の方位から冨樫は墓域として大湯環状列石の被葬者の頭位を「西北頭位」とみているが、野中堂の土壙方位はよくみると西北西、逆にみれば東南東だが、夏至の日没方位は西北西、冬至の日の出方位は東南東だから、はっきり夏至・冬至方位を意識している）。

縄文時代の太陽信仰と環状列石の位置

大湯環状列石の二至二分の太陽観測は、立石（石柱）のある「日時計」の場所だけでなく、柳沢兌衛が**図24**で示すように、環状列石遺跡そのものが太陽観測（祭祀）の地だが、この地（大湯の地は盆地）から冬至・夏至の日の出・日の入りは、**図24**をみれば山と深くかかわっており、山との関係が無視できない。

青森県平賀町にある太師森遺跡は縄文後期の環状列石遺跡だが、青森短期大学教授の葛西勵は、この遺跡について、「この環状列石は東西をかなり意識して構築していることが指摘される。東の方向は春分・秋分の日の出の方向であり、反対に西の方向は日の入り方向である。東に太師森、西に岩木山を取りこんでいることは偶然の一致とは考えられない。……太師森と岩木山を結ぶ線上に環状列石を構築しているのは、縄文人の拘りで、太陽の運行や季節を意識して、環状列石の設計の段階で土地を撰定していた」と書く。その土地選定について、「附近に平坦地がありながら、その場所を使わず、傾斜面の高い方を切土して低い方に盛土し、平坦面を造り出している」と書き、大規模な土地造成をわざわざ行なっていることをあげている。(17)

このような環状列石を作るために、わざわざ土地を平坦地に造成した遺跡に、後期初頭の青森市の小牧野遺跡がある。この遺跡の環状列石の中心部には、一メートルを超える立石がある。青森市埋蔵文化財対策室の児玉大成は「この大きな立石」と東北東にある立石（今は江戸時代に立てられた馬頭観音碑がある）を結ぶ線上に、夏至の日の出が見られると書く（このことは小林達雄も『縄文人の世界』で述べている）。また「山と太陽が重なるのは、八甲田山と冬至の日昇である」と書くが、(18)太田原潤は、多数の頂のある八甲田山の南端にある、最高峰の大岳附近から、冬至の朝日が昇ると述べている。

青森県弘前市の晩期初頭の大森勝山遺跡も環状列石の遺跡だが、この遺跡について太田原潤は、「遺跡は岩木山麓に位置するが、冬至には岩木山頂に日が沈み、春分・秋分には八甲田山から日が昇る。ここでの特徴は、冬至日没方向の至近に青森県最高峯の岩木山がそびえているため、他所に比べて日没は高い位置となり、沈む位置もその分南寄りで、日没時間も早くなる。県内で最も早く冬至の日没を迎える場所と言うこと

写真6　妙義山に向かって立てられた天神原遺跡の立石

ができる。地平線下への日没と異なり直ちに暗くなるわけではなく、逆光の中に岩木山が映える極めて特異な場所である」と書く。(19)

環状列石は、立石と立石を通して二至二分の太陽の日の出・日の入りを観測（祭祀）するだけでなく、山を巨大な立石とみて、そこから昇るまたは沈む二至二分の太陽を拝する地に、作られているのである。

秋田県鷹巣町の伊勢堂岱遺跡は後期前半の遺跡だが、環状列石・配石遺構、掘立柱建物跡、土壙群があり、鷹巣町教育委員会の佐野一絵は、「大規模な祭祀場」と書く。この地も特別に整地されており、意図して大規模な環状列石が作られたのだが、佐野によれば、「環状列石Aでは、円環に付加された直線状配石が北の方角を指している。また北東—南西が長軸となる円環の両端には、梯子状に組まれた『小牧野式』配列が採用されており、これが夏至の日の出、冬至の日の入り方向と一致する」という。(20)

写真6は群馬県安中市の晩期前半の天神原遺跡の環状列石の真西にある、祭壇状配石遺構の中に立つ三つの立石である。小林達雄は環状列石（ストーンサークル）の「中心から望むと、三本の石は妙義山を指しているのである。その妙義山は、実は三つ峰山だ。その三つの

山の真ん中の頂上に、春分、秋分の時に日が沈むのである。」と書いているが、[21] 真ん中の山は金洞山である。安中市教育委員会の大工原豊は、妙義山の中央の峰（金洞山）――三つの立石――環状列石の中心部が、東西に一直線に並ぶことから、天神原遺跡の環状列石やその真西の三つの立石が並ぶ配石遺構を、「妙義山を対象とした祭祀施設」とみている。[22]

この天神原遺跡と同じ安中市にある野村遺跡は、中期末の敷石住居を伴う環状列石だが、大工原豊によると、この環状列石からみると、「冬至に太陽はちょうど妙義山に落ちる」ので、「縄文人は野村遺跡を選地する際の最大の理由として、妙義山への冬至の日没位置が考慮されていたのではあるまいか」と書いているが、[23] 天神原遺跡は妙義山を対象とした春分・秋分の祭祀施設だけではない。大工原豊は、「天神原遺跡では、冬至に大桁山へ日が沈むことが観測される。冬至を大桁山との位置関係をもとに把握していたこともほぼ間違いないであろう」と書いている。[22] また天神原遺跡・野村遺跡以外にも、群馬県には晩期の遺跡だが赤城村滝沢遺跡も、赤城山のなかでも特徴的な峰である鍋割山から、春分・秋分の朝日が昇り、夏至には鈴ヶ岳から朝日が昇る位置にあることも、大工原豊は注目している。

縄文遺跡と山と二至二分の太陽信仰

いままで述べた環状列石は、中期末から後期・晩期に作られているが、二至二分の太陽の日の出・日の入りについての縄文人の関心は、すでに早期末か前期初頭にはみられる。富山県上市町の極楽寺遺跡は、縄文早期末から前期初頭の遺跡だが、この遺跡について富山市埋蔵文化財センターの藤田富士夫は、「極楽寺遺跡の東には立山連峰が大パノラマを描いて展開している。とりわけ南東正面には、標高２４９８ｍの大日岳《だいにちだけ》が三角形の整美な姿を誇っている。……大日岳は遺跡のランドマークとなっている。私は１９９７年12月22日の冬至の日の朝７時48分、陽炎につつまれた太陽が大日岳の頂からゆるゆると昇ってくるのを見た。……冬至に太陽が正しく山頂から昇る地に極楽寺遺跡が成立しているのである。その選地は偶然ではないであろう。そこには必ずや太陽運行に関する知識の積み重ねが反映されているものと思われる」と書いている。(24)

長野県原村の阿久遺跡は前期の遺跡だが、この遺跡は富山の極楽寺遺跡が立山連峰なのに対し、八ヶ岳連峰とかかわっている。立山連峰の大日岳にあたるのが、阿久遺跡では天狗岳である。今福利恵によれば、阿久遺跡から見える八ヶ岳の八つの峰のうち、一番北側にある「天狗岳が阿久遺跡において夏至の日の出の位置にあたる」という。そして日の出の位置は、天狗岳から南の山々の頂上や稜線を移動し、秋分に「八ヶ岳連峰の南の最後のピークである編笠山に日の出が移る」という。編笠山は秋分だけでなく春分の日の出の山でもあるが、春分から夏至までは、夏至から秋分とは逆に、南端の編笠山から天狗岳へと日の出の位置が移動するから、今福は「阿久遺跡では春秋分点から夏至に至る半年間において八ヶ岳の峰々とからんだ日の出が観察できる」とも書く。(25)

群馬県安中市の中野谷松原遺跡も前期の大規模の集落遺跡だが、大工原豊によれば、「この場所は妙義山への春分・秋分の日没ラインと、大桁山への冬至の日没ラインの交点にあたる」という。大工原は「広大な台地の中にはもっと良好な場所がいくらでも存在しているにも関わらず、彼らはなぜこの場所を選地したのか、単純に偶然であったと考える訳にはいかないのである」と書いて、妙義山・大桁山と二至二分の関係を

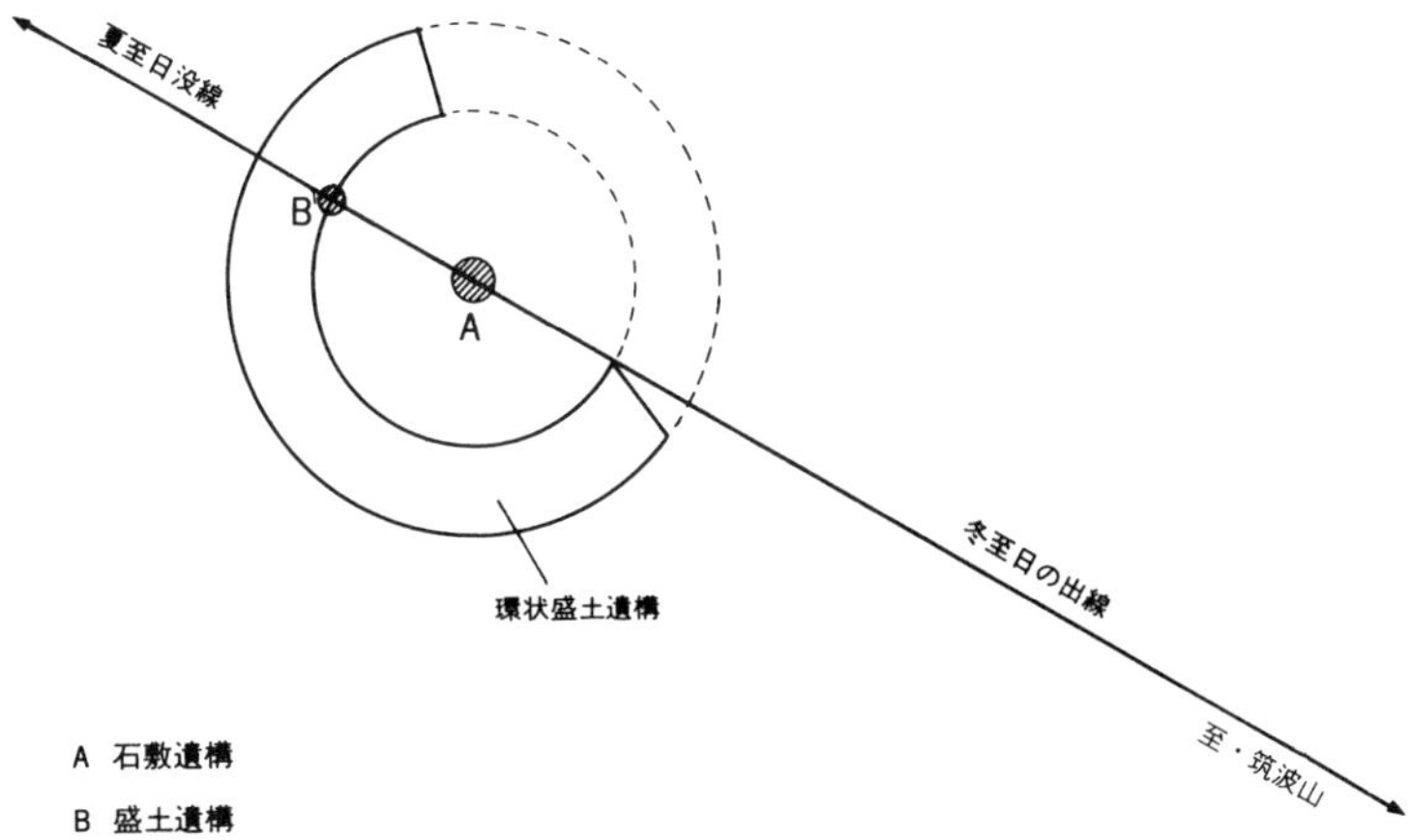

図25 縄文後期から晩期の小山市の寺野東遺跡と筑波山を結ぶ冬至の日の出線

意識して、この地に集落をつくったと推測する。(26)

栃木県小山市の縄文後期から晩期前半の寺野東遺跡は、円形(環状)盛土遺跡である。盛土は紀元前一三〇〇年頃から紀元前八〇〇年頃までの五〇〇年間ほどかけて築かれている。掘った土の量は一万五〇〇〇立方メートルで、一〇トン積みのトラック一五〇〇台分もある。このような盛土を環状にめぐらせている寺野東遺跡について、小林達雄は、この盛土は縄文時代の技術体系の限界を超えて作られた特別な施設とみて、「エジプトのピラミッドやマヤの神殿などと同様に、彼らの世界観や精神文化をデザインしたモニュメントだったのではないか」と語っている。(27) この遺跡は調査が進むうちに、円形内部のほぼ中心部に、高さ二メートル、長径一八メートル・短径一四メートルの不整楕円状の台があることがわかった。円形盛土は円形内部の土を掘って土手にしているのだが、台のある部分だけは、なぜか削りとっていない。この台上には五〜一〇センチの礫を使った石敷が確認されているが、石敷は出土遺物からみて盛土遺構と同じ時期とみられている。図25のAは石敷遺構だが、Bは環状盛土遺構上にある高さ一メートル、直径二〇メートルの円形盛土遺構である。小林達雄によれば、このAとBを結ぶと冬至の日の出と夏至の日没が「観測」できるという。小林達雄はこの遺跡に立つと、「南西方向に筑波山がぽっかり浮んで見え、しかも冬至の日には、その筑波山頂上から日の昇る光景を目撃できるところにあたっていたことが明らかになった。実際に、この年（一九九三）の一二月二二日の冬至の日の朝、遺跡から筑波山頂に朝日が昇ることが確認され、写真も撮られ、あらためて多くの人々に驚きと感動を与えたのである。このように縄文人の世界観の中に、冬至の日がはっきりと組み込まれていた意味は、重要であろう」と書いている。[28] このように後期になると、環状列石ではない縄文遺跡でも、山と二至二分の太陽の日の出・日の入りの「観測（祭祀）」をする信仰がみられる。

縄文遺跡と山立ての山と石柱と土坑墓

遺跡の位置が、山から昇るまたは沈む二至二分の太陽を拝する場所であることは、すでに縄文早期末の遺跡からみられることを書いたが、二至二分には直接かかわらないが、遺跡が山とかかわっていることは、縄文草創期の遺跡にもある。静岡県芝川町の窪A遺跡は草創期の遺跡で縄文時代最古の集落跡として注目されているが、窪A遺跡では九軒以上の竪穴住居跡が溶岩流に向き合うように馬蹄形に並び、開口部に溶岩を同心円状に積んだ配石遺構があるが、その延長線上に富士山がある。縄文早期には富士山は噴煙をあげ活発に活動していた時期だから、池谷信之は「こうした住居の配置と配石遺構は、鳴動し噴煙を上げる富士山に対する宗教的な意識を示している可能性があろう」と書くが[29]、このような遺跡は他にもある。静岡県富士宮市の千居遺跡は縄文中期末の遺跡だが、一二基の配石遺構には五基の環状列石と二基の帯状列石が含まれていると瀬川裕市郎は書く[30]。帯状列石は意識的に富士山を目指すかのように帯状（直接状）に配置されている。

このような富士山への関心からみても、富士山と二至二分の関係が考えられる。そのことについて和田哲は「太陽祭祀と縄文遺跡」で、国学院大学の加藤有司教授が府立二中（現在の都立立川高校）に在学中、六階の教室から冬至の日に富士山頂に沈む太陽を見た、という話にヒントを得て、立川高校と富士山を結ぶ冬至の日没線上に、縄文遺跡があるか調査した。するとこの線上に縄文中期の立川市向郷遺跡、日野市七ツ塚遺跡、八王子市椚田遺跡群があり、椚田遺跡群の近くに八王子市南部地区遺跡群があった。これらの遺跡のうち日野市の七ツ塚遺跡の地には古代に日奉《ひまつり》氏がいて、彼らは日野宮神社（日野市栄町）を祭っていた。この日奉氏について和田哲は、「古代において、太陽祭祀集団がなぜ日野の地に本拠を定めたかは、富士山頂に冬至の太陽が沈む景観と関わりがあった」と推測している[31]。

縄文中期末の山梨県牛石遺跡について、山梨県埋蔵文化財センターの今福利恵は、「牛石遺跡の環状列石は、噴煙をあげる富士山と春秋分の日没となる三ツ峠山がみえる位置に存在する。それは少しでも場所を変えれば両者が見えなくなる微妙な位置にあることがわかる」と書いており[32]、環状列石も富士山を意識した位置に作られている。富士山と同じに各地の遺跡は、その土地の代表的な山と二至二分の関係で作られている例がある。

長野県原村の阿久遺跡と八ヶ岳連峰の関係は、夏至・春分・秋分の日の出とかかわることは前述したが、蓼科山ともかかわる。阿久遺跡の円形敷石群の中央部には、方形柱穴列群があり、中心部には立石と列石がある。立石は角柱状の立柱であり、長さ約一二〇センチ、厚さは約三〇センチだが、花崗閃緑岩の立石は遺跡周辺からは産出せず、十数キロ離れた諏訪湖周辺から運ばれてきたものである。この立石の場所について勅使河原彰は、「立石の周囲の土は大量に焼けていて、立石自体にも全面に火熱をうけた痕跡が著しいことから、ここで一種の火祭りのような行事がおこなわれたと思われる。一方、列石はというと、八個の板状の安山岩が二枚一組になるように等間隔に、全長約五メートルにわたって回廊状に並列して立てられていた。しかも、立石から列石を見通すと、その延長上に見事に秀麗な蓼科山を望むことができたのである」と書く(33)。立石――列石――蓼科山とが一直線に結びつくのである。

このような立石(石柱)と山との関係は、前述した群馬県安中市の天神原遺跡の三つの立石(写真6)と妙義山の関係にもみられるが、縄文晩期の山梨県大泉村の金生《こんせい》遺跡の高さ五〇センチの石棒と、高さ二・五メートルの石柱を結ぶ線上には、八ヶ岳の最高峯の赤岳がある。

石柱だけでなく土坑墓の方位も山とかかわる。縄文前期の群馬県の中野谷松原遺跡の土坑墓は、長軸を浅間山に向けて細長い自然石を頭部に立てている。浅間山も富士山と同じに当時はひっきりなしに噴煙をあげていた。山への畏敬は、太陽の日の出・日の入りへの関心と同じで、縄文人に宗教的感情を抱《いだ》かせたであろう。

縄文遺跡の柱の作る影と太陽信仰

二至二分の日の朝日・夕日への関心や、山への畏敬が、一体になったのが二至二分の日の太陽の日の出・

日の入りと山との関係である。このような関係の標識になっているのが木柱や石柱であり、柱は単なる標識ではない。柱がつくる影は太陽によって作られるから、太陽信仰と無関係ではない。

三内丸山遺跡の六本柱も影を作る。夏至の日の六本柱の日の出の影は、太田原潤によれば、「二本となって岩木山方向を指」し、冬至の日の入り影は、「二本となって高森山方向を指」すという。また「春分・秋分の日の出入りの影は対角線の木柱の影が重なって五本になる」とのことである。また太田原潤は、「一日の中で影のパターンを追うと、この木柱列が日時計的な機能を有していることにも気づく。そのパターンは日の出から刻々と変化し、それぞれの柱の影が重複して六本、五本、四本、三本、二本の影を作る。日の出入りの影の本数は季節により変化するが、一年を通して不変なのは太陽正中時の影のパターンである。この時の影は六本の柱の影が等間隔に並び、南側木柱の影が北側木柱の中間点を指す。その方向は図18からもわかるように正確に南北方向を示す」と書き、中間点を「正中ポイント」と称し、「南側木柱の影は毎日必ず太陽正中時にこのポイントを通ることになるが、その長さは冬至の正中時に最長、夏至の正中時に最短となる」と書く[2]。

このような柱と影の関係から太田原は、三内丸山遺跡に居た縄文人は、「二至二分や影、方位に対して深い理解があったと思われることから、正中ポイントも有意なものとして認識していた可能性が高い」から、正中ポイントにもとづいて柱の高さをきめていたとし、木柱の「地上高は一四・七メートル」と推定する。理由として三内丸山遺跡の「夏至の正中度の太陽高度が七二・六度」だから、「地上一四・七メートルの高さ」なら、「一年最短の影も正中ポイントに届く」が、「それ以下の高さでは影が正中ポイントに達することはできない」ことをあげている。そしてこの高さを、「巨木柱列の柱間が三五センチ或は七〇センチの倍数といわれる所謂縄文尺に即していることから推定」すれば、「三五センチの四二倍、七〇センチの二一倍」の高さになることからも、一四・七メートルの柱（地上高）を、六本立てたと推論するのである。[2] 六本立てた理由も図18や影の動きからみて、理由があっての六本であり、私は太田原説を採り、屋根のついた建物でなく、ある意図をもった木柱列とみる。その意図は二至二分の「観測」だが、縄文人にとっては六本柱の間から昇り沈む太陽の光と、その光によって作られる影に、神の姿をみたのであり、それは「観測」でなく「祭祀」であったろう。

こうした柱と影の関係は前述した長者屋敷遺跡の四本柱でもみられることを、岩崎義信が書いているが、[6] 冬至・夏至の朝日・夕日と大樹が作る影の話は『古事記』（仁徳天皇記）、『日本書紀』（景行天皇十八年七月条）、『肥前国風土記』（佐嘉郡）、『播磨国風土記』（逸文）、『筑後国風土記』（逸文）に載る。

二至二分にかかわる太陽信仰は、世界各地にあることは後述するが、世界各地の太陽信仰やそのための構築物や行事は、天文「観測」とみられている。その発想でみれば今迄述べた事例も、縄文人の二至二分の日の出・日の入りの「観測」に過ぎず、日の出・日の入りにかかわる、単なる「山あて」の山に過ぎなくなる。前述した山々は富士山に代表されるように、聖山であり、古代人は神の宿る山として崇拝していたから、「観測」の対象ではなく、山から昇り沈む朝日・夕日は、「カミ」の表象であり、「カミ」と「ヒト」との間は現代人と違って身近かであった。縄文人の神は、キリスト教やイスラム教のような唯一神ではなく、多様であって、観念上の存在ではなかったが、八百万《やおよろず》の神々の中で、もっとも尊敬されていたのは、昇る朝日の日神であった。朝日は天上にはなく、海・山・平原のかなたから昇る。

二章　弥生時代の太陽信仰

――銅鐸論――

通説化している「聞く銅鐸から見る銅鐸」説

銅鐸については「聞く」から「見る」銅鐸に変わったと言われている。この見解は田中琢が「〃まつり〃から〃まつりごと〃へ」で発表し[1]、佐原真が「銅鐸の祭り」と題する論考で支持し[2]、通説化している。佐原真はその論考で[2]、田中琢作図の次頁の図26・27を例示している。

田中琢は突線鈕式Ⅱから急に大きくなっていくから（図26）、「銅鐸の変化は、時の経過とともにしだいに大きくなるというものではなかった。あきらかに、銅鐸は急激に巨大化する方向を、ある時期以後にとったのである。突線鈕式Ⅰ以前の銅鐸を『聞く銅鐸』、突線鈕式Ⅱ以後の銅鐸を『見る銅鐸』と呼んで、その差異をとくに強調したい」と書く（傍点引用者）。田中琢は「聞く銅鐸」と「見る銅鐸」の区分を突線鈕式ⅠとⅡの間に置き、「大和出土の銅鐸のすべては『聞く銅鐸』であるとし、図27を示して、「あまりにも『見る銅鐸』が少ないことが畿内の特色であり、大和はそれをもっともはっきりとあらわしている」と書き、畿内は「聞く銅鐸」の地帯で銅鐸祭祀が中期にほぼ普及したのに対して、南紀や土佐、近江や東海地方の「見る銅鐸」の地帯では、後期になって普及が完了したと想定している。したがって「見る銅鐸」の終末時期は古墳時代の初期と見てもさしつかえないと書く。

佐原真は田中説を全面的に支持しているが[2]、銅鐸祭祀の終末時期は賛成できないとして、「筆者は『聞く銅鐸』の祭祀は、後期に入って『見る銅鐸』の祭祀に変質し、後期のある時期に新しい祭祀、すなわち三品氏の天的宗儀が登場し、これによって銅鐸祭祀が終末をつげた。そしてややおくれて、この天的宗儀を奉ず

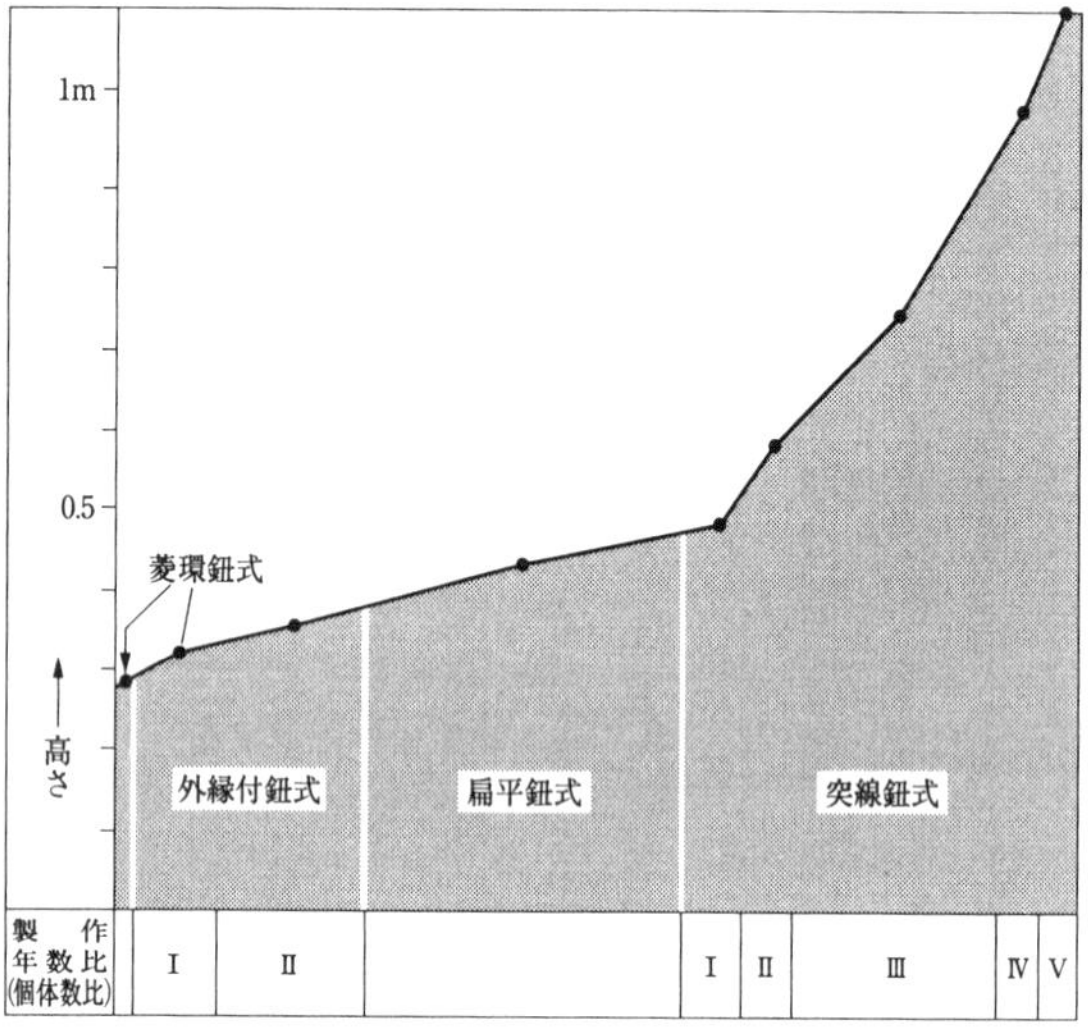

図26　田中琢・佐原真による銅鐸の高さ・大きさの変遷図

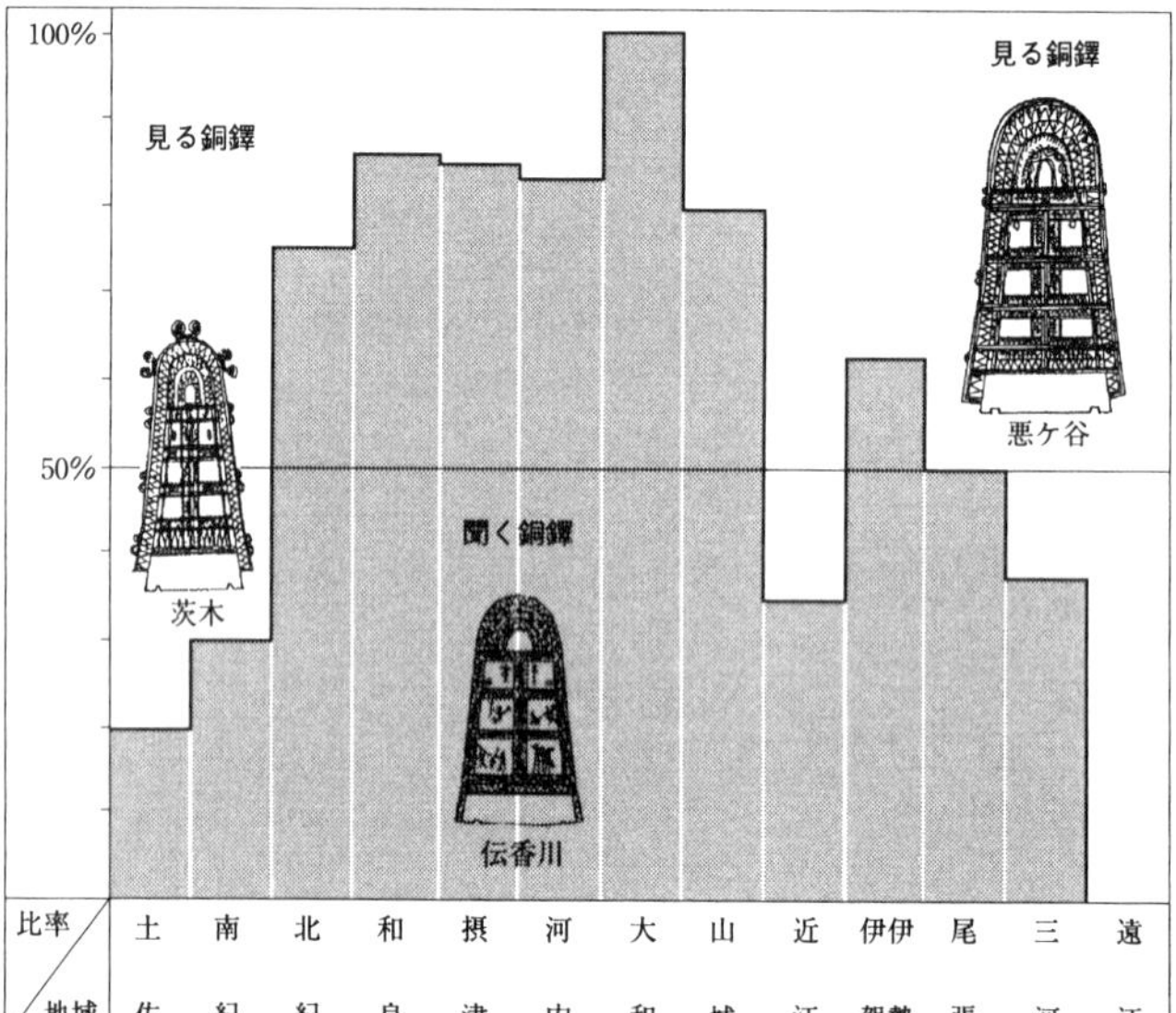

図27　田中琢・佐原真による「聞く銅鐸」と「見る銅鐸」の地域別割合

る社会に前方後円墳が出現したものと考えたい」と書く[2]。「三品氏」は三品彰英のことだが、三品彰英は地的宗儀の銅鐸祭祀は弥生時代の祭儀で、古墳時代の祭器として天的宗儀の鏡祭祀がはじまったと、『銅鐸小考』で書いている。この三品説を受入れている佐原真は、二〇〇二年刊の大著『銅鐸の考古学』でも、銅鐸は「カネ」「ベル」だと主張して図26を示した。

問題は三品説である。私は一九八三年に刊行した『天照大神と前方後円墳の謎』で、「和辻哲郎も、『日本古代文化』で、鏡の尊重から太陽崇拝が生れたのでなく、太陽崇拝があったから、鏡が尊重されたと書いている。弥生時代の農耕民は、石器時代的な地的宗儀しかもち得ないほど幼稚でも、原始的でもなかった。エジプトやメソポタミアや中国など、ナイル河、チグリス・ユーフラテス河、黄河などの流域の人々が、地的宗儀と共に天的宗儀をもったように、弥生人も天的宗儀をもっていた。銅鐸も弥生人の天と地を祀る祭儀の呪具とみるべきであろう。三品彰英は、「銅鐸小考」で、銅鐸は地に埋められていたから、地的宗儀の呪具だとするが、銅鏡・銅剣・銅鉾・銅戈も地に埋められている。奈良県御所市名柄からは、多鈕細文鏡と一緒に埋められていた銅鐸が出土している」と、私は書いた。

小林行雄は、凹面鏡の多鈕細文鏡は太陽崇拝の呪具として用いられたから、天的宗儀は弥生時代からあったと述べて、古墳時代からという見解を認めていない[3]。上田正昭も、小林行雄と同意見で、「地霊の信仰は弥生時代に始まったのではなく、縄文時代にも存在した。祭天の宗儀は稲作の段階に入った弥生時代にもあって、古墳時代になってはじめて祭天の宗儀が突如として登場するにいたったのではない」と、三品説を批判している[4]。三品説の根本的欠陥は、弥生時代に多鈕細文鏡を初め、鏡を用いていた事実を無視して、鏡は古墳時代からときめつけていることである。また鏡を使用するようになったから、銅鐸が地に埋納されたのでないことも、学界の常識になっている。地に埋められたから地的呪儀だとすれば、鏡も地に埋められているのだから、鏡も天的呪儀でなく地的呪儀ではないか。鏡は古墳に埋納されているから違うといっても、古墳の鏡も土中にあり、埋納で、三品論法で言えば地的呪儀であって、天的呪儀とはいえないから、私は前述の著書『天照大神と前方後円墳の謎』で、次のように書いた。

天と地を祀るのが農耕儀礼である。弥生人が、雨乞いや日照を願う豊饒祈願の「祭天」の祭儀（天的宗儀）は行なわず（この場合の「祭天」は中国の祭天祭儀の意味ではない）、ただ豊饒をもたらす大地だけ（地的宗儀）に視点を向けていたとするのは、弥生人を未開人扱いしすぎる。唐古・鍵遺跡の祭祀場の位置が、三輪山々頂から昇る冬至の朝日を拝する位置にある例一つとってみても、弥生人なりの天的宗儀はあったのである。あの巨大な青銅器具を呪具として使っていた弥生人は、天と地を祀る呪具として、中国で武器または装身具として使用していたものを巨大化したのであろう。勿論、巨大化したのは、青銅器をもつ集団また個人の、権威のシンボルと考えられるが、太陽を反射する利点からの巨大化ではないかと思うのである。(5)

このように私は書いたが、日光を受けるためであることは、後述する（唐古・鍵遺跡については、第四章で述べる）。岩永省三も一九九七年刊行の『金属器登場』で、田中・佐原説を批判して、『聞く銅鐸』から『見る銅鐸』への大きさの飛躍的変化が強調され、通説化した感がある。しかし『聞く銅鐸』段階からすでに大型化しつつあったし、『聞く銅鐸』から『見る銅鐸』への移行期に急速な変化を遂げたということはない」

と書き、田中・佐原説の発表後に「銅鐸の出土数が増え、難波洋三による分類案も出された。これらの新しい成果を取り入れて作り直した図」の図28を示す。この図によれば、「途中から大型化の速度は増すことは確かだが、田中の説ほど急激ではなく、むしろなめらかな変化であることが分かる」と書く(6)。

岩永の示す図28によれば、大型化への急激な変化（「聞く銅鐸」から「見る銅鐸」への変化）は、田中・佐原の書く突線鈕式Ⅰの頃でなく、扁平鈕式Ⅰの頃である。扁平鈕式の多くは、出雲・吉備・阿波・播磨・摂津・大和・近江・美濃・尾張で出土しているから、扁平鈕式からの大型化を「聞く銅鐸」から「見る銅鐸」への変化とみれば、田中・佐原の作図の図26・27は無意味になる。岩永は図28にもとづいて、「銅鐸は終始『見る』要素を持っており、『見て聞く銅鐸』へ変化したといった方が実情に合っていよう」と書いている(6)。私は岩永見解を採る。

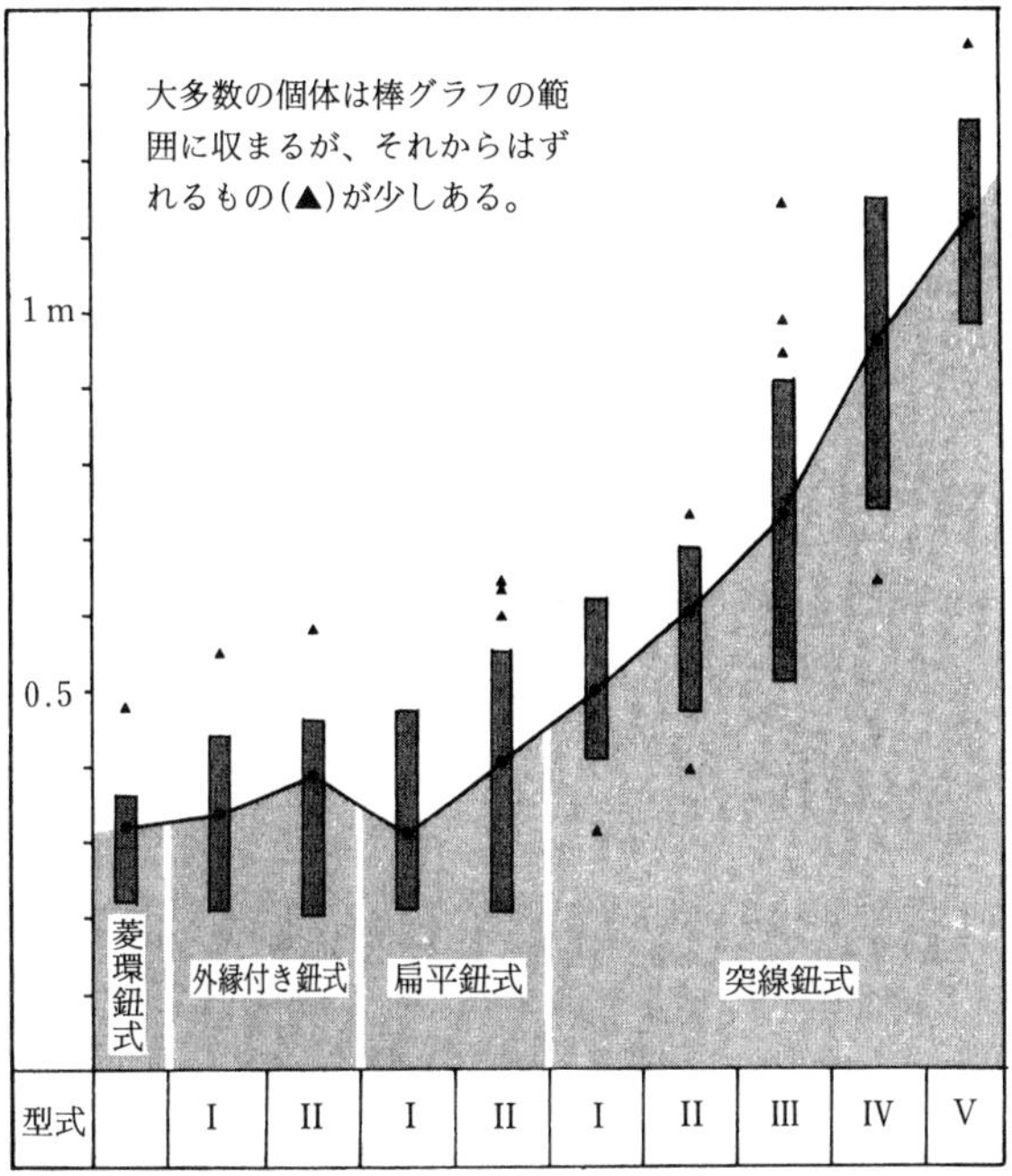

図28　岩永省三による銅鐸大型化の時期的変化図

銅鐸を「鳴る物」・「鐘」と主張する説批判と太陽信仰

私は岩永見解が発表される以前から、田中・佐原説に疑問をもっていた。その理由を述べる。

一、わが国の銅鐸は最古段階の菱環鈕式銅鐸（紀元前二世紀）からすでに文様があり（例えば兵庫県洲本市中川原出土の菱環鈕式銅鐸には横帯文がある）、絵画もある（福井県春江町出土の菱環鈕式の井向二号銅鐸には、トンボ・蛙・鹿・鷺・人物などが描かれている）。このように韓国の銅鐸との比較から見ても、わが国の銅鐸製作工人は、朝鮮の人たちが「聞く」ものとみていた銅鐸を、最初から「見る」ものとして製作していたことがうかがえる。そのことは井向二号鐸がはっきり示しているが、一号鐸にも全面に絵画と文様があり、最古段階から銅鐸は「見る」祭器であった。

二、図29（岡山市上足守出土）は外縁付き鈕Ⅰ式、図30（広島市福田出土）・図31（島根県出土）は外縁付き鈕Ⅱ式で、もっとも古い（紀元前二世紀〜前一世紀）銅鐸だが、「目」が描かれている。この目を春成秀爾は「邪視」[7]、辰巳和弘は「辟邪視」と書く[8]。佐原真らが主張する「聞く銅鐸」といわれている、もっとも古い段階の銅鐸に、なぜ見る「目」が描かれているのか。銅鐸絵画には見る目の表現があっても、聞くことを示す表現はまったくない。

図30の銅鐸の表面の絵は消えているが、図29のような連続渦巻文が描かれていたであろう。渦巻表現については第十四章で詳述するが、銅鐸は縄文時代からの表現を受けついでいる。この銅鐸の表現意図にも、「聞く」意図はまったくなく、神聖視された見る聖器として銅鐸は扱われている。

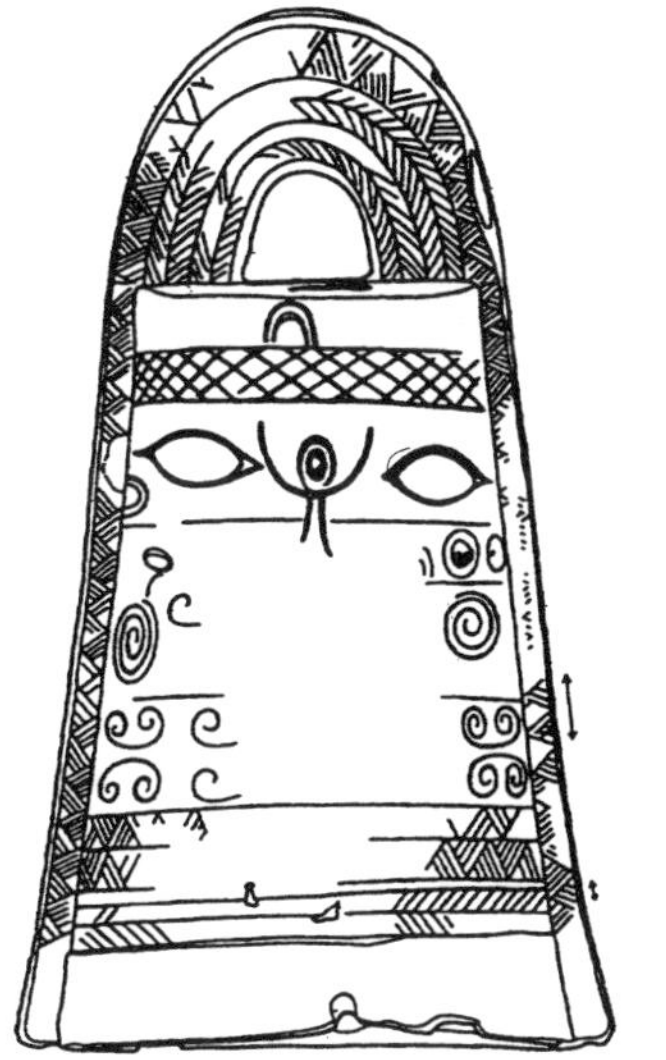

図30　春成秀爾の復元図の福田銅鐸の邪視文と人物

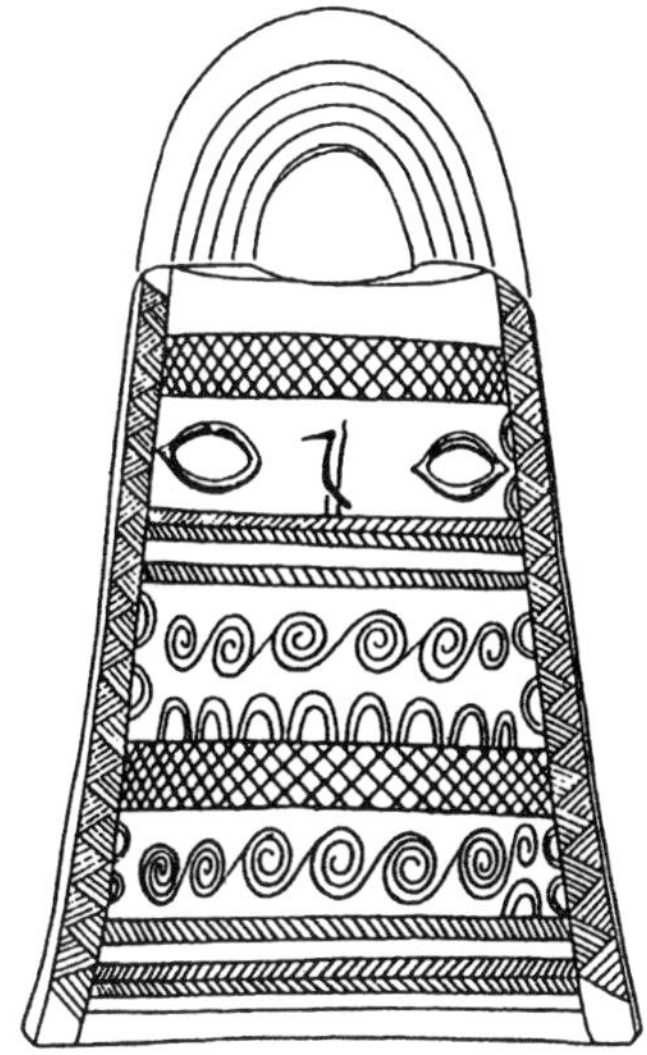

図29　岡山市出土の上足守銅鐸の邪視文と鳥

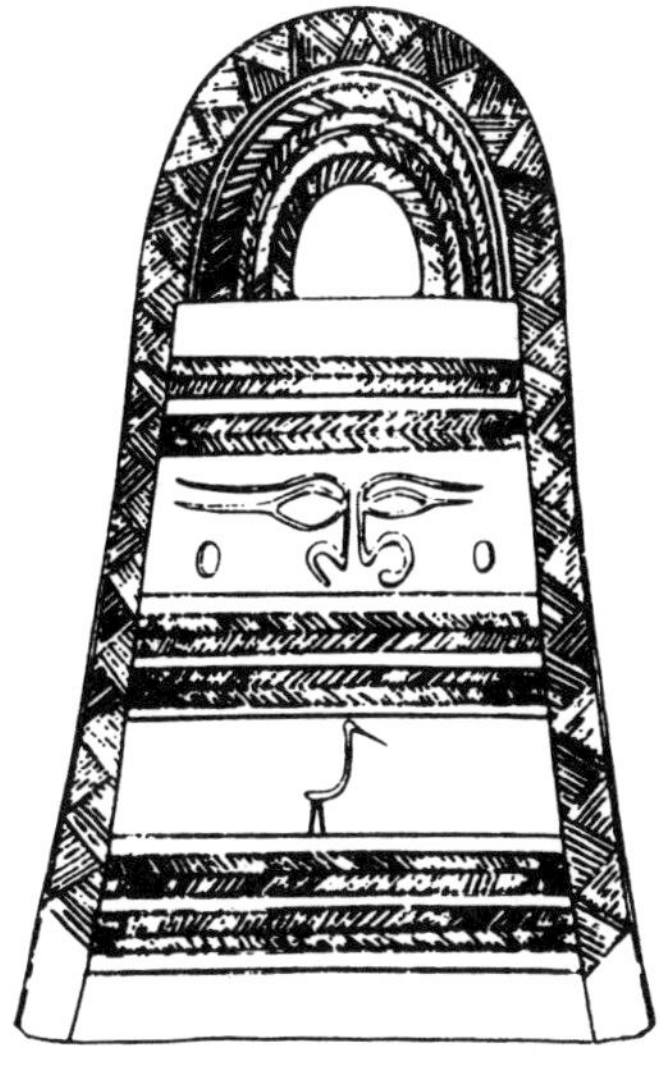

図31　春成秀爾の復元図の伝島根県出土銅鐸の邪視文

三、銅鐸には「銅鐸形土製品」がある。なぜ土で銅鐸に似たものを作ったのか。銅鐸が佐原真が主張する「カネ」としての「聞く銅鐸」と認識されていたなら、音を出さない土で作る理由はないではないか。しかも「銅鐸形土製品」は、銅鐸の分布地域に広く見られるだけでなく、大阪府の東奈良遺跡や奈良県唐古・鍵遺跡などの銅鐸の鋳型の出土した地域からも出土している。佐原真は「銅鐸を鋳造する技術者が、鋳造の成功を祈って祭りに使ったという解釈はどうでしょうか」と書いているが[9]、佐原真が主張する銅鐸が「カネ」で「聞く」のが目的の祭具とすれば、鳴らすための小銅鐸を作って、「鋳造の成功を祈った」ならわかるが、まったく鳴らない土製の小銅鐸を作っているのは、「カネ」の視点では説明できない。東奈良や唐古・鍵の銅鐸形土製品は扁平鈕式Ⅰの頃（一世紀）のものであり、田中・佐原説では「聞く銅鐸」の時期だが、この時期に聞けない土製銅鐸を銅鐸製作工人が作っていることからみても、製作工人の銅鐸観には、聞く呪器・祭器観はなかった。

四、最古段階の菱環鈕式には、朝鮮銅鐸と同じに鳴らすための舌のあるものがあるが、そのような銅鐸の内壁は磨滅しており、そこは磨かれたようになっている。しかし内壁だけでなく鐸身の表面も磨かれている。表面は内壁とちがって叩いて磨滅したのが、磨かれたように見えるのではない。この「磨き」は、表面にある文様や絵画をよく見せるためというより、銅鐸の表面そのものを光り輝かせるための「磨き」だから、「見る銅鐸」の「見る」は、絵画や文様のある銅鐸を「見る」より、日光によって光り輝く銅鐸を「見る」視点こそ、重視する必要がある。銅鐸は「見る」ために磨かれたのであって、音を「聞く」ためだったら磨く必要はない。

五、橿原考古学研究所の久野邦雄は、奈良県田原本町の弥生時代の唐古・鍵遺跡から出土した銅鐸の鋳張り（鋳造時に鋳型の合わせ目からはみ出たもの）を、化学分析するため一部を切断してみると、現在の五円玉のように黄金色に輝いたので、成分に基づいた復元研究の結果、「全体的に黄金色に近いものになることがわかった」と書き、「このことから考えられることは、弥生時代、農耕の祭祀の場で、黄金に光り輝く銅鐸が太陽の光をあびて反射し、それによって地霊を鎮める効果を期待したのではなかったろうか」と書いている[10]（傍点引用者）。また「祭祀の場での銅鐸は、太陽の反射を受けて黄金色に輝き、神秘的な音色とともに豊作を祈った祭器であったろう」とも書く[11]（傍点引用者）。

久野は銅鐸は三品説を採って「地霊を鎮める」祭器と見ており、佐原説を受けて音を出す祭具と思っているから、傍点のような見解を書くが、地霊を鎮めるのにわざわざ天上の日光をあびる祭器にするはずはない。「太陽の反射を受けて黄金色に輝く」のは、太陽祭祀にかかわるからだが、久野は先学の三品説・佐原説を捨てきれないから、このような記述をしているのであり、久野の記述からも、銅鐸が太陽祭祀にかかわることを証している。

六、奈良県御所市名柄から、古段階の外縁付き鈕I式（紀元前二世紀）の銅鐸と多鈕細文鏡が一緒に出土している。最古段階の銅鐸は紀元前三世紀後半から前二世紀前半に北部九州で作られているが、この時期に朝鮮から多鈕細文鏡が北部九州に入っている。この鏡が紀元前一世紀後半に近畿に入り、古段階の銅鐸と一緒に埋納されたのである。この事実からも、鏡は天的祭儀、銅鐸は地的祭儀とする三品見解は成り立たない。三品見解は銅鐸は弥生時代、鏡は古墳時代の祭器という前提で論じているが、銅鐸の最古段階に鏡も祭器として倭人は用いているからである。

多鈕細文鏡は凹面鏡だから顔を写せばさかさまになり、顔を写す役目は果せない。このような鏡がなぜ最初にわが国に入ってきたか。弥生人がこのような鏡を求めたからだが、彼らが求めた鏡は銅鐸と同じに「光り物」としての祭器・呪具であって、佐原らの主張するような「鳴り物」ではない。だから巨大化したのである。佐原らの主張では、なぜ銅鐸が巨大化したのか、納得のいく説明がなされていない。
七、小林行雄は多鈕細文鏡の用途について、「鈕が鏡の中心からかたよった位置に二個あるから、鈕をとおしてさげると、鏡の表面はだいたい垂直に近くなる。それを榊の枝にとりつけて、一人の女性が人々の前に姿をあらわしたとしよう。それは、よく晴れた日でなければならない。待ちかまえた人々は、おそるおそる巫女の姿をあおぎ見、つぎに鏡に眼をうつしたことであろう。その時、巫女が榊の枝を静かに動かすと、一瞬に、鏡の面に反射された太陽のまばゆい光輝が、人々の眼を射る。はっと驚いた人々は、眼をとじて平伏したであろう」と書き、「太陽のまばゆい光輝」を太陽神とみて、その神威をあらわす呪具として多鈕細文鏡を用いたと推論する。そして、この「光り物」を太陽神の形代とみて、「太陽にたいして稲の生育をすこやかにするように、十分な日照りをあたえてほしいと願った」と小林行雄は書く(12)。
八、小林見解は「光り物」としての銅鐸祭祀にもいえる。銅鐸が黄金色に輝くのも、多鈕細文鏡と同じ用途の祭器・呪具だったから、銅鐸と多鈕細文鏡は一緒に埋納された。凹面鏡は多鈕細文鏡だけだが、倭人は「光り物」としての銅鐸よりも、鏡がより効果があるとみて、銅鐸を埋め凸面鏡を用いるようになったが、他国に例のない巨大な鏡を作ったのは、銅鐸と同じである。共に巨大化していることからも、銅鐸は鏡と同じ「光り物」の祭器で、「鳴り物」として用いたのではない。久野邦雄は舶載鏡（中国製）は錫一七％～三〇％、鉛三％～七％に対し、仿製鏡（倭製）は錫二％～二〇％、鉛三％～八％の範囲だという。久野は「復元実験で鋳造した銅鏡の鋳肌を研磨してみると、錫の含有量の少ないものは銅鐸と同じく黄金色を呈していた」と書き、黄金色は「太陽と結びつく色」と書く。銅鐸は倭鏡と同じに「黄金色」に輝くように作られているのだから、鳴らすためでなく、光り輝やかすために巨大化したのである。佐原真らの「鐘説」では、巨大化も、黄金色に輝くように作られていることも、まったく説明できない。

銅鐸はなぜ地中に「埋納」されたのか

問題は銅鐸の埋納である。銅鐸はなぜ埋納されたのだろうか。岩永省三は埋納祭祀説について、「地中保管（直良信夫・佐原真・三品彰英）、俗界からの聖器隔離（小林行雄）、奉献あるいは供儀（後藤守一・八幡一郎・岡本明郎）、境界守護（酒井龍一・春成秀爾）説などがある」と書き、「境界守護説は奉献・供儀説の変種」と書く[13]。岩永は書いていないが寺沢薫に「銅鐸埋納論」と題する論考があり、寺沢は銅鐸の埋納を境界守護と書いている[14]。

地中保管説を強く主張するのは佐原真である。佐原は「銅鐸の祭り」（一九七四年）、「銅鐸」（一九七九年）などの論考で主張し、亡くなるまで地中保管説であった。この地中保管説について寺沢薫は、「土中に保管しさらにそれをマツリのたびに掘り起こしうるような標識や施設を伴った例はほとんど皆無に等しい。年々、『聖地』に埋納と発掘を繰り返した痕跡もまた考古学的には全くの未確認なのである。さらにこの考えが何より不自然なのは、年々の『青銅のマツリ』で重要な演出を託されたはずの銅鐸が、本来の神々しい金色の光沢を土中保管の銹化によって失ってしまうという点を全く無視していることであろう」と、批判している。(14)

福永伸哉は銅鐸は祭具として用済みになって廃棄されたという説である。(15)私は土中保管説は寺沢薫が批判するように採らないが、廃棄説も採らない。埋納も祭祀としての意味があり、不用品となったから捨てたのではないだろう。『古事記』は大物主神は「海を光《て》らして依り来た」と書き、『日本書紀』も「神《あや》しき光」を放って来たと書く。神の出現、神威の表現が、「光《て》(照)らし」「神《あや》しき光」なのである。銅鐸は「光らす」光り物だが、「神しき光」を失って埋納されることになっても、神の形代・依代であったから、埋納は廃棄ではなく儀礼であった。アイヌの人たちは用済みになった日用品でも、供儀を行なって埋納するのは、人間や動物の埋葬と同じとみていたからである。土偶などを破砕して埋納するのも、廃棄のためでなく再生祈願の儀礼行為である。「光り物」でなくなった銅鐸の埋納は、更に巨大化した新しい「光り物」を生み出すための死と再生の儀礼である。

徳島市矢野遺跡から突線鈕式Ⅳの銅鐸が出土したが、矢野銅鐸の発掘調査にあたった菅原康夫は、鐸身の外周と内部に「二層の砂質土を充塡」し、鰭を垂直にして木製容器に入れ、埋納坑に納められた銅鐸は、「そのようすは鋳型に入った銅鐸に酷似するため、使命を終えた銅鐸を誕生時と同じ姿にして埋納したものと、私は考えている」と書いている。(16)「誕生時と同じ姿にして」の埋納は再生祈願である。鐸身内部に土をつめ、鰭を垂直にして埋納する例は、矢野遺跡がある徳島県だけではない。一般的埋納方法である。矢野遺跡では埋納坑の周囲から柱穴が検出されており、棟持柱建物があったことが確かめられるが、島根県の荒神谷遺跡からも埋納坑をかこんだ矢野遺跡と類似の建物跡が確認されている。このような遺構からみても埋納は廃棄ではない。「使命を終えた銅鐸」は枯れた植物につく実《み》であり、実は大地に落ちて種になるが、落ちた種は「誕生時と同じ姿にして埋納した」と同じであり、大地に埋もれている。そして春になると芽を出し、新しい植物として育つのは、古い銅鐸を埋納した後に、新しい銅鐸を作っているのと重なり、死と再生であり、自然の輪廻（死と再生）を埋納行為は示している。銅鐸は新しく作られるたびに巨大化しているのは、再生観念によって前より「光り物」をより強く光り輝かせるためと考えられる。

死と再生儀礼の銅鐸埋納と太陽信仰

『古事記』は、三輪山の大物主神は「海を光《て》らして依り来る神」と書き、『日本書紀』（一書の六）は、「神《あや》しき光、海を照らして忽然《たちまち》に浮び来る者」が、三輪山の神だと書く。神の出現・神威の表現が「光《て》（照）らし」である。

「光り物」は光ることで神威をあらわしているが、光輝を失なっても神の形代であったことには変わりはない。弥生中期前半に出現し後半に盛行し、後期中頃に消滅する銅鐸土製品は「光り物」ではないが、このような土製品が作られたのも、銅鐸自体を神の形代と見たからである。したがって「光り物」としての効力がなくなっても、神の形代として埋納されたのであって、埋納は用済みの廃棄ではなく、儀礼であった。アイヌの人たちは用済みになった日用品でも、祭儀を行なって埋納するのは、人間や動物の埋葬と同じにみていたからだが、弥生人の銅鐸埋納も同じであり、廃棄されたのではない。

前述したように福永伸哉は、終末期になると銅鐸が破砕されているから、廃棄説を採るが[15]、土偶などを破砕して埋納しているのは、廃棄のためでなく再生祈願の儀礼行為である。弥生終末期の福岡県前原市の平原遺跡からは、四六・五センチのわが国で出土した鏡で最大の鏡が五面出土しているが、すべてが破砕されている。しかしこの破砕は廃棄のための破砕ではない。この超大型鏡だけでなく、出土した四〇面の多くが破砕されているが、このような破砕は「葬送儀礼と関連している」と柳田康雄は論じている[17]。「光り物」でなくなった青銅祭器の埋納は、更に巨大化した新しい「光り物」を生み出すための、死と再生の儀礼である。

菅原康夫は徳島市矢野遺跡の二世紀の突線鈕式Ⅳ銅鐸の埋納は、阿波地方の銅鐸埋納の好例だと書くが、矢野銅鐸の埋納坑の周囲から柱穴が検出されており、棟持柱建物があったことが確かめられている。菅原は「建物は浅いながらも柱穴を持つため、一定期間必要とされた仮屋であろう。構造物の存在は神庭荒神谷でも確認されているが、埋納坑の長軸と直交方向に棟持柱をもつ一間四方の施設であった可能性があり、矢野と類似したものと思われる」と書いている[16]。このような埋納坑をかこむ棟持柱建物の存在からみても、銅鐸廃棄説は成り立たない。

埋納は廃棄でなく葬送儀礼だが、具体的には死と再生儀礼である。古くなって太陽の光（天照）を受けてもあまり照り輝かなくなった「光り物」が、菅原が書く「使命を終えた銅鐸」であり、その銅鐸を「誕生時と同じ姿にして埋納した」のは、再生祈願である。太陽は毎日死と再生を繰り返しているが、自然（植物）の輪廻も死と再生である。再生（誕生）した農作物の成長は巨大化であり、巨大化は豊饒表現でもあるから、銅鐸の巨大化は、日の光をより強く光り輝かせるため（神威宣揚のため）だけではない。「光り物」としての光輝をより強くあらわす巨大化は、弥生人の豊饒祈願がこめられていた。その祈願が埋納にみられる死と再生観であり、この観念は、銅鐸の後に倭国の統一祭器になった鏡に受けつがれているが、いずれも「光り物」である。しかし鏡は円で、太陽と形が同じで、更に日光をより強く反射し、太陽と形と用途が一体化していたから、祭器・呪具として、鏡に用途が集中し、日神の形代になり、銅鐸は作られなくなったのであろう。

銅鐸が巨大化した理由はなにか

銅鐸は古くなると埋められ、新しい銅鐸が用いられた。埋納について最近有力なのは、境界守護説である。この説を主張する春成秀爾は、「聞く銅鐸」は漢中期の銅鏡の流入によって埋納され、新しく「見る銅鐸」が登場したとし、弥生中期末を境界守護説に立って埋納のピークとみる(18)。同じ境界守護説の寺沢薫は、埋納のピーク時については春成に同調するが、原因については、漢中期の鏡が大量に銅鐸圏に流入したという前提に問題があるから、後漢王朝の冊封体制に組みこまれた北部九州勢力が、銅鐸圏に与えた政治的・軍事的脅威に対抗して、それぞれの地域共同体が銅鐸を境界に埋納したと書く(14)。

福永伸哉は、弥生中期末の大量埋納について、春成が漢中期の鏡の流入を原因とする説について、もし銅鐸圏に漢中期の鏡が流入したとしても、最近の研究では、「弥生中期末の暦年代が紀元前後近くまでさかのぼる可能性」があるから、「中国でまだ生まれていない鏡が列島に流入したという論理矛盾をきたすことも考えられる」と批判する。また寺沢の弥生中期末—後期初頭の埋納を、北部九州勢力の政治的・軍事的圧力を理由にする説については、自然災害や疫病などもあったのだから、「北部九州からの圧迫」だけが理由にならないと書き、中期末から後期初頭ごろの銅鐸の一斉埋納を、銅鐸圏の「急速な鉄器化の進行」の結果、「銅鐸祭祀の実行主体たる中期までの共同体的結合が崩壊するという事態に至った」と書く(15)。しかし福永伸哉の「急速な鉄器化の進行」説は、禰宜田佳男の「弥生時代に鉄器はどの程度普及していたか」に依っているが(19)、村上恭通は福永が取上げる禰宜田論文以降に禰宜田が書いた「近畿地方の石斧の鉄器化」「石器から鉄器へ」なども含めて批判し、畿内社会では「後期後半を迎えてもなお鉄器の普及は西から東への漸移的様相を示しており」、「鉄の生産・消費状況は未熟であったから、鉄の流入によるドラスティックな変容はなかった」と結論している(20)。この村上の主張が学界で受入れられているから、福永見解にも問題がある。

私は「境界」に埋納されていることは認めるが、「守護」説には同調しない。埋納したのは境界守護も含めた、もっと広範な意図による。後述するが、境界の守護だけに限定してしまったら、弥生人の銅鐸埋納や、銅鐸祭祀にこめられた真意は見えてこない（福永伸哉は、八段階の同じ形式の複数埋納があり、他の形式との複数埋納は五段階あるとしている(15)）。

『古事記』は三輪山の大物主神は、「海を光《て》らして依り来る神」と書き、『日本書紀』（一書の六）は大物主神について、「神《あや》しき光、海を照らし忽然《たちまち》に浮び来る者」と書く。神の出現・神威の表現が「光《て》（照）らし」だから、「光り物」が光輝を失なっても神の形式であったことには変りはない。弥生中期前半に出現し、後半に盛行し、後期中頃に消滅する銅鐸土製品は「光り物」ではない。このような土製品が作られたのは銅鐸自体が神の形代だったからである。したがって「光り物」としての効力がなくなっても、神の形代として埋納されたのであり、新しい銅鐸に生れ変るための死と再生儀礼としての埋納であった。

前述したが徳島市矢野遺跡の二世紀の突線鈕式Ⅳの埋納について、矢野銅鐸の調査発掘にあたった菅原康夫は、鐸身の外周と内部に「二層の砂質土を充塡」し、鰭を垂直にして木製容器に入れ、埋納坑に納められた銅鐸は、「そのようすは鋳型に入った銅鐸に酷似するため、使命を終えた銅鐸を誕生時と同じ姿にして埋納したものと、私は考えている」と書いている。(16)「誕生時と同じ姿にして」の埋納は、再生祈願である。鐸身内部に土をつめ、鰭を垂直にして埋納する例は、阿波だけでなく一般的埋納方法である。

菅原康夫は「集落内部で、かつ衆目に触れる場所での埋納行為に類するものは、古墳の頂部での葬送儀礼である」と書き、具体的例として「墳丘墓上で繰り広げられた祭祀」との共通性をあげ、この古墳時代の祭祀は「弥生時代の祭事形態が踏襲されている可能性は否定できない」と書く。(16)弥生終末期の銅鐸祭祀の終焉埋納以外の埋納は、死と再生の儀礼であった。「光り物」としての役目をおえて埋納されるのは、枯れて大地で朽ちる植物は、実を大地に落しており、その実は再生して地上へ芽としてあらわれ、成長（巨大化）する。

古い銅鐸が埋納され、新しい銅鐸が作られるたびに、大きくなっていったのは、死と再生を繰り返すことによって、神の形代としての銅鐸の神威・霊力を、より発揮するためであった。「使命を終えた銅鐸を誕生時と同じ姿にして埋納した」のは、実《み》が種に戻ったのであり、自然の輪廻（死と再生）をその埋納行為が示している。

銅鐸が古くなれば埋納された理由

銅鐸の埋納については前述した「境界守護説」がある。菅原康夫は「考古学的手法による境界の特定はむずかしい」と書き(16)、喜谷美宣も銅鐸の埋納地は、川岸・海岸など境界と見られる所もあるが、「埋納地は山頂や山腹、あるいは丘陵斜面の見晴らしのよいところ、というのが七〇%近い」から、境界に埋納したという説は無理だと書く(21)。

このような批判があるのは、境界に埋納したとする説も、その説を批判する見解も、どちらも境界を平面的に見ているからである。しかし境界は平面だけではない。立体でもある。

『古事記』や『日本書紀』は海と天をともに「アマ」と書き、平面の海と立体の天を一つにみている。境界神の猿田彦について『古事記』は、

天八衢《あまのやちまた》に居て、上は高天原を光《て》らし、下は葦原中国《あしはらなかつくに》を光らす神

と書く。「八衢」は八方に通じる道のわかれる所、境界だが、この境界は天（高天原）と地（葦原中国）の境界である。したがって銅鐸が山頂や山腹、見晴らしのよい丘陵斜面（坂）に埋納されているのは、天と地の境界埋納といえる。銅鐸は平面境界だけでなく、立体境界に埋納されている。

『日本書紀』崇神天皇九年三月条に、

天皇の夢に神人有《ま》して、誨《をし》へて曰《のたま》はく、「赤楯八枚・赤矛八竿を以《も》て墨坂神を祠《まつ》れ。亦《また》黒楯八枚・黒矛八竿を以て大坂神を祠れ」とのたまふ

とある。大和の東の坂（墨坂）と西の坂（大坂）に楯と矛を立てて、坂の神を祀ったというが、坂は立体と平面の境界であり、楯は銅鐸と重なる。喜谷が書く「丘陵斜面の見晴らしのよいところ」とは、「坂」である。

『延喜式』（延喜五年〈九〇五〉に編集に着手し、延長五年〈九二七〉に完成）の巻八に載る「道の饗《あへ》の祭」（境界神の祭り）の祝詞に、「八衢」に居る神は、「下より行かば下を守り、上より往かば上を守り」とあり、やはり立体の境界神である。しかし「下」を「根の国・底の国」と書き、地下にしている。『日本書紀』の神代紀は地上と地下の境界を「泉津《よもつ》平坂《ひらさか》」と書き、坂は天と地の境界だけでなく地上と地下の境界でもある。したがって銅鐸を地下に埋める行為そのものが、地上と地下の立体境界祭祀といえる。

太陽は天上にいつまでも照り輝いてはいない。夕暮に西の山・原・海に落ち、朝になると山・原・海から昇る。地下から出て天上に昇るのが朝日であり、昼間の太陽は平行だが、朝と夕は立体垂直感覚であることも、立体境界観をもつ一因といえよう。

銅鐸は祭りの日には、一つだけでなくたくさん集められて、光の競演を行なったであろう。境界祭祀は必ずしも平面境界の地に限定することはない。地上の銅鐸が太陽の光を受けて照り輝くことは、「上は高天原を光《て》らす神」と、「下は葦原中国を光らす神」が、一体になることであり、この場所は天（上）と地（下）の境界だから、集落の人々が祭りに集まる広場も、「八衢《やちまた》」である。

稲などの農作物は、土や水などの地上・地下の恵みだけでなく、天上からの恵みを受けて成長する。天上からの恵みとはふりそそぐ太陽の光である。その恵み（光・天照）を人々にはっきり示しているのが、太陽の光を受けて照り輝く銅鐸である。したがって天上からの恵み（光・天照）をより強く受けるために、銅鐸は巨大化したのである。しかし古くなって光り輝やかなくなったときには、地下に埋納し、さらに新しく埋納した物より巨大な銅鐸を作ったが、倭国の大乱後、卑弥呼の共立によって「光り物」の鏡が統一祭器になったので、銅鐸は作られなくなったのであろう。

銅鐸祭祀は地的宗儀か天的宗儀か

三品彰英は、銅鐸は大地の生命の源泉とする信仰観念、「地的宗儀」によって生まれた「大地に埋められる呪具」、つまり「地霊の依代」とみる。この「地的宗儀」の「銅鐸の宗儀は、高天原の信仰を中核とする天的宗儀の出現によって終末を告げた」と書いている。[22] 山尾幸久も弥生時代の地的宗儀から高塚の古墳発生期に、「突如として天的宗儀が発達しはじめた」と書くが、[23] 水田稲作農耕の弥生時代に天的な霊格の観念・信仰がなく、地的宗儀だけとはいえない。和辻哲郎も『日本古代文化』で鏡の尊重から太陽崇拝が生まれたのではなく、太陽崇拝があったから鏡が尊重されたと書いているが、[24] 太陽は縄文時代以前から照り輝いていた。弥生時代の農耕民は地的宗儀しか出来ないほど、幼稚でも原始的でもなかった。エジプトやメソポタミアや中国など、ナイル河、チグリス・ユーフラテス河、黄河などの流域の人々が、地的宗儀と共に天的宗儀を行なっていたように、弥生人も天的宗儀を行なっていた。銅鐸は弥生人の天と地を祀る祭儀の呪具であった。

三品彰英は銅鐸が地に埋められていたから地的宗儀の呪具だと主張するが、[22] 三品彰英が天的宗儀の呪具とする鏡も、地に埋められているではないか。奈良県御所市名柄からは多鈕細文鏡と銅鐸が一緒に埋められて出土しており、三品彰英の銅鐸を地的宗儀、鏡を天的宗儀とする説には無理である。鏡と銅鐸が共に埋納されているのは、同じ祭具・呪具として用いられたからである。弥生人が銅鐸を用いて豊饒をもたらす大地だけの地的宗儀のみを行ない、新しく鏡が入ってきた古墳時代になって、雨乞いや日照を願う豊饒祈願の祭天の天的宗儀を行なったのでなく、銅鐸もまた鏡が入る以前の天と地の祭祀のための祭具であった。したがって太陽の光りを受けて照り輝かせるために、銅鐸は巨大化し黄金色に照り輝いたのである。

そのことは銅鐸や武器形祭器の埋納位置からもいえる。池田潤によれば出雲の場合、大量の銅鐸出土地の加茂岩倉遺跡（島根県加茂町）と荒神谷遺跡（島根県斐川町）は、「それぞれ冬至の日の出—夏至の日没方向の関係に位置しあっている」と書き、「銅戈が出土した命主《いのちぬし》神社と、かつて銅鐸が出土したといわれる木次《きすき》、銅剣が出土した横田八幡宮（島根県横田町）は、「冬至の日の出—夏至の日没線上に、ほぼ正確に位置している」と書いている。また、島根県鹿島町の銅鐸・銅剣の出土している志谷奥遺跡は朝日山の麓にあり、「志谷奥遺跡から冬至の日の出方向の朝酌川沿いには、流水紋のある銅鐸片が出土した西川津遺跡が位置している」とも書く。さらに和歌山市太田の弥生中期の太田・黒田遺跡を中心に「中小型の銅鐸が集中して出土している」と池田潤は書き、「太田・黒田遺跡の夏至の日の出方向に位置する和歌山市宇田森に大屋津比売神社がある。この神社境内から形式不明の銅鐸が出土している。……太田・黒田遺跡から冬至の日の出方向を望むと、日前・国懸神宮をはさむようにして鳴《なる》神社があり、さらにその先に大日山を見通すことができる」と書いている。[25] 池田潤のこのような記述からも、銅鐸が太陽祭祀の祭器であった事は確かである。

銅鐸は春分・秋分・夏至・冬至の観測器具説

工学博士で熊本大学教授であった藤芳義男は、図32を示して、時代と大きさの異なる銅鐸五三個の胴の孔を測定した結果について、次のように書く。

手前の孔と向こう側の孔を通して見れば、彼岸（春分・秋分）の中日の日の出や、反対から見ると日没を見ることができる。それは左右二つの線となるから、大型だと二人が同時観測できて便利である。それだけではない。手前の孔は左、向こうの孔は右と斜めに見ると東側に夏至の日の出点を見る。これを反対にすると西側に冬至の日没を見ることができる。なぜならこの斜めの線は彼岸線とほぼ二九度の傾きをなすからである。もっとも総個数五三個について実際の傾角を調べて見たら平均三二・三度とやや拡がっている。それでも視野が平均四度もあるから二九度を見るに差支えがない。それでもこの孔をしきりに改造したあとのある銅鐸が多い。それも理解されよう。

ここで特記したいのは銅鐸の眼形断面の謎である。鈴から出発したのなら断面は円形になるはずである。また彼岸だけを見るのなら孔は両面二個ずつでなく、一個ずつで用を足せよう。しかももっとも初期の作と見られる小銅鐸でも眼形断面であり、しかも両面二個ずつの孔を持っている。もっと後期のものと考えられる高さ一メートルを超す大銅鐸でも、これだけは同じである。(26)

このように書いて図32・33を示し、胴の孔や鈕の孔（藤芳は「視き窓」と書く）からも二至（冬至・夏至）、二分（春分・秋分）の観測ができると書く。後期銅鐸では前期の半分の視野になっているが、二至・二分の

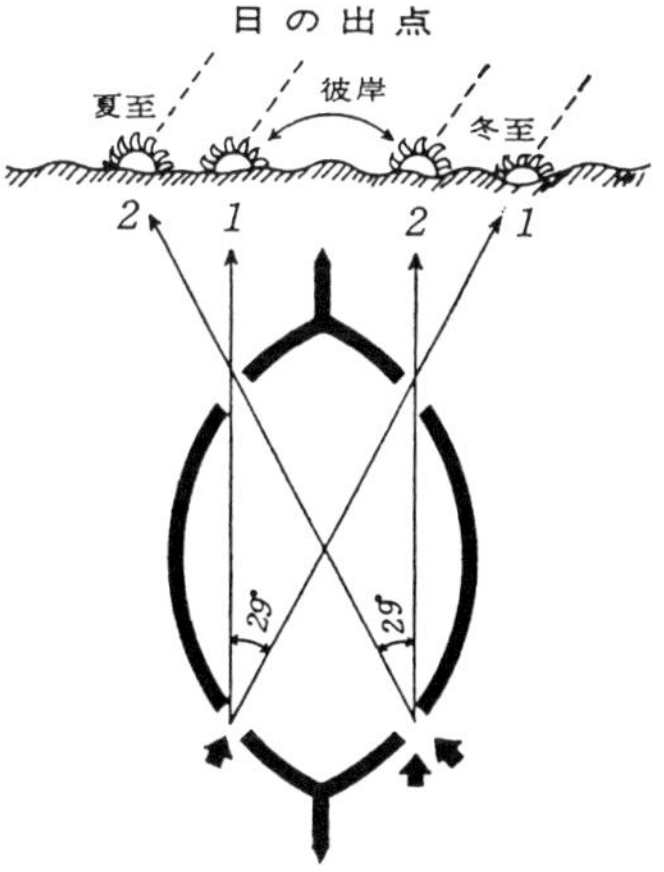

図32　銅鐸の胴の孔からの二至・二分の観測

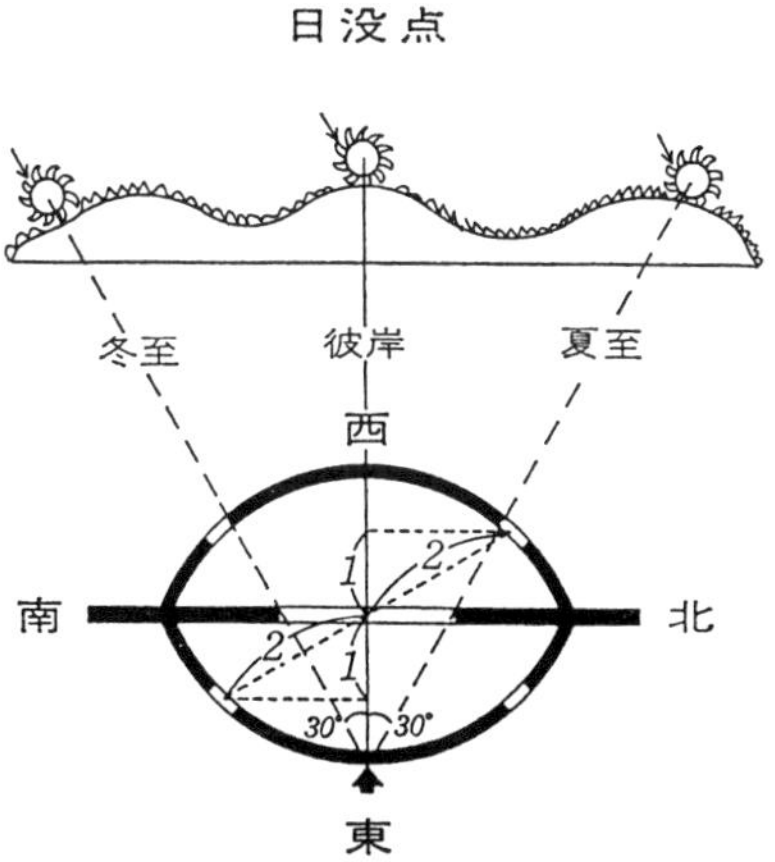

図33　前期銅鐸の鈕の孔からの二至・二分の観測

観測は可能だと書き、銅鐸を「祭祀用」というのは銅鐸の用途のわからない人の「逃げ口上」だと批判し、銅鐸は「観測用具」で「古代科学」の「器具」と主張する。ならば「古代科学の器具」がなぜあのように巨大化したのか。このことについては工学博士の答えはない。古代人にとって「古代科学」の「観測用具」も、祭器であり呪具であったから、巨大化したのである。

「古代科学」とは「古代祭祀」であり「古代呪術」である。科学者は技術の正確さだけを問題にして、「古代の技術は進んでいた」などというが、もしその正確さが今日の技術に匹敵したとしても、それは信仰心や宗教的情熱に裏づけられた結果の正確さである。それが巨大なピラミッドや大古墳を築いたのであり、技術だけにたよる今日の科学とは、同列には論じられない。したがって藤芳義男が主張する銅鐸が太陽観測によって二至二分を知る器具として使われていたとしても、弥生人としては、藤芳的視点の器具ではなく、祭具・呪具であった。二至・二分を知るのを、現代人の「観測」的視点だけで論じるのには問題がある。この視点だけでは、古代人の銅鐸使用や、銅鐸や、後述するが武器形祭具の巨大化の意味は、見えてこない。黄金色に照り輝く巨大な銅鐸や武器形祭具は、照り輝く太陽（古代人にとっては日神）の依代であった。

北部九州で出土する銅鐸は鈴鼓の鈴と似て小さく、中に舌《ぜつ》があって音を出すから、内壁が磨滅している。ところが内壁だけでなく、舌のある北部九州出土の韓国渡来の小銅鐸は、鐸身の表面も磨滅しており、北部九州出土の銅鐸鋳型にも、きれいな文様があり、鋳造のときの磨滅とは見えないから、この磨滅は韓国でつけられた文様のある表面を磨いたからである。わざわざ苦労してつけた文様がなぜ磨滅しているのか。文様のある表面を倭人が磨いたからだが、理由は日光を受けて光り輝かすためである。このように銅鐸は、本来は鳴らす呪具であったのに、倭人は外国人が作った鳴らすための小銅鐸の表面を磨いて、せっかくつけた文様まで消している。この行為は、倭人が作った銅鐸が巨大化する原因であり、九州から東へ、銅鐸が普及するにつれて、鳴らす銅鐸は巨大化して、光り輝く祭器になっていく。その事は次章で書くが、矛が武器としての用途でなく、まったく違った用途に用いられ、巨大化するのと同じである。このような事実からみても、弥生時代の倭人は韓国・中国の人々以上の、太陽信仰の信者であったことがわかる。

銅鐸を巨大化した弥生人の太陽信仰

朝鮮の銅鐸は一〇センチから一六センチぐらいであり、中国の銅鐸も八センチから一〇センチである。ところがわが国では最古段階（紀元前三世紀）の銅鐸でも二〇センチ以上あり、古段階（紀元前二世紀〜前一世紀）になると三〇センチから四〇センチになる。一般に銅鐸は「聞く銅鐸から見る銅鐸へ」といわれているが、岩永省三はわが国の銅鐸は「『聞く銅鐸』の段階からすでに大型化しつつあった」から、「銅鐸は終始『見る』要素を持っており、『見て聞く銅鐸』から『見るだけで聞かない銅鐸』へ変化したといった方が実情に合っていよう」と書いている(13)。そのことは古段階で中国や韓国での「聞く銅鐸」としての用途に必要な舌が、わが国ではなくなっていることからもいえる。

舌のついた最古段階の銅鐸でも、中国や韓国の銅鐸とちがっている。銅鐸は鳴らすために舌がついているのだから、内壁が磨滅しているのは当然だが、韓国出土の小銅鐸とちがって内壁だけでなく鐸身の表面も磨滅している。銅鐸鋳型には鐸身の表面にきれいな文様があるから、鋳造時の磨滅ではなく、文様の表面を磨いたための磨滅である。この事実は前述したが、韓国の人たちが鳴らすために用いた小銅鐸を、倭人は最初から光り輝かすために表面を磨いたからである。したがって倭人は、最古段階の銅鐸でも韓国の鳴らす銅鐸より大きく作って、「見る」要素の銅鐸を作っていたのである。「見る」は「鳴り物」としての銅鐸に、「光り物」の要素を付加したのだから、中段階（一世紀）には五〇センチ以上になり、新段階（一世紀～二世紀）では一メートル以上になる。最終段階の滋賀県大岩山遺跡出土の近畿式銅鐸（二世紀）は一・三五メートルもある。

前述したが、久野邦雄は奈良県田原本町の弥生時代の唐古・鍵遺跡から出土した銅鐸の鋳張り（鋳造時に鋳型の合わせ目からはみ出たもの）を、化学分析するため一部を切断してみると、現在の五円玉のように黄金色に輝いたので、成分に基づいた復原研究を行なった結果、「全体的に黄金色に近いものになることがわか

図34　弥生中期の土器に描かれた絵

った」と書いている[11]。したがってこの事も前述したが、「銅鐸を鋳造するにあたって原料を配合する時には、熔製された銅鐸の色が黄金色になるよう配慮されていたのではないかと推測できる。このことから考えられることは、弥生時代、農耕の祭祀の場で、黄金に光り輝く銅鐸が太陽の光をあびて反射した」であろうと、書いている（傍点引用者）。

図34は鳥取県淀江町角田出土の弥生中期の土器に描かれた絵である。向って左の木に吊り下げられているのは、二個の銅鐸といわれている。左端の銅鐸の絵に対して、右端には太陽と四人の舟を漕ぐ人が描かれているが、四人は単純な海人ではない。鳥の羽根を頭飾りにした鳥人であり、しかも頭上に太陽が描かれていることから、この絵は「太陽の舟」とその舟を運行する鳥人（神人）を描いているとみてよいだろう。**図34**では左端と右端に描かれている銅鐸と太陽の舟の絵は、壺絵だから対として描かれており、**図34**の中央の建物の絵も対であり、二つの建物の絵は銅鐸と太陽の舟の絵と対応する。建物は向って右が望楼、左が倉庫と一般に解されているが、祭儀にかかわる銅鐸と太陽の舟に対応する建物の絵だから、この二つの建物も単なる望楼・倉庫ではないだろう。望楼は太陽祭祀にかかわる高殿で、もう一つの建物は銅鐸祭祀にかかわる神殿であろう。

弥生人が見た銅鐸は黄金色に輝き、日の光をあびて照り輝く様《さま》は、まさに太陽である。銅鐸と太陽が描かれている図34の弥生土器絵も、銅鐸にかかわる太陽信仰を示しており、「見る銅鐸」と呼ばれている「見る」の意味を、この絵は示している。太陽と舟の絵に銅鐸が描かれている事実からも、銅鐸は弥生人の太陽信仰に深くかかわっていることを、証している。

三章　弥生時代の太陽信仰

——武器形祭器・鏡論——

武器形祭器の銅矛について

銅鐸は時代が下がるにつれて巨大化し、十二倍まで大きくなっていく。銅鐸だけでなく銅矛も巨大化しており、銅鐸と銅矛は使用地はちがうが、巨大化においては共通している。その巨大化は長くなるだけでなく、銅鐸も銅矛も横に広がっているから、銅矛は「広形銅矛」と呼ばれている。このような横に広がる巨大化は、日光をより強く光り輝かせるためであろう。銅鐸も銅矛も「光り物」として巨大化したのである。その例に佐賀県の吉野ヶ里遺跡の近くで出土した綾杉状に研ぎわけた中広形の銅矛がある（図35）。左の目達原遺跡出土の銅矛は八二・四センチ、右の検見台遺跡出土の銅矛は八一・九センチあり、綾杉状（矢羽状）に研ぎ分けており、武器ではない。七田忠昭は日光や炎の光を反射する呪具として綾杉状に加工したとみて、「銅矛は、ゆるやかに動かすことによって、太陽や炎などの光源を研ぎ分けられた面との角度の変化により、青銅の平面的な輝きとは異なる反射光が神妙に輝き、祭祀の場に居合わせる者たちに刺激的な興奮を与えたに違いない」と書いている(1)。

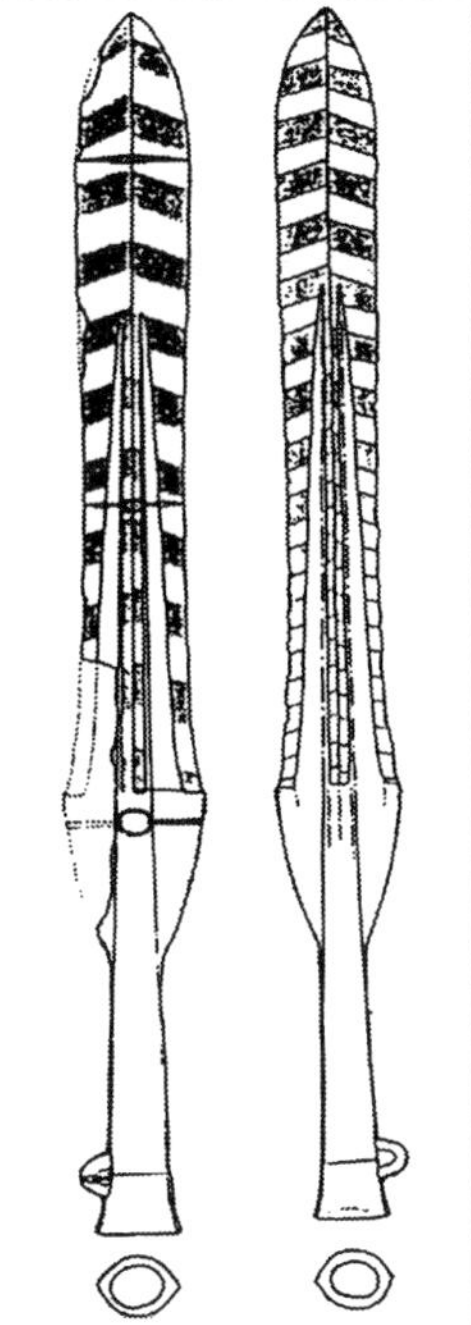

図35　装飾された銅矛

佐原真は図35の銅矛について、「武器というよりは祭り用に光り輝いて祭りの雰囲気を崇厳にしたもの」と書き、特に「光り輝いて」に傍点をふっている。単に光り輝やかせるためでなく、矢羽状は「光があたると、光の帯と影の帯との縞模様が美しい。光の角度が変わると、たちまち、今までの光の帯が影の部分と変わり、今までの影の帯が光り輝く」ようにした工夫した加工だと書く。神戸市東灘区生駒出土の扁平鈕式Ⅱの銅鐸にも、図35と同じ文様があるから、銅鐸と銅矛は光り輝く祭具として同じ用途であったと書く。[2]

高倉洋彰は図35のような文様のある銅矛は二十八例あるとし、こうした文様をつけたのは、「鋒部が太陽の光輝に照り映えて発する鮮烈な輝きに、当時の人々が神秘を感じた」からだと書き、銅矛は「突き刺すものとしてではなく、見る対象として使用されていたことを示唆する。中広銅矛は太陽を受けて輝くその光を人々に仰ぎ見られる神秘的な祭器だったのであろう」と書く。文様のあるなしにかかわらず、「中広」といわれるように広くなったのは、銅矛が突き刺す武器でなく、日光を受けて照り輝く「光り物」になったからだと、高倉洋彰は書いている。[3]

このように銅矛も光り輝く呪具として、巨大化した銅鐸と同様に、弥生人は扱っている。銅矛の巨大化も、綾杉状（矢羽状）の加工も、太陽信仰による。

矛が太陽とかかわることは『古事記』の天日矛伝承からもいえる。応神天皇記に、新羅国の王子が倭国に渡来した話が載るが、その王子の名は「天」が冠された「日矛」という。『日本書紀』は「天日槍《ほこ》」と書き、いずれも矛（槍）に「日」が冠されている。天日槍は天皇に「日鏡」を献じたとあり、単なる鏡でなく「日」が冠されている。『古事記』の天日矛に関する記事では、沼のほとりで昼寝をしていた女性の陰部《ほと》を太陽が射して、みごもった女性から生まれた娘が、天日矛命の妻になったとあり、矛に「日」が冠された新羅の王子の伝承は太陽説話である。このような伝承からも、図35の綾杉状の矛は「日矛」であり、光り輝やく祭具の「日矛」として、巨大化したのである。

銅鐸・銅矛などの巨大化の理由

写真7は銅鐸の変遷、図36は銅矛の変遷である。銅鐸は朝鮮式小銅鐸の約十二倍まで巨大化しており、銅矛も次第に広幅になり、武器としてでなく、日光を受けて光り輝く祭器になっている。本来の武器としての

写真7　銅鐸の変遷

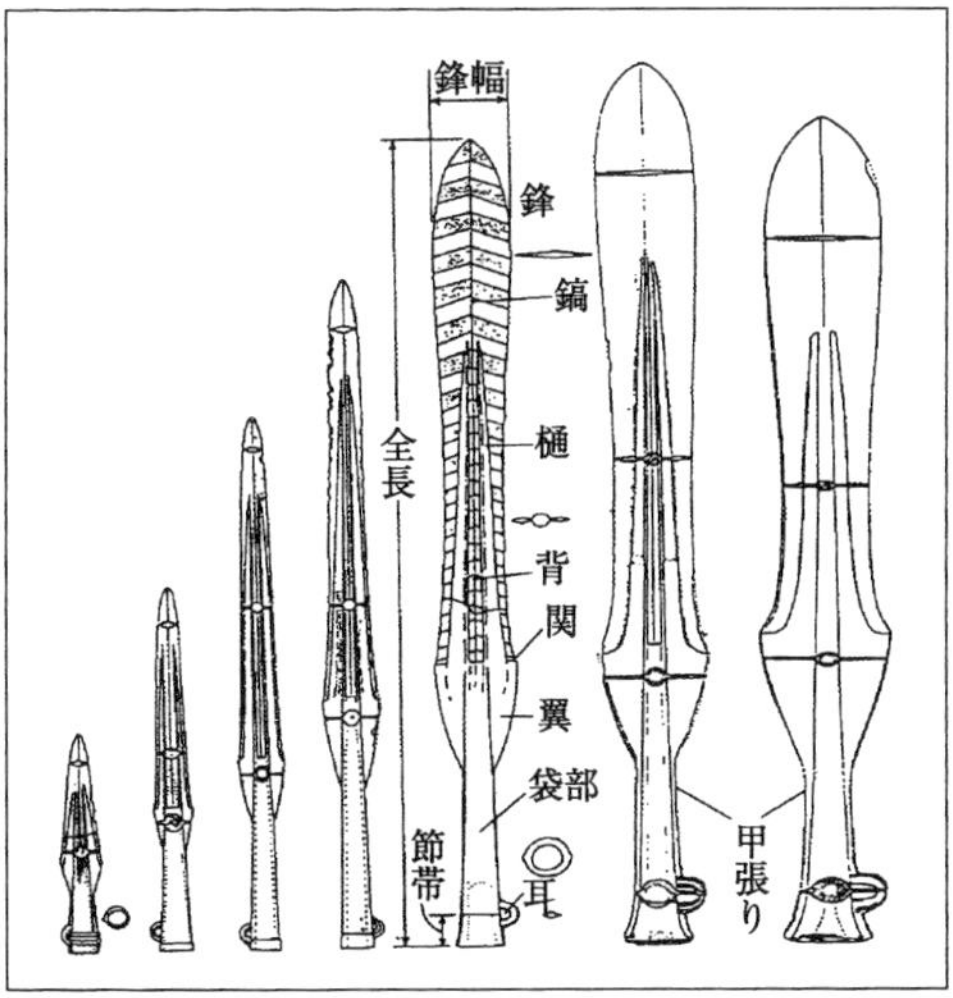

図36　銅矛の変遷

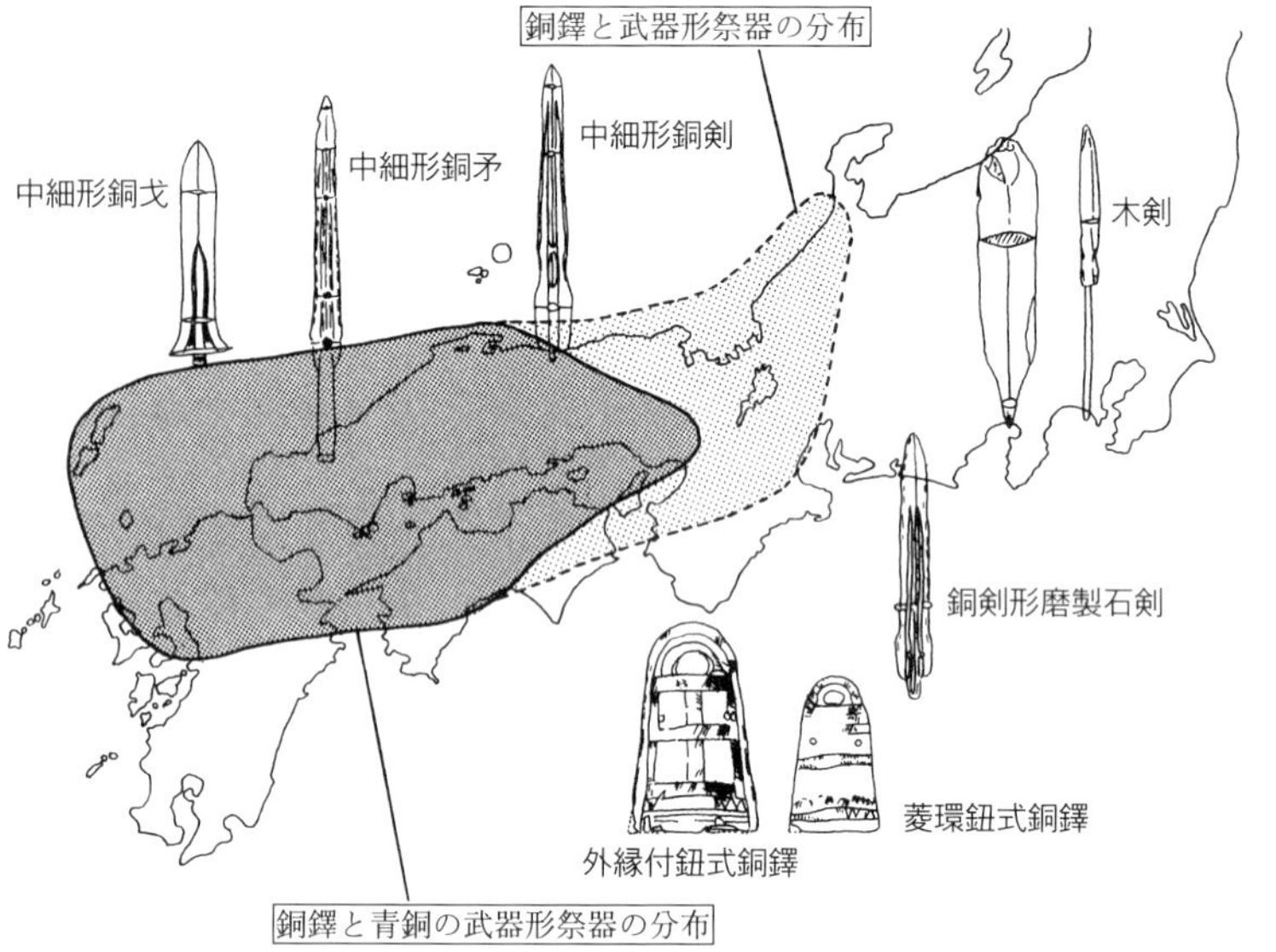

図37　青銅器祭祀の諸段階—第Ⅰ段階（中期前半〜中頃）

役割はまったく消失している。この事実からも佐原真が銅鐸について、本来の役目の鳴らす楽器・鐘という主張は、銅矛の例からみても無理である。巨大化の理由を「鈴」から「鐘」へと見ているが、たたけば音を出すだろうが、機能・祭器として、音を出すために巨大化したのではないことは明らかである。それは銅鐸絵画がそれを物語っており、前述した青銅祭器としての銅矛（図35）にほどこしている、綾杉状の文様が示している。

寺沢薫は青銅器祭祀の第Ⅰ段階を紀元前二世紀後半から紀元前一世紀前半とみて、図37を例示する。第Ⅰ段階では銅鐸と武器形祭器は北部九州から近畿・北陸まで用いられているが、西側は武器形祭器が主で従が銅鐸であり、東側はその逆である。第Ⅱ段階（紀元前一世紀後半〜一世紀前半）になると図38のように各地域で独自の武器形祭器が用いられるようになるが、第Ⅰ段階より銅鐸や武

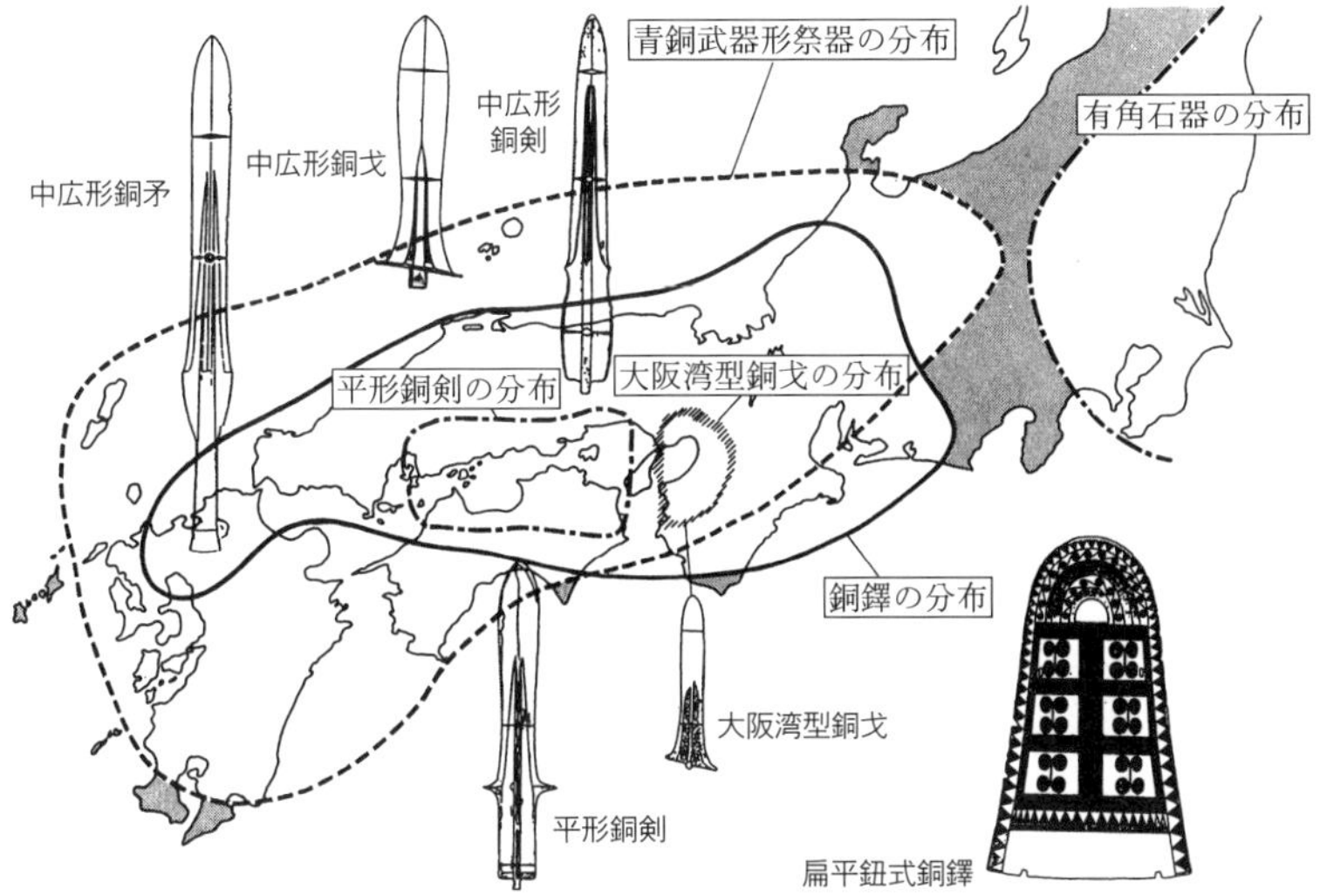

図38　青銅器祭祀の諸段階―第Ⅱ段階（中期前半）

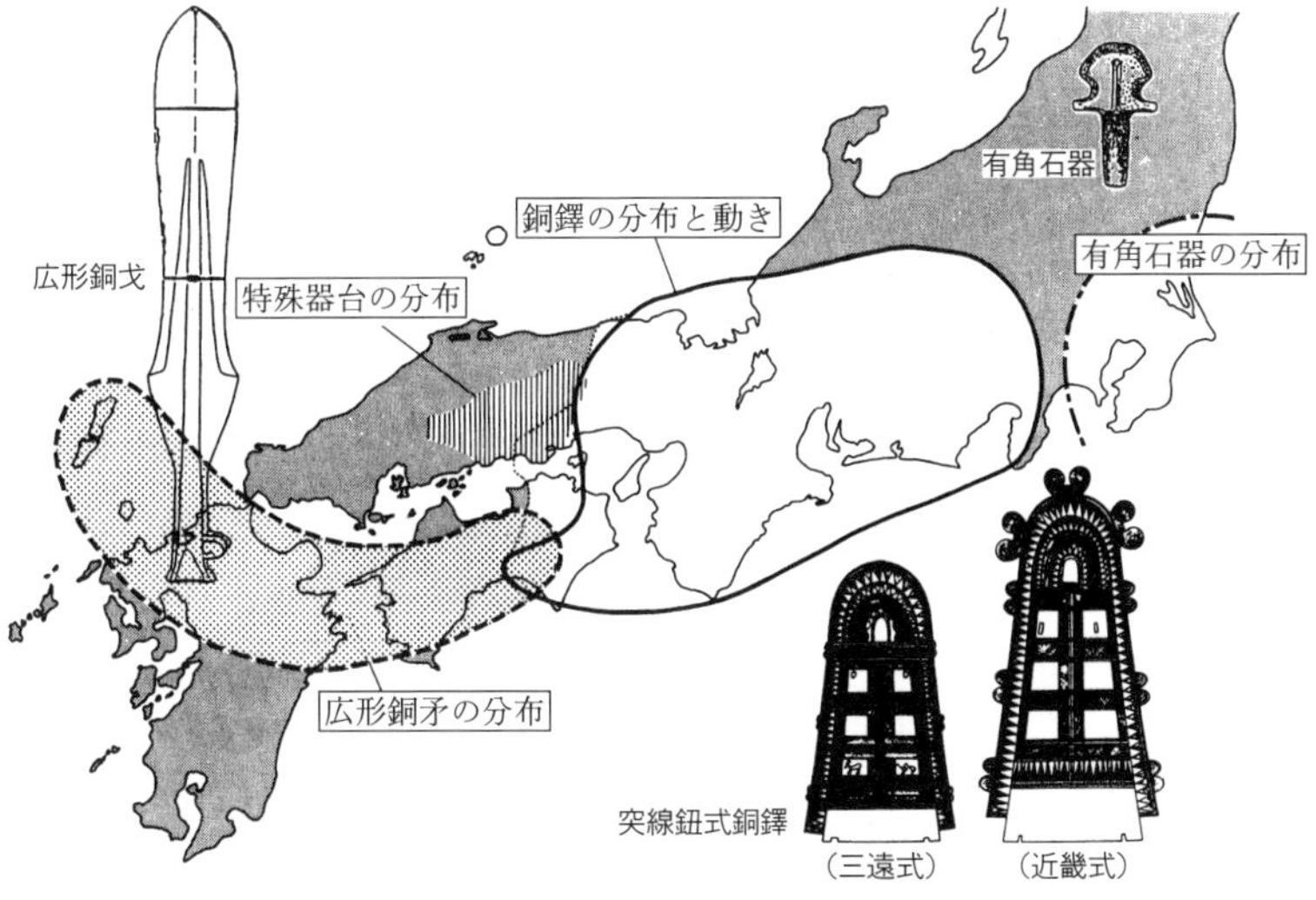

図39　青銅器祭祀の諸段階―第Ⅲ段階（後期）

器形祭器は大きくなっている。(4) 第Ⅲ段階（一世紀後半〜三世紀頃）は前頁の図39のような分布だが、青銅器祭器は銅鐸圏と広形銅矛圏にはっきり分かれるが、いずれも巨大化していることでは共通している。

岩永省三は近畿の銅鐸圏でも北部九州の銅矛圏でも、どちらも巨大化しているのは、「アメリカと旧ソ連の兵器のように、互いを意識しつつ、似たような変化をたどったという意味で、双方が影響しあったと考えたい」と書く。(5) 福永伸哉は巨大化は「岩永省三が指摘するように、互いを意識した競争的行為の産物だった可能性は高いだろう」と書いている。(6) 春成秀爾は銅鐸圏と武器形祭器圏が、「神の武器」として銅鐸や銅矛を巨大化したとみる。したがって巨大化を「軍備拡張の競争」と書く。(7)

岩永・福永・春成はいずれも巨大化を、銅鐸圏と武器形祭器圏が対立する第Ⅲ段階の競争の結果とみるが、第Ⅰ・第Ⅱ段階でも青銅器は銅鐸・武器形を問わず時代が下がるにつれて巨大化しているから、第Ⅲ段階の武器形祭器圏と銅鐸圏の巨大競争に限定することはできない。また競争意識によって巨大化したことをまったく否定はしないが、地域限定ではない鏡も巨大化しているのだから、巨大化を「軍備拡張」と重ねて論じる見解にも同調できない。巨大化は地域を問わず倭人の祭器観によるのであり、特に青銅器は中国人や韓国人が用いていた鐸も武器も、倭人の祭器観によって巨大化したのであり、青銅器を太陽の光を受けて光り輝く「光り物」と、倭人は見たから巨大化したのである。そのことは図37・38・39の各段階で時代が新しくなるにしたがって、次第に巨大化していることからもいえる。

武末純一は「祭器専用の中広形や広形の銅矛は、生産の中心である奴国から周辺に向かって水の波紋のようにだんだん数が少なくなるのではなく、九州の北の果てである対馬に全体の約四分の一にあたる百十本ほどが集中しており、異常な分布を示している」と書き、理由として「農業の祭りでなく、航海安全の祭りに使われた」と書く[8]。しかし「航海安全の祭り」なら壱岐島からも多数出土してもよいのに、対馬島の一一〇本に対して銅矛はたったの四本であるから、対馬から特に多数の銅矛が出土するのは、対馬の位置が特に国境であったからであろう。

銅矛は次第に大きくなって広形銅矛になるが、図40は特に広形銅矛に限定した分布図である（武末純一作図）。この図からみると多くは海岸地帯であるから、航海安全祈願も否定できないが、銅矛形祭器が航海安全のためだけとすれば、もっと海岸地帯に分布してもいいはずである。ところが一部の地域に限定されており、対馬を除く地域は多くても一〇本余りだが、対馬に限って七六本もある事実は、対馬が国境に位置することを抜きに説明はできないから、広形銅矛の埋納は境界を意識しての埋納といえよう。

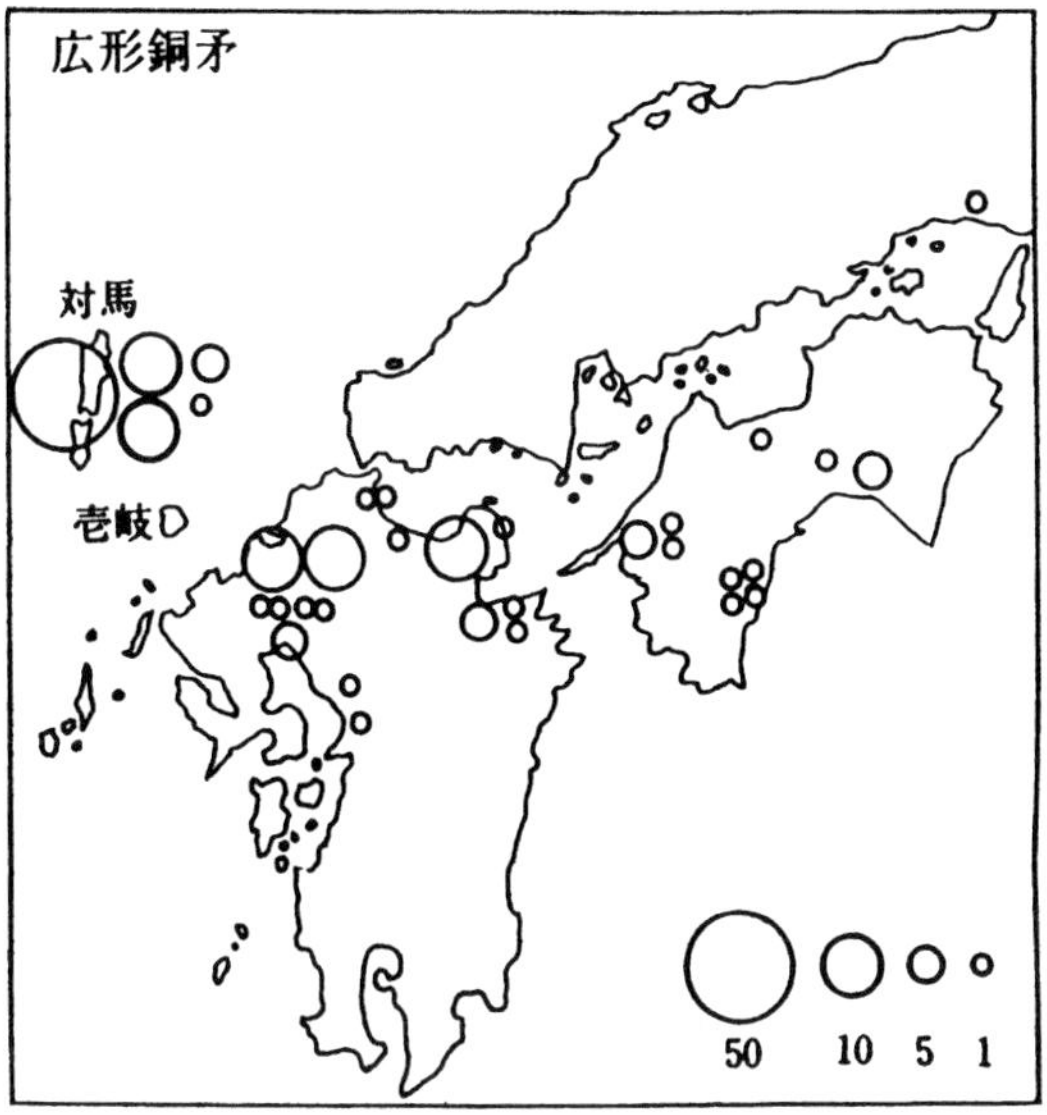

図40　広形銅矛の分布

このように銅鐸も銅矛も境界にかかわることは確かである。そのことが共に巨大化している原因だから、なぜ本来の「鐸」「矛」の役割から変化して、わが国では共に大型化したか。それは太陽祭祀の視点を無視しては、原因が理解できない。なぜなら鏡の巨大化も、鐸・矛の巨大化と一致しているからである。

武器形祭器や銅鐸の巨大化と埋納の意味

岩永省三は銅鐸の巨大化は「アメリカと旧ソ連の兵器のように、互いを意識しつつ」拡大した、拡大競争の結果と書き[5]、福永伸哉も「岩永省三が指摘するように、互いを意識した競争的行為の産物だった可能性が高い」と書く[6]。春成秀爾は銅鐸だけでなく銅矛も巨大化したのは、「軍備拡張競争」だと、岩永見解を銅矛にまで拡大して論じている[7]。寺沢薫は銅鐸の巨大化は「共同体そのものを加護し、敵対するものに対しての積極的呪禁を行うため」と書き[9]、武器形祭器の銅矛・銅戈の大量埋納についても、「敵対するクニへの呪禁として」、「複数の武器形の青銅祭器をクニの境界に埋納した」と書く[10]。ではなぜ、そのような銅鐸や武器形祭器を地下深く埋納したのか。その理由は「辟邪の力を増幅して共同体を守るため」と書くだけで、なぜ地下に埋めるのが「辟邪の力を増幅」することになるのかの説明はない[9]。

天上（高天原）──→地上（葦原中国）の「天地」観で銅鐸の埋納はなされたとみて、天と地の境界に銅鐸は埋納されたと、私は前述したが、武器形祭器も同じと見るべきだろう。埋納は地下だから、天上・地上だけでなく、地下（根の国・底つ国）も加えるべきで、銅鐸・武器形祭器は、

高天原・葦原中国・根の国（底つ国）

の境界に、境界守護のために置かれたのである。したがってヨコの関係だけでなく、天と地と地下の境界、タテの関係も考えるべきである。巨大化は天と地の境界守護の猿田彦が巨大であったことと重なり、埋納は

地上と地下の境界守護のためであった。

境界は現代人には平面観が強いが、古代人は立体境界観が強い。平面境界では見える範囲内の辟邪・呪禁にすぎないが、立体境界では見えない場所（地下）からの辟邪・呪禁となる。古代人はそこを「根の国」「底《そこ》つ国」と言った。埋納は見えない「根の国」「底つ国」からくる悪霊・邪鬼に対する辟邪・呪禁のための埋納の意味もあったであろう。「見えないもの」こそ「見えるもの」より恐ろしい。したがって埋納には大量埋納が多いのは、「見えるもの」より恐ろしい「見えないもの」に対抗するには、数を多く埋納する必要があったからであろう。春成秀爾や寺沢薫は弥生中期末の大量埋納を、武器形祭器圏との対立によると推測しているが、そうした見える外敵に対してだけでなく、「見える」より「見えない」ことが恐怖を与えるから、そうした見えない邪霊病魔に対して、辟邪・呪禁の力をより強く発揮させるため、大量埋納したのであろう。

『播磨国風土記』託賀郡法太里甕坂の条に、
昔、丹波と播磨と、国を堺ひし時、大甕を此の上に掘り埋めて、国の境と為《な》しき。

とある。国の境界に甕を埋めているのは境界祭祀である。しかし普通の甕でなく特に「大甕」であることは、巨大銅鐸・武器形祭器と共通しているが、この境界も「甕坂」という「坂」であり、平面境界でなく天と地と地下の、立体境界に大甕を埋めているのである。

前述したが岩永省三・福永伸哉・春成秀爾は銅鐸圏・武器形祭器圏の対立が巨大化の原因とみているが（岩永はアメリカと旧ソ連の対立と比較し、福永は岩永見解に賛成し、春成は銅鐸圏と武器形祭祀圏の対立とみている）、寺沢薫は「弥生時代の青銅器とそのマツリ」で前に示したように図37・38・39を示している。図37は青銅器祭祀の第Ⅰ段階（中期前半〜中頃）で、武器形祭器が主で銅鐸祭祀との対立はない。図38の第Ⅱ段階（中期後半）も銅鐸祭祀と武器形祭祀の地域は重なっている。図39の第Ⅲ段階に入って対立している。岩永・福永・春成らはこの時期の巨大化を言っているが、銅鐸と武器形青銅器（矛・戈・剣）の巨大化を、二つの祭祀圏の対立だけを原因とする見解は、私は採らない。私もこの対立をまったく否定はしない。しかしこの対立がすべてと書く見解には同調しない。というのは、その前にも巨大化しているからである。その巨大化については、銅鐸圏内・武器形青銅器圏内の「対立」と考えられているが、それは「対立」でなくて「競争」である。

境界神猿田彦の巨大化と太陽信仰

銅鐸や武器形祭器は境界に埋納されたと、春成秀爾[7]や寺沢薫[10]は書くが、境界神には巨大イメージがある。『日本書紀』は猿田彦神を「衢神《ちまたのかみ》」「岐神《ふなとのかみ》」と書く。「衢」「岐」は境界をいうから、猿田彦神は境界神である。『日本書紀』（一書の三）は猿田彦神について、

　天八達之衢《あまのやちまた》に居り、其の鼻の長さ七咫《ななあた》、背の長さ七尺《ななさか》余り、当に七尋《ななひろ》と言ふべし

と書く。「天八達之衢」は「天」（高天原）の多くの道が分かれる所、つまり天と地の境界である。『古事記』も猿田彦神は「天八衢《やちまた》」に居たと書く。この境界神の鼻の長さは七咫（「咫」は周代の長さの単位で約一八センチだから、「七咫」は一・二六メートル）。背の長さは「七尺余り」で「七尋」（「尋」は五尺または六尺だから、

「七尋」は七・五八メートルから一〇・九〇メートル）あるという。この場合の「七」は巨大さを示す聖数で、「八衢」の「八」も多い・大きいをあらわす聖数である。

『日本書紀』は「八岐《やまた》」、『古事記』が「八俣《やまた》」と書く「大蛇」は、「八衢《やちまた》（八達之衢《やちのまた》）」の猿田彦神と同じ境界神である（「やまた」も「やちまた」と同じに多くの道に分れる所をいう）。この境界神について『日本書紀』本文は、次のように書く。

　眼は赤酸醤《あかかがち》の如《ごと》く、松柏《まつかへ》、背上《そびら》に生《お》ひて、八丘・八谷の間に蔓延《はひわた》れり。

ほぼ同文の記事が『古事記』にも載るが、猿田彦と同じに「赤酸醤《あかかがち》」（赤いほおずき）の眼なのは、「光り物」であることを示しており、背には松と柏の樹が生《は》えて、八つの岳、八つの谷の間に這《は》いわたるという記述は、その巨大さを表現している。猿田彦神について『日本書紀』は前述の記事につづけて、次のように書く。

　また、口・尻・明輝《あかりて》れり。眼は八咫鏡《やたのかがみ》の如《ごと》くして、赫然《てりかがやけること》、赤酸醤に似れり。

口や尻が明るく照り輝くのは、内部の神威・霊力が光となって、穴としての口や尻から出てくるからである。また眼は巨大な鏡（八咫鏡）のように照り輝き、赤いほおずきのようだというが、巨大な赤酸醤は真赤な太陽を表現している。『古事記』は、

　天八衢に居て、上は高天原を光《て》らし、下は葦原中国を光らす神。

と書き、巨大な境界神は「光《て》らす」神であることからみて、豊饒祈願の意味で巨大化しただけでなく、「光り物」としてより強く光り輝くために巨大化したが、注目すべきなのは、天（高天原）と地（葦原中国）を

光《て》らす神で、境界神といっても（『日本書紀』は猿田彦神を「衢《ちまた》神」「岐《ふなと》神」と境界神であることを明記している）、上と下を照らす神であり、銅鐸境界祭祀論者がほとんど「ヨコ」境界でのみ論じて、古代人の「タテ」境界観を無視している。この「タテ」意識は、前述したが「天」と「地」だけでなく「地下」も含む。

『延喜式』に載る「道の饗の祭」（境界神の祭）の祝詞に、「八衢にゆつ磐《いは》むらの如く塞《さか》ります」神について（この記事の「八衢」は猿田彦の居た所）、

根の国・底つ国より麁《あら》び疎《うと》び来《こ》む物に、相率り相口会ふ事なくして、下より行かば下を守り、上より往かば上を守る。

とある。この記述は地上と地下の境界を述べている。このように古代人は「タテ」の境界を論じているのに、現代の古代史学者・考古学者は、前述したように「ヨコ」の境界のみで論じて、「タテ」の境界を見落している。

〔付記〕弥生時代後期には集落からの銅鐸の出土例があるから、その例を取上げて境界祭祀ではないという見解があるが、後期になると一メートル以上の巨大銅鐸が作られ、境界まで運ぶのが困難になったから、巨大銅鐸を置いて祀る所を境界祭祀場と見立てて祀ったのだから、後期のほんの僅かな集落祭祀例をもって、境界祭祀を否定できない。

神野善治は『人形道祖神——境界神の原像——』で、東北地方の人形道祖神には五メートル近い巨大道祖神があり、境界に置かれていると述べている。[11] 銅鐸・武器形祭器も同じ用途に用いられたのであり、埋納も廃棄でなく祭祀行為であった。道祖神も猿田彦神と見られているが、道祖神には「ヨコ」の意識のみで、

「タテ」意識も照り輝く太陽神的要素も消えているが、猿田彦神や猿が「日神性格」をもっていたことについては、松前健が『日本神話の新研究』で、十一頁にわたって詳細に論じている。[12]

鎌田東二編著の『謎のサルタヒコ』でも、目崎茂和が、序章で私も書いている二見ヶ浦の興玉神が猿田彦であることを取上げ、太陽神的性格があると述べているが、[13]谷川健一・宇治土公貞明・鎌田東二の座談会でも、三人は猿田彦の日神性格について論じている。[14]さらに鎌田東二の著書『ウズメとサルタヒコの神話学』で、鎌田は猿田彦について次のように書いている。

> 口尻が赤く照り輝き、眼の輝きが「八咫鏡《やたのかがみ》」の如くであると形容されている点、これを猿の赤ら顔などと文字通り即物的に解釈する向きもあるだろうが、それでは眼が「八咫鏡」と形容されていることに合点がいかぬ。「八咫鏡」は太陽神天照大神の御魂代《みたましろ》であり、三種の神器の一つに数えられているのであってみれば、やはりそこに太陽神の原像を見てとらずばなるまい。アマテラスとサルタヒコは、日本神話における二種の太陽神であると私は思う。前者は天皇家につながる、新たなる天つ神の主宰者としての太陽神であり国家神、後者は土着先住の国つ神の中の太陽神。
>
> そのことは、二見ヶ浦の二見《ふたみ》興玉《おきたま》神社に詣でた時に明瞭になった。二見興玉神社は伊勢の外宮と内宮からおよそ七、八キロ北東に行った海岸線にある。もともとは本殿がなく、海中の大小二つの岩に長さ七十メートルほどの注連縄《しめなわ》を張りめぐらせた夫婦《めおと》岩の間からさし昇ってくる朝日を拝んだという。夫婦岩は沖中に沈む興玉神石を拝む鳥居の役目を果たしている。その興玉神石には、この神社の主祭神である猿田彦の神が降臨したと伝えられている。（中略）

興玉とは「沖魂《おきたま》」、すなわち東の沖の太陽である。眼が「赤酸醬《あかかがち》」の如く、また「八咫鏡《やたのかがみ》」の如く照り輝いているサルタヒコの神姿である。(15)

私は序章で写真1と、図2・3を示し、「猿田彦の『猿』と太陽信仰と興玉神」という項で、猿田彦に日神性格があることを述べた(二五頁〜二八頁)。『記』『紀』が書く猿田彦のイメージからも、弥生時代の銅鐸・武器形祭器の巨大化に、この時代の太陽信仰を見るべきである。そのことは鏡の巨大化からもいえる。

弥生時代の鏡の用途・信仰と太陽信仰

弥生時代中期にわが国に最初に入った鏡は、凹面鏡の多鈕細文鏡である。凹面鏡は顔をうつせばさかさまになり、鏡の役目は果せない。中国や朝鮮では顔をうつす平面鏡が使われているのに、なぜわが国では平面鏡でなく凹面鏡が、最初に入ってきたのか。多鈕細文鏡の用途について第二章で小林行雄の見解を紹介したが、小林はさらに詳細に記す。

鈕が鏡の中心からかたよった位置に二個あるから、紐をとおしてさげると、鏡の表面はだいたい垂直に近くなる。それを榊《さかき》の枝にとりつけて、一人の女性が人々の前に姿をあらわしたとしよう。それは、よく晴れた日でなければならない。待ちかまえた人々は、おそるおそる巫女《みこ》の姿をあおぎ見、つぎに鏡に眼をうつしたことであろう。その時、巫女が鏡の枝を静かに動かすと、一瞬に鏡の面に反射された太陽のまばゆい光輝が、人々の眼を射る。はっと驚いた人々は、眼をとじて平伏したであろう。しかし、眼をとじてみても、開いてみても、網膜に焼きつけられた太陽の残像は、あるいは緑に、あるいは紫に変化して、もう一度、いま見たものをたしかめようとしても、ただ不思議な色彩が見えるばかりであったろう。ようやく時間がたってあたりの光景を、ふつうの状態に見ることができるようになった時には、巫女の姿は鏡とともに消えている。こうして人々は、巫女が太陽を自由にするほどの呪力をそなえていることを、確信したにちがいない。太陽を支配するとは考えなかったとしても、人々が太陽にたいして、稲の生育をすこやかにするように、十分な日照りをあたえてほしいと願う時には、その願いを太陽につたえてくれるだけの能力を、この巫女がもっていることは、信じえたと思うのである。(16)

このように小林行雄は書いているが、多鈕細文鏡は裏面の鈕が二つある「懸垂鏡」である。森浩一は平面の懸垂鏡も「多鈕細文鏡などとつながる要素が出てきますので、懸垂鏡も太陽の強烈な光線をとらえるというか、太陽を身近に感ずるという場合に使ったのではないか」と松前健との対談で述べている。(17)小林行雄も森浩一も高名な考古学者だが、わが国で最初に用いられた凹面鏡(多鈕細文鏡)を太陽祭祀にかかわるものとみている。駒井和愛も『中国古鏡の研究』で、中国の多鈕銅鏡に多くある重圏文・放射線文・ジクザグ文様は太陽光線の象徴と書いているが、(18)朝鮮・日本出土の多鈕細文鏡にも同じ文様がある。『古事記』は日神(天照大神)が高天原から降臨する天孫に鏡を渡して、「この鏡は、もっぱら私の御魂《みたま》として、私を拝《いつ》くと同じに拝《いつ》き奉《まつ》れ」と言ったと書く。日神の形代《かたしろ》が鏡なのは、鏡＝太陽とみたからである。

このような鏡＝太陽観は古代中国にある。中国の河南省洛陽の焼溝漢墓は後漢末の墳墓群だが、九五基の墓から銅鏡一一六枚、鉄鏡九枚が発見された。鏡は比較的富裕な墓に一〜二枚置かれていたが、一一六枚の銅鏡の種類は昭明鏡が二四枚、日光鏡が二〇枚で、もっとも多く、三分の一を占めている。この二つの鏡は他の鏡とちがって透光鏡である。外観は一般の鏡と同じだが、鏡の背に日または火の光があたると、鏡面に鏡背文様があらわれる。透光鏡のすべてに、

見日之光　天下大明

見日之光　長不相応

という銘文があり、日光とかかわることを、これらの鏡は示している。透光器でない鏡も円形で光るから、太陽の依代とみられており、日光の銘記があった。福岡県春日市の一世紀前後の甕棺墓から出土した内行花文日光鏡には、「見日之光　長母想忘」という銘文がある。また後漢の方格規矩四神鏡には「如日光」、前漢の連弧文精白鏡には「如日月之光」、前漢の方格規矩鏡には「光似日」「光似日月」ともあり、鏡は「日光の如き」または「日光に似」ておるか、「日月の光の如き」か「日月に似」ているとみられていた。したがって日神天照大神が、鏡を「あが魂」として拝せといったと『古事記』が書くのは当然である。鏡は化粧用の日用品として使われていたが、単なる日用品ではなく太陽信仰の呪具・祭具であった。

銅鏡の組成分析を行なった久野邦雄は、国産鏡（仿製鏡）は黄金色、中国鏡（舶載鏡）は白銅色になると書く。鏡に顔を映す場合には白銅の鏡のほうが鮮明にうつるのに、倭人はわざわざ黄金色にしたのは、銅鐸が黄金色に照り輝くのと同じ意図によるのであろう。このように倭人が求めた鏡は最初は顔のうつらぬ、日の光を四方八方に照り輝かせる凹面鏡であり、顔のうつる平面鏡を求めても、倭鏡の平面鏡は特に黄金色に輝くことからみても、銅鐸・武器形祭器・鏡の違いはあっても、倭人が青銅器に求めた「光り物」観は共通であった。しかし鏡は光り物としての呪具にもっともふさわしいから、鏡が卑弥呼を共立した倭国の統一祭

器になったのである。

平原遺跡の鏡の巨大化と太陽祭祀

遺跡から出土する中国鏡の多くは一二センチから一三センチが平均なのは、化粧用の道具として使われていたからである。しかし凹面鏡の多鈕細文鏡は化粧用に顔をうつす用途には用いられていない。そのことは二〇センチ以上の鏡にもいえる。福岡県前原市の弥生時代終末期の平原遺跡から、四六・五センチという日本で出土した鏡では最大の倭鏡（内行花文八葉鏡）が、五面出土している（原田大六は『実在した神話』〈一九六六年〉で四面と書くが、前原市教育委員会刊行の調査報告書『平原遺跡』〈二〇〇〇年〉は五面とする）。このような巨大鏡が五面も、二世紀末から三世紀初頭の弥生時代の墓に埋納されている事実は、二世紀代に倭人が平常の鏡の四倍近くの鏡の製作技術をもっていたことを示している。なぜ倭人は中国にもない巨大鏡を作ったのか。

原田大六は平原遺跡出土の鏡を「日迎え」の祭具とし、特に四六・五センチの巨大鏡を伊勢神宮の御神体の「八咫《やた》鏡」に比定する。(19) 後漢の許慎の『説文解字』に、「咫　中婦人手長八寸謂二之咫一周尺也」とある。円周の一咫が八寸なら八咫は六四寸だから、円周の六四寸は直径で二〇・三八寸である。センチメートルにすると四六・九センチ、平原遺跡出土の仿製内行花文鏡の四六・五センチとほぼ合う。伊勢神宮の「八咫鏡」は日神天照大神の形代である。『古語拾遺』は「八咫鏡」は天照大神の「命の如し」と書き、「日像《ひのみがた》鏡」と書く。この鏡は鏡作部の祖が作ったが、最初の鏡のできがよくなかったので、紀伊の日前《ひのくま》宮に納め、二回目に作った鏡がよくできたので、この鏡を伊勢神宮の神体にしたと、『古語拾遺』は書くが、「日前宮」という神社名も太陽信仰を意味している。

弥生時代にすでに巨大な倭鏡が作られていたが、巨大にしたのは太陽の形代である鏡（日像鏡）の神威の誇示であり、銅鐸や武器形祭器の巨大化も神威の誇示である。『日本書紀』は猿田彦神の眼について、「眼は八咫鏡の如くして、赫然《てりかがやけること》、赤酸醤《あかかがち》に似《に》れり」と書く。「赤酸醤」は赤いほおずきだが、「赫然」と書くように太陽の輝きを表現しており、「八咫鏡の如く」と書くことからも、この境界神も前述したように、日神であることを示している。

四六・五センチという日本最大の巨大鏡で、八咫鏡に比定されている和鏡が五面出土している平原遺跡は、一九六五年に原田大六によって最初の発掘調査が行なわれた。この調査による鏡の出土数を原田は四二面とするが、その後前原市教育委員会が柳田康雄を責任者にして発掘調査をつづけた。柳田康雄は鏡の出土数を四〇面とみている。(20)

これらの鏡を原田は「太陽を迎える道具」とみて、この鏡は「後世の神社に懸けられている神鏡のように、参拝者の方に向けて使用したのではなくて、太陽に向けて飾り、東の山から昇ってくる太陽が、鏡と相照らすという状態に用いられたものと考えられる。また日課の日迎えには、一面とか二面の鏡を使用したにすぎなかったろうが、大祭日（神嘗・新嘗などの）にはおびただしい鏡が万華鏡のように使用され、それらが朝日で一度に照り輝いた盛大さがしのばれる」と書くが、(21)前述したように銅鐸・武器形祭器も、「光り物」の鏡と同じに、祭りの日には多くの銅鐸・広形銅矛などが集められ、盛大に照り輝いたであろう。

原田大六はこの遺跡を「平原弥生古墳」と称すが、この遺跡の鳥居穴（鳥居穴は二つあるので、原田は「一の鳥居」「二の鳥居」と称す）の「一の鳥居」と割竹形木棺と日向峠を結ぶ図41を示し、「一の鳥居」を日向峠から昇る朝日を拝する遥拝所とし、日向峠から昇る朝日は埋葬された「女神の股間に光線を射しこむ」と書く(21)。

この遺跡は一九九一年から一九九八年にかけて前原市教育委員会によって更に発掘、調査されているが、調査責任者の柳田康雄は主体部墓壙の割竹形木棺のすぐ横（右側）に坑列があり、その坑列と新しく柳田らの調査で発見された柱穴と（柳田は柱穴が六五センチあるから、諏訪大社の「御柱」の例から、「大柱は長さ一五メートル前後で、地上に一三メートルの高さでそびえていた」と書く(20)）、原田が示す図41の「一の鳥居」を結ぶ線が、一直線である。したがって柳田は、「鳥居・坑列・大柱を結ぶ延長線に日向峠がある」と書く(20)。

鳥居と日向峠に線を引けば、割竹形木棺でなく、すぐ横の坑列が線上になるが、古代人は線を引いているわけではないから、図41の原田のような見方も間違ってはいない。しかし問題なのは木棺の遺体を原田は「女王」としていることである。原田は武器の出土例がすくないことから、女性とみて「女王」とみているのだが、渡辺正気は平原遺跡出土の「耳璫」は、中国・朝鮮では「専

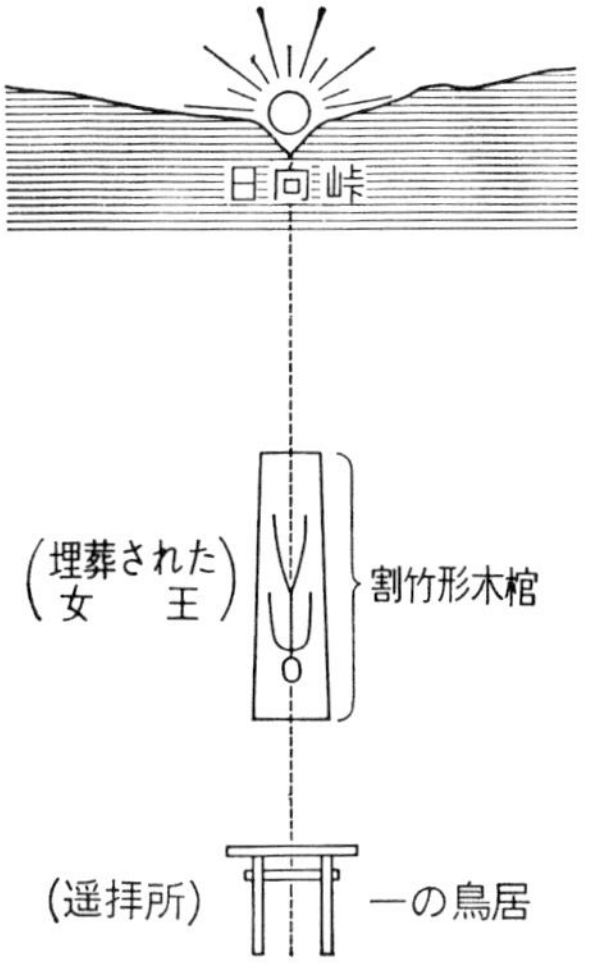

日向峠から秋の十月下旬に出た朝日の光芒が，平原弥生古墳の被葬者である女王の股間を射すのを，鳥居で神として祀っている。太陽はこの場合には男性で，女王はその妻と考えられた。

図41　太陽と女王の一体化

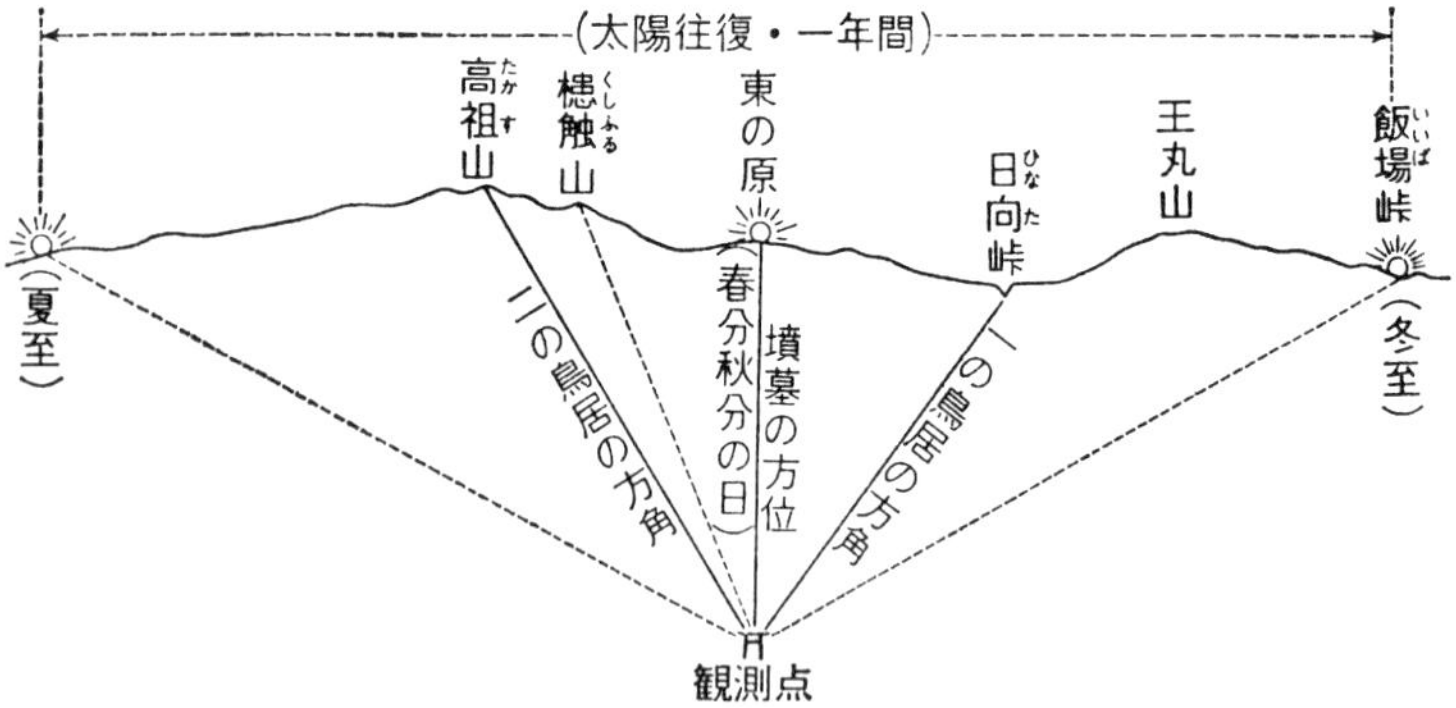

図42　平原の天体観測遺構

ら女性人骨の耳・頸部付近で発見される」から、「被葬者が女性であることを示す積極的な証拠」としている。[22] 柳田康雄は原田・渡辺のように積極的に被葬者を女性とは認めていないが、女性である可能性は否定していない。[23] 私は「耳璫」の例からみても、被葬者は卑弥呼的な女性とみたい。

　原田大六は日向峠から朝日が昇る時期は、「山添いでは稲刈りがはじまっている十月の中旬である。このころが神嘗《かんなめ》祭に近いのを知るべきである」と書くが、[24] この祭は天皇がその年の稲の新穀を伊勢神宮に奉る祭で、十月十七日に行なわれ、戦前は休日になっていた。原田はこのような時期に朝日が昇る峠を、「日向峠」と呼ぶことから、図42のような日向峠から昇る朝日（日神）を受ける被葬者を、太陽の妻・日妻として、太陽信仰による埋葬とみている。[25]

　原田大六は図42を「平原の天体観測遺構」として示す。そして「平原弥生古墳の一の鳥居を観測点にして、冬至から夏至までの、太陽の移動区間が、古代では『日迎い』山として「ヒムカ」といわれたのであろう。それは農業をいとなむための暦であった。書物に書かれた暦でなく、山の稜線に記憶された暦であった。……古代では農暦や祭日などの日を知っている者のことを『ヒジリ』といい、後世漢字の聖の字を当てているが、ヒジリは、農業の指導員であるとともに、祭祀をつかさどった司祭者でもあった。司祭者は支配者を兼任した。……司祭者であり支配者であった者は、その権限を子孫に継承した。……これがいうところの天津日嗣《あまつひつぎ》である。天皇の即位式が冬至の日に行われたというのは、冬至の日は、一年の終りであり、明くれば新年の初めであって、一年の継承日と考えられていたからであろう」と書く(26)。原田は「太陽観測」は農暦のためだと書くが、農業を行なわない縄文時代でも、第一章で述べたように、太陽「観測」(「観測」は古代人にとっては祭祀)の柱が作る太陽の影で「観測」していた。

平原遺跡は弥生終末期の遺跡だが、九州には弥生時代中期から後期に及ぶ吉野ヶ里遺跡がある。この遺跡はあまりにも有名だが、金関恕は高島忠平が作図した次頁の図43の吉野ヶ里遺跡墳丘墓・内郭位置図（「吉野ヶ里南墳丘墓の調査成果について」一九九九年、佐賀県文化課）を示し、墳丘墓は中期前半部に築かれ、内郭は後期に作られたと書く。北内郭について金関恕は、「その中軸線が夏至と冬至の日の出、日の入りの線と一致していることについては、『周礼』春官宗伯の述べる冬至、夏至の祭りを勘案して高島忠平氏が指摘し」ていると書き、高島忠平の中国文化の影響によって内郭が作られたという主張を紹介している(27)。しかし冬至・夏至への関心は、いままで述べてきたように日本列島の縄文人・弥生人も、強い関心をもっていたのだから、このことをもって中国文化の影響を論じるのは早計である。同じ九州の平原遺跡の例からみても、吉野ヶ里遺跡の内郭の中軸線が冬至・夏至にかかわるのも、縄文時代からの列島の人々の祭祀観によっているのであろう。

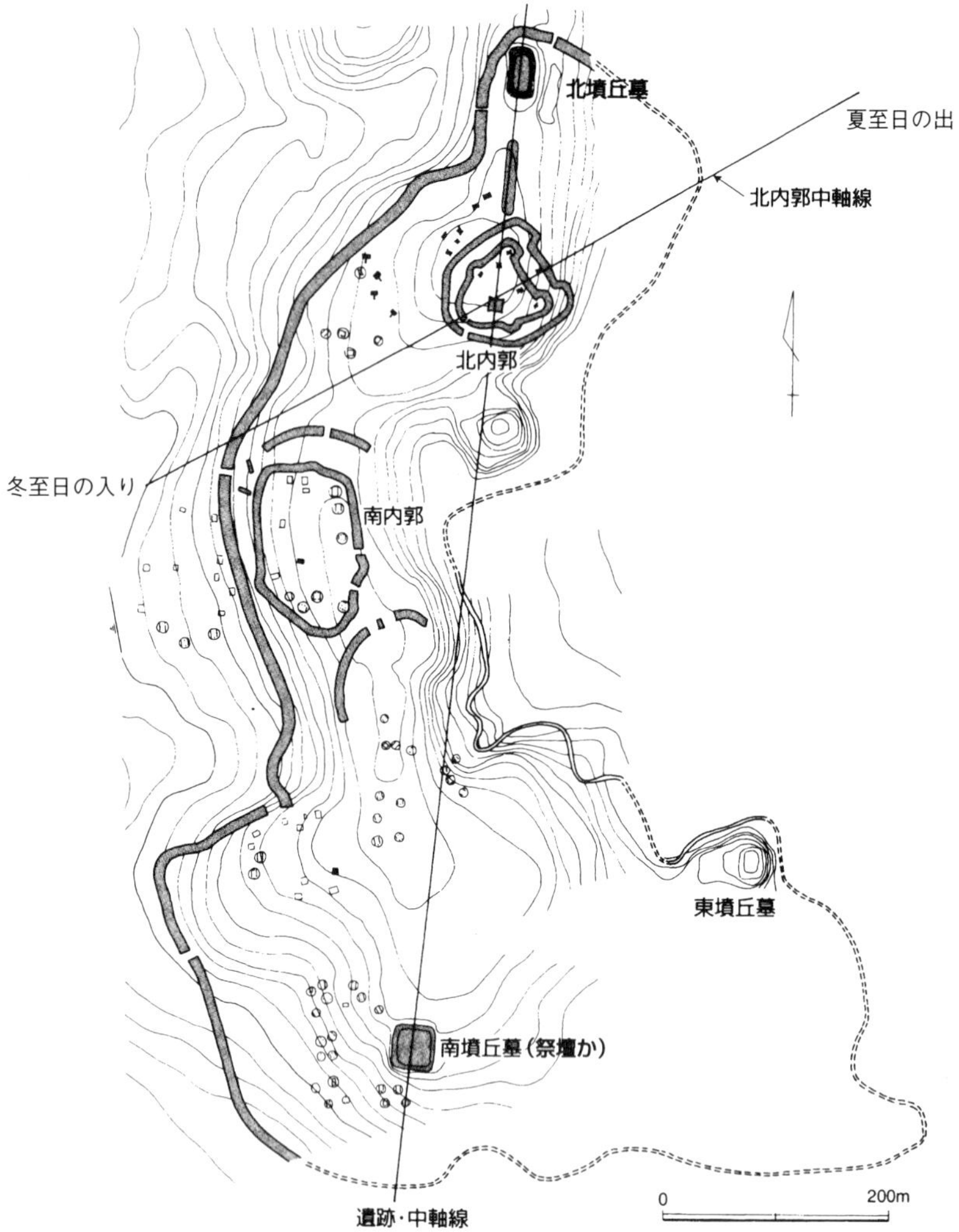

図43　吉野ヶ里遺跡墳丘墓・内郭位置図

奈良県の唐古・鍵遺跡の太陽祭祀

奈良県の弥生遺跡として最大規模の遺跡は、磯城郡田原本町の唐古と鍵にある、いわゆる「唐古・鍵遺跡」である。この遺跡の弥生後期の祭祀用円形土壙（径約一メートル）から、土製の鶏の頭部が他の祭祀用土器と一緒に出土している（図44-1）。この遺跡に近い三世紀前半ともいわれているもっとも古い石塚古墳の周濠からは、他の祭祀用土器と共に鶏形木製品が出土しているが（図44-2）、私は拙著『天照大神と前方後円墳の謎』（一九八三年刊）で、唐古・鍵遺跡出土の土製鶏頭の場所は、冬至の日に三輪山山頂から昇る朝日を拝するにふさわしいことを書いた。

私は前述の拙著を書く前の冬至の朝、土製鶏頭の出土地に立って朝日を拝した。朝日は三輪山の山頂にぴったりではないが、山頂のやや右から昇った。この事実からみても、この地が弥生人の冬至の朝の三輪山遥拝地とみてよいだろう。鶏は日の出を予告する鳥である。この鶏頭の土製品を祭祀用円形土壙に埋納している場所が、冬至遥拝地のごく近くであるこ

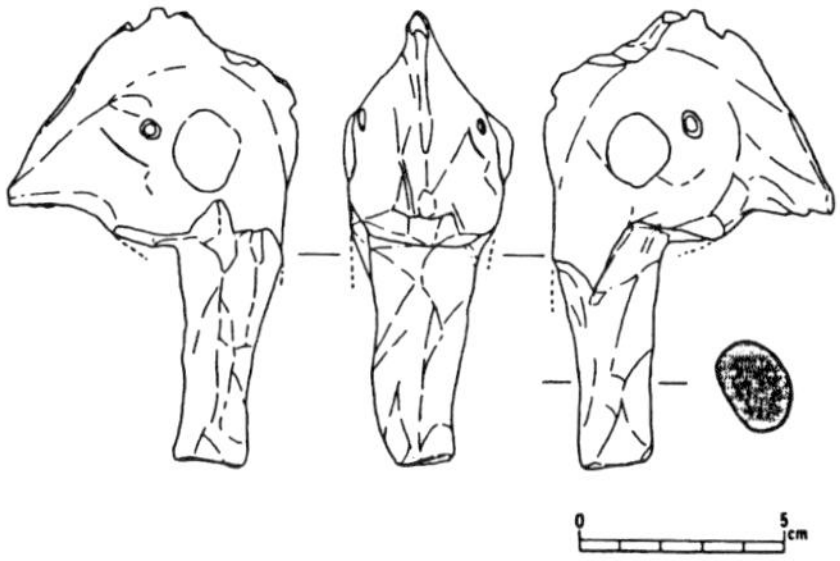

図44-1　唐古・鍵遺跡出土鶏頭形土製品実測図

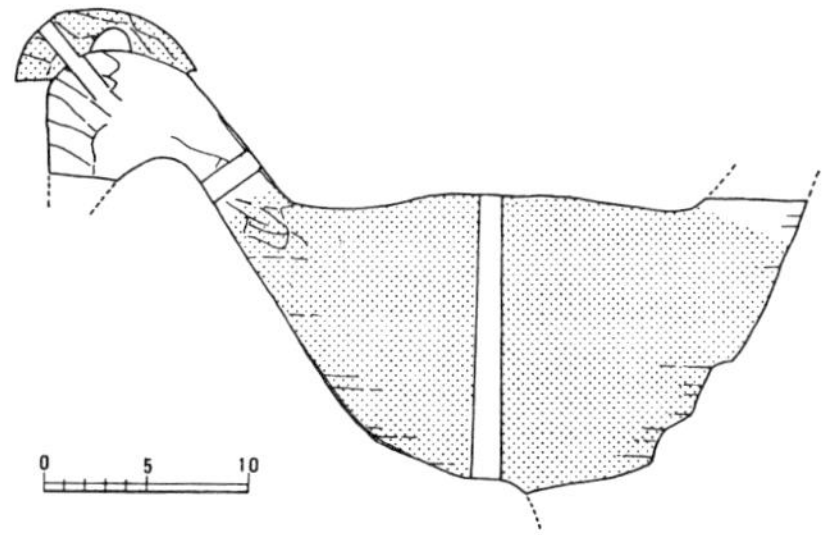

図44-2　纒向石塚古墳西側周濠出土鶏形木製品実測図

とも無視できない。そのことを拙著で次のように書いた。

（土製の鶏の頭部が出土した）祭祀土壙の近くから、三輪山山頂の冬至の日の出が拝せることを、一九八二年の冬至に確認した（拙著は一九八三年六月に刊行しているので、拙著刊行のための冬至日の出観測である。冬至の日は雨であったが、その前日と翌日、二回にわたってほぼ三輪山山頂から昇る日の出をみた。—引用者注—）。だから弥生時代最大の集落地の唐古・鍵遺跡で、三輪山山頂を冬至の日の出方位にする鶏の頭部の出た祭祀遺構は、弥生人の農耕祭祀の一面を示している。

弥生時代の農作業の時期決定、つまり農業暦にとって、山からの日の出は重要な意味をもっていた。……（三輪山が）聖山であったのは、古代の大和国中《くんなか》の一年間の農作業を決める原点であったためであろう。三輪山とそこから昇る朝日は、各家庭にカレンダーなどない時代の人たちにとって巨大なカレンダーであったろう。

しかし、いわゆる中国流の「暦」としての意識はなかったろう。一年とは、日照時間の一番すくない日の朝日・夕日が、彼らの集落地からみて一番右端の目標物（山頂・峯の突起したところ・鞍部・山稜と山稜の交点・巨岩・大樹）に出るのが一年の始まり（唐古・鍵遺跡の弥生人にとって、三輪山山頂の日の出がそれである）で、そこから左に動いて、日照時間の一番すくない日の朝日・夕日が一番左端の目標物に至り、そこから最初の目標物の地点（唐古・鍵の場合、三輪山山頂）に戻ってきて、一年の終りなのである。だから「冬至」の位置が、年の終り（死）で、始まり（新生・再生）の日であり、その日に朝日・夕日が昇り入る場所が、聖地なのである。（このことは同じ弥生終末期の福岡県の平原遺跡の図41からもいえる）。そして一月《ひとつき》は月の満ち欠けで判断し、一日は朝日が昇り夕日が落ちるまでであった。

古代人は太陽を観測しなくても、月齢の一二ヵ月を一年にすればよいではないか（太陰暦）、という意見もあるだろうが、これでは一年は一一日すくなくなってしまう。だから閏月《うるう》がつくられているのである、正確な一年は、どうしても太陽による必要がある（太陽暦）。そのためには、太陽の出没点を確認しなければならないが、冬至と夏至は一番太陽の動きがすくなく（三日に〇・一度）、太陽の出没点を確認するのも容易である。その意味で唐古・鍵の弥生人たちにとって、三輪山山頂は一年の終りと始めを知らせるシンボルなのであった(28)。

このように二十九年前に書いたときには、冬至の日の出の昇る三輪山山頂（四六七・一メートル）についてのみ述べたが、その後夏至の日の出は高峯山（六三二・五メートル）から昇ることがわかった。この地の人々は、三輪山山頂から昇る冬至の日の出、高峯山山頂から昇る夏至の日の出を拝したのである。

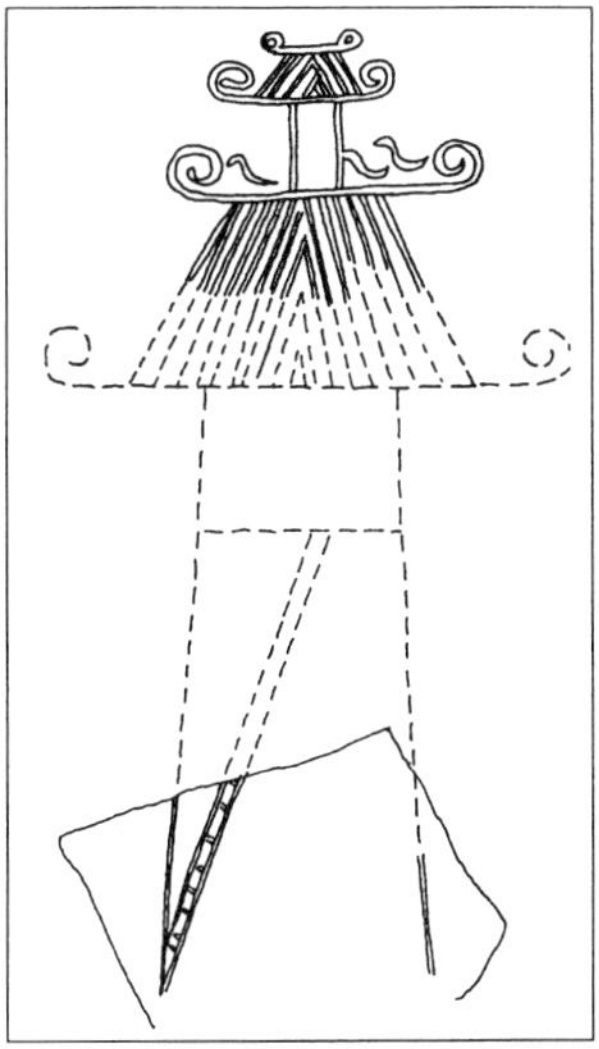

図45　唐古・鍵遺跡出土の土器絵画

唐古・鍵遺跡からは図45のような楼閣絵のある土器片が出土している。この土器片は弥生中期後半（一世紀前半）といわれているが、この時期にこのような楼閣が建てられていたと推測して、冬至・夏至の日の出が拝せる場所（鶏頭の工器絵画の出土地付近）の唐古池の西南隅附近に、楼閣が復元されて建っている。私はこの楼閣は冬至と夏至の日に、日の出遥拝の儀礼のために建てられたのではないかと推測している。

建築史の第一人者の宮本長二郎はこの楼閣絵画について、「土器形式による弥生時代中期（紀元一世紀）と同時代の中国後漢時代の明器陶楼との類似から、日本と中国大陸との交流を示す資料として大変重要な発見である」と書く。そして楼閣絵画と河南省陝県出土の後漢時代の明器陶楼との、共通点と相違点を述べ、宮本は弥生時代の重層楼閣は、縄文時代以来の建築技術の伝統の上に、中国の建築技術を加えたものと書き、「弥生時代における新しい知識・技術の移入が伝統的な建築技術の大幅なレベルアップをもたらせたことは疑い得ないであろう」と書く。[29] 私は『箸墓は卑弥呼の墓か』で宮本長二郎の見解を紹介し、さらに図46・47（唐古・鍵遺跡から出土した図45と同じ弥生中期前半の土器絵画）、図48（唐古・鍵遺跡に近い天理市の清水風遺跡出土の弥生中期前半の土器絵画）を示し、屋根の両側につく渦巻の飾りをつけた建物が一世紀頃に、奈良県の

図46　高殿へ登る土器絵画

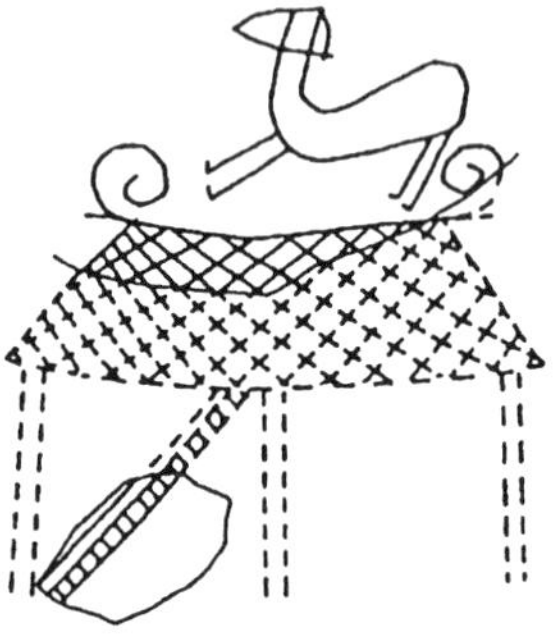
図47　鹿と家屋の土器絵画

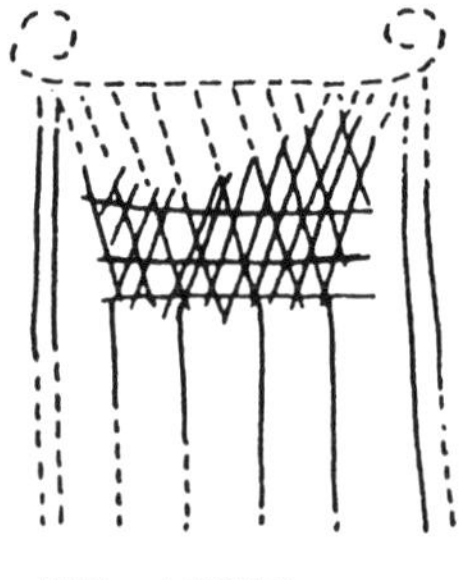
図48　家屋の土器絵画

田原本町・天理市とその周辺に建っていたであろうと書いた。

このような渦巻文のついた建物は中国の影響だが、唐古・鍵遺跡には銅鐸の製造工房跡があるから、銅鐸を作っていた。銅鐸は前述したように太陽信仰・日神祭祀の呪具・祭器である。冬至と夏至の夜明けに祭祀者は楼閣に登り、唐古・鍵の居住者や近隣の人々は楼閣の下に集まり、冬至の日は三輪山、夏至の日は高峯山の山頂から昇る日の出を遥拝したのだろう。今でも大和国中《くんなか》の老人たちは、毎朝、三輪山から昇る朝日を遥拝している。弥生人たちも二至（冬至・夏至）の祭りには、この地で作られた黄金色の銅鐸を、多数、東に向って並べ、朝日に照り輝かせたのではないだろうか。

銅鐸や武器形祭器が「光り物」として巨大化したのは、太陽の光を受けてより照り輝かせるためだが、このような呪具・祭器は、より効力を発揮する鏡に変っていった（「効力」は「神力・霊力」である）。したがってわが国では他国に見られない巨大な鏡が作られている。このような巨大化の発想は、文化や人は中国や韓国から受け入れているが、わが国独自の発想であり、弥生時代の銅鐸や武器形祭器の巨大化の影響を受けて、鏡も巨大化したのである。

弥生土器の絵に見られる太陽信仰

姫路市の弥生後期の長越遺跡から出土の図49の弥生土器絵画は、写真8の長越遺跡から見える山脈に沈む冬至・夏至、春分・秋分、立春・立夏、立秋・立冬の夕日を示していると寺沢薫はみて、次のように書く。

私は博物館で初めてこの展示品に出会ったとき、これこそ弥生人の太陽観測ではないかと息をのんだ。

二つとない貴重な資料だ。私はさっそく長越遺跡に出向いて、四周を望んでみた。西の彼方に二つ山を頂いた絵のような山並があるではないか。さらに方向を修正しつつ歩くと、どうも遺跡の北にある手柄《てがら》山《やま》からみた風景のようだ。それはまさに丘に登ってみた日没の姿だったのだ。そう考えると、太陽につけられた線は山際へ沈みゆく太陽の運行の軌跡をあらわしたものだろうか。そして、二つの山に挟まれた中心の大きな円は春分と秋分の太陽を、もっとも北よりの太陽が夏至、もっとも南よりの太陽が冬至点を示しているはずである。それではさらに、間の二つの太陽は何だろう。実はこの二ヵ所の太陽こそ、弥生人がもっとも注意をはらったであろう立春、立夏、立秋、立冬の農事の四つの節目を知る具体的な手がかりだったのだ。じつに単純で素朴な図像ではあるが、ここにはじめて弥生人の天体観測図は存在したのだ(30)。

この寺沢薫の記述に奥野正男は注目し、現地を訪れているが、奥野正男は「この壺の絵が長越遺跡付近からみた山と日没の関係を描いたものであってもいいのですが、同時に東側の小富士山を中心とした山塊と日の出の関係を描いたものである可能性もなしとはいえません」と書き、長越遺跡から東に二・五キロほど行った市川堤防付近でみる山の景色に注目し、「この位置からだと、夏至の日の出が浦山（一一九・八メートル）の北麓から上がり、冬至の日の出が小富士山の南麓から出ることになり、壺の絵とほぼ近い位置関係になります」と書く(31)。

縄文以来の太陽信仰では朝日が重視されているから（夕日がまったく無視されているわけではないが）、私は図49の壺の絵は、奥野が書く山と朝日の関係図ではないかとみている。左右両端は冬至・夏至の太陽の位置

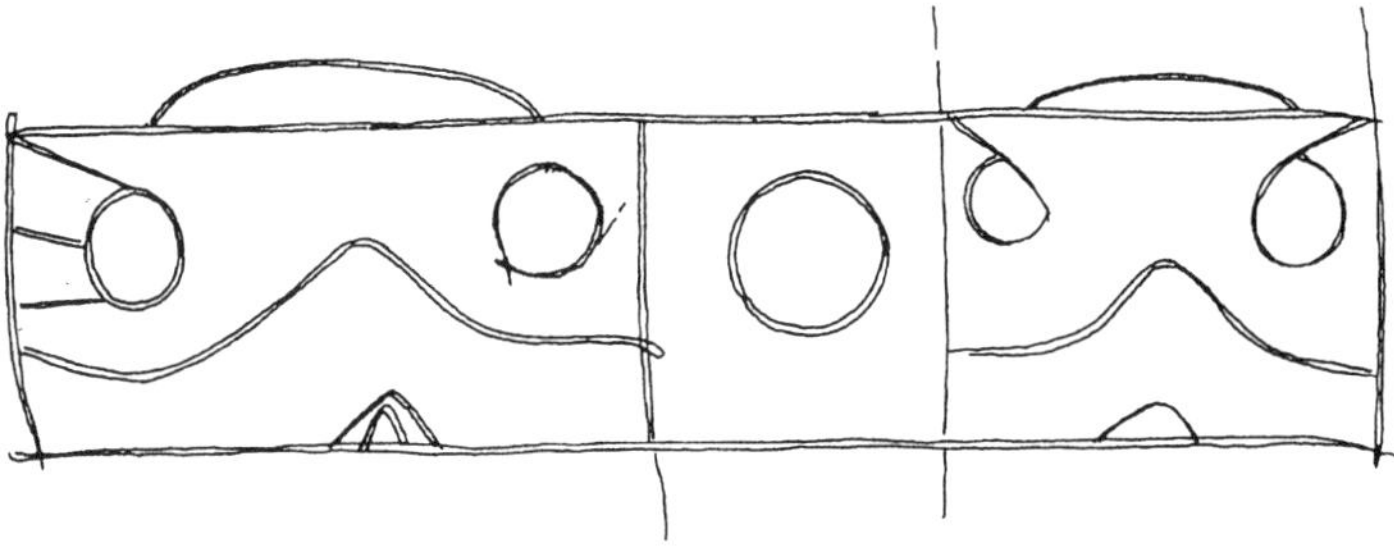

図49　弥生後期の土器（兵庫県姫路市長越遺跡）に描かれた太陽観測図

写真8　図49の土器絵画と重なる太陽観測の山々

であり、中央の大きな太陽は、春分・秋分の朝日であり、この太陽の両側の太陽は、向って左側が立春・立冬、右側が立夏・立秋の朝日であろう。

寺沢薫は「弥生人たちは自然の変化を敏感に感じながら、農業の暦を積み重ねていき、マツリを節季として四季を認知していった。それは、およそいまの立春、立夏、立秋、立冬のころであり、予祝祭、播種・田植え祭、生育過程祭、収穫祭であっただろう」と書き、農事には太陽の運行が意識されぬはずはないと書く[30]が、このような農業と太陽の関係からみても、**図49**は寺沢の書く日没の太陽より、奥野が推測する日の出の太陽こそが重視されたとみられ、**図49**は山から昇る朝日を描いた絵といえよう。

また太陽の運行に視点をあてれば、立

春・立夏・立秋・立冬より、縄文人が重視したのは二至・二分の冬至・夏至、春分・秋分である。奥野正男も「長越遺跡の壺に描かれた山と太陽の絵は、平野を取り巻く山を目標にした太陽観測によって、稲作農耕に欠かせない一年の節目の日を知るという、一種の農耕カレンダーが、列島各地に存在したことをうかがわせます。……弥生時代の各地の農耕集団にとっても、太陽の位置にしたがった一年の節目である二至・二分（冬至・夏至・春分・秋分）を知ることは、稲の栽培技術と一体化したものだったのです。農耕集団を指導し統括する首長にとって、太陽の位置から種蒔きの時期をただしく知り、これを農耕民に知らせることが、首長としての最も大事なマツリゴトだったと思います。また稲作の東漸とともに、列島各地の地域首長の間にも太陽を観測し、二至・二分を知る知識がひろがったことでしょう」と書き[31]、二至二分を重視している。

寺沢薫も奥野正男も考古学者だから、図49の弥生土器の絵について、「太陽観測」の絵とみるが、現代人のものの見方・考え方からすれば「観測」であっても、縄文・弥生の時代の人々にとっては、「祭祀」であり「信仰」であった。したがって主に狩猟・採集の縄文時代でも、農耕の弥生時代でも、基本的には太陽信仰は変ってはいない。

四章　古墳時代初期の太陽信仰

奈良県の纒向石塚古墳の位置と太陽観測

奈良県の最大の弥生遺跡の唐古・鍵遺跡の南の桜井市には、古墳時代初期の箸墓古墳に先行する纒向古墳群がある。石野博信は『纒向遺跡の検討』の座談会で、石塚古墳の「南側のくびれ部の調査で、径が二〇センチぐらいの、きれいに面取りした柱が立ってるんです。濠の中に。それからころがって出てきているのもあって、何かそういう構築物がくびれの部分にあったわけです。そうすると古墳としては非常に異常なんで、そういう祭の場の可能性があるんだろうかと思いました」と語っている(1)。

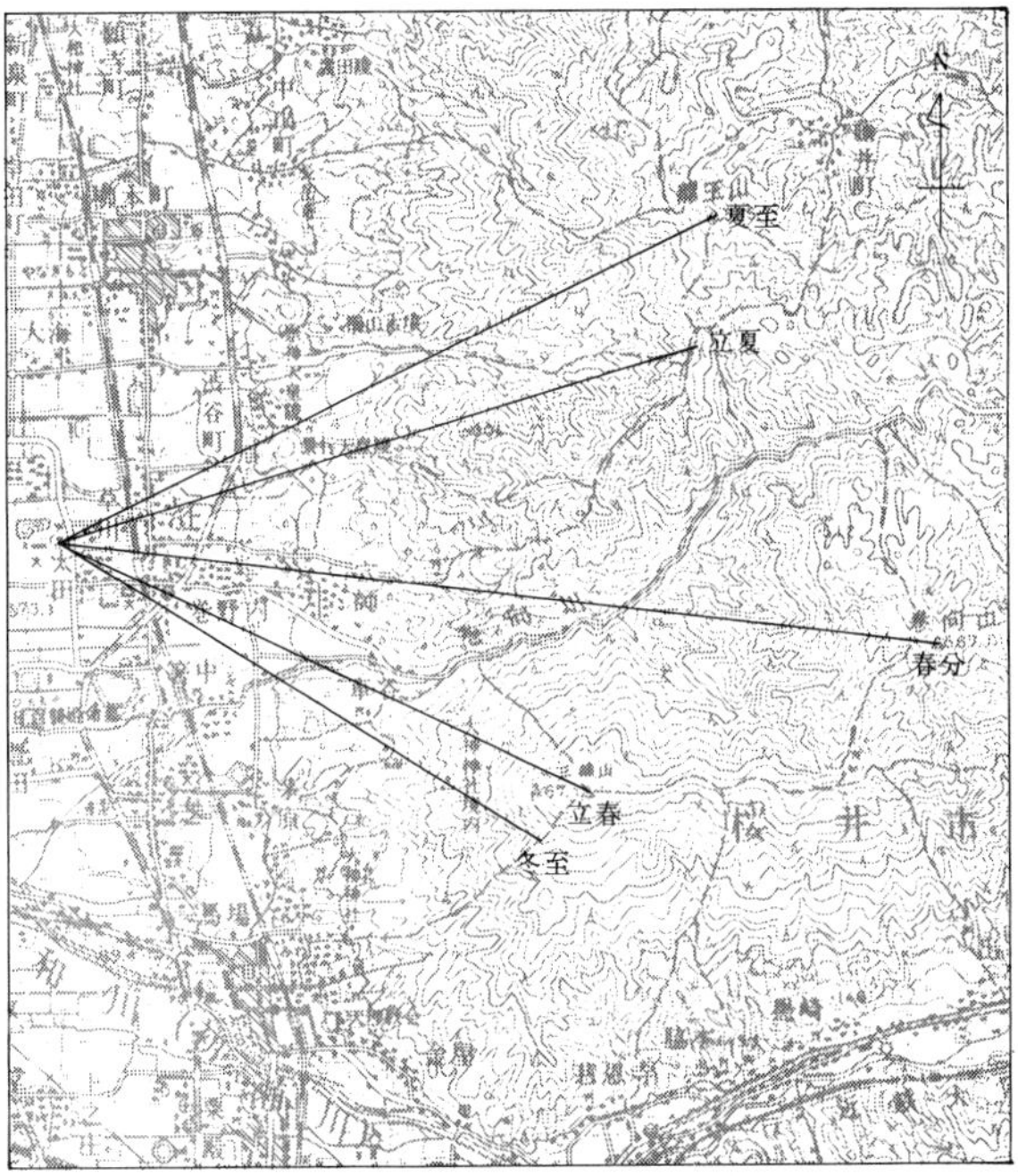

冬至……三輪山326m標高点、立春・立冬……三輪山山頂、
春分・秋分……巻向山山頂、立夏・立秋……一本松、
夏至……竜王山山頂

図50　石塚を基点とする巨大なカレンダー

南側のくびれ部の構築物は三輪山の朝日を遥拝する祭場の構築物だろう。理由は冬至の日、私はこの場所から三輪山の三二六メートルの標高点から昇る朝日を確認したからである。

標高点は三輪山の秀麗な稜線で唯一のふくらみをもった場所で、山頂と共に一つの目標点である。

さらに図50を見ればわかるが、石塚の後円部の真中に立てば、朝日は、冬至に三輪山で唯一隆起している標高点（三二六メートル）、立春・立冬に三輪山山頂、春分・秋分に巻向山山頂、立夏・立冬に一本松（二万五千分の一の地図に記されているが、居住地でない峯にこの地名がつけられているから、かつては標識の一本松があったのだろう）、夏至に龍王山山頂から昇る（山は仰角があるから二至二分の日の出方位は平面とちがって南よりになっている）。

『延喜式』（延喜五年〈九〇五〉に編集に着手し、延長五年〈九二七〉に完成した式五十巻）の「神名帳」に載る大和国城上郡の神社は、三五座ある。その神社のうち最高位の「名神大社」は「大神《おおみわ》大物主神社」と「穴師坐《います》兵主《ひょうず》神社」の二社のみである。図50の山あての三つの山のうち、冬至と立春・立冬の山あての山が大神大物主（三輪）神社のある三輪山であり、穴師坐兵主神社は春分・秋分の山あての巻向山（弓月嶽）にある（穴師坐兵主神社の社伝によれば、当社は元は巻向山中にあって、応仁の乱で社殿を焼失したので現在地〈桜井市穴師〉に遷座したとある）。また夏至の竜王山には神社はないが雨乞いの「竜王」の名がついているのは、纏向・柳本の人々（農民）の雨乞いの山であったからである。三輪山は日光、竜王山は雨（水）を恵んでくれる聖山であったが、雨の恵みがほしいのは特に夏だが、夏至の太陽が昇るのが竜王山であることは、竜王山の信仰と強く結びついている。

福岡県前原市の平原遺跡を発掘調査した原田大六は、この調査を書いた『実在した神話』に、第三章の一四〇頁に掲載した図42を示し、これを「日迎え」の祭事だから二つの鳥居があると書く。

日迎えは飯場峠から高祖山までの山なみでおこなわれた。それは一往復で一年の暦とされたが、一年のしめくくりがいる。太陽が飯場峠から顔を出す時を、年のはじめとして、一年一度の大祭日が決定されたのではないかと考えられる。（中略）それが「お日待ち」として冬至の夜からはじまったのであろう。
水稲は太陽の光線によって成育する。その太陽が冬至に至ることは、その力がもっとも弱る日であるが、その日はまた太陽が力を盛り返してくる日でもあった。それは一年の最後の夜であると共に一年の最初の朝でもあった。(2)

と書いている。冬至から夏至、そして夏至から冬至へと、日の出の位置が一年間移動するのが、古代の暦のない時代の一年であった。この自然暦はわが国だけではない。地球上の人類共通の認識であった。日本のように山の多い国は山あてや立柱で行なっていたことは、第一章・第二章で述べてきたが、日本以外の例を示そう。中米グァテマラにあるマヤ文明の紀元四世紀頃のワシャクトゥン遺跡には、次頁の図51のような神殿がある。この神殿について石田英一郎は次のように書く。

ピラミッドの東側階段の中央の一地点からながめると、春分と秋分の日は、中央の神殿の中央から、夏至《げし》の日は、北側の神殿の屋根の北の端から、冬至《とうじ》の日は、南側の神殿の屋根の南の端から、それぞれ太陽ののぼることを正確に観測できるよう布置されていることが発見された。これはわれわれの知るマヤ最初の天文台であり、この発見の手がかりにして、十数ヵ所にのぼる類似の観測所を見いだすことができたのである。(3)

このような観測はエジプトでも行なわれている。アラブの年代記者マクリジは、カイロの近くのヘリオポ

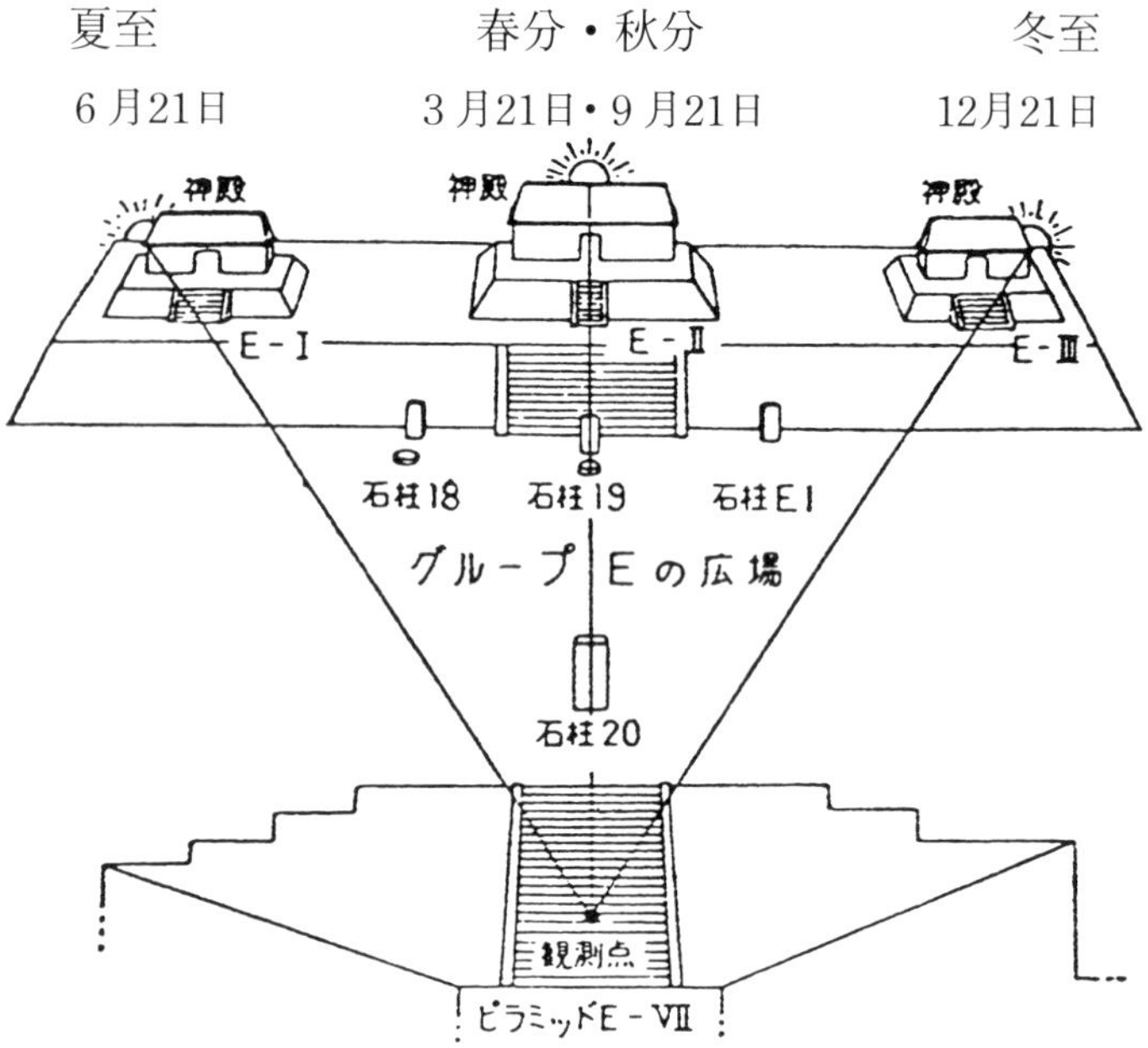

図51　マヤ最古の天体観測を示すワシャクトゥン神殿の配置

リスの太陽神殿について、図5を示し、前述したが、ジョン・アイヴィミは『太陽と巨石の考古学』で次のように書く。

「そこに非常にすばらしい二本の石柱が立っている。これ以上に美しいものはもとより、これに近いものも、人はこれまでに見たことはない。石柱は約五〇キュピット（二六・二メートル）の高さであり、地表に安定している。……頂点は銅でできている。……太陽が山羊座の第一点に達するとき、すなわち一年の中の最も短かい日に達するとき、太陽は二本のオベリスクの南端に達し、その頂きを飾る。太陽が蟹座の第一点に達するとき、すなわち一年の最も長い日に達するとき、太陽は北端のオベリスクに達し、その頂きを飾る。こうして、これらの二本のオベリスクは太陽の振幅の両端を形成し、昼夜平分時の線が正確にその間を通っている……」[4]「一年の中の最も短かい日」は冬至であり、「一年の中の最も長い日」は夏至であり、「昼夜平分時」は春分・秋分のことである。

こうした二至・二分の観測遺構で有名なのは、イギリスの紀元前二〇〇〇年前後の巨石遺跡のストーンヘンジだが、この遺跡については、第十三章の「世界各地の古代の太陽信仰」の章でくわしく述べる。ストーンヘンジや図5・図51は、巨石や建物やオベリスクを人の手で立てて観測しているが、わが国の古代のように人工でなく自然にある山や巨石を目印にした観測の例もある。ハーバード大学のバリー・フェルは、ニューハンプシャー州にある、図52の「カレンダー・サークル」を紹介している[5]。

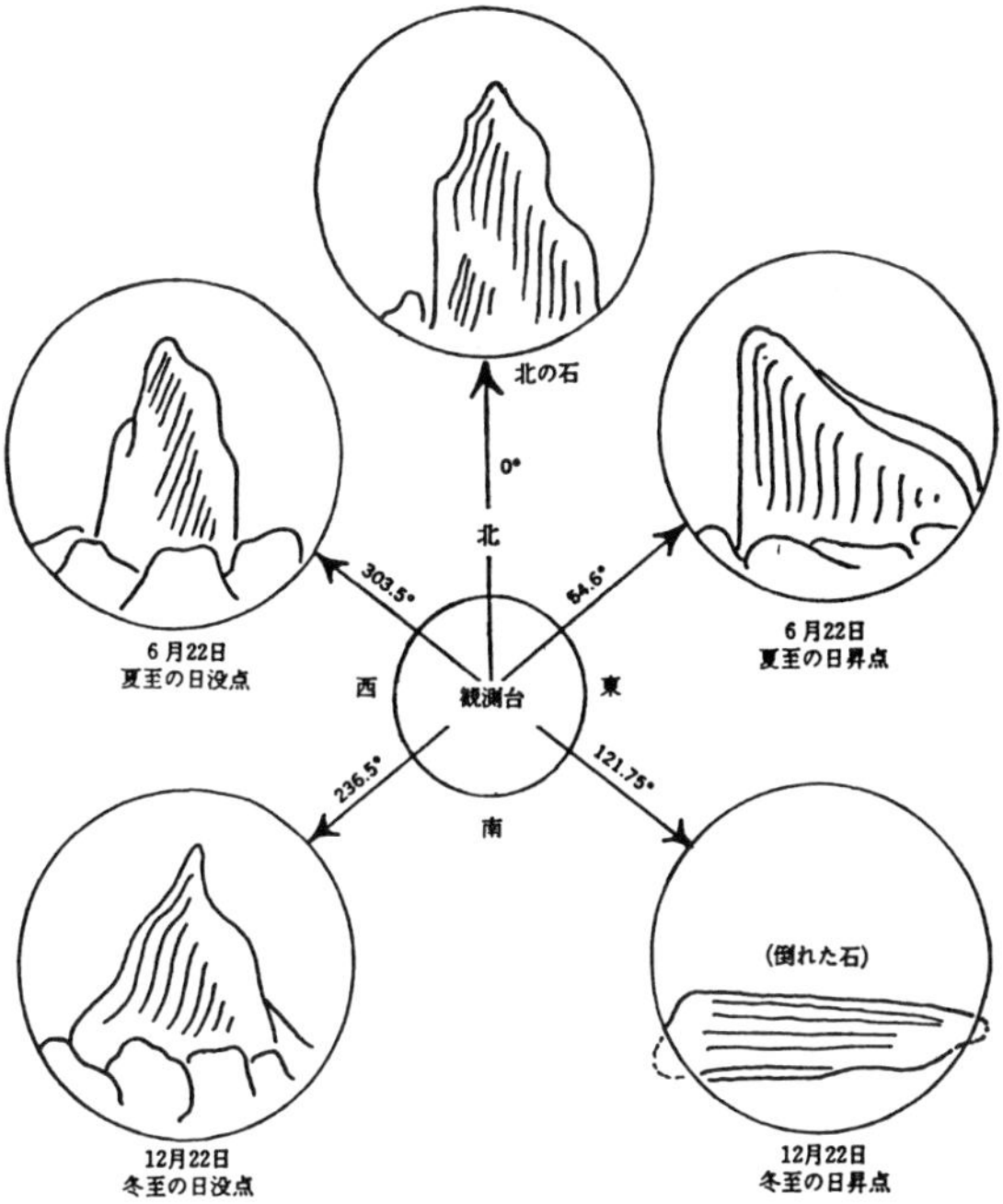

図52　ニューハンプシャー州ミステリー・ヒルのカレンダー・サークル

以上述べたように纒向石塚古墳の位置は、単に意味なく現在地に古墳が作られたのでなく、この古墳はこの地域の古墳のなかで最初に作られた古墳だから、特別の場所を古代人は選んで築造したのである（特に後円部）。このような二至・二分に対する古代人の意識は、わが国では、縄文・弥生時代から連綿としてあるが、わが国だけでなく世界各地にもあったのである。

三輪山麓の石塚古墳の中軸線と太陽信仰

わが国最古の古墳の石塚古墳の中軸線は、三輪山山頂に向いていることは、図53の寺沢薫の著書『王権誕生』に掲載している寺沢薫作図の「纒向遺跡の全貌」を見ればわかる。石塚古墳は三輪山から昇る朝日遥拝のために、前方部が山頂に向う方位に向いている。

石塚古墳について石野博信は、前述したが「南部のくびれ部の調査で、径が二〇センチぐらいの、きれいに面取りをした柱が立ってるんです。濠の中に、それからころがって出てきているのもあって、何かそういう構築物がくびれの部分にあったわけです。そうすると古墳として非常に異常なんで、そういう祭の場の可能性があるんだろうかと思いました」と、発掘調査者として発言しており、石塚は単なる古墳ではないのではないかとみている[6]。濠の中に建造物を建てるはずはないから、南側のくびれ部に建てられた柱が倒れ落ちたか、解体して投げこまれたかであろうが、古墳上に柱があるのは、単なる墓とは考えられない。

円丘からくびれ部の南端の柱をとおしてみると、冬至の朝日は、地図の三輪山の秀麗な稜線の中でふくらみをもった場所（山頂と共に一つの目標・三二六メートルの標高点）から昇る。冬至の日、石塚から日の出を観測した辰巳雅之（立命館大学古代史探検部巨石班ＯＢ）らは、この位置から朝日が昇るのを見ている。私も

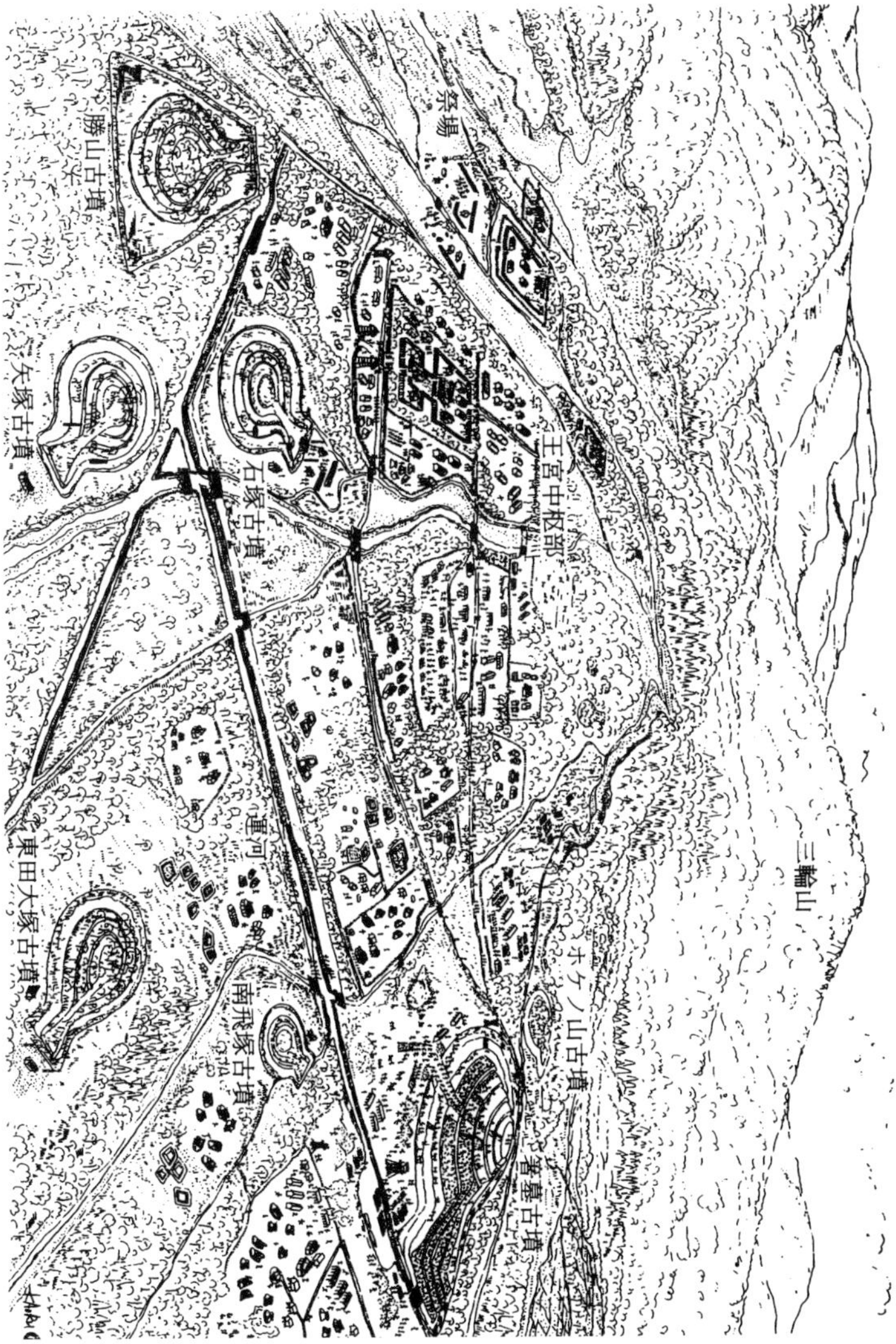

図53　纒向遺跡の全貌

辰巳らの観測以降に、石塚の円丘から冬至の朝日を拝したが、同じ位置から昇るのを確認した。

では石塚古墳から三輪山山頂から昇る日の出を拝する時期はいつであろうか。冬至ではなく立春・立冬の日である。立春は中国暦の「二十四節気」では「正月暦」であり、中国では漢の武帝の元封七年（前一〇四年）から清朝までの約二〇〇〇年は立春正月（立春の日を一月一日とする）であったから、石塚古墳の中軸が三輪山山頂の立春・立冬に向くように設計されているのは、三世紀に立春正月思想がわが国に入っていたことを示している（中国も冬至を無視してはいない。中国の暦法でも冬至を「暦元」といっており、周の時代〔紀元前一〇五〇年～前二五六年〕は冬至正月であったといわれており、立春正月の時代でも、唐の則天武后の治政の十年間も冬至正月で、冬至の日が一月一日であった）。

『魏志』倭人伝は、倭人は「正歳四節を知らず、ただ春耕秋収を記して年紀とす」と書くが、「正歳四節」とは立春を正月とする中国の「暦《こよみ》」である。倭人は「春耕秋収」のために太陽の運行にこだわった。倭人の「コヨミ」の一年とは、日照時間の一番すくない日の朝日が彼らの集落地からみて一番右端の目標物（山頂、稜線の突起した所、山の鞍部、巨岩・巨石、人工の柱・建築物）から昇るのが、一年の始まりで（冬至）、そこから毎朝日の出の位置は左に移動し、左端（夏至の日の出）に至って、また最初の目標物（右端）に戻り、一年は終るとみていた。冬至は一年の終りと始まりの日だから、倭人伝の「春耕秋収の年紀」は冬至正月とみられている。このような冬至正月観による古代暦（自然暦）が、図50の巨大カレンダーの「山あて」である。しかしこの「山あて」の三輪山の山頂から朝日が昇るのは、二至二分の基点の冬至の朝でなく、立春の朝である。

石塚古墳の築造は『魏志』倭人伝が卑弥呼を「倭の女王」として記す時期である。卑弥呼の都の邪馬台国が大和にあったか、北九州にあったか、どちらにあったとしても、倭国が魏と交流し、倭国と魏国の使者は行き来していたのだから、中国の暦法が倭国の宮廷に伝わっていたことは否定できない。石塚古墳の築造者は中国の立春正月思想を古墳築造にあたって取り入れ、古墳の中軸線を立春の朝日が三輪山山頂から昇る方位としたのであろう。

石塚古墳と三輪山山頂を結ぶ線を西にのばすと、式内社の鏡作坐天照御魂神社に至る（奈良県磯城郡田原本町八尾）。拙著『神社と古代王権祭祀』掲載の「鏡作坐天照御魂神社」でも書いたが、この神社の宮司夫人が熱心に観測した結果によれば、立春（中国の「正月暦」の初日、新暦の二月四日）の前日の節分の朝日は三輪山山頂から昇るというから、鏡作坐天照御魂神社は、三輪山の頂上から昇る日の出を、節分や立春の朝に拝せる地に、神社が作られたといえる。そして節分や立春の夕日は二上山の雄岳・雌岳の間に落ちる（中国の立春正月は、前漢を倒した王莽が建丑月にしたことに依る）。

この事実からみても、纒向のわが国でもっとも古い前方後円墳型の石塚古墳も、田原本町八尾の式内大社の鏡作坐天照御魂神社も、三輪山山頂から昇る立春（節分）の朝日遥拝を意図して作られたと考えられる。中国の立春正月思想を受入れた王権は、後述するが纒向遺跡を構築した政権である。

三輪山麓の太陽祭祀と鶏型木製品

前章で纒向石塚古墳西側周濠出土の図43の鶏形木製品と、畿内における弥生時代最大の集落で、鏡作天照御魂神社のある田原本町の唐古・鍵遺跡出土の図43の鶏頭型土製品を示した。出土場所は祭祀用円形土壙であり、他の祭祀用土器と共に出土しているから、祭具であることは確かである。この図43の鶏頭土製品の出土地は図54のB点である。図のA点は一六四頁の写真9の冬至の朝日が三輪山山頂から昇るのを撮影した地点だから、図43の鶏頭型土製品は三輪山山頂から昇る冬至の朝日遥拝の祭儀に用いられたのであろう。

三輪山山頂から昇る冬至の朝日遥拝地から、立春の日の出遥拝地に移ったのは、中国の暦の思想を受入れたからだが、唐古・鍵遺跡の鶏形土製品（図43）とちがって、石塚古墳の鶏形土製品（図44）は古墳上に置かれている。夜明けに鳴く鶏は日の出を知らせる霊鳥とみられていた。その鶏の土製品がなぜ墓に置かれているのか。理由は日の出は前夜死んだ太陽の再生した姿だから、死者の再生を願って墓に置かれたのであろう。石塚古墳出土の鶏形土製品は「鶏形埴輪」だが、写真で全体像を示す（写真10）。

福岡県小郡市の三国丘陵にある津古生掛古墳は、九州最古といわれている三世紀末の古墳だが、この古墳の周濠からも鶏形土器が二体出土している。写真11が出土土器だが、この祭祀用鶏形遺物の出土した三国丘陵には、四基の前期古墳があるが、奥野正男はこの四基の古墳のうち津古生掛古墳・津古一号墳・津古二号墳は、「そこから東南約四キロに所在する神奈備型の城山《じょうやま》山頂から西北西にほぼ三〇度の線上にあり、城山山頂から上る冬至の日の出線上（夏至の日の入り線上）に並んでいるのです」と書いている。そしてこれらの古墳のある山の中腹に、「日ノ子神社」と呼ぶ神社があるので、「太陽祭祀とのかかわりを伺わせる」と書いているが、「日ノ子」は「日の御子」の意であろう。

また奥野正男は、丘陵の頂上にある津古生掛古墳に「続く津古一・二号墳は、すぐ近くにある丘陵の頂点

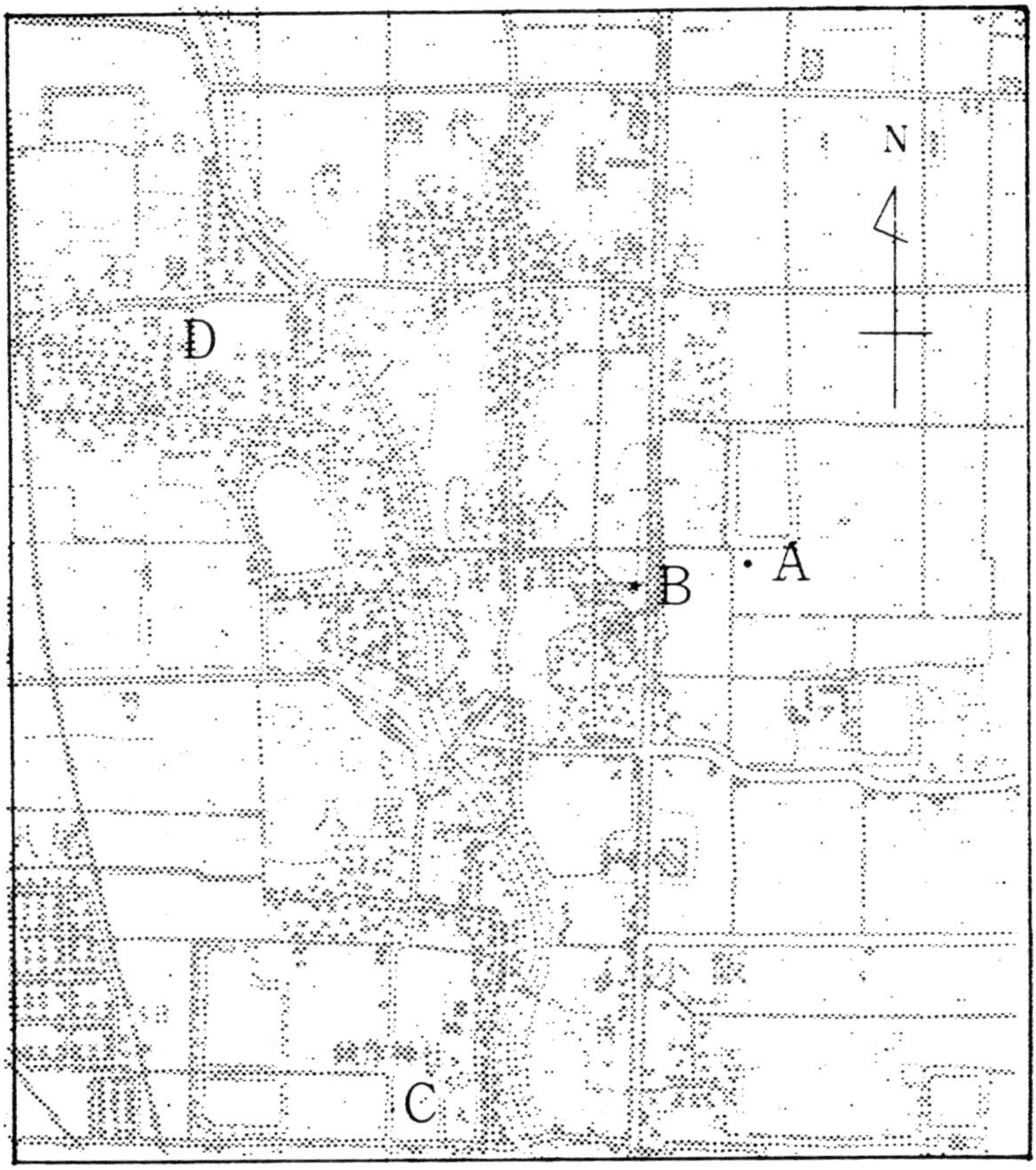

図54　唐古・鍵遺跡の三輪山冬至日の出観測点（A・B）と八尾の鏡作神社（C）と石見の鏡作神社（D）

を選ばずに（頂上には古墳がない）、わざわざ丘陵北側の最も古墳の作りにくい急傾斜面に前方後円墳を作っている」ので、「このような古墳の選地の仕方は、三基の古墳を城山頂上から上る冬至の日の出線上に並べることを強く意識していたからだと私は考えています」とも書いている。(7)

　弥生時代の巨大遺跡の唐古・鍵遺跡で、鶏形木製品が出土しているから、石塚古墳の鶏形土製品は、近くの唐古・鍵遺跡出土

写真9　唐古・鍵遺跡から見た三輪山から日が昇る冬至の日の出（鶏頭出土地のB点より撮影。頂部から日が昇るのが見える地点はA点）

写真11　福岡・津古生掛古墳出土の鶏形土器

写真10　奈良・纒向遺跡出土の鶏形埴輪

の鶏形木製品の影響だが、石塚古墳と同じ三世紀代築造の津古生掛古墳からも、鶏形土製品が出土している。鶏は夜明け、朝日が東の空に昇るのを告げる鳥だから、鶏形木製品・土製品が作られたのは、日本列島の弥生時代・古墳時代から現在まで、太陽祭祀と言っても日の出・朝日遥拝にかかわる霊鳥だったからであろう。

古墳は墓である。その墓から日の出を知らせる鶏形の置物が出土しているのも、死者の再生を祈ってであろう。日の出は死んだ太陽の再生である。鶏形土製品の出土している石塚古墳も津古生掛古墳も、秀麗な神奈備型の山から冬至の日の出が昇るのを拝する位置にある（石塚古墳は三輪山、津古生掛古墳は城山）。太陽は毎日死（日の入り）と再生（日の出）を繰り返しているが、冬至は日照時間がもっとも短かく、この日から日照時間が長くなる日であり、死と再生をもっとも強く示している日である。その冬至の日の出に深くかかわる位置（秀麗の山から冬至の朝日が昇るのを拝する位置）に古墳が作られていることからみても、この位置決定は被葬者の再生祈願である。

太陽祭祀と鶏形木（土）製品の関係として、二世紀代の唐古・鍵遺跡、三世紀代の石塚古墳・津古生掛古墳の例を述べたが、四世紀末の岐阜県各務原市の柄山古墳からは、岐阜県では唯一の鶏頭埴輪が出土している。尾関章は、「この古墳が単なる『墓』としてではなく、それ以上に、『時の祭祀』を行う特別な『祭壇』として用いられたのではなかったか」と書いて、「同墳は、その周囲を丘陵で囲まれた袋状の狭隘な平地に独立する小丘上に立地するが、その西方のみが大きく解き放たれており、同墳上に立つと伊吹山の雄姿を望むことができる。そして、同山頂と柄山古墳を結ぶ線分は正確な東西（二分）線をなしていたのである。（略）美濃の西方に展望される山々の中で、伊吹山は格別の山容を誇り、古くから聖なる山とされていたことは述べるまでもない。その山頂に彼岸の太陽が美しく沈む姿を見ることができた小丘の上に、この地域最古の古墳が築かれる……。春、伊吹山山頂を照らして沈んだ太陽は、夏を過ぎた秋に再びこの山頂に帰り、冬を過ぎてまたも帰り来た時、一年のサイクルが刻まれる。柄山はそのようにして一年という時を計（祀）る恰好な祭壇として用いられた小丘ではなかったか」と書いている(8)。

この柄山古墳からは図55の鶏頭埴輪が採取されている。この古墳について尾関章は「四世紀末から五世紀初頭の築造とされているが、いま少し遡る可能性も考えられる」と書いている(8)。

また尾関章は、「私は昨年の冬至の頃、金華山山頂に昇る太陽をある高台から眺めながら、深い感嘆に包まれていた。その場所は、琴塚古墳と金華山頂を結ぶ二至線の西北への延長線上にあり、根尾《ねお》川の濃尾平野への出口にあたる地点であった。そして、その近くには奇しくも、日合塚《ひあづか》という地名が残されていた。そこに立てば、根尾川の向こうに位置する舟木山（全山に古墳が群在）と大平山を両袖にした舞台の奥に、美しい金華山を見ることができる。そして、冬至の頃の夜明けに、その背後に秀麗な奥つ城＝琴塚を従えた山頂は、宝石のように輝いたのであった」と書いて、さらに尾関章は次のように書く。

　私は、昨年の冬至の夜明けに、日合塚の真西約一〇キロ地点の揖斐川の出口に鎮座する朝鳥《あさどり》明神で今も行われている冬至の祭りを体験することができた。古墳を背景にした岩座の前には鳥居があるのみで神殿・拝殿などは無く、この古式にして素朴な聖地の前では天を突く巨大な「陽迎《ひむか》え」のかがり火が焚かれ、青竹がはじける音が山々を揺さぶり、濃尾の野を越えた遥か先、瀬戸の山並みに昇る冬至の陽光が鶏鳴三声と「オー」という叫び声とともに榊に下げられた海獣葡萄鏡によって捕えられ、美濃の大地に迎えられるのである。そして、その冬至線上には、宗慶大塚古墳と尾張の白鳥塚古墳が位置していたのであった[8]。

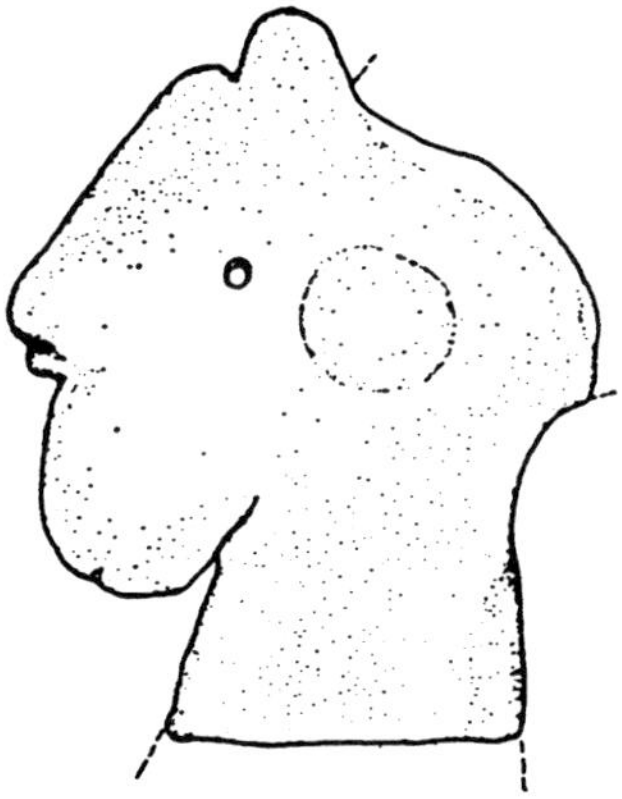

図55　柄山古墳出土・鶏頭埴輪（『各務原市史』より）

　冬至の夜明け、日の出祭祀を行う「朝鳥」と呼ばれる神社では、冬至の朝の日の出の時を「鶏鳴三声」という。冬至は毎朝の太陽の再生の最大の祭事で、古代の新年が冬至であったように、太陽の死と再生の象徴的生誕の日である。朝を告げる鶏鳴は生命の誕生の知らせであり、鶏卵は生命の象徴であった。鶏形遺物の古墳からの出土は再生祈願、朝日願望である。前述した奈良県田原本町の鏡作神社と三輪山の冬至の朝日の関係も、鶏形遺物の出土からみても、弥生時代までさかのぼっての古代日本人の日神信仰がうかがえる。

前期古墳の位置と二至二分の関係

『播磨国風土記』賀毛郡玉野村の条に、国造《くにのみやつこ》許麻《こま》の娘、根日女命の墓は、

　朝日夕日の隠はぬ地に墓を造りて、其の骨を蔵《おさ》め、玉を以ちて墓を餝《かざ》りぬ

とあり、玉で飾った墓だから「玉丘」と言ったと書かれているが、この古墳は兵庫県加西市玉野新家にある玉丘古墳である。この古墳の墳丘の長さは約一〇五メートルで、周濠をもつ古墳時代前期の前方後円墳である。森浩一は「現地で臨むと、それほど広くはないが平地の真中に築かれていて、確かに風土記がいうように、朝日や夕日でも影にならない土地、つまり一日中よく太陽が照らす位置にある。後期古墳は、規模の大きいものでも山麓に築かれているものがあって、太陽のあたっている時間が短かい。これにたいして、前期と中期の古墳は、がいして日当りがよい。なぜこのような差異がでるのかにも、古代人の死後の世界観を解く鍵になる」と書いている(9)。

古墳時代の前期と中期に、特に「日当りがよい」所に古墳を作っているのは、弥生時代からの太陽信仰の影響であろう。冬至・夏至、春分・秋分方位のもつ太陽への指向性が、死者を葬る聖地観と結びついた結果だろう。「朝日夕日の隠はぬ地」ならどこでも良いのではなく、特定の日（二至・二分の日）に朝日が「直刺《たださ》す地」に古墳を築造したのである。

弥生時代後期末の岡山県倉敷市の楯築墳丘墓は、古墳の先駆的遺跡である。径四〇メートル、高さ五メートルの巨大円丘の前後に、長さ二〇メートルほどの突出部があり、全長八三メートルの弥生時代でもっとも巨大な墳丘墓である。この楯築墳丘墓は岳の上にあり、奈良県の唐古・鍵遺跡のような平地ではないから、見晴しはよい。この丘は貝殻山山頂から昇る冬至の朝日を拝する場所だが、貝殻山は三輪山と同じ聖山である。貝殻山と呼ばれているのは、山頂に弥生中期の貝塚があるからだが、西北斜面の台地から銅剣が出土していることからも、弥生人にとってこの山は特別な山であった。貝殻山の山頂に登れば、南東に小豆島が望まれ、東に広く播磨灘、南に備讃瀬戸の多島海、北に岡山平野の南に湾入した児島湾を見渡せる。この山頂は海を行く船からは、どこでも見える「山あて」の聖山であったから、山頂には貝塚がある。山頂にわざわざある貝塚は、単に貝殻の捨場でなく、意味があって山頂に作られているのである。

この貝殻山は楯築墳丘墓だけでなく、五世紀前半に築造されたといわれている巨大古墳（全長約三五〇メートル、高さ約二四メートルの全国第四位、岡山地方最大の古墳）の造山古墳の後円部からも、冬至の日の出が拝せる山である。このように貝殻山、楯築墳丘墓、造山古墳は、二至二分の朝日・夕日の日の出・落日にかかわる地に、築造されていることを示している。いわゆる「古墳」の先駆的遺跡（「墳丘墓」と呼ばれている）の楯築墳丘墓も、出現期古墳の代表の大和の三輪山山麓の石塚古墳も、巨大前期古墳のなかでも特に代表的古墳である箸墓古墳も、「朝日夕日の隠はぬ地」（特に二至二分の朝日）に築造されている。

奥野正男は石塚古墳と同じに、鶏形土製品の出土している九州の最古の古墳である津古生掛古墳も、冬至の朝日の「隠はぬ地」にあることを述べているが、津古生掛古墳と同じに出現期の古墳とみられる佐賀県唐津市の久里双水古墳（全長一〇八・五メートルの九州で最大クラスの古墳）についても、奥野正男は「久里双水古墳を起点にして、その東西の山々から上る冬至・夏至の日の出・日の入り線を求めてみると、東側で一番高い夕日山（二七二・九メートル）の山頂部から春分・秋分の太陽が上り、西側では松浦川対岸・千々賀の水の本山（二〇七メートル）に春分・秋分の太陽が沈みます。冬至の日の出は山頂ではありませんが、夕日山とその西に連なる峰との鞍部（夕日峠）から出て、冬至の日の入りは松浦川対岸の霧差山（二〇九・六メートル）の山頂部に沈みます」と書いている(10)。

福岡県の遠賀川流域を「物部氏を中心にして太陽祭祀がおこなわれた地域」と奥野正男はみているが、物部氏の一族の芹田《せりた》氏の名を冠す芹田山と、前期古墳の豊前坊一号墳（全長八〇メートル福岡県遠賀町）の関係について奥野は、「芹田山の頂上に沈む冬至の太陽の方向に主軸を重ねた豊前坊一号墳の被葬者は、遠賀川流域で最初に太陽信仰と首長権継承儀礼を統括した物部氏の首長ではないか、と考えています」と書く(11)。

佐賀県中原町の中期の前方後円墳の姫方古墳についても、奥野は「この古墳の選地は、ここから東北東の朝日山に上がる夏至の日の出（冬至の日の入り）線と、西北西の鎮西山に没する夏至の日の入り（冬至の日の出）線との交差点に求められています。つまり姫方古墳を作った場所は、この丘の西と東にある二つの神体山からの冬至・夏至の日の出・日の入りを観測できるところに決められていたのです」と書いている。また後期の前方後円墳の福岡県行橋市の惣社古墳についても奥野は、「位置は、八景山丘陵の西南部の最高所からみると約三〇度の線、つまり冬至の日の出（夏至の日の入り）線上に選地されています。また主軸はほぼ南北にした惣社古墳とヒメコ塚古墳は、南北線上に並び、さらにその延長線上に豊前国分寺があります。

（中略）惣社古墳がもし八景山の最高所と結ぶ冬至の日の出（夏至の日の入り）線によって選地されたと仮定した場合、後続のヒメコ塚古墳、豊前国分寺が南北線上に並んでいることも偶然ではなく、太陽祭祀とのかかわりで理解できるのではないか、と思います」とも書いている。(12)

奥野正男は福岡県に在住する考古学者だから、北部九州の古墳と二至二分について述べているが、岐阜県在住の考古学者の尾関章は、前述したように岐阜県の柄山古墳の例などをあげ、「美濃の前期古墳の二至二分」を論じている。各務原市の坊の塚古墳からみると、「太陽は白山平山（標高一四五メートル）の中腹に顔を出し、その尾根上をすべるようにして西（山頂方向）に移動しつつ、その全身を現わした後に山頂の真上に輝く、という風景として観察される。巨大な坊の塚古墳の上に立ち、白山平山山頂をみれば、その真上に瑞瑞しい冬至の太陽が燦然として輝く」と、尾関章は書くが、(8)白山平山山頂には前期古墳の東之宮古墳がある。尾関章は書いていないが「東之宮」という呼称も尾関章の書くような意味が含まれていたのではないかと思われる。

坊の塚古墳は百々《どど》ケ峰（四一八メートル）に落ちる夏至の夕日を拝する位置にもあるが、百々ケ峰から昇る冬至の朝日は鎧塚古墳から拝することができる。この「百々《どど》」という地名について尾関章は「この山麓に居住した中世の豪族百々氏に由来するとされるが、私は山名が先ではなかったかと考えている。なぜなら『日の出』を意味する朝鮮語돋다＝dod-ddaがあり、この地の古代伝承や地名には、渡来人の足跡が色濃く残されているからである」と書いている。(8)尾関説が正しいとすれば、鎧塚古墳やその周辺の人々からみて、冬至の日の出を拝するのがこの峯であったことにより、つけられた峯の名といえる。また尾関章は、「美濃

最古の単独墳、宗慶大塚古墳から……眺める彼岸当日の太陽は、金華山塊（イナバ山）の最凹部から、あたかも黄金の卵が生み出されるようにして昇る」とも書いている。(8)

以上、福岡県と岐阜県居住の考古学者が、地元の前期古墳を調べて、二至二分の日の出・日の入りに古墳のある場所がかかわることを述べている例を示したが、日本全国の前期古墳にもこうした例はあるだろう。

古代日本人の太陽信仰と日向・伊勢・出雲

古代日本人の方位観については、序章でも述べたが、東西の東は太陽が立つ（たてし・たて）といい、西は横《よこ》（よこし）というように、人間が朝起きて歩き、夜は横になる行動と重ねている。そして南北は太陽があたる南を「影面《かげとも》」といっており、影を作る面が南で、北は影ができないから「背面《そとも》」といわれている。影のできない「背」の面に対し、太陽の照る面を「影面」というのは、影は日光によって作られるから、影を日光と同一視しているからである。「影面」とは「日面《ひのとも》」の意である。

大和政権の所在地の大和の地にとって、「影面」にあるのは、神奈備山の三輪山である。三輪山は天皇霊の宿る聖山と『日本書紀』に書かれていることについては、第八章で述べるが、天皇は「日の御子」と呼ばれているから、天皇霊は日神の霊である。したがって天皇の祖神（皇祖神）は日神天照大神になっており、三輪山の神は元は日神であったからその日神が三輪山から伊勢に移ったという伝承もある（そのような三輪山の太陽信仰についても第八章「天照大神の原像は日神の妻になる日女」で詳述する）。

大和の地にとっては「影面（東）」である三輪山山頂に日向神社があった（くわしくは第八章で述べる）。大和の人々が拝する朝日の昇る山に、「日向」と呼ぶ神社があるのは、三輪山も「日向」で、朝日は三輪山より更に「影面」の地から昇るとみていたからである。その地が伊勢である。伊勢に対す「日向」が三輪山の神社名の「日向」だが、南九州の国名の「日向」は何に対しての「日向」なのか。この地は大和や伊勢に対しての、「夏至の日の出線上」に位置するから、「日向」という地名がつけられ、神武天皇東征伝承の出発地になったのではないかと、私は推測している。

神武天皇の軍は河内に上陸するが、『古事記』は神武天皇が、

　吾は日神の御子として、日に向ひて戦ふことよからず。

と言って、河内から軍を進めるのをやめたと書く（『日本書紀』も「我は是日神の子孫にして、日に向いて虜を征つは、此天道に逆れり」と言ったと書く）。日神の子孫だから「日に向ひて戦ふことよからず」と言ったというが、熊野からの大和入りも日に向っているが、出発地の「日向」と同じ西南西からであり、夏至日の出方位である。真東に向っての進軍はよくなくて、日神の御子の軍は夏至日の出方位から進むべきだったのである。「日向」という言葉の「日」に「向う」位置はどこでもよいのではなかった。「日の御子」が日に向って好い位置は、冬至・夏至に朝日が昇る「日向」の地であるべきであったのである。

そのことは天照大神を倭姫が奉じて伊勢に入る行路からもいえる。『日本書紀』垂仁天皇二十五年三月条に、

　倭姫命　大神を鎮め坐《ま》させむ処《ところ》を求めて、菟田の筱幡に詣《いた》り、更に還りて近江国に入り、東の美濃を廻り、伊勢の国に到る。

とある。菟田から伊賀を通れば伊勢である。この伊勢を真東とする最短距離の行程をとらず、伊勢を冬至日の出方位とする近江に入り、そこから美濃を経て伊勢入りをするのは、神武天皇が河内を通る最短距離の真東コースをとらず、迂回して紀伊から大和入り（夏至日の出コース）するのと似ている。日神天照大神は冬至日の出コースを通って伊勢へ入り、日神の子の神武天皇は夏至日の出コースを通って大和入りをしている。この『日本書紀』の記述は見逃せない。

日向・大和・伊勢の関係には、以上述べたような伝承があるが、日向・大和・伊勢と共に無視できないのは出雲である。西郷信綱は伊勢と出雲について、「出雲が雲にとざされた、日の没する西の果てなる国であるのにたいし、伊勢は東の海からじきじきに日ののぼるウマシ国であった。前者が暗の死者の国に接しているとすれば、後者の接するのは陽としての高天の原であった。」とし、伊勢と出雲を記紀神話の「宇宙軸」とみている。[13]私は死者の国としての出雲に対し、伊勢を「高天の原」とみず、死に対する生（誕生・再生）の地、太陽の死（日没）の国の出雲に対し、再生（日の出）の国を東の伊勢と推測している。

古墳時代の遺体の埋葬頭位について

第一章で縄文時代の埋葬頭位について述べたが、冬至・夏至の日の出・日の入り頭位は、弥生時代になると日の入頭位はすくなくなり、日の出頭位が多くなる。

山口県豊北町の弥生時代前期の土井ヶ浜遺跡の埋葬人骨の方位は、東地区の男性骨六九体、女性骨二八体、小児骨二五体のうち、小児骨を除いてほぼ東南東の冬至日の出方位であり、特に東地区には箱式石棺があり、石棺内の遺体の頭位も冬至の日の出方位である。しかし北区の男性骨一体・女性骨一二体の頭位は、真東の春分・秋分の日の出方位であり、東区と北区では頭位がちがう。また装身具をつけたものは東区に多く、抜歯も東区はほとんど施しているのに、北区は半数だから、甲元真之は「北区の被葬者は婚姻によってムラにやって来た人間であり、東区の被葬者はムラ在来の人間」とみている(14)。このように居住者のちがいによって、遺体の頭位にもちがいがあるが、いずれも冬至、または春分・秋分の日の出頭位であることは無視できない。

古墳時代の頭位について都出比呂志は、畿内以外の前期古墳の埋葬頭位は東が多く、次に東北東・東北方位が多いのに対し、畿内の前期古墳に限って北頭位が多いことについて、畿内に於いては「首長を葬る際の祭祀形式に何らかの新しい要素が加わった」結果とみて、「新しい要素」とは、北方位を重視する中国の方位観が入ったのが原因だとみている(15)。

『探訪日本の古墳』の各巻に図が載る、前期古墳の埋葬方位を調べてみても、北頭位(北枕)は、奈良県桜井市のメスリ山古墳、桜井茶臼山古墳、京都府山城町の椿井大塚山古墳、静岡県磐田市の松林山古墳であり、松林山古墳を除けば、すべて畿内であり、特に奈良県の二古墳はメスリ山古墳は真北、桜井茶臼山古墳は磁北に向いており、北頭位(北枕)に被葬者は置かれている。しかしこのような例はこの四例であり、多くの頭位は東頭位がもっとも多く、次が東北東であり、東にこだわっている。都出比呂志が指摘するように、中国の方位観にもとづいて作られたごく僅かな古墳だけが北枕なのである。北枕なのは中国の易学で北極星の方位を「太極」といい、世界万物の生ずる根源、宇宙の本体をこの方位に見た。したがってこの中国思想にもとづいて、被葬者を北枕にしたのである。しかしわが国の本来の方位観では、北でなく東である。

わが国の方位観は、東西軸が日本原始信仰の信仰軸で、その後に陰陽五行説の子午線（南北軸）重視の信仰が入ったとみるのが、一般的見解だが、宇宙軸を南北とみるのが汎世界的で、東西とする日本は例外である。陰陽五行説の方位観は、冬至が真北（子《ね》）、夏至が真南（午《うま》）となっており、この子午線がもっとも重視されている。冬至と夏至が重視されていることでは、一見古代日本人の考え方と似ているように思えるが、中国人の冬至・夏至観（子午線観）は観念化理論化された考え方であって、現実の冬至・夏至観とはちがう。

古代日本人の方位観は、冬至から夏至の朝日の昇る方向が「日の経《たて》」であり、「東」である。「西」は「日の緯《よこ》」で、冬至から夏至の夕日の落ちる方向で、真東・真西観でなく、範囲が広い。冬至から夏至までの朝日・夕日の範囲内が東西であって、現在の真東――真西の東西観では、古代日本人の東西観の解釈を誤ってしまう。「ヒガシ」は「ヒームカーシ」で「日に向く方向」であり、沖縄の東の意味の「アガリ」も朝日の昇る範囲をいう「アガリ」で、真東だけではない。沖縄でいう西の意味の「イリ」も、夕日が入る範囲をいうのであり、「ニシ」も「去方《いにし》」で日没の範囲をいい、真西のみをいうのではない。したがって頭位の範囲も、この日の出の範囲、日没の範囲になっている。

このような事実が示しているように、古代日本人の太陽信仰を、単純に朝日信仰・真東信仰と見たのでは、見るべきものも見えてこない。

伊勢神宮の伊勢国と大和の三輪山山麓の太陽祭祀

古墳時代初期の太陽信仰についても、鏡について論じる必要があるが、古墳時代の鏡については、考古学者や鏡の研究家が詳細に論じているので、私は略す。しかし第三章で述べたように、弥生時代の鏡と太陽信仰についてては述べた。わが国では中国・韓国と違って、鏡も銅鐸・武器形祭器と同じに、巨大化しているが、この鏡の巨大化は古墳時代にも見られ、太陽信仰にもうかがえる。日神を祭神とする伊勢神宮の神体の「八《や》咫《た》鏡」も「八咫」と書くように巨大鏡である。

伊勢神宮の内宮の祭神は皇祖神で日神の「天照大神」という女神である。しかし神体の鏡を作る鏡作氏が祀る日神は、女神の天照大神でなく、男神の天照御魂《みむすび》神である。この男神の日神が、古くから祀られていたわが国の太陽信仰の日神であることは、くわしく次章以降で詳述するが、初期古墳の多い三輪山山麓に、式内社の鏡作神社がある。この神社の詳細も後述するが、現在地の奈良県磯城郡田原本町八尾へは、同じ田原本町石見から移転している。この神社は、鏡を作り始めた弥生時代終末期か古墳時代の初めに、すでに三輪山山頂から昇る冬至の朝日遥拝の祭祀場であったことは、その地の出土遺物からも証される。

次頁の図56を見れば明らかなように、この地は冬至の「朝日の直《ただ》刺す地」であり、「夕日の日照る地」であった。特に冬至の夕日は二上山の雄岳・雌岳の間に落ちる。さらに夏至の朝日・夕日も、高峯山山頂から昇り十三峠に落ち、このような地を古代人は特に聖なる地と定め、この聖地で鏡作工人は鏡を作ったのである。図57は薬師寺慎一が現地を尋ねて確認した伊勢の朝熊山の冬至の日の出・日の入り線である。この図を

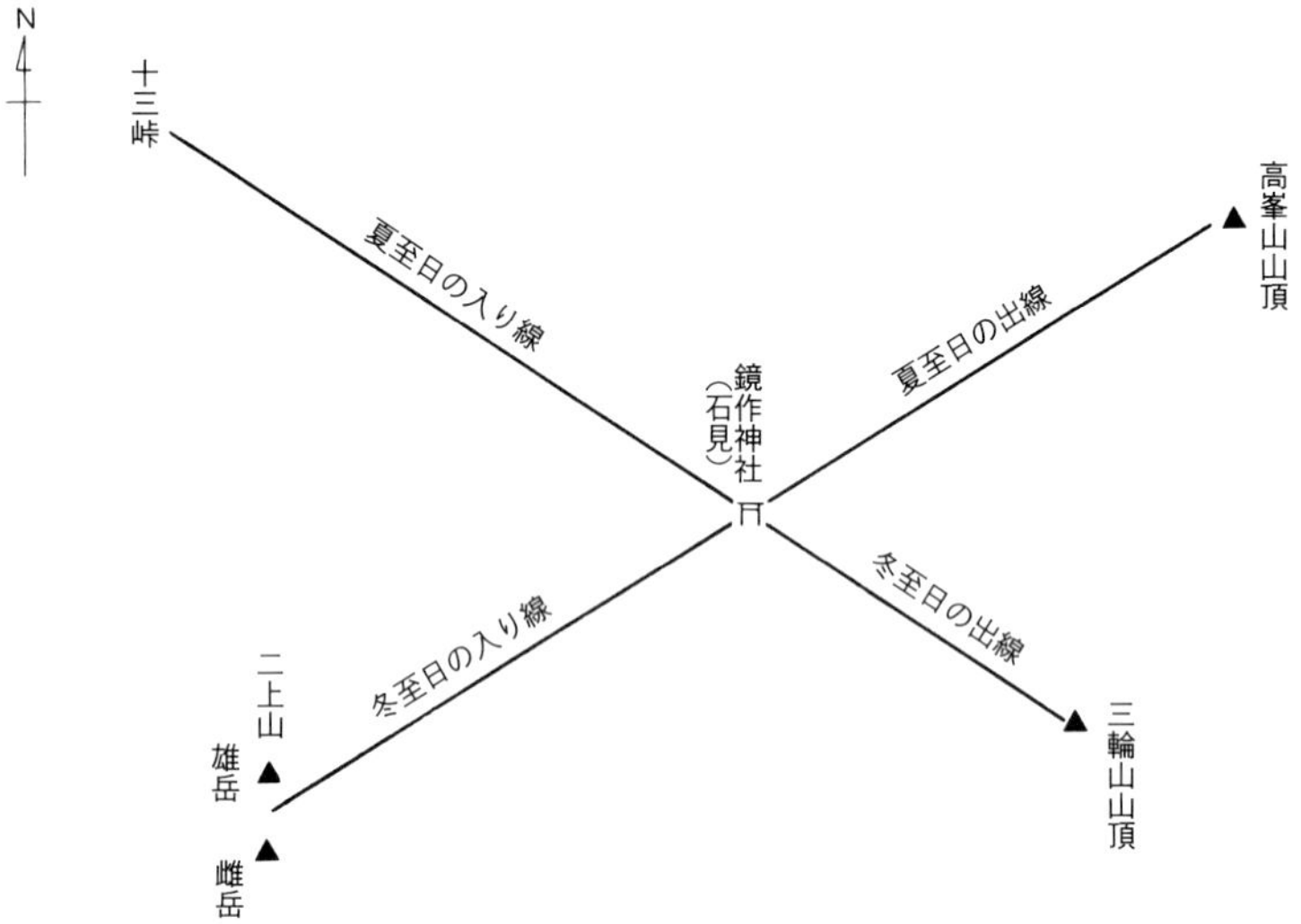

図56　奈良県三宅町石見の鏡作神社を基点とした二至・二分の方位線

示して薬師寺慎一は、「斎宮の地は、おそらく弥生時代に、冬至の日に朝熊《あさま》山に昇る太陽を拝むための聖地」と書く。(16) 朝熊山は「お伊勢参らば朝熊をかけよ、朝熊かけねば片参宮」と歌われており、伊勢皇大神宮（内宮）の「奥の院」である。この朝熊山に冬至の夕日が落ちるのを拝せるのが、神島・伊良湖神社と朝熊山を結ぶ線である。神島には太陽信仰を示す有名なゲーターー祭がある。

ゲーターー祭は冬至の太陽、あるいはそのシンボルを弓で射た呪術儀礼だが、いつしか旧冬から新春へと一陽来復を願う元旦の夜明けに行事が移された神事であり、冬至の夕日が朝熊山に落ちる位置にある島だから、「神島」と名づけられ、冬至の太陽を射る行事が行なわれたのである。一陽来復を願うとは、死が再生になるからであり、新しい日の御子誕生祈願といえる。

薬師寺慎一は図57で、二見興玉神社と朝熊山が南北に一直線で結ばれていることを示しているだけだが、

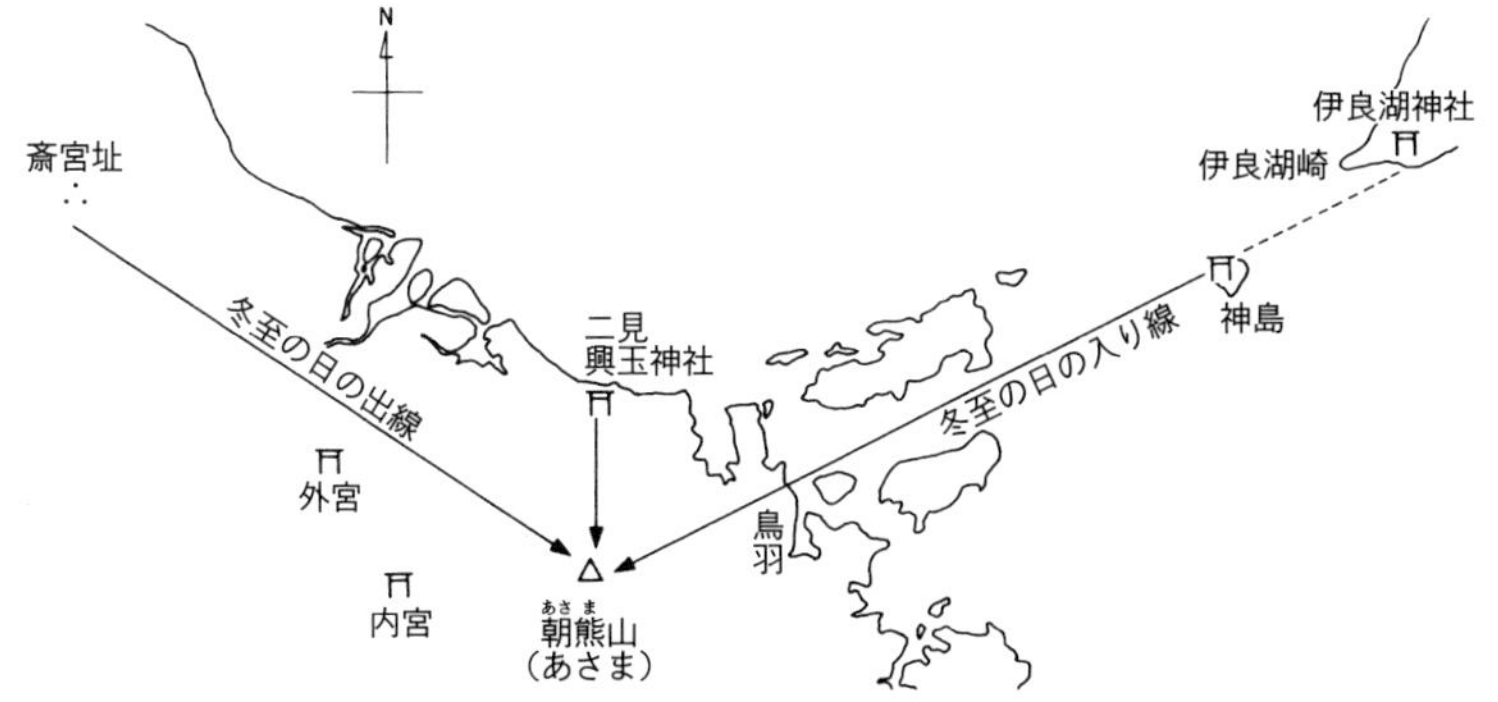

図57　伊勢の朝熊山の冬至の日の出・日の入り線

前述（二五頁）したように二見興玉神社は古くからの伊勢の人々の太陽信仰の聖地であったから、図57のように、海と山の日神祭祀場が南北に並んでいるのである。さらに薬師寺慎一は指摘していないが、内宮の真東に朝熊山があり、朝熊山から昇る春分・秋分の朝日遥拝地は内宮であり、冬至の朝日遥拝地は斎宮の地である事実も、無視できない。

図56・57の山と神社の関係を、再び三輪山と纏向の古墳と鏡作神社の関係で見てみよう。図53（一五九頁）の寺沢薫作図の「纏向遺跡の全貌」の四つの古墳（石塚・勝山・矢塚・大塚）と、この図には書かれていない唐古・鍵遺跡と三輪山山頂を結び線を延長すると、次頁の図58のように、鏡作坐天照御魂神社の旧地（石見）と現在地（八尾）及び関係神社の鏡作麻氣神社・鏡作伊多神社と、七代目の孝霊天皇を祭る孝霊神社と結びつく（孝霊神社・法楽寺の場所も、『正倉院文書』によれば鏡作連の居住地である）。図58で纏向遺跡の古墳と結びつかないのは、三輪山山頂——唐古・鍵遺跡——石見の鏡作神社である。唐古・鍵遺跡は纏向遺跡以前の弥生時代の遺跡であることからも、石見の鏡作神社の古さがわかる。纏向でもっとも古い古墳は石塚古墳だ

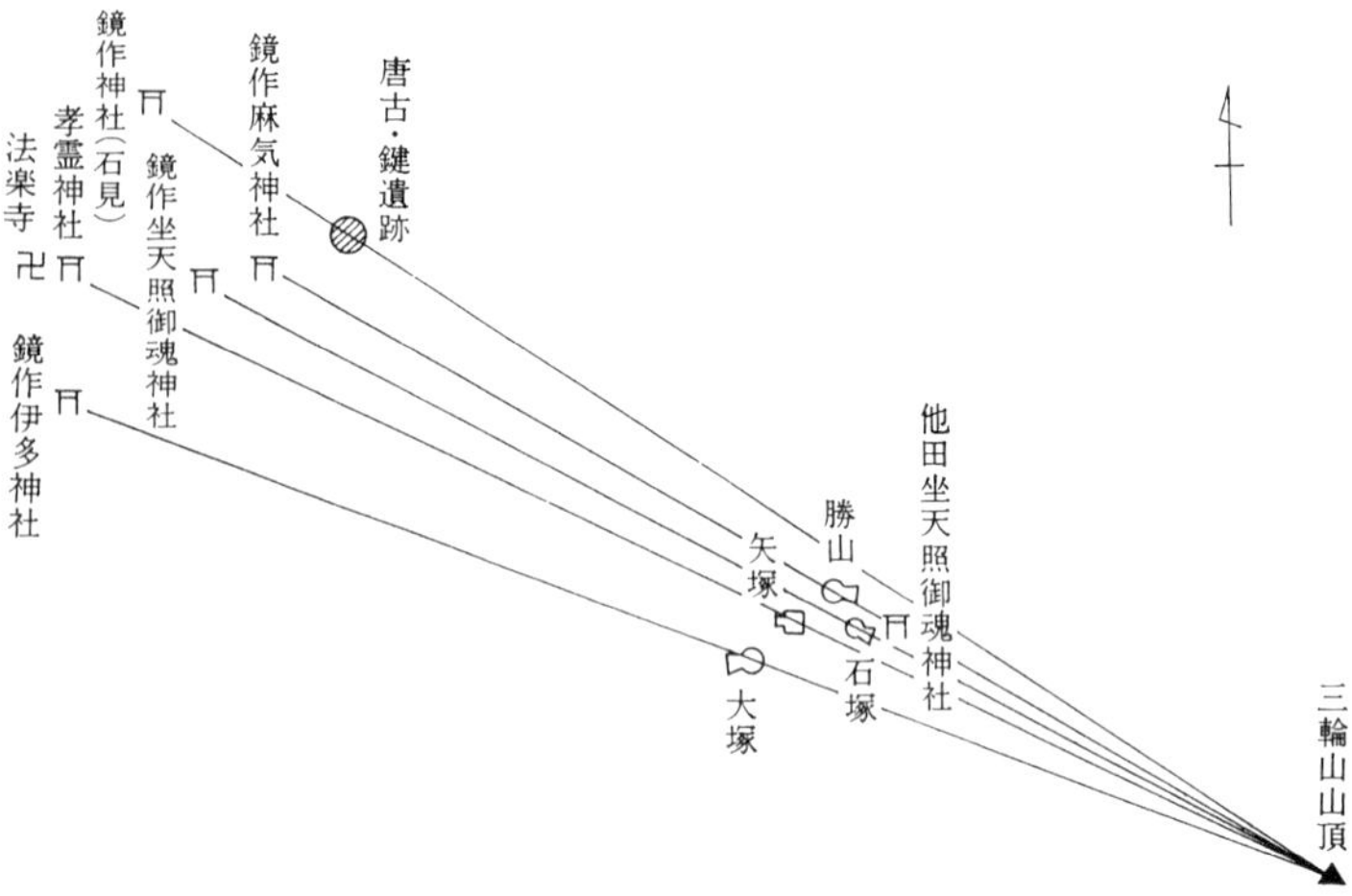

図58　三輪山と纒向遺跡と鏡作神社の関係

が、この古墳は八尾の鏡作神社と三輪山山頂を結んでいるが、石見と三輪山山頂を結ぶ線が、三輪山山頂から昇る冬至の日の出遥拝地であるのに対し、三輪山山頂――石塚古墳――八尾の鏡作神社を結ぶ線は、八尾の天照御魂神社の宮司夫人の観測の結果では、立春の前の節分の日の朝日が三輪山山頂から昇るのが確かめられ、立春・立冬の夕日は二上山の雄岳・雌岳の鞍部に落ちるのが確かめられており、立春・立冬の朝日も三輪山山頂付近から昇る。仰角の関係で立春・立冬の三輪山山頂から昇る日の出は、石塚からもよく拝せる（私は一九八三年の立春に、石塚の後円部に立って確認している）。

なぜわが国でもっとも古い古墳といわれている石塚古墳の位置が、三輪山山頂に対して立春方位なのか。立春は中国の「二十四節気」のトップの「正月節」であり、この方位は中国思想に依っている。この事実からみても私は石塚は「古墳」というより、中国の郊祀の円丘・方丘の円丘ではないかと推測している。その円丘に「後方部」と呼ばれる祭祀場をつけたのではないだろうか。図53の「纒向遺跡の全貌」を見ても「後方部」は石塚のみ三輪山に向いている。この石塚の立春方位と八尾の鏡作神社の位置が、共に三輪山山頂から昇る立春方位であることからも、この事実は無視できない。

わが国の古くからの冬至正月（そのことは八尾の前の石見の鏡作神社と弥生時代の銅鐸製作工人の居た唐古・鍵遺跡を結ぶ、三輪山山頂から昇る冬至の日の出遥拝線からも、証される）から、新しく中国の立春正月を受入れて、中国の円丘に突出部を加えた造型が石塚であることは、『大和・纒向遺跡』所収の図59の纒向石塚古墳の平面図を見ても推測できる。(17) 太陽祭祀でも冬至日の出祭祀の唐古・鍵遺跡と、纒向石塚の立春日の出祭祀の違いは、固有祭祀と中国思想を受入れた祭祀の違いである。しかし図44（一四三頁）で示したように、唐古・鍵遺跡出土の鶏形土製品が、石塚からは木製品の鶏形の祭祀用遺物として出土しており、同一の日神信仰を共有している。

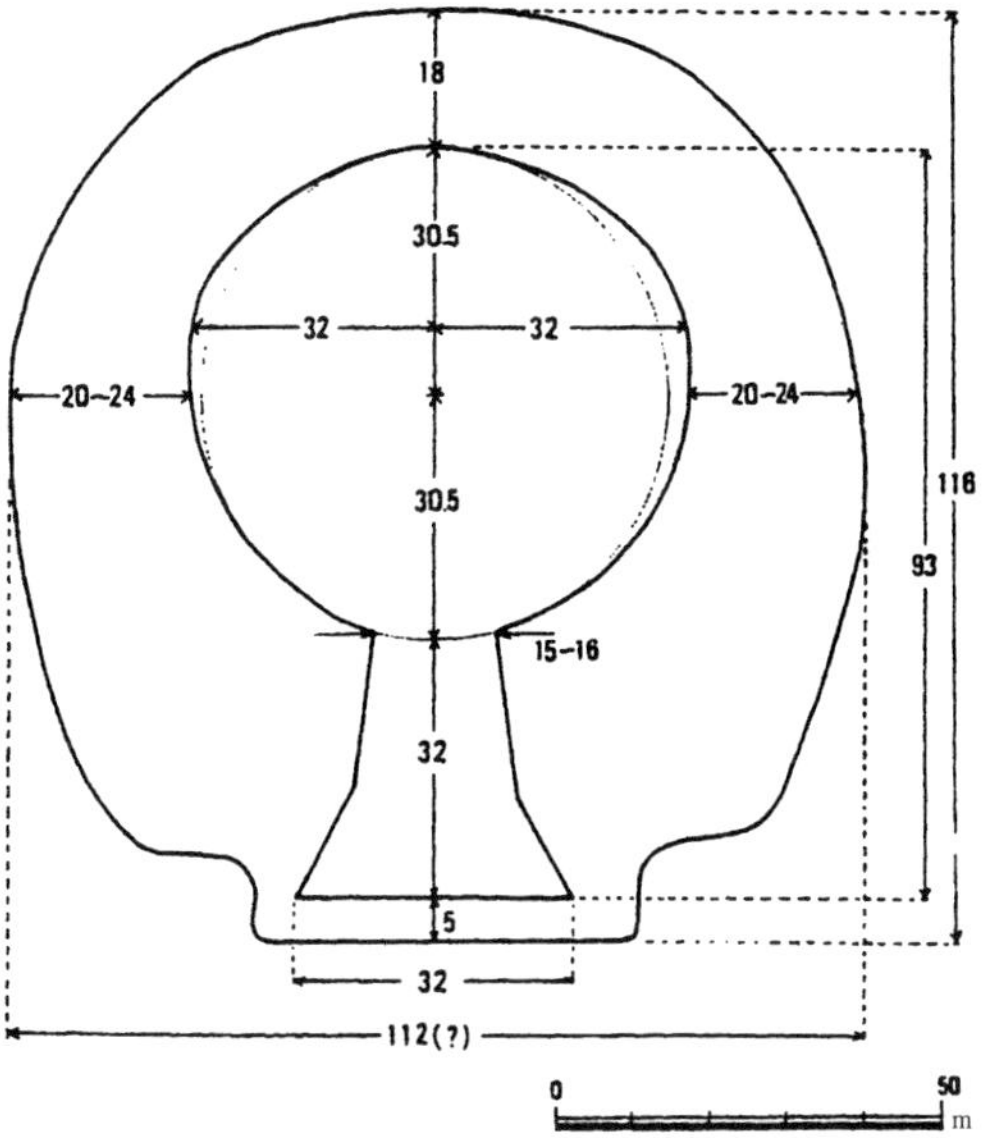

図59　纒向石塚古墳の平面図

唐古・鍵遺跡で製作していた銅鐸（この遺跡からは、流水木の刻線を残す石製の銅鐸鋳型の破片、大・小二種の土製銅鐸鋳型片、銅鐸型土製品、各種のフイゴ羽口、コークス状の土塊などが、弥生後期前半の自然流路から出土している）は、纒向では破片になっているが、森浩一[18]、和田萃[19]は、唐古・鍵で銅鐸を作っていた工人が、鏡作氏になったと述べている。そのことを示すのが、図58である。三輪山山頂から昇る冬至の朝日を遥拝できる唐古・鍵遺跡と、石見の鏡作神社の地が、現在の八尾の鏡作神社の旧地であったことは、唐古・鍵遺跡で銅鐸を製作していた工人が鏡作工人になって、石見の鏡作神社を祀ったことを示している。八尾の鏡作神社は石塚を通して三輪山の立春の朝日を拝する位置にある。この事実は石塚を築造した政権が、立春正月という中国思想を受入れた政権で、後に箸墓に代表される巨大古墳を築造した政権であることを推測させる。

図53の寺沢薫作図の纒向遺跡が、『魏志』倭人伝の「卑弥呼の都する邪馬台国」かは、本書では論じないが（「邪馬台国」は「倭国」「日本国」という国名でなく、「京都」という卑弥呼女王の都の名であることは、『魏志』倭人伝が明記している）、この地が三輪山から昇る朝日遥拝の聖地で、太陽信仰にかかわる都であったことは確かである（後述〈二五七頁〜二六〇頁〉するが、後代になっても三輪山が日の御子の「天皇霊」の宿る山として信仰されており、山頂に日向神社があったのも、この山が日神信仰の聖山であったことを証している）。

五章　天照大神以前の日神天照御魂神

日本の日神は古くから女神と主張する溝口説

溝口睦子は著書『王権神話の二元構造』で、「太陽神男性説批判」を五頁にわたって書いている。まず、「アマテラスは古文献を忠実に読む限り明らかに女性太陽神である」と書く。溝口が書く古文献とは『紀』『記』をいう。『記』『紀』はアマテラスを「明白に、少しの曖昧さも残さず太陽女神として描いている」と書き、「なぜ太陽男神説が絶えず浮上してくるのか」と問い、二つの理由を示す。

一、アマテラス巫女説

二、中国・インド・エジプト・ギリシャなど、われわれが知る高文明国の神話では、太陽神はそのほとんどが男性であること。

この二つの理由をあげて、溝口睦子は次のように書く。

しかしこの点に関しては、本節のはじめに触れたように大林太良氏や李子賢氏の論文があり、両氏によって古い文化層の中に、日女月男表象が、世界的に広く分布していたことが明らかになっている。日本の周辺では、アイヌ、朝鮮半島、中国南部、東南アジア、そしてインドにもあったことがそこで示されている。きわめて大雑把な言い方をするならば、かつて世界的に広く分布していた日女表象は、その後高文明社会がもった日男表象に、多くの地域でとって代わられていったといえるようである。

その一例として、筆者はヒッタイトの太陽女神の例を挙げておきたい。紀元前十四世紀頃黒海南辺に築かれたヒッタイト帝国では、先住民のもっていた太陽女神が尊重されて、国家神として崇拝されたということである（1）。

このように溝口睦子は書き、女神に捧げる長文の讃歌の一部を示して、「しかしヒッタイトが滅ぶと、そのあとこの地域は男性太陽神をもつギリシャ・ローマ文化の影響を受け、太陽女神は二十世紀に入って粘土板の文字が再び解読されるまでこの地域の歴史から姿を消した。日本の場合、しかしわが太陽女神アマテラスは、やはりきわめて古い文化層の中で生まれた神であるが、ヤマト王権時代に、北東アジアの遊牧民族がもっていた男性太陽神や、また高文明国である中国の、太陽を男性原理とする陰陽思想などが次々と入ってくる中で、それらに呑み込まれてしまうことなく生き続けた。そして七世紀末に古代国家が誕生する時、その国家神としてふたたび甦ったわけである。そしてさらに現在にいたるまで、日本神話の最高神としてその地位を保ち続けている」と書いている（1）。

溝口睦子が天照大神は日女《ひるめ》から成上って日神になったのではないと主張するのは、『記』『紀』が天照大神は女神の日神と明記しているから、その記述を全面的に認めての主張である。しかし『記』『紀』の記事を全面的に認めることには問題がある。『記』『紀』の成立について私は『新版・古事記成立考』『日本書紀成立考』で、両書の成立について論じた。その成立の経過からみれば、天照大神という女神が太陽神に成り上ったのは、政治的意図による。その政治的意図によって、日女・日妻が日神・皇祖神に成り上ったのである。溝口説の決定的欠陥は、『記』『紀』の成立についての検証をまったくせず、したがって『記』『紀』の記述を全面的に信用して書き、さらに問題なのは、「天照大神」という女神が古くからの太陽神であった事は、『万葉集』や他文献には見られないのに、溝口睦子は前述の著書の各所で、「天照大神」という女神が、

「古くから広く人びとに親しく親しまれてきた土着の太陽信仰」の神であったと、力説していることである。(1)

しかし女神の日神アマテラスは、「きわめて広く厚い土着の思想・文化の一環として、その中に含み込まれた存在で、その意味で広範の人びとの間に根づいていた」とは言えない。そのことは第八章「天照大神の原像は日神の妻になる日女」で詳論するが、溝口睦子は、わが国の日神が女神であった具体例をまったく示さず、日神が女神であった例として、紀元前十四世紀という三千四百年前のヒッタイトの一例のみ示して、自説を主張しているのだから説得力がない。

古代から日神女神説を主張する溝口説批判

溝口睦子は「神話の『機を織るアマテラス』について、そのことをもって直ちにアマテラスを巫女と決めつけるのが誤り」と書き、「女神であるアマテラスが機を織るのは、それが太陽神であっても、神話の世界では少しも不思議ではない」と書く。そして「太陽神の機織りの神話が中国南部や東南アジアに存在している」と書く。(2) しかしアマテラスが機を織っていることをもって、古くからわが国の太陽神は女性だったとするのは短絡である。

理由は三つある。機を織ったのが新嘗の神事であること。梭で女陰を突いていること。天岩屋隠れに結びついていること。この三つの重要な『記』『紀』が書く事実を、溝口はまったく無視して、機を織るアマテラスのみを論じているからである。新嘗祭は冬至祭であり、日照時間のもっとも短かい日だが、この日から日照時間は長くなるから、古代日本人は太陽の死と再生の象徴の日とみて、梭で女陰を突いて天岩屋へ隠れたと書いたのである（梭で女陰を突いたという記述の意味は第八章で書く）。「アマテラス」が岩屋へ入り、そして出るのは、太陽の死と再生を示し、新嘗祭と結びついている。次に死ぬ原因を「ホト」を突いたことにしていることである。「梭」は男根象徴だから、死の原因の「突く」には「性交」の意味があり、妊娠・出産を予知している。さらに梭で女陰を突いた後に、天岩屋隠れ神話が書かれているが、隠れて出る神話は死と再生神話である。

　溝口睦子は大林太良ら民族学者の見解は参考にするが、民俗学者の見解、「俗」をまったく無視するから、柳田国男の民俗学的視点に立った折口信夫の日女（妻）説は、まったく無視しているが、女神で日神のアマテラスが、「きわめて広く厚い土着の思想・文化の一環として、その中に含み込まれた存在」（傍点引用者）なら、土着の思想・文化を研究する民俗学者の見解を無視すべきではない。「きわめて広く厚い土着の思想・文化」では、日神は男神である。

　土着の風習を示す、例えば織女について、私は序章で岡山県阿哲郡神代村の「オリ姫」の歌、「年十六でさてよい器量　十二単衣《ひとへ》にわが身を飾り　白い笠で白い顔　東の書院に腰かけて　朝日のさすのを待つばかり」を示して、この民謡はオリ姫つまり日女と日神の聖婚を示していると書いた。

　沖縄の「太陽《てだ》が洞窟《がま》」での太陽と聖婚する神女《つかさ》の秘儀の神女は日女《ひるめ》（妻）、オリ姫と同じである。また洞窟内の男根イメージの鍾乳石に神女が女陰をこすりつける秘儀も、「太陽が洞窟」で行なわれており、「天の岩戸」といわれている洞窟でも、太陽神と巫女の聖婚秘儀が行なわれていた。これは沖縄の例だが、「オリ姫」も「神女」も「ヒルメ」だが、『日本書紀』は日神を「大日孁《ひるめ》貴《むち》」と書くが「日孁」は「日女」で、日神に成り上ったから「女」を「孁」と書いたのである。この日女（日妻）を「ヤマトサス」というが、沖縄の人たちにとって「ヤマト」は東方だから、「日神が射す」の意が「ヤマトサス」であった。『古事記』や『風土記』が書く日光感精伝承（この伝承は第九章で書く）や、丹塗矢伝承（詳細は第十章で詳述）は、男神の日神と日女（日妻）の聖婚を示しており、後述するが、わが国の本来の日神も「天照御魂神」という男神だから、溝口説は無理である。

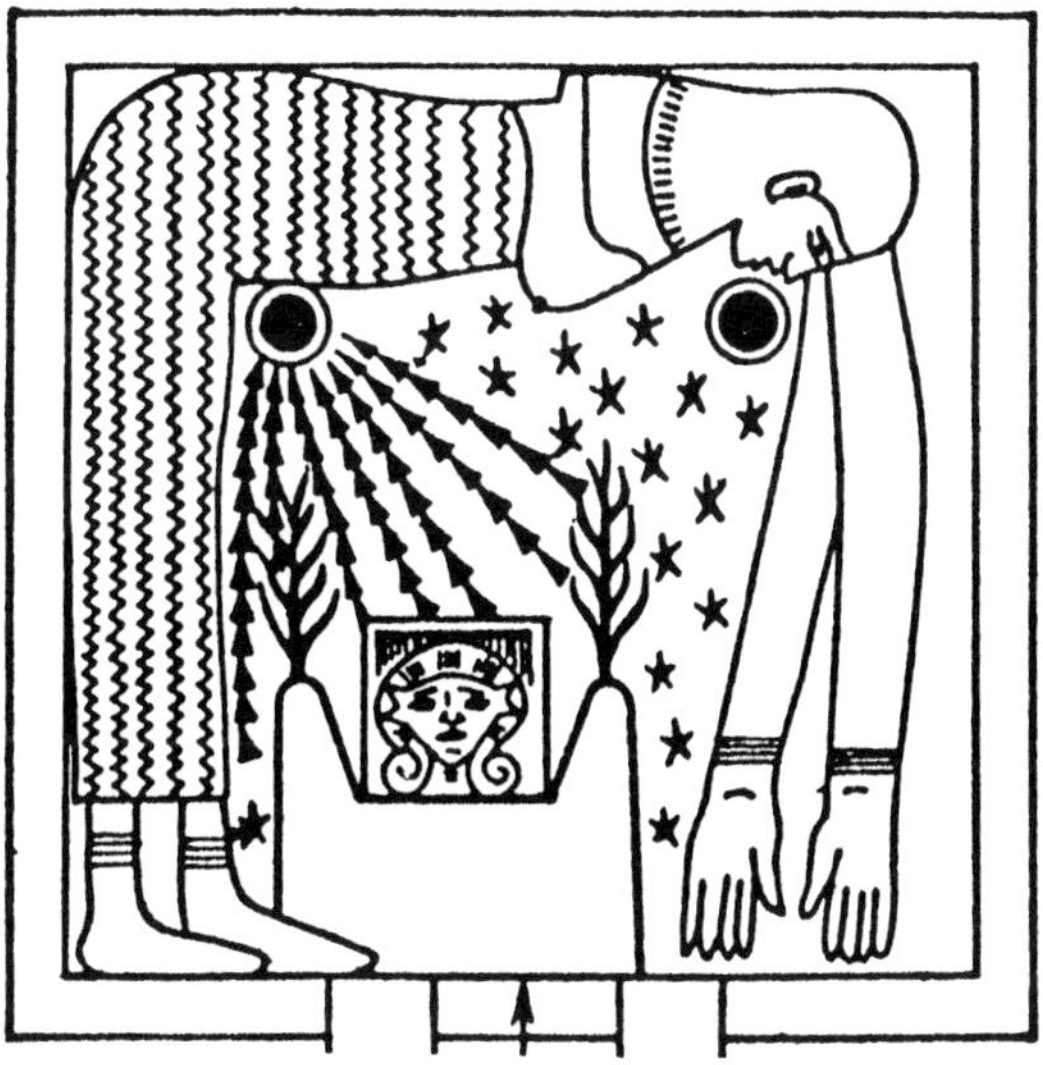

図60　エジプトのヌート女神が，冬至に口から太陽を呑み込み，女陰から太陽を生み出し，ハトホル女神を石棺からよみがえらせている図

日女（日妻）は古代エジプトの絵からもいえる。エジプトでは太陽神は太陽の母で妻でもあるヌート女神に、夕方呑みこまれ、翌朝、東の空へ再び生み出されるともいわれている。図60はヌート女神が大地を覆い、太陽を口から呑み込み、女陰から再び生み出された太陽の光は石棺の上に落ち、女神ハトホル（ヌートは地上では「太陽の目」のハトホルになる）の頭が現れ、二本の大麦を発芽させている。この絵はデンデラ神殿の中庭にある「新しい年の聖堂」の天井に描かれているが、この絵のもつ意味から、アンドレ・ポシャンは「復活の聖堂」と呼ぶべき

だと書いている。(3) このように太陽が誕生する洞窟は女陰・子宮とみられており、洞窟は母胎であり、太陽は洞窟(母胎)から生まれる子である。そのことを図60が示している。

溝口睦子が書くように日神を女神とみる例もあることは、私も認める。しかしわが国の古くからの日神が女神だとする見解は認められない。それは天照御魂神という男神の存在からもいえる。

古くから信仰されていた男神天照《あまてらすみむすび》御魂神

松前健は「古代王権と記紀神話」で、宮中神祇官の祀る八神殿には天照大神は祀られておらず、八神のうち五神は高御魂《たかみむすび》・神《かみ》魂・生《いく》魂・足《たる》魂・玉留魂《たまつめ》の「ムスビ」の神だから、皇室の本来の祖先・皇祖神はタカミムスビとし、大嘗祭・新嘗祭の主神はタカミムスビで、大嘗祭・新嘗祭に行なわれる太陽祭祀も、天照大神の祭祀でなく、高御魂神のの伝えなどには、祭祀であったことを検証している。(4) また『日本神話の謎』でも「天孫降臨神話でも、本来重要なのは、アマテラスよりタカミムスビで、『日本書紀』の本文の伝えなどにはタカミムスビだけでアマテラスは出てこない。タカミムスビが本来の祖神であったことは明らかである」と書き、「確実な記録のうえから、実際にアマテラスを宮廷でまつったことは奈良時代まではなかった。宮廷内に関係の深い神々の祭りを扱った『延喜式』の祝詞《のりと》にも、この神はほとんど出てこない。わずかに祈年祭《としごいのまつり》と月次祭《つきなみのまつり》の祝詞に、他の大勢の神々の名のあとで、付加的なかたちでこの神の名があげられているにすぎない。しかも皇祖神としてでなく『伊勢にいます神』として」と書かれていることや、「天皇の即位後すぐの新嘗祭は、とくに践祚大嘗祭《せんそだいじょうさい》と呼ばれ、天皇の国家統治の大権にかかわるもっとも重要な祭りであったが、ここでも古くはアマテラスをまつっていたという記載はない」と書き、皇祖神はタカミムスビと書いている。(5) このような松前健の記述からみても、「天照大神」は『古事記』や『日本書紀』が、意図して日神・皇祖神に仕立てあげた文献上の神であって、実際に宮廷で祀られていた神ではなかった。

上田正昭も『日本書紀』では天孫降臨の司令神が、アマテラスでなくタカミムスビである事。『古事記』がタカミムスビを「高木神」と書くから、「アマテラスにさきだす皇祖神」をタカミムスビとみて、「タカミムスビこそが皇祖アマテラスオオミカミよりも原初の神であったのである。オオヒルメムチは、この神に仕える巫女であった」と書いているが、(6) 溝口説はタカミムスビを外来の神と書く。私はタカミムスビについては溝口説を採る。ムスビ神は「原初の神」だが、この神に高天原の「高」を冠して皇祖神に仕立てたのがタカミムスビである。

「ムスビ」は後述するが、『延喜式』神名帳は天照御魂《みむすび》神と書き、「魂《たま》」と書くが、『日本書紀』は「ムスビ」を具体的に「産《むす》」の「霊《ひ》」と書き、『古事記』は「産巣《むす》」の「日《ひ》」と書く。単なる「霊」や「日」でなく、生命を宿し（巣）、生む（産）「霊・日」を「ムスビ」と書いている。その「ムスビ」の霊威をもっとも強く発揮しているのが太陽だから、「天照御魂《あまてらすみむすび》神」という男神の日神の「ムスビ」の神がいる。この神は『記』『紀』の神統譜からはまったく消されているのは、「天照」を冠した女神を日神・皇祖神に『記』『紀』が仕立てたので、男神の日神の存在を書くわけにはいかなかったからである。

『記』『紀』が「魂《むすび》」を「産霊」「産日」と書くのは、「霊」や「日」を産み、また産まれるのが「魂《むすび》」と古代人は見たからである。「ムス（産）」の生命力の根源が「ヒ」なのである。「ヒ」という言葉を文字で「霊」

または「日」で表現していることは無視できない。「霊《ひ》」「日《ひ》」に「産《むす》」を冠して「魂《むすび》」を「ムスビ」というが、この「魂」に「御」を冠し、さらに「天照」を冠している神名が「天照御魂神」だが、『記』『紀』にはこの神名はまったく載らず、二百年後の『延喜式』（五〇巻、藤原時平・忠平らが延喜五年〈九〇五〉醍醐天皇の命により編纂に着手し、延長五年〈九二七〉に完成した）の「神名帳」に載る。正史の『日本書紀』には載らなかったが、「御魂神」に「天照」を冠したこの日神は、溝口睦子が主張する女神ではない。このような男神の日神を溝口論文はまったく無視している。『延喜式』に初めて載るからといって、『記』『紀』成立以後に男神の太陽神として新しく祭祀された神ではない。その事は『延喜式』神名帳に載る天照御魂神の検証からすれば、明らかになる。

鏡作坐天照御魂神社（一）

『延喜式』神名帳に載る天照御魂神社を検証する。まず奈良県磯城郡田原本町八尾の鏡作坐天照御魂神社について書く。この神社は現在は八尾にあるが、小川光三はこの神社は三輪山から昇る冬至の朝日を遥拝する田原本町石見にあったと述べており、(7)私も前章でそのことを書いた。現在八尾には元の社地の場所に鏡作神社が管理している小祠がある。

小祠の南に六世紀前後の石見遺跡がある。一九三〇年に寺川が決壊し、翌年の復旧工事で多数の埴輪と木製品が出土した。調査の結果、人物・家・盾などの形象埴輪や円筒埴輪があり、加工された木版・木片・須恵器などが伴出された。また一九六六年に付近の宅地化に際して発掘調査したところ、以前の発見地のすぐ南西方で、再び盾・馬・鹿・水鳥・家・人物・円筒埴輪などが出土した。埴輪群の外側には幅六メートル、深さ八〇センチの溝状遺構があり、そのなかからも埴輪片・方孔円板状木製品、人形状木製品などが出土した。これらの遺物は、直径三〇メートル程度の不整円形の周囲に、人物・動物・器材・家・円筒埴輪の完成品を並べ、木製品を樹立し、その周囲に幅六メートルの堀をめぐらしていたと推定されるが、この遺構は埴輪列の内側は封土の痕跡もなく平坦地であった可能性が強いから、古墳でなく、きわめて特異な五世紀末から六世紀初頭の祭祀遺跡と推定されている。石野博信は石見遺跡での祭祀は、遺物からみて「祭天の儀を背景とする天的宗儀の色彩をもつ」と書くが、(8)「祭天」「天的宗儀」は太陽信仰・祭祀と深くかかわる。石見の天照御魂神社は、単に三輪山の冬至の日の出遥拝地だけではない。夏至の日の出は高峯山、冬至の日の入りは二上山の雄岳と雌岳の間、夏至の日の入りは十三峠に沈むのが拝せるのであり、「天照御魂神社」と呼ばれるのにふさわしい地にある。

八尾の天照御魂神社の宮司夫人の観測によると、前述したが立春の前日の節分の日に朝日は三輪山山頂から昇り（立冬の前日の朝日も三輪山山頂から昇る）、立春・立冬の夕日は二上山の雄岳・雌岳の間の鞍部に落ちるという。この宮司夫人の観測に、立夏・立秋の日の出・日の入り線を加えれば、次頁の図61のようになる。二至・二分でなく立春・立夏・立秋・立冬は、中国暦による。

中国の暦法でも冬至は暦元といって、重要な暦法上の基点であった。しかし前漢の武帝の元封七年（前一〇四年）五月に、太初元年と改元し、立春正月思想による暦年に改められた。その後、前漢を倒した王莽の治政十六年間、曹魏の明帝の二年間、唐の則天武后の十年間を除いて、清朝までの二千年余は、立春正月で

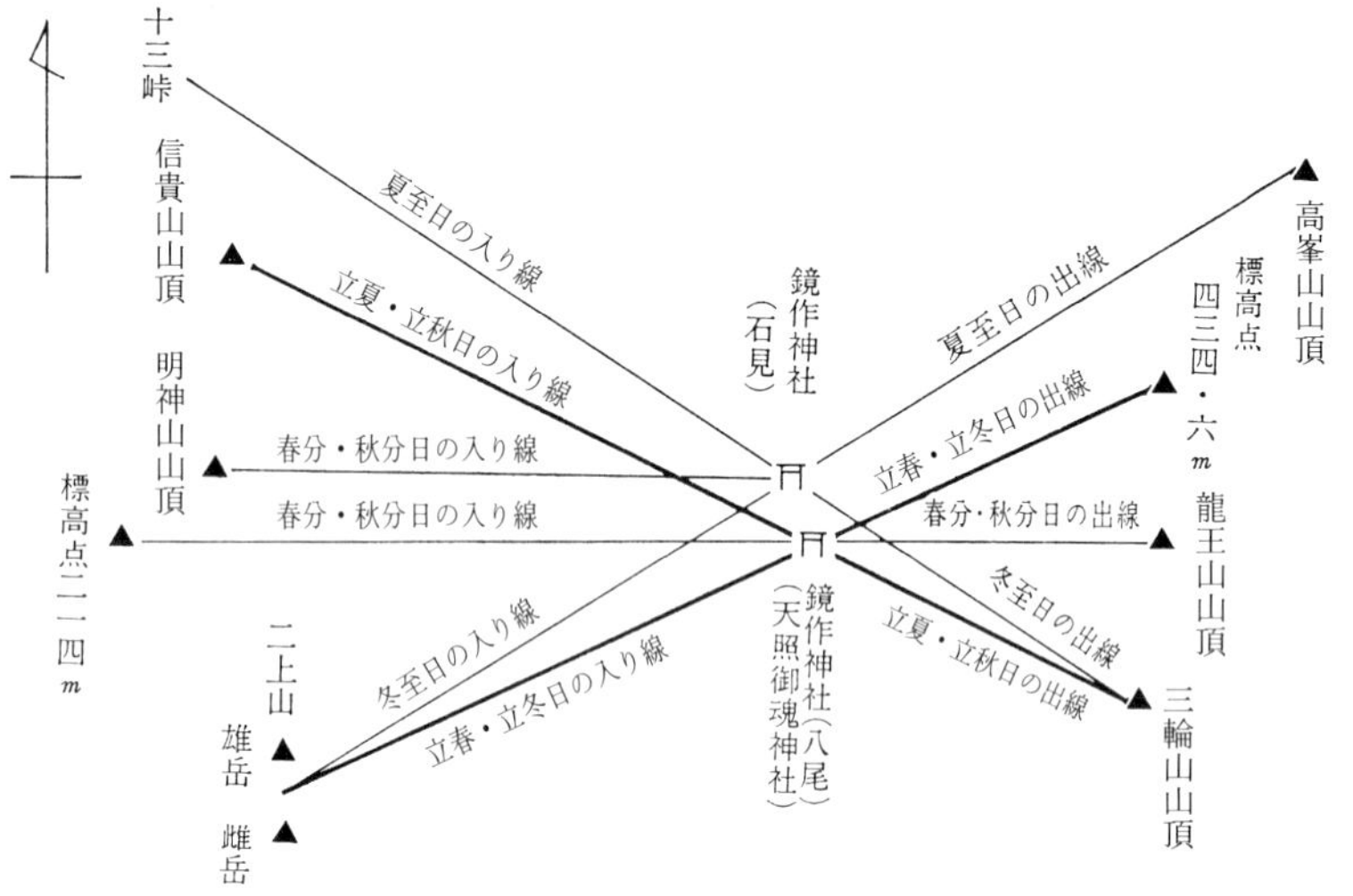

図61　鏡作神社の日の出・日の入り線

あった。八尾の天照御魂神社の位置は、中国暦による立春に三輪山山頂から昇る朝日を拝する位置にあるが、前述（一六〇頁）したが立春正月の中国の暦法が入る前は、石見の天照御魂神社の地で、一年にもっとも日照時間が短かいが、この日から一日毎に日照時間が長くなる冬至の朝、三輪山山頂から昇る日の出を遥拝していた。その後、中国暦が入り、立春正月にもとづいて、立春に三輪山山頂から昇る朝日遥拝できる八尾に石見から移ったのである。八尾の天照御魂神社の立春祭事は今も行なわれている。神社の御田植祭は田植時期に行なうのが普通だが、八尾の天照御魂神社では二月に行なう（現在は二月の日曜日に行なう）のは、かつての立春祭事が御田植祭になったからである。

和田萃は八尾の「鏡作神社に御神体として伝えられている鏡は、中国製説のある三角縁神獣鏡で、型式は単像式の唐草文帯三神二獣鏡である」と書いているが(9)、この鏡は神社では「神体」でなく「神宝」として扱っている。というのは鏡の外区が欠失しているからである。森浩一は「八尾の鏡作神社には、三角縁神獣鏡の内区だけの遺品があって、鏡製作の原型と推定することができる」と書いているが(10)、私は森説を採る。鏡作の工人が鏡製作の原型として用いているうちに、外区が欠けてしまい、鋳型の原型としては使用不能になったため、神社に奉納して神宝になったと推測するが、この鏡の同笵鏡は愛知県犬山市白山平の東《とう》の宮《みや》古墳から出土している。この古墳は愛知県では最古に属する前方後円墳で、四世紀後半の築造である。

所在地は古代の丹羽郡で首長は丹羽県君（「県主」とも書く）である。『旧事本紀』（「天孫本紀」）の尾張氏系系譜には、天照国照彦天火明櫛玉饒速日尊の十二世孫建稲種命が、邇波県君の祖大荒田の娘玉姫を妻とし、生まれた尻綱根命が、尾治（張）連を賜ったと書く。『古事記』は建稲種命を「尾張連の祖　建伊那陀爾」と書くが、この尾張氏の祖の地から鏡作坐天照御魂神社の神宝と同じ三角縁神獣鏡が出土している事実からみても、火明命を祖とする尾張氏系氏族が天照御魂神の祭祀氏族であることを示している。

尾張氏は銅鐸や銅鏡を製作する工人氏族と関係がある。尾張氏の本貫は尾張国と大和国葛城を本貫とする二説がある。葛城を本拠地とする尾張氏は『日本書紀』（神武紀）が、「高尾張邑に、赤銅《あかがね》の八十梟帥《やそたける》あり」と書いているように、「赤銅」にかかわる。『旧事本紀』（天孫本紀）は尾張氏の祖を「天香語山命《あめのかごやま》」と書き（天香具山命と天香語山命は同一人物）、天香語山命が天上から降臨する時の名を「手栗彦命《たぐりひこ》」と書くが、高崎正秀は「上代鍛冶族覚書」で、「たぐりと云ふからには、伊弉冉神の嘔吐《たぐり》になりませる神、金山毘古神、金山毘売神を想起せずには居れない。鉱山の偶生神を嘔吐云々と云ったのは、即ち冶金の際の金滓の見立てなのだ」と書き、天香語山を「鍛冶神」と書く(11)。また日本古典文学大系『日本書紀・上』の頭注も、「たぐり」について「へどが鉱石を火で熔かした有様に似ている所からの連想」と述べている。「カゴ山」は「カグ（香具・香）山」とも書かれるが、『古事記』は火之迦久土《ひのかぐつち》神の亦の名を火之炫毘古《ひのかがびこ》神と書くから、西田長男は「炫」は「火の燃えかがやく意で、溶鉱炉において鉄分を分析するさいのすさまじい火炎を神格化したものであろうと思われる。そうして『火之迦久土神』の『土』は、その原鉱たる砂鉄を、また、『天香語山命』の『山』は、この原鉱たる砂鉄を出す鉱山をさしていったものと考えてよかろう」と述べている。(12) 以上述べた事例からも、火明命を祖とする尾張氏が、「鏡作坐」と冠する天照御魂神を祭祀していることは、理由がある。鏡は日神の形代だからである。

鏡作坐天照御魂神社（二）

石見と八尾の天照御魂神社は「鏡作坐」とある。『古事記』は天照大神が高天原から葦原中国に降臨する孫に、鏡を授けて、「この鏡は、もっぱら私の御魂《みたま》として、私を拝《いつ》くと同じに拝《いつ》き奉《まつ》れ」と言ったと書く。日神の形代《かたしろ》が鏡なのは、鏡＝太陽とみたからで、「天照御魂」を祀る神社が鏡作の地にあるのは当然といえる。

わが国に最初に入ってきたのは多鈕細文鏡《たちゅうさいもんきょう》である。この鏡は凹面鏡であって顔を写す用途には適しない。このような凹面鏡を最初に受入れた弥生人が、多鈕細文鏡をどのように用いたかについて、前述したが、考古学者の小林行雄は、祭りの日に巫女が榊の枝に多鈕細文鏡をとりつけてあらわれ、祭りの場に集まった人たちに向って凹面鏡で日光を反射させたと推測する。強烈な光の照射に人々は目を閉じるが、網膜には太陽の残像が残り、不思議な経験に、「人々は、巫女が太陽を自由にするほどの呪力をそなえていることを、確信したにちがいない」と書き、多鈕細文鏡は太陽祭祀に用いられたとみている。[13]

第十三章で述べるインカのマチュ・ピチュで出土した凹面鏡も、顔を写すためでなく冬至の太陽の光を受けるためである。このような凹面鏡だから、「多鈕」であり、「懸垂鏡」といわれているが、森浩一は太陽祭祀にかかわるのは凹面の懸垂鏡（多鈕細文鏡）だけでなく、平面の懸垂鏡も「太陽の強烈な光線をとらえるため」に使われたとみて、懸垂鏡に多くある重圏文・放射線文・ジグザグ文様は、太陽光線の象徴と書いているが、[10]多鈕細文鏡にもそのような文様があり、そうした文様を「細文」と書いている。

わが国で最初に用いられた鏡は、太陽祭祀に用いられており、『古事記』では鏡は日神の「御魂」と書いているのだから、鏡作の地に天照御魂神が祀られているのは当然といえる。

前述したが、中国の河南省洛陽の焼溝漢墓は後漢末の墳墓群で、九五基の墓から銅鏡一一六枚、鉄鏡九枚が発見された。鏡は比較的富裕な人を埋葬した墓に一〜二枚置かれていたが、一一六枚の銅鏡の種類は昭明鏡（二四枚）と日光鏡（二〇枚）がもっとも多く、三分の一を占めている。この二つの鏡は他の鏡とちがって透光鏡である。外観は一般の鏡と同じだが、鏡の背に日または火の光があたると、鏡面に鏡背文様があらわれる。透光鏡のすべてに、次のような銘文がある。

見日之光　天下大明

見日之光　長不想応

このように日光とかかわることを鏡は示している。透光器でない鏡も円形で光ることから、太陽の依代とみられており、日光をあらわす銘文があった。『魏志』倭人伝の奴国の地といわれている福岡県春日市の一世紀前後の甕棺墓から出土した、完形に近い内行花文日光鏡にも、

見日之光　長母想忘

という銘文がある。

このように鏡は凹面鏡でなくても、中国でも鏡を「見日之光」をみているから、わが国でも鏡を日神の形代にしており、天照御魂神社も鏡作の地にある。

八尾の鏡作神社に隣接する唐古・鍵遺跡の弥生後期前半の自然流路から、流水文の刻線を残す石製の銅鐸鋳型の破片、大小二種の土製銅鐸鋳型片、銅鐸型土製品、各種のフイゴ羽口、コークス状の土塊などが出土しているが、この唐古・鍵の銅鐸鋳造技術は、鏡作での製作に受け継がれたであろうと、森浩一[10]と和田萃[9]は述べている。銅鐸祭祀をやめさせた権力が、銅鐸製作工人に鏡を作らせたのであろう。そのことは銅鐸製作工人の裔である倭鍛冶の属する物部氏の始祖が、部下のナガスネヒコらと共に神武東征軍に抵抗したという伝承や、葛城の高尾張の「赤銅《あかがね》」のヤソタケルが神武軍と戦ったという伝承からも推測できる。神武天皇の大和国征服譚は、銅鐸祭祀の土着勢力の敗北・服従の古伝説といえる。

銅鐸から銅鏡へ移ったが、鐸も鏡もどちらも太陽祭祀にかかわることは、拙著『神社と古代王権祭祀』で書いたが、この神社で祀る鏡を神体とする太陽神は男神であり、女神の天照大神と区別するため、天照御魂神といわれているのである。

他田坐天照御魂神社（一）

『延喜式』神名帳によれば大和国城上郡《しきかみ》には、鏡作坐天照御魂神社と同じ「大社」の、他田《おさだ》坐天照御魂神社がある。かつての他田の地は、桜井市太田堂久保《どうくぼ》から戒重《かいじゅう》城の内の地域をいう。現在、太田の堂久保に天照御魂神社がある。「他田坐」とあるが敏達天皇の宮を「他田幸玉宮」というから、この地の天照御魂神社は敏達朝に日祀部が設置されたとき、日祀部と共に天照御魂神社も祀られたと、一般に理解されている。

筑紫申真は日祀部が祀っていた日神は、「三輪山に天降って他田で日祭りをうけていた他田坐天照御魂の系統」の日神で、この日神が伊勢に移転して「皇大神宮」になったとみて、天照御魂神→天照大神と書く(14)が、天照御魂神は男神だから女神の天照大神に「→」を引くわけにはいかない。今谷文雄は敏達朝に設置された日祀部は日神祭祀の部だが、敏達天皇の宮の所在地に天照御魂神社があるから、日祀部の祀った日神は天照御魂神という男神とみている(15)。私見も敏達朝の頃の日神は男神であり、女神の「天照大神」という名の日神の登場は持統朝とみる。この根拠は拙著『日本書紀成立考』で、『日本書紀』の成立と関連して詳細に論じた。

太田堂久保の他田坐天照御魂神社から日の出を拝すると、次頁の図62が示すように、冬至には三輪山の南傾斜の隆起点（二万五千分の一の地図に標高点三二六メートルとある）付近。立春・立冬には三輪山山頂付近。春分・秋分には巻向山山頂付近。立秋・立夏には一本松付近（「一本松」と二万五千分の一の地図に記されているが、今は松はなく地名だけだが、このような名称はこの地に「一本松」と特に言われるだけの意味をもった松が

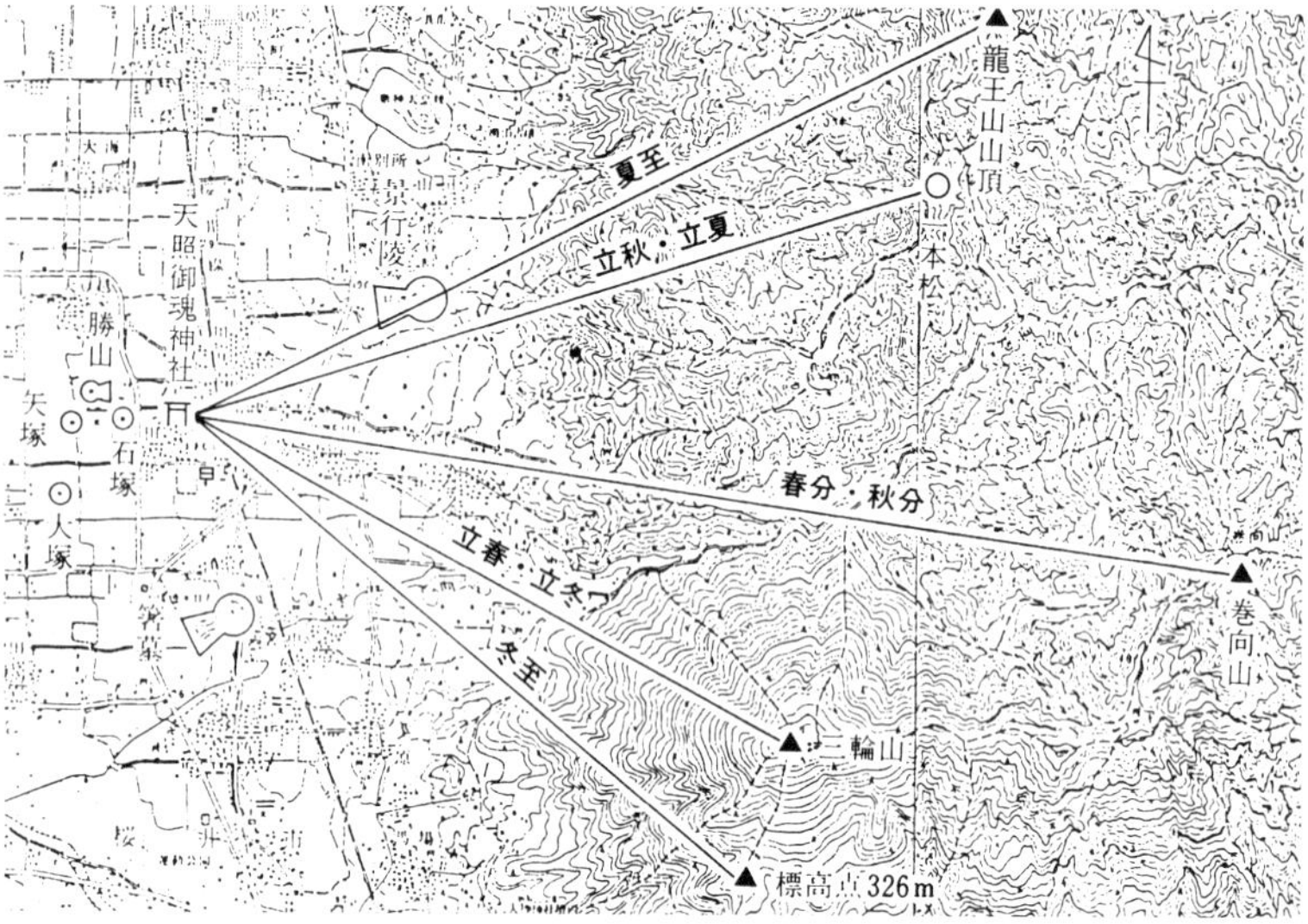

図62　他田坐天照御魂神社の位置と日の出方位

あったからであり、この松は標識であったのだろう。そのために植えられたのではないだろうか）。夏至には龍王山付近から朝日は昇る。

この日の出方位観は「正歳四節」に依っている。四節とは立春・立夏・立秋・立冬であり、立春・立秋には春分・秋分があり、立夏・立冬には冬至・夏至がある。三世紀に陳寿が編集した『魏志』の倭人伝には、倭人は、

　正歳四節を知らず、ただ春耕秋収を記して年紀とす。

と注している。この注は陳寿よりすこし前に没した魚豢の著書『魏略』からの引用だから、二世紀から三世紀の倭の年紀であった。

本居宣長も「真暦考」（『本居宣長全集』第八巻所収、筑摩書房）で、暦を「来経数《ケヨミ》」の意とし、「一日《ヒトヒ》〳〵ト、ツギ〳〵ニ来経《キフ》ヲ、数《カゾ》ヘユク由《ヨシ》ノ名ナリ」と書き、「来テ」「経テ」ゆく日を数えることを「コヨミ」と書

く。折口信夫は「古代生活の研究」（『折口信夫全集』第二巻所収）で暦の語源を「日数《ヒヨ》ミ」とする。本居宣長のいう「コヨミ」は中国の暦法にもとづく「正歳四節」の「コヨミ」ではないから、宣長は「天地ノオノヅカラノ暦ニシテ、モロコシノ国ナドノゴト、人ノ巧《タク》ミテ作レルニアラズ」といい、この「コヨミ」を中国の暦に対して、「真暦《マコトノコヨミ》」と書き、真暦の年の始めは、「空ノケシキモ、ホノカニノドケサノキザシテ、霞モ立《タチ》、柳モモエ、鶯モナキ、クサグサノ物ノ新《アラタ》マリハジマル比ヲ、ハジメトハ定《サダ》メタリ」と書く。

この「真暦考」は「モロコシノ国」の暦を研究する天文学者の川辺信一から批判を受けた。川辺信一は、所によって霞が立つのも、柳が芽ぶくのも、鶯が鳴くのも違うのに、「オシナベテカク云フ」のはおかしいと批判された。田辺信一の頭に一月一日の元旦は日本中どこでも同じ日でなければならないという前提がある。こういう「科学的頭脳」の批判に対し、宣長は「真暦不審考弁」（筑摩書房『本居宣長全集』第八巻所収）を書き、早く起きて遅く寝る者も、遅く起きて早く寝る者も、それぞれの人にとって、一日は一日である。それと同じで年の始めも、所によってちがいがあってもいいではないか、と反論している。そして今の暦法について次のように書く。

上ヨリ掟アリテ、世間ノ人、朝ハ卯ノ何刻ニ一同ニ同時ニ皆起クベシ、夜ハ亥ノ何刻ニ一同ニ同時ニ寝ベシトアルトキハ、起ルモ寝ルモ少シモ遅速ノタガヒハアリテハ済マズ、暦日ヲ用ル世ノ年ノ始メ終リノ定マリカクノ如シ。

本居宣長のいう「暦日ヲ用ル世」とは、「正歳四節」の「モロコシノ国」の暦法を用いる世であって、「真暦」とは「正説四節を知らず、ただ春耕秋収を記して年紀」とする倭人たちの「コヨミ」である。

この宣長の説明について、小林秀雄は「もし、から国の暦法に制圧される事がなかつたなら、わが国に固有な暦法――恐らく純粋な太陽暦――を育ててゐたかも知れない、宣長はさう考へてゐたと見ていゝと思ふ」と述べている。(16) 小林秀雄のいう「純粋な太陽暦」とは、「ただ春耕秋収を記して年紀とす」と「倭人伝」が書く「真暦」である。この「真暦」は太陽の運行によって一年と一日をきめ、月の満ち欠けで一月をきめる。宣長は、日本人が一カ月を「朔《ツイタチ》」「望《モチ》」「晦《ツゴモリ》」に分けているのは、「月立《ツキタチ》」「望月《モチヅキ》」「月隠《ツキコモリ》」からきており、月半ば頃が「望《モチ》のきはみ」、三十日《ミソカ》頃の夜が「月隠りのきはみ」だと書いている。つまり一年と一日は「日読み」、一カ月は「月読み」なのである。このような「コヨミ」を、川辺信一流のいわゆる暦学者たちは「自然暦」とし、学問の対象からはずしているが、本居宣長のいう「真暦」は、われわれの先祖たちの信仰と重なっている。小林秀雄は「宣長の筆致は、古人が信じてゐた伝説中で演じられる日神月神の役割に、読者を誘はうと動いてゐるのが、明らかに感じとれる」とも書いているが、(17) 月読神社があるのだから、日読みの神社もあったはずである。

『万葉集』に載る柿本人麻呂の長歌に、「橿原の日知りの御代ゆ」（二九歌）とある「日知り」は、神武天皇をいう。「聖《ヒジリ》」が「日知り」の意であることは、多くの古語辞典に書かれている。「日知り」は「日領り」とも書かれるが、中国の暦法が入ってくる前の統治者にとって、日を知ることは即「マツリゴト」であったが、「マツリゴト」には祭事と政事（治）の二面性がある。「マツリゴト」を行なう人は、「一日ニ同時ニ皆起クベシ」と命じる人で、「上ヨリノ掟」を作った人だが、「正歳四節」の暦法を使って巨大な統一国家を統治する権力者と、「春耕秋収を記して年紀」とする倭人の「日知（領）り」とでは、同じ「マツリゴト」を行なう人でも性格が異なる。「天地ノオノヅカラノ暦ニシテ、モロコシノ国ナドノゴト、人ノ巧ミテ作レルニアラズ」の「コヨミ」では、各地で新年が違うから、各地に「日知（領）り」が居たであろう。

これら「ヒシリ」（この「ヒシリ」の呼称が、後代の「聖《ヒジリ》」になった）を統一した、最高の「ヒシリ」が「スメラミコト」だが、統一皇権にとっては中国と同じ暦法に拠って国を治める必要があり、日祀部を設置した。そして他田の地で中国の暦法による図62のような「山あて」をしたのである。「山あて」は本居宣長の書く各地域ごとの日祀りの「コヨミ」のために行なった神事《かみごと》で、動く太陽と動かぬ山とによって「ヒヨミ」をしたのである。この古くからの「ヒヨミ」と、中国の暦法を混合させたのが、日の祭りの部の「ヒマツリ部（日祀部）」だから、日祀部を設置した敏達天皇の宮の所在地に天照御魂神が祀られたのである。敏達天皇の時代（五七二年〜五八五年）は男神の日神を祀っていたのであって、女神の天照大神ではない。

他田坐天照御魂神社（二）

太田堂久保の他田坐天照御魂神社のすぐ近く（真西）に、最古の纒向石塚古墳がある。この古墳を石野博信は「古墳としては非常に異常なんで、祭の場の可能性がある」と、座談会「纒向遺跡の検討」で述べているが、(18) 私は谷川健一編『日本の神々・4』所収の「他田坐天照御魂神社」で、「立春の日に三輪山山頂から昇る朝日を拝せる地は、当社の近くの石塚古墳である。この古墳を墳丘墓と書く学者がいるのは、弥生終末期の遺物も出土するからであるが、森浩一は、わりあい低い大きな円丘に短い祭壇のようなものがついた構築物とみて、中国で二至（冬至・夏至）の祭祀を行なった円丘・方丘の円丘ではないかと考え（森浩一・上田正昭・山田宗睦『日本古代史』）、置田雅昭も石塚は祭壇ではないかとみている（古代を考える会編『纒向遺跡の検討』）」と書いた。

この石塚と他田坐天照御魂神社は、図62（二〇〇頁）で示したが、三輪山山頂と鏡作坐天照御魂神社を結ぶ線を引くと、太田堂久保の他田坐天照御魂神社はその線上に載るが、他田坐天照御魂神社については、桜井市戒重字《あざ》城の内の春日神社を天照御魂神社とする説がある。かつての「他田」の地はこの神社が所在する周辺であることを根拠にしているからだが、この地も「春日神社」という社名からみて、太陽信仰を論じる場合、無視できない。

この戒重の地は太田のほぼ真南にあり、春日神社のある場所から見れば、春分・秋分の朝日はほぼ外鎌山山頂方向から昇り、夕日は耳成山を前景に竹内峠に落ちる。立春・立冬の朝日は鳥見山山頂から昇り、夕日は葛城山山頂に没する。また、冬至の朝日は標高点三〇九メートルの山から昇り、夕日は畝傍山を前景に水越峠に落ちる。このような位置に他田宮があったのは、敏達天皇が太陽祭祀（日知り）に熱心だったからであろう。敏達天皇について『日本書紀』は、「仏法を信《う》けたまはずして、文史《しるしふみ》を愛《この》みたまふ」と書くが、敏達天皇は即位した元年四月に大井宮を造営したが、四年後には他田《おさだ》（訳語田）幸玉宮を造営して移住し、二年後に日祀部《ひまつり》を設置し、翌七年には日神を祀るため菟道《うじ》皇女を伊勢斎宮として派遣している。この事実からも敏達天皇が日神祭祀に熱心であることがわかるが、斎宮が奉仕した日神は女神の天照大神でなく、他田の地で祀っていた男神の天照御魂神と考えられる。

太田の他田坐天照御魂神社は、今は祭神を「天照大神荒魂」にしているが、度会延経の『神名帳考証』は天照国照火明命、伴信友の『神名帳考証』は志貴連祖天照饒速日命、『奈良県磯城郡誌』（大正四年、奈良県磯城郡役所刊）は「祭神は天照大神とも又天照国照火明命とも云ふ」と書く。『特選神名牒』（大正十四年、宮内省刊）は、

祭神　天照国照彦火明命

今桜社伝祭神不詳とあれど天照御魂神社の火明命なることは山城久世郡水主神社の内に天照御魂神あるいは水主直祖神にまし丹波国天田郡天照玉命神社あるいは丹波国造の祖神にまして共に天火明命なるにて明か也。

と書いている。『式内社調査報告・第三巻』も、「天火明命を祭つてゐたとするのが妥当に思はれる」と書いているが、鏡作坐天照御魂神社の神職について、『大同類聚方《だいどうるいじゆうほう》』（大同三年〈八〇八〉に撰録された医書）巻十五には次のような記述がある。

阿可理《あかり》薬　山外《やまと》國城上郡鏡作鎮坐《かがみつくりにしづまります》天照御魂神社之宮人《みやひと》水主直《みめしあたい》國平之家傳留所之能理《つたふるところののり》元者《もとは》
天香山命神方《あめのかぐやまのみことのかみのり》。

この記述によると鏡作坐天照御魂神社の神職（宮人）は水主直だが、水主直については『姓氏録』（山城国神別）に「水主直、火明命之後也」とある。前述した『特選神名帳』は、「山城久世郡水主神社内に天照御魂神あるいは水主直祖神」と書くが、『延喜式』神名帳は水主神社は天照御魂神を祀ると書いている。この水主神社の水主直が鏡作坐天照御魂神社の「宮人」である。さらに他田坐天照御魂神社も火明命を祭神にしているのだから、鏡作坐天照御魂神社と同じに、火明命を祖とする氏族が祭祀氏族であることは明らかであ

る。

新屋《にいや》坐天照御魂神社

新屋坐天照御魂神社は大阪府茨木市福井と、茨木市西河原と箕面市宿久庄にある。社伝によれば崇神天皇七年に物部氏の祖の伊《い》香色雄《かがしこを》命が、新屋郷福井の丘（茨木市福井）に天照御魂神を祀り、さらに神功皇后が三韓遠征に際して三島県《あがた》の新屋川原で潔祓を行ない、帰国後、東の川上と西の川上に社を作って祭神の幸魂・荒魂を祀ったのが、西河原（茨木市西河原）と上河原（箕面市宿久庄）の神社だという。この三社は今は茨木市と箕面市に分かれているが、『和名抄』の摂津国島下郡新野郷に三社は所在する。三社の位置関係は図63のようになる。福井の丘の上の天照御魂神社を軸に東南東の冬至の日の出方位の河原と、西南西の冬至の日没方位の河原に、天照御魂神社がある（西河原・上河原の地名は河原としての方向をいうのであって、福井の丘にある本社としての天照御魂神社からの方位からすれば、西河原は東河原であり、上河原は西河原である）。このような配置（冬至の日の出・日の入り方位への配置）も、天照御魂神社ならではの配置である。

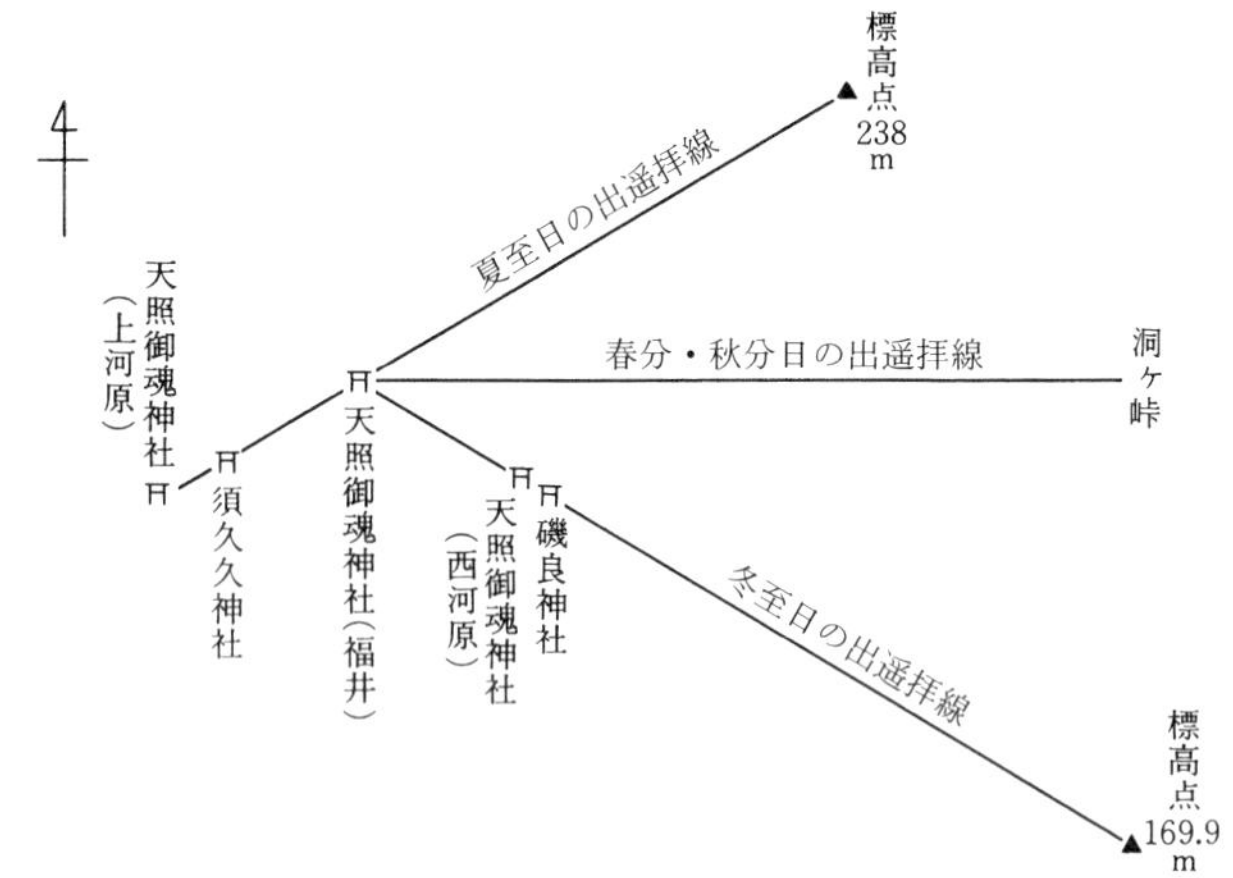

図63　新屋坐天照御魂神社と日の出方位

当社は社伝によれば物部氏の祖の伊香色雄命が祭祀したとあるが、この地には『新撰姓氏録』や『旧事本紀』によれば、物部連と同族の新屋連がいた。しかし松前健は「摂津の新屋坐天照御魂神については、火明命の後なる丹比《たぢひ》新家連《にひや》（『姓氏録』）の奉斎する神であったらしく、また尾張海部郡の新屋天神（尾張国内神名牒）と同一神らしい」と書いて、尾張氏が祀ると書く(19)。前述した天照御魂神社の鏡作・他田の天照御魂神社や、天照御魂神を祀る水主神社は、いずれも火明命を祖とする尾張氏が祭祀するが、この新屋坐天照御魂神社も物部氏の新屋氏と尾張氏系の新屋氏が関与している。なぜ両氏が同じ太陽神である天照御魂神を祀るのか。

栗田寛は火明命を『日本書紀』（一書の八）が「天照国照彦火明命、是尾張連が遠祖なり」と書くから、『新撰姓氏録考証』で天照御魂神は天照国彦火明命のことと書く。ところが物部氏の家記というべき『先代旧事本紀』は始祖を、天照国照彦火明櫛玉饒速日尊《くしたまにぎはやひのみこと》」と書き、始祖の櫛玉饒速日尊に尾張氏の始祖の名を冠している。この事実から見ると尾張氏系と物部氏系の新屋氏が天照御魂神社の祭祀氏族になっていることはうなずける。大和国の鏡作と他田の神社は、『延喜式』神名帳では「大社」なのに、この神社は「名神大社」で一段と格式が高い。この事実からみても、『記』『紀』が無視している天照御魂神という男神の日神が、『延喜式』で重視されている事実に、私は注目している。

鏡作・他田・新屋の三社以外に、『延喜式』神名帳には木島坐天照御魂神社が載り、計四社が神名帳に載るが、木島坐天照御魂神社の祭祇氏族は渡来氏族の秦氏である。なぜ秦氏が天照御魂神社を祀るのか、その理由の考究は、わが国の太陽信仰を論じるために重要な意味をもつから、章を改めて論じるが、日神・皇祖神の女神以外に、男神の「アマテラス」神を祀る神社がある事実を、溝口睦子はまったく無視して、わが国の太陽神は古い時代から女神だと主張しているのは認め難いが、古代日本の神祇信仰を論じる歴史学者・宗教学者も、松前健を除いて、ほとんど天照御魂神を無視しているのは、さらに問題である。

物部氏が尾張氏の始祖と、一体の始祖名を名乗っているのは、共に日神祭祀にかかわっていた古い氏族であったからだが、『旧事本紀』（天孫本紀）によると、当社を創祀した伊《い》香色雄《かがしこを》命は、物部氏の始祖の饒速日命の六世の孫とあるが、饒速日命には日神的性格がある。肥後和男は「速日」の「速《はや》」は「日《ひ》」の霊威を示し、「饒《にぎ》」は「豊かな」という形容詞と書き、「豊かな霊威をもつ日」という名をもつ物部氏の始祖の神名は、太陽崇拝による名と推論している(20)。森田康之助も饒速日命という名は日の神の人格化とみる(21)。谷川健一も物部氏が日神信仰をもっていたことを詳述している(22)。『日本書紀』の神武天皇三十一年条に、次の記事が載る。

饒速日《にぎはやひ》命、天磐船《あまのいはふね》に乗りて太虚《おほぞら》を翔行《かけめぐ》り、是《こ》の郷《くに》を睨《のぞ》みて降《あまくだ》りたまふに及至《いた》りて、故、因《よ》りて目《なつ》けて、「虚空《そら》見つ日本《やまと》の国」と曰《のたま》ひき。

「日本国」の命名者は物部氏の祖であって、その「日本国」を侵略した外者《よそもの》が天皇家の始祖神武天皇である。この侵略者と戦ったのが長髄彦《ながすねひこ》だが、彼は侵略軍の長《おさ》の神武天皇に向って、次のように言っている。

嘗《むかし》、天神《あまつかみ》の子有《ま》しまして、天磐船《あまのいはふね》に乗り天より降止《くだりい》でませり。号《なつ》けて櫛玉饒速日命《くしたまにぎはやひのみこと》と曰《まを》す。是吾《これわ》が妹三炊屋《みかしきや》媛《ひめ》を娶《めと》り、遂《つひ》に児息《みこ》有り。名《なつ》けて可美真手《うましまて》命と曰《い》ふ。故、吾、饒速日命を以《も》ちて君として奉《つか》へまつれり。夫《そ》れ天神の子、豈両種《あにふたくさ》有《ま》さむや。奈何《いかに》ぞ更《また》天神の子と称《なの》りて、以ちて人《ひと》の地《つち》を奪はむとする。

長髄彦が「君として奉《つか》へる」「天神の子」は物部氏や尾張氏の祖の「日命《ひのみこと》」であり（「ニギハヤ」は「日」

の敬称)、この「日命」が天照御魂神を祀る氏族である(秦氏は別だが理由は後述)。この神は『記』『紀』では無視され、日神で女神の「アマテラス」のみ登場するが、民衆の間では男神の日神が根強く信仰されていたので、平安時代になって復活し、公式に登場している。

男神の日神を祀る全国に多数ある天照神社

『延喜式』神名帳には「アマテル」と称する神社が、他に三社が載る。丹波国天田郡の天照玉命神社(京都府福知山市今安)の「玉」は「魂」で「天照魂命神社」だから、「天照御魂神(命)」を祀る神社である。祭神は現在は「天照国照彦火明命」になっている。『神祇志料』によれば天火明命十二世の孫建稲種命のさらに四世の孫、大倉伎命が成務天皇のとき丹波国造に任命され、在国中に祖神天火明命を祀ったのが当社の始まりであり、『続日本紀』延暦四年(七八五)正月二十七日条に「丹波国天田郡大領外従六位下丹波直広麻呂」とある丹波氏が、大倉伎命の子孫であるという。また『大同類聚方』に「保賀世ノ薬ハ丹波国天田郡天照玉命神社之丹波ノ直人足之家ノ方也」とある丹波直人足も、丹波国造家の一族だから、尾張氏系氏族が祀っている日神だが、祖神火明命の「火」は本来は「日」であったから、「天照国照」が冠されており、天照玉(魂)命は天照御魂神のことである。

粒坐《いいぼにます》天照神社は播磨国神保《いいぼ》郡の「名神大社」である。現在はたつの市龍野町日山に鎮座し、祭神は天照国照火明命である。社記によると、推古天皇二年(五九四)一月一日、小神の地に住む長者伊《い》福部《ふくべ》連《むらじ》駁田彦《ふじたひこ》の邸の裏の林の上に、異様に輝くものが現われ、童子と化して天照国照火明命の使と称した。そしてこの使者から授けられた稲種を水田に播いたら、一粒が万倍になったので、以後、この地は米粒を意味する「イイボ（揖保）郡」と言われるようになった。そしてこの神を氏神として祀って社名を「粒坐《いいぼ》天照神社」と言ったとある。駁田彦の子孫は慶長の頃まで祭祀を継承していたと社記は述べている。この神社も天照御魂神社である。

もう一社『延喜式』神名帳に載る神社は、対馬島の阿麻氐留《あまてる》神社で、対馬市美津島町小船越にある。宝暦十年（一七六〇）の『対馬国大小神社帳』は「照日権現神社、祭神天疎向津姫神。旧号天照乃神社」と書く。天明年間（一七八一〜一七八九）の著書『対馬神社大帳』は、「照日権現神社。祭神対馬下県主日神命。又名天照魂命。（中略）旧事本紀曰、天日神津島県主等云云。載延喜式阿麻氐留神社是也」と書き、伴信友の『神名帳考証』では、「旧事紀ニ天日神対馬県主等ノ祖トアリ。按スルニ高魂命ノ子也。小船越ニ在リ。御子神《カミ》降《オロシ》ニ小船越ニハ昭日権現云々トアリ。天照神社ナラン」と書いている。

江戸時代に書かれた『対馬神社誌』には次の記事が載る。

対州豆酘郡内院村に照日之菜と云者、一人の娘を生す。……此女日輪之光に感じて有妊《はらみ》て男子生す。

また『対馬神社誌』と同じに江戸時代に書かれた『天道法師縁起』にも、

其母或朝日に向って尿溺し、日光に感じて娠めり。（中略）小子を天道童子と云ひ、日輪の精なるを以ての故に、十一面観音の化身と謂へり。

と書かれている。この天童伝説は「阿麻氐留《あまてる》（天照）神社」にかかわるといわれているが、阿麻氐留神社は火明命にかかわる天照御魂神社と異なる太陽信仰の神社で、韓国から入ってきた信仰とみられるが、そのことは次章でくわしく書く。

『三代実録』（延喜元年・九〇一年成立）に載る位階を与えられた日神名の神社は、「天照神」（筑前）・天照真良建雄神（備後）・天照御門神（山城）・天押日命神（河内）・豊日神（大和）などの男神と、天照高日女神（伯耆）・日乃売神（隠岐）という女神が載るが、「日女《ひのめ》」「日乃売《ひのめ》」とあり、女神は男神の太陽神の「妻（女）」として祀られており、この事実からも、わが国の太陽神は、古代から一貫して女神だという溝口説は成り立たない。

『延喜式』神名帳には、日向神社（大和・山城・近江）・日置神社（尾張・若狭・加賀・信濃）・日祭神社（陸奥）・日出神社（但馬）などの神社が載るが、これらの神社も、それぞれの土地の人々が祀っていた太陽神で、男神である。

尾張氏系や物部氏系の「天照御魂神」以外にも、それぞれの地域で太陽神を祀っていたのだが、その太陽神も男神であった。ただ男神であっても、渡来氏族の祀った太陽神も、天照御魂神として祀られている事実がある。『延喜式』神名帳に載る山城国葛野郡の「木島坐《このしまにいます》天照御魂神社」が、それである（京都市太秦《うずまさ》森ヶ東町）。この神社は渡来氏族の秦氏が祀っている。なぜ秦氏が祀っているのか。この問題は次章で詳述する。

六章　天照御魂神を秦氏がなぜ祭祀するのか

渡来氏族秦氏祭祀の木島《このしま》坐《にいます》天照御魂神社

『延喜式』神名帳によれば、最高位の資格の「名神大社」の天照御魂神社は、現在の京都市右京区太秦森ケ東町に鎮座する、木島坐天照御魂神社である。第五章で『延喜式』神名帳記載の天照御魂神社について論じたが、この天照御魂神社を除外したのは、渡来系氏族の秦氏が祭祀しているからである。この神社は秦氏の本拠地の太秦《うずまさ》にある。しかも秦氏の氏寺で、国宝指定第一号の弥勒菩薩半跏思惟像のある広隆寺に隣接した地に鎮座している。かつては鎮座地は広隆寺境内の最東端にあり、神仏習合時代は広隆寺の鎮守神であった。

写真12　京都の木島坐天照御魂神社の「三柱鳥居」

なぜ渡来氏族が尾張氏系・物部氏系氏族が祀る天照御魂神社を祀っているのか。本章でその謎を解くが、まず他に例のない池の中に三柱の鳥居がなぜあるのか、この鳥居について述べる。**写真12**は現在の三柱鳥居である（「三つ鳥居」「三面鳥居」「三角鳥居」ともいわれている）。このような鳥居は他にない。現在は中心に小石を積み重ねた神座があり、この鳥居そのものが信仰の対象になっているが、このような鳥居がなぜ立てられたのか。

私は「三柱鳥居の謎」(読売新聞・一九八一年七月三日、大阪・夕刊)と題する文章で、鳥居の立つ方向には、稲荷山から昇る冬至の朝日と、松尾山(日埼峯)に落ちる冬至の夕日が拝せること。稲荷山の麓には伏見稲荷大社、松尾山の麓には松尾大社があるが、いずれも秦氏が創祀した神社であり、当社のある太秦は秦氏の本拠地で、当社も秦氏の神社であること、などを述べ、秦氏はこの地を稲荷・松尾両社の特別の遥拝地にして、この鳥居を建てたと推論した。

この小論では三柱鳥居が指す二方向と秦氏の関係を述べ、もう一つの北方向は双《なら》ヶ《び》丘を指すことは示唆したが、双ヶ丘と秦氏の関係については論証できなかった。しかし『日本の神々・5』(一九八六年・白水社)所収の拙稿「木島坐天照御魂神社」では、双ヶ丘(右京区御室)にある古墳群(一ノ丘の頂上に一基、一ノ丘と二ノ丘の鞍部に五基、三ノ丘周辺に一三基)は、秦氏によって七世紀前半から後半に築造された古墳とみられていることから、三柱鳥居の北方位は、嵯峨野一帯を支配する秦氏の祖霊のねむる聖地(双ヶ丘)を指していると指摘した。

このように三柱鳥居の三角形の作る角が示す三方向には、いずれも秦氏にかかわる神社や墳墓地がある。さらに三柱鳥居の中心部から東と西に目を向けると、この地の人々が聖山とする東の比叡山の主峯の四明岳と、西の愛宕山がある。この山々は秦氏が祭祀する稲荷大社のある稲荷山と松尾神社のある松尾山が、木島坐天照御魂神社の地からみて冬至の日の出・日の入りの山なのに対し、夏至の日の出(四明岳)、日の入り(愛宕山)の山である。これらの山々も聖山であったから、三柱の鳥居は、夏至の朝日が比叡山の四明岳から昇り、夕日となって愛宕山に落ちるのを拝せるように、三柱の鳥居を建てたと推測できる(図64参照)。

なお写真12の鳥居を通して拝するのとは意味が違うが、三柱鳥居が作る三角の北方位には双《ならび》ヶ丘がある。この地の双ヶ丘古墳群について、『日本歴史地名大系27・京都市の地名』は、一の丘頂上古墳は、太秦の蛇塚古墳の石室に次ぐ大規模な石室と書き、「他の古墳に比べて、墳丘やや石室の規模が圧倒的に大きくしかも丘頂部に築造されているところからみて、嵯峨野一帯に点在する首長墓の系譜に連なるものであろう。築造の年代は、蛇塚古墳に続いて七世紀前半頃と推定される。（中略）双ヶ丘古墳群は、その所在地からみて、秦氏との関連がある」と書いている。[1] このように双ヶ丘は嵯峨野一帯を支配する秦氏の祖霊のねむる地であり、図64の三柱鳥居の作る三角の結び目の三方向は、双ヶ丘・稲荷山（稲荷神社）・松尾山（松尾神社）の三方向を示し、いずれも秦氏にかかわる墓域・神社であることは無視できない。

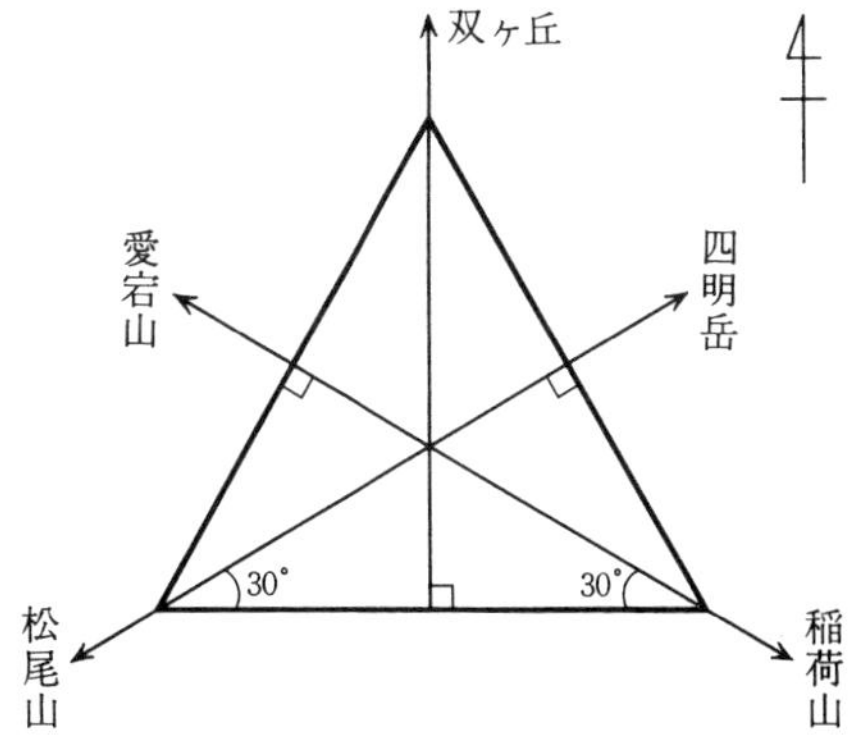

図64　三柱鳥居が示す山あて方位

四明岳から昇るのは夏至の朝日だが、四明岳を主峯とする「比枝山」は「日枝山」と書くが、西郷信綱は「ヒエ山とは、朝日たださす山の意」と書く。[2]『古事記』は「日枝山」に坐《いま》す『大山咋《おおやまくい》神』は「松尾」にも坐すと書くが、日枝（比叡）山の主峯四明岳と松尾山は夏至の日の出線で結びついているから、図64の四明岳と松尾山の結びつきは『古事記』の記述と重なる。さらにそのことを証するのは、大山咋神を「鳴鏑《なりかぶら》を用《も》つ神」と『古事記』が書くことからもいえる。「たださす」朝日が矢に見立てられていることは、第十章で賀茂の神の丹塗矢や加賀の潜戸の金の矢にふれて述べるが、この鳴鏑の矢も「刺す」ということでは、「ただ刺す」朝日と同じだから、日枝と松尾の山にこの矢はかかわるのである。

木島坐天照御魂神社の三柱鳥居について

三柱鳥居は池の中に立つ。この池は「元糺《もとただす》の池」といわれている。『木島坐天照御魂神社由緒書』によれば、下鴨神社（賀茂御祖神社）の鎮座地「糺」の名は、ここより移したという。この池はかつて禊の行場であり、夏の土用の丑の日にこの池に手足を浸すと、諸病にかからないといわれていた。問題はこの池はなぜ「元」の「糺の池」なのかである。

一般に「タダス」は下鴨社の森の呼称として有名だが、「糺《ただす》の神」（『枕草子』）、「ただすのみや」（『新古今集』）と呼ばれたのは、下鴨社でなく河合神社（式内社「鴨川合坐小社宅神社」）である。『太平記』には「河《ただ》合《す》森」（巻一五）、「河合《ただす》」（巻一七）とあり、『拾芥抄』『色葉字類抄』にも「只州《ただす》社」とある。『京都市の地名』は「『八雲御妙』の社《やしろ》の項に『ただすのみや』と『かものやしろ』を別々にあげているのをみると、糺の宮は河合社のほうをさすと考えられる」と書き、「タダス」とは、賀茂川と高野川の合流する河合の「只《ただ》洲《す》」の意と書く。(154) 元糺といわれる木島社も河合の地である。しかし河合を「タダス」というなら、全国各地に「タダス」という地があってもいいはずである。「只洲」は「タダス」の宛字であって、「只」には河合の意味はないのだから、「タタ」は「洲」にかかる言葉ではない。

『古事記』は天孫ニニギが日向の高千穂峯に降臨するとき、「朝日の直刺《たださ》す国、夕日の日照《ほて》る国、故、此地は甚吉《いとよ》き地《くに》」と言ったと書く。図65で明らかのように、元糺社（木島社）と糺社（河合社）を結ぶ線を東へのばせば四明岳、西にのばせば日埼峯に至る。『古事記』は「大山咋《おほやまくひ》神、亦の名山末之《やますえの》大主《おほぬし》神、此の神は近《ちか》淡海《つおほみ》の日枝《ひえ》の山に坐《いま》し、亦葛野《かどの》の松尾に坐して鳴鏑《なりかぶら》を用《も》つ神ぞ」と書く。「たださす」朝日は矢に見立てられていることは、第十一章で賀茂の神の丹塗矢や加賀の潜戸の金の矢に関して述べるが、この鳴鏑の矢も「刺す」という点では、「ただ刺す」朝日と同じだから、日枝と松尾の山にこの矢はかかわる。図65の日枝山（四明岳）――糺社――元糺社を結んで東から西へ矢が飛べば、松尾の日埼峯に至るから、この線上にある地は東から昇る夏至の朝日の「直刺す地」である。しかし「甚吉《いとよ》き地」は、朝日だけでなく夕日の「日照《ほて》る地」でなければならない。ところが冬至の夕日は松尾山の日崎峯に落ちるから、この方位の「夕日の日照る」地が「元糺の池」のある地である。このように夏至と冬至の朝日・夕日の「ただ刺す地」だから、この地に天照御魂神社が鎮座するのである。

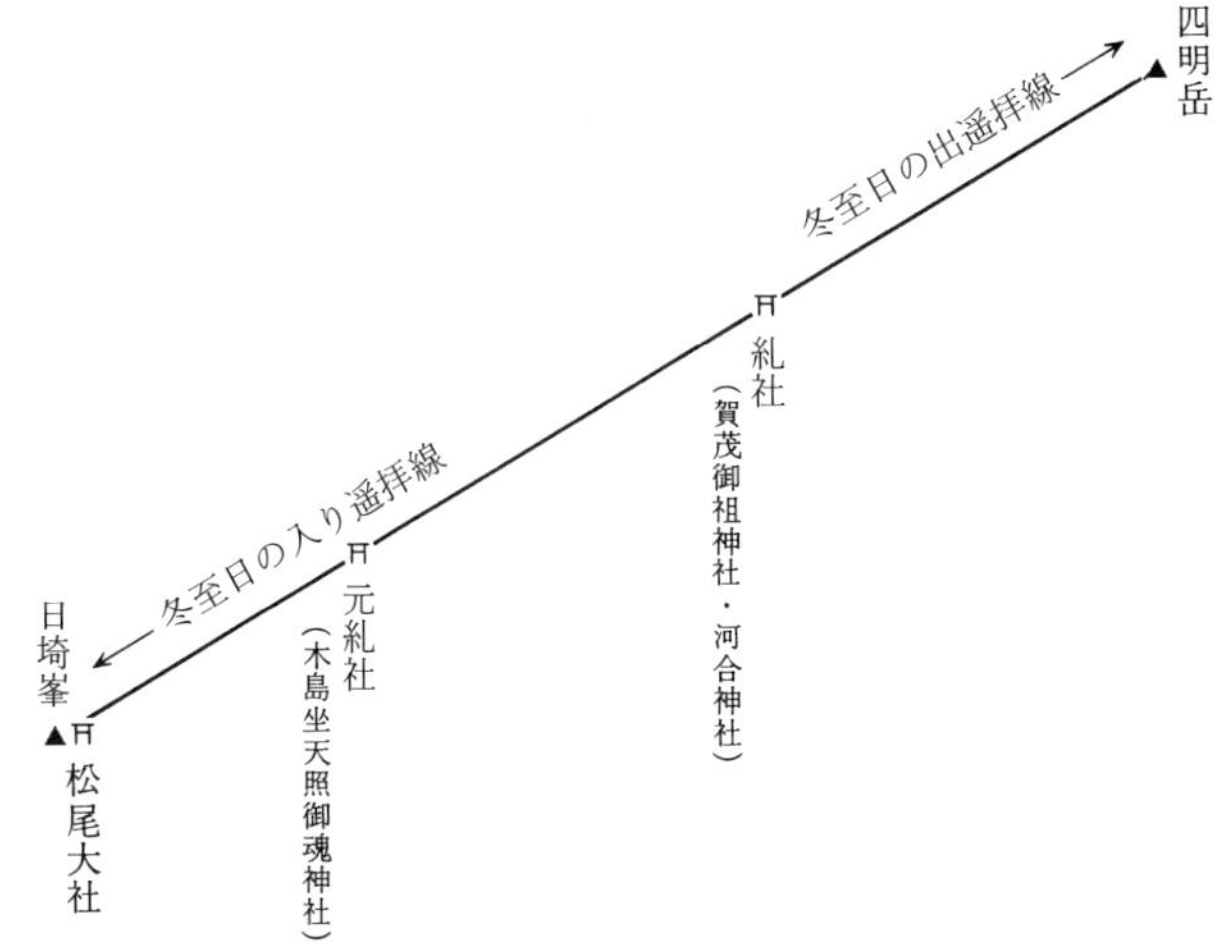

図65　鳴鏑矢が飛ぶ方位の関係図

鳥居が三方向に向いているのは、以上述べたような理由によるが、なぜ池の中に建っているのか。『古事記』に載る新羅の王子の天之日矛の妻の日光感精伝承では、沼のほとりに寝ていた女性の女陰を、日光が指したとある。新羅の始祖王（赫居世）は「蘿井」のほとりで出誕しているが、三品彰英は、蘿井（na-ur）について、「or は井・泉・池の古語、na は『生れる』と『太陽』との両義に通ずるから、蘿井すなわち『みあれの泉』、あるいは『日の泉』と直訳することができる」と書き、この方位の「日の泉」は天之日矛伝承にある日光感精伝承の沼と同じだと書く[3]。このような「日の泉」が「元紀の池」であることは、新羅の初代王赫居世の王妃閼英の伝承からもいえる。

赫居世の「赫」は「かがやく」で太陽光輝をあらわし日の御子であることを示しており、日神イメージであり、王妃は日妻であり日母と見られていた。赫居世は亦名《またのな》として「閼智」という。「閼」は「알」で ar・アルで、卵の意だが、三品彰英は「閼智考」で「赫居世」の「赫」の太陽光輝の「光り」と「卵」との関係を論じ、「閼英考」で閼英が『三国史記』では「閼英井」で生まれたと書き、『三国遺事』では「撥川」で誕生したと書いているから、日の御子の誕生と「井」「川」の関係に注目している[4]。三柱鳥居が池の中に建つのは、この神社の祭祀氏族が秦氏であることから見ても、新羅の初代王・王女の伝承とかかわっていると考えられる。

「撥川」は韓国文献の『東国輿地勝覧』（巻二十一、慶州条）に、撥川（北川）は「閼川」と書かれているので、三品彰英は次のように書く。

閼川はいうまでもなくアル（알）川であって、神秘な生命力を宿す川の意で、（略）換言すれば霊威のあれ出づる川である。この川でミソギすることは、その霊威を身につけることであり、これによって

邪悪は祓除され、行者の心身はともに生命づけられて行く。東流水（閼川）でミソギする習俗が殆んど近世まで残存した事実は、閼川のこうした原義から理解されねばならない。閼川は一名揆川（フル川）と呼ばれている。「其ノ觜撥落ス、因ッテ名ケテ二其ノ川ヲ一曰フ二撥川ト一」（『三国遺事』巻第一、紀異第一、新羅始祖赫居世王）という伝説は、もとより語原俗解であって信ずべくもないが、このフル川が北川すなわち閼川の別名であることははなはだ興味深い。フル川は神霊の光り来臨するという意であって、ちょうどフル川と閼川の関係は、赫《フル》居世の閼《アル》智が同一神人の名であることに照応するところであって、フル川・アル川いずれも神霊の名を負うており、かつ神話の上でも神霊の出現と不可分な関係にある。この神聖なアル川の水に憑る生命の原質は、天界より光り生《あ》れます神霊にほかならない(4)。

この閼川や閼英井は、秦氏が祭祀する木島坐天照御魂神社の三柱鳥居の立つ糺の池と言ってよいだろう。三品彰英は「天界より光り生《あ》れます神霊」と書くが、具体的な「光り生れます神霊」とは日神であり、日神はこの神社にとっては天照御魂神だが、渡来氏族の秦氏が祀っていることに、私は注目したい。

日神祭祀の向日神社も秦氏が関与している

京都市向日市向日町北山に式内大社の向日神社がある。元慶三年（八七九）に神祇官に提出した『向日二所社御鎮座記』によれば、向日神は大年神と神須《かむす》治曜《じかぐや》姫の間に生まれた子と書く。母を「カグヤヒメ」ということからも、向日神は日妻が生んだ日の御子といえる。

向日神社の祭祀氏族は天照御魂神を祭祀する尾張氏と同族の六人《むと》部氏だが、秦氏も祭祀にかかわっている。

向日神社のある地の北隣の地名は「物集女《もづめ》」だが、この地は『和名抄』の山城国乙訓郡物集《もづめ》郷である。物集連は『姓氏録』では秦氏系である。『正倉院文書』（天平勝宝七年〈七五五〉）には葛野郡人に「鋳工秦物集広立」の名があり、『続日本後紀』の承和五年（八三八）二月条には、「葛野郡人物集応承」が「秦忌寸」になったとあり、秦氏系氏族が向日神社のすぐそばに居り、秦氏も向日神社の氏子である（拙著『秦氏の研究』所収の「木島坐天照御魂神社――三柱鳥居の謎と秦氏――」では、物集連も向日神社の祭祀氏族であることを述べた）。

南方熊楠は向日神について、「万葉集に家や地所を詠むとて、日に向ふとか日に背《そむ》くとか言ったのが屢《しばし》ば見ゆ。日当りは耕作畜牧に大影響有るのみならず、家事経済未熟の世には家居と健康にも大利害を及せば、尤《もつと》も注意を要した筈だ。又日景《ひあし》の方向《むき》と増減《ぞうげん》を見て季節時日《きせつじじつ》を知る事、今も田舎に少なからぬ。随《したが》って察すれば頒暦《はんれき》など夢にも行れぬ世には、此点に注意して宮や塚を立て、其影を観《み》て略時節《ほぼじせつ》を知た処も本邦に有《あつ》ただろう。されば向日神《むかひのかみ》は日の方向から家相地相と暦日を察するを司《つかさど》った神と愚考す」と書いて、『エンサイクロペディア・ブリタニカ』のオリエンテーションの項や、ノーマン・ロヒャー著の『ストーンヘンジ』を参照している[5]。オリエンテーションとは、日の出の方向を基準として方位や暦日（空間と時間）をきめることだが（orientation〔方位〕という言葉はラテン語のoriorが元である）、ストーンヘンジについては、中軸線が夏至の日の出線になり、その他の石の組合せによって日と月の出入りが観測できるとして、古代の天文観測所とみる説がある。

松村武雄は南方説について、「この考説は恐らく妥当にして向日神の本質を摑《つか》み得てゐると思ふ」と書いて、「月読尊」も「時の測定」をあらわす神名で、「古き代の日本民族が季節・時日――農耕に大切な事象に大きな注意、関心を抱いていた」ことを示していると書く。(6) 松村見解は月神を「月読尊」というから、日神は「日読尊」であったとみて、理由として、冬至や夏至の「観測」を「日読み」と言っていることをあげる。「日読み」はもっとも重要な「マツリゴト」であったが、わが国だけでなく中国でも同じである。「日」という漢字は「コヨミ」の意味があり（諸橋轍次『大漢和辞典・巻五』）、『左氏伝』に「天子有二日官一、諸侯有二日御一」とあり、注に日官・日御は暦数を典じる者とある。

『向日二所社御鎮座記』は神社の裏の峰（八尋矛長尾岬）を、

朝日の直刺《たださ》す地、夕日の日照《ほで》る地、天離《あまさか》る向津《むかつ》日《ひ》山《やま》

と書き、この山に神は鎮座したと書く。『日本書紀』（神功皇后摂政前紀）は伊勢の度会《わたらひ》の五十《いす》鈴《ず》宮の神を、「天疎向津媛《あまさかるむかつひめ》」と書くが、この女神が本来の伊勢神宮で祀られていた神であることは序章で書いた。向日神の母神須《かみす》治曜姫《じかぐやひめ》も天疎向津媛と同性格の神で、日妻であり、日の御子である（このことは第十章で詳述する）。

この向日神社も他田・鏡作・木島・新屋の鏡作神社と同じに、冬至・夏至の山あての場所に神社があり、向日神社から見て冬至の朝日の昇る方位に朝日山がある。宇治平等院から見て真東の山だから朝日山と呼ばれている。また夏至の日の出方位に清水山があり、この山の東面を「日の岡」というが、西麓に日向宮がある（日向宮は宇治郡の式内社日向神社に比定されている）。このように向日神社も前章で述べた天照御魂神社と同じに日に向う神社で、山から昇る冬至・夏至の遥拝地である。このように秦氏系氏族も向日神社の祭祀にかかわっていたことは無視できない。

新羅系渡来人が祀る「白日」の神と白木神社

『古事記』の大年神神統譜に「白日神」が載り、兄弟神として韓神・曽富理神・聖神が記されているが、この四神について西田長男は「秦氏の以《も》ちいついている神々が連記」されていると書き、白日神について次のように書く。

式神名帳に所載の近江国高島郡志呂志神社は、日吉三宮と呼ばれ、今、鴨村に鎮座し、その地はもと賀茂別雷神社の社領であったともいうから、神系の上からしても、「白日」が「志呂志」に転訛したものではなかろうか。即ち、志呂志神社の祭神は、日吉二宮（今の大宮）の祭神大山咋神や賀茂別雷神社の祭神別雷神や兄弟又は伯叔父に当られる白日神で、ために斯く日吉三宮と呼ばれたのではあるまいか。そうして、この志呂志神社は滋賀郡小松村大字鵜川に鎮座の白髭神社、即ち、かの比良明神とも同一祭神を祀っているのではなかろうか。而して「比良神」が「夷《ヒナ》神」で蕃神の意であろうことは殆ど疑いを納れないであろう(7)。

西田長男の書く「蕃神」は『姓氏録』が渡来氏族を「諸蕃」としたことをうけた表現だが、このような表現を私は採らない。しかし志呂志神社は元は白日神社で渡来人が祀っていたと書く見解には注目したい。志呂志（白日）神社のかつての境内に鴨稲荷山古墳がある（全長五〇メートルの前方後円墳）。明治三十五年の道路工事中に後円部の東南に開口した横穴式石室から擬灰岩製家形石棺が発見され、石棺から遺物が出土した。更に大正十二年、梅原末治らによって発掘調査が行なわれ、石棺内から金製垂飾耳飾、金銅製冠、双魚佩、沓などの金・金銅製の装飾品が出土した。冠と耳飾りは、新羅の王都慶州の金冠塚の出土品と類似しており、双魚佩と沓も、朝鮮半島の古墳からほぼ同類のものが出土している。また水晶切子玉、玉髄製切子玉、琥珀製切子玉、内行花文鏡、双竜環頭大刀、鹿角製大刀、鹿角製刀子などが出土しているが、環頭大刀、鹿角製刀子も、朝鮮半島に類似のものがある。棺外からは馬具と須恵器が出土している。このような出土品からみても、この古墳の被葬者は渡来系の人物か、渡来系と親しい豪族である。

志呂志神社は滋賀県高島郡高島町大字鴨にあり、西田長男のいうかつての鴨村である。「鴨」という地名は上賀茂（加茂別雷）神社の社領だったからである。上賀茂神社の祭祀に、秦氏及び秦氏祭祀の松尾大社の社司が関与しているとは、拙著『秦氏の研究』で詳述した。この近江の白日神も秦氏・鴨（賀茂）氏が祀った太陽神であったろう。

木島坐天照御魂神社の三柱鳥居は、なぜか池の中にある。志呂志（白日）神社もかつては川のそばにあった（現在は護岸工事によって川から離れている）。新羅の白日峰の夏至の日の出遥拝線上の基点に「閼川《アルナレ》」という川がある。韓国語の「アル」は日本語の「アレ（生《あれ》）」である。そのことは前述した。この川のほとりに新羅の始祖王赫居世が降臨しているが、「赫」は太陽光輝の「白日」の意である。アグ沼のほとりで日光に感精して「白玉」を生んだ女性の話が、『古事記』の新羅国王子天之日矛説話に載るが、このアグ沼も閼川も同じである。異伝には閼川でなく蘿井（na-ŏr）とあるが、「ナ」には「生まれる」と「太陽」の意があるから、三品彰英は蘿井を「みあれの泉」「日の泉」と「閼智」の「ar」と「nar」からの分化だが、赫居世もまたの名を閼智といったことは、『三国史記』『三国遺事』が書くが、「ar」は卵をいい、新羅の王母、王妃にこの名が多い(8)。

始祖の王妃は閼英、二代王妃阿婁、四代王妃阿老、六代王妃愛礼、二代南解王の妹で始祖赫居世廟の祭主は阿老。類音名に八代王妃の内礼、九代王妃の内礼、十一代王妃の阿爾がある。

これらの王妃名にarがつけられた理由について三品彰英は、「司霊者は男性より女性を普通とする点からすれば、この名が王名より王妃名に多いこともまた充分に理解できる」と書いているが、ar（卵）を生むのは女体であるから、司霊者というより母性、女性であることによる。このarにnが冠されると太陽の意になることは前述したが、三品彰英はnarについて次のように書く。

「生」の現訓は날narであるが、古くは単に나naであったらしい。『高麗史』地理志二に「霊山郡、本百月出山、新羅称二月奈岳一、高麗初称二月生山一」とあり、山（訓読）・奈（音読）・生（訓読）を通用してnaと呼んだことを示している。新羅の始祖降誕の聖泉を奈乙나을na-ŏr（羅井とも当字している）と呼んでいるのは「生れの泉」、日本式にいえば「みあれの井」の意である。（中略）나、날は単に「生れる」ではなく、『化生』がその原義であったようである(4)。

「化生」とは、あるものが他に変身して生れることだが、日の御子とは、太陽の「化生」で、神聖な生命力を得て復活すること、「よみがえり」が「nar」であり、冬至は太陽の化生の「nar」の時、死と再生の時である。したがって新羅の王陵も、始祖誕生伝承地も、死と再生の地は共に冬至線上にある。

このような死と再生の冬至観による墓地・聖地設定は、新羅だけではない。「日本」という国号をもつ列島の人々も、そのような「よみがえり」の思想をもっていたことは、拙著『神社と古代王権祭祀』『神社と古代民間祭祀』『「日本」国はいつできたか』などで述べた。

新羅を「白城(木)」と書く神社の氏子の風習

志呂志神社の「志呂」は「白」だが、本居宣長は『古事記伝』で『延喜式』神名帳の山城国乙訓郡に、「大歳神社」と並んで「向神社」があり、「向神社」は向日神社といわれているから、大年(歳)神の子の「白日神」を祀ったのが向日神社で、向日神社は正しくは白日神社だと書く。本居宣長の書く大歳神社(京都市西京区大原野灰方町)は、向日神社(京都府向日市向日町北山)の西二・五キロほどの地にあるが、大歳(年)神社の境内社として向日神社が祀られている事実からも、大年神の御子神白日神と向日神は同一神であろう。たぶん太陽に向っている神だから、白日神が向日神になったのであろう。問題は白日神の「白」である。「シロ」「シラ」といわれているが、この「白」は秦氏と関係がある。

越前の敦賀市白木《しらき》に式内社の白城《しらき》神社がある。敦賀半島北部の若狭との国境に近い「白木浦」といわれる小湾に面してあり、地元では「白木明神」が通称である。足立尚計はこの神社について、次のように書く。

現在の祭神は鵜草葺不合尊《うがやふきあえず》であるが、社伝によれば朝鮮新羅城の新良貴《しらき》氏の祖神稲飯命、あるいは白城宿禰を祀るという。『延喜式』神名帳の敦賀郡四三座のなかに「白城神社」と「信露貴彦《しろきひこ》神社」がみえ、その比定については異説もあるが、天日槍《あめのひぼこ》伝承に象徴されるように、この地方は敦賀湾を中心として古代の朝鮮半島、とくに新羅地方と深い関係にあったことから、この二社は新羅系渡来人ゆかりの神社と考えられている。とくに白木集落の人々の間には自分たちの祖先を朝鮮の王家とする口承があるが、

「白木」という地名・社名が「新羅」と結びつく例は他の地方にもあり、祭神を「朝鮮新羅城の新良貴《しらき》氏の祖神」とする社伝は、そのまま白木集落の成立と当社草創につながる可能性が高い。なお、『新撰姓氏録』は「新良貴」氏を鸕草葺不合尊の男稲飯命の子孫とし、稲飯命を新羅国王の祖と伝えている。(9)

このように足立尚計は書いて、この村には鶏卵を食べない風習があると書き、そのことについて、次のように述べている。

とくに鶏とその卵の禁食は、元旦に東の空が白むころ当社と寺に参拝する当村の風習とかかわりがあるかもしれない。古代において鶏が東天の朝陽を告げる聖鳥とみなされていたことは周知の事柄であるが、国号を「鶏林」とも称して鶏を神聖視した新羅の習俗を、当村における鶏卵の禁食と結びつける説もある。なお、橋本犀之助『日本神話と近江』にも、次のような一節があるので引用しておく。

（前略）村人は鶏を神聖視して食わず、従って之を飼育しない奇習があり、白木村は全く卵のない村である。村人の神仏に対する念の篤いことは、全く想像以上で、各戸の氏長は毎朝必ず産土《うぶすな》神社（白城神社）に参拝し、夫《そ》れから村の寺院に参詣し、祖先の霊を慰めることになっている。家族の者も亦《また》神仏の礼拝を済して家長の帰りを待ち、一家揃って楽しく希望に充ちた朝食の箸をとることになっている。而《しか》して神仏に対する礼拝は朝鮮の夫れの如く平伏である。(9)（後略）

このように足立尚計は書いているが、新羅の始祖王の閼英の「閼」は前述したが「卵」の意である。白木神社のある敦賀市の沓見《くつみ》には、式内社の信露貴彦《しろきひこ》神社があるが、土地の人々は「白木大明神」と言っている。足立尚計は「沓見には、洗濯物を朝鮮のキヌタに似た木棒で打って洗ったり足で踏んで洗うといった古い風俗が数多く残っていた。そうした風俗や社名、社家の姓などからみて、当社は古代の新羅系渡来人と深いつながりがあったものとみられ、同じ敦賀半島の白城神社と同系の氏族が奉祀した神社である可能性がきわめて高い」と述べている。(10)

以上述べたように「白日」の「白」(「シロ」「シラ」)は、「シラギ」の漢字表記の「新」「白」に通じる。この事実は太陽信仰の「白日」と無関係ではなく、秦氏が天照御魂神を祀るのと深くかかわっている。

向日神社と「白日神」と韓国の「白日峰」

前述(二二二頁)した山城国の秦氏とかかわる向日神社は元は白日神社で、冬至の朝日の昇る方位に朝日山があり、夏至の日の出方位にある清水山は「日の岡」といわれ日向宮があることを書いたが、近江の秦氏とかかわる志呂志《しろし》神社も、元は白日神社であったが、この神社から見た冬至日の出方位には竜ヶ岳山頂(一一〇〇メートル)があり、夏至日の出方位には見月山山頂(一二三四メートル)がある。ところがこの白日神の信仰は朝鮮にあることを、『三国遺事』(高麗の僧一然〈一二〇六〜一二八九〉編)が記す延烏郎《えんうろう》・細烏女《さいうじょ》の伝承が示している。この伝承で祭天(迎日)祭祀に行なった場所を『三国遺事』は「迎日県」と書くが、迎日県は現在の慶尚北道迎日郡と浦項市をいう。「向日」と「迎日」は同義だが、新羅の白日峰から見る冬至日の出方位(迎日県九竜浦邑長吉里)の海上にある岩、この冬至の朝日の昇る岩を、土地の人々は「長吉里岩」と言っているが、この岩は古代から信仰の対象になっている聖なる岩で、今も聖域視されている。「長吉里岩」はわが国の伊勢の二見ヶ浦の夫婦岩と同じように、太陽信仰による聖域で、冬至の日の出遥拝の岩であった（伊勢の夫婦岩が夏至の日の出遥拝の聖なる岩であることは、第五章で詳述した）。長吉里岩は「わかめ岩（藿石）」と呼ばれ、名産の海藻がとれるが、伊勢の二見ケ浦の藻刈神事も、夫婦岩の周辺から海藻を刈り取って神前に供える神事である。このように聖なる岩は文武王の水中陵の大王岩にもいえる。後述するが、長吉里岩と白日峰の関係が大王岩と吐含山であり、白日峰と同じに吐含山から冬至の朝に海上を望むと、大王岩から冬至の朝日が昇るのが拝せるのである。

　長吉里岩は「わかめ岩」とも言われているが、延烏郎は海藻を採りに行き、岩に載って日本に渡ったと『三国遺事』は書く。白日峰の冬至の日の出方位の岩礁地帯は、今も聖域になっているが、白日峰は遥拝地ではなく遥拝される峰でもある。春分・秋分の日の出が白日峰から昇るのを拝する位置に都邱洞がある。『三国遺事』（巻一）に、「迎日県または都祈野」とあるが、都祈・都邱は도기（トキ）、돋이（トチ）の音借表記である。『三国史記』（巻三十四・地理）に、「臨汀県、本斤烏支県、今迎日」とある。「斤烏支」は「トオキ」または「トオチ」で、訓・音借表記では「都祁・都邱」と同じであるが、トキ・トチまたはトオキ・トオチは「迎日・日の出」の意味であるが、わが国には「都祁」の地名があり（詳細は第九章で書く）、太陽信仰・日神祭祀の共通性は無視できない（大和国の都祁国では鶏を食べない風習があるが、そのことは三三一頁で書く）。

新羅の王城の位置と冬至日の出線

新羅の王都慶州は鳥頂山、百済の王都扶余は太祖峰、百済の王都がおかれた公州は北峰山から冬至の朝日が昇るのを拝せる位置に、王城が築かれている。高句麗の王城と山の関係は明らかでないが、王権祭祀の「東盟祭」は冬至祭である。三品彰英は東盟祭について、「二至（冬至と夏至）の季節に行なわれるのが普通であり、特に冬至の場合が最も多い。冬至は太陽の周期が終り、いわば一陽来復して新しい太陽が生れ替る時であり、フレーザーは冬至の祭が太陽の誕生にかかわる祭儀であることを力説している(8)」と書いている。たぶんこのような儀式を行なう高句麗の王城も、新羅・百済の冬至線と同じような位置設定であったろう。

冬至祭としての「東盟祭」の「東盟」は「東明」の意で（高句麗の始祖王は「東明王」という）、「東明」は朝日・日の出・太陽の意であるから、太陽祭だが、三品彰英は収穫祭でもあると書く(11)。日本においては毎年の宮中儀礼としての収穫祭に新嘗祭があるが、天皇即位の年の新嘗祭は特に「大嘗祭」と言われている。この祭儀が冬至祭であることは衆知のことだが、大林太良は「新嘗に出現する王者、殺される王者」と題する論考で、『古事記』と『日本書紀』の中から、表題の例をいくつかあげて、「古代日本においては、新嘗は一方では王者が殺される機会でもあり、他方では王者が出現する機会でもあった。その意味において、新嘗はまさに王国の秩序が改まるときであった」と述べている。そしてこのような王者の生と死に関する伝承は韓国でもみられるとし、王が殺されたり、その他の仕方で横死した例が十一例あることを『三国史記』で検証し、十一例はすべて九月から十一月にかけての三ヵ月に集中していることに注目し、「これは偶然と見るにはあまりにも規則的である。十月を中にした三ヵ月が王の横死する季節だという観念があったのではないかという印象を禁じえないものがある」と述べ、韓国のこの季節（九月～十一月）は、単に王が殺されたり横死する季節だけでなく、「秩序が更新される季節、王国の秩序の更《あらた》まる聖なる季節だった」と書くが(12)、韓国でも新羅の風習である。九月・十月・十一月は旧暦だから冬至、または冬至に近い時期であり、収穫の時期である。収穫は植物の死だが、その死は春の再生を予知しており、冬至もまた太陽の衰亡と復活の極限の日である。したがって、「新嘗に出現する王者、殺される王者」が、この季節の儀礼にみられるのである。こうした思想が韓国の王城の位置設定に影響しているのであろう。

大林太良は韓国の例だけでなく日本でも新嘗に殺される王者がいるとして、アマテラス・アメノワカヒコ・タギシミミ・垂仁天皇・履中天皇・イチベノオシハノミコ・崇峻天皇をあげ、新嘗に出現する王者として、ニニギの三人の子・ホムチワケ・顕宗天皇・仁賢天皇をあげ、古代韓国と古代日本は、「それぞれの地域における特殊な発達のため相違はあるものの、王権神話・儀礼」には、「基本的な親縁性があった蓋然性は極めて高い」と述べている。[12] とすれば王城の位置の設定が冬至方位にかかわる新羅の王城と、大林太良が述べるわが国の冬至（新嘗）に殺され再生する王者（天皇）の伝承は重なる。そのことはわが国の宮殿と山の関係に見られる。難波宮の大極殿の冬至日の出方位は高安山山頂であり、藤原宮の冬至日の出方位は香具山である。しかしこの事実は、第十二章で述べるエジプトなどの太陽神殿の神像や、王の像を、冬至の日の朝日が照らすように位置設定をしているのと共通しており、限定された発想ではない。

韓国の王城は、山あてをした冬至の朝の日の出線上にあるが、この冬至の日の出線は、王城だけでなく、王陵についてもいえる。新羅王の始祖赫居世は朴氏の祖だが、『三国史記』『三国遺事』は、赫居世は南山西麓の蘿井に降誕したとあるので、朴氏系の王陵は南山西麓にある。朴氏系の王四人と始祖王妃（閼英）の陵墓を「五陵」といい、同じ場所にあるが、この「五陵」と朴氏系の七代目の逸聖王の王陵を結んだ線をのばすと、南山の標高点一一七・五メートルの山頂に至るが、この線は冬至の日の出遥拝線である。朴氏系の王は四代を除いて一代から七代までの陵墓（朴氏は一代から八代まで続く）は、南山の山脈のそれぞれの山頂と、冬至線で結びついている。

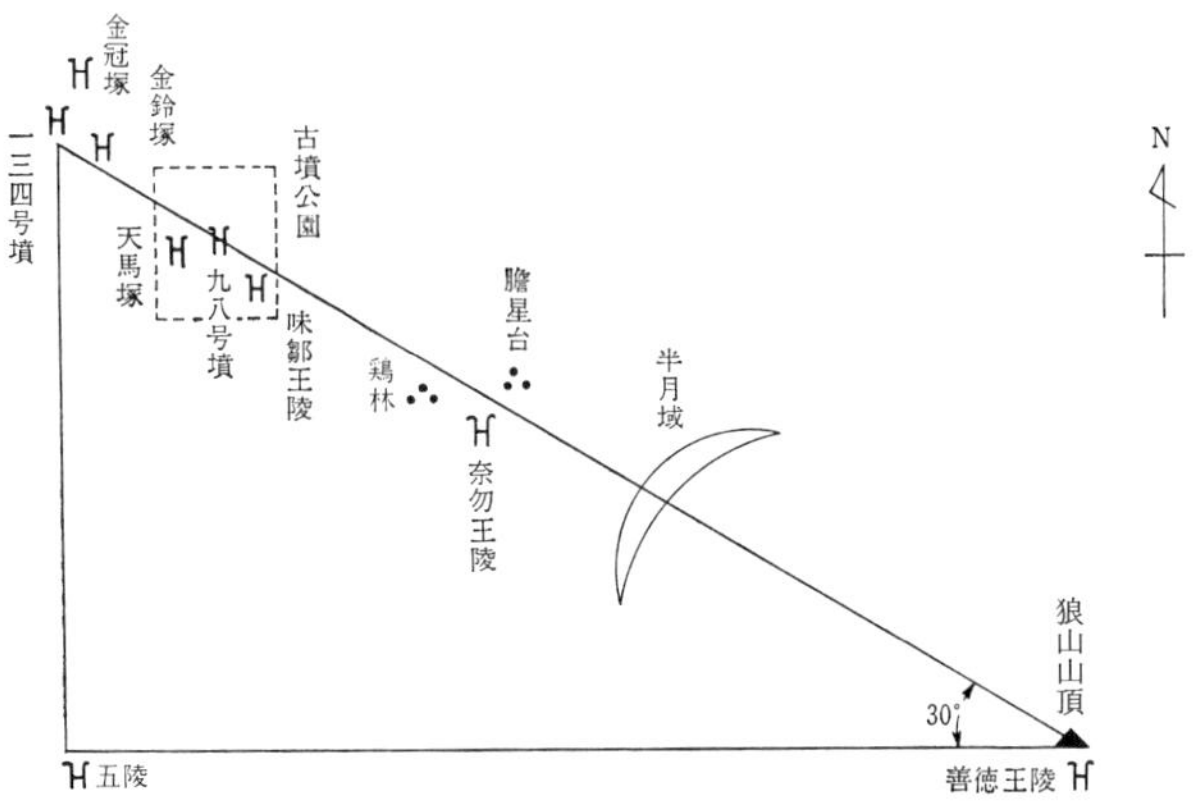

図66　主要金氏系新羅王陵の位置

新羅王は赫居世を始祖とする朴氏、脱解王を始祖とする昔《そく》氏と、十三代の味鄒王を祖とする金氏の三家だが、金氏の祖金閼智も『三国遺事』によれば、「大光明」を発して慶州の鶏林に天から櫃の中に入った童児として降臨している。この鶏林や主要金氏系新羅王の墓は、図66のように狼山山頂の冬至日の出線上にある。王城の名月城も含まれており、金氏系の新羅王は、朴氏系が南山、昔氏系が吐含山（東岳）に対し、狼山を冬至日の出線の山あての聖山にしている。

狼山は慶州の中心地とみられていた。二十四代真興王のときに狼山に皇龍寺が造営されたが、皇龍寺は黄龍があらわれたから、その地に寺を建てて「皇龍」といったと『三国史記』（「新羅本紀二十三代」法興王十四年三月条）は書いている。東西南北を青龍・白虎・朱雀・玄武で示す方位観に立てば、青龍であるべきなのに、あえて中央をあらわす「黄《こう》」の意味で「皇《こう》龍」と称していることからも、狼山が中央とみられていたことを示している。中国では「黄」は皇帝の色である。また『三国史記』（「新羅本紀」十九代実聖尼師今十二年八月条）は、狼山は仙霊が天から降臨して遊ぶ「福地」だから、樹木を伐採するのを禁じた、とも書いており、この山は金氏系新羅王にとっての聖山であったから、金氏系の王たちは、この山を冬至日の出線の「山あて」の山として、陵墓を築いたのであろう。図66の狼山山頂と結ぶ線は冬至日の出線である。

王城は生者の王にかかわるが、王陵は死者の王にかかわる。そのいずれにも冬至日の出線がかかわっているのは、冬至は「一陽来復」と言われているように、日照時間はこの日から一日毎《ごと》に長くなる、太陽の「生育」の出発点を示していると共に、この日は日照時間のもっとも短い、太陽の死期をあらわす日であり、太陽の死と再生の日だからである。新嘗は冬至の日だから「新嘗に出現する王者、殺される王者」は、王者の冬至の日の死と再生を示している。『三国遺事』紀異巻第一脱解王の条によれば、脱解王は竜城国で卵から生まれた童子であり、箱に入れられて新羅国の東の海辺に漂着し、吐含山（東岳）の山頂に登った。そして石で塚を作って聖所とし、七日間忌みこもりをし、後に王になり「脱解王」といったとある。ところが三十代の文武王のとき、文武王の夢に脱解王があらわれ、吐含山に遺体を移すように夢告があったので、王は脱解王陵から遺体を吐含山へ移したというが、脱解王陵と吐含山も冬至日の出線で結ばれており、この冬至線をのばせば、文武王の水中陵に至る。このように新羅王の埋葬方位が冬至日の出方位線上にあることも、王者の死に再生祈願がこめられていることを示している。

新羅の始祖王・初期王の陵墓と日の出線

新羅の始祖王赫居世の妻の閼英は、『三国遺事』によれば、閼英井で生れ「月城北川に於いて浴す」とある。この「北川」は閼川のことをいう。閼英や赫居世（閼智）がかかわる閼川については前述（二二一頁）したが、三品彰英は閼川は「神秘な生命力を宿す川の意で、霊威のあれ出づる川である」と書いているが、(8)この閼川から冬至の日の出を拝する山は吐含山、夏至の日の出を拝する山は雲梯山である。吐含山は石窟庵や仏国寺があり、霊山であることは有名だが、雲梯山も霊山である。『三国遺事』紀異巻第一、南解王条に、母は閼英、妃は雲帝で、注記に「雲帝」は「雲梯」とも言い、「今、迎日県の西がわに雲梯山聖田があり、ひでりの時に雨乞いをすれば願いがかなう」とあり、二代目の新羅王の妃を雲梯山にあてている。とすれば初代王の妃の閼英の山は吐含山である。雲梯夫人が雲梯山聖母といわれているから、閼英夫人は吐含山聖母である。

閼川と吐含山山頂を結ぶ線上には、第四代の脱解王陵がある。前述したが、吐含山と脱解王の関係については『三国遺事』紀異巻第一、脱解王の条に記されている。一説として二十七代の文武王の時、王の夢に脱解王があらわれて、「私の骨を疏川丘から掘って、塑像を造り、土含山（吐含山のこと）に奉安せよ」と言ったので、王はその言葉に従い「東岳神」として今も祭りを絶やさないと書いている。

ところが図67で明らかのように、閼川——脱解王——吐含山山頂を結ぶ冬至日の出線の延長上に、文武王が建てた感恩寺と、文武王の海中陵（大王岩）がある。この海中陵は倭の侵攻を自ら竜となって護るためと

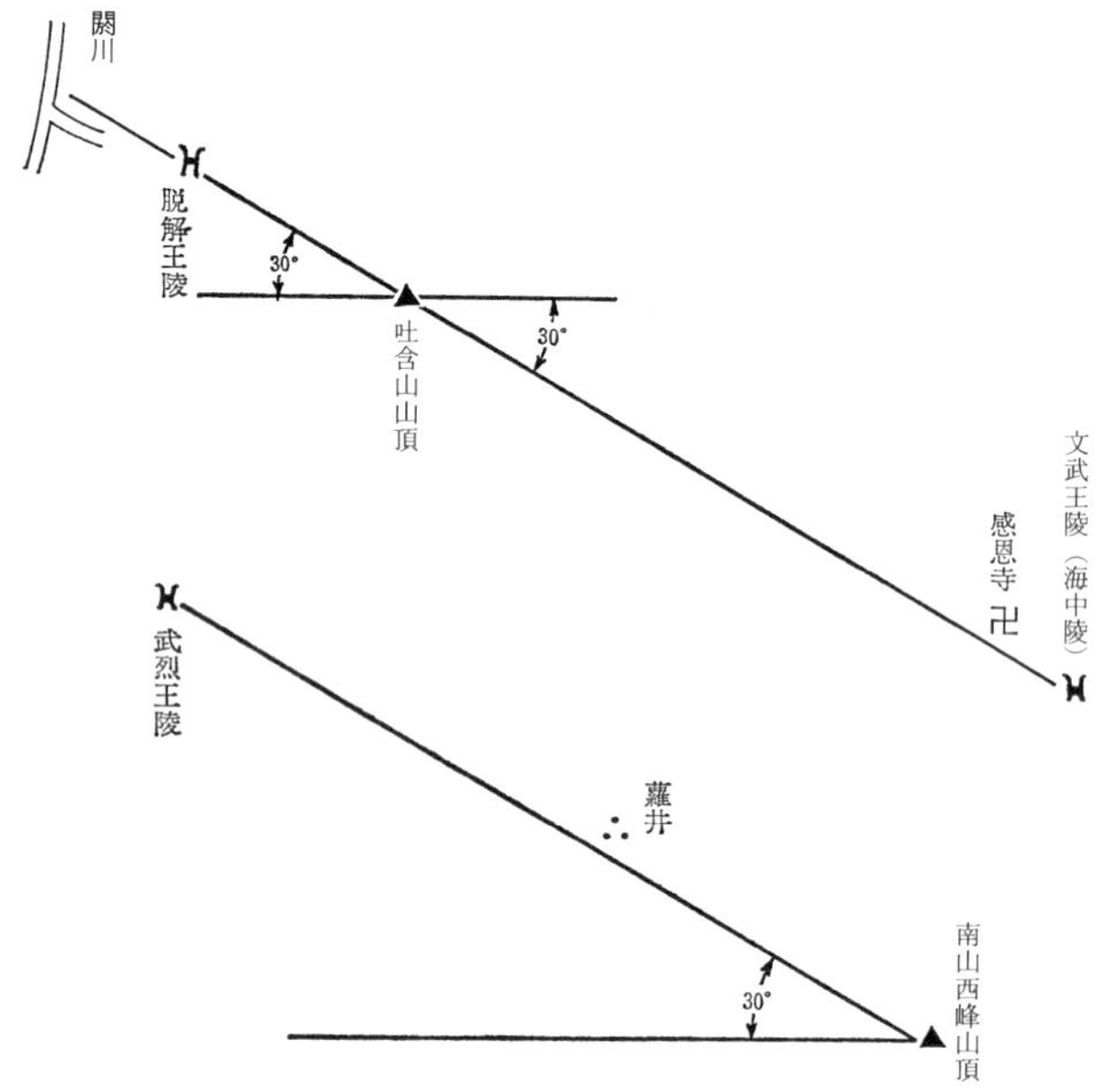

図67　脱解王陵・武烈王陵が示す冬至日の出線

いわれているが、東海岩には大王岩のような岩礁がたくさんある。そのなかで特にこの岩礁を選んで王の棺を埋葬したのは、この岩礁が冬至線上に位置したからであろう。そのことはこの冬至線上に、文武王は感恩寺を建てていることが証している。また文武王の時に、脱解王の「骨」を吐含山に遷し東岳神として祀っているから、冬至線上の吐含山に対し同じ冬至線上の東海の岩礁に、火葬した自らの骨を埋葬させたのではないだろうか。

　または図67によれば文武王の海中陵は、閼川→脱解王陵→吐含山→感恩寺――文武王陵（海中陵）と、冬至日の出線上に結びつき、文武王陵が海中陵であることから、竜城国で卵生し、海を箱に入って漂流し韓国の東岸に漂着した脱解王に、文武王は自らを重ね、竜城国での再生を願って、他に例のない海中陵を企画したのではないだろうか。海中の棺は海を箱に入って新羅へ来た脱解王のイメージと重なる。

脱解王は箱に入った幼児として、東海から来ているが、東海は日本である。『三国遺事』は脱解王の記事の後に、第八代の阿達羅王の時のこととして、延烏郎・細烏女の話を載せる。この記事には「帰日本」と明記しており、日神の延烏郎は「日本」から新羅へ行って日神になっている。日神が日本へ帰ったので月神の細烏女も日本に帰り、「是時新羅日月無光」と『三国遺事』は書く。『古事記』（応神天皇記）の新羅王子の天之日矛伝承でも、日光感精で生まれた日の御子の天之日矛の妻は、「行二吾祖之国一」と言って難波へ来て日女島の比売許曽神社の祭神アカルヒメ（シタテルヒメ）になっている。このように新羅の太陽信仰の原郷は日本である。

なお、図67で示したように、武烈王陵も南山西峰山頂と冬至日の出方位で結び、その線上には、始祖王生誕にかかわる聖なる井の蘿井がある。

日本と新羅の王権の太陽信仰の基本的類似

新嘗の時期に王者の死と生誕（出現）があることを大林太良は指摘して、その祭祀の新嘗祭は冬至祭だと論じているが[12]、そのような王の死と再生譚は大林も指摘するように、ホムツワケ火中出生譚や、オケ・ヲケ王出現譚にも見られるし、韓国の『三国史記』の王の死と再生譚からもうかがえる。冬至は太陽の力が一番弱まる日だから、天岩屋隠れ神話も『日本書紀』は「新嘗の時」と記す。この神話も王者の死と再生の物語である。

『日本書紀』は応神天皇は「十二月戊戌朔辛亥」に生まれたと書く。井本英一はこの出生日について、「十二月の朔辛亥は、『朔を奉ず』というように、歳末と新年の通過点である晦日であった。冬至からあとの最初の朔を歳の変り目とした時代の名残りであろう。とにかく、応神天皇は冬至の子であった」と書いている。

また応神天皇の誕生に関連した新羅王の殺害について、井本英一は次のように書いている。

『日本書紀』神功皇后摂政前紀（仲哀天皇九年十二月）の一に云わくの条に、新羅王をとりこにし海辺で王の膝の筋を抜いて石の上に腹ばいにさせ、しばらくして斬り沙の中に埋めた。（中略）この話が、同じ十二月の応神天皇誕生と同じ条にあることに注目する必要がある。天皇の誕生の経緯が神話にせよ、あるいは史実にせよ、新羅王を足なえにして石の上で殺すことと同時であったことに興味があるのである。日本にもこのような思想があったことになる。誕生や再生が十二月に行なわれることにも意義がある。(13)

このように書いて、『日本書紀』が「新羅王妃は夫の屍を埋めた場所を知らなかったので、日本の使臣をたぶらかしてその場所を聞き、国人と謀って使臣を殺した。妃は王の屍を他処に葬り、使臣の屍をその墓の底に埋め、上に王の棺を置いた、とある」と書く記述について、「新羅王は日本の使臣によって再生できたのである。王の屍の入った棺を使臣の屍上に置いたとあるのは単なる王妃の報復とは考えられない。王の屍と、王の代死者、いけにえが重なることによって王が再生できるという論理があったはずである」と書いている。(13) 井本英一が書くように、応神天皇の誕生と新羅王の殺害が、冬至の季節と観念されていたことは、注目すべきである。

新羅王の殺害が倭王の生誕とかかわる記述は、新羅王が再生して倭王になったと、井本英一はみている。

日の御子（倭王）の応神（ホムタワケ）は、『古事記』の系譜によれば母系は新羅王子の天之日矛である。新羅王も日の御子として生まれている。『三国史記』（新羅本紀）の炤知王（四七九〜五〇〇年）の九年条に、

春二月、置神宮於奈乙。奈乙は始祖初生之処也（傍点引用者）

とある。この始祖について末松保和は、金氏の始祖奈勿王（三五六〜四〇一年）と論証しているが、[14] この見解が通説である。この奈勿（nar）は太陽の意味があることは、末松保和[14]・今西龍[15]・前間恭作[16]が指摘している。奈勿も奈乙も同音だから、赫居世の生れた蘿井を奈乙という。新羅王の始祖について金石文や、『三国史記』『三国遺事』に星漢・勢漢・聖韓とあるから、木下礼仁は奈勿＝星漢とみて、星漢（pur-knan）の pur は「光」「火」「日」の意だから、星漢は「古代習俗のなかでひろく祭られていた『日神』」と書いている。[17]

このように新羅の始祖はわが国の天皇と同じ日の御子で、その始祖を祀った神社を、「神宮」と書き、わが国と表記は同じである。「神宮」のある場所を太陽の意味である「奈乙」と書くが、この「nar」が金氏の歴史上の始祖名「奈勿」や、伝説上の始祖「閼智」（ar-chi）になったのである。

新羅の始祖王「閼智」「ar-chi」の「ar」は、『三国史記』『三国遺事』では「卵」の意だが、新羅王の母と妃にこの名が多い。『三国史記』『三国遺事』によれば、閼英（始祖王の妃）、阿婁（二代目王の妃）、阿老（四代目王の妃）、愛礼（六代目王の妃）は、いずれも「ar」である。始祖王廟を祀った二代目王の妹は阿老であり、類似名に八代目王の妃の内礼、九代目王の妃の内礼、十一代目王の妃の阿爾礼がある。これらの王妃名について三品彰英は「司霊者は男性より女性を普通とする点からすれば、この名が王名より王妃名に多いこともまた充分に理解できる」と書くが、[18] 私は司霊者が女性に多いからではなく、女性こそ ar（卵）にふさわ

しいからと推測している。前述（二二八頁）したように鶏の卵を食べない村があることを述べたが、食べないのは神聖な神の物であったからだが、この地の人々の祖は新羅・加羅から渡来した人々である。加羅の始祖王の首露についても、『駕洛国記』は亀の「金卵」と書き、新羅の始祖王閼智は鶏卵である。三品彰英は卵生伝説の卵は「神霊の容器としての意味を持つ」と書き、「国語のたまごもたま（霊・魂）こ（籠・箱などの容器の意）であって、卵の内容は生命力そのものなるがゆえにたまと呼ばれた」と書く。しかし新羅・加羅の渡来人は卵を神聖視して食べないのは、特に卵に対する思い入れが、わが国より強かったからであろう。

　この卵生神話は秦氏が祭祀する木島坐天照御魂神社の場合は、この神社の境内社に養蚕神社があることが示している。折口信夫は「卵《たまご》」と「蚕《かいこ》」について、「かひは、密閉して居て、穴のあいて居ないのがよかった。其穴のあいて居ない容れ物の中に、どこからか這入って来るものがある、と昔の人は考へた。其這入って来るものが、たまである。そして、此中で或期間を過すと、其かひを破って出現する。（中略）其容れ物にうつほ舟・たまご・ひさごなどを考へたのである」と書いており[19]、「魂《たま》」の入った「児《こ》」が「卵《たまご》（魂児）」「蚕《かいこ》（殻児）」だから、木島坐天照御魂神社の境内社に養蚕神社があるのである。

　第六章の冒頭で書いたが池の中に三柱鳥居が立つのも、『古事記』（応神記）が書く新羅王子の天之日矛の妻は、アグ沼のほとりで日光が女陰を射して生れた「赤玉」の化成した子である。「白」でなく色は「赤」になっているが、この「玉」は卵であり、「アグ沼」は木島天照御魂神社の「元糺《もとただす》の池」であり、新羅の始祖王や王妃にかかわる「閼英井」「閼川」である。

　以上、さまざまな視点から秦氏の祀る天照御魂神社を、秦氏にかかわる韓国の新羅王の太陽祭祀との関連で検証した結果、天照大神以前の男神のアマテラス神の信仰に秦氏がかかわっている理由は、女神で皇祖神の天照大神以前の男神の「天照御魂神」信仰と、新羅・伽耶の日神信仰とが共通していたことによる。

難波の小郡宮での宮廷の日の出遥拝儀礼

新羅の王都慶州の川や聖地を基点として、聖山・聖地の冬至の日の出遥拝線を示したが、日本の宮廷の日の出遥拝儀礼と共通する。『日本書紀』大化三年（六四七）条に次の記事が載る。

　是の歳に小郡《をごほり》を壊《こほ》ちて宮営《つく》る。天皇、小郡宮に処して、礼法を定めたまふ。その制に曰はく。「凡そ位有《くらいたも》ちあらむ者は、要《かなら》ず寅の時に、南門の外に、左右羅列《つらな》りて、日の初めて出づるときを候《うかが》ひて、庭に就《ゆ》きて再拝《をが》みて、乃《すなは》ち庁に侍《はべ》れ。若《も》し晩《おそ》く参《まさ》む者は、入りて侍《はべ》ること得ざれ。午の時に到るに臨《のぞ》みて、鐘を聴きて罷《まか》れ（傍点引用者）。

「小郡」は天平宝字四年（七六〇）十一月の「東大寺三綱牒」に、摂津国西成郡美奴郷にある庄の四至を「東、小郡前西谷」と記しているから、『日本書紀・3』（小学館版）の頭注は「西成郡にあったことが分る」と書いている（執筆・直木孝次郎）。この小郡宮は、豊碕宮に至るまでの難波における過渡的な宮だから、この日の出遥拝は豊碕宮でも行なわれたであろう。日の出遥拝は小郡宮が最初ではない。わが国の古代王権の伝統儀礼であったことは、『隋書』倭国伝（「倭国」を「俀国」と書いている）に、

　使者言。俀王以レ天為レ兄、以レ日為レ弟。天未レ明時、出聴レ政。跏趺坐。日出便停二理務一、云委二我弟一。

からも言える。「使者言」とある使者は倭国から来た使者だが、この倭国の使者の発言に隋の文帝は「なん

と道理にはずれた発言か」と言って、使者を喩《さと》したと書いている。「天がまた明けぬうちに王宮に出て政事を聴き、日が昇ると政事をやめて、後は弟に委《ゆだ》ねた」と聞けば、隋の文帝でなくてもあきれたであろう。このように『隋書』に書かれたのは、有位者の日の出朝参の時、倭王も日の出遥拝をしたからであろう。「庭」でなく「殿」であったかもしれないが、その後、内裏に退き、有位者たちは庁に戻り職務についた。そのことが、倭王は未明に政事を聴き、日の出の後政事を弟に委ねたと、誤り伝わったのではないだろうか。

『日本書紀』の舒明天皇八年（六三六）七月条に、次のような記事がある。

大派王、豊浦大臣に謂《かた》りて曰はく。「群卿及び百寮、朝参《みかどまゐり》すること已《すで》に懈《おこた》れり。今より以後、卯《うのとき》の始に朝《まゐ》りて、巳《みのとき》の後に退《まかり》でむ。因りて鐘を以て節《ととのへ》とせよ」といふ。然《しか》るに大臣従はず。

このように日の出遥拝の「朝参」が乱れていたから、大化三年（六四七）に「小郡宮を懐ちて」難波宮造営を機会に、「朝参」の徹底化をはかったのであろう。『隋書』には大業三年（六〇七）に倭（俀）王の使者が来たと記すが、この記述は『日本書紀』推古天皇十五年（六〇七）七月条の小野妹子派遣記事と合う。使者の言に隋帝を「海西菩薩天子」（、印引用者）といい、倭使の国書には「日出処天子、致書日没処天子」とあったという（、印引用者）。「海西」に対し「海東」、「日没」に対して「日出」と書いたのは、対等の意識だが、この「対等」の意識に隋帝は怒ったのである。しかし日の出朝参儀礼を行なっている「倭王」としては、共に「日」にかかわる支配者として親密感をこめて国書に記したのであろう。しかし隋帝は日没の地の帝王とされたことに怒ったのだが、この倭王の文書からも、わが国の王が「日」、特に朝日・日の出に強い意識をもっていたことがわかる。

大化三年条の「小郡を壊《こほ》ちて宮営《つく》る」は難波宮の造営だが、高安山山頂から昇る冬至の日の出遥拝地は、難波宮では後の大極殿に発展する正殿の南門であった。難波の地での太陽祭祀と新羅の関係は、第十章でさらに詳細に述べるが、わが国の王朝でも冬至の日の出遥拝を行なっていた。藤原宮は五六頁掲載の図15で示したが、香具山・畝傍山の冬至・夏至の朝日・夕日の遥拝地に建てられているが、香具山に特に「天」が冠され「天香具山」と書かれているのは、この山から昇る冬至の朝日を拝する地に、天武・持統天皇は王宮を建てようとしたからであろう。

このような王宮設定の位置の思想は、前述した新羅の王都慶州の聖地設定意図と共通している。天照御魂神を秦氏が祭祀する理由は、本章以降でも書くが、秦氏は新羅に併合された伽耶系渡来集団で、新羅の信仰・文化・思想とかかわっている。拙著『秦氏の研究』で詳述したが、稲荷大社・宇佐八幡宮・松尾神社など著名な神社が、秦氏の祭祀する神社である。また次章で述べるが、天照大神高座神社という、「天照大神」の神社名を唯一『延喜式』神名帳で名乗る神社も、秦氏系氏族が祀っている。このような事実をくわしく述べることで、今迄誰も論じていない、わが国の神祇信仰の真相にせまっていきたい。

七章　天照大神以前の太陽信仰と関係氏族

天照大神高座神社の祭祀氏族の秦氏

『延喜式』神名帳の河内国高安郡に、

天照大神高座神社二座　並大。同次新嘗 元号二春日戸神一

とある。現在の所在地は大阪府八尾市教興寺字弁天山である。『延喜式』は延喜五年（九〇五）から延長五年（九二七）の二十二年間かけて成立しているが、この書の注記に「元の号は春日戸神」とある。『新抄格勅符抄』の大同元年（八〇六）の牒にも、「春日部神」とあり、『三代実録』の貞観元年（八五九）の条にも「春日戸神」とある。この神社は「大社」だが、『延喜式』神名帳は近くに所在する「春日戸社坐御子神社」を「小社」と書く。「春日戸（部）神」と「御子神」の関係だが、元の名は「春日戸（部）神」である。

岸俊男は『日本古代籍帳の研究』所収の「日本における『戸』の源流」で、「春日戸」の「戸」について詳細な論証をして、次のように書く。

帰化人安置の諸史料と、「――戸」がほとんど帰化系氏族に限られるという事実から、日本における最初の編戸制はまず朝鮮から渡来した人たちを一定地域に集団的に居住せしめる場合から始められ、そのような集団にまず「――戸」の称呼が用いられたのではないかと考えるのである。従来の「――部」は共同体的同族的結合の強固な集団であるが、「――戸」は渡来した個々の家族的集団の総括されたものであるから、「――部」共同体の支配とは異なり、「戸」というかたちで統括支配することが容易であったと思われる。(1)

岸俊男はこのように書いて、史料に載る春日戸を六例あげる。⑴春日戸村主広田。⑵春日戸比良。⑶春日部村主大田・春日戸村主人足。⑷春日戸刀自売。⑸春日戸村主広江。⑹春日戸神。

⑴〜⑷はすべて河内国高安郡居住で、同じ高安郡にある春日戸神社・春日戸社坐御子神社の祭祀氏族である。岸俊男も書くが「村主《すぐり》」であることからも、渡来氏族の春日戸氏が、春日戸神社と春日戸社坐御子神社を祀っていたのである。春日戸氏が韓国のどこからきたかは明らかではない。しかしこの神社の神宮寺が「秦寺」ともいわれていた教興寺であることから、春日戸氏が秦氏系氏族であることが確かめられる。教興寺について秋里籬里の『河内名所図会』（享和元年〈一八〇一〉刊）は次のように書く。

教興寺村にあり、一名、高安寺。（中略）当寺、いにしえは大厦にして、伽藍巍然と連《つらな》れり。初は秦川勝の建立にして、秦寺ともいふ。

さらに天照大神高座神社については、図68を示して、次のように書く。

元、春日戸神社と号す。教興寺村の東の山窟にありしが、今、弁財天と称し、教興寺の堂内に安す。神像あり、弘法大師の作といふ。長七寸《みたけ》。例祭、六月七日、此所の、生土神《うぶすな》とす。旧跡は山腹にして、巨巌巍々たり。一箇の岩窟を神殿として、前に扉鳥居あり。頗《すこぶる》、天岩戸ともいふべき岩窟なり。まことに、神代よりのすがたなるべし。

ところがこの地には、天平勝宝七年（七五五）三月二十七日付の「造東大寺司解」に、「仏工、無位秦祖父（年廿七、右京人）。鋳工無位秦船人（年卅三、河内国高安郡人）」とあり、高安郡には秦氏が居住している。

『続日本紀』宝亀十一年（七八〇）五月条に、「河内国高安郡人大初位下寺浄麻呂、高尾忌寸の姓を賜ふ」とある。『姓氏録』（河内国諸蕃）に高尾忌寸は「秦宿禰と同じ祖」とあるから、高安郡の寺浄麻呂は「秦寺」と呼ばれている教興寺にかかわる秦氏であったが、教興寺は神仏習合で天照大神高座神社の神宮寺になっている。寺氏が高尾忌寸を名乗るのは、秦寺（教興寺）の南三キロ弱の地に高尾山（二七七・八メートル）があるからである。天照大神高座神社や秦寺（教興寺）のある高安郡と高尾山のある大県郡《おおあがた》は、郡が違うが四キロ以内にある。

高尾忌寸以外に『姓氏録』（河内国諸蕃）は大里史を「太秦公宿禰と同じ祖」と書くが、大県郡の郡家の所在地が大里郷で、この地も高尾山の西麓である。

図68 『河内名所図会』の天照大神高座神社

また『続日本紀』宝亀八年（七七七）四月十四日条に、河内国大県郡の正六位上赤染人足ら十三人が、「常世連」になったという記事が載る。この赤染氏が秦氏系氏族であることは、平野邦雄が「秦氏の研究（一）」で詳述している。(2) このように秦氏・寺氏（高尾忌寸）・大里史・常世連（赤染氏）ら秦氏系氏族の寺が、秦寺（教興寺）であり、この秦寺境内に江戸時代には天照大神高座神社（春日戸神社）があったことからみて（当時は神仏習合であったから「弁財天」が天照大神高座神と同体として祀られていた）、秦氏の祀っていた神社であることは確実である。

山城国愛宕郡は葛野郡と共に秦氏の居住地だが、愛宕郡の神亀三年（七二六）の「出雲郷雲下里計帳」には「春日部主村麻夜売」が載り、『姓氏録』（山城国未定雑姓）に「春日部主寸《かすかべすぐり》」が載る。岸俊男[1]・佐伯有清[3]は春日部村主→主村→主寸になったと論証しているが、「村主《すぐり》」は新羅系渡来氏族を証す。山城の春日部主寸を「姓氏録」は「津速魂命の三世孫」と書くが、同じ山城国未定雑姓に「大辟　津速魂命の後なり」とある。佐伯有清は大辟氏は山城国太秦の大辟（酒）神社と関係があるとみるが[3]、大辟神社は秦氏が祀る神社である（そのことは『秦氏の研究』で詳述した）。したがって春日部村主も春日戸氏と同じに秦氏系渡来氏族である。

このように秦氏は「天照御魂神」だけでなく、「天照大神」を冠する神社も祭祀しているが、この事実はまったく無視されている。私も前著『秦氏の研究』では欠落していた。

天照大神高座神社と同一神を祀る多神社

『延喜式』神名帳の大和国十市郡のトップに、

多坐弥志理都比古《みしりつひこ》神社二座　並名神大。月次相嘗新嘗

とある。この神社は一般に「多神社」と呼ばれている。現在の所在地は奈良県磯城郡田原本町多《おお》である。

『多神宮注進状』（久安五年〈一一四九〉三月十三日に多神社の禰宜従五位下多朝臣常麻呂が国司に提出した公文

書）は祭神について、

大宮二座
珍子賢津《ウツノコサカツ》日霊《ヒコ》神尊　皇像瓊玉坐
天祖賢津日《アマツオヤサカツヒ》霊《メ》神尊　神物圓鏡坐

と書く。このヒコ・ヒメ神を「水《ミ》火《ヒ》知男女《シリヒコヒメ》神」と本文で書くから、水《ミ》知男《シリヒコ》神が神名帳の弥《ミ》志《シ》理《リ》津《ツ》比《ヒ》古《コ》神になったのである。『大和志料』の著者斉藤美澄は『多神宮注進状』や『和州五部神社誌』を読んで、次のように書く。

天忍穂耳尊　即水知津彦命
天疎向津媛尊　即火知津彦命
｝神名帳曰　多坐弥志理津彦二座是也

このように書くのは、『多神宮注進状』を書くときに参考にした社伝の文書、「社司多神命秘伝」を『注進状』が引用しているからだが、その文書に次のような記事が載る。

珍子《うつのみこ》賢津日霊者天忍穂耳命。河内国高安郡春日部座宇豆御子神社同体異名也。天祖《あまつおや》賢津日霊神者天疎向津姫命。春日部座高座天照大神之社同体異名也。

「天祖賢津日《あまつおやさかつひ》霊《め》神」は「天疎向津姫命《あまさかるむかつひめ》」と書かれているが、この神は伊勢の人々が昔から祭祀していた本来の日女《ひるめ》神だが、その論証は本書全般の記述で示す。「天疎向津姫命」については鈴木重胤の『日本書紀伝』は天照大神荒魂説をとり、岩波書店版・小学館版の『日本書紀』の頭注者も同見解だが、平安時代末の『多神宮注進状』は、天照大神の荒魂でなく別名とみている。「天照大神」という神名を用いずに、「天疎向津媛命」を用いたのは、当時は「天照大神」を祭神と主張できなかったからである。そのことは「高座天照大神之社同体異名也」と書いて、「同体」だが神名は「異名」と書いている事からもいえる。平安朝前期の『延喜式』の神名帳には「天照大神高座神社」と「天照大神」が明記されているが、多神社の祭神も「天照大神」と書いているが、平安朝後期になると大和国の国司に提出した公文書には、皇祖神と同じ神名の「天照大神」とは書けず「同体異名」にしたのである（『延喜式』の時代から二五〇年近い後代に『多神宮注進状』は書かれている）。

多神社は御子神つまり日の御子を主神とした二座だが、河内の「同体異名」の神社は母神と御子神（春日戸社坐御子神社）は別々の二社になっている。この相違だけでなく、河内の神社は「天照大神」を冠しながらも、「大社」だが、多神社は「名神大社」で格式では最高の神社である。「名神大社」になっている理由の一因は多氏の始祖の出自にある。『記』『紀』は共に多氏の始祖を神武天皇の皇子の神八井耳命と書き、神八井耳命は皇位につくべき嫡子であったが、弟に二代目天皇になるようにすすめて、自分は「マツリゴト」のうち、「政事」ではなく「神事」に専念すると言ったと、『記』『紀』は書き、神まつりに専念した氏族が祭祀しているから名神大社なのである。漢字表記は「多」「太」「意富」だが、「多」「太」などの表記は特別である。このオホ氏が秦氏と結びつきが強いことは、拙著『秦氏の研究』で述べたが、代表例を五つあげる。

一、多神社の所在地の多の地はかつて多村といわれていたが、この村には秦庄があり（現在は田原本町秦庄）、現在も「秦」を名乗る人々が多数居住する。

二、『新撰姓氏録』山城国諸蕃の秦忌寸条に、秦公酒が雄略天皇に、全国に分散している秦の民を招集したいと願い出たので、「天皇、使《つかい》、小子部雷《ちいさこべいかづち》を遣し、大隅、阿多の隼人《はやと》等を率て、捜括鳩集《まぎあつめ》しめたまひ、秦の民九十二部、一万八千六百七十人を得て、遂に酒に賜ひき」とあり、秦の民を集めたのは小子部雷とあるが、『古事記』は小子部氏は太氏と同族と書く。多神社の近くに『延喜式』神名帳は「大社」の子部神社を載せているが、全国に散らばった秦の民は、オホ氏系氏族が集めている。

三、『姓氏録』（左京皇別）に「薗部」と「火」氏が、「多朝臣と同じき祖、神八井耳命の後なり」とあるが、この両氏は宮廷の園・韓神祭の園神・韓神の神楽舞の庭火・湯立舞に奉仕する秦氏系氏族だが、宮廷神楽に多氏は「人長」として奉仕していたから、多氏系に入ったのである（詳細は拙著『秦氏の研究』五六八頁参照）。

四、楽家多氏が伝えていた曲を秦氏が相伝していたことを、「鳳凰笙師相伝」所収の採桑伝相伝は、次のように記す。

多公用――多好茂――多正方――多節賢――多資忠
　　　　　　　　└―秦公信――秦公貞――多近方

この多氏は右近衛将監だが、秦公信は天王寺舞人である（この系譜は「扶桑老」という曲の相承系譜で血統ではないが、平安時代に入っても、オホ氏と秦氏は宮廷歌舞で密接に結びついていたことは、拙著『秦氏の研究』『新版・古事記成立考』で論証した）。

五、かつての多村の秦庄には「秦楽寺」がある。林屋辰三郎は秦楽寺と多氏の関係について、「多村（現・田原本町）には多氏の祖神をまつる多神社があり、古く楽戸郷として知られた杜屋郷の秦楽寺もまた多村秦ノ庄に存している」と書いて(4)、両氏の密接な関係を強調している。

このような多と秦の両氏の密接な関係は、太陽信仰において秦氏が「天照御魂神」「天照大神高座神」を祭祀している事と、多氏が神祇氏族で、特に日神祭祀にかかわることと連動している。『多神宮注進状』が示しているように、多神社の祭神は、日女《ひるめ》（日妻）と日の御子である。

多神社は三輪山から昇る太陽祭祀の聖地

多坐弥志理都比古神社の「ミシリツヒコ」は、前述したように、天照大神の子の「天忍穂耳命」で「珍《うつ》子《のこ》」である。そして「天祖《あまつおや》」が「天疎向津媛」だが、この「天疎向津媛」については、『日本書紀』の神功皇后紀は、「撞賢木《つきさかき》厳之《いつの》御《み》魂《たま》天疎《あまさかる》向津媛《むかひつひめ》命」と書き、この長い名の神を伊勢神宮の祭神と書く。伊勢神宮の神体は「八《や》咫鏡《たのかがみ》」だが、この鏡と共に「心御柱《しんのみはしら》」も神体である。「神」を「柱」というから、「心御柱」は古くからの神体だが、日神だから新しく「八咫鏡」も神体に加わったのである。「心御柱」を意味する「撞賢木厳之御魂」が、「天疎向津媛命」に冠されているのは、「八咫鏡」の神名の天疎向津媛命に対して、「心の御柱」の神名が「撞賢木厳之御魂」であったからであり、神体を神名にしたのが神功皇后紀の神名である。この「天疎向津媛」という神名は、天の日神から離れた所に居て（天疎）、日神に向っている姫（向津媛）の意であり、この神名は形代の「鏡」と合う。このような神名からみても、日神と聖婚する日女・日妻が天疎向津媛である。

図69は多神社が所在する場所である。多氏の始祖に関する記述は、『古事記』も『日本書紀』も一致しており、神武天皇の皇子で皇位継承者であったが、二代目の皇位を弟に譲り、神祭《かみまつり》に専念したとある。多の地

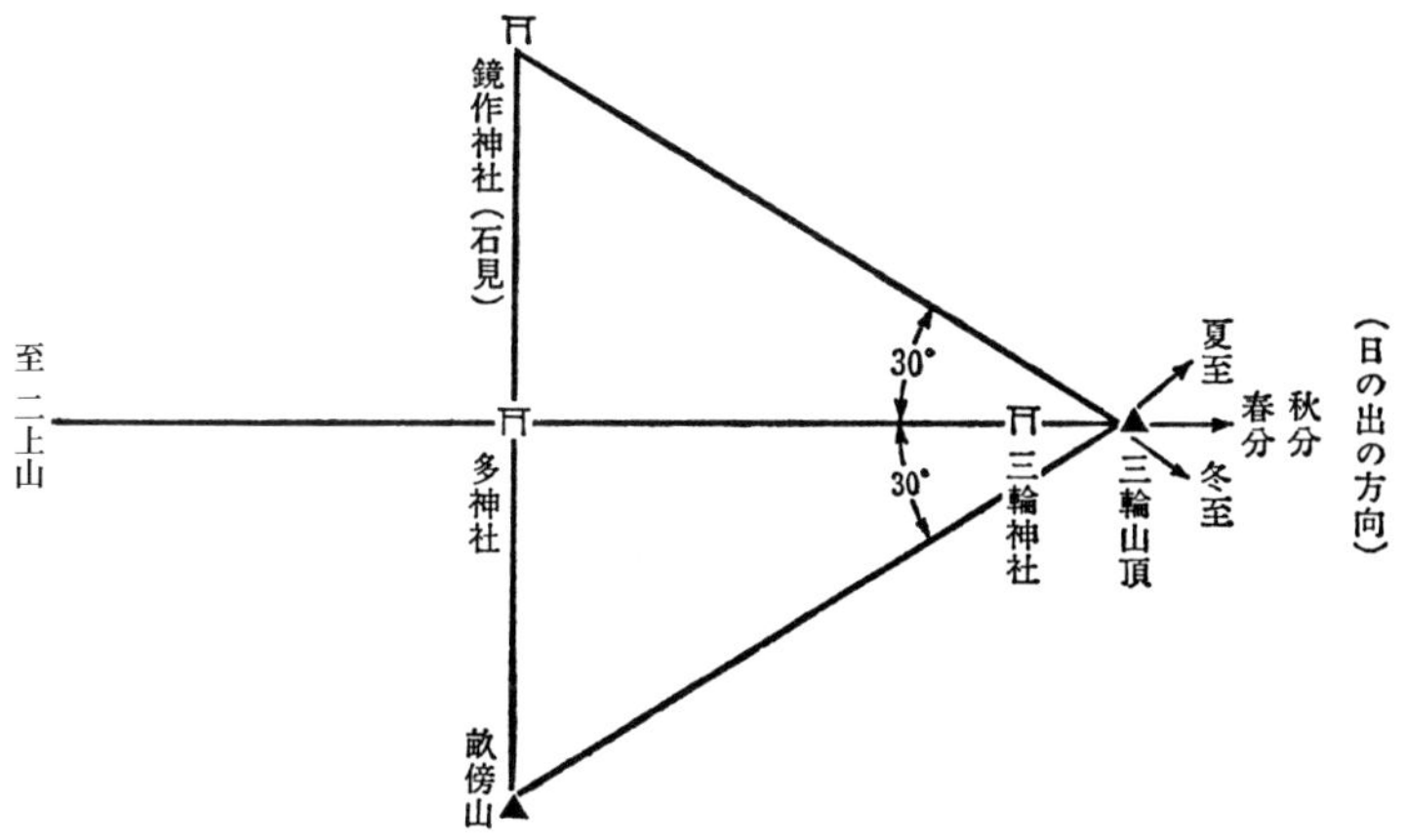

図69　多神社が所在する場所

は三輪山から昇る太陽を真正面から拝する位置にある。そのことは考古学者の発掘調査からも証される。

昭和四十七年、多神社の裏の飛鳥川の築堤工事中に、境内から縄文時代のヤジリ・石斧などの石器や、弥生時代の土器、さらに古墳時代の土師器・須恵器などが大量に出土した。翌四十八年の同志社大学の調査の際にも、弥生・古墳時代の祭器が出土している。五十三年から五十六年にかけて橿原考古学研究所が発掘調査を行なったが、弥生時代（前期～後期）から古墳時代（中期末）の出土遺物は、祭祀的性格の強いものであった（『奈良県遺跡調査概報・一九七八年度』）。

また、橿原考古学研究所編の昭和五十六年度の『奈良県遺跡調査概報』は、五十三年から継続した調査の結果について、「最近の調査結果を総合すると弥生時代前期～古墳時代後期に至る大遺跡となることは、ほぼ確実となった。（中略）これより東北約三キロメートルに位置する田原本町遺跡に優るとも劣らない遺跡であることが判明した成果は多大であった」と書いている。

さらに、昭和六十一年に橿原考古学研究所が発掘調査した速報展『大和を掘る』によると、「弥生時代前期の環壕としては、全国で最大規模」の「南北約三五〇メートル、東西約三〇〇メートル」の環濠集落が発見されている。また、「古墳時代では四C中頃～五C後半をピークに七Cまでの遺構が検出されているが、とくに六〇を越える布留三～四式期の上坑や井戸は小型精製土器の一括品や異形木製品などを含み、きわめて祭祀的色彩が濃厚である。また、これに続く初期須恵器や韓式系土器、方形区画等々とその内容は膨大かつ多彩である」と述べている。

布留三～四式期は四世紀末であり、韓式形土器や初期須恵器は四世紀末から五世紀中頃に伝来しているから、この事実からみてもこの飛鳥川の川辺の地は古代祭祀場であったことは確かである。そのことは多神社の鳥居は神社の正面でなく、神社から離れた場所にあり、その鳥居の中に三輪山がすっぽり入り、三輪山祭祀の鳥居であることが証している。

和田萃は「奈良盆地の中・南部、いわゆる国中《くんなか》に住んでいた者の実感として、明け方の三輪山の山容と夕日を浴びた二上山の姿は、実に印象的である。現代人である我々ですら、何かしらこの二つの山に神々しさを感じる。こうした実感は、私のみならず国中に住む多くの人々に共通したものであろう」と書く(5)。和田萃が書く大和の「国中《くんなか》」で三輪山から昇る朝日と、二上山に落ちる夕日を拝する最適の地が多神社が鎮座する地であった。かつては二上山に落ちる夕日を拝する鳥居もあり、この地は三輪山と二上山の朝日・夕日の遥拝の聖地であった。

日神・天皇霊の宿《やど》る御諸《みもろ》山と日向神社

大和の三輪山について『記』『紀』を検証すると、「三輪山」表記は新しく、古くは『日本書紀』を検証すれば、御諸《みもろ》山（三諸山・三諸岳・三諸之岳）と書いており、三輪山（美和山）表記より御（三）諸山表記が多い。

『日本書紀』垂仁天皇二十五年三月条に、大和の地で天照大神を祭祀していた倭姫は、天照大神を伊勢へ遷したと書く。この記事については延暦二十三年（八〇四）に伊勢皇大神宮宮司大中臣直継が神祇官に提出した『皇太神宮儀式帳』は、天照大神は「美和乃御諸宮」で奉斎されていたが、垂仁天皇のときこの宮から宇太《うだ》・伊賀・淡海《おうみ》・美濃をめぐって伊勢に移ったとあり、天照大神は大和の御諸山で祀っていたと書かれている。『倭姫命世記』（一二八〇年代に伊勢神道の経典として書かれた神道五部書の一つ）も、「倭弥和《やまとみわ》乃御室嶺上宮」で倭姫が天照大神を二年奉斎し、その後、各地を巡って伊勢に遷座したと書く。

九世紀初頭の文献が、三輪山で「天照大神」という日神を祀っていたと書くのは、御諸山で男神の日神を祀っていたからで、この日神を女神の天照大神に変えたのである。男神の日神は『延喜式』神名帳に「大社」として載る「神坐日向《みわにいますひむかい》神社」の祭神である（「日向」というのは伊勢に向っていることをいう）。『倭姫命世記』は「嶺上宮」と書くが「嶺上」は山頂である。日向神社も山頂の「神の峯《こう》」に坐すと、江戸時代の文献（『大和志』『大和名所図絵』『神名帳考證』）は明記している。しかし、明治新政府は三輪山山頂から日向神社を、三輪山山麓に移すように命じた。現在は山麓の高宮垣内（通称「御子の森」）に鎮座するが、この移動命令は、神社行政にかかわる官僚たちの発想による。

このような日向神社の扱いに対し明治十八年九月に、大神神社宮司の松原貴遠は内務卿山県有朋に、山麓に日向神社を祀るのは間違いという文書を出した。日向神社は「古来本社神体山絶頂ニ坐シテ」いたのだから、日向神社の所在地を三輪山山頂にしてほしいと、その文書に書いたが、社寺局長はこの申し出を理由もつけずに却下したが、理由は国つ神の代表神大物主神の鎮座する三輪山山頂で、皇祖神の日神を祀らせるわけにはいかなかったからである。しかし文永二年（一二六五）に大神家次《おおみわいえつぐ》が書いた『大神分身類社鈔』は、山麓の「三輪神社」を「三輪下神社」と書き、山頂に「三輪上神社」があると書いているから、現在の山麓の大神神社は三輪神社の下社にしかすぎず、「日本大国主命《ひのもとおおくにぬしのみこと》」を祀ったと書く山頂の「三輪上神社」が本社だったのである。

元永二年（一一一九）に山田首積善が書いた『大神崇秘書』には、

高宮亦曰二上宮一ト、在リ二三輪山峯青垣山一、無二神殿一有リ二大杉一稱二神杉一ト是也。神名帳云大神坐日向神社一座、一所日本大國主命也。孝昭天皇御宇御鎮座也、天皇元年四月何日上卯前夜半、峯ノ古大杉上ニ有リ下如キ二日輪一ノ之火氣上放テレ光照スレ山ヲ、其曉神天降リ宮女ニ託宣シ謂フ我レハ日本大國主命也、今遷リ二來レリ此國一ニ也。

とある。三輪山の山頂の大杉に降臨した光り輝く日輪を、「日本《ひのもと》大国主命」と書くのは、三輪山の神が大国主神（大物主神の別名）だから、それに「日本《ひのもと》」をつけることで日神としたのであろう。そのことは、『大神崇秘書』より百年ほど後に、叡尊が書いたといわれている『三輪大明神縁起』に、三輪大明神は、

於二天上御名一天照也

とあり、「天照」の神と同体異名になっていることからいえる。さらにこの日神は、

　　於二大和國三輪山一者大神大明神申、於二伊勢國神道山一者申二皇大神一

とあり、大和の三輪山と伊勢の神道山にわかれて祀られたと書いている。しかし「大神《おおみわ》大明神」は男神である。男神の日神がなぜ女神として祀られているのか。理由は伊勢の日神（興玉神）も男神であり、天疎向津媛は日神の日女、日妻であったからである。『古事記』は三輪山の神大物主神の登場を、「海を光《てら》して依り来る神」と書いている。海からあらわれた神は、「吾をば倭の青垣の東の山の上に拝《いつ》き奉《まつ》れ」と告《つ》げたと書く。「東の山の上に拝き奉」られている神社は、日向神社であって現在の山麓の大神神社ではない。『日本書紀』（一書の六）は大物主神は「日本《やまと》の国の三諸《みもろ》山に住まむと欲《おも》ふ」と言ったと書く。『日本書紀』の「日本」は表記はすべて日本国名として書くが、この三輪山に関する「日本」のみ「大和国」をいう。大和国を「日」の「本」の国とみたからである（理由については拙著『日本書紀成立考』で詳述した）。

　山尾幸久も日神祭祀が三輪山で行なわれていたことを述べているし(6)、和田萃も神坐日向神社の例をあげ、三輪山は「日神祭祀の祭場であった」と書き(5)、前川明久も「三輪山の本来の神格は日神であった」と述べている(7)。「海を光して依り来る神」の「海」は伊勢の海で、依り来た日神が三諸山山頂に鎮座したのであり、三輪山の神は本来は日神である。日神を祀る神社を「日向神社」というのは、三輪山山頂で拝する朝日が伊勢の方向から昇るからである。したがって「日向《ひむか》」の御諸山から、「日本《ひのもと》」の伊勢へ移ったという伝承が作られたのであろう。

『日本書紀』崇神天皇四十八年正月条には、日継ぎの皇子をきめる夢占で、天皇は「自ら御諸《みもろ》山に登り」、

皇太子の決定に「御諸山」の神意をうかがっている。このように「三輪山」でなく「御諸《みもろ》山」と書かれている山は、天皇霊の宿る山であった。

『日本書紀』敏達天皇十年閏二月条に、捕えられた蝦夷の将綾糟《あやかす》らは、「泊瀬《はつせ》の中流《かはなか》に下《おり》て、三諸岳《みもろのをか》に面《むか》ひて、水をすすりて」今より子孫代々天皇に服従すると「盟《ちか》った」と書く。「天地《あめつち》の諸《もろもろ》の神及び天皇の霊《みたま》」のこもった山が「ミモロ山」だから服従を誓ったと書いており、「ミワ山」とは書いていない。崇神紀や敏達紀の「ミモロ山」は、地祇・国つ神の代表神で、タタリ神で雷神・龍神と見立てられている神でなく、「天皇霊」の宿る山と見られ、「ミワ山」でなく「ミモロ山」と書き分けられている。この山名表記の違いに注目すべきである。三世紀後半から四世紀代の天皇陵・皇后陵といわれている巨大古墳は、御諸山山麓とその周辺に密集しているのだから、この山に天皇霊が宿ると書くのは当然といえる。

六世紀後半の敏達天皇の時、蝦夷の将が天皇に服属を誓う儀礼として、天皇霊の宿る御諸山に誓っているが、敏達天皇の百済宮は所在不明だが、先代の欽明天皇の磯城金刺宮は、御諸山々の桜井市金屋付近であるから、御諸山に天皇霊が宿るといわれていたのは当然であり、崇神紀の記事は伝承だが、敏達紀の記事は事実であろう。この御諸山が「三輪山」と書かれて国つ神の代表神の宿る山になっていくが、本来は天皇霊つまり皇祖神・日神の宿る山であったから、山頂に日向神社が所在していたのである。「天皇霊」とは日神の霊でもある。

二つの「日向《ひむか》」神社と「春日《かすが》」の地名と神社

文永二年（一二六五）に全国に所在する大国主神の分身類社百九十六社について、『古事記』『古語拾遺』『延喜式』『風土記』六国史、旧家の所伝、神社記録、各地の伝承などを取り入れて大神家次が編纂した『大神分身類社鈔』には、三輪神社は上社と下社の二社があったと記す。

三輪下神社三座　城上郡。神名帳云　大神大物主神社三垂。名神大、月次、相嘗、新嘗。
中座　大己貴命之幸魂　神体磐石
左座　大物主命幸魂神体円鏡
右座　櫛甦玉命奇魂神体甦玉

三輪上神社一座　神名帳云　神坐日向神社一座。大、月次、新嘗
日本大国主命　神体杉木
孝昭天皇御宇　来㆓臨于此処㆒焉

小川光三は『大神分身類社鈔』に、「三輪下神社三座」（神名帳は「一座」とある）とあることと、「古来一社の神秘なり」といわれている「三ツ鳥居」について注目し（三ツ鳥居は形が違うが秦氏が祭祀する木島坐天照御魂神社「三柱鳥居」といわれており、第五章で述べたが、三方向に向く鳥居は三輪神社の例とたった二例のみ）、三ツ鳥居の祭祀方向として次頁に図70の絵を示す。しかし三ツ鳥居の現在地ではこの方位に昇る日の出は拝せない。小川光三は春日神社の地に三ツ鳥居があったと推測して次頁掲載の図71を示す(8)。

図70　かつてあった大神神社の三ッ鳥居

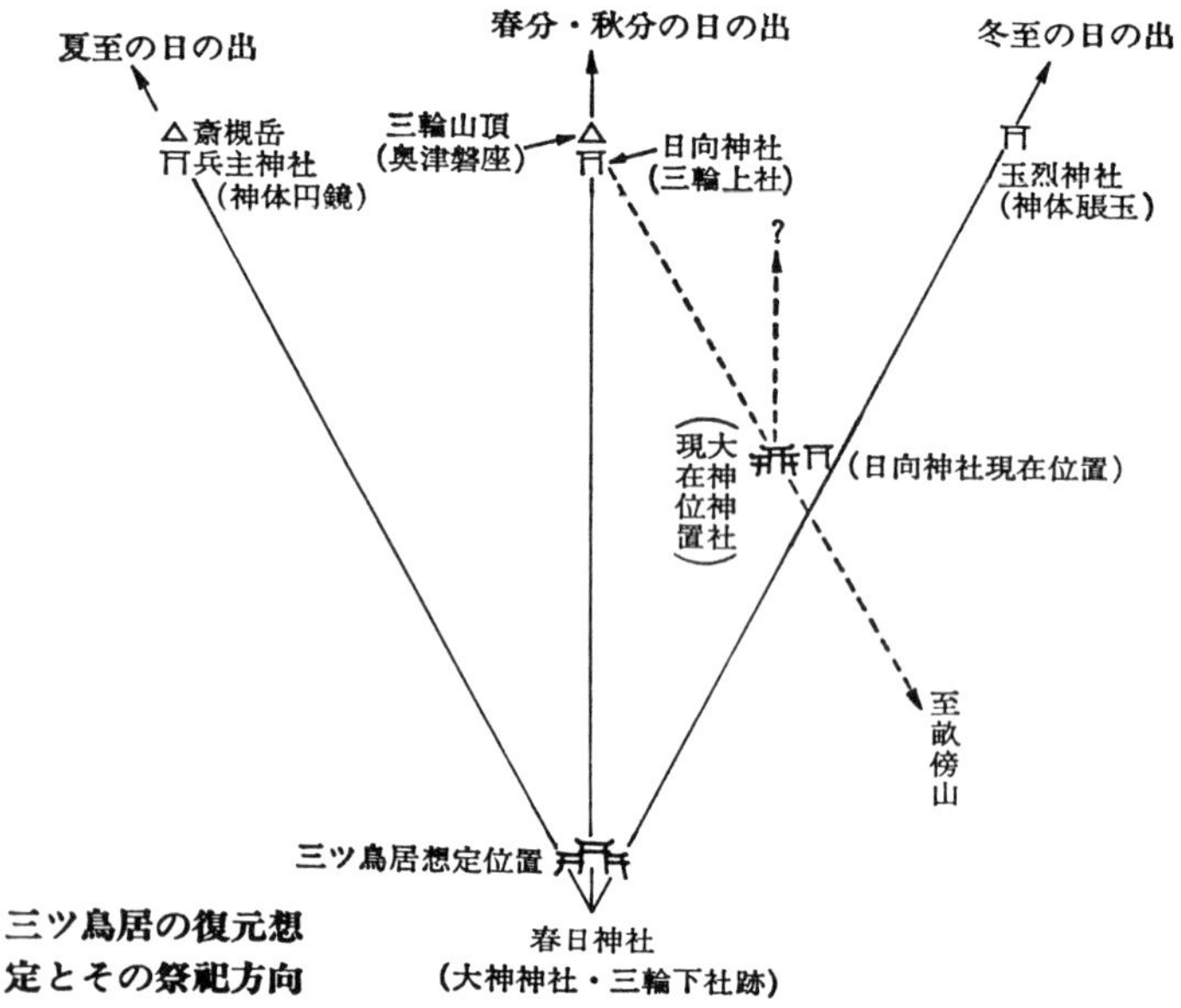

図71　小川光三が示す三ッ鳥居の日の出方位

この図によれば、夏至の日の出方位を「斎《ゆ》槻《つき》岳」の兵主神社と書くが、「斎槻岳」は「弓月岳」のことである。冬至の日の出方位の玉烈《たまつら》神社は三輪山南山麓にある式内社で、三輪神社の摂社だが、社殿は小高い位置に南面し、三輪山頂を礼拝する位置にある。この神社は「神体琚玉」とあるのに対し、弓月岳の兵主神社は「神体円鏡」とあり、日神祭祀にふさわしい神体である。穴師坐兵主神社の跡地は、ほぼ四〇メートル四方の平地で、地元の人たちは「夏至の大平《おおたいら》」と言っているが、春日神社から夏至の日の出が拝されるから、この地名がついていることからもみても、弓月岳の兵主神社と三輪山祭祀の関係が無視できない。

　小川光三は三輪山頂の日向神社と春日神社を結ぶ線が、多神社に至ると書いているが(8)、久安五年（一一四九）に国司に提出した『多神宮注進状』は、二代天皇（綏靖天皇）の時、「当国春日県《かすがのあがた》後改メテ市県トス」に「神籬磐《ひもろぎいわ》境《さか》ヲ起シ立テ、皇祖天神ヲ祭祀シ、幣帛ヲ陳シ祝詞ヲ啓ス」と書き、崇神天皇の時「社地ヲ号《ナヅ》ケ太郷ト曰《イフ》、天社ノ封ヲ定ム。神地ノ旧名春日宮、今多神社ト云フ」と書いて、旧名を「春日宮」と書いている。三輪下神社が「春日神社」といわれているのは、「下」とあるから「上」の神社を意識しての「下」である。ところが「上」の神社は「神坐日向《みわにいますひむかい》神社」だから、「春日神社」の「春日」は春分の日の太陽祭祀を意味する。したがって日向神社の真東にあり、さらに真東の飛鳥川畔に「春日宮」の多神社が鎮座するのである。

　私の古代史関係著作としては最初の著書である『日本古代試論』（一九七四年刊）で、「春日宮」の多神社と春日大社のある三笠山の関係を、次のように書いた。

　三輪山頂から真西に線を引くと茅原、春日神社、多神社が線上に並ぶ。春日神社の場所は狭井川と三輪山頂から真西に引いた直線が交るところにある、狭井川は古代から禊ぎの川として神聖視されていた。

ところがこれと同じことが三笠（蓋）山にもみられる。三笠山の山麓、三輪山の茅原にあたる場所を浅茅原といい、この地は東大寺四至図による神地である。今春日大社がある。三笠山頂から真西に線を引いて率川と交わるところに率川神社があるが、率川を古くは狭井川といった。三輪の狭井川と交わる所に春日神社があるのと同じ位置に率川神社がある。そしてオホ神社の位置に三笠山の場合天神社があり天照大日霊命を祭る。多神社も天祖聖津日《あまつおやさかつひ》霊《め》を祭るが、『多神宮注進状奥書』ではこのサカツヒメは「天疎向津《あまさかむかつ》姫命、河内春日部座ス高座《たかくら》天照大神之社と同体異名也」とある（傍点引用者）。

三輪山の真西の神社も、三笠山の真西の神社も、アマテルノ神を祭っている（このアマテルは皇祖神になる前の日神である）。つまり三輪山・三笠山から昇る太陽を拝する場所が多神社であり天神社なのである。両神社は南北に約十六粁ほど離れて一直線につながっている(9)。

このように一九七四年刊の『日本古代試論』（大和書房刊）で書いたが、この二つの山に式内社の日向神社が鎮座していることを欠落していたので、一九八九年に刊行した『神社と古代王権祭祀』（白水社刊）では、「神坐《みわにます》日向神社・大和日向神社」と題する論考を書き、**図72**を載せた。小川光三は春日の日向神社について、「奈良春日大社の社伝によると、この社の遷宮は神護景雲二年（七六八）とされている。しかし続日本紀や万葉集、正倉院に遺る東大寺四至図等によってその以前より御蓋山の祭祀が行われていたことは広く知られているが、この山もまた三輪山と同様日の出の信仰につながるものであることは、春日曼荼羅に多く描かれている御蓋山頂にかかる日輪の図によって明らかである(10)」と書いている。

春日大社の地にある日向神社は、今は茨城県の鹿島神宮を遥拝するための神社といわれている。しかし日

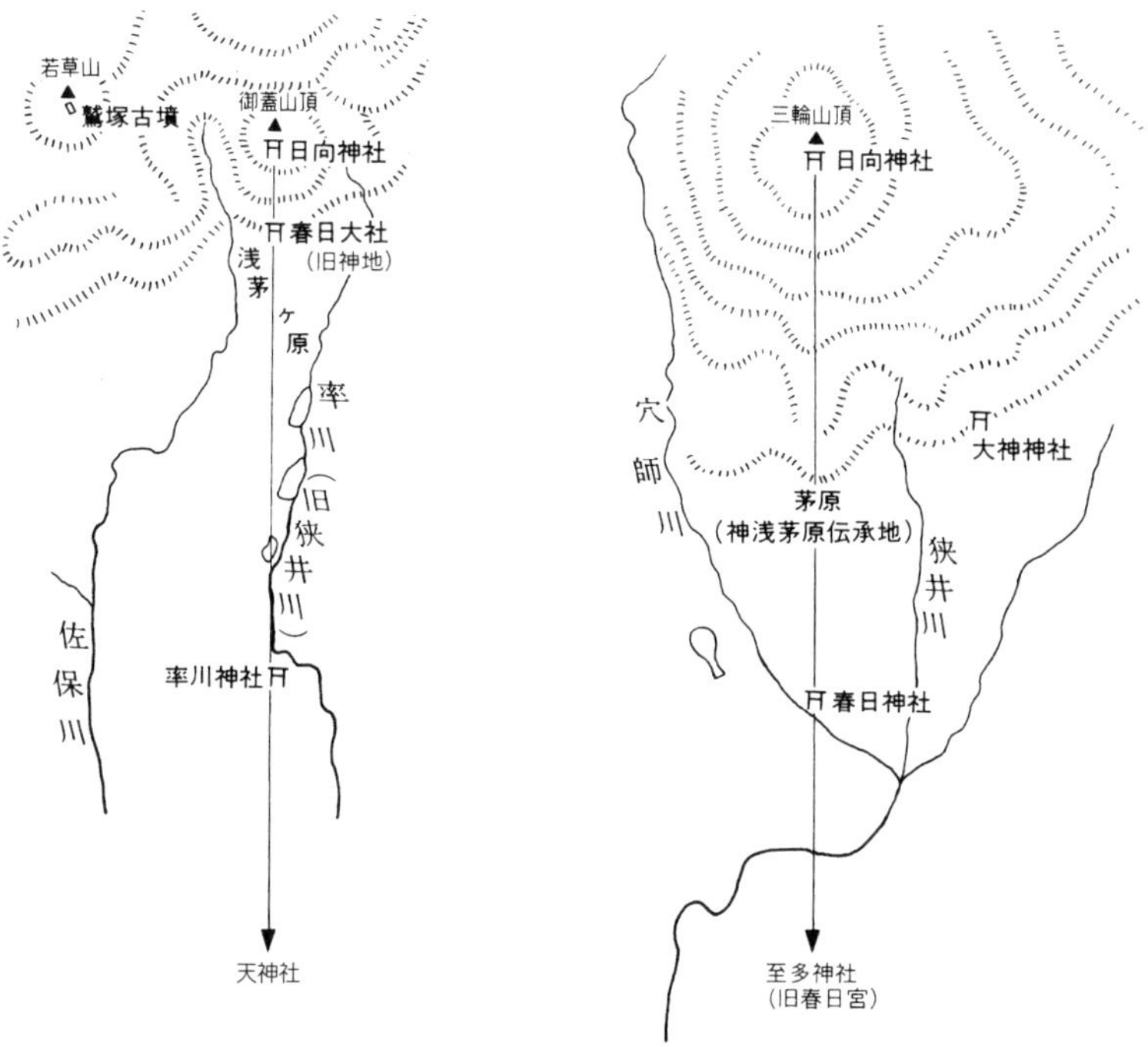

図72　三輪と春日の日向神社に対応する二つの春日神社

向神社の神殿は西北西に面し、その前面に、ほぼ正方形の周囲を石積みで囲った祭祀場がある。この祭場から神殿を拝せば、その方位は、ほぼ東南東の冬至日の出方向・伊勢の方向であって、鹿島の方向（東北東）とは逆であり、三輪の日向神社と同じに東の伊勢から昇る日の出遥拝の神社が、本来の日向神社である。

三輪山山頂の冬至の朝日を拝することができるのは、石見の鏡作神社の地だが（一九四頁参照）、三笠（蓋）山の場合、それに相当する場所に東大寺がある。三笠山が東大寺造営に際して意識されたことは、東大寺の大門（東門）を通して三笠山の山頂から昇る日の出が拝せるからだが、三笠山の山頂にある日向神社の神殿方位は、伊勢に向いており、伊勢神宮――日向神社――東大寺山門となる。聖武天皇の勅命で東大寺を創建した良弁を「金鷲」というが、東大寺の前身の金鷲寺は、東の山の三笠山にあった（『日本霊異記』中巻・第二十二）。村山修一は『東大寺要録』の『大神宮禰宜平日記』にもとづいて、「（本地）盧舎那仏＝大日如来＝日輪＝天照大神の思想が発現し、これが大仏造立の根本理念とされたことを知るであろう」と、『三輪流神道の研究』の序説で書いている。(11)

このように三輪と春日の地の日向神社は、伊勢を意識しているのは、社名が示すように日の昇る方向に「向う」神社だからだが、三輪の日向神社はオホ氏系氏族、春日の日向神社は春日氏を代表するワニ氏系氏族が、古くから祭祀していた。ところが、春日・小野を名乗るワニ氏系も、多（太）・小子部を名乗るオホ氏系も、古くは共に「仲臣《なかつおみ》」と言っていた。この事実も太陽信仰の考究にとって重要な意味があるから、次に「仲臣」について書く。

「仲臣《なかつおみ》」であった多氏と春日氏

大和国の式内社の日向神社は、三輪と春日の山にあり、この山の春分の朝日を遥拝する聖地（祭祀場）に、それぞれ春日神社があったが、三輪山祭祀の春日の地の神社は多神社になった。平安時代に大和国の国司に提出した『多神宮注進状』は、成務天皇の御代まで「仲臣」と言い、神社を「春日宮」と言っていたと書く。『新撰姓氏録』（右京皇別）の多朝臣と同族の島田臣の条には、成務天皇の御代に尾張国の島田上下の二県に派遣された「仲臣子上《なかつおみねかかみ》」が、悪神を討伐したので、「仲臣」を改め、「島田臣」という姓を賜ったとある。

『古事記』はオホ氏系氏族として神武記に、「常陸仲国造」を記す。オホ氏が仲臣であったから、常陸の仲臣の国造の意味で「常陸仲国造」と言われている。

『日本書紀』は二代目の綏靖天皇即位前紀で、皇位をめぐってオホ氏の祖の神八井耳命と異母兄の手研《たぎし》耳命が争った時、神八井耳命が弟に代って異母兄を討ったので、武勇において弟より劣ることを知ったオホ氏の祖は、皇位を弟に譲って、次のように言ったと書いている。

「吾《われ》は是乃《これいまし》の兄《え》なれども、懦弱《をぢな》くして果《なり》を致《いた》すこと能《あた》はず。今し汝《いまし》特挺《すぐ》れて神武《たけ》くして、自《みずか》ら元悪《あた》を誅《つみな》ふ。宜《うべ》なるかも、汝の天《たかみ》位《くらい》に光臨《のぞ》みて皇祖《みおや》の業《わざ》を承《う》けむこと、吾は汝の輔《たすけ》と為《な》りて、神《あまつかみ》祇《くにつかみ》を奉典《まつ》らむ」とまうす、是即ち多臣が始祖《はじめおや》なり。

『古事記』は神八井耳命の発言を次のように書く。

「吾者《われは》仇《あた》を殺す能《あた》はず。汝《いまし》命《みこと》既《すで》に仇を殺し得たまひき。故、吾は兄にあれど上と為《な》る宜《べ》くあらず。是を以《も》ちて汝命、上と為りて天《あめの》下《したしらしめ》治せ。僕者《あは》汝命を扶《たす》け、忌人《いはひひと》と為りて仕《つか》へ奉《まつ》らむ」とまうす。

このように書いてオホ氏系氏族の名を多数記している。この『古事記』と同じ記事を『日本書紀』（神武紀）も書いている。神と人との間、「中《なか》」を執《と》り持つ「臣」だから「仲臣《なかつおみ》」なのである。

『姓氏録』（左京皇別）の大春日朝臣の条に、仁徳天皇が「仲臣」の家に行幸したとき、「家に千金を重ね、糟を積んだ垣」にしていたので、「仲臣」を改め、「糟垣臣《かすがきおみ》」と天皇が命名したとあり、この「糟垣臣」を「春日《かすが》臣」と書き、延暦二十年（八〇一）に「大春日」の姓を賜ったとある。また『姓氏録』（未定雑姓・右京）は「中臣臣《なかとみおみ》」について、「天足彦国押人命七世孫、鍤着大使主《たがねつきおほおみ》之後也」と記す。大春日朝臣条は祖を「天帯彦国押人命」と書くが、「中臣臣」の祖は「天足彦国押人命」で、同一人物である。この時代は藤原氏や大中臣《なかとみ》氏が有力氏族であったから、「中臣」に更に「臣《おみ》」をつけているが、この呼称は元はオホ氏と同じ「仲臣」であったことを示している。中臣臣は「鉗着大使主《たがねつきおほおみ》の後也」とあるが、「和邇系図」は米餅搗大臣《たがねつきおほおみ》の子の人華臣《ひとはな》が「仲臣《なかつおみ》」になったと書く。『姓氏録』（山城国神別）は小野臣について、「天足彦国押人命七世孫、人花（華）命後也」とあるから、小野氏も仲臣である。このようにオホ氏系・ワニ氏系氏族は、神と人との仲を執《と》り持つ「仲臣《なかつおみ》」であった。

　折口信夫は「中臣《なかとみ》の語義」で「中臣は中《なか》つ臣《おみ》だ。すると中天皇《なかつすめらみこと》（「中皇命」とも書く）と同じ意味」とし、[12]「中臣の職掌と分派」でも「中臣」は本来は「中つ臣」といい、「中つ臣は一つの家の系統ではない」と書く。[13]また「日本文学の発生」の第三章「中語者の職分」でも、「中臣（中つ臣）は意味が広く、一氏族だけの職ではなかつたのが、後に藤原氏を分出した中臣一族だけを考へる様になつた」と書いて、仲臣《なかつおみ》は神と人との仲を執り持つ聖職だから、「神と人間との間に立つて物を言ふ、後世の中語に当る職分」と書く。[14]しかしなぜ藤原氏になる中臣氏は「中臣」と書いて「ナカツオミ」でなく「ナカトミ」というのか、その理由は述べていない。

　柳田国男は「立山中語考」で、「立山に登る剛力のことを中語と書いてチウゴと謂ひ、時にはナカカタルとも謂ふ。（中略）中語は字の如く神と人との中に在つて語る者としてよろしい。後世別に別當神主等の役が出來て、中語は卑役のみ服するやうになつたため意味が不明になつたらうが、遠方の信心者が來《きた》つて神に接近せんとするには、假令《たとへ》聞かねばならぬ神の御答の要らぬ場合にでも、常に此の如き仲介者を求めたのは昔の普通の信仰であつた。（中略）越前大野郡石徹白村は最初の白山の表口であつたらしい。此村の舊社に白山中居《なかをり》神社がある。此神の名の起りはやはり本社に附属した神で、主神と人間との仲介者として、民意を神に白《もう》し神意を民に宣する役を勤むる者の祖神」と書いている。[15] 柳田国男は書いていないが、長野県の木曽御岳の御座で、前座の問答を神語で語る人を「中座」という。中語《なかかたる》・中居《なかおり》・中座《なかざ》は民間の神と人との間を執り持つ役だが、宮廷でのこの役として折口信夫は、「宮廷の尊貴な女性」がなる「中天皇《なかつすめらみこと》（中皇命）」と、「中つ臣」をあげている。

折口信夫は「中つ臣」は神と人との仲を執り持つ仲介者とみて、「みこともち」つまり「中語者」と書く。[14]「みこと」は尊・命と書くが、「御言《みこと》」（命《みこと》）の意で、神の御言を伝えたり、自ら御言を発する人である。仲臣のオホ氏やワニ氏は「御言持ち」を職分としている。そのことは『紀』『記』の書くオホ氏の始祖（神武天皇皇子の神八井耳命）の伝承が語っている。「仲臣」「中天皇」「中語」「中座」と呼ばれる人たちは、神と人との仲を執り持つ人たちであったから、オホ氏の始祖の神八井耳命は神武天皇の皇子で二代目天皇にきまっていたが、政治の「マツリゴト」を弟に譲って、神まつりの「マツリゴト」に専念したと『記』『紀』は書く。まさに「仲臣」としての典型の始祖伝承をもつ。

この「仲臣」の下に居て卜占で奉仕していたのが「中臣《なかとみ》」氏である。延喜六年（九〇六）六月、大中臣氏が朝廷に提出した『新撰氏族本系帳』には、欽明朝の時、中臣常盤が初めて中臣連姓を賜ったとあるが、『尊卑分脈』は中臣常盤について「始而賜中臣連姓本者卜部也」と注している。「大中臣氏系図」（『続群書類従』所収）には常盤について「始賜中臣連姓。本者《もとは》卜部也。中臣者主神事宗源也」とあるが、「本者卜部」が「神事宗源」であるはずはない。卜部の「ナカトミ」は「神事宗源」の「ナカツオミ」の下で卜占に奉仕していたのだから、「連」であって、多氏や春日氏のような「臣」ではない。だから「中臣」と「臣」を書くが、「オミ」と言わず「トミ」と言っている。後に伊勢皇大神宮の最高祭祀氏族となる大中臣氏も、「ナカツオミ」とは名乗れなかったのは、元は「中臣《なかつおみ》」のオホ氏ら配下の卜部だったから「連」で「臣」ではない。「仲臣」と書いて多氏と春日氏のみが「ナカツオミ」というのは、両氏は前述したように三輪山と春日山にある日向神社とかかわり、最古の日神祭祀氏族であったからである。

『記』『紀』が天皇霊を祀ったと書く御諸《みもろ》山

『古事記』は国作りの途中で少名毘古那《すくなひこな》神が常世《とこよ》国に行ってしまったので、

是《ここ》に大国主神、愁《うれ》ひて告《の》りたまひしく、「吾独《あれひとり》して何にか能《よ》く此の国を得作らむ。孰《いづ》れの神と吾と、能く此の国を相作らむや」とのりたまひき。是の時に海を光《てら》して依り来る神ありき。其の神の言《の》りたまひしく、「能く我が前を治めば、吾能く共与《とも》に相作り成さむ。若《も》し然らずは国成り難けむ」とのりたまひき。爾《ここ》に大国主神曰《まを》ししく、「然《しか》らば治め奉る状《さま》は奈何《いか》にぞ」とまをしたまへば、「吾をば倭の青垣の東の山の上に拝《いつ》き奉《まつ》れ」と答へ言《の》りたまひき。此《こ》は御諸《みもろ》山の上に坐《ま》す神なり。

と書く（傍点引用者）。『古事記』は「海を光して依り来る神」と書くが、『日本書紀』（神代上、一書の六）にも「神《あや》しき光、海を照し、忽然《たちまち》に浮び来る者有り」と記す。海を照して浮び来るのは朝日で、図1の興玉神《おきたま》である。しかし『出雲国造神賀詞』は大穴持命が「我が和魂《にぎたま》を鏡につけて、倭の大物主櫛𤭖玉命《くしみかたま》と名を称《たた》えて、三輪山に鎮めよ」と書いており、『古事記』は大国主神が出雲で国作りをしている時、海を照らしてあらわれているので、「海」は出雲の海と見られている。しかし「出雲」とはどこにも書いてない。前述した崇神紀・敏達紀の記事では「三輪山」でなく「御諸山」と書き、天皇霊が宿る山であったから、山頂に日向神社があった。後代になって（詳細は次章で書く）国つ神の代表神になり、「三輪山」と書かれるようになったが、「吾をば倭の青垣の東の山の上に拝《いつ》き奉《まつ》れ」（傍点は引用者）と「東」を指定しているのは、日の出の「伊勢」を意識しており、「出雲」の海にあらわれた如く書くのは、後代の智恵である。

「日本」表記は『日本書紀』に六十例あり、五十九例は全国をいうが、前述の「吾は日本国の三諸山に住まむと欲ふ」の一例だけは、全国（日本国）の意でなく、大和国《やまとのくに》を「日本国《やまとのくに》」と書いている。理由は国つ神の代表神として「三輪山」と書かれる前の「御諸山」を、「日《ひ》の本《もと》」の山とみていたからである。三ツ鳥居の正面の鳥居は、日向神社（三輪上神社）を拝するためにあり、鳥居の立つ三輪下神社は日向神社の里宮である。この下神社は上神社を拝するためにあるのだが、上神社から昇る春分・秋分の朝日遥拝のためだったから、「春日」という神社名になっている。また三輪山山頂の神社の名は「日向」だが、「日向」は伊勢の海から昇る朝日に向っているから、前述したが大物主神が海を光して来た「海」は元は出雲でなく伊勢である。

敏達紀（十年閏二月条）に蝦夷が御諸山の「天地の諸神」と「天皇霊」に、服従の誓をしたとあり、崇神紀には次の天皇をきめるために三輪山へ登ったという記事があることからみても、蛇神・雷神性格の国つ神としてのみ、『記』『紀』が書くのには問題があり、政治的意図が推測できる。『記』『紀』は真実の記事と政治的意図の記事を混在して載せている。

その政治的意図とは、くわしくは第九章で書くが、御諸山祭祀氏族の変更である。弥生時代から御諸山から昇る太陽・日神信仰にかかわっていたオホ臣から、三輪君氏に変更したからである（三輪君氏に祭祀氏族が変ったことで、「御諸山」は「三輪山」になる）。その時期は欽明朝頃と考えられるが（詳細は第九章で書く）、三輪神の蛇神・雷神表現は祟《たたり》神として書かれ、日神信仰は伊勢に移る。伊勢に移ったことは、御諸山山麓の日神信仰の地の笠縫邑が、伊勢に移った伝承が示しているが、この伝承にも多神社がかかわっている。

多神社の祭祀と天照大神の「笠縫邑」

オホ氏の始祖（神武天皇の皇子神八井耳命）の母の伊須気余理比売は神武天皇の皇后だが、母の祖父は「美和の大物主神」と『古事記』は書く。オホ氏の始祖は日の御子の初代天皇を父とし、母方の曽祖父は大物主神である。このように天皇家の始祖と大物主神に結びつくオホ氏の系譜からみても、本来の三輪神は日の御子の皇統と深くかかわっている。したがって天皇霊の宿る山であり、皇位継承の決定にかかわる神なのである。そのことでも無視できないのは「春日宮」といわれていた多神社を祭祀する「仲臣《なかつおみ》」のオホ氏である。

「春日」は春分の日を意味するが、春分の日の多神社の祭祀について、小川光三は次のように書く。

三輪山の祭祀に多神社が特に重要だと思う理由は、

(1) 春分の朝日が三輪山の背後を輝かせて昇ること
(2) 大和平野の中央部にあってこの地に働く人々の集合に便利
(3) 古代には飛鳥川の河原か、飛鳥川と寺川に挟まれた中州のような場所であったこと等である。

稲作には春分の設定が重要であることはすでに述べたので、(1)についてことさら説明する必要はないが、古代にはこの日に、ここで祭りが行われたようだ。

この宮の祭礼は四月二十日だが、（中略）これは祭に際して多くの人々が神のもとに参集したことによるのであろう。とすれば、この宮の祭りは、特に大連座《おおれんぞ》と呼ばれているから、多くの人々が大和平野一円から参集して連《つ》らなり座《す》わり、朝日に輝く三輪山を拝したと思われる。これが(2)の理由である。

（中略）

(3)については……河原や中州が清浄の地とされていたことは広く知られている。古社に例をとれば、熊野川の中州にある熊野本宮跡や、伊勢神宮を始め大きな神社の社殿の下には、よく河原石の敷石が見られるのも、古い社が河原にあったことを示すものであろう。また現在も尚その風習の遺っている行事が各所に見られるが、昔は神を拝むとき必ず水に浸って斎戒沐浴（禊《みそ》ぎ）したものである。この禊ぎの簡略化されたものが手水《ちょうず》で、神に詣でる時に行う手水やみたらしはその遺風であり、塩を撒いて清めるのも、塩を波の華とたとえるように、水による禊ぎや祓いの極端な簡略化である。このように河・池・海などの禊ぎ場に接していることが、古い宮の条件であった(16)。

このように小川光三は多神社について書いているが、『日本書紀』崇神天皇六年条に、

天照大神を以《も》ちて豊鍬入姫命《とよすきいりひめ》に託《つ》け、倭の笠縫邑に祭り、仍《よ》りて磯堅城《しかたき》の神離《ひもろき》を立つ。

とある。この「笠縫邑」の伝承地については、近鉄橿原線の笠縫駅の近くで、笠縫神社のある地、現在の

奈良県田原本町秦庄、かつての多郷の地と、もう一つの候補地は桜井市三輪の三輪山山麓の檜原神社の地である。現在は檜原神社が笠縫邑の有力候補地になっているが、笠縫を証するものはなにもない。あるのは江戸時代の『三輪神社略縁起並独案内』に、「目原社（中略）慶長年中に天照皇太神宮此所に御鎮座ありし所なり」とある記述のみである。この記述を『大和志料』（明治二十七年完成・大正三年刊）で大神神社宮司の斉藤美澄が、「天照大神ヲ境内ニ勧請セシハ此地古ノ笠縫邑ナリト云ヘル伝説ニ本《モト》ツケルナラン」と書いて、大神神社の宮司だから大神神社関係地内を強引に笠縫邑にしてしまったのである。しかし斉藤美澄が根拠にした史料は慶長年間（一五九六〜一六一五）に書かれており、江戸時代の史料だから有力な根拠にはならない。

もう一つの推定地は多神社の北々東一キロの笠縫神社がある地だが、この地は三輪山の東にあり、弥生時代から三輪山から昇る朝日を春分・秋分に拝する日神祭祀の地である。この地は『和名抄』の意富（多）郷の地で、現在の田原本町秦庄である。秦庄には秦楽寺が所在する。この寺の山号は現在は「高日山《たかひ》」と呼ばれているが、昔は「嵩日山《かさひ》」であった。「嵩」が「高」になったのだが、「嵩」は「笠」であり「笠縫」の地であった故にこの山号があるのだろう。注目しなければならないのは、「嵩」は「日」に冠されている事である。この「嵩」について『漢和大辞典』（藤堂明保編）は「『山＋高』の会意文字で、たかくそびえる山をあらわす」と書く。「笠」の「カサ」を「嵩」にし、さらに「日」に「嵩」を冠したのは、この地が真東の「嵩」（三輪山）から昇る「日」の遥拝地・祭場であったからだが、日神祭祀場が「笠縫」というのは、笠の形が日輪と同じに見られたからだろう。

オホの地の笠縫邑が伊勢へ移ったとすれば、オホ氏の伊勢移住がなければならないが、そのことを示すのが、オホ氏と同祖と『古事記』が書く伊勢船木直である。

多氏と同族の日神を祀る伊勢の船木氏

『住吉大社神代記』は「大八州国の日神を出し奉る」のは船木氏だと書き、「船木の遠祖、大田田命の児神田田命は、日神を出し奉る」と書く。さらに神田田命の孫の伊瀬《いせ》川《つ》比古《ひこ》乃命《のみこと》は伊瀬《いせ》玉移《たまゐ》比古《ひこ》之命の女《むすめ》を妻にして、「伊西《いせ》国船木に坐す」とも書く。天平二十年（七四八）の『正倉院文書』には「伊勢国朝明郡葦田郷戸主船木臣東君」の名が載る。『日本書紀』雄略天皇十八年八月十日条に、「物部菟代《うしろ》宿禰・物部目《め》連を遣して、伊勢の朝日郎《あさけいらつこ》を伐《う》たしめたまふ。朝日郎、官軍《みいくさ》至ると聞きて、即ち伊賀の青墓に逆《ま》ち戦ふ」とあり、「朝日郎」について日本古典文学大系『日本書紀・上』は「未詳。恐らく造作された名。伊勢が大和の東方にあるための命名ともいうが、朝日は、地名で、伊勢国朝明郡か」と書いており、日本古典文学全集の『日本書紀・2』も、朝日郎の「朝日」は「朝明か」と書いている。船木氏が居住している朝明郡が大和朝廷派遣の物部氏と戦った朝日郎の居住地である。

『住吉大社神代記』は「船木の遠祖、大田田命」と書くが、猿田彦を祖とする伊勢の土着氏族の宇治土公も祖は大田命である。田中卓は『住吉大社神代記』が記す日神祭祀の船木直の祖の大田田命と大田命は同一人物で、宇治土公が日神祭祀を行なっていたことを示していると推論しているが(17)、宇治土公の本貫地は度会郡楠部である。『古事記』は天鳥船を「岩楠船」と書くが、楠は船の最良の用材だから楠部の「楠」は「船木」である。内宮の神体の鏡は船（御船代《みふねしろ》）に入れられている。船木氏が「日神を出し奉る」とは、日神

（鏡）が船（御船代）に載せられているのと同じである。伊勢神宮の御神体の八咫鏡を入れる御船代のある床の下に、「心《しん》の御柱《みはしら》」があるが、御船代や心の御柱の木材を伐り出すのも宇治土公の役目だから、宇治土公は「船木氏」といってもいい。船木直の祖が「大田田命」で、宇治土公の祖が「大田命」なのも、田中卓が書くように同族であったことを推測させる。宇治土公と同族の日神祭祀の土着氏族が大和王権の命令で伊勢に移住した日神祭祀のオホ氏の分家の人と婚姻関係を結び、オホ氏系氏族へ組み入れられたのではないだろうか。船木氏の遠祖は「日神を出し奉る」と『住吉大社神代記』は書くが、大和のオホ氏も前述したように神祭りに専念した神武天皇の皇子が始祖であり、三輪山から昇る日神の祭祀氏族である。

『延喜式』神名帳は、伊勢国朝明郡に「太神社」を載せる（太神社の比定地は朝明川左岸の四日市市朝明町と、員弁川右岸の員弁郡大安町の神社が比定されているが、大安町の「太神社」は「三輪大明神」といわれており、「大《おお》神《みわ》神社」である）。朝明町の太神社について八幡崇経は、『日本の神々・6』の伊勢の「太神社」について書いた文章で、「明治までは船木氏が社掌として奉仕していた」と書いている。(18) オホ氏と同祖の船木氏が祭祀しているが、「太神社」といわれていることからも、オホ氏と船木氏が同祖であることが証される。

『延喜式』の神名帳は、太神社のある朝明郡の式内社として、耳常《みみつね》神社と耳利《みみとこ》神社を載せる。耳常神社も四日市市下之宮と三重郡菰《こもの》野町小島の二社が比定されている。菰野町の神社は文化十年（一八一三）の神社の棟札に「奉造立耳常神社」とあるから、この神社を耳常神社と比定する説もあるが、江戸時代の国学者の御巫清直は実地調査をして、朝明郡下之宮村（四日市市下之宮）の耳常神社を比定する。菰野の耳常神社は文化十年の棟札だけを根拠にしているが、御巫清直は二つの耳常神社を実地調査をし、下之宮村の旧家の西脇氏所蔵の古文書を取上げている。その古文書に次のような記述がある。

伊勢船木直　其姓ヲ名乗船木兵部少輔躬常之子孫吉兵衛ハ春日大明神耳常神社之神職也。

この文献と実地調査の結果、御巫清直は下之宮の耳常神社を比定するが、私は御巫見解を採る。

この耳常神社の北の四日市市広永にある式内社の耳利神社について、西脇文書は「川島大明神耳利神社」と書き、「孫右衛門敬衛御守可」申宮也」と書く。御巫清直は『忍藩上申書』の寛永十八年（一六四一）の「下之宮地帳」に、「川島大明神禰宜孫右衛門」とあるから、船木吉兵衛が春日大明神耳常神社神職、船木孫右衛門が川島大明神耳利神職と推論している。この耳利神社は明治四十一年に下之宮の耳常神社に合祀されているが、耳常神社も耳利神社もオホ氏の祖神八井耳命を祭神とし、船木氏が祭主であるから、船木氏祭主の太神社と共に、オホ氏系の船木氏が朝明郡を本拠地にしていたことが確かめられるが、「春日大明神」といわれていることから見ても、大和の多神社が元は「春日宮」といわれたことが証される。

松前健は本来の天照神《あまてらすのかみ》は、「伊勢の漁撈民磯部（一種の海部）らの奉じる素朴な太陽神」と書くが(19)、宇治土公も船木直も磯部といい、太神社・耳常神社・耳利神社は、いずれも海岸近くの磯に鎮座する（特に耳常・耳利の両社は磯にある。昔の海岸線は現在よりもっと海に近かった）。船木氏が祀る神社はすべて朝明郡にあるが、朝明郡居住の朝日郎が雄略朝の時、伊勢に侵攻してきた物部軍と戦って敗れている。伊勢に侵攻した物部氏も第五章で述べたように、古代からの男性の日神天照御魂神を尾張氏系氏族と祭祀していたから、雄略朝の時に伊勢に入った大和の勢力は、在地の朝日郎の祀っていた「素朴な太陽神」と同じ日神祭祀氏族であったが、大和政権をバックにしていたから、伊勢に進出し、彼らの日神（天照御魂神）信仰を行なったのであろう。その時に多氏の一部も御諸山信仰の日神信仰をもって伊勢へ入った。その事実が笠縫邑伝承になっているのであろう。彼らが信仰していた日神は男神であって、現在の女神の日神ではない。

わが国の日神は皇祖神の「天照大神」という女神として、太陽信仰は論じられているが、基本的に間違っている。そのことを第八章で論じる。

八章　天照大神の原像は日神の妻になる日女

「弁才天社」になっている天照大神高座神社

式内社の「大社」として「天照大神高座神社」が載るが、「天照大神」と名乗る神社は、この神社一社のみである。この事実について、神社関係の著書はまったく無視している。『延喜式』神名帳は、第五章で述べた「天照御魂神」という男神の日神も記しているが、この神も『記』『紀』はまったく無視している。私は古代日本の太陽信仰を論じる時、この事実は無視できないので、天照大神高座神社を取り上げる。

天照大神高座神社は『延喜式』神名帳の注記に「元号㆓春日戸神㆒」と書く。地元では十六世紀頃まで「春日戸神社」と言っていたが、神仏習合によって「弁財天社」と言われた。弁才天を祀るところは洞窟祭祀と女陰信仰がある。愛知県田原市田原町城宝寺の本堂前に、石垣を積んだ小山があって、昔は弁才天、今は弘法大師を祭る小堂がある。この堂の下に、入口の幅一メートル、高さ一メートル五〇センチ、奥行五メートルほどの穴があり、御穴様という。大正時代に女陰の形をしたものを祀っており、石に穴をうがったものや、凹のあるものを奉納したという。また出口米吉は弁才天と岩窟について、一九二八年刊行の『原始母神論』で、次のような例をあげている。

> 相州江の島に弁才天の祀られてあるのは、其島の岩窟の崇拝から来たと思はれる。其岩窟が古くより女神を表するとして崇拝されたので、僧侶が之に弁才天を附会したのであらう。此島の弁才天が人間と情交を結んだといふ伝説もある。今日子のない者が江の島に詣で、帰途子を得る呪として、産婆が妊婦の腹を撫する土人形を買ふ。肥後熊本の北の植木駅より二十丁程北に菱形八幡とて有名な神社がある。

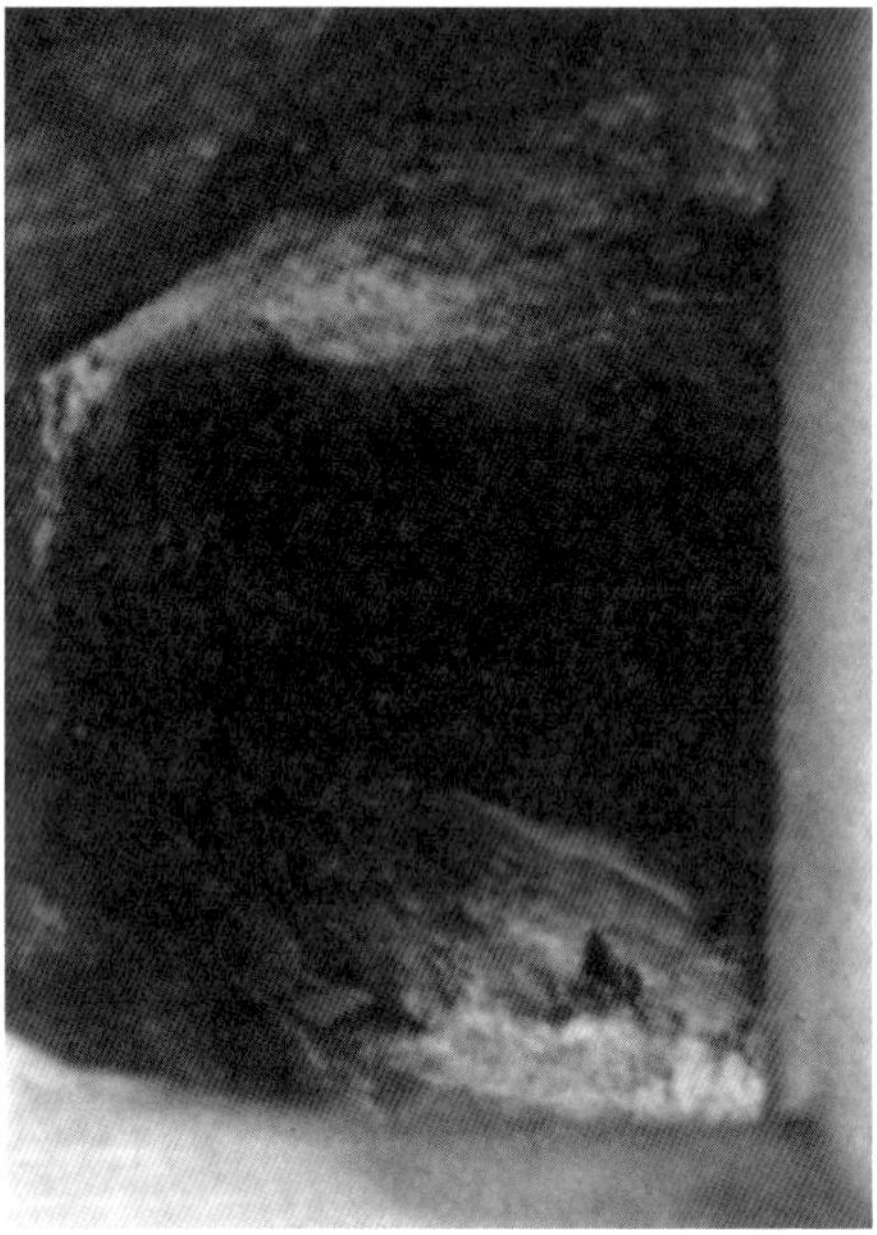

写真13　岩戸神社（天照大神高座神社）の白竜明神の穴

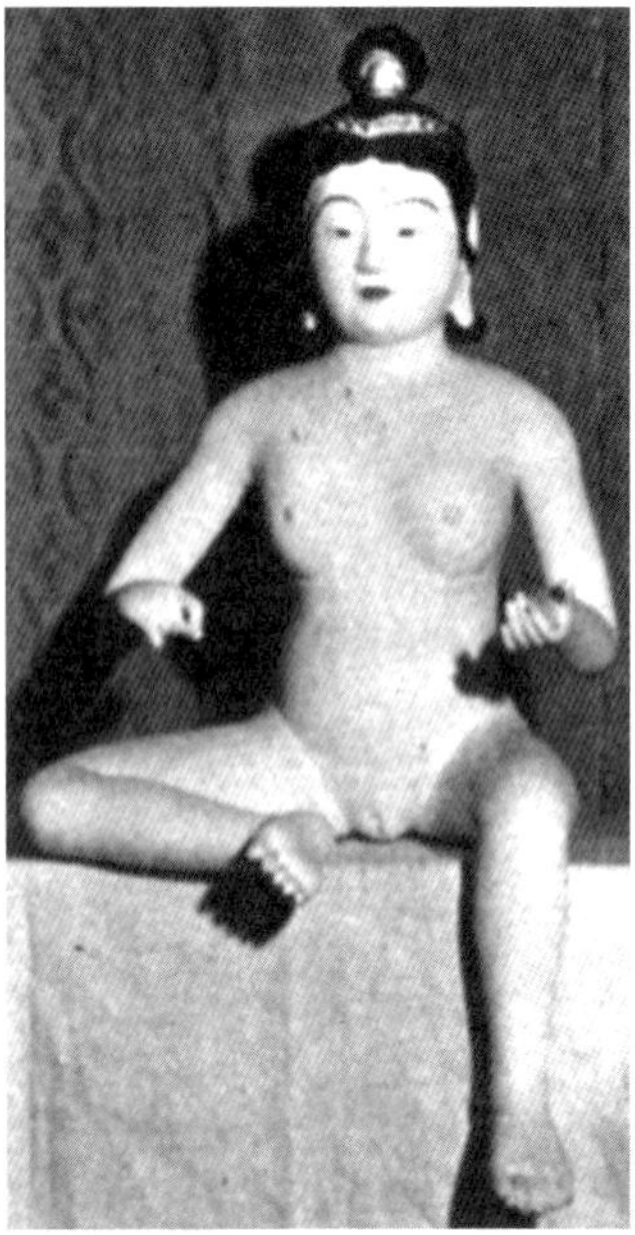

写真14　江島神社の妙音弁才天半跏像

俗に穴八幡又は穴弁才天と称する拝殿の後に大きな岩穴があって、安産を祈る者は之《これ》を拝する。[1]

藤沢市江ノ島の岩窟は弁天窟といわれ、この岩窟の中の弁才天像は、江戸時代に盛んに信仰されたが、明治の神仏分離の時、難をのがれるため弁才天像が隠された一因は、裸形で琵琶を弾いているが、女陰がはっきりと彫られていたからである。天照大神高座神社の弁才天像も、神仏分離の時に教興寺に移されたので、女陰の形をした岩(写真13)を神体にして、市杵《いちき》島《しま》姫を祀る「岩戸神社」ができたという。江島神社も市杵島姫命などの宗像三女神を祭神にしているのは、市杵島姫は本地《ほんち》垂迹《すいじやく》説ではインドの弁才天だからである。熊本県の菱形八幡社を穴弁才天というが、社名の「菱形」

は洞穴の中にある小さな菱形池から八幡大明神が生まれたという伝承による。ところが菱形は女陰のことである。その考証は吉野裕子の「菱形考」にくわしいが、(2)犬山市宮山の大縣神社の女陰石は菱形である。宮山にある菱形石が恐らくこの神社の御神体だろうが、「社伝」には発祥の由来として、「境内宮内の奥深く探ると、おそそ洞という秘境に天然の女陰磐境がある。里人これを御社根岩といい、昔この岩を中心に、毎年立春に五穀の増産を祈る神秘の祭典がくりひろげられたと伝えられる」とあるが、「神秘の祭典」とは疑似性行為の神事をいう。江ノ島洞窟（弁天窟）は別名「秘門窟」といわれ、**写真14**の弁才天像には特に女陰が彫ってあり、穴弁才天（菱形八幡）の「穴」の「菱形」も女陰であり、「岩窟弁才天社」といわれた天照大神高座神社も、女陰の形をした岩窟を信仰しており、女陰・洞窟・母神（弁才天）は、一連のつながりをもっている。このように「天照大神」を冠する神社が、後代、なぜ弁才天社になっているのか。この事実に「天照大神」の原像を示す鍵がある。

天照大神の原像を示す天照大神高座神社

天照大神が岩屋に隠れたのは「死」を示し、岩屋（洞穴）は墓である。しかしその死は女陰を梭で突いてである。梭は男根イメージだから、ホト（女陰）を突き、性交を示しており、岩屋（子宮）から出て来るのは出産を意味し、太陽の死と再生を天岩屋神話は示している。

ミルチャ・エリアーデは、「受胎の生理学的な原因が知られるようになるまでは、古代人は、胎内に直接挿入される結果、母となると考えていた」と書き、女性の胎内に入りこむ前の胎児は、「洞穴、割れめ、井戸、木などの中に、誕生前の生を送っていた」と古代人は考えていたと書く。そして「子どもの発生する地点を、洞穴、割れめ、泉などに定めている民族もいる」と書き、ヨーロッパの民俗例をあげ、洞窟や割れめ（岩だけでなく木の割れめなども）は、疑似子宮と書く。(3)

谷川健一は沖縄の宮古島で「太陽《てだ》の洞窟《がま》」を主宰する八十九歳の老婆に会った時の老婆の話を、次のように書いている。

「太陽《てだ》が洞窟《がま》」はどこにあるかと聞けば、宮古本島の下崎の海岸にあるという。そこは海岸の洞窟で、万古山の御嶽の拝所のすぐうしろにあたり、老婆しかはいることはできない。老婆は一年に一度七日七夜のあいだ、水だけのんで（この水は生命の水「スデ水」である）、海水でみそぎをしながら、そこにひとりこもる。八日目の朝、太陽を誕生させるための用意をする。誕生した太陽《てだ》が水浴びする場所も、その洞窟の中にある。老婆の発言によれば、この洞窟に傘石《かさいし》（陰陽石）があるとのことである。これから類推するとそこで、太陽《てだ》の親神と神女《つかさ》との儀礼的な交媾がおこなわれることも、考えられておかしくない。(4)

かつて沖縄では「太陽《てだ》が洞窟《がま》」を守る巫女は、祭りの終りの日に洞窟内の鍾乳石（男根イメージの石筍）に女陰をこすりつけ、神との交合の儀式を行なっているが、この儀式を谷川健一は、「太陽神の子を生むための儀礼」と書いている。(5) 沖縄の宮古群島の大神島の東の御嶽に、海に面して洞窟があり、この「天の岩戸」と言われている洞窟に入れるのは、「ヤマトサス」と呼ばれている女性だけなので、谷川健一は「ヤマトは東のほうを意味し、天の岩戸は太陽神を彷彿させる。そこでどのような秘儀がおこなわれるか知り得べ

くもないが、かりにヤマトサスと太陽《てだ》の神との交媾の儀式がおこなわれたとしても、あやしむに足りない」と書いている。(6)

島根県加賀の神崎の条に、「即ち窟あり。（中略）謂はゆる佐太の大神の産れまししところなり」とある。この洞窟はいまは「加賀の潜戸《くけと》」といわれているが、この洞窟も「太陽の洞窟」である。洞窟で生れた佐太の大神は日の御子で、洞窟は日の御子を生んだキサカイヒメと重なり、日妻の母胎である。『風土記』はキサカイヒメが佐太大神を洞窟内で産む時、弓矢が失《う》せたので「わが子が麻須羅《ますら》（雄々しい男）神の御子なら、失《う》せた矢が出てきてほしい」と願った。すると角《つの》の矢が流れてきたので失せた矢ではないといって投げ捨てた。次に金の矢が流れてきたので拾い、その矢で「くらき窟なるかも」といって洞窟を射通したと記している。同じ話が島根郡加賀郷の条にも載る。キサカイヒメが「闇き岩屋なるかも」と言って金の矢を射ると、洞窟は光かがやいたので「加賀《かが》」と言ったとある。金の弓矢は日（弓）と日光（矢）を象徴している。土居光知(7)・松前健(8)・谷川健一(9)らも、キサカイヒメに佐太大神を生ませたのは日神（金の弓・矢）とみている。

松前健は金の弓矢について、「金の弓矢を持つ神が、太陽神であることは、ギリシアのアポロンをはじめ世界的な信仰である。また実際の、この神の祭りには、そうした呪具を使用したのであろう。この出産の場であるこの窟（加賀の潜戸）は、同時に聖婚の秘事の場でもあり、したがって厳重なタブーが守られていたのであろう。窟の中に、そうした女神、ことに赤貝の母神がまつられ、その奥を、弓矢で射通すということ自体、一種の性的神事を思い浮べさせられる」と述べている。(10) 弓矢のことでは『古事記』の応神天皇の条に、出石《いづし》乙女《をとめ》を妻にしたいと願う春山之《はるやまの》霞壮夫《かすみをとこ》の母の助言で、藤葛《ふじかづら》で弓矢を作り「嬢子《をとめ》の厠《かはや》にかけた」。厠に入った出石《いづし》乙女《をとめ》がその弓矢をもちかえって部屋に置き、その弓矢は春山之霞壮夫《はるやまのかすみをとこ》になって乙女と交わった。「春」は「東」と同意義だから、春の日に山から昇る朝日が「春山」の「霞壮夫」である。出石乙女は「日女」で「キサ貝姫」であり、厠（便所）は沖縄の洞窟、加賀の潜戸である。

沖縄の宮古群島の一つ伊良部島の佐良浜に、「太陽《てだ》がなしの御嶽《うだき》」という聖地があるが、この御嶽にまつわる話に、昔、二人の兄妹が住んでいて、妹が便所へ入ったとき、東がわから太陽の光が射しこみ、太陽の指が妹の女陰に入って日の御子を生んだという伝承がある。この便所も「太陽《てだ》が洞窟《がま》」である。

神武天皇の皇后ホトタタライススケ姫は、大物主神（三輪神社の祭神）が丹塗矢になって川を流れていき、便所（古代の便所は川辺にあって垂れ流しの一種の水洗便所）に入っているセヤタタラ姫の女陰《ほと》を突いて生れた子と、『古事記』は書いている。『古事記』は矢が洞窟（便所）で女陰を突いたと明記している。松本清張は加賀の潜戸へ行って、「この洞窟のかたちは女陰に似ている」(10)「矢は男性の象徴である。女性の洞窟を矢が射るのは、性交を意味する。原形はこれだろう」と書いているが、「キサカイヒメ」の「キサカイ（赤貝）」という日女の名も、女陰を意味する。

天岩屋という洞窟は子宮イメージだが、天照大神高座神社の御神体は、洞窟で女陰の形をしているので、後に「弁財天社」と呼ばれる理由だが、この神社の名称に「天照大神」とあるのは、日神と聖婚する日女のイメージが、「天照大神」を冠する「タカクラ（高座）」神にあるからだが、子宮は「クラ」イメージである。伊勢の高倉山の「タカクラ」は山頂にある洞窟（古墳）だが、冬至の朝日を受ける方向に開口しており、前述したように聖婚は冬至に行なわれるが、天の岩屋神話は死と再生神話であり、冬至は太陽の死と再生を示す象徴的な日である。この古墳は天照大神の「天岩屋」といわれているが、「アマテラス」は日光（日神）を受けて日の御子を生む、本来は日女・日妻だから、『日本書紀』（神代上）は「是《ここ》に日神を生みたまふ。大日孁貴《ひるめむち》と号《もう》す」と「ヒルメ」に「大」と「貴」を冠し、「女」を「孁」と表記して、日妻を日神に成り上げているのである。

興玉の森と高倉山の天の岩屋と言われる古墳

図4（二九頁）は伊勢の興玉の森（三〇頁）と内宮管理の鼓ヶ丘《つつみ》と、外宮管理の高倉山の関係図である。興玉の森の「興玉」については、**写真1と図1・2**（二三頁・二五頁）で伊勢の二見ヶ浦の夏至の日の出遥拝図を示したが、興玉の森の「興玉」は興玉神（太陽のこと）の「興玉」である。この夏至の太陽は興玉の森で拝すると、外宮の高倉山に沈む。「オキタマ」は「沖魂」で海上（沖）から昇る太陽（魂）の意であることは序章で書いたが、夏至の夕日が沈む山は、天照大神高座神社の「タカクラ」（高座）と表記は違うが、同じ「タカクラ」（高倉）山の山頂に沈む。興玉の森で拝する冬至の夕日は内宮の鼓ヶ丘の山頂に沈み、内宮・外宮の山とされている山は、興玉の森から拝する冬至・夏至の夕日の落ちる山であることが注目される。沖から昇る朝日は、海から天に昇って、天から夕日となって山に沈む。この海と山にかかわる太陽信仰が、伊勢の人々の古代からの信仰であった。

興玉神は伊勢では猿田彦神といわれているが、猿田彦に日神的性格があることは拙著『天照大神と前方後円墳の謎』（一九八三年・六興出版）で書いた。猿田彦は伊勢神宮の大内人《おおうちんど》、宇治土公《うじつちのきみ》（「ウジトコ」ともいう）

の祖神である。この猿田彦神が居住していた旧跡といわれているのが、伊勢市中村町の五十鈴川畔の小高い丘陵である（三〇頁の写真2にこの丘陵を載せた）。この丘陵は「興玉の森」または「猿田彦の森」と言われている。この丘陵の頂上に昔から聖なる石がある。この石は約三メートル×一メートルの平石で、この前に昔は鳥居が建てられていたが、今は鳥居はなく、そのかわりにしめ縄がはられているのは、平石のある場所は宇治土公が祖先祭を行なうときの拝所だったからと、古くからいい伝えられている。

ではなにを拝する場所なのか。海から昇った太陽が沈む冬至と夏至の夕日（祖神の猿田彦）を拝する場所だったのである。『皇太神宮儀式帳』によれば、内宮の神体の「心の御柱」や、もう一つの神体の八咫鏡を入れる「御船代」の船の木材は、すべて冬至の夕日の落ちる鼓ヶ丘から宇治土公が伐り出す役目であった。この事実からも古代の伊勢の日神祭祀は宇治土公が行なっていたことが推測できる。そのことは夏至の夕日の沈む高倉山も証している。この山頂は日鷲山といわれているが、「日」が冠されている事からも太陽とかかわる。山頂に「岩窟」があり、江戸時代には天照大神が入った「天《あめ》の岩窟《いわや》」といわれ、伊勢参りの巡拝コースに入っていた。この「岩窟」は古墳の横穴式石室が開口したものだが、昭和三十九年・五十年・五十二年の調査で、ほぼ全容がわかった。伊藤久嗣編著の『日本の古代遺跡・三重』に、この古墳について「巨大石室登場」という見出しで、次のように書いている。

伊勢市街を見渡す高倉山の山頂には、大型の横穴式石室をもつ高倉山古墳が所在する。伊勢神宮の神域に当たるため、自由な立入りはできないが、径三〇メートル以上の円墳で、石室は全長一八・五メートル、玄室《げんしつ》長九・七メートル、幅三・三メートル、高さ四・一メートルを測り、玄室の大きさは奈良県の丸山《まるやま》（旧名、見瀬《みせ》丸山）古墳につぐ規模といわれている。

石室は両袖式で、天井部の構造などに三河地域との共通性が指摘され、六世紀後半から末頃の築造とみられている。

中世にはすでに開口していたようで、「天の岩戸」に擬せられて信仰の対象となっていた。一九七五年（昭和50）に調査された時点では、馬具や太刀、水晶製三輪玉、ガラス小玉、須恵器《すえき》、土師器《はじき》などが出土したほか、振り式金環が採集されている。振り式金環は、奈良県の飛鳥寺の塔心礎埋納物中にもみられるもので、築造時期を想定するうえで参考になろう(11)。

石室の長さは現在発見されたなかでは全国の順位で第五位、玄室の面積は第一位だが、この石室の開口方位は冬至の朝日が射し込む方位であることは無視できない。現在は伊勢神宮の外宮の神体山になっている（伊勢渡会郡で祭祀されるようになった伊勢神宮は、内宮・外宮に分かれ、両宮とも祭主や大神宮司は大中臣氏が独占した。そして禰宜は内宮は大中臣氏系の荒木田氏がなり、外宮はかつての国造で、宇治土公ともかかわる渡会氏がなったから、土着の人々の聖山であった高倉山の山頂に、巨大古墳が築かれたのである。開口部が興玉の森をとおして夏至日の出方位に向いていることは、前述した古代日本人の死体方位観と一致する）。この山に興玉神が夏至の夕日となって山頂に沈むから、山頂に巨大古墳を造り（たぶん国造の古墳だろう）、再生のために冬至の朝日が昇る方位に開口部を向けたのであろう。夏至の夕日の落ちる山頂は、海上から昇る冬至の朝日遥拝地として最適の地だったから、冬至の朝日を受ける方向に開口部を向け、日光（日神）を受けての再生を願ったのである。つまり天の岩屋神話の再現である。そのことは古墳の横穴式石室の開口部の多くは、開口部が南に向く南北軸である。これは中国の子午線重視の方位観に依っている。したがってこの高倉山古墳の開口部は「異質」だと考古学者の白石太一郎は述べている。(12)「異質」なのは、この古墳を築造した伊勢の人々が、古くからの太陽信仰に依っていたからである。そのことはこの山は「タカクラ山」といい、「天照大神」を冠する「タカクラ神社」（天照大神高座神社）と同じ、「タカクラ」であることが示している。

「高座」「高倉」の「クラ」のもつ意味

「タカクラ」は「高座」「高倉」と表記するように、「タカ」は「高」の意だが、問題は「座」「倉」表記の「クラ」である。吉野裕子は「クラ考」で「日本の祭祀には『神座《かみくら》』『磐座《いわくら》』（岩座・石座）というように『クラ』という言葉が多出する。この『クラ』には『座』の漢字が宛てられ、『クラ』即『座』という観念があるために、簡単にクラとは神の降りる座、神の依代と解され、この解釈に何の疑いもはさまれないで過ぎてきた。しかし本当にクラ即座、なのであろうか」と書いて、『古事記』に載る天之《あめの》闇戸《くらど》神・闇於《くらお》加美《かみ》神・闇御津《くらみつ》羽《は》神・闇山津《くらやまつ》見《み》神を取上げ、この「クラ」が谷・女陰のV字型をいうから、神座・磐座の「座」も『V』や『凹み』をさす古語」と書く。そして、「神座・石座もたしかに神クラ山の呼名に山の高処などにある場合が多い。しかしその場合もこのクラを神の顕現《ミアレ》される疑似女陰石、いわゆる陰石の凹みに対する呼称と解すれば、この場合にも『高さ』は関係ないのである。事実、石座《イワクラ》は山のふもとの低いところにいくらでも祀られている。高倉《タカクラ》の場合も本来クラとは地下の穴のはずが地上に移されたからタカクラと呼ばれるようになったので、このタカクラはクラに高《タカ》がついて本来のアナグラと区別されるようになった」と書いている。(13) 吉野裕子の書くように「クラ」は凹み・穴で、この凹み・穴が高い所にあるのが「高倉」「高座」であろう。

享和元年（一八〇一）刊の『河内名所図会』は天照大神高座神社について、二四九頁に載せた図68の絵を示して、「山腹にして、巨巌巍々たり。一箇の岩窟を神殿として、前に扉鳥居あり。すこぶる、天岩戸ともいふべき岩窟なり」と書くが、図68の絵を見れば麓から「本社弁天」まで登る地形は、「巨巌巍々」たる谷である。この地形は天照大神高座神社の「高座《たかくら》」が深い谷・凹みをいうことを示している。本居宣長は『古事記伝』で伊邪那岐《いざなぎ》命が十拳剣《とつかのつるぎ》で迦具土《かぐつち》神を斬った時、「手俣《たなまた》より漏《く》き出でて、成れる神の名は、闇淤加美《くらおかみ》神。次に闇御津羽《くらみつは》神」と書く。本居宣長は『古事記伝』でこの「クラ」について「谷のことなり」と書き、斬られた迦具土神の「陰《ほと》に成れる神の名は、闇山津見《くらやまつみ》神」とあるから、「髀《マタグラ》のくらも、人身にとりては谷の如くなる処なる故の名なり」と書く。そして「手俣《タナマタ》も陰《ホト》も、山に取ては谷のごとし」と書き、神名の「クラ」を谷・女陰《ほと》と解している。

今日今日と　吾が待つ君は　石川の　貝に（一《ある》に云ふ「谷に」）交《まじ》りて　ありといはずやも

という柿本人麻呂の歌が『万葉集』巻二（二二四）に載る。この歌は「谷」から「貝」に変ったとみるのが万葉学者の通説だが、『倭名類聚鈔《わみょうるいじゅうしょう》』（略して『和名抄』。承平年間〈九三一〜九三八〉成立）は貝について、「陰精の故を以てこの名」があると書く（「陰精」は女陰《ほと》のこと）。谷・貝・ホトは同じイメージである。『出雲国風土記』の加賀の潜戸《くけど》の記述では（二八五頁参照）、金の矢（日光）に射られる潜戸（洞窟）の中の姫を、「支佐加比売《きさかひめ》」と書くが、「キサ貝」は赤貝の古語である。松本清張は加賀の潜戸を見て、「この洞窟のかたちは女陰に似ている。……矢は男性の象徴である。女性の洞窟を矢が射るのは性交を意味する」と書く(14)。女陰としての洞窟の中に赤貝の姫が居り、洞窟内で佐太大神を出産している。この伝承は丹塗矢伝承に類似する伝承である（丹塗矢伝承については第十一章で詳述する）。ところで富山県の神通川流域の平野のほとりで見ると、朝日は日本アルプスの最北端の朝日岳から昇るが、この山の北方の裾が日本海に接する所に岩窟があり、そこで太陽神が生まれたという伝説があり、大日堂が建立されている。現在は「岩戸神社」といわれている天照大神高座神社も、**写真13**の洞窟を信仰し、**写真14**の女陰に似たワレ目のある洞窟を神社の「御神体」にして、本殿はない。

山形県東田川郡朝日村の湯殿山神社も、岩戸神社と同じで本殿はなく、御神体は「宝前」といわれる岩窟である。この女陰に似た深い割れ目から温泉が湧出しているから「湯殿山」といわれている。参詣者は跣《はだし》になって後《うし》ろを向き、足を開いて股の間から賽銭を投げ、洞穴に入れば願いごとが成就するといわれているが、この地は「朝日村」ということからみて、日神信仰（日妻が日神〈朝日〉と聖婚して日の御子を生む）がうかがえる。この岩窟も「タカクラ」である。

以上述べたように「タカクラ」の「クラ」の意味からみても、「タカクラ」に「天照大神」が冠されている神は、日神ではなく日女である（そのことはこの神〈元の名は「春日戸神」〉には御子神〈春日戸社坐御子神〉が居り、この神社と同体の神を祀る多神社が母神と御子神を祀っていることで証される）。

日女《ひるめ》から日神に成り上った天照大神

『日本書紀』神代紀の本文は、

伊奘諾尊《いざなぎのみこと》・伊奘冉尊《いざなみのみこと》共に議《はか》りて曰《のたま》はく。「吾已《すで》に大八洲国《おほやしまのくに》と山川草木とを生めり。何ぞ天下の主者を生まざらむ」とのたまふ。是《ここ》に共に日神を生みたまふ。大日孁《ひるめ》貴《むち》と号《まを》す

と書き、一書の一も次のように書く。

伊奘諾《いざなぎ》尊の曰《もう》さく。「吾御寓《あめのしたしら》す珍《うづ》の子《みこ》を生まむと欲《おも》ふ」とのたまひ、乃《すなは》ち左の手《みて》を以《も》ちて白銅鏡《ますみ》を持ちたまふときに、則《すなは》ち化出《なり》づる神有り。是を大日孁尊《ひるめむち》と謂《もう》す。

本文の注には「一書に云はく天照大神といふ。一書に云はく、天照大日孁尊といふ」とあり、『日本書紀』は本文も一書も「大日孁尊」を正式の神名にしており、「天照」表記は注記に記している。『古事記』は伊邪那岐《いざなぎ》命が「左の御目を洗ひたまふ時に成りませる神の名は、天照大御神」と書き、一貫して「天照大御神」と書いているが、序章で書いたが柿本人麻呂は、草壁皇子の挽歌では、

天照日女《ひるめ》之命　一には「指上日女之命」といふ

と書く。「指上《さしのぼる》」を「天照」に変えているが、「日女」は変えていない。ところが『古事記』は、「日女」に「大」または「指上」さらに「天照」を冠し、結局「日女」を取って「天照大神」にしている。『日本書紀』は「大」を冠して「大日女」にしたが、「女」を尊称表記の「孁」にしただけで、前述したように「天照大神」という表記は「一書に云はく」に書いているだけである。このような『記』『紀』の記述からも、「日

女」から成上って（そのことは「指上《さしのぼる》」と冠されていることが証している）、「天」（高天原）に昇り、「地」（葦原中国）を照らす神になったことを示している。

折口信夫は『日本書紀』の「オホヒルメ」について、「ひるめと言うのは、日の妻《メ》即日の神の妻《メ》・后と言ふことである」と書き、この「ひるめ」が日神になったのは、「日の神に仕へてゐる最尊貴な神聖な神の后を、神と考えるようになった」からと書く(15)。松村武雄は折口説に賛成し、「天照大神の原體は太陽神そのものではなくて、太陽神を祭る者としての霊巫であったとすべきである。つまりヒルメ即ち日の神の妻であった」と書いている(16)。

『日本書紀』（一書の一）には、斎服殿《いみはたどの》（神衣を織る家）に居た「稚日女尊《わかひるめ》」に対して、スサノヲが逆剝にした斑《ぶち》の馬を投げ入れたので、稚日女は驚いて織機から落ちて、持っていた梭で「体を傷《やぶ》らしめて」死んだと書く。折口信夫はこの「稚日女《わかひるめ》」や『日本書紀』（本文）が書く「大日孁《ひるめむち》」は、神道の考え方では同じで、「日の女、日の神の妻」と書く(17)。この折口見解を読んで松前健は、「日神が女神に化したのは、折口博士の説かれたように、やはり祭られる神と、これらを祭る巫女である斎宮との印象の混同・融合によるのであろう。新嘗屋にこもり、祭りをし、斎服殿で神衣を織る天照大神の姿はまさに巫女の姿である」と書く(18)。

上田正昭も「オホヒルメムチ」について、「ヒルメとは日の妻つまり太陽神に仕える巫女をあらわし、ムチには尊い人の意味がある。日の神に奉仕する女神が、のちには皇祖神アマテラスオオミカミへと変貌するのである」と書き、アマテラスの「原像には、日の神に仕える巫女としての役割が濃厚であった。つまりオオヒルメムチには、まつられる神というよりは、まつりをする神としての性格が強い。じっさいに記・紀神話にあっても、アマテラスは『忌服屋《いみはたや》に坐《ま》して、神御衣を織り』(『記』)、また『新嘗きこしめし』し時、『神衣を織りつつ衣服殿《いみはたどの》にまします』(『紀』本文)神として記される」と書いている[19]。

以上述べたように、ほとんどの論者は折口説を採って日女＝日妻とみている。私も折口説を受け入れるが、折口及び折口以降の論者は、なぜ「ヒルメ」が日神で皇祖神になったか、その理由説明をしていない。

この神話に登場する「日女」を、折口信夫が日妻神話と見たのは、「梭《ひ》」に「日《ひ》」を重ねたからだが、「梭」と「日」は上代特殊仮名遣では共に甲類で同じだが、「ヒ」の一致より「梭」は図73のように男根イメージであり、新嘗祭の神衣を織っていた時の話にしているから、日光が女陰を射す日光感精伝承の変型として、梭《ひ》が女陰を突く神話になったのであろう(日光感精伝承については第十一章で詳述する)。

「日女」が梭で女陰を突いた話は『古事記』にも載るが(『古事記』は神衣を織っていたのは天照大神と書きながら、梭で女陰を突いたところだけ「天服織女《はとりめ》」にかえているが、天照大神の原像の「日女」が日神と聖婚した神話によっていることは変りはない)、『古事記』も『日本書紀』も、この日を「大嘗《おおにへ》」「新嘗《にいなへ》」の日と書く。「大嘗」「新嘗」は冬至の日である。冬至が太陽信仰にとってもっとも聖なる日であることは、今までさまざまな視点で書いてきた。冬至は日照時間がもっとも短い太陽の「死」のイメージだが、この日から日照時間が長くなる、太陽の「誕生(再生)」の日でもある。その死と誕生を梭で女陰を突く神話で示している。

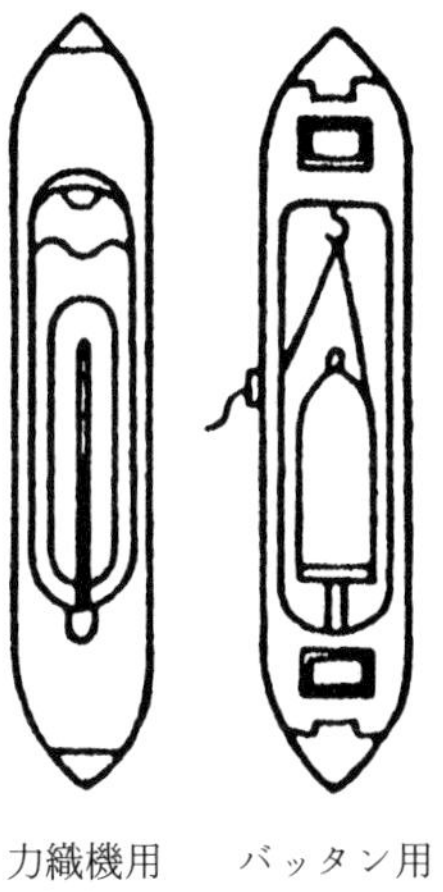

図73　梭

『日本書紀』は皇祖神が梭で女陰を突いたとは書けないから、「稚日女」が梭で女陰を突いて死に、それを見た大日孁貴が天の岩屋に隠れたと書き、『古事記』は「天服織女《あめのはとりめ》」にしている。日女が「服織女」になっている例は、後代の田植歌にもみられる。

岡山県阿哲郡（現・新見市）神代村の田植歌は「オリ姫」について、

年十六でさてよい器量　十二単衣《ひとえ》にわが身を飾り
白い笠で白い顔　東の書院に腰かけて　朝日のさすのを待つばかり

とうたっている。「東の書院」に居て「朝日のさすのを待つ」おり姫は、梭で女陰を突いた服織女《はとりめ》と重なり、共に日女・日妻である。

伊勢神宮の祭神撞賢木《つきさかき》厳之《いつの》御《み》魂《たま》天疎《あまさかる》向津媛《むかつひめ》命

『日本書紀』の神功皇后摂政前紀は、伊勢の五十鈴宮に鎮座する神の名を「天照大神」でなく、次のように書く。

撞賢木《つきさかき》厳之《いつの》御《み》魂《たま》天疎《あまさかる》向津媛《むかつひめ》命《のみこと》

伊勢神宮に鎮座するこの神について、『日本書紀・上』（岩波書店版）は頭注で、「撞賢木厳之御魂」について、「神聖で威力ある御魂《みたま》」と書き、「天疎向津媛命」については、「下文の天照大神の荒魂と同じか。通釈の引く鈴木重胤の説に、荒魂として『皇大神《すめらおほがみ》の御許《みもと》を疎《さか》らせ御在坐《いまし》て、遥《はるか》に后《つか》ひ居たまう義か』という」と書く。「下文」とは神功皇后摂政元年二月条に、「天照大神、誨《をし》へまつりて曰《のたま》はく。『我が荒魂をば、皇后《おほみもと》に近くべからず。当《まさ》に御心を廣田国に居らしむべし』とのたまふ」とあるからである。小学館版の『日本書紀・一』は頭注で、「天照大神の荒魂をさす。皇居から遠ざけて広田国に祭られる」と書き、岩波書店版は鈴木重胤の天照大神の荒魂説には、「同じか」と「か」を付しているのに、小学館版は断定している。しかし『日本書紀』は天照大神の荒魂が「撞賢木厳之御魂天疎向津媛命」だと、どこにも書いていない。荒魂説は鈴木重胤の『日本書紀伝』の「説」でしかない。一九七七年刊行の『式内社調査報告　第五巻』の「広田神社」では、祭神は『日本書紀』神功皇后摂政元年に記す天照大神の荒魂だが、「正しくは撞賢木厳之御魂天疎向津媛命と申し奉る」と書いている。この荒魂説は鈴木重胤の見解をそのまま引用している。一九八四年刊の『日本の神々・3』の「広田神社」も、「当社は天照大神の荒御魂を祀る」と書き、鈴木重胤説を採っている。

鈴木重胤は幕末の国学者で長州の勤皇の武士達に影響を与えていたので、文久三年（一八六三）に自宅で暗殺されている。このような国学者だから伊勢神宮の祭神は天照大神以外の神名であるはずはないという大前提があったから、天照大神の「荒魂」だと『日本書紀』にも他の文献にも書かれていないのに独断したのである。『日本書紀』（神功皇后摂政前紀）は、

神風の伊勢国の百伝《ももづた》ふ度逢県《わたらひあがた》の、拆鈴《さくすず》五十鈴宮《いすずのみや》に居《ま》す神、名は撞賢木厳之御魂天疎向津媛命《つきさかきいつのみたまあまさかるむかつひめみこと》なり。

と、伊勢神宮の神であることを明記している。この神名は序章で述べた外宮の土宮の「土御祖神」と重なる。内宮・外宮の神社はすべて南面して、鳥居は南にあるが、この神社は序章で紹介した伊勢神宮禰宜の桜井勝之進の著書『伊勢神宮』で書いているように、「めずらしく東向の宮」であり（伊勢神宮の他の宮はすべ

て南面)、東向でも冬至日の出方向であり、「天疎向津媛命」である。太陽に向う媛(向津媛)は、「天《あめ》」から「疎《さかる》」地に居る意であり、「土御祖神」の「御祖」も母神であり共通する。なお撞賢木厳之御魂は序章の三二頁で書いた内宮の榊の木に宿る御魂(宮比神)であり、皇祖神になる前の伊勢の人々が祀っていた神である。

松前健は「伊勢神宮の内・外宮の正殿の床下の中央にある聖なる柱、すなわち忌柱は、心御柱とも天御柱ともいい、社殿の成立以前、神鏡奉斎以前の古い神体であったのであろう」と書いている。[20] この心御柱・天御柱が撞賢木厳之御魂であり、天疎向津媛は日神(太陽)と聖婚する日女《ひるめ》・日妻である。したがって天照大神高座神社と同じ神を祀る多神社の祭神が天疎向津媛であることからみても、天照大神は日女から成り上った日神である。

太陽に向う天疎向津媛《あまさかるむかつひめ》と日向《ひむか》神社

太陽に向っている姫が「天疎向津媛」だが、この神名は「向日媛」といってよいだろう。京都府向日市の向日神社が元慶三年(八七九)に神祇官に提出した『向日二所社御鎮座記』によれば、向日神は「朝日の直《ただ》刺《さ》す地　夕日の日照《ほて》る地　天離《あまさか》つ向津日《むかつひ》山」に鎮座しているとある。「天離つ向津」は「天疎向津《あまさかつむかつ》」と同じである。『向日二所社御鎮座記』は、

朝日の直刺《たださ》す地　夕日の日照《ほて》る地

と書く。日に向う地にあることは、「向日神社」という社名が示している。事実、冬至の朝日は朝日山から昇る。この山は宇治平等院から見て真東にある山だから、「朝日山」と呼ばれている。向日神社はこの山か

ら昇る冬至の朝日の直刺《たださ》す地にあり、夏至の日の朝には清水山から昇る朝日が拝せる。清水山の東西は「日の岡」といい、西麓に日向宮があり、この宮は山城国宇治郡の式内社日向神社に比定されている。このように向日神社も「天離《あまさか》つ向津日山《むかつひ》」に鎮座しており、神社の所在地と神名の相違はあるが、向日神社と伊勢神宮は同性格の神社なのである。

『古事記』は向日神は大年神と伊努《いぬ》姫の間に生まれた子と書くが、『向日二所社御鎮座記』は大年神と神須《かむす》治曜姫《ぢかぐやひめ》の間に生まれたと書く。伊努姫でなく神須治曜姫という『記』『紀』に載らない神名を作ったのは、この神社の祭神の性格を明示するためであろう。『延喜式』神名帳は「向神社・一座」と書くから、祭神は向日神だが、この神は日の御子で、母神は「カグヤヒメ」という神名からも、天疎向津媛と同性格である。この媛（姫）は前述の田植歌の「朝日のさすのを待つばかり」の「オリ姫」であり、「オリ姫」は『古事記』の「天服織女」であり、梭で女陰を突いた「稚日女」である。「梭」は日光・日神の形代で、日神と日女（日妻）の聖婚神話を意味しており、天照大神は「天疎向津媛」という日女（日妻）から成り上ったことを示している。

「天疎向津媛」は「日に向う姫」の意だが、南方熊楠は「ヒジリという話」で、前述の向日神社の祭神向日神について、

万葉集に家や地所を詠むとて、日に向ふとか日に背《そむ》くとか言うたのが、しばしば見ゆ。日当りは耕作畜牧に大影響有るのみならず、家事経済未熟の世に家居と健康にも大利害を及せば、尤《もっと》も注意を要した筈だ。又日景《ひあし》の方向《むき》と増減《ぞうげん》を見て季節時日《じじつ》を知る事、今も田舎に少なからぬ。随《したが》って察すれば頒暦《はんれき》など

夢にも行はれぬ世に、此点に注意して宮や塚を立て、その影をみて略《ほぼ》時節を知った処も本邦にあっただろう。されば向日神《むかひ》は日の方向から家相地相と暦日を察するを司《つかさど》った神と愚考す。(21)と書いている。そして「エンサイクロペディア・ブリタニカ」のオリエンテーションの項や、ノーマン・ロッキャーの著書『ストーンヘンジ』の記述を引用して、自説を補強している。オリエンテーションは日の出の方向を基準にして方位や暦日（空間と時間）をきめたと書くが（Orientation［方位］という言葉はラテン語のOrior［昇る］に拠っている）、私は本書では太陽信仰に視点をあてて述べた。古代人の「信仰」は、現代人以上に「生活」と直接結びついた信仰であったから、南方熊楠の視点は無視できない。

天疎向津媛命は天照大神の荒魂ではなく、皇祖神・日神に成上る以前の伊勢の海人が祀っていた太陽神（興魂神）の日女で、その日女を尊称化したのが本章の冒頭で書いた「大日孁尊《おおひるめのみこと》」である。

日神・皇祖神を祀る伊勢皇大神宮の創祀

大和朝廷は伊勢の地に古くから注目し、日神祭祀の日女（斎王）を派遣していた。岡田精司は伊勢に関する『日本書紀』の記事が雄略朝に集中しており、斎王派遣が雄略朝から始まっていることに注目し、「この時期が大和朝廷と伊勢との関係において非常に重要な時期であった」と述べている。(22)しかし雄略朝以降の斎王の派遣記事は継続していない。継続しているのは六世紀初頭の継体朝以降である。継体朝の斎王荳角《ささげ》皇女につづいて、磐隈《いわくま》皇女（欽明朝）、菟道《うじ》皇女（敏達朝）、酢香手《すかて》皇女（用明・崇峻・推古朝）が斎王になっており、斎王派遣は継続しているから、伊勢の日神祭祀に朝廷が本格的に関与したのは、継体朝以降である。

この時期の伊勢の日神は天照大神と呼ばれる女神ではない。前述した「興玉神」と呼ばれる男神であった。その日神に奉仕する日女として斎王が派遣されるようになって、伊勢の地方神は大和朝廷とかかわるようになる。斎王は天皇の代がわりごとに派遣されるのが原則であったにもかかわらず、用明天皇のときの斎王の酢香手皇女は、崇峻・推古の時代まで三十七年間も斎王だったのは、崇仏派の蘇我氏が台頭し実権を握ったからである。蘇我氏が滅びた後も仏教の影響で、酢香手皇女以降は斎王は派遣されていない。復活したのは天武天皇のときであったから、岡田精司は「ヒルメの神を太陽神と決定したのは天武朝であった」と書く。理由として「天武朝には約半世紀にわたって中絶していた斎宮の復活をはじめ、社務機構と神主職を内宮・外宮に分立することなどが行われ、式年遷宮の制度も『太神宮諸雑事記』によればこの次の持統朝で定められているからである。天武朝では多くの神祇政策が次々に行われ、神祇官の成立も『浄御原令』に拠っていると推測される。この時期に天皇家の守護神にも改革が行われることは充分ありうることである」と、「伊勢神宮の成立と古代王権」で、岡田精司は述べている。(23)

直木孝次郎も「天照大神と伊勢神宮の起源」で、「伊勢の一地方神から皇室の氏の神へと成長した」時期を天武朝とみて、具体的には壬申の乱が契機になったとみて、次のように書く。

> 天武天皇はこの戦いのはじめ、大和より伊賀を越えて伊勢に入るが、朝明郡迹太川辺で天照大神を遥拝している。戦勝の祈願をこらすと共に、神宮の援助を期待したのではなかろうか。はたして柿本人麻呂はこの乱に活躍した高市皇子の死を悼んで作った有名な挽歌（『万葉集』巻二・一九九）の中に、「去《ゆく》鳥乃《とりの》　相競端爾《あらそふはしに》　渡会乃《わたらひの》　斎　宮従《いつきのみやゆ》　神風爾《かむかぜに》　伊吹惑之《いぶきまどわし》」と歌っており、両軍の戦い酣わの時、伊勢神

宮のほうから吹いてきた神風すなわち神宮の援助によって、天武天皇の軍が勝利を収めたことがうかがえる。天武は勝利をうるや、翌年大来皇女を推古朝以来七代五十年ぶりに斎宮に命じ（天武紀二年四月）、皇女はその翌年十月に伊勢に参向した[24]。

松前健も直木孝次郎などの見解を採って、皇祖神としての天照大神を祀る伊勢神宮は、「恐らく伊勢信仰の高まった天武朝以降」と、「大嘗祭と記紀神話」と題する論考で推論している[25]。松前健は天武朝に限定せず、天武朝「以降」と書いているが、筑紫申真は『アマテラスの誕生』で、『日本書紀』の天武紀朱鳥元年（六八六）四月二十七日条に、多紀皇女・山背姫王・石川夫人を、「伊勢神宮に遣《つかは》す」とある六八六年から、持統天皇十年（六九六）の高市皇子の殯宮で柿本人麻呂が詠んだ挽歌の、「渡会《わたらい》の斎宮《いつきのみや》」とある時期（六九六年）の十年間に、日神で皇祖神の「アマテラス」が誕生したと推論している（筑紫申真は伊勢皇大神宮は『続日本紀』の文武天皇二年十二月二十九日条に、「多気大神宮を度会郡に遷《うつ》す」とある記述の日が「誕生のとき」とみている[26]）。このように皇祖神で女の日神が伊勢で祀られたのは、天武・持統朝と推論する見解が有力である。

持統天皇の伊勢行幸と三輪高市麻呂

伊勢の海人が祀る日神に奉仕する日女が成り上って日神・皇祖神になったのが天照大神だが、上田正昭は「『日本書紀』の天武天皇十年五月の条には、『皇祖の御魂を祭る』という記事がある。その『皇祖』の内容はさだかではないが、『皇祖』の祭儀が天武朝でなされたことはたしかであった。……伊勢神宮最大の祭儀である式年遷宮も、天武朝に定められて、持統天皇四年（六九〇）から実施されたとするのが定説である。いかに皇祖神信仰がこの時期に具体化したかを知ることができる。持統天皇がその六年の三月、三輪高市麻呂の諫言をおしきって伊勢行幸をなしたのも、たんなる遊楽ではなかった」と述べている(27)。

上田正昭は持統天皇の伊勢行幸を、壬申の乱のとき、大海人皇子（後の天武天皇）と共に伊勢の天照大神を望拝したので、「天照大神望拝の記憶は生きつづけていて」の、伊勢行幸とみるが、思い出だけの理由で特に伊勢へ、三輪高市麻呂の職を賭しての諫言を押しきって、あえて行幸を強行したとは、私には思えない。

持統天皇の伊勢行幸に対して、三輪高市麻呂の強い反対については、『日本書紀』の編者も三輪高市麻呂の行動に賛成している。したがって「諫《いさめ》に従ひたまはず、遂に伊勢に幸す」と持統紀は記し、高市麻呂の行動を「諫」と書いている。このような見方は『日本書紀』の編者だけではない。藤原麻呂（万里）は、中納言の職を辞して天皇に諫言した三輪高市麻呂の行幸反対の行動を賞讃した漢詩を二首作っている（『懐風藻』に載る）。

このように持統天皇の伊勢行幸は、当時の宮廷人の賛同を得ていないのは、大和の大神神社と伊勢の神宮に対する当時の人々の関心は、圧倒的に三輪高市麻呂が祭祀する大神神社にあったからである。大和の東に聳える神奈備山の三輪山は、前述したが、日神と天皇霊（皇祖神）の宿る聖山であった。この山の信仰を無視しての伊勢行幸は許せなかったから、特にこの山の神々を祀る祭祀氏族の氏長の三輪高市麻呂は、強く伊勢行幸に反対したのであろう。そう考えないと、なぜ三輪高市麻呂が、特に尋常でない強硬な反対をしているのか、その理由が説明できない。

三輪高市麻呂は「冠位《かうぶり》を脱《ぬ》ぎて、朝《みかど》に擎上《ささ》げて、諫《いさめ》て曰《もう》さく」と、『日本書紀』（持統紀）が書くように、中納言の職を自から辞して諫言している。諫言の理由は農作のさまたげになるからというが、行幸が農作のさまたげにいくらかはなるだろうが、「冠位を脱ぎて」反対するほど、農作のさまたげになることはない。

この持統天皇の伊勢行幸への三輪高市麻呂の激しい反対行動からみても、伊勢に古くから日妻から成り上った女神の皇祖神としての日神が祀られていたのではなく、新しく伊勢に日妻から成り上った女神を祀ろうとしたのであり、この皇祖神としての日神に持統天皇が特に強く執着していたことが推測できる（伊勢行幸は持統天皇の以前・以後にはなく、持統天皇のみである）。

持統天皇は三輪高市麻呂の強硬な反対を押切って伊勢行幸をしただけでなく、行幸先で三月十七日に（持統天皇は六年三月六日に出発して二十日に帰っている）、次のような行動をとっている。

過ぎます神郡、及び伊賀・伊勢・志摩の国造等に冠位を賜ひ、幷《あはせ》て今年の調役《えつき》を免し、復《また》、供奉《ことにつかえまつ》れる騎士、諸司の荷丁、行宮造れる丁《よほろ》の、今年の調役を免《ゆる》して、天下に大赦す。

このような天皇のとった行動（伊勢の人たちや行奉の人たちだけでなく「天下に大赦」していること）からみても、この行幸への天皇のなみなみならぬ入れこみ、熱意がうかがえる。「天下に大赦」は持統女帝が伊勢行幸を「天下の大事」とみていたことを示している。「天下の大事」といっても、伊勢行幸は持統女帝の前にも後にもないから、持統女帝の時の特別の「大事」であったのである。私は伊勢の男神としての日神（この日神に対しては大和朝廷は天武・持統朝以前から日女（斎王）を派遣していた）を、持統女帝が女神の日神・皇祖神に変えたことが、「天下の大事」ではないかと推測している。そのことは行幸前に行なった伊勢神宮の祭祀の変革からもうかがえる。持統女帝が伊勢行幸を強行した持統天皇六年の二年前に、『大神宮諸雑事記』や『二所大神宮』例文によれば、「大神宮」の遷宮を行なったとある。この行事は上田正昭も書くように、「伊勢神宮最大の祭儀」である。(27)この時、世襲の禰宜であった度会氏から新しく荒木田氏を禰宜に任命している。このように神殿を新しく別の地に建てていることや、古くから伊勢の日神を祭祀してきた度会氏を解任していることからみても、この頃が伊勢の日神が男神から女神に変った時期と推測できる。

柿本人麻呂は草壁皇子の挽歌で、「天照日女之命（一云《あるにいう》、指上日女之命《さしあがるひるめのみこと》）」と詠んでいる。この日神は女神であり、人麻呂がこの挽歌を詠んだ頃（持統天皇三年）に、日神は男神から「日女」という名をもつ女神に変っていることからみても、持統女帝の即位直後に、日女から成り上った女神の日神・皇祖神が誕生し、その女神を伊勢皇大神宮の祭神としたことを、女帝は「天下の大事」とみて、その神宮のある伊勢へ、三輪高市麻呂の強硬な反対を押切って行幸したのであろう。『日本書紀』は三輪高市麻呂の個人の反対とあるが、高市麻呂は代表者でバックには多くの古くからの有力氏族がいたと、私は推測している。

皇祖神としての日神はなぜ女神か

『万葉集』（巻一・四五）に天武天皇の孫の軽皇子（後の文武天皇）が持統天皇六年（六九二）の冬、宇陀の安騎野に遊猟したとき、供奉した人麻呂が詠んだ長歌が載るが、その長歌で人麻呂は軽皇子を、「高照らす　日の皇子《みこ》」と歌い、また短歌（四九）で軽皇子の父草壁皇子を、「日雙斯《ひなみし》皇子の命」と詠んでいる。「日の皇子」について、日本古典文学全集『萬葉集・一』の頭注は、「太陽神である天照大神の子孫としての天皇および皇子をいう」と書き、[28]伊藤博も『萬葉集全注・巻第一』で、「日の神天照大御神の子孫の意」と書く。[29]したがって「日並（雙斯）皇子の命」については、日本古典文学大系『萬葉集・一』は、「日（天皇）と並んで天の下をしろしめす意」とし、[30]伊藤博も「日（天皇）に並ぶ皇子の命の意」と注す。[29]「日」を天皇一般とみているが、工藤力男は「日雙斯皇子命」と題する論考で、「日並（雙斯）」の用語は人麻呂の造語とみる。[31]この工藤説を神野志隆光は支持し、人麻呂の造語の「日並」の「日」を天武天皇とみて（『万葉集』の題詞〈巻二・一一〇、一六七〉には「日並皇子尊」と書かれているが、草壁皇子をいう。『続日本紀』には文武天皇の父〈草壁皇子〉について「日並知皇子尊」と書く例が七例ある）、人麻呂が「皇太子であった草壁を、天武とならぶところまで上昇させた」のが、「日並に外ならない」と書く。[32]私も工藤・神野志説を採り、人麻呂の「日並」の「日」は天武天皇のことであり、天皇一般とする説は採らない。

稲岡耕二は「高照らす日の皇子」と題する論考で、「天武・持統天皇とその皇子たち（皇孫の軽皇子を言う場合もある）について、とくに使われた讃称」が「高照らす日の皇子」だから、「この時期における日神崇拝を天皇即神観の高揚を背景として人麻呂の創造した称詞と推測される」と書いて、「日の皇子《みこ》」も人麻呂の造語とみる（人麻呂以外にこの用語は用いられているが、稲岡は人麻呂の造語を「襲用したものであろう」とみている）。[33]私も稲岡説を採る。伊藤博らは「日の皇子」を日神の子孫の意とし、一般化しているが、「日雙斯皇子」「日の皇子」が人麻呂の造語で、天武天皇に関係する人たちに限られて用いられているのだから（伊藤博も「万葉集では天武・持統両帝と天武系の皇子のみに用いている」と書いている）、[34]「日雙斯」「日の皇子」の「日」は、天武天皇のことである。

柿本人麻呂は『万葉集』で天武天皇についても（巻二・一六七）、

天雲の　八重《やへ》かき別けて　神下《くだ》し　いませまつりし　高照らす　日の皇子《みこ》は　飛鳥の　浄《きよみ》の宮に　神ながら　太敷《ふとし》きまして……

と詠んでいる。この「日の皇子」は「高照らす」天上（高天原）から降臨した「日の皇子」であり、この「日」は天上に輝く太陽（神話的には皇祖神としての日神）で、人麻呂は太陽の子（皇祖神としての日神の子）と天武天皇をみている。しかし人麻呂は天武天皇の皇子の長皇子・新田部皇子や、孫の軽皇子も、「日の皇子」と詠んでいるが、この「日の皇子」の「日」は天武天皇であり、人麻呂は、太陽（日神）の子の天武天皇と、天武天皇の皇子・皇孫を、ともに「日の皇子《みこ》（御子）」と詠んでいるのである。

『万葉集』の「藤原の宮の役民の作る歌」（巻一・五〇）。「藤原の宮の御井の歌」（巻一・五二）では、持統女帝が「日の皇子」と詠まれている。この二首の長歌について伊藤博は、「人麻呂の既成の歌を模倣しながら、当代の別人」が作った歌とみる[34]。持統女帝は「皇子」でないのに「皇子」と表記されているので、「御子」に改めて万葉学者たちは記しているが、この二首の歌の作者は、持統女帝を天武天皇に重ねて詠んでいる。しかし持統女帝は天武天皇の皇后であり、天武を「日」とすれば「日妻（女）」であった。それなのに『万葉集』では天武天皇と重ねて「日の皇子」と詠んでいるのは、彼女が天皇になったからである。そのこと（女を「皇子」と書くこと）は日女から日神に成り上った大日孁貴（『日本書紀』）や天照日女命（『万葉集』）男神の太陽神が女神であることと重なる。

折口信夫は日神が女神になったのは、「日の神に仕へてゐる最高貴な神聖な神の后を、神と考える様になった」と書くが、(15)天武天皇の皇太子草壁皇子を人麻呂が、「日並」と詠んでいることからも（この「日」は天武天皇である）、天武天皇を「日」とすれば、「日の神に仕へてゐる最尊貴な神聖な神の后」は、鵜野讃良皇女（後の持統女帝）である。彼女は皇后（日女・日妻）から天皇に成り上っているのだから、男神の日神の日妻であった日女が成り上った天照大神（天照日女命）と持統女帝はダブルイメージである。

柿本人麻呂は『万葉集』（巻二・一九九）に載る壬申の乱のことを詠んだ挽歌で、

……渡会《わたらい》の斎宮《いつきのみや》ゆ　神風に　い吹き惑はし……

と詠み、伊勢の日神が壬神の乱のとき大海人皇子軍に加勢して、「神風」を吹かして敵を混乱させた（「い吹き惑はし」）のは、「斎宮」の神威と詠んでいる。人麻呂は「渡会の神」「渡会の神宮」でなく、特に「渡会の斎宮」と詠んでいることは無視できない。斎宮は伊勢の日神に奉仕する日女（斎王）、またはその日女のいる宮をいうが、このような女性が日神に成り上ったのが、「大日孁貴《おおひるめむち》」や「天照日女命《ひるめ》」と『日本書紀』が書く、皇祖神の「天照大神」である。人麻呂は「天照日女命」という女神を、皇祖神としての日神とみて、「天《あま》をば知らしめす」（『万葉集』巻二・一六七）と詠んでいるが、人麻呂には次のようなイメージがあった（柿本人麻呂は持統朝のみに活動する宮廷歌人である）。

皇祖神＝日神＝天照大神＝女帝＝持統天皇。

このような一体観は祭祀氏族中臣氏から成り上って「藤原」を称した不比等が、女帝持統と結託して、伊勢神宮の祭祀権を、古い伊勢の地元の祭祀氏族から中臣氏に移し変え、彼等が大中臣氏と称して祭祀の実権を握ったことと連動している。しかし古くからの信仰を簡単に変えられなかったから、日女が日神に成り上ったことを示す神名（大日孁貴・大日孁尊・天照大日孁尊〈以上『日本書紀』〉、天照日女之命・指上日女之命〈以上『万葉集』〉）になっているのである。

斎王は天武天皇の時には派遣されているのに、なぜか持統女帝の時には派遣されず、次の文武天皇の時になって派遣されている。なぜ持統女帝の時には中断しているのか。理由は持統女帝は自からを斎王とみたから、斎王を派遣せず、歴代天皇のうち唯一伊勢神宮に行幸した天皇になったのであろう。

持統四年の伊勢の遷宮記事や、同年に伊勢神宮の世襲の禰宜の渡会氏をやめさせて新しく中臣氏を禰宜に任命した事、持統六年の持統天皇の伊勢行幸（天皇の伊勢行幸は明治以前は、持統天皇の伊勢行幸のみで他にはない）は、特例中の特例である事は、日神が女神になり、さらに皇祖神になったのが、持統朝であることを推測させる。

皇祖神を祭神にする伊勢皇大神宮の創祀時期

直木孝次郎は一九五一年に「天照大神と伊勢神宮の起源」と題する論考を発表し、この論文の一部に手を加えて、一九六四年刊行の著書『古代王権の祭祀と神話』に収録している。この論考で直木孝次郎は、「伊勢地方に神威を有する地方的な神」が、「壬申の乱における天武天皇の勝利」によって皇室の神になったと結論している[35]。

日本古代史学界では直木説が通説化しているが、この通説を岡田精司は批判して、その批判を集大成した一九九二年刊行の著書『古代祭祀の史的研究』に、「伊勢神宮の成立と古代王権」と題する論文を載せている。その論文で「伊勢神宮の地方神からの昇格説」は「戦後の通説」と書いて、しかし「公的な王権守護神が伊勢に祭る太陽神であるという建前は、五世紀以来変ることがなかった」と結論して、五世紀後半の倭王武、雄略朝の頃、河内・大和の王権の太陽祭祀が伊勢でも行なわれたと書く[36]。

岡田精司は具体的史料を示していないが、雄略天皇十八年八月十日条に、天皇は「物部菟代宿禰・物部目連を遣《つかは》して、伊勢の朝日郎を伐《う》たしめたまふ」とあり、大和政権の伊勢侵攻の記述は雄略紀に載り、それ以降の王権関与記事は『記』『紀』に載る。例えば斎宮の伊勢派遣記事の一つをとってみても、伊勢の日神信仰は中央王権と無関係とはいえない。しかし伊勢における「アマテラス」という女神でしかも皇祖神の日神祭祀の時期は持統朝で、本格的に王権が祭祀したのは文武二年（六九八）からである。そのことを証す一例が『続日本紀』文武二年八月一日条の「意美麻呂（引用者注、藤原意美麻呂のこと）らは、神事に供れるに縁《よ》りて、旧《もと》の姓に復《かへ》すべし」とある記事である。中臣姓にもどった意美麻呂は十年後の和銅元年（七〇八）に神祇伯になっているが、伊勢神宮の祭主・宮司を独占したのは大中臣氏である（中臣に「大」を冠した）。私は伊勢神宮の大中臣氏独占化の工作を、藤原不比等と大中臣意美麻呂が共同して行なったとみているが（そのことを示す関連記事は拙著『日本書紀成立考』で書いた）、この藤原・中臣の分離は、伊勢神宮の皇祖神化と強く結びついていることを、『続日本紀』の記事から示す。

文武二年（六九八）

八月十九日　藤原姓を鎌足の子不比等に限り、他は中臣姓に復す。

九月十日　当耆《たき》皇女を斎　宮《いつきのみや》とする。

十二月二十九日　多気大神宮を伊勢国度会郡に遷す。

この時期は持統天皇は太政天皇として実権を握っていたから、これらの行為・行動は持統太政天皇の了解による行動である。岡田精司が述べているように、大和政権は雄略朝の頃から伊勢に勢力を浸透しており、天武朝以前の伊勢の日神祭祀は、伊勢海人らの土着信仰であったという見解には無理がある。だからといって岡田説のように、伊勢の日神信仰は雄略朝の頃から大和政権の強い管理下にあったというのも、問題がある。いままでの見解の多くは、日神・皇祖神の「天照大神」がわが国の古い時代からの日神であったという前提で論じているからである。しかし今迄述べてきたが、わが国の日神は古くは男神で「天照御魂神」といわれていた。天照大神は「大日女命」と神代紀は書き、柿本人麻呂も「日女命」と詠んでおり、男神の太陽神に奉仕する巫女（日女）が成り上ったのが、皇祖神の日神である。このような女神の登場は女帝持統天皇と藤原不比等の合作によることは、拙著『日本書紀成立考』で詳述した。このような女神の皇祖神・日神を祀る伊勢皇大神宮の創祀時期は、したがって文武二年（六九八）と私は推測している。

太陽の死と復活物語が「天岩屋」の神話

『古事記』は神代記で次のように書く

天照大御神、忌服屋《いみはたや》に坐《ま》して、神御衣《かむみそ》織《お》らしめたまひし時、其の服屋《はたや》の頂《むね》を穿《うが》ち、天《あま》の斑馬《ふちこま》を逆剝《さかは》ぎに剝ぎて堕《おと》し入るる時に、天の服織女《はたおりめ》見驚きて、梭《ひ》に陰上《ほと》を衝《つ》きて死にき。故是に天照大御神見畏《みかしこ》みて、天石屋《あまのいはや》戸を閉《と》ぢて刺《さし》こもり坐《ま》しき。

『日本書紀』も神代紀（巻第一）で次のように書く。

天照大神の方に神衣を織りて斎服殿に居《ま》しますを見て、則ち天斑駒を剝《さかはぎ》にし、殿の甍《いらか》を穿《うか》ちて投げ納《い》る。是の時に、天照大神驚動《おどろ》き、梭《ひ》を以ちて身を傷《いた》ましめたまふ。此に由りて発慍《いか》りて、乃ち天石窟《あまのいはや》に入りまし、磐戸《いはと》を閉《さ》して幽居《こもりま》しぬ。

『日本書紀』一書の一は次のように書く。

稚日女《わかひるめ》尊、斎服殿《いみはたどの》に坐《ま》して、神之御服を織りたまふ。素戔嗚尊《すさのをみこと》見して、則ち斑駒《ぶちこま》を逆剝《さかはぎ》にし、殿の内に投入る。稚日女尊、乃ち驚きて機《はた》より堕《お》ち、持たせる梭《ひ》を以《も》ちて体を傷《いた》めて神退《さ》りましき。故、天照大神、素戔嗚尊に謂《の》りて曰《のたま》はく。「汝、猶《なお》し黒心《きたなきこころ》有り。汝と相見《あひまみ》えむと欲《おも》はず」とのたまひ、乃《すなは》ち天《あま》岩窟《のいはや》に入りて、磐戸《いはと》を閉著《さ》したまふ。

『記』は「陰上《ほと》」、『紀』は「身」（本文）・「体」（一書の一）を突いたと書き、『記』は「服織女」、『紀』は「天照大神」（本文）、「稚日女尊」（一書の一）と書き、相違があるが、本来の伝承は死と再生神話で、太陽の死と再生の冬至神話とみる見解が多い。

三品彰英は、「日の神の岩戸がくれという観念は、冬至における日の神の死」であり、「岩戸の中から招禱《おぎ》迎えられる日の神は、再生した太陽であり」、天照大神は「冬至点に位置した太陽神の面を示している」として、新嘗の祭りのために奉仕する日女としての天照大神が、岩屋隠れする神話は、冬至祭の儀礼の神話化とみている(37)。

守屋俊彦は天岩屋神話を「太陽の死と復活の物語」とみて、「大分県の国東半島では、旧暦十一月二十三日にお日待が行なわれる。一晩おこもりしながら、あけ方太陽を拝んで解散する。十一月二十三日といえば、冬至の頃である。おそらくは、太陽の光が一年の中で最も衰弱する冬至の頃にその復活を願う儀礼の残影かと思われる。そこで、このお日待の儀礼をずっと過去にさかのぼらせてみると、そこから天岩屋戸神話の一つの映像が浮かび上ってくるのではないだろうか。しかも、こうした意味における太陽の衰弱なら毎年きまって周期的にやってくることであり、そして、それが彼等の生活に直接響くことなのだから、まれにしか起こらない日蝕よりか遥かに重大視され、それが神話に表現されたとみた方がよいのではあるまいか」と書いている(38)。

この冬至の頃の新嘗の祭りの前日に、宮廷では鎮魂祭が行なわれるが、土橋寛は「天岩戸の祭式は死者に対する呪術的儀礼であり、鎮魂祭は生きている天皇に対するそれであるが、古代の生命観においては、衰えた生命力を強化することがタマフリであり、その限りにおいては死者と生命力の衰えた生者との間に、本質的な区別はないのである。鎮魂祭が十一月の冬至の季節に行われるのは、この時期に天皇の生命力が衰亡の極に達するからであり、それは自然の衰亡とくに太陽の衰亡との連帯観に基づくのである。……とすれば天岩戸の神話は、冬至における太陽の蘇生を促す年毎のタマフリ的祭式として、まさに鎮魂祭の起源説話ということができるわけである」と述べている(39)。

上田正昭も鎮魂祭の呪法と天岩屋神話の「結びつきは濃厚」と書き、「天石窟戸への日の神の神ごもりは、十一月における太陽の衰微を象徴する神話であった。そこで、内部生命力を充実し、日の神の活力を復活させる呪法がなされるのである」と書き、そのような呪法を「タマフリ」とし、天岩屋の前での天鈿女《うづめ》命の女陰を出しての神がかりの踊りを、その呪法とする。(40)松前健も、「鎮魂祭が一種の冬至祭であることは、すでに多くの学者が論じたところである。冬至は、北半球の多くの民族によって、『太陽が死んで復活または再誕する日』とされていた。岩戸の前『火処焼《ほところ》き』(『日本書紀』)とか『庭燎《にはひ》を挙げ』(『古語拾遺』)とかいって、大きく火を焚いたと伝えていることも、世界に広い『冬至の火祭り』を思い起こさせる。一年中で最も日の光の薄く、日の短い冬至の頃が、『太陽神の魂が遊離し、死ぬ日』であると考え、ここに大きな火祭りを行ない、衰えた光熱を再び盛りかえし、またタマフリを行なって、その復活を図ったのであろう」と書く。(41)

松前健は「北半球の多くの民族」と書くが、南半球でも第十三章で述べるが、インカでは冬至の祭りをもっとも重要な祭儀とする。そのような冬至祭の反映が天岩屋神話だが、一般にこの神は日神(天照大神)がかくれて(死んで)出る神話だから、死者がよみがえる死と再生の神話といわれているが、「新生」でもある。それは「死」に性交行為が示されている事から云える。天照大神・服織女・稚日女の女陰(女陰と書くのをはばかって「体」と書く記事もある)を梭で突いたと書くが、「梭」について、西宮一民は新潮日本古典集成版『古事記』の頭注で、「女陰に梭が刺されるとは、神婚の儀礼を意味する」と書く。梭の大きさからして、梭は男根イメージで書かれている。女陰を突かれたのが、天照大神・服織女・稚日女のいずれであろうと、わざわざ死ぬ原因に性行為を記している事実は、古い太陽の死と新しい太陽の誕生を示している。

このような神話を『記』『紀』が天孫降臨神話と共に重視しているのは、太陽光輝の讃美より、太陽の新生の朝日を、単なる誕生と見ずに死からの再生と見るからである。性行為の男根イメージの「梭」(男根イメージ)を、死をもたらす凶器と書く神話が、その事を示している。さらに古代人は岩屋・洞窟を「子宮」

であり「墓」と見立てていたことも、「天の岩屋かくれ」の神話が示している。

天岩屋神話の洞窟と沖縄・韓国の墓の形

三代目の天皇は安寧天皇だが、その御陵を『古事記』は「御陵は畝火山の美富登に在り」と記す。『日本書紀』の懿徳天皇元年八月条にも、「畝傍山南陰井上陵に葬りまつる」とある。『延喜諸陵式』には「畝傍山西南御蔭井上陵」とある。本居宣長は『古事記伝』で「御蔭《みかげ》」と記していることについて、「富登《ほと》と云ふことを悪《にく》みて、昔御蔭と唱へ換《かへ》たりけむ」と書いている。「御蔭井上」について岩波書店版『日本書紀・上』の頭注（大野晋執筆）は、

> ミホトノヰノウヘと訓むか、ミホトヰノウヘと訓むかで意味が変る。「畝傍山の南の御陰の井上」と訓めば、「畝傍山の南の御陰」という意味となり、「畝傍山の南の御陰井の上の」と訓めば、ミホトヰは、井の名前となる。ホトは朝鮮語にもPochi（陰門）の語があり、奈良朝では女陰をいう。当時の命名法を考えるに、おそらく、井の形貌によって、ミホトヰの名をつけたものであろう。

と書いているが、『古事記』には「御富登」とあるのだから、「ミホトノヰノウヘ」と訓むべきであろう。松本清張は『遊古疑考』で、安寧陵は、村山智順の『朝鮮の風水』に載る図の「母性墓の型であるところから付けられたらしい」と書いている。[42] 次頁の図74の(4)・(5)・(6)・(7)は『朝鮮の風水』に載る墓地の図である。

村山智順は図74の沖縄の墓の(1)・(2)・(3)も示して、沖縄・韓国の墳形は再生信仰によるとみて、「一般に朝鮮の墓地殊に風水的に造営された墓地は、その概観よく母性に類似する処のものが多く、中にはまことに真

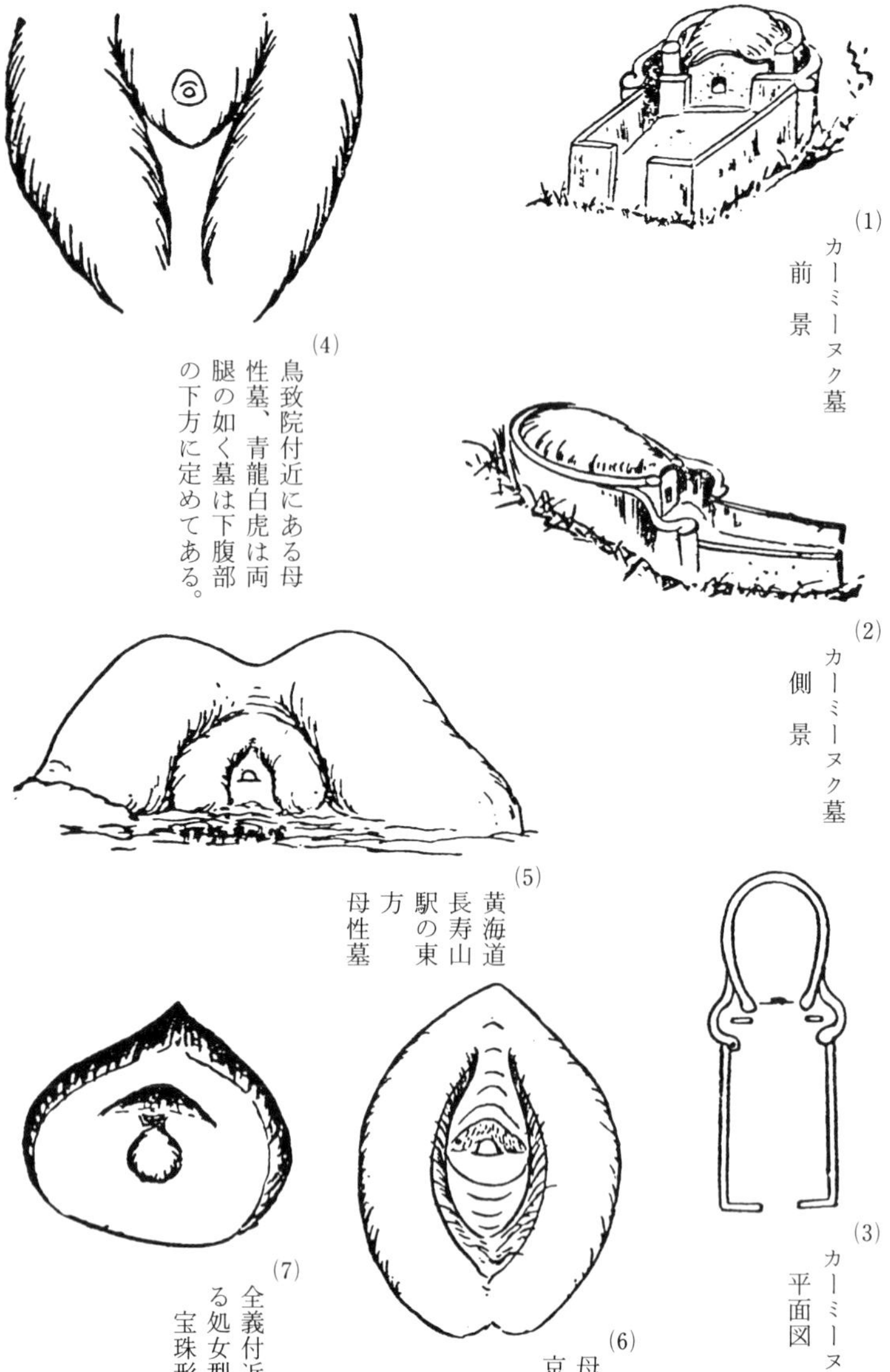

(1) カーミーヌク墓 前景

(2) カーミーヌク墓 側景

(3) カーミーヌク墓 平面図

(4) 鳥致院付近にある母性墓、青龍白虎は両腿の如く墓は下腹部の下方に定めてある。

(5) 黄海道長寿山駅の東方 母性墓

(6) 母性墓 京城付近

(7) 全義付近にある処女型墓 宝珠形

図74　沖縄・韓国の墓地

に迫るが如き観あるもの少なくないのである。（中略）琉球の墓形にはカラファーフ式と云ふ破風造形のものと、カーミーヌク式と云ふ亀甲形のものと二形式があるが、この後者即ちカーミーヌク式のものこそ、よく母性を具象化して居る」と書く。(43) 村山智順は「母性」という表現で母体の陰部・子宮表現をしているが、沖縄出身の佐喜真興英は大正十四年（一九二五）刊の『シマの話』で、「琉球の墓の構造は全体として女子の陰部に象つてゐる。庭を囲む石垣は両脚であり、墓は腹部でその入口は陰門であると話された。それ故に人が死して墓に入るのはもとの所へ帰るもので、始に原《かへ》るの意味があるのだと信じられた」と書いている。このような墓は再生願望に依る。

富士山や筑波山には「胎内窟」と称する洞窟があり、胎内めぐりが行なわれる。山でなくても善光寺など、寺の地下が胎内めぐりの聖所になっているが、再生観念によるもので、古墳の横穴石室もそのような観念に依る。横穴式石室墓をイザナキ・イザナミの黄泉国訪問神話の黄泉国《よみのくに》に比定する説があるが、松村武雄は横穴式石室墓は黄泉国観念の第二次表象とし、第一次表象を「洞窟」とする。そして、「我が国の民間信仰は、死人の世界が洞穴の奥であつたことを紛れもなく自分たちに語つてゐる。多くの民話の採録が記・紀などの古文献に比して時代的に降《くだ》つてゐるといふだけで、これを伊奘諾神が訪れた世界の観想以後の観想であると平気で片づけてしまふのは、文化発達の地方差を無視した謬見」と批判している。そして諸外国の例や、アイヌ人は死の国を「湿りたる下つ国」といい、「海岸の洞窟などが、その入口であると考へられ、洞窟へ入つて思はず知らず冥界へ踏み込んで、亡くなつた祖先を見て来たといふものの話が、しばしば村に伝へられる」（金田一京助『ゆうから』）例、沖縄久米島の君南風《きみはえ》の葬儀の『おもろ』に、石屋口、金比屋口に葬ったとあるが、この「ロ」とは「崖などの中腹にある洞窟のことであり、死霊が冥界に入国せんとするには、この洞窟を潜つて行くと信ぜられたが故に、かく歌はれたのである」（伊波普猷「南島古代の葬儀」）といわれている例をあげている。(44)

前述した沖縄の「カーミーヌク墓」は「亀甲墓」のことだが、亀甲墓の築造技術は中国の南部地方から、一五、六世紀に移入されたものといわれているが、高宮広衛・名嘉真宜勝は、「沖縄の墓地――主として亀甲墓について――」で、「築造技術は確かに中国人によるものであろうが、その素地になる横穴式の墓堂を形成する思想はすでにあった。それは〈王陵〉や〈浦添ゆうどれ〉などの岩穴を囲い込んだ形式や洞穴墓等に求められる」と書いている。(45)原型は洞窟である。

洞窟が死と再生の聖地と見られていたから、古墳の横穴式石室は死の世界・黄泉国の観念と共に、再生の聖所（女陰・子宮）とみられていた。村山智順は高句麗や百済の横穴式石室について、「玄室は母体の胎室に、而して羨道は母体の産道に象《かたど》ったもの」と書いている。(43)日本に高句麗や百済の横穴式石室の墓制が入った古墳時代後期に、黄泉国や天岩窟などの観念が神話に登場したが、こうした墓制以前から、死と再生の聖地としての洞窟観はあった。その洞窟が天照大神高座《たかくら》神社の「タカクラ」であり、伊勢の高倉《たかくら》山の古墳である。

高倉山の古墳は、「天照大神の天岩屋」と言われていたが、河内の高座神社には「天照大神」が冠されていることからみても、天岩屋隠れの天照大神の原像は、死と再生の日女の物語であることがわかる。「天照大神の原像は日神の妻になる日女《ひるめ》」であり、墓は人工の洞窟・岩屋で、母胎・子宮と見立てられていたから、このような観念が天の岩屋神話を生んだのである。天の岩屋は「墓」としての洞窟だが、母胎・子宮イメージをもち、新しい生命（朝日）を生む。持統天皇によって日女から日神に成り上った「天照大神」が作られたが、この「天照大神」を冠した「天照大神高座神社」を、『延喜式』神名帳が記載している事実は、わが国の「太陽信仰論」を論じる時、重要な意味をもつから、九章以降の各章で、視点をそれぞれ変えて詳細に論じる。

九章　太陽信仰と多氏・秦氏・三輪氏・賀茂氏

日女としての天照大神と難波の坐摩《いかすり》神社

天照大神は日女・日妻から日神に成り上った女神で、本来は「天疎《さか》」る地に居て朝日に向う「向津《むかつ》媛《ひめ》」で、日光に感精して日の御子を生む日女である。そのことを平安時代の官撰の公式文献が示している。

延喜元年（九〇一）成立の勅撰書『三代実録』の元慶七年十二月二十八日条に、「伯耆国正六位上天照高日女《ひめ》神」が従五位下になったという記事が載るが、「日女」に「天照」が冠されていることは無視できない。この「天照高日女神」という神名からも、日女から成り上った神が「天照大神」であることが確かめられる。貞観十三年閏八月二十九日条には、隠岐国の「無位日乃売《ひのめ》神」が従五位下になったとあるが、「天照」は冠されていないが、この神も日女神である。

また貞観十一年九月二十八日条には、「大和国正六位上朝日豊明媛抜田神、朝日豊明媛抜田子神、並授二従五位下一」とある。媛神と子神の二神は多神社や天照大神高座神社が母神と子神の二座であるのと共通する。この神社も「朝日豊明媛」という日神ではなく、日光を受ける媛（日女）神だが、「朝日豊明」とあるように「朝日」であって、天上の高天原から照らす真昼の太陽・日神ではない。タテ意識の中天に輝く日中の太陽でなく、ヨコ意識の朝日の光を受けた日女が生んだ日の御子が、「抜田神」と「抜田子神」であり、この神は「春日戸神」と「春日戸子神」と共通する。「抜田神」には「朝日豊明媛」が冠されているが、この事は「春日戸神」という「高座神」に「天照大神」が冠されているのと共通する。しかし「天照大神高座神」は「天照高日女神」の「天照」が「天照大神」となり、「高」が「高座」となったのであり、「天照大神高座

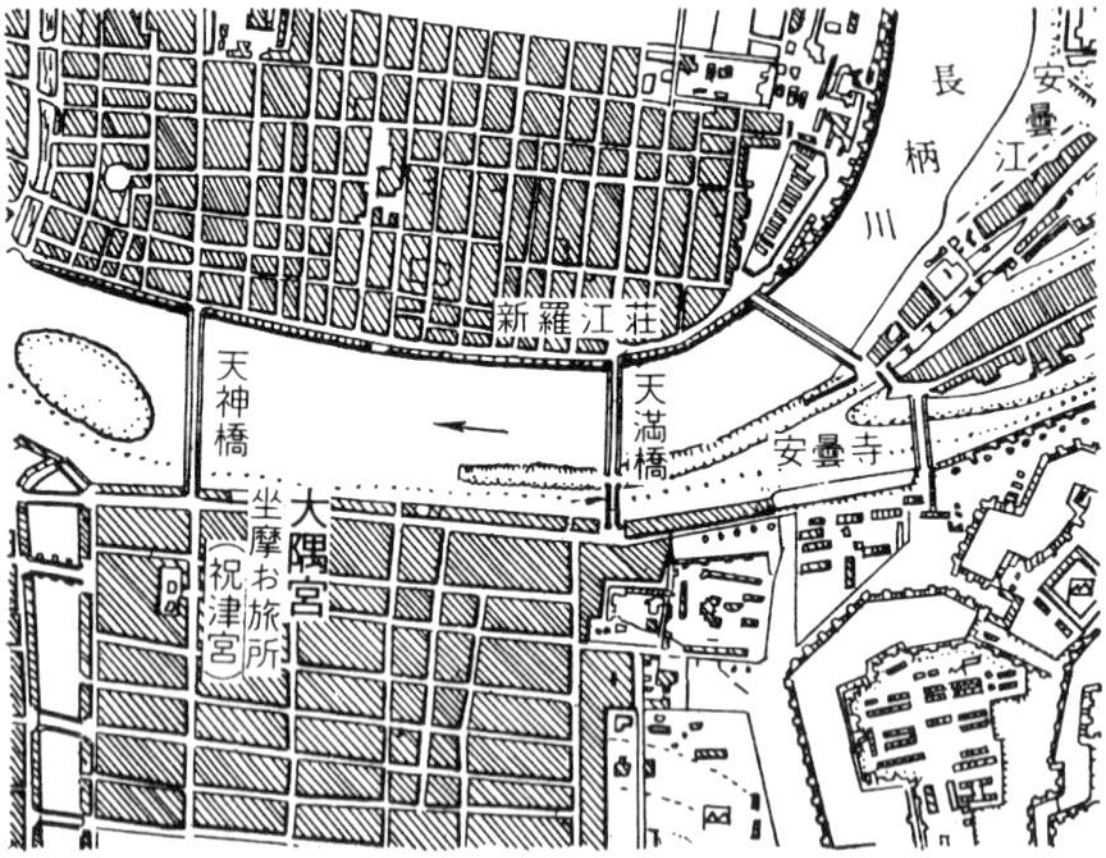

図75　明治20年製作の市街図による天満橋周辺（右下は大坂城跡）

日女神」である。

この神社は高安山・志貴山の近くにあるが、くわしくは次章の第十章で書くが、高安山の山頂から昇る冬至の朝日の遥拝地には、式内社の「大社」の坐摩《いかすり》神社がある（昔は「イカシリ」「イバテリ」といわれていた）。この地は現在は坐摩神社のお旅所になっている。図75参照（明治二十年製作の市街図による天満橋周辺、山根徳太郎著『難波王朝』から引用）。

現在の坐摩神社はこの地になく大阪府東区渡辺町になり、旧地はお旅所になっているが、旧地のお旅所とその周辺に氏子の南渡辺村・北渡辺村があったが、豊臣秀吉の大坂城築城の時、南渡辺村の人達は坐摩神社と共に船場の西、現在の坐摩神社の所在地に移り渡辺町と称した。北渡辺村の人達は移住地がすぐにきまらず、各地を転々とし、ようやく元禄年間に今の浪速区西浜町に落着き、明治の頃まで渡辺村と言っていた。この北渡辺村の人々が氏神にしていた神社は「白木《しらき》神社」という。白木神社は毎年坐摩神社の夏祭の翌日に祭りを行なっていたが、政府の神社合併政策で坐摩神社に合祀させられたのは、この神社は坐摩神社と同じ祭神であったからだが、「白木」は「新羅」のことである（そのことは福井県の式内社の白木神社が新羅神社であることからいえる。二二七頁〜二二八頁参照）。西成郡は『和名抄』によれば「上郡」で、南摂津の四郡のうちでもっとも郷の多い所なのに、式内社はこの一社のみである。理由は新羅・伽羅系の渡来人の居住地であったからである。

天平宝字四年（七六〇）十一月十八日付の摂津国安宿王家地倉売買券には、西成郡擬大領従八位吉志船人、擬小領初位三宅忌寸広種の名が載る。大領・小領がおらず擬大領と擬小領が西成郡のトップ官僚だが、両氏共に新羅系渡来氏族である。吉志氏はもとは難波吉士と称していたが、吉士氏族の中の代表氏族だったから、単に「吉士」と称したが、吉士は新羅の官位十七等の十四等であることからも、新羅系渡来氏族である。三宅忌寸は『日本書記』によれば天武十二年（六八三）に「連」になっているが、それまでは「吉士」であり、『姓氏録』の摂津国の三宅連は「新羅国王子天日桙之後也」とある。また『続日本紀』（景雲三年五月二十二日条）に、「摂津国西成郡の人外従八位下秦神嶋、正六位秦人広立ら九人には秦忌寸」とあるから、吉田晶は『古代の難波』（一九八二年刊・教育社）で『姓氏録』に載る摂津の「秦忌寸」「秦人」を西成郡人とみている。『寧楽遺文』（中巻・五二二）にも、「春日部荒熊・虫麻呂」の名が西成郡人として載る。「春日部」は「春日戸」で、天照大神高座神社の元の名「春日戸神」を祭祀していた氏族だが、秦氏とかかわる。「春日戸」神（天照大神高座神社）は後代は秦氏が祭祀しているから、西成郡の春日部（戸）氏や秦氏の祀る神社が天照大神高座神社であったのだろう。

『古事記』は「秦氏を役《えだ》ちて」、「難波の堀江を掘りて海に通《かよ》はし、又小椅江《をばしえ》を掘り、又墨江《すみのえ》の津を定めたり」と書く。『日本書紀』（仁徳紀）は「秦人」を「新羅人」と書いて難波の「江」の土木工事に「新羅人」が技術者・工人として従事したと書く。図75の「坐摩お旅所」が坐摩神社が最初にあった所だが、この地は大隅宮（祝津宮）のあった場所で、長柄川の対岸に「新羅江荘」がある。山根徳太郎は、「新羅江荘」の住人について、次のように書く。

新羅江荘は地積が四町あったとなっているから、交換によって駅家に編入されたのは、だいたいその東方の四分の一弱の地域であったであろう。しかしそのあたりの住民は、江南にあたる南渡辺村の住民とともに、古くから坐摩神社と深い関係に結ばれていたものと考えられる。経済や政治上の支配関係からいえば、江北は奈良朝時代に東大寺の庄園になり、ついでその一部は朝家の手に帰したのであったが、神社との関係からいえば、江北新羅江荘は対岸の坐摩神社に隷属し、その氏地としての深い因縁に結ばれていたものとすべきであろう。(1)

このように述べているが、坐摩神社が秦氏系氏族の祀る（秦氏は伽耶系だが、新羅に併合され、新羅系氏族であることは、拙著『秦氏の研究』で述べた）天照大神高座神社の背後の高安山から昇る冬至の朝日遥拝地に位置していることは、無視できない。坐摩神社は後述するが安産祈願の神だが、高安山や天照大神高座神社のある地の方向から昇る冬至の朝日を受けて日の御子を生む日女（日妻）が、この神社とかかわることは、第十章でくわしく述べる。

三輪山背後の大和高原のツゲ国の居住氏族

坐摩神社は大隅宮のそばにあったから、「大宮地の霊」を祀るといわれているが、宮中の「神祇官西院」で祀られている。宮中の坐摩神については、『延喜式』臨時祭に「坐摩巫。都下《つげ》国造氏の童女七歳以上の者を取りて、これに充《あ》てる。若《も》し嫁す時には、弁官に申して替へて充てる」とあるが、坐摩神社の宮司は、いまは「渡辺」というが、三代前までは「都下《つげ》」を名乗り、祖を都下国造とし、現在の宮司は五十七代目という。

大田亮は「都下国は允恭紀に載る闘鶏《つげ》国大和山辺郡都介郷とは別にて、摂津国菟餓《とが》の地」（『日本国誌資料叢書・摂津』）と書くが（「闘鶏国」が三輪山の背後にある）、菟餓野について谷川士清は『日本書紀通証』で、

北自二天満北野一南京橋町（八軒屋）平野町（八軒屋南四丁）之総名、座摩社作二都下一又名二渡辺一

と書く。この地は天平勝宝二年（七五〇）四月十二日の日付のある東大寺諸国庄文書に載る、新羅江庄のあったところだが、新羅江荘の新羅人は坐摩神社の氏子であったとする山根徳太郎の談は前述したが、滝川政次郎も山根説に賛同している（『日本古代史論叢』所収「難波における斎宮の祓所と大江殿」）。この坐摩神社を「ツゲ国造」が祭祀していることが問題である。

一九七七年の十一月四日・五日の読売新聞（大阪版）の夕刊（学芸欄）に、私は、「古代祭祀とナニハ」と題して、「ナニハ」地名は太陽祭祀にかかわると書いた。この拙論を読んだ言語学者の金思燁教授（当時、大阪外国語大学教授）からお手紙をいただいた。金教授は迎日の地名について、『三国遺事』には「迎日、都祈野」（巻一）、『三国史記』には「臨汀県、本斤烏支県、今迎日」（巻三十四・地理一）とあることから、

都祈は「トキ」（도기）「トチ」（돋이）の表記。これは「日の出」の意である。正しくは「ヘトチ・ヘトキ」（히도디・히도기）というのであるが、省略して「トチ・トキ」ともいう。都祈野は「日の出の野」の義。「迎日」という漢地名は、「日の出」を客観視する表現語。三国史記の「斤烏支」は、「斤」

は「斧」のことで、「斧」の朝鮮語は「トチェ・トクィ」（도치・듯치）。したがって「斤烏支」は「トオチ・トオキ」の音の表記で、「都祈」と同じである（都祈は音借表記、斤烏支は訓音借表記）。都下（菟餓）も「日の出」の場所と考えられた地の名称。韓国の浦項（迎日県）は海をひかえた港で、古地名に「臨汀県」ともいったことからもわかるとおり、「日の出」る聖処（海中）。「日神」を祭る場所は、その聖処の付近の陸地（都祈野）であったはずである。

と書いた手紙をいただいた。この手紙からもツゲ国造が祭祀する坐摩神社は迎日祭祀の神社であることが確かめられるが、大田亮が記すように、允恭紀に「闘鶏《つげ》国造」の話が載る。この「ツゲ国」は奈良県山辺郡都《つ》祁《げ》村や桜井市上の郷などのある、「大和高原」と呼ばれている地域である。「闘鶏《つげ》国造」は『古事記』（神武紀）は「都祁直《つげあたひ》」と書き、多氏と同族である（「直」は国造の姓《かばね》）。このツゲ国は三輪山や北に隣接する弓月岳・龍王山の裏にあり、ツゲ国に入るには今は初瀬川沿いの道をさかのぼるが、かつては弓月岳の近くを登る道があった。この道を登るとツゲ国の入口の現在の桜井市上の郷の地に入る。

小川光三は上の郷の「小夫《おおふ》」について、「この郷に伝わる聞書覚書によると『小夫は多部にして神八井耳命の苗裔』とあって、小夫は多氏の多部より出た名としている。『西大寺田園目録』によれば、『笠・竜野・和田・滝倉・小夫の五村をいう』とあって、昔は上の郷の大半を占める地域が多氏の居住区で、同時にこの人々が嵩日《かさぬひ》部であったことを示している。いずれにしてもここは祭祀者の集団居住地であったらしい」と書き、さらに都祁《つげ》村の式内社の下部《おりべ》神社の祭神は多氏の祖の神八井耳命であり、都祁村には「大夫《おほぶ》」という部落名があることからも、多氏とのかかわりを述べている（『古事記』は都祁直をオホ臣同祖と書く）。さらに

「都祁村の東側の現在山添村となっている所は最近まで波多野村」で、秦氏居住の痕跡があり、十市郡の「多神社のある多村に北隣して秦庄があり、秦氏と多氏との盛んな接触が物語られている。また書紀には、雄略天皇十二年罪を得て刑《ころ》されようとした木工闘鶏御田《つげみた》が、秦酒公のとりなしによって赦《ゆる》されたという記述があって、単に隣接しているにとどまらず、深い交流があったことが想像出来る」と書いている(2)。

私も「日本の中の朝鮮文化23号」（一九七四年刊）に、「大和の鶏林《しらぎ》・闘鶏《つげ》の国」と題する拙稿を発表し、次のように書いた。

　闘鶏国に入るには、初瀬川、穴師川、布留川をさかのぼるコースはあまり使用されていないが、古代はこの道が闘鶏と大和国中を結ぶ主要道路であった。穴師大兵主神社の裏を通って、天皇坂をぬけると上の郷に至る（今は上の郷に入るには初瀬川をさかのぼる）。穴師から登って最初の部落笠に荒神社がある。また白木という部落もある。昔は白木は北白木、中白木、南白木に分かれていた。白木には室町時代に白木武蔵という豪族がいたが、祖先の天之日矛が新羅から渡来してこの地に新羅城を築いたが、「新羅」が「白城」になり「白木」になったという伝承がある。

　白木の隣部落は萱森《かやのもり》という。萱森の集落は飛鳥川の上流の栢森《かやのもり》と同じで、初瀬川の上流でも最上流の山深い集落地で、飛鳥の栢森と地理的位置がよく似ている。カヤノモリの「カヤ」は新羅に統一された伽羅の転、「モリ」は朝鮮語の「頭《かしら》」だから、伽羅の頭の坐す所と金達寿氏は解釈して、飛鳥の「カヤノモリ」を伽羅の一つの中心地と述べている（『日本の中の朝鮮文化3』）。上の郷のカヤノモリも白木と隣接していることからみても、飛鳥川上流のカヤノモリと同じように解釈してもよいであろう。とすれば荒神社も、伽羅と同じく新羅に統一された安羅の意であり、安羅神社と解釈できる。荒正人氏は「荒」の姓は朝鮮の安羅から来たからだと、朝日新聞（昭和四十八年十一月十一日号）に書いている。

（中略）

白木や穴師や荒神社のある上の郷から更に入ると、『和名抄』の都祁《つげ》郷になる。白木に北、中、南の部落があったように、北白石、中白石、南白石の地名がある。部落が北、中、南とあるのは、白木と白石だけである。この白石の「白」は「シラギ」の「シラ」であろう。小浜市白石の白石神社は新羅氏神社といわれている。

更に伊賀に近い現在の山添村に入ると、波多の地名がある。かつては波多野村といった。式内社の神波多神社が大字中峰山にあり、仲津山の旧名は波多横山という。中世この附近は畑荘と総称しているが、山添村には切幡《きりはた》の地名もある。

このように私は書いたが、三輪山の裏の大和高原のツゲ国の国造は、多氏と同族だが、この地には伽羅・新羅系の人々や秦氏の居住が推測できる。この地の国造は多氏系だが、国造の地を『古事記』は「都祁《つげ》」、『日本書紀』は「闘鶏《つげ》」と書くが、坐摩神社の祭祀氏族は「都下《つげ》国造」である。金思燁によれば「ツゲ」は韓国語では「日の出」の意である。多神社の地から拝す春分・秋分の日の出は三輪山背後の「ツゲ（トキ）」の地から昇るが、難波の都下《つげ》国造の祭祀する坐摩神社の地からは、高安山から昇る冬至の日の出が拝されるが、この高安山の近くには前述したが多氏・秦氏がかかわる天照大神高座神社がある。この事実はどのような意味があるのか。

闘鶏《つげ》国造・秦氏・三輪氏・多氏・都下《つげ》国造

前述の拙稿（「大和の国の鶏林《しらぎ》・闘鶏《つげ》の国」）で、私はさらに次のように書いた。

闘鶏《つげ》では、かつて鶏を食べなかったという話を聞いたが、橋本犀之助の『日本神話と近江』に同じような話が書かれている。

「伊賀郡余呉湖の畔に新羅崎神社あり、尚敦賀湾を扼している半島の先端にも白木なる地名が残っていて、今も此の地方の半農半漁の村人は、自分達の先祖は朝鮮の王家の者で、此の地に渡来して土着するに至ったものであると、口伝えに伝えている。

面白いのは此の白木の村である。白木は元々新羅と書いたものであるが、中古白木と改めるに至ったものであるとは、白木村に関する研究家敦賀の町の神山翁（今は故人）の話である。村人は鶏を神聖視して食わず、従ってこれを飼育しない奇習があり、白木村は全く卵のない村である。

ツゲは、敦賀の白木村ほど徹底していたとは聞かないが、同じような風習が昔はあったということは注目すべきである。

私はこのように書いたが、本書の第六章で敦賀の白木村の人々が鶏の卵を食べないことを書いた（二二八頁）。「ツゲ」を『日本書紀』は「闘鶏」と書き、「鶏」表記だが、『続日本紀』も「竹鶏」と書く（『和名抄』は「都介」）。『日本書紀』崇神天皇六十五年七月条に、「任那は筑紫国を去ること二千余里、北、海を阻てて鶏林の西南に在り」と記されている。鶏林は新羅のことである。『三国史記』の新羅本紀第一によると、新羅第四代脱解王の九年三月条に、金閼智の出産に因んで金城の西の始林を鶏林と名づけ、国号としたとあり、『三国遺事』巻一には、『三国史記』の所説以外に、或伝として新羅始祖赫居世王は、鶏林に生れたので鶏林国というとある。鶏林という国名は出産と結びついているから、卵生説話と結びつき鶏卵を極端に神聖視して食べない伝承が生まれたのではないだろうか。

日本各地に鶏足寺がある。播磨国の峰相山の山中に鶏足寺があった。この峰相山鶏足寺は『峰相記』によれば新羅国王子の開創とあり、近江国伊香郡の己高山の観音寺は別名を「鶏足寺」というが、伊香郡には新羅国王子天之日矛の伝承が豊富にあり、式内社鉛錬日古神社は「白木明神」と呼ばれ天之日矛を祀る。伊勢の亀山市には白木国分寺と鶏足山野登寺があり、下野国足利郡には仏手山鶏足寺があるが、持統紀は元年・三年・四年条に「新羅人を以て、下毛野に居らしむ」とある。この「鶏」を『日本書紀』は「闘鶏《つげ》国造」と書くのは、新羅系国造であることを暗示している。

このツゲ国造は秦氏とかかわる。『日本書紀』（雄略天皇十二年十月条）に「木工」の「闘鶏御田《つげみた》」の話が載る（この木工は闘鶏国の人である）。彼は天皇の命令で楼閣を作ったが、楼閣の上を御田が飛び廻っているのを見て、伊勢の采女が驚いて倒れたのを、天皇は御田が采女を姦したと疑って殺そうとした。その時、御田のような名匠をなぜ殺すのかと天皇に、琴を弾いて助命したのが秦酒公である。天皇は秦酒公の願いを聞き入れて殺すのをやめたとある。この記事からも秦氏と闘鶏国の結びつきがわかる。『明宿集』の「秦河勝ノ事」には推古天皇の時、

泊瀬川ニ洪水出ヅ。水上ヨリ一壺ノ壺流レ下ル。人不審ヲナシテ、磯城島ノアタリニテ取リ上ゲ見レ

バ、中ニ只今生レタル子アリ。

とある。この壺の中に入っていたのが秦河勝だという伝承だが、泊瀬川の「水上」、水源地はツゲ国の上之郷で、前述したように秦氏出自の伽耶（羅）系の人が多く居住した地である（伽耶は新羅に併合され、新羅系と一体になる）。したがってこの伝承も、ツゲ国が秦氏とかかわることを示している。しかも「ツゲ国造」は多氏と同族だが、三輪氏の祖の大田田根子も伽耶系の陶邑出身だから、三輪氏について検証する必要がある。

三輪氏の祖は渡来人と主張する諸説

三輪神社の祭祀氏族の三輪君を伽耶系渡来人と主張する説がある。吉井巌は一九七四年に発表した「崇神王朝の始祖伝承とその変遷」で、『姓氏録』の和泉国神別の「神直《みわのあたい》」「神人《みわびと》」の記事、『三代実録』（貞観二年十二月二十九日条）に載る大神《おほみわ》朝臣虎王の卆伝に、彼が和泉国の神直で「大三輪大田田根子之後」と称していることからも、和泉国陶邑の出身者が三輪氏の祖なのだから、伽耶系渡来人が三輪氏の祖と主張する。(3)

吉井巌の論考が発表された翌年の一九七五年には、益田勝実が「モノ神襲来――たたり神信仰とその変質――」でオホタタネコの祖の大物主神と活玉依媛の神婚譚は、孫晋秦の『朝鮮民譚集』に載る、慶尚南道東萊郡の大蛇と娘の婚姻譚とそっくり同じだが、慶尚南道はかつての伽耶の地だから、伽耶系の陶邑の陶人が伝承していた人々による伝承が、三輪神話になったと書き、三輪氏の祖は伽耶人と結論する。(4)

松前健は益田勝実の論考の発表された一九七五年に、「三輪山伝説と大神氏」と題する論考を発表し、次のように書いている。

三輪の神の正式な司祭家となった大神氏は、河内・和泉方面の出身だと伝えていることに注意しなければならない。河内方面から陶器製作に関係した集団――多分朝鮮半島からの渡来者集団――の族長が、新王朝の河内大王家の大和侵攻の後に、大和のシキ地方に侵入し、己れの家系を、三輪の神の神裔と称し、かつての母郷の韓土に広く語られた「おだまき式」の神婚譚を唱え、その祭祀権の独占を図ったのであろう。(中略)

大三輪(大神)氏は、神別を称しているにかかわらず、不思議と朝鮮半島と関係深い氏族であった。七世紀ごろ朝鮮半島に派遣された使節や将軍の名に、この大神氏の一族の人物の多いことは注目すべきことである。大化元年(六四五)百済に派遣された三輪君東人、同五年(六四九)に新羅へ派遣された三輪君色夫、天智二年(六六三)新羅に遠征した三輪君根麻呂、天武十二年(六八三)大使として高麗に派遣された三輪引田君難波麻呂などがそうである。外交に通じた氏族とみなされていたのである。

またこの族の分かれで山城に在住した大神氏は、楽家となり、有名な高麗楽の「蘇志麻利」、一名「廻庭楽」を伝えていた。朝鮮系の楽曲の伝来者であることも不思議である。(5)

このように松前健は書いている。

一九八三年に山尾幸久が『日本古代王権形成史論』で、「三輪君氏は、五世紀中葉ころに始まる伽耶系統の生産集団の渡来の一部分として渡来し、陶邑において三輪山祭祀に用いる醸造用須恵器などを製作していたのであろうが、六世紀前半に王権によって三輪山祭祀集団としてこの山麓に移住せしめられたのであろう」と書いている。(6)

松倉文比古も一九八五年発表の「御諸山と三輪山」で、垂仁紀・仲哀紀に載る三輪君大友主は、仲哀紀に「大三輪君」と表記されているが、「大三輪」は「壬申の乱以降、天武朝において初めて用いられる氏名の呼称法」だから、六世紀後半以降の人物と見て、三輪君は陶邑出自の渡来氏族で、六世紀に三輪山祭祀にかかわったと推論している(7)。

阿部真司は『大物主神伝承論』で、津田左右吉（『日本古典の研究・上』）、岡田精司（『古代王権の祭祀と神話』）、三谷栄一（『日本神話の基盤』）、吉井巌（『天皇の系譜と神話・二』）、益田勝実（「モノ神襲来」）、佐々木幹夫（「続・三輪と陶邑」）、松倉文比古（「三諸山と三輪山」）らの見解を紹介し、「従来の諸研究の成果を踏まえるならば、三輪君の祖先は五世紀代に朝鮮半島から渡来し、六世紀代に和泉陶邑に定住し、陶器製造に従事し、そこから大和の御諸山麓へ移り、御諸山の祭祀、疫病神大物主神の祭祀にかかわり、そこに定着した氏族であるといえる」と書く(8)。

このような見解に対して和田萃は、一九八五年発表の「三輪山祭祀の再検討」で、三輪山の祭祀は五世紀までは「神奈備山として信仰され」、三輪山西麓は「古くから素朴な日神祭祀の祭場であった」が、このような祭祀は「次第に王権による祭祀の性格を色濃くして」、「五世紀後半、王権は泉南地域に須恵器製作集団を置いて、生産された須恵器を独占する」ようになった。その結果変化がおきたが、その変化について、

雄略朝に至り、日神祭祀の祭場として、伊勢の地が急速にクローズアップされてくる。そして、伊勢の地で行なわれる日神祭祀が、王権による祭祀として定着するに及んで、三輪山祭祀は著しく衰えることとなった。この三輪山祭祀の中断が、三輪の神の祟りによる疫病の流行として説話化された。六世紀

中葉に至り、三輪君によって三輪山祭祀が再興されるが、三輪君による三輪山祭祀は、従来の王権による国家的祭祀とは異なり、祟り神としてのオホモノヌシ神を祀るものであった。その結果、オホモノヌシ神が国つ神として位置付けられるに至ったのである。三輪君が、陶邑の須恵器生産集団を支配下においたことから、三輪君の祖オホモノヌシ神の後裔として、須恵器生産集団の祖オホタタネコを組み入れたのであろう。陶邑集団から奉献される須恵器を、三輪君が三輪山祭祀に祭器として使用するところから、両者の間に擬制的な同族関係が生じたものと考えられる[9]。

このように書いて、「『三輪高宮家系図』によると、欽明朝に特牛《ことひうし》が出て、三輪山祭祀に与っている。彼より以前には実在の確実なものがなく、三輪氏が中臣氏と同様、新興の氏族であったことが知られる」（傍点引用者）と書いている[9]。

四、五世紀の三輪山の日神祭祀を行なった氏族

和田萃を除く諸氏は三輪君の祖のオホタタネコが陶邑出身だから、三輪君の祖は伽耶から渡来した陶人と推論しているが、和田萃は陶邑出身者と三輪君が「擬制的同族関係」を結んだから、陶邑のオホタタネコが祖になったと推論している。

寺沢薫は「三輪山の祭祀遺跡とそのマツリ」と題する論考で、「三輪山麓の祭祀遺物や須恵器をみる限り、少なくとも須恵器出現以降に祭祀の断絶を認めることはできない」と書き、三輪山祭祀の変遷を次のように示す。

段階	年代	主な祭場	遺構	遺物
第一段階（形成期）	四世紀後半〜五世紀前半	三輪全域	中州露天	土師器・韓式系土器・須恵器・珀玉製品・硬玉製勾玉・剣形鉄製品・滑石製模造品など。
第二段階（成立期）	五世紀後半〜六世紀初頭	三輪全域←狭井川・大宮川間	磐座	須恵器・滑石製模造品・子持勾玉・土製模造品など。
第三段階	六世紀後半〜七世紀初頭	狭井川・大宮川間←禁足地	磐座 岩上	須恵器・子持勾玉・滑石製模造品（臼玉主体）・土製模造品など。
第四段階	七世紀前半〜	禁足地	長方型土壇（御主殿跡）	

このような考古学上の事実から寺沢薫は、「三輪君の系譜は五世紀以前にさかのぼらせて考えねばならないだろう」と書き、理由として「第二段階と第三段階の祭祀内容は祭場をごく限定しつつあるが、第一段階に比べても大きな差違はない」ことをあげ「祭祀の第二段階をもたらしたオホタタネコ説話にみる五世紀後半の画期は、おそらく雄略朝のこと」とみて、佐々木幹雄の「オホタタネコを祖とする三輪君による三輪山祭祀が欽明朝に始まる」という説を批判している(10)。

寺沢薫は「三輪君の系譜を即、渡来系氏族とみたり、和泉の須恵器製作集団そのものに求める考えには、にわかに賛成できない」と書き、「『新撰姓氏録』に地祇系とされる三輪君の出自は、四世紀にまでさかのぼる可能性も考えるべきである」と書き、「初期ヤマト王権による三輪山祭祀の一端を王権のもとで掌っていた三輪君が、陶邑の渡来系団と関係をもちえたのも、堅牢な祭器としての須恵器を陶邑から調達し奉献させた事情によるものではあるまいか。須恵器製作集団の祖の女たるオホタタネコあるいは渡来系氏族か――が三輪君の祖と伝承された理由も、このあたりにあるのやもしれない」と書いている。(10)

寺沢薫は「女たるオホタタネコ」と書いているが、『古事記』(崇神紀)はオホタタネコを「壮夫《をとこ》」と明記し、『日本書紀』(崇神紀)も「男」であることを前提にして、オホタタネコの「祭主」としての行動を書いている。佐々木幹雄が「三輪山祭祀の歴史的背景」でオホタタネコを巫女と見ているから、(11)その見解に影響されてオホタタネコを女と書いているが、寺沢も佐々木も考古学者だから、文献史料を読み違えているのはやむを得ない。したがってオホタタネコを巫女とみて、祭祀氏族の三輪氏の神主と結婚したとみるから、「三輪君の系譜を即、渡来系氏族とみたり、和泉の須恵器製作集団そのものに求める考えには、にわかに賛成できない」と寺沢は書くが、(10)オホタタネコは男なのだから、文献史学者・文学者が史料から前述したような見解をとるのは当然といえる。寺沢は三輪君の祭祀氏族としての活躍時期を陶邑の陶人たちの渡来時期と重ねているが、山尾幸久(6)・松倉文比古(7)・和田萃(9)は六世紀後半からとみる。和田・松倉は三輪君の登場時期では一致するが、三輪君の出身については、山尾・松倉は前述した論者と同じに、三輪君の祖は陶邑の伽耶系渡来人のオホタタネコと推測する。しかし和田はオホタタネコを祖とする陶邑の陶器製作工人の祖を支配下においた三輪君が「擬制的同族関係」を結んだと推測するが、配下の祖のオホタタネコを自家の祖とするのは無理があり、私は松倉見解を採る。

三輪君の三輪山祭祀は六世紀後半からだが（和田・松倉の両氏は佐々木論文で陶器が大量に使用されるのが六世紀以降からと、詳細な考古学検証で証していることと、文献史料の一致から、このような主張をしているが、私は両氏の見解を採る）、それ以前の祭祀氏族については、和田・松倉の両氏は述べていないが、私は前章で述べたようにオホ氏と推測している。前章で「御諸山」と「三輪山」の違いを述べたが、御諸山《みもろ》（三諸山・三諸岳・三諸之岳）と三輪山《みわ》（美和山）の書き分けを、『日本書紀』が行なっていることを、詳細に論じているのは、松倉文比古の論考の「御諸山と三輪山」である。タイトルが示しているように、「御諸山」と「三輪山」に山名の呼称が違っていることに、松倉は注目している。この相違を私は二つの理由に依っているとみる。

一つは、公式祭祀から私的祭祀に移った事。

二つは、祭祀氏族が変った事。

である。しかしこの変化は激変でなくゆるやかであることは、寺沢の示す変遷からもわかるが、第二段階と第三段階の相違は、広範囲だった祭祀範囲が、禁足地周辺に縮小したことが示している（公式祭祀の氏族は多氏、私的祭祀の氏族は三輪氏と私は推測する）。

多神社は飛鳥川畔にあり、祭祀用の陶器も出土するが、六世紀中頃以降の遺物は出土しないことからみても、寺沢説の第三階段から「ミモロ」から「ミワ」に変って祭祀氏族も変ったので、天皇霊を宿す日神祭祀は行なわれなくなり、国つ神信仰に変った。そのことは祭場が禁足地に限定されていることからも明らかである。禁足地から三輪山から昇る朝日は拝せない。この祭祀の変化が、笠縫邑から伊勢へ日神天照大神の祭祀が移ったという伝承になったのであろう。

『日本書紀』雄略天皇七年七月三日条に、天皇は「三諸岳の神の形を見むと欲《おも》い」、オホ氏系の「少子部連《ちいさこべむらじ》螺贏《すがる》」に神を「捉《とら》へ来《まい》れ」と命じたので、「三諸岳に登り、大蛇《をろち》を捉取《とら》へて天皇に示《み》せ」たところ、「其《そ》の雷虺虺《かみなりひび》きて、目精赫赫《まなこかがや》く。天皇、畏《かしこ》み、目を蔽《おほ》ひて見たまはず、殿中に却《しりぞ》き入り、岳に放たしめたまふ」とある。この記事も「三輪山《みわ》」でなく「三諸岳《みもろ》」と書いている。「御諸山」とも書くから「ミ」は「三」でなく「御」で敬称である。「諸山」は「諸人《もろびと》」「諸神《もろがみ》」などの「モロ」で「多く」の意だが、「多くの山」でなく「多くの神霊の宿る山」の意である。この山は日神・雷神・蛇神、さらに天皇霊の宿る山であった。しかし六世紀以降、国つ神の代表神になったことで、雷神・蛇神の神格が強調され、タタリ神になっていき、日神（天皇霊）神格は消されたのである。しかし雷神を捉えてくるのも、オホ氏系氏族であることからみても、オホ氏が古くからの御諸山祭祀にかかわっていたから、この山の神を捉えられるのはオホ氏系氏族であったのであり、私見の裏付けになっている。

オホ氏が御諸山（「三輪山」ではない）祭祀に関与していたことは、『古事記』が書く系譜からも明らかである（『古事記』はオホ氏が関与している）。

大物主神
＝勢夜陀多良比売
　｜
　富登多多良伊須須岐比売
　＝神武天皇
　　｜
　　神八井耳命（オホ氏の始祖）

陶人大田田根子命を祖にする三輪氏・賀茂氏

三輪氏と賀茂氏が共に外来の陶人の大田田根子命を祖にしていることが問題である（『記』『紀』は大田田根子を大物主神の後裔にしているが、陶邑出身者は伽耶系である）。『日本書紀』の系譜は次のようである。

大三輪神
├ 甘茂《かも》君
├ 大三輪君
└ 媛蹈鞴五十鈴姫命
　　＝ 神武天皇
　　└ 神八井耳命

「富登多多良伊須須岐比売《ほとたたらいすすきひめ》」と「姫蹈鞴五十鈴姫《ひめたたらいすずひめ》」は同一人物である。『古事記』に載らない「甘茂《かも》君」と「大三輪君」が記されているが、この両氏について『古事記』は崇神天皇記に、「意富多多泥古《おほたたねこ》」について、「神君《みわ》、鴨君《かも》の祖」と書く。オホタタネコは崇神天皇の時の人物だが、自分の出自を次のように天皇に対して語っている。

大物主大神——櫛御方命——飯肩巣見命——建甕槌命——意富多多泥古

この系譜では「大三輪君」の祖のオホタタネコは、「大三輪神」の大物主神の五代目の人物である。崇神天皇の時代の人物なら『古事記』の記事が合理的で、『日本書紀』の神代紀の記事は合わない。『日本書紀』は「大三輪君」に「加茂君」を並べているが、『古事記』も崇神記でオホタタネコの系譜を記した記述の後に、注として、「この意富多多泥古は、神君《みわ》、鴨君《かも》の祖」と書いている。

『日本書紀』崇神天皇七年二月十五日条に、天皇が三輪山の大物主神を祭って、国を治めようとしたが、国は治らなかった。すると大物主神が「一貴人」となって天皇の前にあらわれ、「もし吾が児大田田根子を以《も》ちて吾を祭らしめたまはば、立《たちどころ》に平《たひら》ぎなむ」と言ったので、「天下に布告して大田田根子を求《ま》ぎたまふに、則ち茅渟県《ちぬのあがた》の陶邑《すゑのむら》に大田田根子を得て貢《たてまつ》る」と書き、大田田根子は大物主神の子になっているが、崇神天皇の時代に神の子が居るはずはない。このような『記』『紀』のオホタタネコ系譜の相違からも、『記』『紀』のどちらの記事も創作である。『姓氏録』の大和国神別に次の記事が載る。

賀茂朝臣。大神《おほみわ》朝臣と同じき祖。大国主神の後なり。大田田禰古《おほたたねこ》命の孫、大賀茂都美《かもつみ》命一名大賀茂足位。賀茂神社を斎《いつ》き奉《まつ》る。

この賀茂神社は『延喜式』神名帳の大和国葛上郡条に載る名神大社の「鴨都波八重事代主命神社」のことである。同じ『延喜式』の「神祇二、四時祭条」に「葛木鴨神社」、「神祇三、臨時祭条」に「鴨神社」とあり、所在地は御所市御所宮前町小字腋上《わきがみ》である。

前述した三輪君氏とオホタタネコの論考のほとんどは、オホタタネコを三輪氏の祖とみて論じているが、三輪氏以外に賀茂氏の祖であることを、多くの論者は欠落している。なぜ三輪氏だけでなく賀茂氏もオホタネコを祖にしているのか。そのことを検証しなくては三輪氏の出自の実像は見えてこない。賀茂氏の本拠地は賀茂神社のある御所市の「腋上」である。この地について『姓氏録』山城国諸蕃のトップに載る「秦忌寸」に次のような記事が載る。

> （前略）弓月君、誉田天皇（諡は応神）の十四年に来朝《まゐ》りて、表《ふみ》を上《たてまつ》りて、更、国に帰りて、百廿七県の伯姓《たみ》を率て帰化《まゐ》り、幷《また》、金銀玉帛種々《くさぐさ》の宝物等を献《たてまつ》りき。天皇嘉《め》でたまひて、大和の朝津間《あさつま》の腋上《わきかみ》の地を賜ひ居らしめてたまひき。

賀茂氏の本拠地の「腋上」に秦氏が最初に居住したと『姓氏録』は書いている。この事実は、賀茂氏と同じにオホタタネコを始祖とする三輪氏を論じるためにも無視できない（オホタタネコの出自の陶邑の陶人も秦氏も伽耶から同時代〈五世紀前半〉に渡来している）。

葛城腋上を共に居住地にする賀茂氏と秦氏

加藤謙吉は『秦氏とその民』で、腋上とその周辺の出土遺物について、橿原考古学研究所や、御所市教育委員会の調査資料にもとづいて、次のように書く。

南郷角田遺跡では、五世紀第2四半期の金属・ガラス・鹿角などを用いて、南郷遺跡全体を支えるような大規模生産を行った工房の遺構が発見され、大量の韓式土器を伴出することにより、渡来人の工房と推測されている。渡来人特有の住居と見られる大型建物周辺から鉄滓・鞴《ふいご》などが出土している。さらに下茶屋カマ田遺跡からは、鞴羽口や鉄滓、緑色凝灰岩（グリーンタフ）を管玉に加工する際の未製品や遺物、韓式土器や初期須恵器が出土し、鉄器生産や玉生産を行った渡来人の集客をみられる。このほか井戸井柄遺跡からは五世紀中葉ごろの石垣をともなう掘立柱建物が検出され、韓式土器が出土している。井戸キトラ遺跡や井戸池田遺跡では五世紀第2四半期〜中葉の竪穴住居数棟が検出され、鉄器・鉄滓・鞴羽口と緑色凝灰岩の管玉・チップなどが出土。佐田クノ木遺跡や下茶屋サカイ田遺跡も、詳細はよく分からないが、前者からは古墳時代中期の土器とともに鋳造鉄斧や鉄滓が出土、後者は五世紀から六世紀初頭までの集落址とみられ、ここでも鞴羽口が出土している(12)。

このように加藤謙吉は書いて、前述の著書で、「葛城地方の秦氏と山背移住の経緯」と題した章で、文献例を示して、秦氏は「五世紀代の腋上の地や忍海郡、あるいは葛下郡の南部地域に集団的に居住し、葛城氏滅亡後のある時期にその大半が王権の手によって山背に移住させられたという事実を伝えたものと解して誤りないであろう」と、葛城氏滅亡について論じ、さらに「葛城氏を構成した主要勢力は、五世紀後半〜末期にすべて滅亡したと推断してよいであろう」と書いて、「山背の秦氏の二大勢力を形成した深草と葛野の秦氏のなかには、ともに大和の葛城、とくに腋上の地からの移住者がいたと考えてよいのではないか」と書く。そして「葛野のグループは、王権の手により、直接葛城地方から葛野の地へと送り込まれた人々と推察される」と書く(13)。

ところがオホタタネコを祖にするカモ氏も、秦氏と共に腋上の本拠地から秦氏と共に山城へ移住している。『山城国風土記』逸文に、山城の賀茂氏の祖賀茂《かも》建角身命《たけつのみ》について、

大倭《やまと》の葛木《かつらき》山の峯に宿りまし、彼《そこ》より漸《やうやく》に遷りて、山代《やましろ》の国の岡田の賀茂に至りたまひ、山代河の随《まにま》に下りまして、葛野《かどの》河と賀茂河との会う所に至りまし、賀茂川を見はるかして、言《の》りたまひしく、「狭《さ》小くあれども、石川の清《すみ》川なり」とのたまひき。仍《よ》りて、名づけて石川の瀬見《せみ》の小川と曰《い》ふ。その川より上りまして、久我《くが》の国の北の山基《やまもと》に定《しづ》まりましき。その時より、名づけて賀茂と曰ふ。

この記述で明らかのように大和の葛木山から山城国へ移住しているが、賀茂氏の本拠地は秦氏と同じ腋上である。両氏は最初は山代国岡田の賀茂に住んでいるが、この地には式内社の岡田鴨神社（京都府加茂町字鴨村）がある。承和三年（八三六）二月五日付の山城国葛野郡高田郷長解案（平松文書）には、高田郷内の土地の売人として相楽郡賀茂郷在住の「大初位上秦忌寸広野」の名があり、鴨神社のある岡田には秦忌寸広野以外にも秦氏が居る。秦広野の土地を買った人物も秦姓であり、保証人もすべて秦姓だから、岡田と太秦の秦氏の交流の強さを示している。また岡田から太秦へ秦氏が移住した事実と、秦氏と賀茂氏の結びつきの強さも、この史料は示している。以上述べた事例からみて、次のような結びつきが推測できる。

伽耶出自の陶人のオホタタネコ——伽耶出自の秦氏——葛城腋上居住の秦氏と賀茂氏——山城国の秦氏と賀茂氏——オホタタネコを祖とする賀茂氏

この事実は今迄ほとんど無視されているが、さらに第十一章で詳細は述べるが、丹塗矢の原像は鳴鏑矢《なりかぶらや》だが、この伝承は第六章で述べた秦氏が祀る木島坐天照御魂神社にかかわる。わが国固有の伝承ではないから、秦氏系神社の伝承になっているが、鳴鏑矢も丹塗矢も、天上から日光が射すのを「矢」で表現しているのであり、日神と日妻の聖婚譚・日の御子誕生譚になっている。この聖婚譚・誕生譚を『古事記』は新羅国の王子天之日矛の伝承として記す（この日光感精伝承も第六章で詳述した）。弓月嶽を神体として祀る穴師坐兵主神社の兵主神は、天之日矛伝承地に多い。兵主神社が七社もある但馬国は遍歴した天之日矛の定着地である。「日矛」という名も日神祭祀・太陽信仰とのかかわりでつけられた名であるが（「射す」ことでは「矢」も「矛」と同じである）、新羅王子の日光感精伝承と遍歴伝承を、オホ氏編纂の『古事記』のみがくわしく載せている事実も、無視できない。

地祇の代表氏族の三輪氏・賀茂氏が、渡来系の陶邑出身のオホタタネコを始祖としている事実からも、両氏が祀る神が国つ神だから国粋信仰だときめつける定説は、神仏習合信仰を廃絶させた明治新政権の政策であり、明治以前の信仰の実態とは違う。『古事記』が示す日光感精伝承は日本国皇子でなく、新羅国皇子の話であり、日光感精伝承である丹塗矢伝承は、なぜか伽耶系渡来人の陶邑出身のオホタタネコを祖とする三輪氏・賀茂氏の伝承になっている。渡来系氏族が「皇別」「神別」などと称し、渡来系氏族であることを否定する『姓氏録』の記事は、三輪君・賀茂君以外にもある。『姓氏録』(左京皇別下)の上毛野朝臣は百済系の渡来系氏族の「田辺史」だが、皇別の「朝臣」になっている。また「山城国神別」には「山城国諸蕃」に「秦忌寸」がトップに記載されているのに、「秦忌寸　神饒速日命の後なり」とある記事も載る。「饒速日命」は物部氏の祖である。物部氏系に入っていないながら、「秦」を名乗っている氏族が、秦氏の本拠地の山城国に居る事実からも、姓《かばね》が「君」「朝臣」と書かれているからと言って、渡来系でないとはいえない。

しかし三輪氏・賀茂氏を秦氏や田辺氏のように純粋の渡来系氏族とは断定できない。三輪氏の場合は土着氏族のオホ氏とかかわりがあると考えられるからである。賀茂氏の場合も、土着氏族の賀茂氏の居住地腋上に、秦氏が最初に居住し、両氏が血縁関係で結ばれた結果、同じ伽耶系の秦人と陶人と結びつきがあったから、共にオホタタネコを祖とするようになったと考えられるからである。そのことは丹塗矢伝説を三輪氏と山城に移住した賀茂氏が、共に伝えていることからも証され、秦氏の存在は多氏だけでなく、賀茂氏・三輪氏ともかかわっており、無視できない。

天照大神以前の日神祭祀と秦氏・三輪氏

賀茂氏と秦氏は葛城の腋上の地に共に居住していたが、三輪氏も秦氏と関係がある。関係の一つは、前述した三輪山背後の地に秦氏系渡来氏族が居住していたことが一因とみられるが、葛城の腋上に住んだ秦氏を、『日本書紀』は「弓月の人夫《たみ》」と書く。この「弓月の人夫」は賀茂氏と共に山城国へ移っただけでなく、三輪山の北麓の穴師にも移住している。穴師山は「弓月岳」という。柿本人麻呂は『万葉集』に載る歌（巻七・一〇八八）で、

あしひきの　山川の瀬の　鳴るなへに　弓月が岳に　雲立ち渡る

と詠んでいる。『延喜式』神名帳は「名神大社」の「穴師坐兵主神社」を載せるが、この神社の神体は弓月岳である。弓月岳について内藤湖南は、「兵主神社が弓月嵩と称する所にあるということは、弓月君に関係がありはしないかと思います」と述べて（『日本文化史研究・上』）、『史記』封禅書に、秦の始皇帝が斉の国のある山東地方を旅行し、山東地方で祀られていた天主・地主・兵主・陰主・陽主・月主・日主・四時主の八神を祀ったとあるが、八神のうち兵主神が根本の神であるから、弓月岳の兵主神は、秦の始皇帝を祖とし秦の民を率いてわが国に渡来した弓月君を祖とする秦氏によって祀られた、と推論している(14)。

兵主神は秦氏が祭祀していたことは、但馬に七社ある兵主神社の代表が大生部兵主神社であることが証している。『日本の神々・7（山陰）』は「大生部兵主神社」のみを取上げているが、「東大寺奴婢帳」（『正倉院文書』）の天平勝宝二年（七五〇）に「出石郡穴見郷戸主大生直山方」「本主大生部直山方」の名が載る（「大

生直山方」は「部」が欠落している)。また但馬国分寺跡から出土した木簡に、「大生部引手」とあるが、この木簡は年代を宝亀元年（七七〇）以前に限定できるという（瀬戸内昭「大生部兵主神社」『日本の神々・7』所収)。「大生部」を称する人物に大生部多がいる。

皇極紀三年七月条に、富士川のほとりの人大生部多が、常世神を祭って民を惑わすので、秦河勝が討ったという記事が載る。谷川士清は大生部多を秦氏の所摂と書いているが（『日本書紀通証』)、平野邦雄も大生部は秦氏・新羅人の有力な居住地に居り、常世連に改姓した赤染造が「秦氏と同族、または同一集団を形成した氏族で、恐らく新羅系帰化人で、常世神信仰の母体をなしたと想定」できるから、秦河勝は「神道や道教側の統制者として、大生部多に矯正を加えた」と書き、谷川士清説を支持している(15)。上田正昭も「七三八年（天平一〇）の駿河国正税帳にも秦忌寸稲粟らが名を連ねており、この地方（大生部多の居た富士川のほとり・引用者注）に秦氏を名のるものがあったことは否定できない」と述べ、神亀三年（七二六）の「山背国愛宕郡出雲郷計帳」に、大生部直美保萬呂《みほまろ》の名がみえるが、「出雲郡雲下里には、大生部氏と姻戚関係をもつ秦氏がおり、秦造—秦氏—大生部氏のあいだには密接につながりがある」と書いている(16)。加藤謙吉は「大生部多は秦氏の養蚕信仰を広め、秦河勝によって打ち懲らされている。これは大生部が秦氏管掌下の部であった事実を示すものにほかならない。大生部は壬生部の一種であり、秦氏の管理した上宮乳部のなかに含まれるものであろう」と書き、その理由を詳細に述べている(17)。

このように兵主神社は秦氏と深くかかわるが、この神社が三輪山祭祀圏というべき地に祀られている事実からみても、三輪氏と秦氏の関係は無視できない。そのことをさらに証するのが、第十一章で述べる丹塗矢伝承である。この丹塗矢伝説は三輪神だけでなく、賀茂神の話でもあることは後述（四〇〇頁）するが、この丹塗矢伝承の赤い矢は日光表象で太陽信仰が見られる。以上述べたことからも、次のような結びつきが考えられる。

御諸（三輪）山信仰——オホタタネコ（三輪氏）——秦氏

この結びつきは次章「難波の地の太陽信仰が示す実相」で、さらに明らかにするが、太陽信仰に秦氏系に代表される渡来氏族が加わっている事実は、第六章「天照御魂神を秦氏がなぜ祭祀するのか」で述べたように、韓国（特に新羅・加羅）に同じような太陽信仰があったからだが、次に韓国に近い北九州の福岡県前原市の弥生時代末期の日光感精の太陽信仰を示す。

平原遺跡の埋葬が示す日の出方位信仰

原田大六は第三章で述べた福岡県前原市の平原遺跡について、次のように書いている。

平原弥生古墳の被葬者は女性ではないかと思われるふしがある。もし女性だとすれば、その被葬者は、生前においては、女の司祭者（シャーマン）であり、女の支配者（女王）であったことになる。このシャーマンである女王は、他界して神となった。いうまでもなく女神である。日向峠からの朝日がこの女神の股間に光線（芒）を射しこむように葬むられていた。太陽も古代では神であり、男神と考えられた。ギリシアでは「ゼウス」であり、中国大陸では「東王父」である。この男神の霊と女神の霊の結合が、平原弥生古墳の神話の構成であった。女神は「太陽の子」をみごもった。だからその女神の子孫はすべて「太陽の子」として生まれてきたと神話は語るのである。このようにして、日本における帝王日子観は生まれたといってよい[18]。

原田大六は「女性ではないかと思われるふしがある。もし女性だとすれば」と書き、女性だと断定していない。遺体の性別が明らかでないのが発掘結果だからである。しかしこの遺跡（「平原王墓」と言われている）には鳥居があり、鳥居と墳墓と大柱を結ぶ線は日向峠に向いている。原田大六の下《もと》で平原王墓の発掘に参加し、原田の死後も平原遺跡の発掘調査にかかわっていた柳田康雄は『伊都国を掘る』と題する著書（執筆当時は福岡県教育庁文化財保護課長）で**図76**を示し、原田大六は「墳墓の西側に二対の柱穴と北側に一対の柱穴があり、西側を『一の鳥居』・『二の鳥居』、北側を『三の鳥居』としている」が、「『一の鳥居』といわれる二本の立柱の中心点に立つと、『両棟持柱（主軸線）』と言われる四個のピットを結ぶ延長線上に日向峠が一致する事実は軽視できない」と書き、「大柱を立てる方向は、太陽信仰に基づく被葬者の役割と関連する」と書いている[19]。埋葬者の遺体を入れた棺は、日向峠に向けて埋葬されたのである。男女の性別は明らかではないが、足が日向峠に向いているから、女陰を日に向けているという原田大六のような推論が生まれたのである。

原田大六は指摘していないが、柳田康雄は「大柱」の存在に注目して、三五二頁の**写真15**を示して鳥居の穴跡・墓構・大柱の先に日向峠が望めると書く（「大柱」について柳田康雄は、「大木の太さは、遺構の上辺で直径七〇～八〇センチであるが、底部径が六五センチであることから、柱根元が直径六五センチの大きさとなる。長野県諏訪大社「一の御柱」の堀方形態と規模に酷似しており、柱の長さが五丈五尺［一六・七メートル］、重さ七～

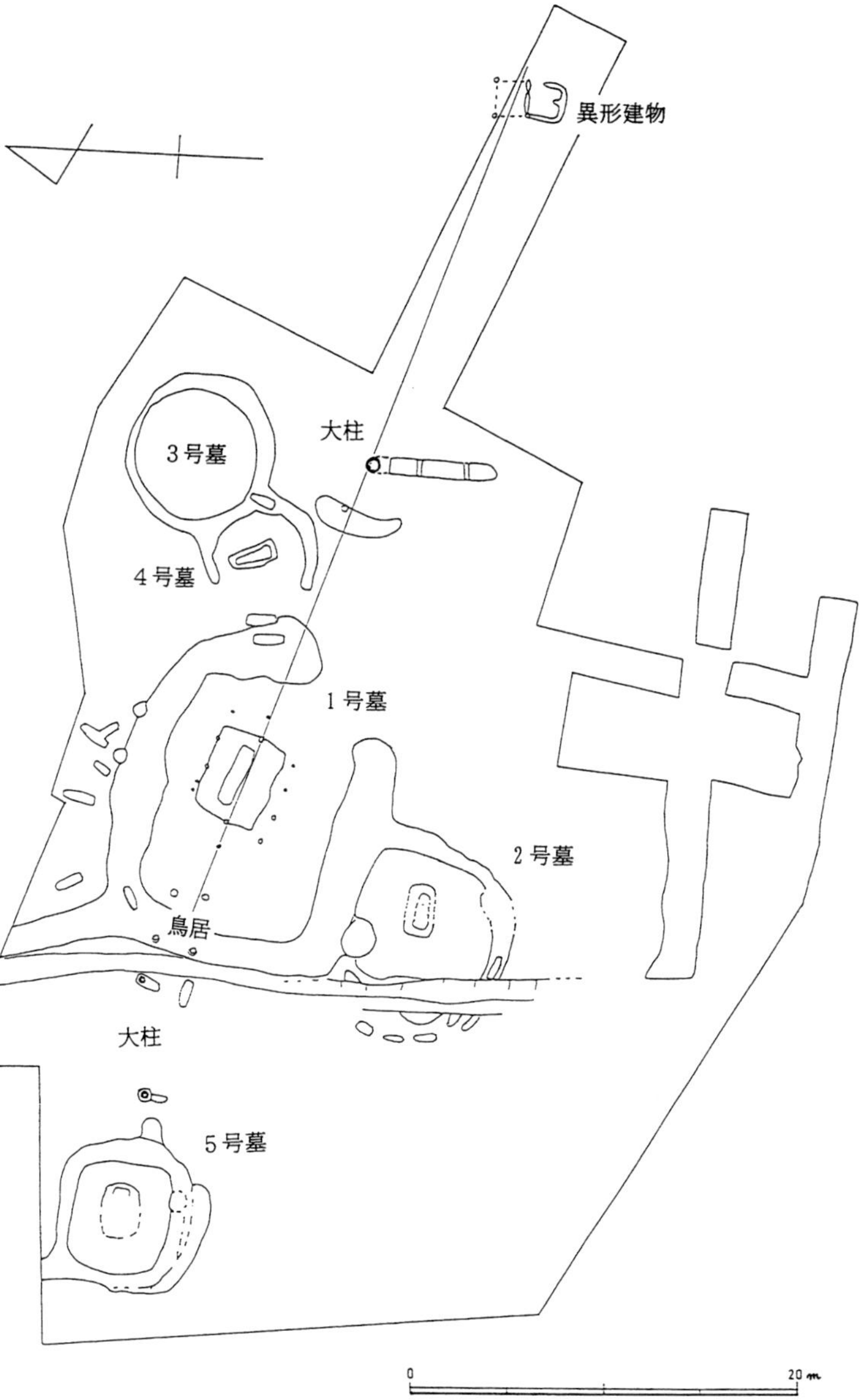

図76　平原墳墓群遺構配置略図

写真15　「鳥居」・坑列・「大柱」を結ぶ延長線に日向峠

八トンといわれている。柱の太さで比較すると、「二の御柱」規模であり、「二の御柱」以下が五尺［約一・五メートル］毎に短くなることで知られているから、平原王墓の「大柱」は長さ一五メートル前後で、地上に一三メートルの高さでそびえることになる」と書いている）。そして「『大柱』を立てる方向は、太陽信仰に基づく被葬者の役割と関連するものと考えるが、被葬者の死亡時期や埋葬時期の日の出方向とも関係するかもしれない。ちなみに、『一の鳥居』の中心点に立つと、四個の小穴と『大柱』を結ぶ直線の日向峠から日の出を迎えられる」(19)と書いているが、埋葬されたのは天疎向津媛・天照高日女神と同じ「日女（日妻）」であろう。

『三代実録』に載る母子神や、平原遺跡の例から見ても、わが国の日神信仰は母子神（日妻と日の御子）の信仰だが、平原遺跡のある筑前国怡《い》土郡について は、『筑前国風土記』（逸文）に、怡土県主《いとあがたぬし》の祖の五十跡手《いとて》は、「高麗《こま》の国の意呂《おろ》山に、天より降り来し日桙《ひはこ》の苗裔」とある。この「高麗」は朝鮮国の意で、「日桙」は新羅王子の天之日矛のことである。「イト」の平原遺跡も新羅・伽耶を無視しては論じられない事からみても、国つ神の代表神を祭祀する三輪氏・賀茂氏も、本章で述べたように新羅・伽耶と無関係とはいえない。神武天皇の皇子を祖とする多氏も、国つ神を祀る代表氏族といわれている三輪氏・賀茂氏も、太陽信仰の視点から見ても、秦氏や陶邑の陶人など、渡来系の人々と深く関わっている。そのことを次章で太陽信仰との関係でさらにくわしく書く。

十章　難波の地の太陽信仰が示す実相

坐摩《いかすり》神社と住吉大社の神は同一神

坐摩《いかすり》神社の位置は高安山山頂から昇る冬至の日の出遥拝地で、高安山の近くに天照大神高座神社があることは、前章で書いたが、次頁の図77は高安山山頂・天照大神高座神社・志貴山山頂から昇る、冬至・夏至、春分・秋分の日の出遥拝をする位置にある神社を示した。坐摩神社は現在は前章（三二四頁）で述べたように、豊臣秀吉の大坂城築城で現在地に移住させられているが、それ以前は図75の「坐摩お旅所」にあった。この神社は都下《つげ》国造が祭祀氏族だが、宮廷でも坐摩神を祀っている。『延喜式』（臨時祭）に「坐摩巫。都下国造氏の童女七歳以上の者を取りて、これに充《あ》てる。若《も》し嫁す時には、弁官に申して替へて充てる」とあるが、秦氏が祀る大隅正八幡宮の縁起に（この神社が秦氏が祭祀する神社であることは、拙著『秦氏の研究』で詳述した）、次のような記事が載る。

震旦国陳大王娘大比留女《ヒルメ》、七歳御懐妊、父王怖畏《オソレ》ヲナシ、汝等未幼少也《イマダオサナキユエ》、誰人子有慥申《ダレノヒトノコカタシカメモウシ》ベシト仰《オホセ》ケレバ、我夢朝日光胸覆所娘也《ワレユメニアサヒノヒカリムネヲオホイハラムナリ》ト申給《モウシタマ》ヘバ、弥驚《オドロキ》テ、御誕生《ウマレシ》皇子共、空船乗《ウツボフネニノリ》、流レ着所《ツクトコロ》ヲ領トシ給ヘトテ大海浮奉《ウカベタマフ》、日本大隅磯岸着給《イソベニツキタマフ》、其太子ヲ八幡ト号奉《ゴウシタテマツル》。依此船着所《ヨッテコノフネノツクトコロ》ヲ八幡崎ト名《ナノル》、是《コレ》継体天皇御宇也《ミヨナリ》。

七歳の「ヒルメ」（日女・日妻）は朝日を受けて、日の御子（八幡神）を生んでいるから、七歳以上の「都下国造氏の童女」も「日女《ひるめ》」である。坐摩神社が高安山の山頂から昇る冬至の朝日を受ける所に社地があるから、「我夢朝日光胸覆所娘」は都下国造の娘と重ねられる。「ツゲ」に迎日の意味があることは前章で述べ

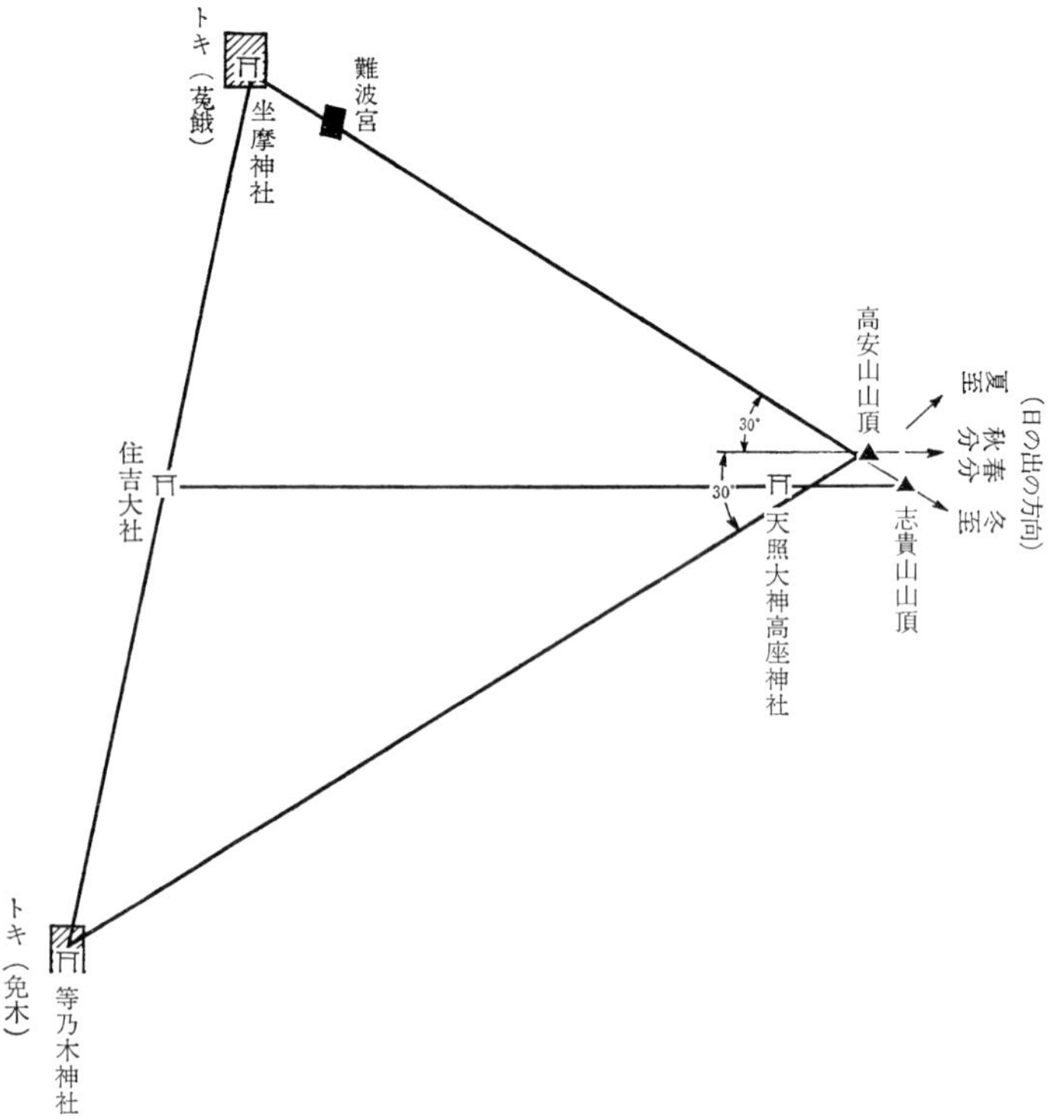

図77　高安山山頂から昇る日の出遥拝の神社位置

たが、宮廷では嘉永五年（一八五二）四月に皇子（後の明治天皇）安産の祈願がなされ、その年の坐摩神社の秋祭の日（旧暦九月二十二日）に明治天皇が生まれたので、明治天皇は慶応四年（一八六六）に大阪へ行幸した時、坐摩神社に親拝している。坐摩神社は安産祈願の神である。

高安山の冬至の朝日を受けて日の御子を生む聖地が、坐摩の地であるが、この地は大隅宮・高津宮・長柄豊碕宮・難波宮といわれている宮のあった場所に近接していることからも、宮廷で祀られたのだろうが、問題は坐摩神社の場所に住吉大社があったことである。

『住吉大社神代記』に次の記事が載る。

猪加志利乃《いかしりの》神二前、一名為婆天利《いばてり》の神（元大神ましまして、唐飯きこしめしたる地なり）。

右大神は、難波の高津宮に御　宇《あめのしたしらしめしし》天皇の御世、天皇の子、波多毗《はたび》若郎女《わかいらつめ》の御夢に喩覚《さと》し奉《たてまつ》らく、「吾は住吉大神の御魂ぞ」と「為婆天利《いばてり》神、亦は猪加志利《いかしり》之神と号《もう》す」と神がかり給《たま》ひき。（中略）即ち西成郡に在り。

この記事の「イカシリ」（イバテリ）の神は坐摩《いかすり》神社のことである。山根徳太郎は『難波王朝』で「住吉の大神と坐摩の神とは同体」と書き、「上代から中世を通じて、坐摩の神の鎮《しづま》る社の所在した地域を、最初に住吉の示現し、祭祀を受けた場所」と書いている。[1] 理由として『住吉大社神代記』の「膽駒《いこま》・神南備《かむなび》山の本記」の記事を取上げて、この記事を検証して、「後年の八軒家の船泊りの背後の丘陵地、上代から中世を通じて、坐摩の神の鎮る社の所在した地域を、最初に住吉の大神の示現し、祭祀を受けた場所」と想定している。[2]『住吉大社神代記』は「大神の宮、九箇処に所在《ませ》り」と書くが、「八箇処」はすべて「住吉」と名乗っているが、一社のみ「座摩社《ゐかしり》」をあげて、

住吉大社（四前）

西成郡　坐摩社（二前）

と書き、住吉大社の次に載せていることからも、「住吉」を名乗る八社は住吉の地に移住した後の神社名であり、山根徳太郎が書くように、住吉神と坐摩神は「同体」であった。

住吉大社の最初の祭祀氏族は多氏系の船木氏

坐摩神社が所在する高安山から昇る冬至の朝日の昇る地から移住した住吉の地は、図77で示したように、天照大神高座神社の真西の地で、天照大神高座神社から昇る春分・秋分の太陽を遥拝する地であり、三輪山から昇る春分・秋分の朝日を拝する多神社と同じ位置にあるが、住吉大社の最初の祭祀氏族は、多氏系氏族である。

『住吉大社神代記』には「船木等本記」が載るが、田中卓は「船木等本記」については、「武田博士も神代記の古色に富めることを言及せられた中で、『殊に船木等本記の一条の如き、極めて高古の文で、大宝二年に定めたといふ本縁起の文が、其の儘に残つてゐるかと思はれる程である』と述べられ、宮地直一博士もまたこれを、大宝の本縁起の俤を認むべき最も古色漂ふ文体に富めるものとして、推されたところである」と書いている。そして、「本記を吟味するに、文字の誤脱も若干認められるけれども古記として注目すべきものである。就中かの船木氏系譜は釈日本紀所引の上宮記のそれを髣髴せしめる古風を存し、古斯・但波・粟・針間・周芳など定制以前の古い国名の見えること、ヤ音の表示として「移」の字を使用すること、及び『知食・所知食・御宇』等の用字例などから判断すれば、この原史料は元来、少くとも大宝二年（七〇二）の本縁起に見えたものである」と述べている。(3)

「船木等本記」には次のような記事が載る。

昔、日神を出し奉る宇麻〔呂〕・鼠緒・弓手等が遠祖大田田命の児、神田田命が日〔神〕を出し奉りて、即ち此の杣《そま》山を領《しろ》すところなり。（中略）即ち大田田命の子、神田田命の子、神背都比古《かみせつひこ》命。此の神、天売移乃《あまのめいの》命の児富止比売《ふとひめ》乃命を娶《め》して生める児、先なるは伊瀬川比古《いせつひこ》乃命、此の神、伊勢玉移比古《いせたまやひこ》女《め》乃命を娶《め》し坐《ま》して此の伊西《いせ》の船木に在《いま》す。又次の子に坐すは木西川《きせつ》比古命、此の神、葛城の阿佐川麻《あさつま》の伊刀比女乃《いとひめの》命を娶して生める児、田田根足尼《たたねすくね》命。（中略）田田根足尼乃命の時に大波富不利《おほはふふり》相久波利《あひくばり》き。息長帯比女《おきなかたらしひめ》の御時に大八嶋国を事定め了《つかまつ》る。彼《か》の時、大禰宜《ねぎ》と奉斎《つかへまつ》るは汙麻比止内《うまひとうち》足尼命、又津守の遠祖折羽《をりは》足尼の子手搓《たもみ》足尼命、又船木の遠祖田田根足尼命、此の三柱相交《あひまじは》る。巻向《まきむく》の玉木《たまき》宮に大八嶋知食《おほやしましろしめ》しし御世より、巻向の日代《ひしろ》宮に大八嶋食知《しらしめ》しし気帯長足《おきながたらし》姫古《いにしえ》の御世に至るまでの二世は、意彌那宜多《おみながた》命の児、意富彌多足尼《おほみたすくね》仕へ奉る（津守宿禰の遠祖なり）。是に於いて、船司《つかさ》・津司に任《ま》け賜ひ、又、処々の船木連を被《かがふ》らせ賜ふ（但波《たんば》国・粟《あは》国・伊勢国・針間《はりま》国・周芳《すはう》国）。右の五カ国、爾時《そのとき》より船津の官の名を負ひて仕へ奉る。

田中卓は注記の五つの国名は「定制以前の古い国名」と書いて、「船木等本記」が古文献である証拠の一例にしている。この古い国名を用いている記事には、「船津の官の名」については「処々の船木連を被らせ賜ふ」とあるから、五カ国の船木連が「船津の官」であったのである。ところがその前文に「意富彌多足尼仕へ奉る（津守宿禰の遠祖なり）。是に於いて、船司・津司に仕へ賜ひ」とあり、船司・津守が船木氏でなく、津守氏になっている。しかしこの記述は、『住吉大社神代記』の成立時に加えられた記事であることは「津守宿禰の遠祖なり」と書いている「注」が証している。本文は「足尼《すくね》」とあるのに「注」には「宿禰《すくね》」とある。本文の原文は「足尼」表記だから、「注」は後代表記であり、津守氏が後代に手を加えたことを証している。
この古文書は本来は「船木本記」であったのに「等」を加えて、船木氏と同時期に津守氏も祭祀氏族になっていたことを示すために加筆したのである。そのことは前文がすべて船木氏の祖のみを記し、さらに出自も記しているのに、津守氏の記事は後文に名前のみ記されていることが証している。

住吉大社の祭祀氏族の船木氏と日神祭祀

船木氏の祖の田田根足尼の祖父は伊瀬川比古《いせつひこ》乃命《のみこと》(伊勢津彦命)で、「伊西《いせ》国の船木に在《いま》す」と『住吉大社神代記』は書く。「伊勢」を「伊瀬」「伊西」と書いている事実からも、この記事が古文であることを証しているが、大祝《おほはふり》の田田根足尼《すくね》は伊勢から来ており、祖父は「伊西《いせ》国船木《ふなき》」に居た。田中卓は「訓解・住吉大社神代記」で、この記事について、「古事記に『神八井耳命者、伊勢船木直等之祖也』(神武天皇段)とみゆ。伊勢国度会郡三瀬谷の対岸にあり、今、大宮町船木」と書き、船木氏が多氏系氏族であると書いている。(4)

ところが前述した天照大神高座神社は、住吉大社の真東にある。三輪の日向神社が多神社の真東にあることと一致するが、多神社・住吉大社のどちらも多氏系氏族が祭祀しており、多神社と天照大神高座神社の祭神は「同体異名」と、『多神宮注進状』が明記している。この一致は無視できない。図77で示したように、住吉大社の真東に天照大神高座神社は位置し、この神社と多神社の祭神は「同体異名」なのだから、

住吉大社——天照大神高座神社——多神社

は、多氏同族の船木氏によって結びついている。この関係をさらに証するのは、天照大神高座神社の近くに

ある恩智《おんじ》神社（八尾市恩智。天照大神高座神社は八尾市教興寺）である。

恩智神社については、私は『日本の神々・3』所収の「恩智神社」で述べたが、恩智神社は住吉大社と神事で江戸時代まで密接な関係にあった。住吉大社の六月二十七日の御祓御幸のとき、恩智神社の神輿は渋川郡鞍作村の御旅所で住吉大社の神官の出迎えを受け、住吉大社まで行って一泊し、翌日還御したという。

現在神殿は三殿あり、第一殿に大御食津彦神・大御食津姫神、第三殿に天児屋根命（春日大明神）を祀るが、真中の第二殿の祭神は春日辺《かすかべ》大明神である。「春日辺」は「春日戸」である。春日戸神が天照大神高座神社の「元の名」と『延喜式』神名帳は書くから、旧名の春日戸神を恩智神社は祀っている。第二殿は天川神社というが神宮寺の尼川寺の「尼」も「天」の転である。近くにある天川神社は春日戸神を祀るから、江戸時代の『河内志』や『神名帳考証』は、恩智村の天川社を天照大神高座神社とする。恩智神社と天照大神高座神社は直線で五〇〇～六〇〇メートルしか離れていない。江戸時代まであった神宮寺の名と、第二殿で祀る春日戸神の別名の天川神が同じであることからも、本来の神は天照大神高座神社と同じ日神祭祀の神社であったから、住吉大社とも多神社とも結びつく。

図77で示したが天照大神高座神社の近くにある高安山の冬至の朝日遥拝地は、古代・中世の坐摩神社の所在地で、この地から住吉大社は現在地に移っているから、船木氏は坐摩神社の旧地にあった時からの住吉大社の祭祀氏族で、その地で高安山から昇る冬至の朝日を「出し奉《まつ》る」神事を行なっていたのであろう。

『住吉大社神代記』所収の「膽駒《いこま》・神奈備《かむなび》山の本記」には、次の記事が載る（傍点引用者）。

大八嶋国の天の下に日神を出し奉るは船木の遠祖、大田田命なり。此の神の造作《つく》れる船二艘を以て、後代の験《しるし》の為に、膽駒《いこま》山の長屋墓に石船を、白木坂の三枝墓《さきくさ》に木船を納《おさ》め置く。

この記事の膽駒（生駒）山は住吉大社の旧地、坐摩神社の東にあり、旧住吉大社から見ての日の出の地だが、「日神を出し奉るのは船木の遠祖」で、津守氏の遠祖は記されていないのだから、日神祭祀の住吉社の氏族は多氏と同祖の船木氏であったことが確かめられる。

等乃伎《とのき》神社の巨木伝説と巨木が作る日の影

図77の冬至と春分・秋分の日の出遥拝地として、坐摩神社と住吉大社について述べたが、夏至の日の出遥拝地は等乃伎神社の地である。現在の等乃伎神社の拝殿の向きは正面ではない。なぜか東南東三〇度の角度で、高安山に向いている。この角度は高安山から昇る夏至の朝日の光をいっぱいに正面からあびるための角度である。等乃伎神社も『延喜式』神名帳に載り、現在は高石市取石にあり、兎寸《とき》河の河畔に鎮座する。

『古事記』の仁徳天皇条に、次の記事が載る。

此の御世に、兎寸《とき》河の西に一つの高樹《たかき》有りき。其の樹の影、旦日《あさひ》に当れば、淡路島に逮《およ》び、夕日に当れば、高安山を越えき。

兎寸《とき》河が今は「トノキ河」といわれているのは「トノキ神社」との関係によるが、神社の所在地の旧称は「和泉国泉北郡取石村大字富木《とみき》」で、「トキ」に「ノ」「ミ」が間に入っているが、「トキ」は前述したように「ツゲ」と同義である。仁徳記で注目すべきは、朝日・夕日の影が淡路島と高安山にかかると書かれていることである。この朝日・夕日の影はいつの日の影であろうか。夏至の日である。高安山から昇る夏至の朝日は「トキ」の地の高木を照らし、その影が「淡路島に及び」、夏至の夕日は「高安山を越える」のである。

朝日と夕日の影をはかる「日読み」は、中国で行なわれていた。六世紀頃中国で書かれた『荊楚歳時記《けいそさいじき》』には、魏晋（二二〇～四二〇）の頃の宮中では、冬至の日の影を赤線で記《しる》し、冬至のあとも、日の影が短くなるにしたがって毎日線を記《しる》していたとある。冬至に日の影をはかることは『周礼』『後漢書』にも書かれており、紀元前から行なわれていた。『五雑俎』巻二の冬至の条に、「漢の時の女工、冬至の後に、一日に一線を多とし、計《かぞ》えて夏至に至る」とある。『周礼』には、夏至の日の影が一尺五寸のところを地の中心として、ここを王国の首都にしたと書く。一尺五寸の影は夏至の南中時に、八尺の表（メイポール）によって作る。その場所が洛陽近くの陽城で、その地には今も唐の時代に建てられた「周公測景台」の八尺の石柱がある。この石柱で影をはかっていたが、元の時代、郭守敬が一二七七年から七九年にかけて、精度を高めるため八尺の五倍の四〇尺に高くし、横梁（バー）を用いて冬至・夏至の影をはかった。その測影台は修復されて今も残っている。

影によって日を読む方法は、わが国でも行なわれていたと考えられるのは、この仁徳記の記事が暗示しているが、前章で述べたように（三二七頁～三二八頁）、「トキ」は韓国語では「迎日」「日の出」の意味があるが、等乃伎神社の祭祀氏族も後述するが、秦氏系・新羅系氏族であるから、「トキ」にかかわる。私は拙著『神社と古代王権祭祀』所収の「等乃伎《とのき》神社」で次のように書いた。

「纒向の日代《ひしろ》の宮は、朝日の日照る宮夕日の日影る宮」（『古事記』天語歌）、「此の地は……朝日の直射す国、夕日の日照る国なり、故、此の地はいと吉き地なり」（『古事記』）、「吾が宮は朝日の日向う処、夕日の日陰《ひかげ》る処」（『延喜式』祝詞）、伊勢の国は、「朝日の来向ふ国、夕日の来向ふ国」（『皇太神宮儀式帳』『倭姫命世紀』）などとあり、民間伝承では「朝日さす夕日かがやく」という讃の言葉があったことがわかる。

『日本書紀』景行天皇十八年七月条には、筑後の御木《みき》にあった歴木《くぬぎ》の巨木が、「朝日の暉《ひかり》に当《あた》りて、則ち杵島山を隠しき。夕日の暉《ひかり》に当りては、亦、阿蘇山を覆《かく》しき」とあり、『筑後国風土記』逸文の三宅（御木）郡の記事にも、楝木《あふき》の巨木の「朝日の影は、肥前国藤津郡多良峯を蔽ひ、暮日《ゆふひ》の影は、肥後国山鹿郡荒爪山を蔽ひき」とある。また、『肥前国風土記』佐嘉郡の条には、樟樹《くすのき》の巨木の「朝日の影は、杵島郡蒲川山を蔽ひ、暮日《ゆふひ》の影は、養父郡草横山を蔽ひき」とあり、『播磨国風土記』逸文には、「楠、井の上に生ひたりき。朝日には淡路島を蔭《かく》し、夕日には大倭島根《やまとしまね》を蔭《かく》しき」とある。

これらの影の方向も、仁徳記の「高樹」の影と同じく、朝日・夕日の冬至・夏至線上にある。このように私は書いたが、長い影は天上に太陽が輝いている時には出来ない。朝日が昇る時、夕日が落ちる時に出来る。景行紀の「御木」と『筑後国風土記』の「楝木」の巨木は、同じ場所での高木伝承だが、二つの記事の巨木の影が示す山あての山を結んでみると、景行紀は春分・秋分の朝日・夕日の巨木の影であり、風土記は冬至の朝日・夕日の高木の影である（詳細は拙稿「巨木伝承と冬至線」「東アジアの古代文化」二七号・一九八一年に述べた）。

兎寸《とき》河の西の高木があったのはトキ神社（等乃伎神社・高石市取石）の地と推定すると、「旦日《あさひ》に当れば、淡道島《あはぢ》に逮《およ》び」の淡道島の場所は由良の門である。また高安山山頂から昇る夏至の朝日だけでなく、金剛山

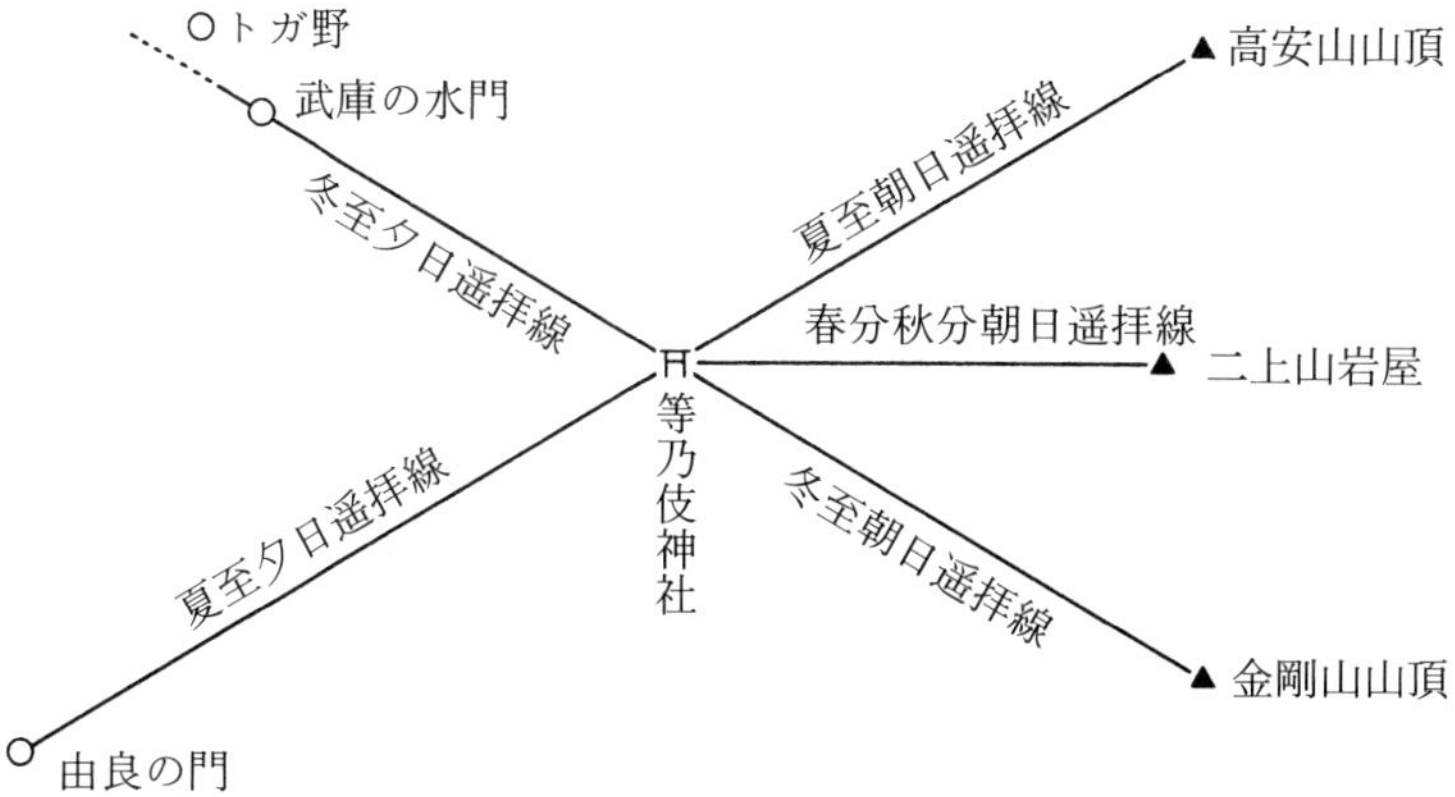

図78 等乃伎神社の二至二分の朝日遥拝線

山頂から昇る冬至の朝日が高木を照らすと、影は武庫の水門に、夕日は金剛山山頂に至る。またこの神社から春分・秋分の朝日が昇るのは、二上山の岩屋である。岩屋は前述した天照大神高座神社が現在「岩戸神社」といわれているが、この神社は神殿がなく洞窟・岩屋を神体にしているから、二上山の岩屋が春分・秋分の日の出の昇る地であるのも、理由がある。日の出方位が山また岩屋なのに対し、日没方位は夏至が由良の門、冬至が武庫の水門であり、春分・秋分の夕日は海に落ちる。図示すると図78の方位である。この事実からも『古事記』仁徳天皇条の記事を、一般に単なる高木伝説と見ているが、『古事記』はタカミムスビを「高木神」と書いていることからみても、高木伝承は日神祭祀と深くかかわっている。『日本書紀』が皇祖神として書くタカミムスヒが、なぜ『古事記』では「高木神」になっているのか。「高木」が太陽祭祀・日神信仰にかかわっていたからであろう。

等乃伎神社の巨木の影の方位と太陽信仰

図78の冬至と夏至の夕日の落ちる場所も問題である。『古事記』は前述の巨木の影の記事につづいて、次の記事を載せる。

故、この樹を切りて船を作りしに、甚捷《いとはや》く行く船なりき。時にその船を号《なづ》けて枯野《からの》と謂ひき。故、この船をもちて旦夕《あさゆふ》淡道島の寒泉《しみづ》を酌《く》みて、大御水《おほみもひ》献りき。この船、破《や》れ壊《こは》れて塩を焼き、その焼け遺《のこ》りし木を取りて琴を作りしに、その音七里に響《とよ》みき。ここに歌ひけらく、

枯野を　塩に焼き　其《し》が余り　琴に作り　かき弾くや　由良《ゆら》の門《と》の　門中《となか》の海石《いくり》に　触れ立つ　浸漬《なづ》の木の　さやさや

歌の「由良の門」に図78では夏至の夕日の影がさす。では冬至の夕日の落ちる武庫の水門とかかわりがあるのだろうか。

『日本書紀』応神天皇三十一年条にも枯野の伝承が載っているが、「影」・「寒水」・「琴」のモチーフが消えており、「枯野」という船が伊豆からの貢船であったこと。朽ちた枯野を薪にして塩をつくり、その塩を元手にして新船を造ったこと、その船が新羅船の失火によって武庫水門《むこのみなと》で炎上したので、新羅王が船大工の猪《ゐ》名部《なべ》を貢上したことが書かれており、「武庫水門」が登場する。土橋寛は『古事記』の伝承から淡路関係の部分を削り、猪名部の祖先伝承を入れたのが『日本書紀』の記述で、「本来的伝承」は『古事記』にあると書き、『記』『紀』の「所伝には新羅系帰化人が関与している」と結論しているが[5]、「新羅系帰化人」は猪名

部である。土橋寛は書いていないが、「枯野」という船が伊豆からの貢船とあるが、伊豆には猪名部が居り、猪名（伊那）部の氏神が『延喜式』神名帳の伊豆国賀茂郡伊那上神社・伊那下神社である。この二社がある松崎町は今も木造船の造船が盛んな土地だが、私は等乃伎神社を祭祀していたのはイナ部氏と推測する。

図78の冬至の日の出の落ちる武庫の水門は、兵庫県の武庫川の河口付近だが、『日本書紀』（仁徳天皇三十八年七月条）に「猪名県」の地名が載るから、この地が猪名部の本拠地といわれている。場所は『和名抄』の「摂津国河辺郡為名郷」（兵庫県尼崎市の北東部）とその周辺（河辺郡〈兵庫県川辺郡・尼崎市・川西市〉と豊能郡〈大阪府豊中市・池田市・箕面市〉）と推定される。図78でも記したが、この地は「菟餓野《とがの》」と仁徳紀は記す。「トガ」の元は「トカ」で、韓国語の「トキ」の転であることは前述したが、「迎日」「日の出」の意味である。坐摩神社の祭祀氏族は「都下国造」だが、「都下《とか》」は「都下《つげ》」とも読む。多氏系の闘鶏《つげ》国造については、『日本書紀』（雄略天皇十二年十月条）に、「天皇、木工闘鶏御田に命《みことおほ》せて、一本に猪名部御田と云へりは、蓋し誤なり。始めて楼閣を起らしめたまふ」とある。闘鶏御田は猪名部御田とは違うと書いているが、間違えられたのは両氏が「木工」で共職であっただけでなく、「つげ」「とか」にかかわることでも、共通性があったからであろう。

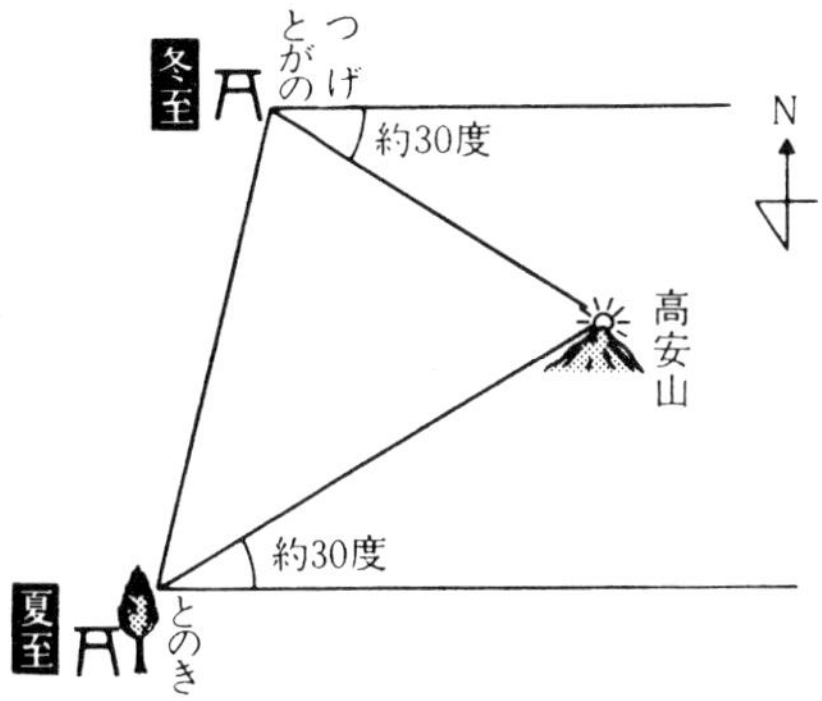

図79　高安山と「つげ」・「とのき」の位置

私は図79（水谷慶一作図）を示して、等乃伎神社について、『神社と古代王権祭祀』で次のように書いた。

『日本書紀』の神功皇后摂政元年二月条に菟餓野《とがの》の祈狩《うけひかり》の記事が載るが（『古事記』は仲哀記に「斗賀《とが》野《の》」と書いて同じ記事を載せる）、この「トガ野」も「トキ野」であり、この地に坐摩《いかすり》神社がある。同じ「トカ」「トキ」の地にある両社について、水谷慶一は図入り（図は図79）で次のように書いている。

「坐摩神社の本来の位置である天神橋南づめの旧社地と、大阪府と奈良県の境にそびえる高安山の山頂を結ぶと東南東約三〇度となり、ちょうど冬至の日に、太陽が高安山の頂きから昇るのを見る位置に、かつての坐摩神社があったことになる。また、高石市の等乃伎神社は、これとちょうど対照的に、東北東三〇度の方向に高安山を望むことになり、これは夏至の日に高安山頂に日の出を拝する場所となる。あるいは、高安山の位置に立てば、ちょうど等乃伎神社の方角に冬至の太陽が沈み、坐摩神社の方角に夏至の太陽が沈むことになる。つまり、『都祁《とき》』につながる地名をもつ、これら二つの神社の位置は、いずれも太陽祭祀の重要な場所であったことを推定させる」

この水谷見解（『続知られざる古代』一七三頁・一九八一年・日本放送出版協会）からも、新羅の迎日祭祀にかかわる地名が「トキ」であることを、その要の位置にあるのが等乃伎神社であることを示している。

私はこのように書いたが、等乃木神社も坐摩神社とかかわり、坐摩神社と住吉大社は一体だから、この三社が図77で二至・二分の朝日遥拝で、同一方向に向いているのは、深い意味があったのである。

「ナニハ」の地名にかかわる太陽信仰

坐摩神社の氏子は白木（新羅）神社を祀っていた。理由は新羅江庄の新羅系の人々が氏子だったからだが、住吉大社は坐摩神社の地にあって、住吉へ移っている。ところが住吉大社の神宮寺は新羅寺である。西成郡には秦氏も居住しており、東生郡の比売許曽神社は新羅王子の天之日矛の妻を祭神にする。西・東を冠した「ナリ（ル）」は韓国語では「日」の意味の「날《ナル》」である。私は一九七六年十一月四日・五日の読売新聞の夕刊（学芸欄・大阪版）に「古代祭祀とナニハ」と題す文章を二回にわたって載せた。その文章の要旨を書く。

「難波」は『古事記』では「那爾波」、『日本書紀』は「那珥破」、『万葉集』は「奈爾波」「名庭」と書く。『日本書紀』（神武天皇即位前紀戊午年二月十一日条）に、

> 難波の碕《みさき》に到るときに、奔潮《はやなみ》有りて太《はなは》だ急《はや》きに会《あ》ふ。因《よ》りて名づけて浪速《なみはや》国と為《い》ふ。亦浪花《なみはな》と曰《い》ふ。今難波《なには》と謂《い》へるは訛《よこなま》れるなり。

とある。この『日本書紀』の記事について吉田東伍は「記紀以下の古書に地名の起因を説きたる中に種々の附会ありて信拠し難きこと多し。浪速《なみはや》、浪華《なみはな》の如きもナニハの方却つて正実にして、浪の速さ浪の華に言ひ寄せたる方もつとも疑はし」（『大日本地名辞書・上方』明治三十三年）と書く。松岡静雄は「一、潮と波は同義語ではない。二、華をハヤと訓むことは出来ず、潮の急速なることを浪華とはいへぬ。三、大阪湾奥は決して潮（波）の特に早かるべき地ではない。要するに此の伝説は浪速といふ文字について案出せられたも

ので信ずに足らぬ」（『日本古語大辞典・語誌篇』昭和四年）と書き、「ナ（魚）ニハ（庭）の意、魚の多い海面なるが故に名を負うためであろう」と書いている。天坊幸彦は『上代浪華の歴史地理的研究』（昭和二十二年）で松岡説を自説のごとく書いたので、藤本篤は『大阪府の歴史』（昭和四十四年）で「第二次世界大戦後、歴史家の天坊幸彦氏が『上代浪華の歴史地理的研究』において新見解を発表すると、支持する人も多く、一時はまるで定説化してしまったようである」と書いている。この魚庭説について福尾猛市郎は、ナニハが漁獲の多量（魚庭・魚場）からおこった古語なら、古代人にとってもっとわかりやすい魚にちなんだ地名伝承があってもよいではないか、と批判し、満潮時に難波の入江に流れこむ潮流や、逆に干満時に入江から流出する水の流れは、ずいぶんはげしいはずであったはずだとし、ナミハヤ説を採る（『浪速』『難波』の名義に関する復古的提唱」「上方文化」）。

　これらの説の欠陥は「ナニハ」の枕詞の照り輝くを意味する「押し照る」が、魚場説や浪速説では説明がつかないことである。そこで、上野台地の半島が海中に押し出ていたから「オシデル」が正しいと主張する説もあるが、「照る」と「出る」はまったく違う。「オシ」は「テル」を強めた言葉だから、「ナニハ」に太陽の意味があるから「オシテル」という枕詞がついているのだが、このことについては誰も留意していない。

　留意しているのは滝川政次郎である。滝川は魚場説は「着想としては面白いが、魚場では〝押し照る〟というナニハの枕詞の説明がつかない」と書き、「ナニハ」は「ナミニハ」の約言で、波静かな海面をいい、その海面に太陽がギラギラと照り輝いているから、「オシテル」という枕詞が生まれたと解釈する（「難波の「比売許曽神社鎮座考」「神道史研究」六巻五号）。しかし「ナニハ」が波静かな海面の意なら、枕詞は照り輝くを意味する「オシテル」でなく、波静かな海を示す枕詞であるべきである。「ナニハ」に太陽の意味があるから「テル」を意味する枕詞がついたのである。

滝川政次郎の見解も、新羅の日神と聖婚して生まれた日の御子の娘が、故郷の日本へ来て難波の比売許曽神社の祭神になったとある『古事記』の伝承にもとづいて、「難波の比売許曽神社鎮座考」を書いており、他の論者には欠落している「太陽」の視点で論じているが、比売許曽神社の祭神は新羅王子天之日矛にかかわる伝承だが、比売許曽神社のある東生郡、坐摩神社・白木（新羅）神社・新羅江の西成郡の「生」「成」を『和名抄』は「奈理」と訓している。「奈（na）」は韓国語では「生成」「太陽」の意であることは前述した。

新羅の古代王室系譜は始祖赫居世以来二十二代を記しているが、十七代奈勿王以降から歴史時代に入り、実在の王名になっている。奈勿王以降の新羅王（金氏）は、ほとんど「奈勿王……世之孫」と記されている。奈勿（nar）は太陽の意だが、nar は王名だけでなく土地名としてある。『三国史記』の新羅の祭祀志に「第二十二代智証王、始祖誕降之地奈乙に神宮を創立す」とあり、新羅本紀の二十一代炤知王九年（四八七）条にも、「春二月。神宮を奈乙に置く。奈乙は始祖王の処なり」とある。奈乙は奈勿と同じに太陽の意である。末松保和は太陽（nar）の地に奈勿（nar）王を祭ったのが神宮だと述べている（『新羅史の諸問題』）。今西龍は奈勿王でなく始祖赫居世を祀ったと書く（『新羅史研究』）。赫居世干を日本語で読めば「カガヤキイマスキミ」である。この「カガヤキイマスキミ」という名は、日の神から成長発展した名と木下礼仁は書いている（「新羅始祖系譜の構成」『朝鮮史研究会論文集・第二集』所収）。

以上述べたようなことを、読売新聞の学芸欄だから一般化して、二回にわたって私は書いて、「オシテルナニハ」は「照り輝く太陽の庭」の意と書いた。しかし新聞では書かなかったが「日」そのものの枕詞は「アマテル」であり「オシテル」ではない。「オシテル」を枕詞とする「ナニハ」は単に「太陽の庭」の意味でなく、厳密には迎日の土地、太陽を仰ぐ場所、日神を祀る庭の意であろう。そう解釈することによって、新羅の迎日の土地を意味するトガ（トキ）の地名が難波にあることも、東と西の「ナリ」の地名の理由もわかる。

東生《なり》・西成《なり》の郡名は天平年間（七二九〜七四九）の文献にはじめて見えるが、その前から「ナリ」といっていたであろう。というより太陽祭祀の聖地を意味する「ナルニハ」（↓「ナニハ」）という地名があって（だから「ナニハ」の枕言葉が「オシテル」なのである）、その地名に「東」と「西」をつけて呼称する過程で、「東ナリ」「西ナリ」になったのである。そのことは東ナリ郡唯一の神社の坐摩神社は新羅江荘にあり、新羅（白木）神社を祀る人々が氏子であり、新羅の日女《ひるめ》を祀る比売許曽神社が西ナリ郡にあることが証している（韓国との関係は無視しているが、本田義憲は「原八十嶋神祭歌謡をめぐる覚書」「万葉」六九号で、「ナニハ」の枕詞の「オシテル」は「難波津に日の御子を迎える太陽神儀礼」との関連から「霊威満ちて照るという意味」でつけられたと述べている）。

読売新聞に私が書いた拙論について、大阪外国語大学の金思燁教授からいただいた手紙の一部は、前述したが、さらに次のようにその手紙には書かれていた。

朝鮮語では「太陽」は「ヘ」（히）「日」の「ナル」（날）と区別している。しかし「日」（ナル）は、①日の出から日没まで。すなわちday の義。②日・月の日、すなわち太陽。「ナ・ナル」は太陽そのも

のより、「昼の明るい間」に重点をおいた使い方をする。しかし古代人は「太陽＝光明」として「ナ・ナル」の言葉を使い、「太陽」だけを指称する場合は「へ」という語を使っている。「ナ」は「日」。「ニハ」は古代朝鮮語では「口、門、窓、出口」。「ナニハ」は「都祈」と同語で「日の出」「日の庭」と解さないと、意味をなさない。「ナニハ」は「日の出る」聖なる場所であり、「都下」は「その日の出を祭る神廟の地」と思われる。

　このような金思燁教授の手紙の内容からも、難波は新羅とかかわる。

新羅王子天之日矛の妻を祀る比売許曽《ひめこそ》神社

『住吉大社神代記』には「三韓の国の調貢」は「吾君《あぎ》川より運漕《こぎはこ》ぶ」とある。この「吾君川」について田中卓は「訓解・住吉大社神代記」の訓注で、「西成郡の長柄河（一名中津川）なるべし」と書く[4]が、図75（三二四頁）で示したように、大阪城築造以前にあった坐摩神社は長柄川の南岸にあり、新羅江荘は北岸にあり、近接している。長柄川が「アギ川」と呼ばれているが、三品彰英は「アギ」は韓国語の「アギすなはち小児を意味する語」で、「国語のアギトフ（嬰児の泣くこと）も同系語」とし、『古事記』が書く新羅王子天之日矛の日光感精伝承の「アグ沼」の「アグ」と「アギ」は同義と書く[6]。

　坐摩神社は吾君《あぎ》川（名柄川）のほとりにあるが、高安山の山頂から昇る冬至の日の出を拝する地である。『古事記』は「アグ沼」のほとりで昼寝をしていた女に、「日《ひ》虹の如く輝きて、其の陰上《ほと》を指《さ》しき」と書くが、坐摩の地が「アギ川」のほとりにあるのは、アギ川＝アグ沼であり、「日虹の如く輝きて」は、高安山から昇る「朝日」で、この地は日女が日光を受けて（日神と聖婚して）、日の御子を生む聖地であることを証している。この坐摩神については、嘉永五年（一八五一）四月、皇子（後の明治天皇）の安産祈願を坐摩神社で行ない、その年の秋祭の日（旧暦九月二十二日）に明治天皇は生まれた。そのため、慶応四年（一八六八）に明治天皇は坐摩神社に御礼参りをしている。このことからも、この神社の性格がわかるが、アグ沼伝承は新羅の王子天之日矛伝承だが、『古事記』はこの伝承を難波に関係させている。

　アグ沼の畔《ほとり》で日光に感精した女性は「赤玉」を生んだが、その赤玉を天之日矛が家へ持ち帰った。赤玉は「美麗《うるは》しき嬢女《をとめ》に化《な》り」、嬢女は天之日矛の妻になる。しかしある日、「吾《あ》は、汝《いまし》の妻と為《な》るべき女に非《あら》ず。吾が祖《おや》の国に行かむ」と言って、「窃《ひそ》かに小船に乗りて逃《に》遁げ渡り来て、難波に留《とど》まりき」と、『古事記』の応神記は書き、注記に「此《こ》は難波の比売碁曽《ひめこそ》の社《やしろ》に坐《いま》す阿加流比売《あかるひめ》と謂《い》ふ」と書く。『古事記』は新羅の王子天之日矛の妻の話にしているが、『日本書紀』の垂仁紀では、加羅の王子都怒我阿《つぬがあ》羅斯等《らしと》の伝承にしている。日光感精伝承は載せていないが、「赤玉」を「白石」にし、白石が「童女《をとめ》」になっている。阿羅斯等はこの童女《をとめ》と結婚しようとしたが、彼女はことわって、「求ぐ所の童女は難波に詣《いた》りて、比売語曽《ひめこそ》社の神となる」と書く。『古事記』は新羅の王子、『日本書紀』は加羅の王子になっているが、前述したが、加羅は新羅に併合され、加羅の王族は新羅の王族に組み込まれているから、二つの伝承は同系の伝承だから、新羅・加羅の王子の妃が比売語曽神社の神という伝承になっているのである（「ヒメコソ」の「コソ」は『日本書紀』天武天皇元年七月条の「社戸臣」を、大化元年九月条は「渠曽倍《コソベ》臣」と書いているから、「社《コソ》」で「比売許曽」は「姫社」と解されている。韓国でも「コソ」は「聖地なる地」「マツリゴトの場所」の意である）。

この「ヒメコソ」の姫神は「アカルヒメ」だが、後代は「シタテルヒメ」になっている。拙著『神社と古代王権祭祀』の「比売許曽神社」の項でも書いたが、「下照姫」とは天上から照らす太陽のイメージだが、「阿加流比売」の「アカル」は夜の闇が朝の日の出で明るくなるイメージで、タテ意識の「シタテル」に対してヨコ意識で、古くからのわが国の太陽信仰による。このような意識は、第七章、第八章で述べた新羅の太陽信仰と共通である。

アカルヒメについて松前健は「天照御魂神考」で、「アカルヒメは、朝鮮系の帰化族である出石《いづし》人の太陽女神らしいということは、その日光感精伝説から見ても自然な推論である」と書いているが、[7]「太陽女神」というより「日妻《ひるめ》」とみるべきだろう。三品彰英は「アメノヒボコの伝説」で、「神妻である童女・アカルヒメの原態は巫女すなわち『祀る者』であり、『祀られる神』であるアメノヒボコは巫女に招禱される存在であるがゆえに、その後を追わねばならなかった。歴史的にいえば巫女の宗儀が伝来し、彼女の到るところに従ってアメノヒボコの遍歴物語が構成されることになったのである。なお巫女である『祀る者』が『祀られる者』に昇華する時、巫女はヒメコソの社の女神となる」と書いている。[8]「巫女」というより日神を祀る「日女」から「日妻」になったのが、アカルヒメである。

比売許曽神社の祭神アカルヒメは、この神社だけが祀っているのではない。『延喜式』神名帳には住吉郡に赤留比売命神社が載る。現在は杭全《くまた》神社の飛地境内末社だが、かつては住吉大社の末社で、六月三十日の住吉大社の例祭(荒和大祓)には斎女《いつきめ》を出し、桔梗の造花を捧げるのが慣例になっている。このように新羅・加耶の王子の妻を祀る神社の祭神を、住吉大社が祀っている事実は、住吉大社が坐摩神社と同体であることによるが、住吉大社の神宮寺は明治維新後の神仏分離で廃寺になるまで「新羅寺」といった。なぜ新羅寺が住吉大社の神宮寺なのか。理由は後述するが、新羅・加耶の皇子の妻が、なぜか難波に来て神として祀られている事実と、深くかかわっている。

比売許曽神社の最初の鎮座地は「日女島」

比売許曽神社は『延喜式』神名帳では「名神大社」で、住吉大社と共にもっとも格式の高い神社である。現在地は大阪市東成区東小橋にあるが、この所在地については異論が多い。この地に比定されたのは『摂津名所図会』に「味原郡小橋村にあり」と書いているからだが、『特選神名牒』は認めていないし、喜田貞吉も『摂津名所図会』で寂聞聖観という僧侶が偽作した「比売許曽神社縁起」を引用して書いているから、信用していない（『摂津郷土史論』）。『大阪府全志』は天王寺区の真田山町・玉造本町にあったとする姫山（真田山・宰相山）をあてるのは、『摂津名所図会』が「比売許曽神社の旧地」と書いているからである。しかし姫山も喜田貞吉・滝川政次郎が偽書と断定する「比売許曽神社縁起」に依っているから疑わしい。滝川政次郎は安閑紀・元正記の記事からすれば、「比売島は四面環水の島」だから、姫山説は成り立たないと書いている。江戸時代から比売許曽神社を南区高津一番町の高津宮神社にあてる説（『蘆分船』『摂陽群談』『和漢三才図会』『五畿内志（摂津志）』『難波丸綱目』『名葦探杖』）がある。滝川政次郎は「比売許曽神社偽書考」（「史迹と美術」二八六・二八七・二八八）で、これらの説は高津因幡守なる者によって偽作された高津宮に関する偽文書に欺かれた「根拠なき妄説」と書く。

では滝川政次郎はどこに比売許曽神社を比定するのか。『摂津国風土記』逸文に、応神天皇の時のこととして、

新羅の国に女神《ひめがみ》あり。其の夫を遁《のが》去れて来て、暫《しまら》く筑紫の国の伊波比《いはひ》の比売島に住めりき。乃《すなは》ち曰《い》ひしく。「此の島は猶是《なほこれ》遠からず。若《も》し此の島に居《ゐ》ば、男《を》の神尋《と》め来《き》なむ」といひて、乃《すなは》ち更《また》、遷《うつ》り来て、遂に此の島に停《とど》まりき。故、本《もと》住める地《ところ》の名を取りて、島の号《な》と為《な》せり。

とある。この摂津の比売島に来たのが、新羅から来た女神の阿加流比売と推定している。

滝川政次郎は比売許曽神の「祭神の性格」を「航海の安全」祈願の神社とみているから、「難波戸に近い比売島の西端」とみるが、比売許曽神の「祭神の性格」は日光感精伝承によって生まれた日の御子で、新羅王子天之日矛の妻になった日女《ひめ》であり、この日女の来た「比売島」は「日女島」で、日神信仰にかかわる。そのことは『古事記』が比売許曽神社の祭神を「阿加流比売神《あかるひめ》」と書いていることからも証される。

ヒメ島にアカルヒメは来たのだから、ヒメ島が比売許曽神社の鎮在地である。

『古事記』の仁徳記に「天皇豊 楽《とよのあかり》したまはむとして、日女島に幸行でましし時、その島に雁卵《かりこ》生みき」とあるが、この記事では「日女」島と明記しており、アカルヒメの島だから「日女」なのである。平野邦雄は日女島の雁が卵を生んだ話は、新羅や加羅の始祖王誕生の卵生説話を「帰化人」が五世紀初期にもたらしたとし、その「帰化人」を秦氏としている[9]。

『古事記』は仁徳記に「秦人を役ちて茨田堤及茨田三宅を作り、又丸邇池、依網池を作り、又難波の堀江を掘りて、海に通はし、又小椅江を掘り、又墨江の津を定めたまひき」と書き、秦氏がこの地で河川・池など

の土木工事の技術指導者として活躍したことを記している。秦氏が居住するだけでなく新羅系渡来人が郡領になっているが、名神大社の比売許曽神社・坐摩神社が所在する、東生・西成の両郡の「ナリ」は「生」「成」の表記が示しているように、「生成」であり、比売許曽神社の最初の所在地が、「日女島」で、祭神が日光感精伝承で生まれた日女であることと、「ナニハ」の地名は一致する。日女（妻）と日の御子誕生の母子神伝承と、韓国（といっても百済でなく、新羅・加羅）の日神信仰に深くかかわるのが、「ナニハ」の古代である。

住吉大社の神宮寺はなぜ新羅寺なのか

今井啓一は『帰化人と社寺』所収の「高麗寺・新羅寺・鶏足寺」で、次のように書いている。

住吉大社にも明治維新の神仏分離までは神宮寺であって神社の祭祀に与《あずか》ったのであって、この神宮寺の旧号を新羅寺といった。寺領三百六十石。本尊薬師仏をまつる。（中略）「勘文」によれば、「本尊は三韓より伝来の尊像にして、彼国新羅寺仏頂に納むる所也。然るに我朝に渡りついて本尊とす。古来、秘仏にして聊《いささ》かも蓋を発《あば》く無し。元是新羅寺の仏像故に新羅寺と号す」とある。(10)

『日本書紀』が書く住吉神を奉じて新羅に侵攻した、神功皇后新羅征服譚を信じる人々は、新羅から仏像を奪ってきて本尊としたから新羅寺と言ったといいたいだろうが、新羅寺に伝わる「勘文」では「伝来」「渡りについて」とある。このような記述は今井啓一によれば、江戸時代の『住吉名勝図会』『摂津名所図会』『摂津名所大成』などに載っているから、新羅征服譚を否定している。もっとも神功皇后新羅征服譚を喜びそうな民衆の読む読物でも、新羅からの伝来・渡来と書いていることに、私は注目したい。

『延喜式』神名帳に載る摂津国の「名神大社」は住吉大社を除けば、比売許曽神社と坐摩神社だが、この二社は東生郡・西成郡にある。「ナリ」(生・成)は「ナニハ」地名と同じに太陽信仰(日神と聖婚して日の御子を生む日女信仰)にかかわることを、本章で書き、新羅とかかわる事、住吉大社は坐摩神社と一体である事を述べたが、『住吉大社神代記』は神功皇后新羅征服譚を、『日本書紀』の記事を取上げ、さらにオーバーに書きたてているのに、新羅寺を神宮寺にしている。これはどういうことか。『日本書紀』『住吉大社神代記』は、住吉神は新羅を敵とし、その敵を打つ軍の守護神として書かれている。ところが住吉大社の神宮寺は「新羅寺」であり、住吉神と一体である坐摩神は新羅とかかわり、本章で述べたように、住吉大社のある難波は、特に新羅系氏族が多く居住する地で、新羅征服譚と矛盾する。理由については拙著『新版・古事記成立考』や、『日本書紀成立考』で詳細に具体例をあげて論証したが、『日本書紀』と違って『古事記』は、「神功皇后」という表記はまったく使っておらず、詳細に『古事記』の記事を検証すれば、『日本書紀』のような新羅征服譚になっていない。そのことは高名な『古事記』研究学者の倉野憲司が、岩波書店版『古事記・祝詞』の注記で、新羅王の家の門前に杖を立てた理由について、「住吉大神を新羅国を守護する神として祭り、鎮座せしめて、海を渡って、日本へお還りになった」と書き、「征服」でなく「守護」に行ったと書いていることからいえる(傍点引用者)。柳田国男も杖は「神の守護・加護を祈るため」と、「杖の成長した話」で書いているが、[11]『古事記』の文章を示す(傍点は引用者)。

ここに其の御杖を新羅の国主の門に衝《つ》き立てて、即ち墨江大神の荒御魂を、国守ります神と為《し》て祭り鎮めて還り渡りたまひき。

「墨江大神」は住吉大神のことだが、『古事記』は息長帯比売（神功皇后）の始祖を新羅王子（天之日矛）にしているのだから、新羅の国守りのために杖を立てたのであり、その杖は住吉大神の荒御魂の形代であるのは、住吉大社の神宮寺が新羅寺であり、前述したように新羅と深くかかわる神社であることからも、住吉大神が新羅の国守りの神としてふさわしかったのである（拙者『新版・古事記成立考』でそのことを詳細に論じているので、基本的なことのみを本書では書いた）。

正史の『日本書紀』は、このような『古事記』の記事をまったく否定して、『記』が書かない「神功皇后」という皇后名を作って、神功皇后が住吉神の加護で新羅を征服したという記事に変えている。理由は新羅に国を滅亡させられた亡命百済人の子らが、『日本書紀』編纂に関与しているからだが、そのことは拙著『日本書紀成立考』で詳述した。

本位田菊士は「応神天皇の誕生と神功皇后伝説の形成」で、『古事記』の物語は「胎中に皇子」を宿した母の物語で、応神を住吉の神の御子と見立て、「朝鮮など特定の地域や国を対象にしたものではない」。「伝説の構想は半島経略の史実とは全く無関係な別の意図や目的を反映したもの」と書いているが、[12]倉塚曄子は「胎中天皇の神話」で、「オキナガタラシヒメはまず巫女的な女性として登場する。と同時に後の話でわかるように、御子をみごもったまま新羅にわたり、大和に帰還後も御子の成長を見守るなど、母としての風貌も顕著である」と書き、『記』の記事を新羅征討譚でなく御阿礼（誕生）神話とみるが、『記』『紀』の神話を合体して論じるので、「息長帯比売の胎中にて住吉大神から宝の国（新羅）を授かり、胎中にあってこれをことむけ、筑紫で誕生する」と書き、『古事記』には「住吉大神から宝の国（新羅）を授かり、胎中にあってこれをことむけたという『紀』の記事はない」[13]と書くが、『紀』にない記事を『記』が書いた理由については書いていない。『古事記』には前述したように新羅国王の門前で「住吉大神の荒魂を」新羅国の「国守る神として」祀ったと書いているから、書けなかったのである。

本位田・倉塚の両氏は、息長帯日売の祖が新羅王の王子であることを無視しているが、三品彰英は無視せず、新羅王子天之日矛と息長帯日売の「伝説地は、その地理的分布において驚くべきほど一致している」と書き、『古事記』の記事は民間伝承にもとづき、新羅征討譚ではなく「海の母神と御子神の伝承」だと書く[14]。三品彰英は住吉神信仰でなく、一般の民間信仰にしているのは、『古事記』の息長帯比売伝承に見られる新羅系要素は、民間信仰として入ったとみているからである。しかし『古事記』の息長帯比売伝承では、息長氏の祖を新羅王子の天之日矛と明記しているのだから、民間信仰でかたづけるわけにはいかない。なぜなら天武朝に息長氏は皇統に結びつく「真人」賜姓を受けており、舒明天皇の和風諡号は「息長足日広額天皇《たらしひろぬか》」だからである。『古事記』が息長氏の祖を新羅王子にしていることは、住吉大社の神宮寺が新羅寺であることと、強く結びついているが、これは「民間信仰」でなく、「正史」と詔する『日本書紀』が真実を伏せて新羅征討譚にしたからである。理由は拙著『新版・日本書紀成立考』で詳細に論じた。

住吉神・坐摩神・比売許曽神が示す日神信仰

『住吉大社神代記』によれば、住吉大社の御子神に「赤留比売命神《あかるひめ》」を記すが、この神を『古事記』は新羅

王子天之日矛の妃と書き、

此《こ》の者は難波の比売許曽の社に坐す阿加流《あかる》比売神と謂ふ。

と注している。比売許曽神社の祭神は「アカルヒメ」から「シタテルヒメ」に変るが、『住吉大社神代記』は「下照比売神」も御子神にしている。『延喜式』神名帳は住吉郡に「赤留比売命神社」を載せる。この神社は現在は杭全《くまた》神社の飛地境内末社で「三十歩社」といわれているが、かつては住吉大社の末社であった。私は『日本の神々・3』所収の「赤留比売命神社」で、次のように書いた。

アカルヒメについて、松前健は「天照御魂神考」で、「アカルヒメが、朝鮮系の帰化族である出石《いづし》人の太陽女神らしいことは、その日光感精伝説から見ても自然な推論である」(『日本神話と古代生活』)と書いているが、「太陽女神」というより「日妻《ひるめ》」とみるべきであろう。三品彰英は「アメノヒボコの伝説」で、「神妻である童女・アカルヒメの原態は巫女すなわち『祀る者』であり、『祀られる神』であるアメノヒボコは巫女に招禱される存在であるがゆえに、彼女の到るところに従って、その後を追わねばならなかった。歴史的にいえば巫女の宗儀が伝来し、彼女らヒボコ族の移動に従ってアメノヒボコの遍歴物語が構成されることになったのである。なお巫女である『祀る者』が『祀られる者』に昇華する時、巫女はヒメコソの社の女神となる」(『増補日鮮神話の研究』)と書いているが、アカルヒメの性格については、この三品説に同調したい。

つまり、アカルヒメは、日神を祀る巫女、日妻の大日孁貴《おおひるめむち》が、日神天照大神になったのと同じである。(略)この日妻は、日の御子の母として母神的性格をもつ。それは、オキナガタラシヒメ(神功皇后)に表現されている。アカルヒメはアマテラスやタラシヒメの一つの原像といえよう。

このように私は書いたが、『古事記』は息長帯比売の記事で伊勢神宮の祭神を「天疎向津姫」と書くが、この神名は日妻であることを示しているが、この母神は前述したが多神社の祭神であり、多神社が同一祭神を祀ると書く天照大神高座神社の祭神でもある。この天照神社の背後から昇る春分・秋分の日の出遥拝地が、図77で示したように住吉大社だが、住吉大社で「日神を出し奉《たてまつ》る」のは、多氏と同族の船木氏である。ところが多氏・船木氏と同族の大和の「ツゲ国造」と同じに、「ツゲ国造」を名乗るのが坐摩神社の祭祀氏族である。「ツゲ」(都下・都祁)は呉音であり、漢音では「トカ・トガ」だが、「都下・都祁」表記は前章や本章で述べたように、韓国語では「トキ」「トチ」といい、日の出の意味がある。大和のツゲ国から昇る春分・秋分の日の出遥拝地が多神社の地であるのに対し、摂津の天照大神高座神社の地から昇る春分・秋分の日の出遥拝地が住吉大社であり、住吉の地で「日神を出し奉《たてまつ》る」のが多氏系の船木氏である。この事実は多氏関与の『古事記』が『日本書紀』の書く新羅征服譚としての神功皇后をまったく無視し(「神功皇后」という表記もない)、息長帯比売を新羅皇子天之日矛の後裔と書いていることと、無関係ではない。

本章では難波の地における太陽祭祀の実像を示したが、『日本書紀』や『住吉大社神代記』の神功皇后新羅征服譚を、事実を認めていたのでは歴史の真相は見えてこない。しかし『住吉大社神代記』の『日本書紀』の記述に従って書いている神功皇后征服譚以外の記述(古い時代の文献史料、日神祭祀の船木氏関係史料)からは、なぜ住吉大社の神宮寺が新羅寺なのかを証している。船木氏が祭祀していた「日神」は女神の天照大神ではない。天照大神の実像は比売許曽神社の祭神の「阿加流比売」、多神社の「天疎向津媛」で、「日女」である。この「ヒメ」は息長帯比売のイメージで、日の御子の母であり、第八章の冒頭で書いた「天照高日女神《ひるめ》」「日乃売神《ひのめ》」「朝日豊明媛神」や、住吉大社の真東の山に鎮座する「天照大神高座神」と重なる。

坐摩神社の旧地の御旅所には、方五丈の「神功皇后の鎮座石」といわれている巨石がある。この石の所在地を「石町」というのはこの石に由来すると『摂津志』『摂陽群談』は書いているが、坐摩神社の例祭日は四月二十二日で「献花祭」という。社伝によれば神功皇后が新羅から帰って応神天皇を筑紫で生んだ時、花を懸けて坐摩の神を祀られた故事によるというが、神社の主な神事が神功皇后の日の御子出産にかかわる神事であることからも、坐摩神の性格がわかる。明治天皇の参拝も坐摩神社が安産祈願の神社であったからで、天皇の参拝は「御礼参り」である。『肥前国風土記』(神崎郡船帆郷条)に、「二つの石につきて、恭《ゐや》び禱祈《こひの》めば、必ず子産《こう》むことを得」とあるが「鎮座石」も同じであったから、明治天皇の出産にあたって坐摩神社に祈願したのであろう。

図77の坐摩神社・住吉大社・等乃伎神社の位置図は、そのことを示しており、古代の太陽信仰は天上に照る神でなく、「タテ」でなく「ヨコ」の朝日・夕日信仰である(海から昇り、落ちる朝日・夕日は真横である)。本来の住吉神はそのような神であったから、「日神を出し奉る」のは船木氏なのである。

しかも本章で述べたように、難波の太陽祭祀は韓国の太陽祭祀とかかわるが、韓国と言っても百済でなく新羅であり、難波の渡来氏族も百済系でなく新羅系であり、新羅王子天之日矛と結びついている。彼らが住吉大社にかかわっているから、神宮寺が新羅寺なのであり、『日本書紀』の神功皇后新羅征服譚は創作である。『古事記』には「神功皇后」という表記はまったくない。あるのは「息長帯比売」だが、息長氏の母系

の祖は新羅王子天之日矛と明記している。だから新羅王の門に立てた「御杖」について、

　墨江大神の荒御魂を、国守ります神と為《し》て祭り鎮めて還り渡りたまひき。

と明記している。この「国守り」は新羅でなく日本だと曲解するなら、なぜ息長帯比売の祖が新羅王子と『古事記』が書くのか、説明すべきである。本章の「難波の地の太陽信仰が示す実相」は、百済亡命史官が関与した『日本書紀』と多氏関与の『古事記』の違いを示していることを、本章の終りに付記する。

十一章　日光感精伝承・丹塗矢伝承の太陽信仰

日光感精伝承は世界各地にある

難波の比売許曽神社の祭神の「アカルヒメ」は、『古事記』が書く新羅の日光感精伝承で、日光が女陰を射して生まれた「赤玉」である。『日本書紀』の神功皇后紀は、

神風の伊勢国の百伝《ももづた》ふ度逢県《わたらひのあがた》の、拆鈴五十鈴宮《さくすずのいすずのみや》に居《ま》す神、名は撞賢木《つきさかき》厳之《いつの》御魂《みたま》天疎《あまさかる》向津媛《むかつひめ》命なり。

と言ったと書く。この記事は伊勢神宮の祭神を記しているが、「天照大神」でないから「天照大神」の荒魂説があるが、私は採らない。この神名は伊勢神宮の祭神の本質をはからずも示している。「賢木」の形で日神に向う媛で、「日光感精伝承」を暗示しており、「撞賢木厳之御魂」は冠詞で、神名は「天疎向津媛」である。多神社の母子神の母神が天疎向津媛なのは、三輪山から昇る朝日に向う女神で、日の御子を生むからである。

韓国の古文献の『三国史記』は、高句麗の話として、柳花という娘が洞窟に閉じ込められていた時、洞窟の穴から射しこんだ日の光が、逃げても逃げても娘を追ってきて、日光に射られた柳花は妊娠し、卵を生んだ。その卵から生まれたのが朱蒙で、高句麗の始祖王東明になったという伝承である。この話で注目すべきは、朝日が洞窟に作られた穴から柳花の女陰を射したのは冬至の朝である。

この『三国史記』の高句麗の始祖王誕生譚は、燕の始祖王慕容皝の妻が、昼寝しているとき日が臍から腹中に入る夢を見て、日の御子の慕容徳を生んだ話と似ている（『晋書』巻一の慕容徳伝）。日光が胎内に入るのを夢で見て妊娠し、日の御子を生む話は、北魏太祖（『魏書』巻二の太祖紀）、匈奴王の劉淵・劉聡（『晋書』

巻一の劉淵・劉聡伝)、北斉王緯(『北斉書』巻八の緯伝)、遼太祖阿保機(『遼史』巻一の太祖紀)などの誕生譚にもある。これらの伝承は旧満州・蒙古などの地域の始祖王が、日の御子であることを示しているから、高句麗の始祖王の話も、満蒙系の日光感精伝承である。

日光感精伝承は韓国に近い対馬に伝わっている。中世に書かれた対馬の『天道法師縁起』は、天道(童)法師が「日輪の精」なのは、天道法師の母の照日が、「或朝、日に向って尿溺し、日光に感じて娠《はら》み」、生まれた子だからと書く。この天道の母が仕えた内院女御は、大隅の正八幡神を氏神として対馬に勧請したと、『天道法師縁起』は書いているが、大隅正八幡宮(今の「鹿児島神社」)にも日光感精伝承がある。

南北朝時代の建武三年(一三三六)に書かれている『大隅正八幡本縁事』は、「大比留女《ひるめ》」という「震旦国陳大王の娘」(震旦国は中国をいう)が、七歳で懐妊したので、父の陳大王が腹の子は誰の子かと娘に問うと、朝日の光が私を射《さ》して妊娠したと答えた。間もなく王子が生まれると、母子は空船《うつぼふね》に乗せられて、日本の大隅国の海岸に漂着した。この王子が八幡神である」と書かれている。この伝承では日の御子は王でなく神そのものになっているが、この話も日光感精伝承である。この大隅の八幡宮の日光感精伝承は対馬の日光感精伝承に結びつくが、対馬は韓国にもっとも近いから、韓国の日光感精伝承の伝幡と推測できる(宇佐八幡宮の祭祀氏族は秦氏であることは、拙著『秦氏の研究』で詳述したが、『大隅正八幡宮本縁事』は日光感精によって八幡神を宿した女性を、震旦国の大王の娘とすることからみても、八幡神は外から来た神で、わが国の土着の神でないことを示している)。韓国神話の卵生伝承にも、八幡神とその母(「比留女《ひるめ》」は「日女《ひるめ》」の意)は「空《うつぼ》舟」に乗って漂着したとあるが、「空舟」は中空の舟で、形としては卵形であり、空舟漂着譚は卵生伝承とかかわるから、対馬の伝承も、鹿児島県の大隅正八幡宮の伝承も、「日光感精卵生伝承」である。「赤玉」として生まれた天之日矛の妻アカルヒメも日光感精卵生伝承である。

卵生説話ではないが、日光感精伝承は沖縄にもある。沖縄の宮古群島の一つの伊良部島の佐良浜の「太陽《てだ》の御嶽《うだき》」という聖地にかかわる話に、昔、二人の兄妹がこの場所に住んでいて、妹が便所に入ったとき、東から朝日が射しこみ、妹の女陰に入って、彼女は太陽の子を生んだという伝承がある。この妹も「日女《ひるめ》（比留女）」で日光感精伝承だが、沖縄の日光感精伝承は大隅正八幡宮の伝承が、鹿児島から沖縄へ伝播して作られたのであろう。

しかし日光感精伝承は東洋にだけあるのではない。エジプトの王もインカの王も太陽の子とみられており（そのことは後述する）、王を生んだ母は「日女《ひるめ》」である。

太陽神でもあるギリシアのゼウスの妻デメテルの洞窟が、エライオン山にある。洞窟は自然の太陽神殿だが、上部に八インチほどの小窓が設けられ、その窓から日光が射し込み、デメテル女神の祭壇と壁を照らしたというが、そのような現象がおきる日は、冬至とその前後に限られていた。窓は第十三章で書くインカのマチュ・ピチュの太陽神殿や、エジプトのアメン・ラー大神殿の太陽の高殿の窓と同じだが、この窓から照らす冬至の朝日が、ベッドを射すように設計されている。このように朝日を女陰に受ける秘儀は、古代メソポタミアでも行なわれている（詳細は第十三章「世界各地の古代の太陽信仰」で述べる）。

天の岩屋かくれの物語と日光感精伝承

『古事記』の応神天皇記に載る新羅の王子天之日矛の記事について、三品彰英は『増補・日鮮神話伝説の研究』所収の「古代宗儀の歴史的パースペクティヴ——天の日矛の後裔たち——」で、次の記事を提示している。

　昔、新羅の国主《こにきし》の子有りき。名は天之日矛と謂ひき。是の人参《まゐ》渡り来つ。参渡り来つる所以は、新羅国に一つの沼有り。名は阿具奴摩《あぐぬま》と謂ひき。此の沼の辺《ほとり》に、一《ある》賤しき女昼寝しき。是に日虹の如く耀きて、其の陰上《ほと》に指ししを、亦一賤しき夫《をとこ》、其の状《さま》を異《あや》しと思ひて、恒に其の女人の行《わざ》を伺ひき。故、是の女人、其の昼寝せし時より妊《はら》身みて、赤玉を生みき。

この記事を日光感精伝承と三品彰英は書き[1]、天の岩戸の前でウズメノミコトが女陰を露出して踊る姿と、天之日矛伝承とを比較して、「女神（ウズメノミコト）が日矛を持って日神招禱の俳優《わざをぎ》をすると、日の神が岩戸を細目に開いてこれを窺う。その光に照らし出されたホトもあらわな女神の姿……かかる光景はいたずらに居ならぶ男神たちを笑わすためのみの構想ではなくて、それはちょうど、日の光が女のホトを照らすことにはじまり、つづいて天之日矛にアカルヒメが奉仕する情景を語る伝承に、はなはだ近い本義を持つものと言い得るであろう」と書き、三品彰英は矛をもってホトをあらわに踊るウズメノミコトに、日光感精的要素を推測している。[2] 私は三品説に賛成する。「矛」を持って「女陰」を出して踊るのは、「天照大神」という「日神」が隠れ、この世が真暗になってしまったので、「日の出」願望の祭儀を、アメノウズメの踊りで表現

写真16　加賀の潜戸

しているのである。矛は男根イメージである。天照大神の岩屋隠れは、ホトを梭で突いた事件がきっかけになっているが、天照大神高座神社は岩屋・岩窟信仰であることは序章で述べた。また本章の冒頭でも高句麗の洞窟での日光感精伝承を紹介したが、後代になってもその信仰は残っている。岩屋・洞窟は子宮イメージである。

日光感精伝承と「加賀《かが》の潜戸《くけと》」

『出雲国風土記』は嶋根郡加賀郷と加賀神崎の二カ所に、「きさか姫」（加賀条では支佐加《きさか》比売、神崎の条では枳佐加比売《きさかひめ》と書くが、「きさ貝〈赤貝〉」のことである）が、「闇《くら》き岩屋なるかも」と言って、金の弓で金の矢を岩屋へ放つと、岩屋が光り輝いたが、この岩屋には「きさか姫」の社《やしろ》があり、この洞窟は今「加賀の潜戸《くけと》」という。**写真16**はその潜戸である。

加藤義成は『出雲国風土記参究』で、矢は男神で支《き》（枳）佐加比売の洞窟に矢を放ったというのは、比売との聖婚を意味し、その聖婚によって佐太大神が生まれた伝承と書く(3)。水野祐も『出雲国風土記論攷』で、金の矢に化身した麻須羅神と支佐加比売の聖婚による佐太大神出生譚と書く[4]。松本清張は『私説古風土記』で、「矢は男性の象徴である。女性の洞窟を矢が射るのは性交を意味する。原形はこれだろう」と書く[5]。洞窟は後述するが、エジプトやインカの太陽神殿、メソポタミヤのジッグラトに重なる。

谷川健一は「加賀の潜戸」について、次のように書いている。

> 加賀の潜戸をおとずれて、そこでわかったことは、洞穴が、東西に向いているという事実であった。洞穴の西の入口に船をよせてみると、穴の東の入口がぽっかり開いている。そのさきに的島と呼ばれる小島が見える。その的島にも同じように東西につらぬく洞穴があって、的島の洞穴の東の入口の開いているのが見える。つまり、加賀の潜戸と的島の二つの洞穴は東西線上に一直線に並んで、もし的島の東から太陽光線が射しこむとすれば、その光線は的島の洞穴をつらぬき、さらに加賀の潜戸の洞穴もつらぬくということが分かった。そこで私は、三度目に、加賀をおとずれたとき、船にそなえつけてある羅針盤を借りて方向をはかってみると、二つの洞穴の方向は、真東にむいているのではなく、やや北のほうにずれていることが分かった。したがって、それは夏至の太陽がのぼる方向にむいている。夏至の太陽は的島の東に姿を現わし、的島の洞穴と加賀の潜戸を一直線に射しつらぬく。そのときに、それは黄金の弓矢にたとえられたのであり、太陽の洞穴から、佐太の大神は生まれ出たのであった[6]。

谷川健一はこのように書いて、放った矢は夏至の太陽の光とみている。

土居光知も、『出雲国風土記』加賀条で書く金の弓矢は、ギリシア神話のアポロンの弓矢と同じであるとし、「アポロンが射る矢は太陽の光輝であった」から、「闇《くら》き岩屋なるかもと詔《の》りたまひて、金弓もて射たまふとき、光《て》り加加明《かがやけ》り、故、加加《かが》といふ」という記述は、「太陽の光輝」をあらわしていると書き(7)、松前健も加賀の潜戸伝承の金の弓矢は、太陽の光をあらわすと書くから(8)、日光感精伝承の変型した伝承が加賀の潜戸の伝承である。谷川健一は前述したように、この洞窟（潜戸）に射し込む「太陽の光輝」は夏至の朝日だと書いているが(6)、インカやエジプトの太陽神殿のベッドに射す日光は、冬至の朝日であることからみても、夏至・冬至の違いがあるが、いずれも日光感精伝承といえる。

伊《い》豆《ず》志《し》袁《お》登《と》売《め》と三輪伝承の丹塗矢伝説

『古事記』（応神紀）は新羅王子天之日矛は但馬国の出石《いづし》（現在の兵庫県豊岡市出石町）に、遍歴の終りに落着いたと書く。そして日矛の持参した八種の神宝を神として祀ったが、この地の伊豆志袁登売に求婚する兄弟の話も、日矛伝承として載せる。

其の母、ふぢ葛《かづら》を取りて、一宿《ひとよ》の間に、衣褌《きぬはかま》及《また》襪沓《したぐつ》を織り縫ひ、亦弓矢を作りて、其の衣褌等《きぬはかまども》を服《き》せ、其の弓矢を取らしめて、其の嬢子《をとめ》の家に遣《つか》はせば、其の衣服及弓矢、悉《ことごと》に藤の花に成りき。是に其の春山之霞《かすみ》壮夫《をとこ》、其の弓矢を嬢子の厠《かはや》に繋《か》けき。爾《ここ》に伊豆志袁登売《いづしをとめ》、其の花を異《あや》しと思ひて、将《も》ち来《きた》る時に、其の嬢子の後《しり》に立ちて、其の屋《や》に入りて即ち、婚《まぐは》ひしつ。故、一《ひと》りの子を生みき。

と書かれているが、西郷信綱は『古事記注釈・第四巻』で、「『其の弓矢』とは、藤の花になった弓矢である。……厠に入った嬢女がさてもめずらしい花よと『将ち来る時』というのは、カハヤは屋外にあるからで、下に『其の屋に入る』とあるのもそのことを示す。この話は、神武の段に見える大物主とイスケヨリヒメのそれと、カハヤ、矢、マグハヒ等の要素が組合わさっている点でほぼ同型といっていい。矢は男性の象徴である」と書く(9)。

「神武の段に見える大物主とイスケヨリヒメのそれ」とは、『古事記』神武紀の、

大后《おほきさき》と為《せ》む美人《をとめ》を求ぎたまひし時、大久米命曰《まを》ししく。「此間《ここ》に媛女《をとめ》有り。是《こ》を神の御子と謂《い》ふ。其の神の御子と謂ふ所以は、三島湟咋《みぞくひ》の女、名は勢夜陀多良比売《せやだたらひめ》、其の容姿《かたち》麗美《うるは》しかりき。故、美和の大物主神、見感《みめ》でて、其の美人の大便為《くそま》る時、丹塗矢に化《な》りて、其の大便為れる溝より流れ下りて、其の美人の富登《ほと》を突きき。爾《ここ》に其の美人驚きて、立ち走り伊須須岐伎《いすすきき》。乃ち其の矢を将《も》ち来て、床の辺に置けば、忽《たちま》ちに麗《うるは》しき壮夫《をとこ》に成りて、即ち其の美人を娶《め》して生める子、名は富登多多良伊須須岐比売命《ほとたたらいすすきひめ》と謂《い》ひ、亦の名は比売多多良伊須気余理比売《ひめたたらいすけよりひめ》 是は其の富登と云ふ事を悪みて、後に名を改めつるなり。 と謂ふ。故、是《こ》を以《も》ちて神の御子と謂ふなり」とまをしき。

とある記述である。

図80は福岡市拾六町のツイジ遺跡出土の板状木製品で、奈良時代か平安時代初頭のものといわれているが、女陰に矢が突き刺さった絵である。この「矢」について「考古学ジャーナル」(一九八号、一九八一年九月号)は、次のように書いている。

福岡市教育委員会が発掘調査を続けている西区拾六町のツイジ遺跡で、古代農業祭祀の溝杭と見られる木器が見つかった。8世紀後半(奈良時代)の水田跡から出土、長さ86cm幅5cm厚さ1.6〜1.3cmの板状

で片方の先端が丸い。そこに女性性器に弓矢が突き刺さったような線刻絵は、湾曲した先端部の裏面を丸く削り、その中央に細長い楕円形の穴を彫り込み、穴を中心に先端全面に放射状の線が彫ってある。先は先端部の穴に向けて彫られて、矢羽も描かれている。この絵柄は古事記の神武天皇の頃の丹塗矢の説話――男神が丹塗矢に化けて農業祭神の女神の性器を突き、神武天皇の皇后となる女子が生まれた――と符合。天皇家と農業祭祀の関係が深かったことを証拠づける貴重な資料となる。同じ水田から見つかっている木製人形や鳥などとの関連から、この木器は農耕祭事に使われたことは確実。

このように「考古学ジャーナル」は書いているが、伊豆志袁登売《いずしおとめ》・勢夜陀多良比売《せやだたらひめ》のどちらも「厠《かはや》」・「大《く》便《そ》為《ま》る時」とあり、女陰をあらわにする時を示している。伊豆志袁登売の場合、弓矢が藤の花になり、それを持ち帰って「婚《まぐは》ひしつ」と書くが、「弓矢を嬢子《をとめ》の厠《かはや》に撃《か》けき」とあるから、「婚《まぐは》ひ」は丹塗矢が「大便為《くそま》

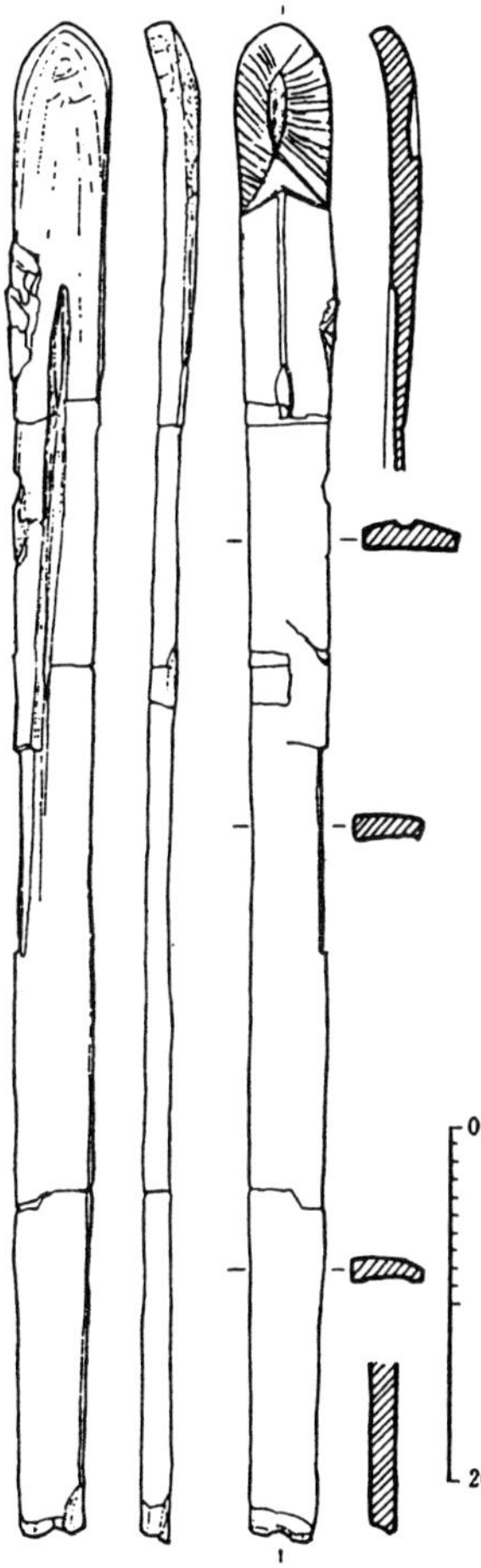

図80　福岡県拾六町ツイジ遺跡出土の板状木製品

れる溝より流れ下りて、其の美人の富登《ほと》を突きき」と同じに、本来の伝承では厠にかけられていた「矢」が、富登を突いた聖婚秘話であったのであろう。

「矢」は「射す」ものである。その矢に「丹塗」を冠しているのは、丹塗矢伝承が日光感精伝承だからである。はっきり日光感精伝承であることを示している天之日矛伝承では、「赤玉」を生んでいるが、「赤」も「丹」も太陽イメージである。しかしこの太陽は「天《あま》」から「照らす」ではなく「日射す」だから、「矢」で表現されている。この「射す」は、日光感精伝承に登場する天之日矛の「日矛」の矛と同じである。「矢」の「射す」に対して「矛」は「突く」であり、その矛に「日」を冠している「日矛」伝承は、「矢」に「丹塗」を冠しているのと同じに「日」を冠し、「丹」表現と同じ太陽光輝・日光表現である。その表現が矛・矢に冠されていることからみても、丹塗矢伝承は日光感精伝承と言われていないが、私は丹塗矢伝承は日光感精伝承の変型とみている。

『山城国風土記』に載る賀茂の丹塗矢伝承

丹塗矢伝承は『山城国風土記』（逸文）にも載る。

玉依日売、石川の瀬見の小川に川遊びせし時、丹塗矢、川上より流れ下りき。乃《すなは》ち取りて床の辺に挿し置き、遂に孕《はら》みて男子《をのこ》を生みき。人と成る時に至りて、外祖父《おほぢ》、建角身命《たけつのみ》、八尋屋《やひろや》を造り、八戸《やと》の扉を竪《た》て、八腹《やはら》の酒を醸《か》みて、神集《つど》へ集へて、七日七夜楽遊《うたげ》したまひて、然《しか》して子と語らひて言《の》りたまひしく。「汝《いまし》の父と思はむ人に此の酒を飲ましめよ」とのりたまへば、既《やが》て酒坏を挙《あ》げて、天に向きて祭らむと為《おも》ひ、屋《や》の甍《いらか》を分け穿《うか》ちて天に升《のぼ》りき。乃《すなは》ち、外祖父のみ名に因《よ》りて、可茂別雷命《かもわけいかづち》と号《なづ》く。謂《い》はゆる丹塗矢は、乙訓《おとくに》の郡《こほり》の社《やしろ》に坐《いま》せる火雷神《ほのいかつち》なり（傍点引用者）。

この記事によれば丹塗矢は火雷神である。前述の丹塗矢に化した大物主神については、『日本書紀』（雄略天皇七年七月三日条）に、

天皇、少子部連蜾蠃《ちいさこべむらじすがる》に詔《みことのり》して曰《のたま》はく。「朕《われ》、三諸岳の神の形を見むと欲ふ。或いは云はく、此の山の神、大物主神とすといふ。或は云はく、菟田の墨坂神なりといふ。汝、膂力《ちから》人に過《す》ぎたり。自ら行きて捉《とら》へ来《まゐこ》」とのたまふ。蜾蠃答へて曰《まを》さく。「試《こころみ》に往《まか》りて捉《とら》へむ」とまうす。乃ち三諸岳に登り、大蛇を捉取《とら》へて、天皇に示《み》せ奉《たてまつ》る。天皇、斎戒《ものいみ》したまはず。其の雷《いかづち》虺《ひ》虺《び》きて、目精《まなこ》赫赫《かがや》く。天皇、畏《かしこ》み、目を蔽《おほ》ひて見たまはず。殿中に却《しりぞ》き入り、岳に放たしめたまふ。仍《よ》りて改めて名を賜ひて雷《いかづち》とす。

とあり、大物主神は賀茂神の火雷神と同じ雷神として、雄略紀は書いている。同じ話が『日本霊異記』のトップ、上巻第一に、「雷《いかづち》を捉《とら》へし縁」として載る。

少子部《ちいさこべ》の栖軽《すがる》は、泊瀬《はつせ》の朝倉の宮に、二十三年天の下治めたまひし雄略天皇の随身にして、肺脯《しふ》の侍者なりき。天皇、磐余《いはれ》の宮に住みたまひし時に、天皇、后と大安殿に寐て婚合《くながひ》したまへる時に、栖軽知らずして参ゐ入りき。天皇恥ぢてやみぬ。

時に当りて、空に雷《いかづち》鳴りき。即ち天皇、栖軽に勅して詔《のたま》はく、「汝、鳴雷《なるかみ》を請《う》け奉《まつ》らむや」とのたまふ。答へて曰《もう》さく、「請《う》けまつらむ」とまうす。天皇詔言《のたま》はく、「爾《しか》らば汝請け奉れ」とのたまふ。栖軽、勅《みことのりうけまつ》を奉りて宮より罷《まか》り出《い》づ。緋《あけ》の縵《かづら》を額《ぬか》に著《つ》け、赤き幡桙《はたほこ》を擎《ささ》げて、馬に乗り、阿倍の山田の前の道

と豊浦《とよら》寺の前の路より走り往《ゆ》きぬ。軽の諸越《もろこし》の衢《ちまた》に至り、叫囁《さけ》びて請けて言《もう》さく。「天の鳴雷神《なるかみ》、天皇請け呼び奉《まつ》る云々《しかしか》」とまうす。然《しか》して此《ここ》より馬を還《かへ》して走りて言《まう》さく。「雷神《なるかみ》と雖《いへど》も、何の故にか天皇の請けを聞かざらむ」とまうす。走り還る時に、豊浦寺と飯岡との間に、鳴雷《なるかみ》落ちて在り。栖軽見て神司《かみつかさ》を呼び、轝籠《こしこ》に入れて大宮に持ち向《むか》ひ、天皇に奏《もう》して言《もう》さく。「雷神《なるかみ》を請《う》け奉《まつ》れり」とまうす。時に雷《いかづち》、光を放ち明《て》り炫《かがや》けり。天皇見て恐り、偉《たたは》しく幣帛《みてぐら》を進《たてまつ》り、落ちし処に返さしめたまひきと云へり。今に雷《いかづち》の岡という。

　この記述では「緋の縵」「赤き幡桙」と赤を強調している。天之日矛伝承でも生まれた子に「赤玉」とあり、赤である。赤は日光の色と書いたが、雷光の色になっている。そして『日本霊異記』では「婚合」の時に「雷鳴りき」とあり、雷は日光感精伝承の「光」と同じに婚合とかかわっている。雷光も日光と同じに赤（緋）表現であり日光感精伝承と同じに婚合にかかわり、さらに「日」と同じに「雷」も空から射す存在である。このように同じイメージであるが、なぜ丹塗矢伝承が、日神でなく雷神になっているのか。理由は丹塗矢伝承を伝えているのが三輪氏・賀茂氏だが、両氏族は国つ神の代表氏族に『記』『紀』神話でさせられたからである。

　しかし序章でも書いたが、『古事記』は大物主神の出現を、「海を光《てら》して依り来る神」と書き、『日本書紀』（神代紀一書の六）も、「神《あや》しき光海を照し、忽然に浮び来る者あり」と書いている。このような出現は海から昇る朝日表現以外にはない。序章で書いた伊勢の日神、興玉神（猿田彦神）が二見ヶ浦の夫婦岩の間から昇るのと同じである。大物主神の出現の「光《てら》し」「照し」が、国つ神になって雷神の光になったのである。したがって賀茂伝承の火雷神になった丹塗矢伝承の原型は、日光感精伝承である。

秦氏の丹塗矢伝承と御阿礼乙女神事

惟宗公方（惟宗氏は秦氏系氏族）の著書『本朝月令』（延喜十年〈九一〇〉頃成立）が引く『秦氏本系帳』（『三代実録』元慶五年〈八八一〉三月二十六日条に、松尾神社の祝部の氏人に『本系帳』を提出させたとある）に、次の記事が載る。

初秦氏女子出二葛野河一、澣二濯衣裳一時、有二一矢一自レ上流下、女子取レ之、還来刺二置於戸上一、於レ是女子無レ夫妊、既再生二男子一也。（中略）

戸上之矢、即為二雷公一。折二破屋棟一、升レ天而去。故鴨上社号二別雷神一、鴨下社号二御祖神一也。戸上矢者、松尾大明神是也。是以秦氏奉レ祭二三所大明神一。

さらに『秦氏本系帳』は前述の記述につづけて、秦氏と賀茂氏の関係について、次のように書く。

鴨氏人為二秦氏野聟一也。秦氏為レ愛聟以二鴨祭一譲与之、故今鴨氏為二禰宜一奉レ祭、此其縁也。鴨祭之日、楓山之葵挿頭、当日早朝、松尾社司等令レ賷二挿頭料一、参二候内蔵寮一、祭使既来置二楓山葵於庭中一詔戸中。使等各挿頭出立、禰宜祝等賜二禄物一、又走馬近衛捧謝幣与二禰宜祝一倶参二松尾神社一。

伴信友は『瀬見の小河』（二の巻）でこの記述について、「もはら己が蕃種の卑姓なるを匿《かく》して、建角身命の神別として、かへりて賀茂の氏人の社家の上に出むとかまへたる巧には、神をも神おもひて奉らず、祖《オヤ》をも祖ともおもはざる、いともにくむべき偽説になむありける」と述べ、「そもそも秦氏の祖は、姓氏録の諸蕃に載て、秦ノ始皇が後なる事詳にして、今旧史に合せ見て混レなく、又本系帳も上に論へるごとく、元慶五年の頃奉上《タテマツ》れる書にて、今其全書は伝はらざれど、古書どもに引たるを見あたるかぎりは、上に挙《あげ》たるがごとく、正しき伝説ときこゆるに、ただ件の又云一条のみ、いみじき偽説なるは、旧く伝来れる本系帳に、後に狡黠なる氏人のありて、書加たるものなる事著し」と書いている。

「ただ件の又云一条のみ」とあるのは、前述の「初秦氏女子」からこの「松尾神社」までの記述をいうが、伴信友は国学者特有の神国日本観に立った偏狭な視点から、「もはら己が蕃種の卑姓なるを匿《かく》し」たい意図で、賀茂神社の祭祀に秦氏も参加したとみているから、賀茂神社の神の化身の丹塗矢を、秦氏の神とする偽説を書いたと断定している。この断定こそ「いともにくむべき皇国史観による偽説になむありける」である（そのことは拙著『秦氏の研究』で、秦氏が祀る宇佐八幡宮・稲荷神社・白山神社・木島坐天照御魂神社・鹿児島神社などを論じて示した）。

しかし伴信友は「戸上矢者は松尾大明神是也」については、『古事記』が松尾神社の神を、「鳴鏑《なりかぶら》（鏑矢）を用つ神ぞ」と書いているので、偽説とは書いていない。というより書けなかった。なぜなら鳴鏑矢と丹塗矢は同じイメージで、鳴鏑矢が松尾神の化身なら、丹塗矢も当然、秦氏が祀る神の化身だからである。伴信友は無視しているが、秦氏と賀茂氏は密接な関係にあった。

三品彰英は『秦氏本系帳』の「始立二御阿礼一」について、この「阿礼」は賀茂神社の「御阿礼祭」の「あれ」だが、この「あれ」の祭儀は韓国の神話・伝承と深くかかわっていると書く。『年中行事秘抄』に載る「賀茂旧記」に、賀茂神に逢うために、「天羽衣、天羽裳を造り、火を炬《た》き鉾を祭り之を待て。又走馬を餝《かざ》り、

奥山の賢木を取り、阿礼を立て、種々糸色を垂れ、又葵楓蘰を造り、厳飾して之を待て」と書かれている例をあげ、「走馬を飾り奥山の賢木の阿礼（神の憑代であるあれ木の意）を立てて天神を迎えるあたりは、かの白馬の跪拝して嘶く楊山麓の樹林、アル（알）に、赫居世が降臨した状態と近似しており、また『火を炬き』という儀式は『見ル二大光明ヲ始メテ林中ニ一』（『三国遺事』巻第一、紀異第一、金閼智・脱解王代）という金閼智降臨の事状を想わしめるし、葵蘰については首露伝説の蘭桂と類似した意味を考えることができる」と述べている。[10] このような賀茂御阿礼祭と朝鮮の神話・伝承の類似は、秦氏が賀茂神社の祭儀に関係していたからだと、三品彰英は書き、『秦氏本系帳』の「秦氏女子」が葛野（桂）川を流れて来た松尾大明神の形代の矢によって妊娠した話や、「斎宮式新造炊殿忌火庭火祭」に、葛野秦氏の童女が祭儀に参与することが見え、又『寛平御記』に賀茂臨時祭の際、まず松尾を拝するという旧例が記され」ていることから、これらの資料は、「『御あれ祭』そのものと秦氏が深い関係を持っていることを示唆している」と書いている。さらに三品彰英は次のように書く。

> 「御あれ祭」の斎主を阿礼乎止売《あれをとめ》（アレ乙女）と称し、皇女がこれを勤めるのが普通になっていた（秦氏の斎子《いつきこ》に当る）。祭は四月中酉日に行なわれるのであるが、まずその前の午日もしくは未日にアレ乙女は、加茂の河原において禊祓の儀を行なう。この行事は祭の当日の祭儀とともに祭事の中核をなすものである。ここにおいて、このアレ乙女という名が、かの閼英（引用者注、新羅の初代王の正妃、神霊の宿る閼川で水浴し、神霊と交融する水の女・聖母と、三品彰英は「閼英考」で書く）と同一であるとともに、河辺の禊祓の儀礼にも同一の意義を見出すことができる。上賀茂の社の西辺の流れの御手洗川を御祓河

あるいは御生河とも呼んでいるが、それは「霊威の生《あ》れます川」の意で、これまた、かの閼川《アル》（引用者注、閼英が神霊と交《まじ》わった新羅の王都慶州を流れる川）と同語であって、かつ同意である。(10)

このように三品彰英は書いて、閼川で水浴し神霊と交わって新羅の初代王を生んだ閼英と賀茂祭の阿礼乙女と神事の「近似」について、「このような両者の近似は単なる暗合というよりも、その仲介者としての帰化族秦氏の存在を考えることによって説明できるであろう。朝鮮には今のところ丹塗矢伝説は発見されないが、……首露伝説の洛東江の鮎の話を考えるならば、この点とても、あながち日本と朝鮮が縁がないわけでもない」と書いている。(10)

三輪氏と賀茂氏と丹塗矢伝承

「首露伝説の洛東江の鮎の話」とは、民間説話の加羅（金官伽耶）の始祖王首露の出生譚だが、三品彰英はその出生譚を次のように書く。

洛東江の河口の水辺で一人の両班の娘が洗濯をしてゐると、ふと足の踵をつつくものがある。振向いて見ると、それは一匹の鮎であつたので、乙女は好奇心にかられ、鮎を盥に容れて持帰つたが、これが縁となつて、その娘は懐胎し、やがて立派な男の児を生んだ。これ首露王である。

秦氏の出自は一般に新羅出身と言われているが、拙著『秦氏の研究』で詳述したように伽耶の金官伽耶国の出身とみられるが、伽耶は新羅に併合されたから、新羅系といわれる（伽耶の王族は新羅の王族となる）。その秦氏の『秦氏本系帳』の丹塗矢伝承によれば、「初め秦氏の女子葛野河に出で、衣裳を滌《すす》ぎ濯《あら》う時」とあり、「両班の娘」は「秦氏の女子」、「洛東江」は「葛野河」に重なり、川での洗濯は共通である。また流れてきた「一矢」は三品が書くように、「一匹の鮎」と重なる。一矢を「女子之《これ》を取りて、還り来て戸上に刺し置く」と書く『秦氏本系帳』の記述は、鮎を盥《たらい》に入れて持ち帰った話と重なり、「鮎」が「矢」に変っているが、「矢」は本来は天空を飛ぶもので、日光イメージだがその矢が水中の鮎にまで変質しているのである。

この伽羅（耶）の始祖王首露の話からみても、秦氏と賀茂氏の伝承の一致は、伴信友が書くような皇国史観による蕃種の「いともにくむべき偽説」ではない。伽耶・新羅の水辺の日光感精伝承が、秦氏を通して、加茂の丹塗矢伝説になり、さらに賀茂氏と同じに大田田根子を祖とする三輪氏の伝承になったのである。

『本朝月令』所収の『秦氏本系帳』掲載の原文は前述（四〇三頁）したが、和文化して示す。

　初め、秦氏の女子、葛野河に出で、衣裳を漱《すす》ぎ濯《あら》ふ時、一矢有り、上より流れ下る。女子之《これ》を取りて還り来て戸上に刺し置く。是に於て女子、夫無くして妊《はら》み、既にして男子を生む。（中略）戸上の矢は松尾大明神、是なり。

この文章は『山城国風土記』逸文の記事、

　玉依日売、石川の瀬見の小川に川遊びせし時、丹塗矢、川上より流れ下りき。乃ち取りて、床の辺に挿し置き、遂に孕《はら》みて男子を生みき。（中略）謂《い》はゆる丹塗矢は、乙訓の郡の社に坐《いま》せる火雷神なり。

と酷似している。三品彰英は「同一の説話」と書き、「秦氏と鴨氏が深い関係のあったことを認めねばならない」と書いている。また「賀茂の『御あれ祭』の由来を語る丹塗矢伝承が、秦氏の祭儀の事実と密接な関係を持っていることは、まず『御あれ祭』そのものと秦氏が深い関係をもっていることを示唆している」と書く。[10]このように書く三品彰英は、丹塗矢伝承は、

秦氏→賀茂氏

と伝承されたのであって、逆ではないと書くが、丹塗矢伝承は前述したように三輪氏にもあるから、

秦氏→賀茂氏→三輪氏

という経由が考えられる。賀茂氏は陶邑出身の大田田根子を始祖にするが、前述したように三輪氏も大田田根子を始祖とし、同じである。

山城国の賀茂氏は葛城の腋上から秦氏と共に山城国へ移住しているが、第九章で述べたが葛城の秦氏の一部は、三輪山の北隣に移住し、穴師兵主神社を祀り、弓月岳を兵主神の神体山にしている。『日本書紀』は「弓月の民」は秦氏のことをいうと書く。また三輪山・弓月嶽の裏の大和高原も、第九章で書いたように「ツゲ国」といい、この地には秦氏や伽耶・新羅の渡来系氏族が居住しているから、三輪氏に丹塗矢伝承があるのも秦氏とのかかわり合いに依ると考えられる。丹塗矢伝承の共有からも、三輪氏・賀茂（鴨）氏が、伽耶から渡来した陶人の大田田根子を祖とする理由もうなずける。しかし賀茂氏は古くから葛城に居住していた氏族で、大田田根子を祖としているが、渡来氏族とはいえないから、単純に三輪氏と賀茂氏を同列には論じられない。但し丹塗矢伝承については、両氏は共に秦氏と結びついていることは確かである。

鳴鏑《なりかぶら》矢伝承と松尾神社・木島坐天照御魂神社

『古事記』に次の記事が載る。

　大山咋《おおやまくひ》神、亦の名は山末之《やますえの》大主《おほぬし》神、此の神は、近淡海《ちかつあふみ》国の日枝《ひえ》山に坐《いま》し、また葛野《かづの》松尾に坐して、鳴《なり》鏑《かぶら》を用つ神ぞ。

本居宣長は『古事記伝』で「大山咋神、亦の名山末之大主神」の神名について、

　此二ッの名ノ義、いかなる故か未ダ思ヒ得ず。山と云ッは、共に日枝《ヒエノ》山に因《ヨ》れる名にや。（中略）咋《クヒ》とは、亦の名の大主と同意にて、其山に主《ウシ》はき坐意《イマスイ》にや、又山に末《スエ》と云は、麓を山本に対《ムカ》ひて、上方《カミノカタ》のことなり。

と書く。この本居説に倉野憲司（『古事記全註釈・第三巻』）・西郷信綱（『古事記注釈・第三巻』）は賛成している。西宮一民は大山咋神を「山頂の境界をなす棒杙の神格化」、山末之大主神を「山頂の支配神」と解し（新潮日本古典集成『古事記』）、岡田精司は日本思想大系『古事記』（岩波書店・刊）の補注で西宮説を採っている。大国主神が国の主なら山末之大主神は山頂の主であり、大山咋神は山頂を示す杙（咋）の神・山頂に坐す境の神である。この神は日枝山の神であり、葛野の松尾神社の鳴鏑を用いる神だと『古事記』は書く。

　ところが『秦氏本系帳』は葛野河（桂川）を流れて来た「矢」と書く。この「矢」が「丹塗矢」であることは、「戸上之矢、即為㆓雷公㆒」とあり、「鴨上社号㆓別雷神㆒、鴨下社号㆓御祖神㆒也」と書いていることから証されるが、この「戸上矢者、松尾大明神是也」とあるから、『古事記』の鳴鏑矢と『秦氏本系帳』の丹

塗矢は、「鳴鏑矢＝丹塗矢」である。しかし鳴鏑矢は空を飛ぶのに丹塗矢はなぜ川を流れてくるのか。理由についていては原型は日光感精伝承であることを述べたが、新羅の首都慶州の閼川は、始祖王赫居世の王妃閼英にかかわる川で、この川で日光を受けて日の御子を生む伝承が秘されている。伽耶の始祖王の妃は川で聖婚するが、日神は「鮎」になっている。この「鮎」が「丹塗矢」になったから、空を飛ぶ矢が川を流れてくるのだが、鳴鏑矢伝承と根は同じだから、雷神イメージなのである。鳴鏑矢伝承を伝えていた秦氏が、出自の伽耶・新羅の水辺での日光感精伝承の聖婚神話に、鳴鏑矢伝承を加えて、丹塗矢伝説を作ったから、矢が川を流れる話になり、国つ神の始祖伝承になったので、日神が雷神に変ったのである。

　問題はなぜ日枝神社の神が松尾神社の神と同一神なのかである。日枝山は比叡山のことだが、西郷信綱は「ヒエ山とは朝日たださす山の意」と書くが(9)、「たださす」とは一直線にさす事である。第六章の木島坐天照御魂神社の項で、三柱鳥居の方位は松尾神社の旧社地の松尾山（日埼峯）に対しては、冬至の夕日が落ちる方位だと書き、逆の方向は四明岳だと書いた。四明岳は比叡（日枝）山の一峯である。ところが、三柱鳥居の立つ池を「元糺《もとただす》の池」というが、なぜ「タダス」の池なのか。

　一般に「タダス」は下鴨神社の森の呼称として有名だが、「糺の神」（『枕草子』）、「ただすのみや」（『新古今集』）と呼ばれたのは、下鴨神社でなく河合神社（式内社「鴨川合坐小社宅神社」）である。『太平記』には「河合《ただす》森」（巻十五）、「河合《ただす》」（巻十七）とあり、『拾芥抄』『色葉字類抄』にも「只洲《ただす》社」と書く。『京都市の地名』は「『八雲御抄』の社《やしろ》の項に、『ただすのみや』と『かものやしろ』を別々にあげているのをみると、糺の宮は河合社のほうをさすと考えられる」と書き、「タダス」は賀茂川と高野川の合流する河合の「只《ただ》洲《す》」の意とし、「タダス」を賀茂川と高野川の合流する河合の地とみる。元糺の地の三柱鳥居のある天照御魂神社も河合の地だが、河合を「タダス」というなら、全国各地の河合の地に「タダス」地名があってもよいが、他にはない。しかも賀茂御祖神社・河合神社の「糺の森」に対し、木島坐天照御魂神社の地を「元」の「糺の森」と書くから、河合只洲説は認め難い。

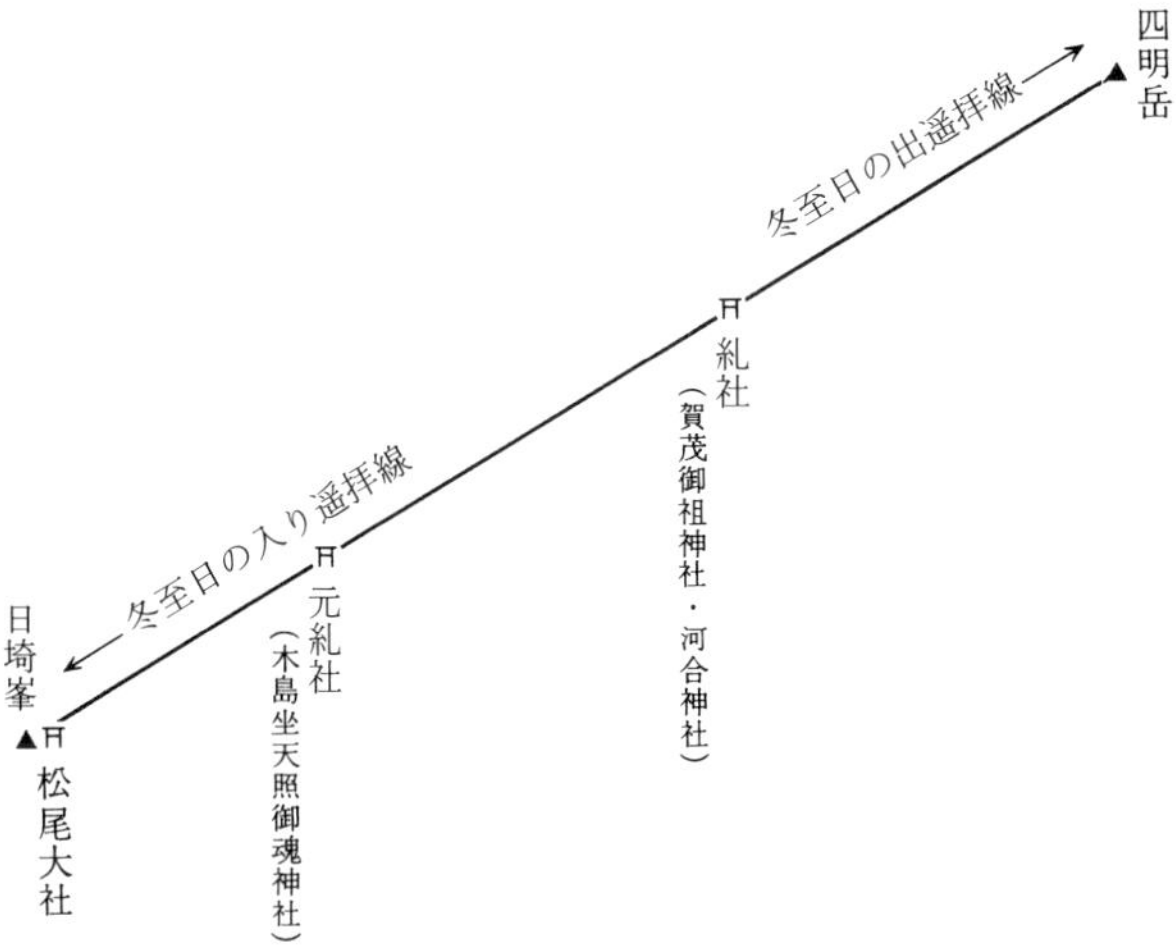

図81　鳴鏑矢の飛んだ図

図65に載せた図を鳴鏑矢の飛んだ図として再録すると、元糺の森と糺の森を結ぶ図81になる。鳴鏑矢は比叡山の四明岳から松尾山に至る。比叡山は日枝山と書くが、西郷信綱は前述したように、「ヒエ山とは朝日ただざす山の意」と書くが、「糺《ただす》」「元糺」と書く「糺」という漢字は、「糺明」「糺弾」というように、間違っていることをただす、横にそれないよう中心にしめるなどの意で、糺・元糺の地は、日枝山から昇る朝日が「タダサス」（一直線に射す）地の意である。夏至の朝日の昇る山を「四明岳」というのも、四方が朝日で明るくなるの意である。木島坐天照御魂神社の地が、夏至の朝日・冬至の夕日が、それぞれの山頂に落ちるのを拝する最初の遥拝地であったから、「元糺」といわれたのである。一直線

に日の出の朝日が射しこんでくるのを、日枝山から松尾山に鳴鏑矢が飛んでいくといい、日光が射しこんでくるのを「矢」にたとえたのである。鳴鏑矢は空を飛んでいくが、同じ矢でも、丹塗矢は河を流れて女陰を突く話に変って、賀茂伝承・三輪伝承では、雷神伝承に変質したのである。

木島坐天照御魂神社も松尾神社も、秦氏の祭祀する神社であることからみても、丹塗矢・鳴鏑矢伝承の最初の発信者は秦氏だが、この伝承が国つ神祭祀の代表的氏族の三輪神・賀茂神の伝承に入り込んでいる事実は無視できない（入りこんだ理由は第九章で書いた）。

「日本」国号をもつ「日出《ひいず》る国」の天照御魂神信仰に、秦氏が祀る木島坐天照御魂神社がある事実からも、日本の神祇信仰（特に日神信仰）を、皇祖神天照大神の信仰に一元化して解する常識は問題である。

日光感精伝承と丹塗矢伝承が意味するもの

皇祖神・日神の天照大神の信仰を国学者流の発想で見ていたのでは（日本古代史家や神道史家・神社研究家の中には、国学者流の「神ながら」信仰に立って、日神信仰を天照大神信仰に単純化している）、真の太陽信仰の実相は見えてこない。皇国史観では日本と新羅の太陽信仰の共通性の根幹は解釈できない。共通性は国民という観念でなく、万国共通の人間と太陽との関係で見るべきである。とすれば、昇る朝日と夕日こそが、どこの地（国ではない）の人々にとっても信仰の強い対象であったが、その太陽は中天の太陽ではない。

しかし中国ではヨコの視点でなく、タテの視点から、朝日・夕日でなく中天の太陽を、「天」という観念で思想化し、至高とした。この思想がわが国に入って日女から成り上った日神の女神を「天照大神」という皇祖神に仕立てているが、わが国の本来の日神信仰は、中天の「高天原」の日神ではなく、東の朝日・西の夕日信仰で、ヨコ信仰であって、『日本書紀』の神代紀が書くタテ信仰ではない。

日光感精伝承と丹塗矢伝承は、そうしたタテ信仰・思想以前の古代人の観念に依っている。日光感精伝承は、万国共通なのは洞窟や神殿にヨコから朝日が射し込むのであって、中天からの日光ではない。タテの関係、上下観は基本的にはない。丹塗矢伝承でも同じである。だから空を飛ぶ矢が川を流れる矢になっているが、川は滝以外はヨコの流れである。鳴鏑矢伝承でも、この矢は比叡山から松尾山に飛ぶ。天上からではない。こうした観念には日本人も新羅人も加羅人もない。万国共通だから、秦氏とオホ氏が共通の太陽信仰をもつのは自然である。『姓氏録』が皇別・神別・諸蕃と出自を分け、神を天つ神と国つ神に分け、上下観をつけたのが、『記』『紀』の神代の記述だから、正史は「天上高天原」から照らす日神を皇祖神とし、「天照大神」のみが登場する。しかし現実には皇祖神の女神でない男神の太陽神信仰が根強く残っており、民衆はそのような男神を信仰していたから、平安時代に入って政府がまとめた『延喜式』の神名帳では、そのような「アマテル」神（天照御魂神）を載せている。「天照」と「天」の字が冠されているが、中天にある太陽でなく、この日神は朝日・夕日で、特に朝日への信仰である。「日向神社」という神社名も「向う《むか》」は横意識で、天上を「仰ぐ」のではない。上でなく横、特に東方に向う信仰である。『古事記』（雄略記）が書く新羅皇子の天之日矛の物語でも、日光感精で生まれ女性は天之日矛の妻になっているが、「行二吾祖之国一」（吾《わ》が祖《おや》の国に行かむ）と言って、新羅から日本（難波）へ来ている。また韓国の史書『三国遺事』は、延烏郎と細烏女が日本へ行ったので、新羅には日・月が出なくなったと書くが、最初に日本へ行った日神の延烏郎については、「帰二日本一」と書き、「日本へ帰った」と書く（「月」表象の細烏女は延烏郎の後を追って日本へ行ったと書くが、「帰った」とは書いていない）。このような記述から見ても、新羅から見て日本は日の出の地だから、「祖之国」「帰日本」と書いているのである。『古事記』『三国遺事』などの日韓の文献も、太陽（日）を天上に見ておらず、横意識で見て、昇る朝日・沈む夕日が、太陽信仰の方位になっている。

丹塗矢伝説の丹塗矢は雷神になっているが、本来は前述したように日神神話であった。三輪氏・賀茂氏が国つ神の祭祀氏族になったので、皇祖神に仕立てられた日神に丹塗矢を重ねるのをさけて、日神イメージの丹塗矢を雷神伝承に変えたのである。

以上述べたように、わが国の太陽信仰・日神神話は高天原の天照大神のみを見て解釈する見解や、『記』『紀』記載の神話を、『記』『紀』の成立過程をまったく考慮せずに論じる研究・論究には限界がある。私が『新版・古事記成立考』『日本書紀成立考』で検証したように、『古事記』の序文、『記』『紀』の内容をストレートに受入れて論じたのでは、真実は見えてこない。『記』『紀』は冒頭に、最初の神として「天御中主神」を記す。「天」の「御中」の「主《ぬし》」という神名を、八百万の神々のトップに『記』『紀』は記しているが、この思想は中国の太一思想に依っている。このような外来思想の影響の強い『紀』の神代紀を、ストレートに古代日本人の神祇思想と見たのでは、真実は見えてこないことを、日光感精伝承・丹塗矢伝承で示した。

十二章　日神の妻の「日女」から「一夜妻」へ

一夜《ひとよ》妻《つま》と新室《にいむろ》の宴《うたげ》について

『日本書紀』允恭天皇七年十二月一日条に、

新室《にひむろ》にうたげす。天皇、親《みずか》ら琴撫《みことひ》きたまふ。皇后、起《た》ちて儛《ま》ひたまふ。儛ひたまふこと既に終りて、礼事申したまはず。当時の風俗、宴会《うたげ》たまふに、儛《ま》ふ者、儛ひ終りて、即ち自ら座長《くらかみ》に対《むか》ひて曰《まう》さく。「娘子《をみな》奉《たてまつ》る」とまうす。時に天皇、皇后に謂《かた》りて曰《のたま》はく。「何ぞ常の礼を失へる」とのたまふ。皇后、惶《かしこま》りたまひて、復《また》起ちて儛《まひ》したまふ。儛したまふこと竟《をは》りて言《もう》したまはく、「娘子奉る」とまうしたまふ。

「礼事」とは舞人が「座長」に「娘をたてまつる」と言う事であった。その「常の礼」を皇后が言わないので、天皇が催促し、皇后が再び舞って「娘をたてまつる」と言ったという記述である。この話のつづきを『日本書紀』は次のように書く。

天皇、即ち皇后に問ひて曰《のたま》はく。「奉る娘子《をみな》は誰ぞ。姓字《かばね》を知らむと欲《おも》ふ」とのたまふ。皇后、已《や》むを獲《え》ずして奏《まう》し言《まう》したまはく。「妾《わらわ》が弟《いろど》、名は弟姫」とまうしたまふ。

皇后が妹をたてまつることを、舞人が舞った後に、なぜ座長に言わなければならないのか。それが、どうして「当時の風俗」で「礼事」なのか。理由は新室《にいむろ》の宴だからである。新室とは新嘗の日、神（客人《まれびと》）を講ずる家のことである。天皇は客人《まれびと》で、客人の前で新室の家人（この場合は皇后）が舞い、その家の女（この場合は弟姫）を一夜《ひとよ》妻《つま》として奉るのが、当時の「礼事」であった。それが「娘子奉る」である。

岩波書店版・小学館版の『日本書紀』頭注は「新室」を新築の家と書いており、通説だが、允恭紀七年の記事は十二月一日、清寧紀二年の「新室」の記事は十一月である。なぜ十一月、十二月に限定されているのかを無視してはならない。清寧紀の忍海部造《おしぬみべのみやつこ》細目《ほそめ》の新室の記事には、「大嘗」、同じ事を書く顕宗紀には「新嘗」とあるから、「新室」は「新嘗」の「新」で冬至祭の意である。かつて「新年」は冬至新年であった。後述する冬至（新嘗）祭に一夜妻が神に供される例は各地にある。弟姫は衣通郎姫《そとおしいらつめ》ともいうが、彼女が一夜妻であることは、姫と允恭天皇がかわした歌が証している。天皇は姫の歌に次のように答えている。

細紋《ささら》形錦《がたにしき》の紐《ひも》を　解《と》き放《さ》けて　数多《あまた》は寝ずに　ただ一夜《ひとよ》のみ

この歌の「数多寝ずに　ただ一夜のみ」については、三通りの解釈がある。

一、幾夜も寝たのではなく、ただ一夜寝ただけと、過去の事についての詠歎（相磯貞三『記紀歌謡新釈』、武田祐吉『記紀歌謡全講』、土橋寛『古代歌謡全注釈・日本書紀編』）

二、「さあ、幾夜もとは言わず　ただ一夜だけ共寝しよう」と、天皇が衣通姫を誘った歌（日本古典文学大系『日本書紀』）

三、幾夜ともいわず一夜だけ、人はばからず、ゆっくりおまえと寝てみたいという、心情表出の歌（山路平四郎『記紀歌謡評釈』、日本古典文学全集『日本書紀・二』、『古事記・上代歌謡』）

この三通りの解釈の力点も「ただ一夜のみ」にあることからも、この「一夜」は「一夜妻」の意だが、「新室」の意味を無視しているから、右のような見解になるのである。

新嘗の夜に行なわれる新室の宴の一夜妻は、一般でも行なわれていた。『万葉集』（巻十一）の施《せ》頭歌《どうか》に、

「新室」の歌が二首（二三五一・二三五二歌）載る。

新室の　壁草刈りに　いましたまはね。草のごと　寄りあふ娘子《をとめ》　君がまにまに。

新室の　踏《ふ》み鎮《しづ》む娘《こ》が　手玉鳴らすも　玉のごと　照りたる君を　内《うち》にと申《もう》せ。

この二つの歌の「新室」を日本古典文学全集『万葉集』頭注は「新室《にひむろ》祝の歌」とし、伊藤博の『萬葉集釋注・六』も同じ見解であり、通説だが、通説は「新室」を新築の家とのみ見るから「娘婿勧誘の歌」などと解釈するが、このような解釈では「新室を踏み鎮む娘」の真の意味は見えてこない。二三五一番歌は、新室の壁草刈りにお越し下さい、草のように寄り添うをとめは、あなたの言いなりです、という意であり、二三五二番は、新室を足踏して魂鎮《たましづ》めする娘が、手玉を鳴らしている、その玉のように照り輝いているお方は、「内へどうぞ」と申し上げよ、という意で、「寄りあふ娘子」、「踏み鎮む娘」は「一夜妻」である。これは新嘗祭の前日に行なわれる鎮魂祭と同じ、一般の冬至祭の儀礼である。

折口信夫は「踏み鎮む娘」を「舞姫」と解し、新嘗の日の「新室の宴（室ほぎ）の客人に身をまかせた舞姫の歌が、二三五二歌であり、その旧習が崩れて、新嘗の日には舞姫だけで、その場に居た娘たち（寄り合う娘子）が、みな身をまかせたのが、二三五一歌だと解釈している。[1] つまり一夜妻の崩れた型である。

「神妻」としての「一夜妻」と「日女《ひるめ》」

新嘗の日に斎服殿で天照大神が神衣を織っていたところへ、スサノヲが斑駒《ぶちこま》を剥《さかはぎ》にして投げこんだので、織女が驚いて梭で女陰を突いたとあるが、『日本書紀』の神代紀（一書の六）に、「織経之《はたおりの》少女《をとめ》」の木花開耶《このはなさくや》姫を召したら、一夜にして孕んで子を生んだとある記事と、根は同じである。天岩屋から出た天照大神は、新しく生まれた日の御子で、梭で女陰を突くのは「日光感精伝承」であり、「梭」は「丹塗矢」である。木花開耶姫は一夜で孕んで日の御子を生む神話になっていて、「死」がないが、天の岩屋神話は死と再生の神話でもある。死と再生を繰り返す太陽（日神）神話と、日妻の日の御子誕生神話を一体にしているのが、天の岩屋神話だが、一夜妻伝承は「死と再生」が消えて一夜の交わりで子を生む一夜妻伝承になったのである。

この一夜妻伝承は、民間信仰・風習として残っている。寛政八年（一七九六）から十年間に書かれた秋里籬島の『摂津名所図会』（巻三）の「一夜官女」の条に、「野里村の本居《うぶすな》神住吉の例祭の時、此里の民家より、十二三計《ばか》りの女子に衣裳を改め神供を備《そな》ふ。これを一夜官女といふ。むかし御手村一雙の地にして、例祭厳重なり。今は其形ばかりを行ふ」とある。中山太郎は、「農家を訪れた田ノ神は、新嘗の夜に心に適した婦女があるとそれを近づけた。これが今に各地に残つてゐる祭の折の一夜《ひとよ》官女《かんじょ》、又は一時女﨟《ひとときじょろう》の原義なのである。大阪市外歌島村字野里の氏神祭には少女六人が、下髪に白絹の被《かつぎ》を着て一夜官女としての参籠し」と書いている。(2)

一時女﨟（女郎）については中山太郎は『遺補日本民俗学辞典』で、「尾張津島天王社、正月廿六日に御贄祭を行ふが、此時中嶋郡三宅村の村民来会し祭儀あり、官人の少女例座する。之《これ》を一時女郎の借小袖と云ふ」と『張州雑誌』巻七一から引用して載せている。(3)「一夜官女」「一夜女郎」の名称の元は「一夜妻」である。選ばれるのは十二、三歳の少女だが、津島天王祭も正月の御贄《みにえ》祭だが、新嘗祭も御贄祭だから本来は冬至に行なわれたのだろう。かつての正月は「冬至正月」であった。野里の住吉神社の祭りも正月二十日である。「一夜官女」「一夜女郎」の少女たちは、かつての一夜妻である。

野里の一夜官女を中山太郎は六人、柳田国男は「十二三の女の児の七人のうち、一人だけニエと称して別の座に坐らせて居る」と書いている（柳田は数え年で十二、三歳の少女〈満十四、五歳〉が選ばれたと書くが、昔の嫁に行く年齢の数え年の十三、四歳の手前の年齢である）。やはり一人だけ選ばれているのは日女《ひるめ》と同じである。日神と日女の聖婚は主に冬至だが新嘗祭は冬至祭であるが、前述の祭事が正月に行なわれるのもかつての正月が冬至正月であったからである。新嘗の夜は食物と女性を神に生贄として捧げる祭でもあった。野里では頭屋の家から出していたのは、名誉のことだったからだが、昭和になって頭屋の力が弱まって「クジ」で決めている。この神事は夜中に行なわれるが、宮廷の新嘗・大嘗の神事も真夜中に行なわれている。

このような一夜妻の神事は、男性が女装して行なう例もある。柳田国男は「神戸と大阪の中間の鳴尾の岡太神社、俗にをかいしの宮と謂つた社の祭に、一時上臈といふ者が出たことは夙くから有名であつた。摂陽落穂集の頃までは、まだ村民の頭屋に当つた者が、女装をして勤仕して居たのであつたが、今日は既に変化して、たゞ紅白を剪つて作つた人形を下げて置くだけになつた」と書いている[4]。中山太郎はこの岡太（岡田）の一時女臈《じょうろう》について、「古く女性であつたことは言ふまでもなく、且つそれが新嘗の夜に神に召された女性の名残りを留めたものである」と書いている[5]。

新嘗の日は冬至の日であり、新嘗は新穀の収穫を祝う祭であると共に、冬至祭である。「日女」が「一夜妻」へと変質していったのは、日中に行なわれる日神との聖婚儀礼が、一般化した祭祀儀礼になったからである。しかしその「一夜」が特に冬至の日に限定されている事実からみても、本来は本書で述べてきた太陽信仰が原点である。

「一夜妻《ひとよつま》」としての斎王《いつきのみこ》と采女《うねめ》

宮田登は、「茨城県下の大社鹿島神宮の神官組織の中心は物忌《ものいみ》と称する聖少女であったことが知られている。文献の上では、初代の女性をアマクラノヒメとよび、物忌の存在は実は一五〇〇年以上つづいた。明治初年に廃止されたが、その間二十六名の物忌の名が記録されている。だいたい一人平均奉仕年数は、約六十年間ということになる。物忌の女性は十三歳前後で就任するが、その場合まだ初潮をみないという条件であった。そのまま神に仕えて生涯男をよせつけない。神殿の奥深くにある物忌館《ものいみやかた》に住居したが、年に一度正月七日の夜、神殿の内陣にこもって、来臨した神霊と交流することが大きな仕事であったという」と書くが、(6)「神霊と交流」は神婚（日神との聖婚が神一般との神婚になっている）であり、年に一回、一夜妻になるのである。いわゆる一夜妻は文字通り一夜限りだが、鹿島神宮の場合は年一回の一夜妻を、六十年間繰返しているのが、他とちがう。

京都の賀茂神社の斎王《いつきのみこ》は、鹿島神宮の物忌と同じである。鹿島の物忌は神官（当禰宜家）の娘がなるが、加茂の斎王には未婚の皇女がなる。後白河天皇の皇女で賀茂の斎王の式子内親王は、『新古今集』に載る「斎院《さいいん》に侍《はべ》ける時、神館《こう》にて」（斎皇女は斎院ともいう）と題する歌で、「忘れめや　葵を草に　ひき結び　かりねの野辺の　つゆの曙」と詠んでいる。この歌について『兼載雑談』は、「賀茂の祭の時、斎院、神館にて庭に筵を敷て、二葉の葵を枕にして、寝給ふなり」と解説しているが、「二葉の葵」は、賀茂の神と斎王が「枕にして寝給ふ」ためにある。斎王も年に一回の祭の時の一夜妻である。斎王は鹿島の物忌のように一生奉仕するのでなく、一定期間奉仕すれば、元の皇女に戻り、結婚する。

斎王は賀茂神社だけでなく伊勢神宮にも派遣された。『延喜式』（巻五、神祇・斎宮寮）には、「凡天皇即位者、定二伊勢太神宮斎王一、仍簡二内親王未レ嫁者一卜レ之」とあり、天皇の即位の時、卜占によって未婚の内親王（皇女）を伊勢神宮の斎王にきめている。伊勢神宮の祭神の天照大神は日神だが女神なのは、本来は日女であったのが、日神に成り上ったからだが、伊勢神宮には特に斎王が派遣されるのは、本来は男神の日神の妻となる日女が斎王として奉仕していたからである。

鹿島・賀茂・伊勢のような大社だけではなく、前述した一夜官女、一時女臈も、鹿島、賀茂、伊勢のように長い期間でなく、文字通り一夜、一時《ひととき》ではあるが、神妻として奉仕していることでは斎王と同じである。この聖婚秘儀を神主が神になって行なう例がある。大津市山中町の樹下神社の祭礼では、選ばれた未婚の娘は一夜妻として、神前で神主と三々九度の盃の儀を行なう。このような儀式が更に具体化して、一夜妻と神主が一夜を共にする例がある。そのような例として中山太郎は、「平安朝の中頃まで出雲大社の神官や、九州宗像神社の神職が、名を神妻に仮りて猥りに百姓の妻や娘を徴発して朝譴を蒙ったのは、同じ信仰の退化を考へさせるものである」と書いている。[5] そのことは『類聚三代格』（巻一）の延暦十七年（七九八）十月十一日の太政官符に載る。延暦十七年は桓武天皇が平安京に遷都した延暦十三年（七九四）の四年後だから、中山太郎の「平安朝の中頃」は間違いで、平安朝初頭だが、その官符の題は、「出雲国造神事ニ託シテ多ク百姓女子ヲ娶リ、妾ト為ス事ヲ禁ズ」とある。本文によれば、国造は神主を兼ねているが、新任の日に多くの百姓女子を「神官采女《うねめ》」とし、妄りに神事に託して多くの女子を妾としている。このような淫風は神道にもとるから、今後は神事のために妾を娶るとしても、一人に限る。これは筑前国の宗像神主も同じだとある。この官符によれば、多くの娘（女子）を妾にするのはいけないが、神事のために一人ならよいというのである。この神事は柳田国男や中山太郎が書くように、一夜妻（一夜官女、一時女臈）を贄として出す神事である。その「贄」が神の一夜妻となるのだが、神が神主になっているのが、出雲や宗像の神主である。太政官符が出雲や宗像の神社の風習を「淫風」と書くのは、多数の娘を「神官采女」として彼女らを一夜妻にするのが、「妄《ミダ》リニ神事ニ託シテ、遂ニ淫風ヲ扇《アヲ》ル」からである。したがって「神事ニ供スルコト已《ヤ》ムヲ得ズンバ、宜ク国司、名ヲ注シ密封シ一女ヲ定シムベシ」と官符が書くのは、国司が神官采女の中から一人だけ選んで、神事（出雲国造兼神主と一夜妻の聖婚秘儀）を行なえという指示である。神事なら采女と一夜交わってもよいというのである。

　ところで出雲や宗像の神主が行なった神事の時期について、岡田精司は太政官符が「延暦十七年十月十一日」に出されていることに注目している。岡田は「十月十一日」以降の重要な祭りは、「新嘗祭が第一に挙げられる。当時の交通事情から考えても、一ヵ月前に官符が下されるのは妥当なところであろう。したがって出雲・宗像の大社において、国造兼神主が〈神宮采女〉を娶る神事というものは新嘗祭に行われたと推定できる」と書く[7]。

　今の新嘗祭は十一月二十三日だが、昔は旧暦の十一月の下または中の卯の日であった。新暦では十二月二十三日頃だが、この頃は冬至だが、前述した野里や鳴尾の祭りに、一夜妻を出す祭儀の日も新嘗の日であり、出雲大社や宗像神社の神官采女の一夜妻の秘儀の日も、冬至の新嘗の日であることは無視できない。新嘗という収穫祭を冬至の日に行なうことからも、日神祭祀とかかわり、一夜妻の源流が日女であることを証している。

「一夜妻」と新室の宴と新嘗

出雲大社の「神官采女」は百姓の中から選んだが、本来は天皇に奉仕する女性たちのことである。『日本書紀』大化二年正月条に、「凡《およ》そ采女は、郡の少領より以上の姉妹《いろも》、及び子女《むすめ》の形容《かほ》端正《きらぎら》しき者を貢《たてまつ》れ」とある。その采女は天皇の一夜妻として、天皇の子を生んでいる例がある。

『日本書紀』の雄略紀元年三月条は「童女君《をみなのきみ》」について、

童女君は、本来采女なり。天皇、一夜与《あた》はして脹《はら》めり。遂に女子を生めり。

とあり、一夜妻であることを明示している。天皇は一夜交わっただけだから、彼女が生んだ子は自分の子ではないというのに対し、物部目大連が、「一夜に幾たび喚《め》したまへる」と聞いた。すると天皇は「七《なな》たび喚しき」といった。そこで大連は、第一に彼女は「清美《きよきみ》と意《こころ》を以《も》ちて、一夜与《あた》はしたまふに奉《つかへまつ》れり。安《いづくに》ぞ輙《たやす》く疑を生《な》して、他《ひと》の潔《きよ》く有るを嫌《いと》ひたまへる」といって、他の男と交わったとみる天皇をたしなめている。第二に、「産腹《はら》み易《やす》き者は、褌《はかま》を以ちて体《ひと》に触るるに、即便《すなは》ち懐脹《はら》むとうけたまはる」といい（褌は「ふんどし」で男の性器を包む下着）、一夜交わっただけで妊娠する女性がいることを述べ、第三に「終宵《よもすがら》に与《あた》はして」といい、一夜に七回も交わっていれば、妊娠するのも当然だと言っている。この大連の言葉を受けて、天皇は采女の童女君の子を「皇女」とし、彼女を「妃」にしたと雄略紀は書く。彼女が「童女君」という名であることからも、前述した神の贄となる少女と同じ、男の肌を知らない清浄な娘（処女）であったことを示している。このような娘が、神妻として神の一夜妻になるのであり、天皇や出雲神主（国造）、宗像神主は神の現身《うつしみ》（現人神《あらひとかみ》）として、一夜、処女と交わったのである。

似た話は『古事記』にもある。天降りした天孫ニニギが、国つ神の娘コノハナサクヤ姫と、「一夜婚《ひとよまぐはい》したまい」妊娠した。ニニギは天つ神の自分の子とは思わず、「一夜にや妊《はら》める。これあが子にはあらじ。必ず国つ神の子あらむ」といったので、姫はニニギの子である証《あかし》のため火中出産したという話である。

このような記述は、一夜妻が前提になっており、聖婚秘儀であることを示しているが、[5] 中山太郎は一夜妻の風習は、「新嘗の夜」に行なわれた豊饒儀礼として、その神を「田ノ神」とするが、中山太郎が「田の神」にするのは農村で行なわれているからである。しかし一夜妻の儀礼は前述したように天皇や天つ神の間にもみられる。岡田精司は『古事記』や『日本書紀』の「采女と天皇の性的関係は、デスポットの恣意的なハーレムとしてのみ見るべきでない」と書き、「本来は新嘗の夜のみに限られた行為だったのである」と書いている。[7] とすれば雄略天皇と采女の一夜孕みの話も、新嘗の夜の一夜妻の秘儀である。そのことは前述した出雲大社や宗像神社の神主と一夜妻との聖婚秘儀が行なわれたのも、新嘗の夜であったことからもいえるが、この日は冬至である。

前述した新室の歌の、皇后の妹（衣通郎姫）は「一夜妻」である。『日本書紀』の景行紀に、日本武尊《やまとたけるのみこと》が熊襲国へ十二月になって入ったとき、川上梟帥《たける》は親族を集めて新室の宴をしようとしていた。

是《ここ》に、日本武尊、髪を解きて童女《をとめ》の姿と作《な》りて、密《ひそか》に川上梟帥が宴《うたげ》の時を伺《うかが》ふ。仍《よ》りて剣を裀《みそ》の裏に佩《は》きたまひて、川上梟帥が宴《うたげ》の室に入りて、女人の中に居ります。川上梟帥、其の童女《をとめ》の容姿《かほよき》を感《め》でて、則ち手を携へて席を同《とも》にして、杯を挙げて飲ましめつつ　戯《たはぶ》れ弄《まさぐ》る。

この記述の後に、川上梟帥を日本武尊が刺し殺したと書くが、川上梟帥は「童女の容姿を感《め》でて」、女装した日本武尊を一夜妻にしようとして、殺されている。いずれも新室の宴の時である。

允恭紀の新室の宴は十二月一日であり、川上梟帥が行なった新室の宴も十二月とある。新嘗よりすこし遅いが、出雲や宗像の神主が一夜妻にする神事が、新嘗にかかわることからみても、新室の宴も新嘗祭の祭儀の一つである。そのことは、『日本書紀』の天照大神の天岩窟《あまのいわや》隠れの神話に、「天照大神の新嘗きこしめさむとする時を見て、則ち陰《ひそか》に新宮《にひなへのみや》に放戻《くそま》る」とあることからもいえる。新嘗のために宮が新しく造られたのであり、「新宮」は「新室」であった。しかし新造しなくても、新嘗の儀式をする「宮」「室」は「新宮」であり「新室」である。折口信夫は新嘗の日に「来臨したまれびとの宣り出す咒詞の威力は、旧室《フルムロ》を一挙に若《ワカ》室《ムロ》・新殿《ニヒドノ》に変じて了ふのであった。尠くとも、さう信じてゐた」と書いている(8)。『万葉集』（二三五一・二三五二）の新室の歌でうたわれている「君」は、客人神《まれびとかみ》の代行者である。

折口信夫は新嘗の夜に家に訪れる神の一夜妻になる女性の歌、

にほとりの　葛飾早稲《カツシカワセ》を　贄《ニヘ》すとも、彼《ソ》の愛《カナ》しきを、外《ト》に立てめやも　（巻十四・三三八六）

誰《タ》そや。この屋《ヤ》の戸《ト》押《オソ》ぶる。新嘗《ニフナミ》に、我が夫《セ》を遣《ヤ》りて、齋《イハ》ふ此戸を　（巻十四・三四六〇）

を『万葉集』の東歌、相聞から示す。先の歌は「早稲を煮たお上り物を奉る夜だと言っても、あの人の来て居るのを知つて、表に立たして置かれようか、と言ふ処女なる神人の心持ちを出した民謡である」と書き、後の歌は「（新嘗の日に）亭主を外へ出してやつて、女房一人、神人としての役をとり行うて居る此家の戸を、つき動かすのは誰だ。さては、忍び男だな、と言ふ位の意味である」と書く。(9)「彼《ソ》の愛《カナ》しき」は恋人、「我が夫《セ》」は夫で、愛人や夫を外に出して、新嘗の一夜は新室で客人神の一夜妻となって、共食、共寝するのである。

「一夜妻」としての「貸妻」の風習と「初夜権」

折口信夫は「一夜妻」について、『万葉集』の新室の歌（二三五一・二三五二）や、新嘗の夜の歌（三三八六・三四六〇）に関連して、次のように書く。

近頃（大正十五年〈一九二六〉の頃―引用者注）まで村の娘といふものは、村中の若い衆の共有だといふ様に考へて居りました。そして外の村の者が侵入すると、ひどい目に遭はせる。処女のある家へは、自由に泊りに行き、後には隠れ忍んで行く。此は半分大びらで、夜は男が来るのを許さなければならなかつたのです。此は維新前、或は其後も田舎では続いて居たやうです。

其がどこから来たかといふと、此は神祭りの時に、村の神に扮装する男が、村の処女の家に通ふ。即、神が村の家々を訪問する。その時は、家々の男は皆出払つて、処女或は主婦が残つて神様を待つて居る。さうして神が来ると接待する。つまり臨時の巫女として、神の嫁の資格であしらふ。「一夜妻《ヒトヨヅマ》」といふのが、其です。決して遊女を表す古語ではなかつたのです。此は語学者が間違へて来たのも無理はあり

ません。一夜だけ神の臨時の杖代《ツエシロ》となる訣なのです。(10)

「一夜妻」は新嘗の夜に客人神の一夜の妻になるだけでなく、客人神に限らず神々の神妻にもなるから、その代行として村の男たちの「一夜妻」にもなる。しかし客人神との聖婚が原点にあったから、次にあげるような「貸妻」の民俗が八〇年ほど前には残っていた。

そのことを中山太郎は次のように述べている。

長崎県の天草島では遠来の客があると、普通良家の子女が自ら進んで枕席に侍《はべ》る。こうすれば早く良縁が得られると信じていた。長崎県の五島は一般に外来者をよろこばない気風があるが、それは昔から今（昭和二年の秋）に至るまで、外来人が「あの女を借りたい」と云うと、処女でも妻女でも貸さなければならぬ習慣があるためだという。徳島県那賀郡沢谷村北谷は山中の僻村で旅館はなく、旅行者は普通の民家に泊めてもらうが、その折に宿の主人は旅客と娘（または妻）を同衾させたとのことである。また山陰の因幡・伯耆地方にも、物質的報酬を受けるのではなくして、まったくの好意で人妻が旅人と関係する風習があり、新潟県岩船郡三面村も山間の僻地だが、昔から旅人に対して貸妻の慣習があった。(11)

このように娘や人妻が旅人（客人）と同衾する風習は、港町に多いことも中山太郎は書いている。中山によれば新潟県佐渡郡小木港では、明治の中頃まではどんな上流の家庭でも、娘を幾年間かは芸妓にしたという。また明治時代の伊豆の下田港では、良家の娘がほとんど酌婦の代用者であって、この勤めをしなければ一人前になれぬと、親たちも認め、娘たちも信じていたという。三重県志摩郡的矢村は、昔は大坂江戸間の船着場であり避難所であり、大変繁昌を極めた土地であったので、入船があると女の名の付く者は、ほとんど船客船員の枕席に侍したという。和歌山県東牟婁郡勝浦港では、漁師の妻や娘は港に来る旅の人たちに身をまかせることを誇りにしていたし、長崎県平戸に近い田助浦の娘たちは、娼妓の鑑札を受けていて、求めに応じて客に接するが、ふだんは家で働いていたという(12)。

芸妓、酌婦、娼妓は酒席だけの女たちもいたが、客の求めて応じて一夜を供《とも》にする場合も多かったが、中山太郎のあげる例は、普通の家の女たちが旅客と接しているので、「貸妻」の風習といわれていた。これは新室に居て客人《まれびと》神の一夜妻になる旧習が一般化した結果だから、客人の多く来る港に、この風習が残っていたのである。

「一夜妻」という言葉も、折口が書くように後世になると娼婦のことをいうようになっているが、娼婦たちは客から金を受け取っているが、「貸妻」は客から金を受けとらない。この事実は客人《まれびと》の一夜妻になる古い風習がそのまま残っていた実例である。

嘉永五年(一八五二)に秋田県の民俗を書いた『絹篩』巻三、羽後国南秋田郡戸賀村の条に、

舟かかりの潤《かん》あり。この所菰被《こもかぶ》りとて秘売女あり。代銭いらず。

とある。この「菰被り」について文化七年(一八一〇)五月に記した菅江真澄の『小鹿の鈴風』は、次のように述べている。

此の戸賀の浦には、大船小船の集ひ入て、泊する浦屋形なれば、くぐつのひとりはありて、数多の舟の入り来るころは、老たる若きのけじもなう闇夜、海防に入来て、泊する船客等が丸寝して待つに、家にありとある燈を消して、皆しじまに、うば玉の闇のうつつに探りより、やがて男のふところに身をま

かせぬれど、男も女もさらに顔見る事のあたはねば、舟人どもは、ただ酊子果報とて一夜のかたらひぞせりける。鶏のかけろと鳴けば、皆ひそひそと別れて、供の乙女も誰といふ事はしらず、知れるは屋戸の戸自ばかりにこそあなれ。是を菰被りと云ふとなん。

闇の深さで「男も女もさらに顔見る事のあたはぬ」夜、旅人の所へしのびこんでくる「乙女」が、「菰被り」だが、彼女たちは「代銭いらず」だから、戸賀の浦にいるという「くぐつ（娼婦）」ではない。前述したように旅人に身をまかす戸賀の浦に住む普通の娘や主婦たちで、彼女たちは客人神の一夜妻になっている。

延暦八年（七八九）に刊行された『高橋氏文』は、朝廷にさし出した高橋氏の始祖盤鹿六鴈命《いわかむつかりのみこと》について記した記録だが、その中に都から東国に旅をした盤鹿六鴈に、「東方の諸国造十二氏の枕子、各々《おのおの》一人づつ進《たてまつ》りき」とある。東国の国造たちが貢進した「枕子」について、伴信友は『高橋氏文考註』で床の上へ枕をあてがうほどのまだ歩けぬ嬰児とし、この嬰児を人質にとったとみる。しかし旅行中の旅人が、そのような嬰児を十二人も人質にとるのは、足手まといになるだけであり、無理な説である。中山太郎は高橋氏の始祖が娘たちに「初夜権」を行使したとみる。[13] この説は「枕子」の「枕」を寝ることと解したのだが、「初夜権」の行使とは思えない。『高橋氏文』には前述の文章につづいて、「枕子」たちが盤鹿六鴈から「比例《ひれ》を賜ふ」とあることに私は注目したい。『続日本紀』慶雲二年（七〇五）四月条に、「采女の肩布《ひれ》を令によって停《とど》めていたが旧に復す」とあり、「ひれ」は采女の持物である。したがって「枕子」は采女とみてよいであろう。しかし「枕」がつくことからみて、盤鹿六鴈は客人《まろうど》とみられたのであり、客人（旅人）の一夜妻になった娘だったから（采女が一夜妻になることは前述した）、「枕子」と呼ばれたのであろう。

中山太郎は、「京都の両本願寺の法主が諸国を巡錫すると、夜のお伽と称して娘を閨房に侍せしめ、斯くすることが名誉であり、良縁を得る所似とも信じたのは、その動機に於いては多少の相違あるも、事実にあっては一時女臈と全く同じであった」と書くが、(14)この一夜妻（一時女臈）も、旅行中の法主を客人《まれびと》とみているのである。

なお中山太郎の書く初夜権についてふれておく。青森県庁に所蔵されていた明治七年三月二十八日の日付のある文書に、

元南部領七戸通三沢村と申所、風俗今以旧染不宜儀《いまもつてふるきにそまりよろしからず》。此村に限り、男女婚姻の期に到り、媒《なかだち》の者、嫁女を夫家へ連れ行き、婚姻の夜は夫婦同席和淫の礼を不為致《なさず》。媒の男右嫁女を妻同様に寝席致《いたす》。其翌夜より真の夫婦同席供寝為致《いたす》由《よし》、是を名付て口取と云う。

とある。婚礼の夜は媒酌人が新婚の嫁と寝て、つまり初夜権を行使して、次の夜から夫婦は初めて「供寝」している。

初夜権は神妻としての処女がなる一夜妻が交わる神を、権力者が代行した風習だが、折口信夫は初夜権について次のように述べる。

初夜に処女に会ふのは、神のする神聖な行事でありました。実際は神が来るのではなくて、神事に与つて居る者が試みる。つまり初夜権といふので、日本でも奈良朝以前には、国々村々の神主といふ者は、其権利を持つて居つた痕跡がある。其が今でも残つて居る。瀬戸内海のある島には、最近まで（大正十五年〈一九二六〉―引用者注）其風があつた様です。此は、結婚の資格があるかどうかを試すのだといひ

ますが、決してさういふ訣ではない。又さうした権利が、長老及び或種の宗教家にあると考へるだけでは、足りませぬ。村々の女は一度正式に神の嫁になつて来なければ、村人の妻になれない。一度神の嫁――神の巫女になつて来なければならぬといふ信仰が根本にあるのです。それの済んだ者は、自由に正式の結婚が出来た。其が済まなければ、正式の夫をもつ事が出来なかつた。(10)

「神の嫁」になるというのは、神の一夜妻になることだが、この風習も本来の「日女」の聖婚秘儀の世俗化である。折口信夫はこうした風習を聖なるものの俗化と書くが、それは第十三章で述べる太陽神殿のベッドでの聖婚秘儀や、イシュタル神殿での一夜の交わり(「神殿淫売」と呼ばれている)をする風習や、ジッグラトで太陽神と聖婚する場所をいう「ハレム」の俗化であり、それは日神と日女の聖婚儀礼が「一夜妻」に俗化し、「一夜妻」という呼称は、いつしか「娼婦」の意味にまで下落したのである。

折口信夫の「古代生活に見えた恋愛」について

一夜妻が遊女、娼婦を指す言葉に堕ちていくように、新嘗の夜に訪ずれる客人《まれびと》(神)の「一夜妻」は、前述したように、今から百年以上も前の民俗風習を採取して中山太郎が一九二八年に刊行した『日本婚姻史』が書いているような民俗風習に堕ちている。このような風習は、『万葉集』の新室《にいむろ》の歌に見られる客人《まれびと》を待つ神事が風俗化した結果だが、いわゆる「初夜権」も、一人前の女になる前には一時《ひととき》は神妻にならなければならないという風習であり(そのことが名誉と見られていた)、神主や権力者が神の代理になっていたが、前述したように媒酌人の権利になっていた例もある。その例が前述した青森県庁に所蔵されていた明治七年

（一八七四）三月二十八日の日付の文書である。

また山形県米沢市に近い萩村では、媒酌人が花嫁となるべき女性を自宅へ連れてきて、三晩の間自分の側に寝かせ、一〇八個の円餅を作り、媒酌人が背負って花嫁と新婚の家へ赴き、結婚式をあげているが、三晩の夜に媒酌人と花嫁は関係している。このような例を中山太郎は紹介し、さらに愛知県南設楽郡長篠町附近の村では、結婚式の夜は「おえびす様にあげる」と言って、夫婦は一緒に寝ない。結婚式の夜に夫婦が共寝しない例は、能登や京都郊外の村にも、沖縄にもあると、中山太郎は『日本婚姻史』（一九二八年刊）で書いている。神の一夜妻になる風習の名残りで、媒酌人は神の代りである。

昭和二年（一九二七）二月刊行の「人類学雑誌」に、次の記事が載る。

　肥前国北松浦郡平戸村字稗田の御社緑岡神社の神体は、石製のリンガー（長さ95cm）である。そして此の神に対する土俗の信仰の特異なることは、処女（純真な処女に限る）は縁が整いいよいよ結婚挙式の前夜に、世人の目を遁るるために特に深更を選んで、密かに母親（母親なき者は姉・叔母など肉親の既婚婦人）に伴われて神殿に詣で、婚後の幸福と良児の受胎とを祈願する。あらかじめ通知を受けた神官は、白装束でこれに立会い、厳に同様の祈禱を捧げる。次に神官は奥殿石の祠の扉を開き、うやうやしく神体を捧持して、まずこれを母親に授ける。母親は一礼してこれを受け、更に娘に渡す。娘は拝受して座せるまま股を開き、神体の亀頭部を己が陰部に当てる。次いで前の儀式は逆行せられ、神体は奥殿内に納められる。この間神前の燈火は消され、また一語の発することを許さない。すべて暗中黙々の間に式は進行する。

同国北高来郡有喜村小字鶴田の台地に、荊棘を以て覆われた一基の石製リンガー（長さ39㎝）がある。近郷の娘達は結婚式が迫ってくると此のリンガーに参詣すべく、或る夜密かに母親に連れられて出かける。好んで月なき夜を選ぶのは平戸の場合に神殿の灯を消すのと共通の意義があるのであろう。祈願の内容も全く同様である。ただここではリンガーを直接陰部に触れる代りに、娘は手を以て亀頭部を撫でては着衣の上から陰部にあたる辺りを撫でる。こうすること四、五回にして終るということである。

このように「人類学雑誌」に載る記事は書くが、この記事の事実は神前で行なうことからみても、結婚前に神の一夜妻になる儀式である。この儀式を媒介人が神の代行者として行なっていることは前述したが、「人類学雑誌」は、この二例について、「処女でない娘は、この壮厳にして意味深き、結婚の序式を挙げることをはばからねばならぬ」と書いていることである。私は「壮厳」とは思わないが、「意味深き」とは思う。問題は「処女でない娘」はこの式を「はばからねばならぬ」と書かれていることである。嫁入り前の娘は処女であってはならないという風習が、百年前にはあった事実を、この事例は示している。

折口信夫の「古代生活に見えた恋愛」から四三七頁・四三八頁掲載の文章を引用したが、その文に続く文章も重要だから引用する。

村の若い男――一定の年齢の期間にある男、前に言つた元服をした男は、神に扮装する義務と、権利とがあつた訣なのです。一年の間に其神が、村の家々に来り臨む日がある。其日に神に姿をやつして、村の家々へ行く。さうすると巫女なる女が残つて居て、即まれびとを接待して、おろそかにせないのです。つまり神が其家へ来られたのを饗応する。

ところが、段々其意味が忘れられて来まして、唯の若い衆である所の男が――神の資格を持たない平生の夜にも、――処女のある家には、通ふといふ風習に変つて参りました。だから、単なる村の人口を殖《ふや》さうなど丶いふ考へから出た交訪ではなくて、厳粛な宗教的の意味から出発してゐたのです。若い衆は神の使ひ人、同時にある時期には、きびしい物忌みをして神になるものといふ信仰から出た制度であります。（略）

さうした形の外に、まだ神秘な一夜の神婚の場所がありました。神祭りの晩には、無制限に貞操が解放せられまして、娘は勿論、女房でも知らぬ男に会ふ事を黙認してゐる地方がありましたし、まだ、風習のなくなりきらない村もあるやうです。其は蛮風といへば蛮風ですが、其だけの歴史的基礎があるのです。古代信仰の変形が存してゐる訣なのです。結婚以前に、それ〴〵神が処女の処に来る風が、初夜権以前に重つて来た次第です。其で、もう一度正式に神の試みがある様になつたものと思はれます。其で結婚の資格が出来るのが、原則だつた様です。此事が解せられぬと、古事記・日本紀、或は万葉集・風土記なんかをお読みになつても、訣らぬ処や、意義浅く看て過ぎる処が多いのです。

誰《タ》そや。この家《ヤ》の戸《ト》押《オソ》ぶる。新嘗《ニフナミ》に、我が夫《セ》を行《ヤ》りて、齋《イハ》ふ此戸を（万葉集巻十四）

万葉集の此歌は、女房が、巫女をする場合です。

にほとりの　葛飾《カツシカ》早稲《ワセ》を贄《ニヘ》すとも、彼《ソ》の愛《カナ》しきを、外《ト》に立てめやも（万葉集巻十四）

それから又斯ういふ風な歌は、皆前に言つた家族の出払つて、其後へ神が這入つて来ることを詠んだもので、此は非常に厳粛な宗教的年中行事でありまして、さうした夜に神の外に、男の忍んで来るとい

ふ筈がない。併し、其習慣が少し緩んで来て、一部は記憶の領分に入つて来た頃に出来た民謡と言ふ方がほんとうです。(10)

引用が長くなったが、折口信夫は基本的な事を述べているので、紹介した。

「一夜妻」・「嬥歌会《かがい》」・「雑魚寝」神事

堀一郎は『民間信仰史の諸問題』で、「かつて新潟や静岡県の一部には、ボンカカ（盆嬶）という一種の成女式を含むSexual orgyが行なわれたといわれる。村の未婚の娘が、クジによって、村の未婚の男子と盆の三日間を同棲するというもので、もちろん種々の便法が用意されてはいたが、すこぶる古風な一夜妻や初夜権行使のイニシエーション儀礼を想い起こさせる」と書いている。(15)

中山太郎も『日本婚姻史』で新潟県の「ボンカカ」について、「『長岡領風俗問状答』によると、明治四五年（一九一二）までは毎年盂蘭盆になると、村の若者が盆の休日間だけの妻女を村の娘の中から籤引で定めた。娘達はどうしてもこれに服従せねばならず、父兄もまた公然とこれを許して置いた。もし籤引をして自分の気に入らぬ娘が当つたときには、清酒一升出せば取代へてもらふことも出来た。これが定まると若者はまだ日の高いうちから娘を呼びに行つたものだといふ。勿論、この盆くじが結びの神となつて夫婦になる者も多いとのことである」と書いている。またこの著書には、福島県石城郡草野村附近では、娘が年頃になると村の若者が集って、旧正月十五日の夜に「誰々の家の娘は、まだ女になっていないから、あれを女にしてやろう」といって、娘達を呼び出して女にする行事が近年（引用者注・昭和三年・一九二八年）まであったと記している。(16) 旧正月十五日と旧八月十五日に、このような行為が行なわれていることからも、本来は「神事」であったことを示している。

また中山太郎は別の著書で、大分県臼杵の近村で行なわれた祭りの夜は、村の婦女子は必ず三人の男と関係することが掟となっていたため、若く美しい女は掟どおりの義務を容易に果たす事が出来たが、老いて醜い女は一人の男すら得られず、夜を明かしてしまうという悲しい喜劇が繰返されたと、中山は書き、同じ大分県の日田郡夜明村の七月十五日の夜は、村中の男女が総出で綱引をし、当年数え年で十四歳（今の満年齢で十三歳―引用者注）になった女子は、この夜、必らず男に許さねばならぬことになっていて、もし許さねば不具者として扱われて、婚期がおくれたと書いている。また島根県那賀郡浜田地方の村々にも同じような行事があり、氏神の秋祭りの宵宮に、その年初めて月経のあった娘たちは、神様のお取持と称して、男子に許すことになっていたが、今（一九二八年頃―引用者注）はまったくその習慣はなくなってしまったと書いている。また熊本県玉名郡腹赤村の名石明神の鯛換祭は十月十三日に行なわれるが、昔は未婚の娘は盛装して神前に集り、意中の人を求め、男は女をかついで海岸に臨時に建てた小屋に運んで契ったと中山太郎は書く。(17)

このような風習の原型と見られるのが、筑波山の「嬥歌会《かがい》」である。『万葉集』（巻九・一七五九）に高橋虫麻呂が詠んだ次の歌が載る。

筑波嶺に登りて嬥歌会《かがひ》を為《す》る日に作る歌一首 并せて短歌

鷲の住む　筑波の山の　裳羽服津《もはきつ》の　その津の上に　率《あども》ひて　未通女壮士《をとめをとこ》の　行き集《つど》ひ　かがふ嬥歌《かがひ》

に　人妻に　吾も交はらむ　吾が妻に　他《ひと》も言問《こととへ》へ　この山を　領《うしは》く神の　昔より　禁《いさ》めぬ行事《わざ》ぞ　今日のみは　めぐしもな見そ　事も咎《とが》むな嬥歌は東の俗《あづまくにひと》の語《こと》に賀我比《かがひ》と曰《い》ふ

反歌

男神《ひこがみ》に　雲立ち登り　しぐれ降り　濡れ通るとも　我帰らめや

この「嬥歌」について『常陸国風土記』（香島郡）は注に、「俗《くにひと》、宇太我岐《うたがき》といひ、又、加我毗《かがひ》といふ」とある。「かがひ」に「嬥歌会」という漢字をあてるのは、人々が集まって歌い踊ることを中国では「嬥歌」（『文選』魏都賦）と書くからである。しかし常陸国の筑波山の「嬥歌会」は、「人妻に　吾も交はらむ　吾が妻に　他《ひと》も言問《こととへ》へ」とある。筑波山の神（筑波神社の祭神）とのかかわりからみても、年に一度の神の許しを得た祭事である。この風習は昔各地で行われていた「雑魚寝《ざこね》」が、山で行なわれていた例である。

愛知県北設楽郡の村々で行なわれる神楽（霜月舞という。霜月は旧十一月で冬至祭）は、七日七晩も続く祭だが、昔は第三日目の午後四時頃になると、各四、五人ずつ踊手が四方に立って、「門〆《もんしめ》」という天狗打ちの業を七回ずつ行なうが、この行事が済むとちょうど夕方になる。すると鬼に扮した者が四、五十人も出て来て、舞うやら踊るやらする。酒気を帯びた見物の若者たちは、すっかりお祭り気分になって鬼を賞《ほ》めたり、鬼と一緒に踊ったり、混乱を極める。その最中に見物人が「鬼が出た。つびをしょ（「つび」は「性交」をいう──引用者注）。注連《しめ》より外で、注連より外で、鬼が出た、つびをしょ。注連より外で、てんつく舞うた」と一斉に囃《はや》す。この混雑のなかで見物の男女は、既婚者も未婚者も相手を求めて、意気投合すれば、山林に入ったり、家に連れて行き、夜を楽しんだという。筑波山の嬥歌は新嘗の夜の神婚（一夜妻）祝儀の「歌垣」である事は、『常陸国風土記』で書いているが、霜月祭の「囃《はやし》」も新嘗の夜の歌垣である。「人妻に　吾も交はらむ　吾が妻に　他も言問《ことと》へ」と、『万葉集』に書かれている筑波山の嬥歌《かがい》の夜に似た祭りに、静岡県興津の由井神社の夏祭がある。明治時代は祭りは一晩中行なわれたが、この夜だけは既婚・未婚を問わず女性は、どんな男性とも交際自由だったという。また愛媛県上浮穴郡田渡村の新田八幡宮は、毎年旧二月初卯の日に例祭を行なうが、昔はこの祭の夜に限り、白手拭を被っている女性は、人妻・未亡人・処女の誰とでも、自由に交際することが許されたが、明治二十一年頃廃止されたという。岐阜県郡上郡東村大字祖師野の氏神祭も、毎年旧暦九月十三日から三日間行なわれるが、この秋祭りの踊りの輪のなかで、仲良くなった男女はなにをしても許され、三晩の祭中におきた事はすべて神の裁《さば》きとして許された。そしてこの祭りが縁で結ばれた男女は、氏神に依って結ばれた夫婦として村民に羨望されたが、神社の踊りには他村の者は参加出来なかったという（以上の例は中山太郎の一九二八年刊『日本婚姻史』、一九三三年刊『日本民俗学辞典』、一九三五年刊『愛慾三千年史』所収の「性的祭禮考」から引用した）。

　こうした神社の祭礼に関連する風習に「雑魚寝《ざこね》」がある。井原西鶴の『好色一代男』に京都郊外の大原の江文神社の祭を、次のように書いている。

　二日は年越にて（中略）、友とする人にささやきて誠に今宵は、大原の里の雑魚寝（傍点引用者）とて、庄屋の内儀、娘、また下女、下人に限らず、老若の分ちもなく、神前の拝殿に、所ならひとて、猥りがましく、うち臥して一夜は、何事も許すとかや。いざ是よりと、朧なる清水、岩の陰道、小松をわけて、その里に行きて、牛つかむばかりの、闇がりまぎれに聞けば、まだいとけなき姿にて、逃げまはるもあり、手を捕へられて断りをいふ女もあり、わざとたはれ懸るもあり、しみじみと語る風情、ひとりを二人して、論ずる有様もな笑《をか》し。（中略）後にわけもなく、入組、泣くやら笑ふやら、悦ぶやら、聞き伝へしより、おもしろき事にぞ。暁近く一度に帰るけしき様々なり。

図82は西鶴の『好色一代男』に載る大原神社の「雑魚寝」の絵である。このような風習は各地にあった（但し明治・大正時代の頃のことを記す）。山形県の旧最上領の山寺では、毎年七夕の夜、麓から男女が登山し、

図82　『好色一代男』の洛北大原神社の雑魚寝の図

枕席を共にするのを雑魚寝といい、秋田県仙北郡地方でも、秋の収穫の集りを荷縄外しと言って酒宴を設け、終って男女雑魚寝するという。栃木県栃木市に近い太平山神社の例祭は、毎年八月四日から五日にかけて行なわれる。四日の夜は俗にお籠《こも》りと言って、参詣の男女が徹夜し、雑魚寝をする習慣があるが、風俗を乱す行為があるので、警察署が厳しく取締ったという記事が、大正七年九月十日の下野日日新聞に載っている。『伊豆七島風土細覧』には、

七月十六日、十七日の新島では、島中の者が長栄寺の庭で盆踊をするが、その夜は人家の軒下、林の中を問わず、大原の雑魚寝と同じに性交為が見られる。また長野県諏訪郡豊平村山寺の八幡神宮へは、昔、毎月十四日に若い男女が「御籠《おこも》り」と称して集り、良縁を祈り雑魚寝したという。新潟県南蒲原郡大面村の鹿島神社の祭日の夜には、近郷の若い男女が集り、雑魚寝し（『越後風俗志』）、石川県珠州郡三崎村寺家の三崎権現社の八月十五日の祭礼の夜は、近郷はもちろん、遠く十数里も離れた所から男女が集り、雑魚寝して一夜をすごしたという（『能登名跡志』）。『本朝奇跡考』には大和の十津川郷では、昔は村中の男女が雑魚寝したので、色欲で身命を失う者はないと書いてあるという。神戸市兵庫区駒ヶ林には雑魚寝堂があり、昔は村の未婚の男女は年越の夜に、この堂に集まって、その夜契った者が夫婦になったが、今は年越の夜に女ばかりが籠ると『摂陽落穂集』（巻三）に載る。この雑魚寝堂について中山太郎は、「私も、明治四十三年頃、大阪に居た折、此の堂を見に行つたことがあるが、その頃は土地の者は枕寺と呼んでゐて、堂には在《あ》りし昔の雑魚寝に用ゐたといふ枕が七八十ばかり積んであつた」と書いている(2)。

一夜妻・雑魚寝の風習について紹介したが、この風習は神、神社とかかわっている事からみても、本来は日女の聖婚儀礼に根がある。

「オナリ」と「日女《ひるめ》」と太陽信仰

岡山県阿哲郡神代町でうたわれている、次のような田植歌がある。

今日のオナリはどこからたのむ。これより奥の峠を越えて、出雲の国の大東の町のまん中の在家娘オリ姫さまをオナリにたのむ。年十六でさてよい器量。十二単衣にわが身を飾り、白い笠で白い顔、東の書院に腰かけて、朝日の射すのを待つばかり。

「オナリ」について西田長男は「神妻」と書き、「オオヒルメ」という天照大神を「オナリ」の原型とする。(18)沖縄では王の姉妹がなる「聞得大君《きこえおおきみ》」を、最高のオナリとするが、田植歌のオナリは、「朝日のさすのを待つ」娘であり、この娘は「日女」である。

田植歌のオナリは「オリ姫さま」とあるが、『日本書紀』が梭《ひ》で女陰《ほと》を突いたと書く「稚日女《わかひるめ》」を、『古事記』は「天服織女《あめのはとりめ》」と書き、日女を「オリ姫」にしているが、『日本書紀』や『古事記』の書く梭で女陰を突く神話は、日女としての天照大神と日神との聖婚神話の変型である。したがって「オリ姫」のオナリは日女と重なるのだが、このオナリが田植歌としてうたわれていることが問題である。

「東の書院」にいて「朝日の指すのを待つ」オナリは、太陽（日神）と聖婚する日女（日妻）だが、三品彰英は「ナリ」は古代朝鮮語で「生まれる、太陽」の意味があると述べている。(19)このオナリが田植歌にうたわれているが、中国地方の田植歌には、稲霊《いなたま》（稲種）は天道様《てんとうさま》（太陽）を父、龍女（水の女）を母として生まれたとあり、稲は太陽を父としているが、母の龍女はオナリである。したがって「朝日の指すのを待つ」のである。オナリは「母成」「於成」と書かれているが、「成」には「生成」「養育」の意味がある。第十章で述べた摂津の東生《なり》郡・西成郡の「ナリ」も前述したが太陽信仰とかかわる。太陽は稲の成育にも深くかかわるから、冬至祭が新嘗祭になっているのであろう。

日神と聖婚する日女（オナリ）は日の御子（稲霊も日の御子とみられている）を生み、育てる母であるから、島根県の『簸川郡名勝誌』には、オナリが早苗を植えながら出産の所作をする例が載る。『和州祭礼記』によれば、奈良県磯城郡川西村の六県《むつがた》神社の御田植祭では、妊婦が弁当を運んできて田の端で分娩の所作をする。高知県安芸郡吉良川村の吉良川八幡宮の田植祭、大分県東国東郡西武蔵村の歩射祭でも、同じ祭事がある。このような出産儀礼については、人間と稲の誕生・生育を合わせた儀礼と解するのが一般的だが、西田長男はこの妊婦をオナリとみている[18]。

日女としてのオナリは日の御子を生むが、日の御子が稲霊と重ねられて、田植歌にオナリ（日女）が登場するのである。西田長男は「田植は詮ずるところ、田の神の誕生の祭儀にほかならない」と書くが[18]、田の神は稲霊であり、日神と日女の聖婚によって生まれた日の御子とみられている。したがって日の御子としての天皇が稲霊とみられているから、日の御子の天皇の即位式も稲の収穫祭の「新嘗祭」といわれている。

ところで日女が梭で女陰を突いた日を、『古事記』や『日本書紀』は新嘗の祭りの日と書く。また一夜妻の風習について中山太郎は、「農家を訪れた田ノ神は、新嘗の夜に心に適した婦女」を一夜妻にしたと書く[5]（傍点引用者）。岡田精司は、出雲大社や宗像神社では、神主が神宮采女を一夜妻にしたのは、新嘗の夜だと書き、天皇が采女を一夜妻にする日も、「新嘗の夜のみ」だと書く[7]。そのことは前述した『日本書紀』が新嘗の日の新室の宴に一夜妻を求めた例からもいえる（四二五〜四二七頁参照）。折口信夫も『万葉集』に載る一夜妻の歌が、新嘗の夜をうたっていることに注目している[1]。

なぜ田植の時期だけでなく収穫の時期に、聖婚秘儀が行なわれるのだろうか（聖婚秘儀は一夜妻の風習から雑魚寝の風習まで俗化しているが）。それは新嘗祭が冬至の日だからである。冬至は日照時間のもっとも短かい日だが、この日から日照時間が長くなり、太陽の死と再生を代表する日である（太陽は毎日、夕日として死に朝日となって再生している）。

本章では視点を変えて、太陽祭祀の巫女（日女・日妻）の実像・変化・零落を、様々の例をあげて述べたが、これらの事例をさかのぼれば、日神と日女（日妻）の聖婚儀礼である。人間・動物・植物など、すべての生きとし生けるものは、太陽の恵みなしには生きられない。太陽の生命力、「いのち」を受け入れるのが聖婚、具体的に言えば日神との聖婚儀礼であった。この儀礼は「日本」という国号をもつわが国だけでない。そのことを次章で、世界各地の実例を示す。

十三章　世界各地の古代の太陽信仰

エジプトのスフィンクスとピラミッド

エジプトの遺跡といえばピラミッドとスフィンクスだが、「スフィンクス」はギリシア人がつけた呼称である。ピラミッド時代といわれている古王朝時代（紀元前二六八〇年頃〜前二一八〇年頃）のエジプト人は「ルーキー（西側に輝くもの）」とスフィンクスを呼んでいた。なぜ「西側で朝日に輝くもの（ルーキー）」なのか。理由は、春分と秋分の日に真東の地平線に朝日が昇ると、その真赤な朝日によって西側のスフィンクスやピラミッドが照り輝いたからである。この朝日の昇る直前の夜明けの地平線上に、牡牛座がある。古王国時代の末に書かれた「ピラミッド・テキスト」（ピラミッドの内壁に彫られていたヒエログリフだから、「ピラミッド・テキスト」という）では、春分・秋分の朝日は牡牛座という「家」に、夜明けまで宿っていたとある。ピラミッド時代の人たちは、春分・秋分の地平線上に牡牛座が見える真東から、朝日が昇ることに神の霊威をみたから、朝日の照り輝く真西（ギザ台地）にあるものは、「西側で朝日に輝くもの（ルーキー）」と言った。

ギザ台地の春分・秋分の夜明けに、真東にあった牡牛座は、紀元前二二〇〇年頃から見えなくなる。その頃、古王国時代の最期の王朝（第六王朝）が崩壊し、群雄割拠の第一中間期（紀元前二一八〇年〜前二〇四〇年頃）となり、紀元前二〇四〇年頃、中王国時代に入る。中王国時代から新王国時代にかけて、ルーキー（スフィンクス）は「ホル・エン・アケト（地平線にいるホルス）」と呼ばれる。「ホル・エン・アケト」のアケト（地平線）は、死（あの世）と生（この世）、天と地の境界であり、星や月を消して朝日が昇る場所である。昇る朝日がホル（ホルス）だから（「エン」は居るの意）、ルーキー（朝日に輝くもの）とホル・エン・アケト（地平線のホルス）は、基本的には同じ意味である。エジプト神話では、オシリス神とイシス女神の間に生まれた子をホルスというが、ホルスはファラオ（エジプト王）とダブルイメージである。

「ホル・エン・アケト」という呼称は、西側（ギザ台地）の地平線にあって、真東から昇る春分・秋分の朝日に輝く地をいうだけでなく、冬至から夏至に至るまでの朝日とのかかわりもこめて、「ギザの観察者」という意味の呼称である。スフィンクス（ルーキー・ホル・エン・アケト）の目は、図83の図の範囲を見ている。スフィンクスは、地平線の冬至の朝日の昇る地点から、真東の春分・秋分点、さらに夏至の朝日の昇る地点までの二至二分の範囲の朝日を受けて、西側に輝くものなのである。ピーター・トンプキンズは、エジプト学者のモーゼス・B・コッツワースの研究を受けて、「スフィンクスは東を向いており、そのことからコッツワースは、これが観測装置として使われたに違いない、と考えた。……スフィンクスの首から扇形に広がる線を発見し、それが冬至・夏至の至点から、春分・秋分の分点に至る毎日の日の出の地点を示していることを確認した」と書いている。(1)

エジプトの伝承では、エジプト神話でもっとも重視されているオシリス神と太母神イシスの聖婚によって、豊饒をもたらすナイル河の洪水がおきるといわれていた。その時期は夏至の頃だから、エジプトの正月は夏至であった。新年の朝日が夏至方位に昇る直前には、冬至方位にオリオン（オシリスに擬せられている）とシリウス（イシスとみられている）が結び合う形でまたたいているから、この形を「聖婚」と呼ぶ。このような夏至・冬至へのこだわりからみても、スフィンクスの目は春分・秋分の真東だけでなく、一年中の朝日の昇る方向をギザの台地からみつめていたのである。

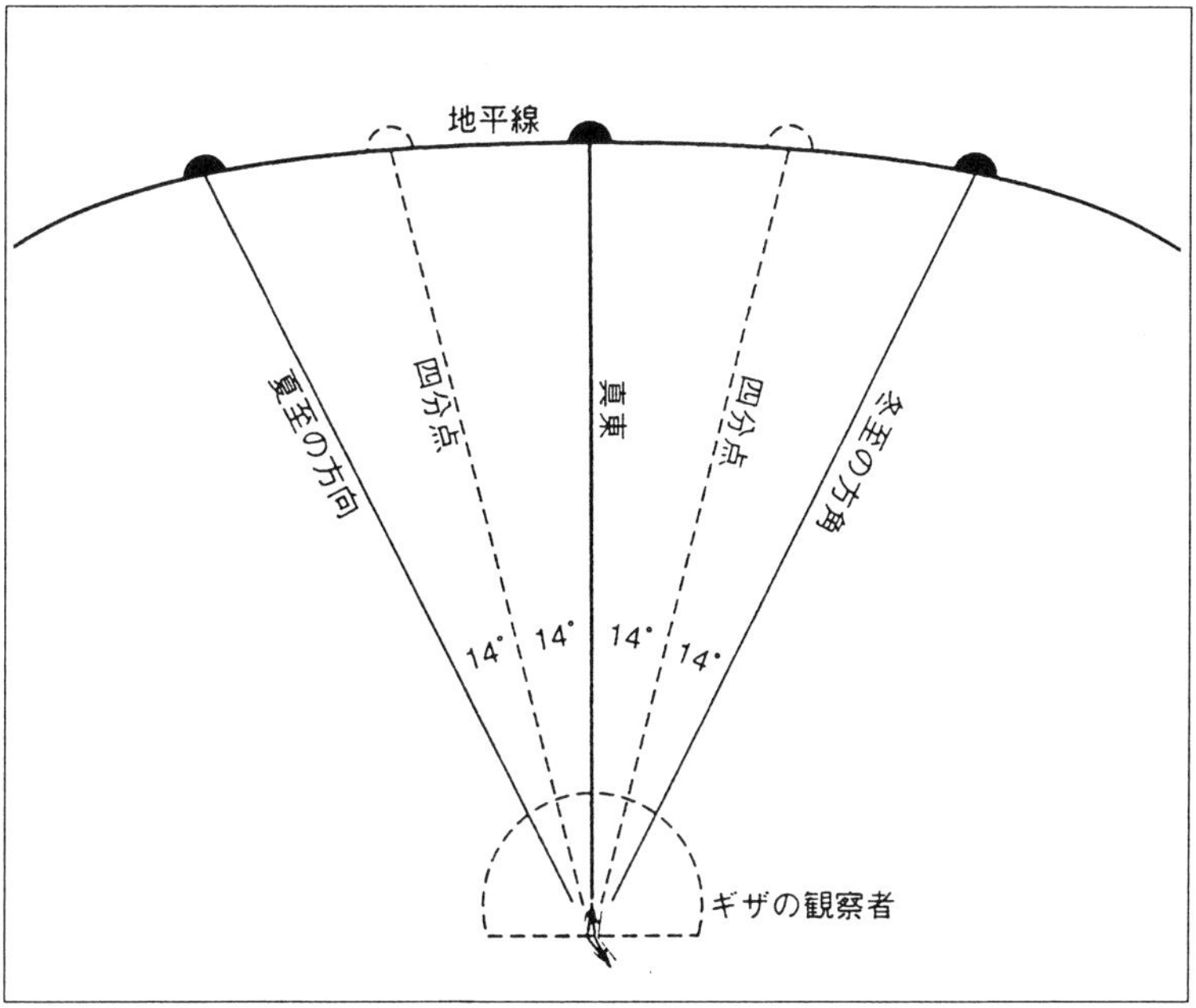

図83　ギザの緯度から見た一年間の日の出の位置

このような太陽への関心はスフィンクスだけではない。ギザの台地に作られたピラミッドにもいえる。

藤芳義男はギザの三大ピラミッドが五二度近くのかなり強い角度なのには理由があるとし、「大ピラミッドは正しい方位の四角錐である。カイロ市から進んで初めてピラミッドを仰ぎ見る時の面が北面である。普通の人は北面だから日光は年中あたらないと考えがちだが、この面は南に五二度傾いているから、昼間は日が射す。しかもこの面は真の東西であるから、朝日か夕日は春分の近くから日が射す。そして、秋分を過ぎるにつれて日中の日の射す時間が短かくなり、ついに正午だけ射すことになり、その翌日は正午にも射さない日がくる。それはいつか」と書き、工学博士の藤芳義男は、計算の結果「現在の暦では

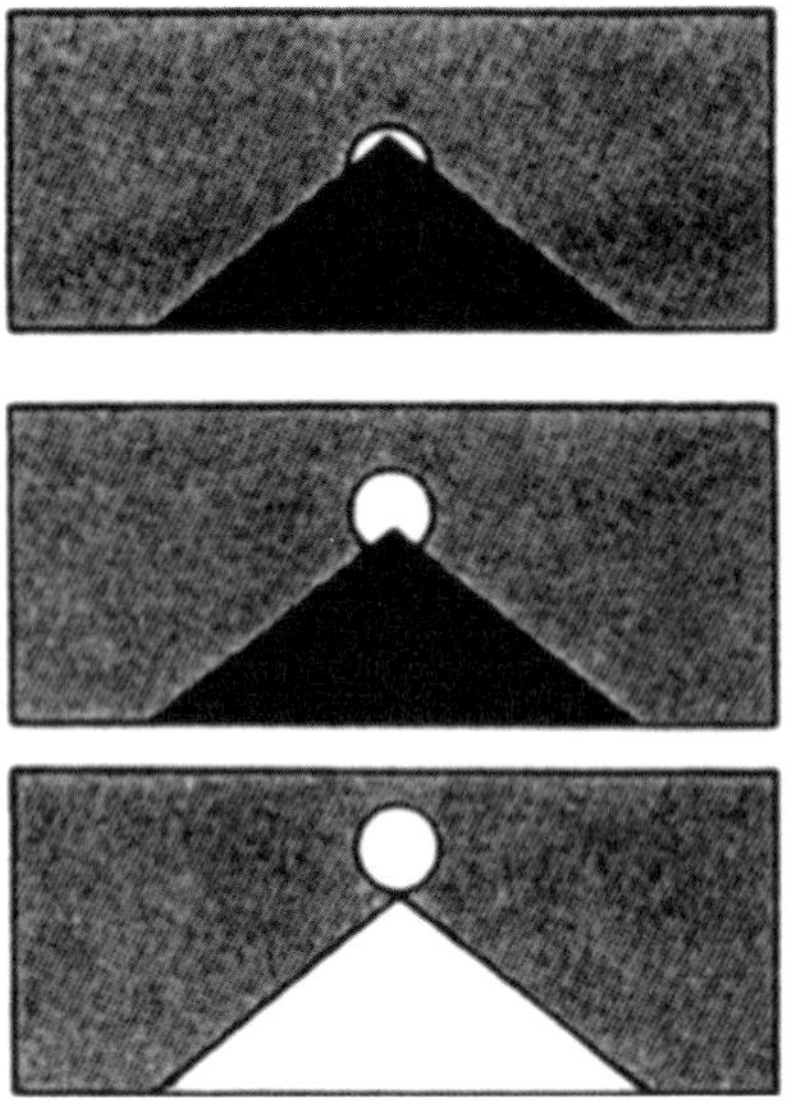

図84　初春、太陽が大ピラミッドの頂上に昇る時、北面の影は正午の瞬間に完全に消える

一〇月一四日となる。同じ境界日は春にもあり、それは三月一日である。換言すると、一〇月一四日から翌年の三月一日までは、北面には終日、日が射さないわけである」と書く(2)。

ピーター・トンプキンズは、図84を示し、「太陽が大ピラミッドの頂上の真上に昇る時、北面の影は正午になった瞬間に完全に消える」と書き、その日は十月十四日と三月一日だと書き、藤芳と同意見である(3)。古代エジプト人は、一年を洪水期、耕作期、収穫期の三期に分けていた（一期は四カ月）。洪水期は夏至の六月二十一日から始まる。耕作期は十月十九日、収穫期は二月十六日から始まるから、正午だけ日が射し、その影がピラミッドの北面に突如あらわれる十月十四日は耕作期、三月一日は収穫期を知らせている。このピラミッドの影が見られるのは、デルタの人たちだから、ピラミッドはデルタのナイル河周囲の農耕地の住民に、耕作・収穫の時期を知らせるため、南に五二度（正確には五一度五〇分）傾いた人工の建造物を作ったのである。「大ピラミッドは自分自身の影をむさぼり喰う」または「自分自身の影を吸い込んでしまう」などと古代エジプト人が言っていたのは、ピラミッドに出来る影に深い関心をもっていたからである。

以上述べたように、エジプトのスフィンクスもピラミッドも、単なる記念物ではなく、冬至・夏至または春分・秋分の太陽に深くこだわった建造物である。

エジプトの聖柱《オベリスク》について

縄文時代の木柱や石柱が冬至・夏至などにかかわることは、第一章で述べたが（日本では神の数を「柱」という）、柱が太陽祭祀にかかわるのは日本だけではない。序章でも紹介したが、ジョン・アイヴィミは『太陽と巨石の考古学』で、「アイン・シャムスはヘリオポリスの太陽神殿であり、そこに非常にすばらしい二本の石柱が立っている。これ以上に美しいものはもとより、これに近いものも、人はこれまでに見たことはない。石柱は約五〇キュビット（二六・二メートル）の高さであり、地表に安定している。頂点は銅でできている。……太陽が山羊座の第一点に達するとき、すなわち一年の中の最も短かい日（冬至）に達するとき、太陽は二本のオベリスクの南端に達し、その頂きを飾る。太陽が蟹座の第一点に達するとき、すなわち一年の中の最も長い日（夏至）に達するとき、太陽は北端のオベリスクに達し、その頂きを飾る。こうして、これらの二本のオベリスクは太陽の振幅の両端を形成し、昼夜平分時の線が正確にその間を通っている」と書き(4)、次頁の**図85**を示す。**図85**を示しているアイヴィミは「太陽観測」と書いているが、「観測」は「祭祀」であった。

三品彰英はヘリオポリスの太陽神殿は、「金属製のオベリスクの尖端が、地平線から昇る朝日の最初の光をとらえ、それを母神の祭壇に反射するように設計されている」と書くように(5)、冬至・夏至・春分・秋分の

朝日は、聖柱《オベリスク》の尖端で光り輝き（そのために尖端は「銅ででき
ている」とアイヴィミは書き、三品は「金属製」と書くのである）。その反射光が太陽神殿の祭壇を照らすのである。このようにオベリスクは「太陽観測」というより、「太陽祭祀」のために立てられたのであり、「聖柱」であって、観測用の「標柱」ではない。

　太陽神殿は第五王朝の初代ウセルカフ、二代サフラー、三代ネウセルラーの三人の王が建てているが、ウセルカフ王とネウセルラー王が建てた二つの太陽神殿址は発見されているが、アブ・グラブに建てられたネウセルラー王の太陽神殿は、復元図まで作られている。その復元図が図86である。太陽神殿というが神殿はなく、聖柱《オベリスク》があるだけである。柱は太陽神が昇り降りする神の依代であったことを示しており、わが国で「神」を「柱」というのと似ている。古代エジプト人はオベリスクを太陽神として拝したのである。そのことは図87のヘリオポリスの太陽神殿（フェニックス神殿）の復元図からもいえる。ヘリオポリスの古代名が「イウヌゥ」（柱の都市）なのも、太陽神を祀る都市のシンボルが柱だったからである。ヘリオポリスに建てられていた聖柱は、「アトゥムの柱」と呼ばれていた

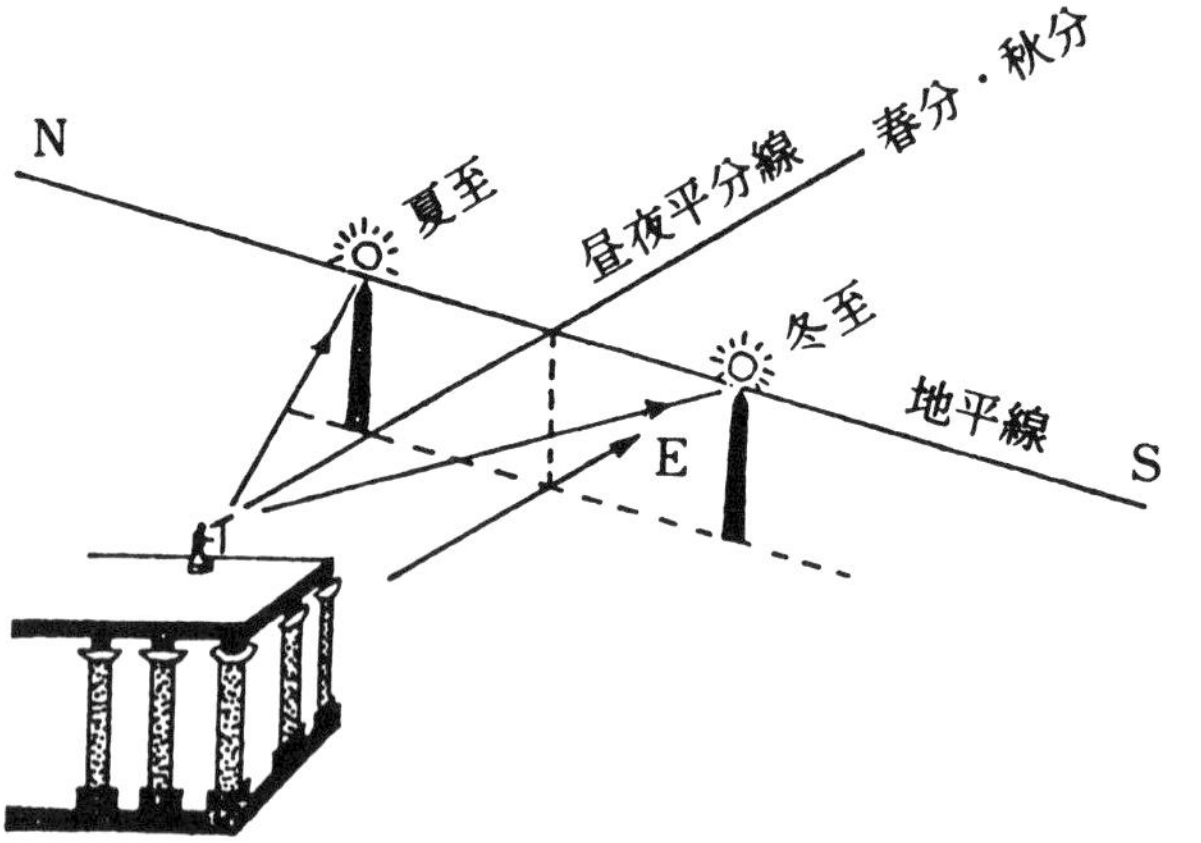

図85　ヘリオポリスのオベリスク

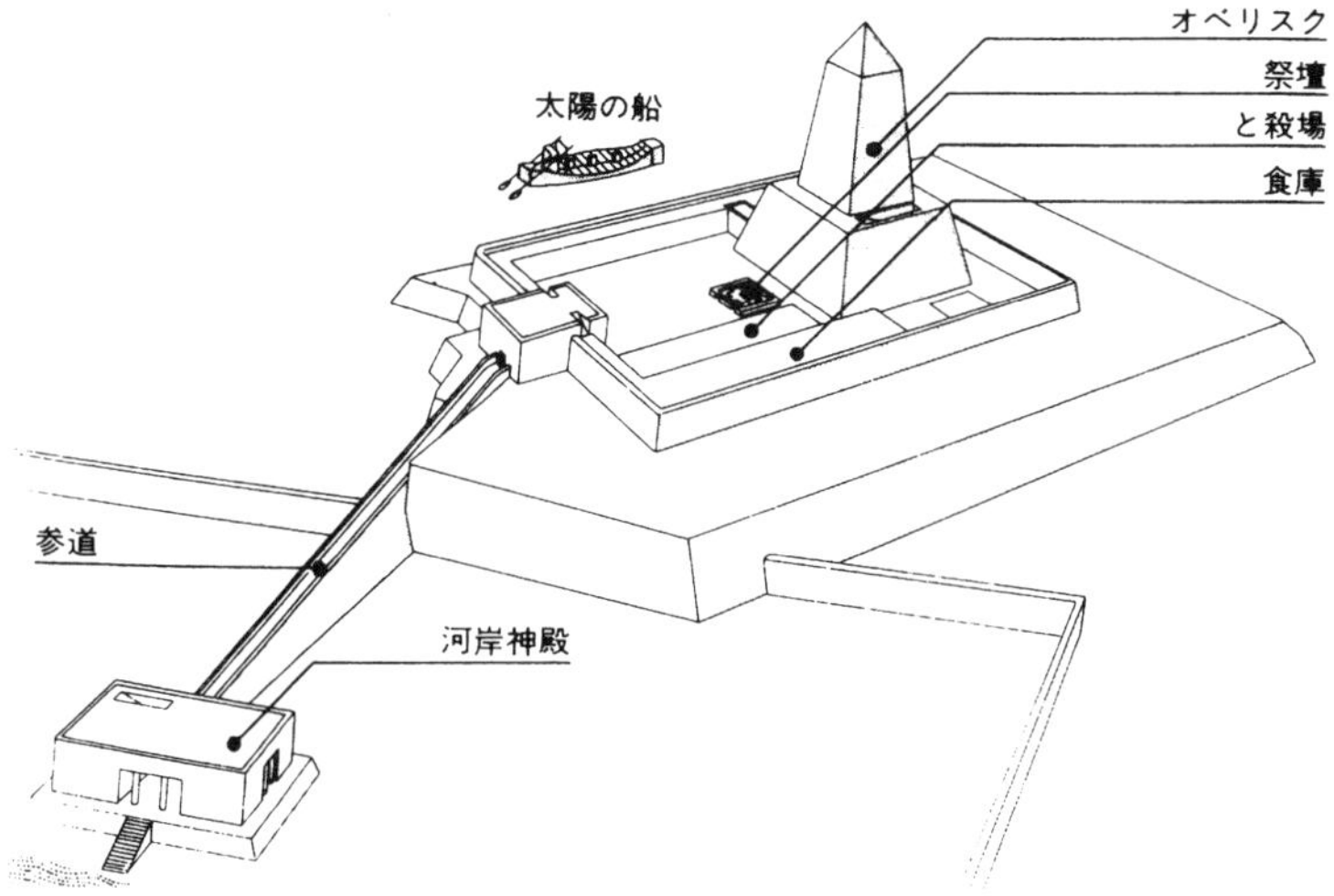

図86　エジプトの第５王朝のネウセルラー王の太陽神殿の復元図

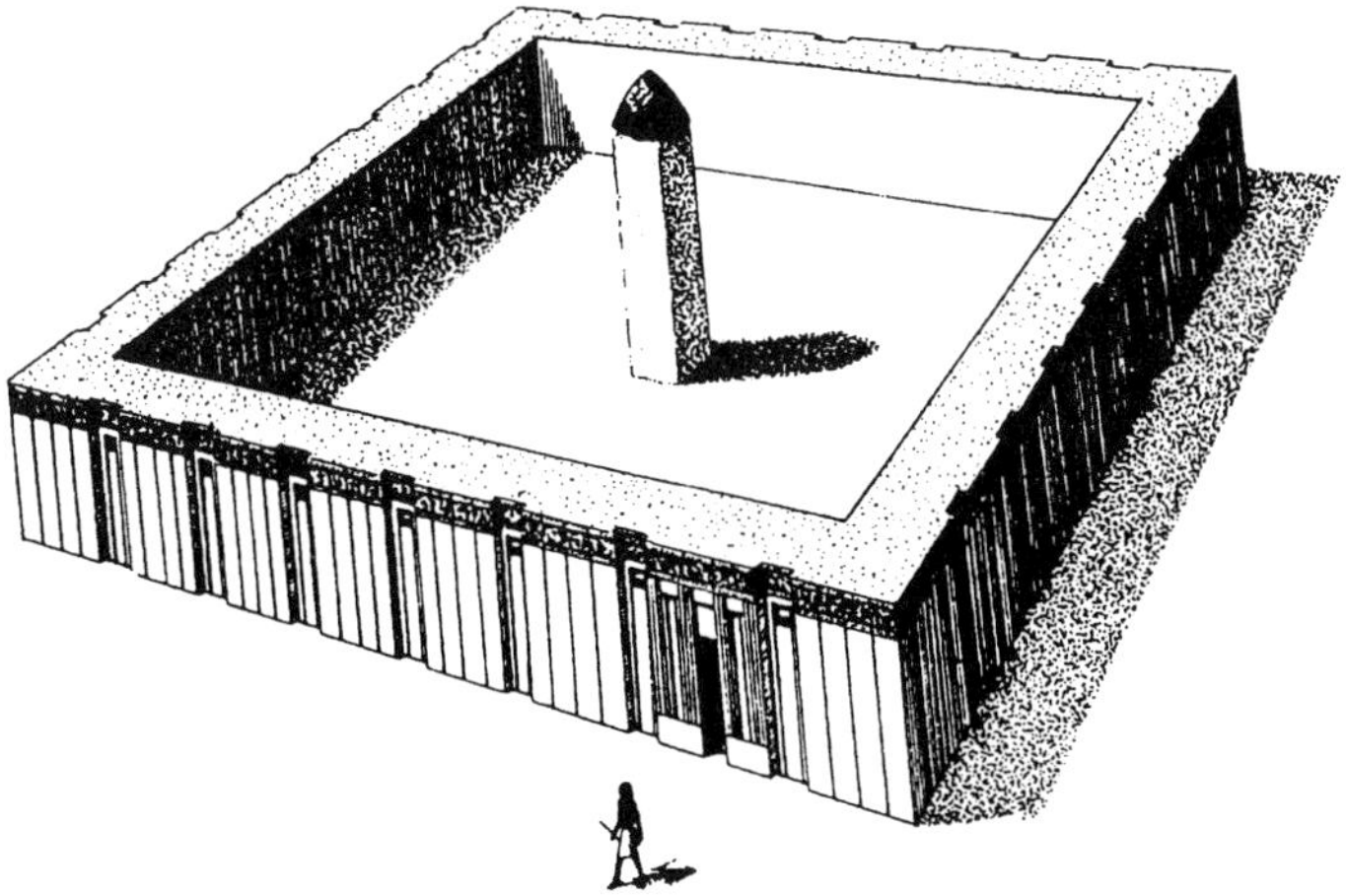

図87　ヘリオポリスの太陽神殿（フェニックス神殿）の復元図

が、アトゥムはエジプト神話の始原の神であることからも、柱のもつ意味が推察できる。

第一章で三内丸山遺跡や真脇や寺地遺跡の木柱や、大湯環状列石遺跡の「日時計」と呼ばれる場所に立つ石柱や、各地の遺跡に立つ石柱が、冬至・夏至の太陽とかかわるのと、エジプトのオベリスクも冬至・夏至の太陽にかかわるのは、偶然の一致とはいえない。古代人の太陽に対する共通の認識・信仰に依っているのである。

エジプトの太陽神殿と太陽信仰

太陽神殿で有名なのはカルナックのアメン・ラー神殿である。この神殿は紀元前二〇〇〇年〜前一八〇〇年の第十一・十二王朝時代に建てられ、第十八・十九・二十王朝（紀元前一五六七年〜紀元前一〇八五年）から末期王朝（紀元前一〇八五年〜紀元前三〇四年）にいくたびか改築されている。現在のアメン・ラーの太陽神殿の最古の神殿の東に、紀元前一四八〇年頃にトトメス三世が建てた祝祭殿があり、その左側に階段があって「太陽の高殿」と呼ばれる祭壇がある（図88）。この高殿についてホーキンズは、「われわれは一つの階段をのぼって行った。傾斜が急で、狭くて、側面のかこいがない。やがて空まで吹き抜けの小さな部屋へ出た。『太陽の高殿』と呼ばれている部屋である。壁に長方形の穴があいていて、その正面に雪花石膏の正方形の祭壇があった。この屋上神殿は、地平上に昇る太陽の神ラー・ホル・アクティをまつったものだった。壁には、穴に向かって片ひざを突き、昇る太陽を迎えようとするファラオ（エジプト王のこと。この場合はトトメス三世——引用者注）の絵が描かれてあった。……ここなら高くて、視界を妨げるものはない。神官天文学者が観測をして、太陽の運行を調べることもできたろう」と書いて、図88を示して「ファラオが太陽観測をおこなったのは、ここにちがいない(6)」と書いている。

私はアメーン・ラー大神殿に行き、「太陽の高殿」に昇った。今は吹き抜けだが、かつては屋根のある部屋であったことを、自分の目で確かめた。図88の矢印で記す「冬至の日の出の方向」のホーキンズの書く「穴」は「窓」であり、この「窓」から昇る冬至の朝日を、ファラオ（トトメス三世）は、ホーキンズの「観測」でなく「遥拝」したのであろう。私は現地でそのように認識した。ホーキンズは天文学者だから太陽を「神」と見ないから「観測」と書くが、エジプトの王も民も、太陽は「太陽神」であり、その神に「遥拝」したのである。

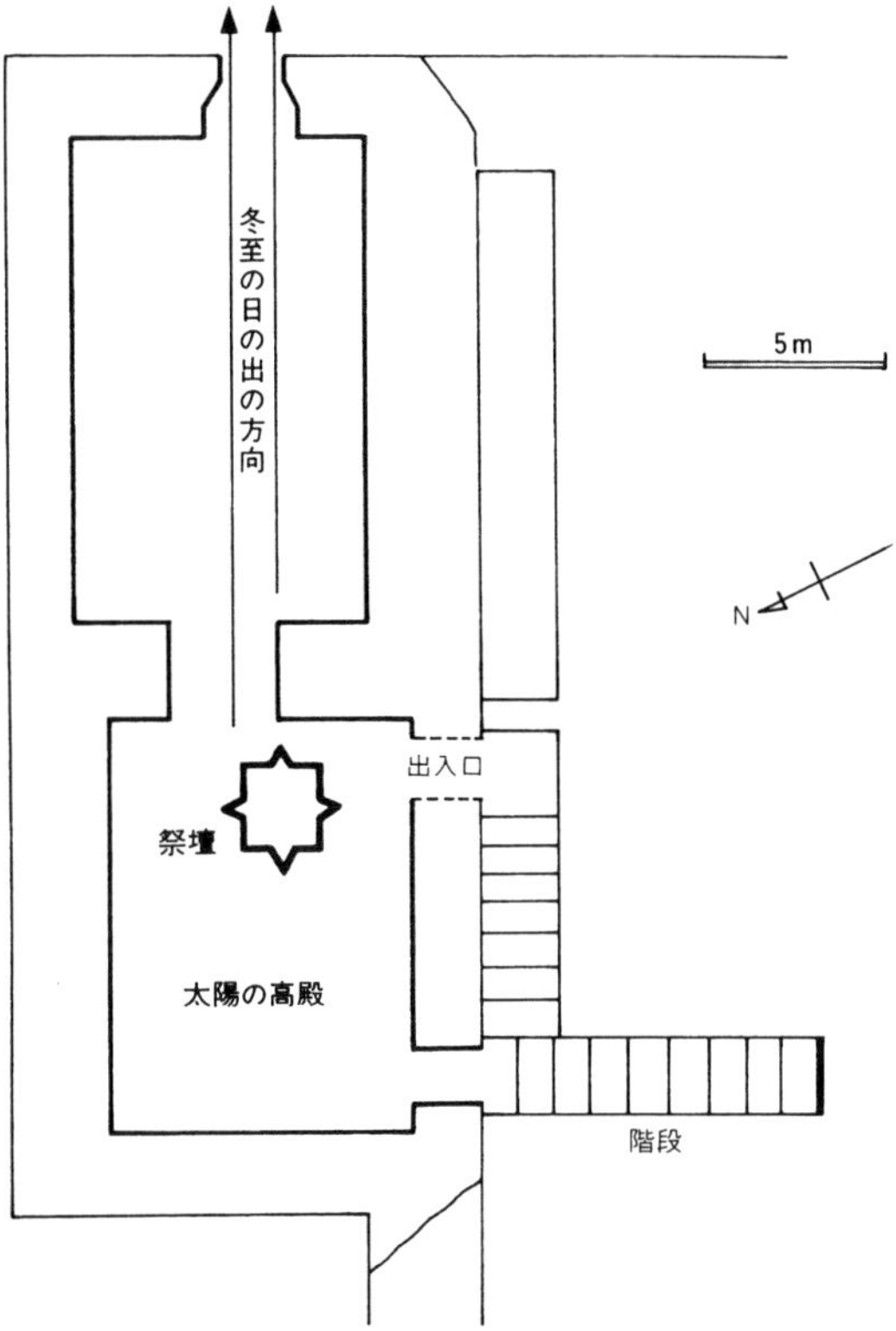

図88　エジプトのカルナックの太陽の高殿の祭壇には冬至の朝日が射し込む

太陽神との聖婚の場としての聖塔《ジッグラト》

井上芳郎は「ジッグラトの東方の窓から」、太陽神が入ってきて、最高神婦に「憑《かか》り降る」と書き、紀元前二三五〇年ほど前のシュメールのラガシ王朝のグデア王の祈願文によれば、神婦は王女や貴族の娘たちの中で特に選ばれた処女がなり、彼女たちはジッグラトの中の密室（ハレム）の「琥珀でちりばめた寝床」に横たわって、太陽神が東の窓から入ってくるのを待つと書く(7)。井上が書く「憑り降る」は「聖婚」であり、インカのマチュ・ピチュの聖婚秘儀やエジプトの第五王朝の太陽の子のファラオにまつわる太陽神との聖婚神話と重なる。ジッグラトは太陽神殿である（有名なバベルの塔もジッグラトである）。

ヘロドトス（紀元前四八四年〜紀元前四二〇年頃のギリシアの歴史家）はその著書の『歴史』で、ジッグラトの最頂部の神殿について、「最頂部の塔の上には広い神殿があり、内部には豪華に装飾された並外れて大きなベッドが置かれていた」と書き、「国中の女性の中から神によって、神自らのために選ばれた、未婚の女性」のみがいたと書く。ヘロドトスは「聖婚」とはっきり書かないが、この部屋に居る女性は「人間の男とは決して関係をもたない」と書き、「神自らがこの部屋に降臨して来て、ベッドの上で眠る」と書くのだから、この部屋は太陽神と選ばれた女性との聖婚の部屋であって、単に「眠る」だけではない。理由は国中から特に選んだ処女に限られている事が示している。王女や貴族たちの娘と同じに、彼女は最高神婦でわが国の「日女《ひるめ》」である。

聖塔《ジッグラト》は「塔」といっても、細長い塔ではない。図89-1は紀元前四五〇〇年頃のシュメールの都市ウルに

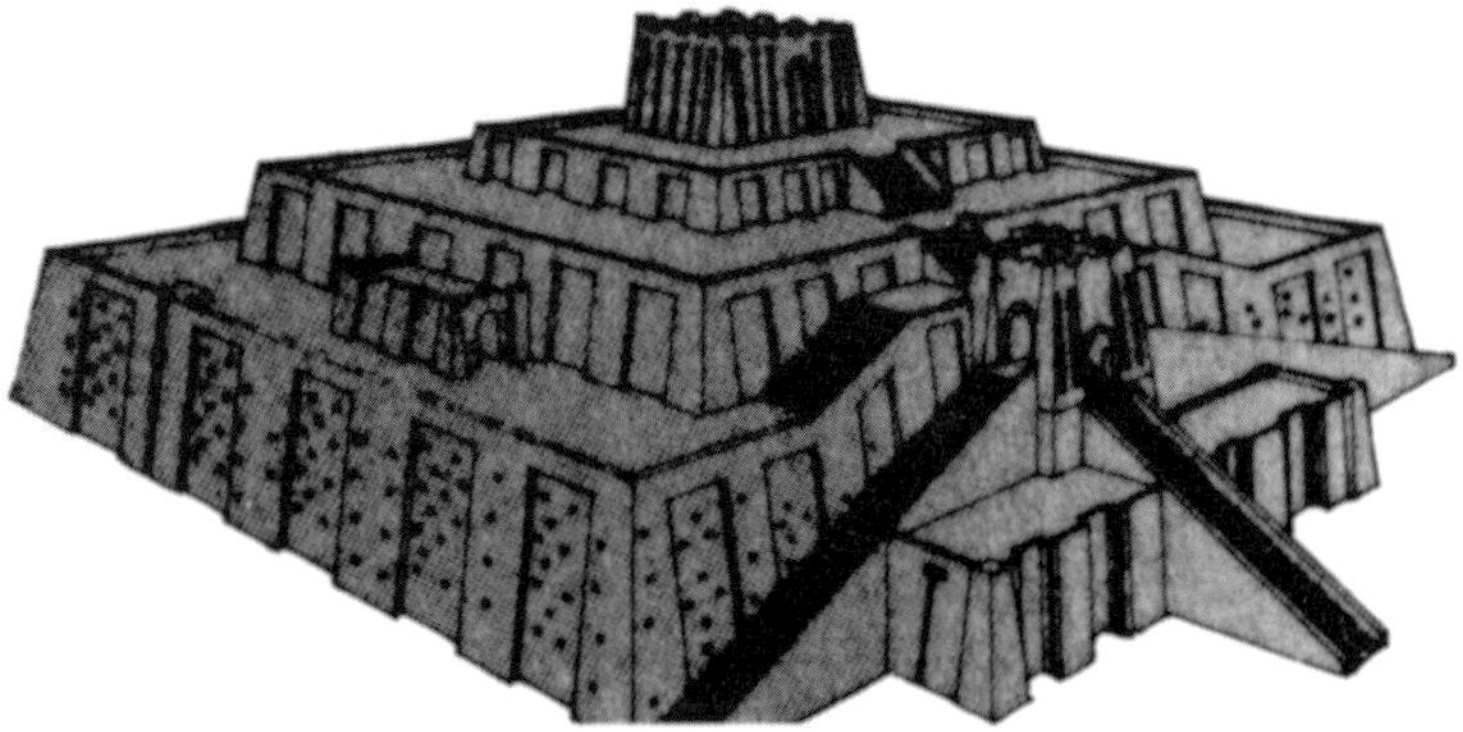

図89−1　紀元前4500年頃からのシュメールの都市ウルのジッグラトの復元図
紀元前６世紀にバビロニアのナボニボス王によって再建された

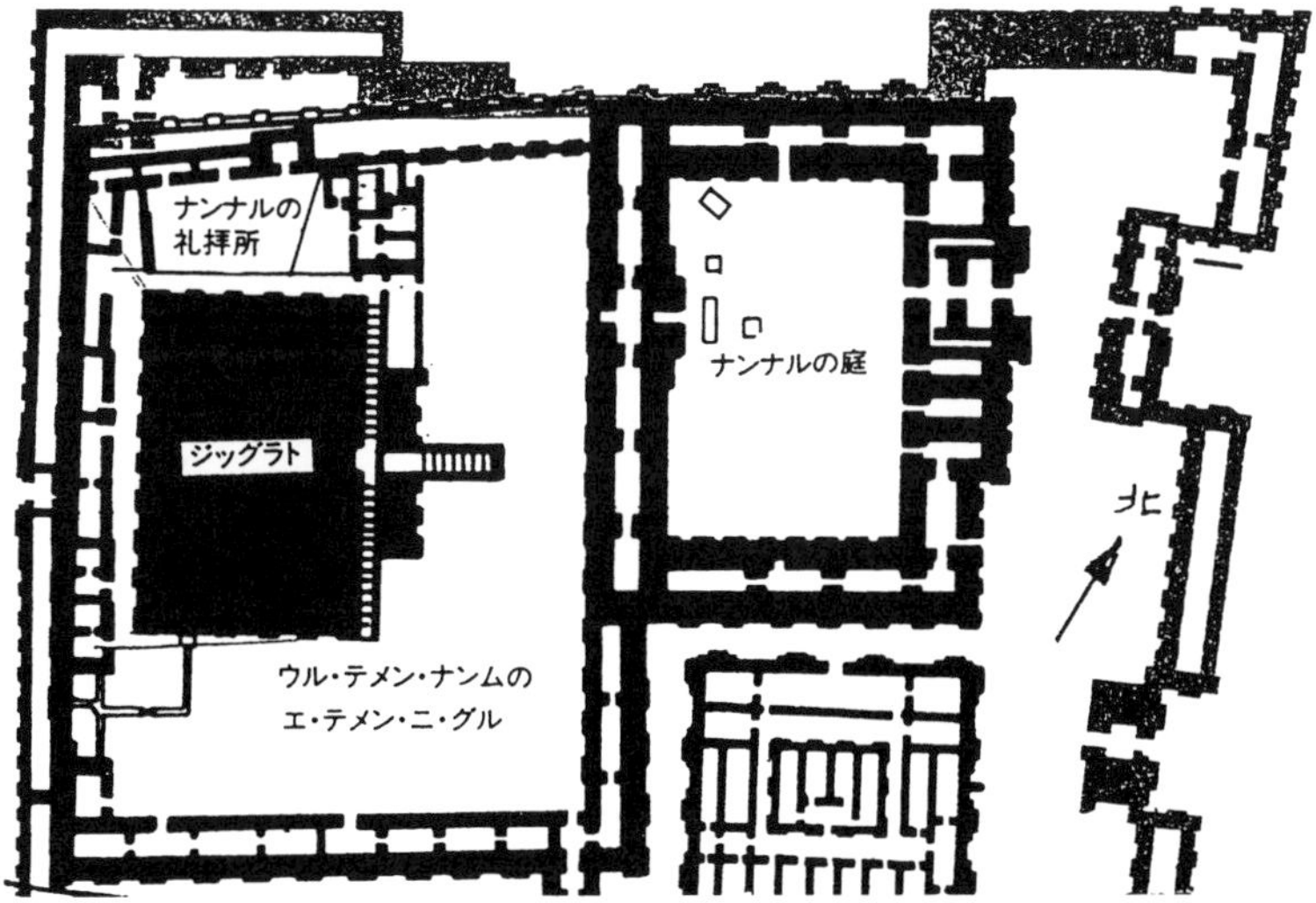

図89−2　ウルのジッグラトの復元平面図
神殿入口は夏至の日の出方位に向いており、最上階の入口から夏至の朝日が射し込む

写真17　紀元前3000年紀初期のシュメールの円筒印章の天と地の聖婚

あったジッグラトの復元図である。ウルのジッグラトがメソポタミアのなかでもっとも良好な保存状態なのは、紀元前六世紀にバビロニアのナポニポス王によって再建されたからだが、太陽神が入っている最上階の部屋は居室用で、東に向いて入口がある。その方位は夏至の日の出方位であり、太陽神は冬至・夏至の日に聖婚したのである。

　エジプトの聖婚秘儀では二至二分の日の朝日の差し込む太陽神殿のベッドはいつしか太陽遥拝の祭壇になり、さらに二至二分の朝日が王や太陽神の像を照らすように設計されて、聖婚のベッド（祭壇）はなくなっていく。しかし、太陽神殿のイメージは後代にまで残っていた。ピーター・トンプキンズは、「ローマの聖ピエトロ教会は春分秋分の時、大扉が日の出と共に開かれると、日光が本堂を通り抜け、高い祭壇を照らし出すように東に向けて建てられた」と書いている。[8]

　写真17は紀元前三〇〇〇年頃のシュメールの円筒印章の聖婚の絵である。ジョセフ・キャンベラはこの円筒印章の絵について、「天空の神と大地女神の、神秘的な聖婚の聖なる瞬間を示している。神と女神は、おそらくは祭司と巫女、王と王妃、あるいは王と巫女（ヘロドトスが記している神に捧げられた女性）の姿に化身して、世界の原初の時に神々が行なった如く、聖なる結婚の契りを交わして結合する」と書くが、[9]太陽の船に乗ってくる太陽神と、選ばれた神妻との聖婚伝承が、シュメールにあるのだから、この円筒印章の絵は

単に天と地の神の聖婚の絵というより、太陽神と最高神婦の聖婚をあらわしており、まさに日女である。そのことは前述したエジプトの太陽神と最高神婦の伝承からもいえる。シュメールの聖婚用のジッグラトは、エジプトでは太陽神殿になっているが、太陽神殿を作る前はジッグラトと似た建造物を作っていた。それは階段ピラミッドである（ジッグラトには階段がついている）。階段ピラミッドは第四王朝（紀元前二六一三年～前二四九四年頃）になると作られていないのは、メソポタミアの影響を離れてエジプト的建造物に変ったからである。

冬至・夏至の太陽が奥室を照らす羨道墓

エジプトの太陽神殿では冬至の朝日が神殿に差し込み、神像や王の像を照らしているが、冬至の朝日が羨道墓の奥深く差し込み、遺体を照らす遺跡もある。紀元前三三〇〇年～三〇〇〇年頃のアイルランドのニューグレンジの羨道墓は、窓から冬至の朝日が長さ一八メートルの羨道に差し込み、墓室に達している。私は一九九三年にこの遺跡を訪れたが、ニューグレンジ遺跡の管理事務所が作製したパンフレットの説明文には、次のように書かれていた。

ニューグレンジは墓である。約五〇〇〇年前の石器時代後期に建てられた。建立者については、農耕し繁栄したこと以外にはほとんど知られていない。建立者にとってニューグレンジは墓以上のものだったと信じられている。ニューグレンジは祭儀の中心地であった。考古学者はこの種の墓を「羨道墓」というが、それは墓室に通じる通路のためである。……通路に入る前に訪れる人が気づくのは、入口の上方

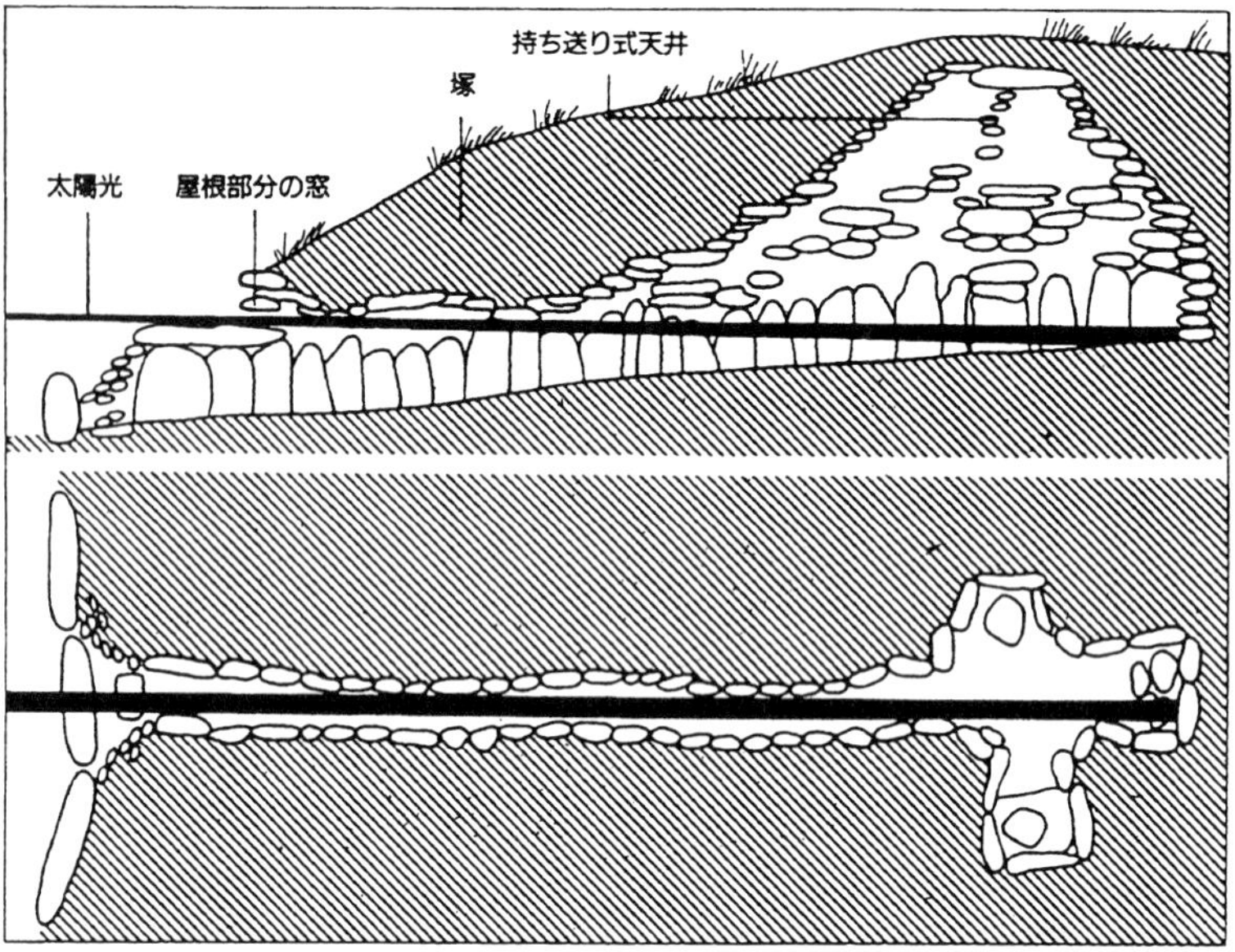

図90　冬至の前後の数日間、朝日はニューグレンジの円形羨道墓の奥室まで差し込む

のすき間である。「屋根部分の窓」と呼ばれているが、この「屋根部分の窓」からは、一年のうちで最も昼が短かい冬至の朝日が、日の出の時に差し込む。五〇〇〇年前の人々は、おそらくニューグレンジに集まって、冬至の日の出を見たのであろう。人々は新しい年を祝うのみならず、死後の再生を信じ、祝ったのかもしれない。

ジュニファー・ウエストウッドはニューグレンジ遺跡について図90を示す。そして冬至の朝日が「祖先の遺骨が入れられていた」とみられる「洞窟ホールの真正面にある石の鉢」を差すのについて、「冬至は一年のうち最も日照時間が短い日であり、ここを起点に新しい一年がはじまり、土にふたたび生命の力がそそぎこまれる日である。とすればこのときニューグレンジでは、太陽によって生命の力が吹き込まれ、死と再生の永遠のドラマが展開されたと考えていいのではなかろうか」と書き、この古墳の形が「卵形」をしているのは、子宮表現とみて、墓を母胎とみていたからだと書いている。(10)

　このような羨道墓は、ニューグレンジより五〇〇年ほど後のスコットランドの遺跡にもみられる。スコットランドのバリヌアリン遺跡の羨道墓にも、冬至の夕日が差し込む。またスコットランドのドーセット・カー遺跡の墓室も、入口から墓中央を冬至の夕日が差すという。アイルランドのニューグレンジが冬至の朝日に対して、スコットランドの墓の場合は、冬至の夕日だが、同じ冬至にかかわることからみて、意図としては同じである。

　またスコットランドのメインランド島の紀元前二二〇〇年頃に建造されたマエス・ホーウェ遺跡は、ニューグレンジと同じ羨道墓で、円形の堀にかこまれた墳丘だが、入口は夏至の日の出方位に向いており、「ウォッチ・ストーン」と呼ばれる石柱は、春分・秋分を示しており、入口近くの列石群は、冬至の一〇日前の朝日が昇る地点に並べられている。ウェルズのアングルシー島のブライン・セリ・ドゥ遺跡の紀元前一八〇〇年頃の羨道墓も、春分・秋分の朝日が奥室に射し込むように作られており、紀元前二八〇〇年頃のフランスのカル

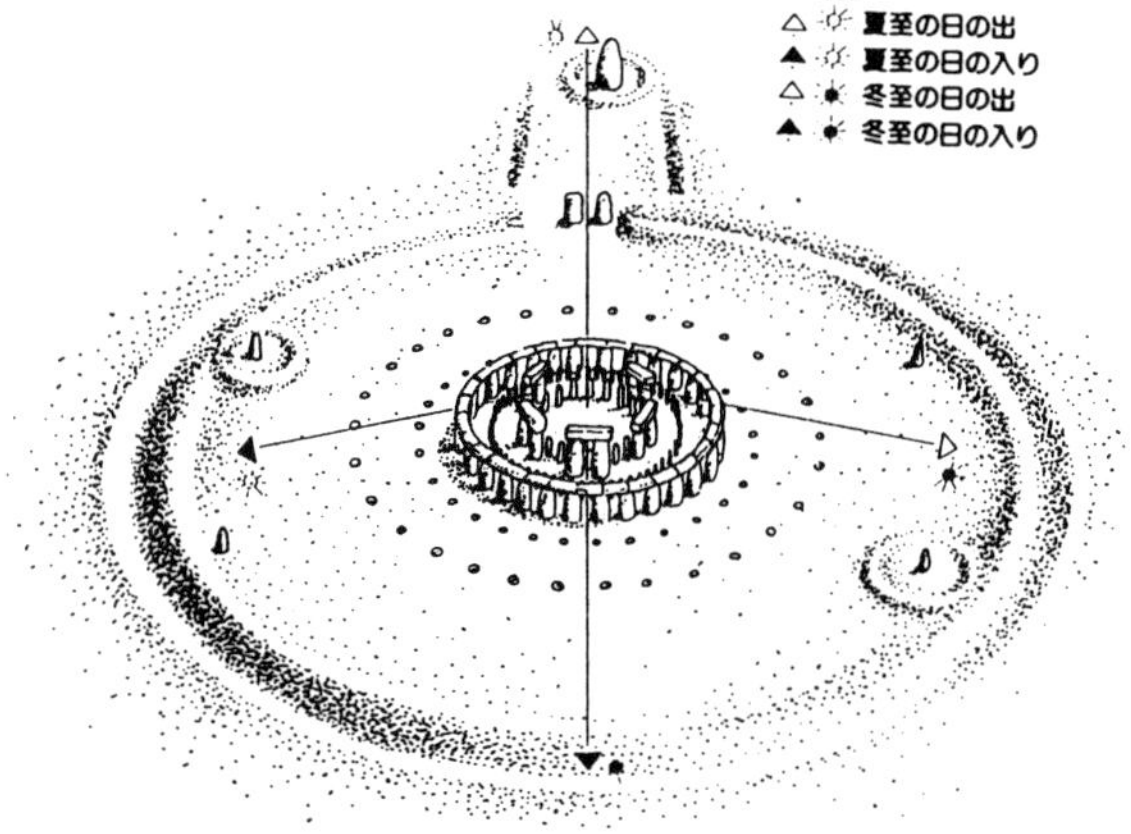

図91　完成したストーンヘンジⅢC

ナックのガヴリニス遺跡の羨道墓も、春分・秋分の朝日が羨道と奥室を照らす。

ストーンサークルと冬至・夏至の太陽

イギリスの有名な古代遺跡のストーン・ヘンジの建設は三期に分かれるが、ケンブリッジ大学の考古学教授のグリーン・ダニエルは、一期を紀元前二八〇〇年～紀元前二二〇〇年、二期を紀元前二二〇〇年～紀元前二〇〇〇年、三期を紀元前二〇〇〇年～紀元前一一〇〇年とみている。(11)前頁の図91は三期の最終段階のストーンヘンジの完成図だが、冬至と夏至の日の出・日の入りが見られるように設計されている。

このストーン・ヘンジについてグリーン・ダニエルは、「神殿・集会所・スタジアムとして盛んに使用した」とみており(11)、イギリスの考古学者のイバン・ハディンガムは、「天文台であり、神殿であったことは確かである」と書く(12)。

このストーンヘンジより約三千年前の環状遺跡が、ドイツで発掘されたという記事が、二〇〇三年八月九日の朝日新聞の夕刊（東京）に載っている。

ドイツ中東部ザクセンアンハルト州の考古学局は7日、同州ゴゼックで約7千年前の環状遺跡を確認したと発表した。太陽の動きと関連した入り口があり、天体と祭事に深く結びついた同種の環状遺跡としては、英南西部にある新石器時代の環状巨石群ストーンヘンジよりも約3千年古いとしている。

これまでの発掘によると、直径75メートルの円を描くような溝があり、その内側に高さ約2メートルのくいが環状に並んでいた跡があった。

環状遺跡の入り口は3カ所で、二つは遺跡の中央に人が立ってみると、冬至の日の出と日没の方角と一致した。残りの入り口は北を指していた。いけにえにされたらしい人骨なども出土した。
同考古学局は紀元前５０００年～４８００年の遺跡とみている。太陽の位置などを観測したほか、祭事に使われた可能性が高いという。「農耕を始めた新石器時代の人間の精神世界を知る貴重な発見」としており、発掘を続け、遺跡の復元を目指す。

と報じている（傍点は引用者）。

ルーマニアのダキア人の首都サルミゲッツアにある「大円形儀式場」と呼ばれている紀元前一〇〇年頃のストーンサークルも、奥室に冬至の朝日が差し込むように設計されているのも、アイルランドのストーンヘンジと同じ考え方、太陽信仰によって作られてたからである。

アフリカのガンビアのストーンサークルは、考古学者たちの間では一八九〇年代から知られていたが、一九六〇年代になって、夏至の日の出のとき外側の立石とストーンサークルの中心部が、一直線に並ぶことがわかった。これはイギリスのストーンヘンジと同じである。イギリスのカースル・リグのストーンサークルは、オックスフォード大学のアレクサンダー・トムらの研究調査によれば、それぞれ主要な立石は、冬至・夏至の方位をもっていることがわかった。

このようにストーンサークルが冬至・夏至にかかわるのは、第一章で述べた縄文時代の環状列石などと同じで、いずれも石柱が重要な役割を果している。

マヤ・アステカの二至二分「観測」

「太陽観測」といわれている古代遺跡は、古代人にとっては「太陽祭祀」だと、私は書いてきたが、太陽観測の例もある。メキシコのユカタン半島にあるマヤの紀元九〜一〇世紀のチチェン・イツア遺跡には、「カスティーヨ（城塞）」と呼ばれている神殿がある。四方の階段は九一段あり、合計し三六四段に最上部の神殿の基壇を加えた三六五段は、マヤの太陽暦の一年をあらわしている。この遺跡には「カラコム」と呼ばれる建物がある。「天体観測所」「天文台」と呼ばれているが、現在ではドームの南西部のみが残っている。崩壊以前の建物では、二至二分の日の出やその他重要な天体観測が行なわれていたとみられている。

第四章で中米グァテマラにあるマヤ文明の紀元四世紀頃のワシャクトゥン遺跡のピラミッドと神殿の関係について、図51（一五六頁）を示し、石田英一郎の見解を紹介したが、天文考古学者のジェラルド・ホーキンズも、図51のワシャクトゥン遺跡のピラミッドと神殿の関係について、「大ピラミッドの真東に壇がつくられ、そこには屋根のある三つの小さな神殿が建てられた。神官観測者は、神殿の屋根と遠い地平線とが一線に見えるような高さを選んで、ピラミッドの階段上に立つ。毎日の夜明け、彼はまずバラ色のあけぼのの色を見、やがて日輪が三つの屋根のシルエットのどこかから現われて来るのを見る。春分秋分には、日の出の位置は中央の神殿の屋根の上で、それはまた神殿の階段の下の広場に立っている石碑（彫刻をした一本石）と直線で見通しになる。夏至の日には、日の出は左側の『夏の神殿』の壁の端の位置になる。冬至には、右側の神殿の壁の端が日の出の位置になる。……このような夏、春秋、冬の三神殿方式は、マヤの歴史の各時

代に、いろいろな都市でおこなわれたようだ」と述べている。(13)

またホーキンズはワシャクトゥン遺跡より前の例をあげている。「最古のものとして知られているのは、グァテマラのモンテアルトで、紀元前五〇〇年ごろの先古典期に属する。ここでは観測者はピラミッドの階段をのぼって行って、広場を見おろす位置に東を向いて立つ。日の出の位置は、春分秋分用に一本、夏至冬至用に二本と、三本の彫刻した石柱で示される。……研究調査は現在もおこなわれているが、マヤ人は八世紀以上にもわたって、最初は簡単な一本石で、のちには神殿を用いて、輝かしき太陽神の位置を観測し続けたわけだ」と述べている。(13)

このような観測は、時代がさがるが、アステカ文明の中心地であった首都テノチティトラン（現在のメキシコ市）の、「メイヨーの神殿」でも行なわれていた（テノチティトランには、一三二五年頃アステカ族が住みつき、一五二一年にスペインのコルテスが入城するまで首都であった）。メイヨーの神殿の西側には、アステカ文明の信仰対象だった神ケッアルコアトルの神殿がある。桜井邦朋は『天文考古学入門』に図92を載せて、「この神殿からメイヨーの神殿の方向を眺めると、春分・秋分点の日の出が黒い太線で示すように見えるはずである。この線で示す方向は、東西方向から南に

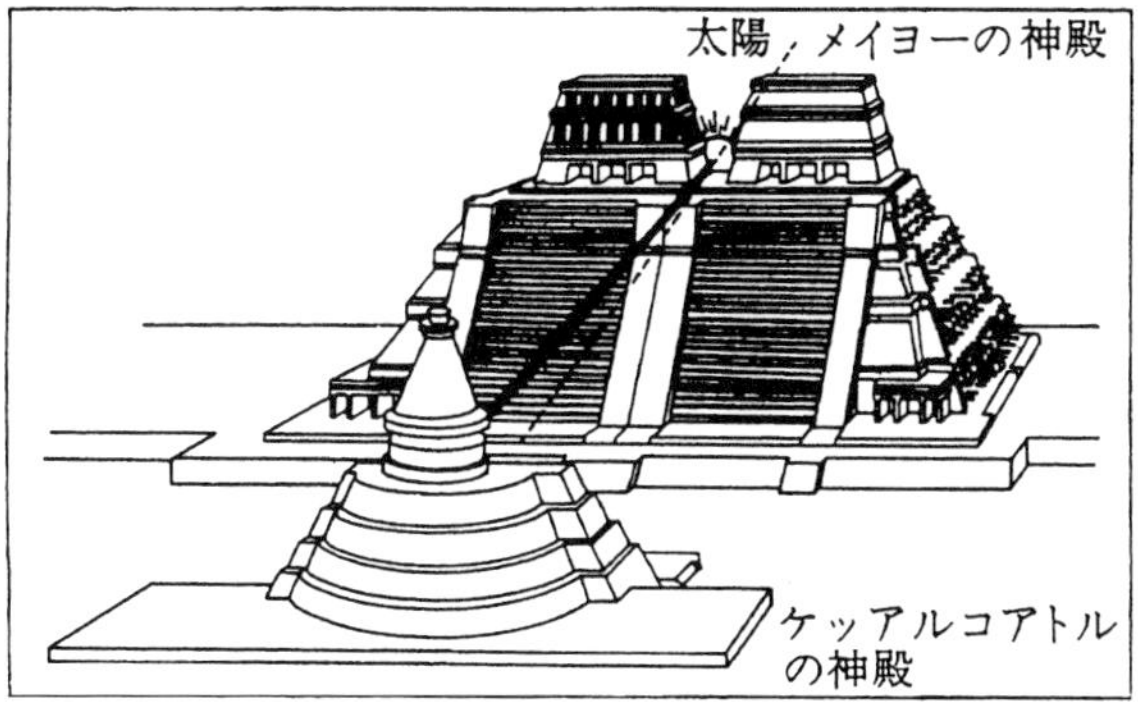

図92　メキシコのアステカの首都テノチティトランのメイヨー神殿の春分・秋分の朝日を拝するケッアルコアトル神殿

正確に七度半傾いている。この角度は、春分・秋分時に日の出の方向が二つの神殿の中間に当たるように決められたものである」と述べている。[14]

北アメリカ先住民の冬至・夏至の観測

ハーバード大学のバリー・フェルは、アメリカのミステリー・ヒルの環状列石のある特定の立石からは、冬至・夏至の日没が見られるとし、自らの観測体験にもとづいた「カレンダー・サークル」を、図52で（一五七頁）示している。ホーキンズもイリノイ州カホキア遺跡のウッドヘンジの木柱の上から、二至二分の朝日が昇ることを確かめている。[15] この遺跡は紀元八〇〇年から一五〇〇年頃のアメリカ先住民によるものだが、桜井邦朋も「太陽観測」の遺構とみている。[16]

この二つの遺跡では、石柱・木柱によって冬至・夏至または二至二分の朝日・夕日を「観測」しており、第一章で述べた縄文人の発想と共通しているが、前述したアイルランドやスコットランドなどにみられる、墓室に冬至・夏至の朝日・夕日が差し込む遺跡も、北アメリカにはある。

バリー・フェルの調査では、ニューイングランドの二〇〇ほどの石室の長軸は、ほとんどが冬至・夏至の方位（フェルは「天文軸」という）だという。ヴァモント州サウス・ウッドストックに「カレンダー遺跡」と呼ばれている遺跡があるが、フェルはこの遺跡について、「主室、つまり内陣は、奥行二〇フィートで、天井には内陣の幅一一五インチをカバーする長さの、数枚の石板をさしわたしてある。神殿の長軸は、冬至の日昇点の方向、水平線の方位角一二三度に向いている。つまり北緯四三・五度で、これは太陽の南限である、赤緯マイナス二三・五度に一致する。十二月二十二日の日昇時に、神殿の西端奥の祭壇付近に立って、南東の入口の柱の間から、遠くの山並みを眺めると、太陽が、山の、ある特定の鞍部から姿を現わす」と述べている。(17) こうした遺跡をフェルは「カレンダー遺跡」と呼んでいるが、「カレンダー遺跡がどのように使われていたかを知るには、ニューメキシコのズーニー族を見ればすぐ分る」と書き、「ここでは、連なっている山のある特定の鞍部や突出部が、特定の日(この場合は、冬至と夏至)の日昇(あるいは日没)地点として確認されている。そして、一人の特別な魔術師もしくは司祭が、暦調整者または太陽の司祭として指名されている。彼の務めは、たえず太陽の運行に注意して、太陽が至点に達すると思われる日を、数日前に予告することである。彼は、その日を決定するやいなや、部族の人びとに、夏至なり冬至なりの祭りに集合せよとの伝達を出す」と書く。(18)

バリー・フェルは、北アメリカの先住民の遺跡を実地踏査して、冬至・夏至に深くかかわっている例を示しているが、このような冬至・夏至の「観測」は、原住民が行なっていたのではなく、紀元前に北アメリカに移住したヨーロッパのケルト人がもちこんだもので、それが原住民に伝わったと書く。(19) これは本人は意識していないが、白人至上主義の視点に立った誤った見解である。北アメリカの原住民は、ケルト人から学んだのではなく、彼らが生きていくためにどうしても知らねばならないことを、彼らの知恵で行なっていたのである。したがってわが国の縄文人と同じに(そのことは第一章「縄文時代の太陽信仰」で述べた)、立石、木柱、また山を利用して、冬至・夏至または春分・秋分の日の出・日の入りを知ったのである。

インカ帝国の太陽信仰

中米・北米の原住民の太陽信仰について述べたが、南米の原住民にも太陽信仰はみられる。南米のインカ帝国の首都のクスコには、東西に八つの柱状の塔があった。この柱は正方形の広場の中心に位置するインカ皇帝の座からみると、冬至・夏至、春分・秋分の太陽の位置を示していたという（南半球は北半球の冬至が夏至、夏至が冬至になり、逆になる）。

年代記作者フェルナンド・モンテシノスは、「賢人や占星家や王自身、皆、入念に夏至や冬至の日を調べるための、一種の日時計のようなものがあり、日が長くなったり短くなったりすること、太陽が回帰線上へ行ったり帰って来たりする時期について知っていた」と書くが、八本の石柱は第一章で述べた縄文時代の六本柱・四本柱や、本章で述べたエジプトのオベリスクと同じ用途であった。

インカの暦では南半球の冬至の月の六月を、「インティ・ライミ」（「インティ」は太陽・「ライミ」は祭り）といい、この月には太陽を祀る祝祭や、新しい火をつくる儀式が行なわれたが、カトリック教徒になっている現代でも、アンデス一帯では、「インティ・ライミ」と呼ばれる太陽祭が、冬至に行なわれており、インカの太陽信仰は根づよく残っている。なお夏至の十二月も、「カパック・インティ・ライミ」と呼ばれ、冬至と同じに太陽の祭りが行なわれている。

クスコの太陽神殿には、「太陽の石」があったが、スペイン人によって破壊された。クスコ郊外のピサックの丘に、破壊しきれなかった円形の壇がある。その壇上に「インティ・ワタナ」（「ワタナ」は「しばる」、

「つなぐ」の意）と呼ばれる角石の破片が残っている。中南米考古学者の狩野千秋は、ピサックの「インティ・ワタナ」について、「台石の上に東西方向に直線がひかれており、春分・秋分の日には石の影がこの直線とかさなるように配置されている」と書いている。(20)

インティ・ワタナはスペイン人によってほとんど破壊されたが、遺跡そのものがスペイン人に発見されなかった山岳都市のマチュ・ピチュ遺跡には、インティ・ワタナが完全な形で残っていることは、書籍やテレビが紹介している。

天文考古学者のジェラルド・ホーキンズは、インカの各地にあったインティ・ワタナは、冬至・夏至、月の移動などを影によって観察したとみているが、特にマチュ・ピチュのインティ・ワタナは、この標高（二七〇〇メートル）なら金星も影を投じたであろうと書いている(21)（マチュ・ピチュの「インティ・ワタナ」と呼ばれる石柱の高さは一・八メートル）。

インカの年代記作者のスペイン人のフェルナンド・モンテシノスの言葉、「インティ・ワタナによって賢人や占星家や王自身、皆、入念に夏至や冬至を調べた。インティ・ワタナは一種の日時計のようなものであった」を、ホーキンズは引用しており、(21)桜井邦朋は『天文考古学入門』で、インティ・ワタナを「小さな天文台」と書いているが、(22)「日時計」「天文台」とみる考え方は、インティ・ワタナを「科学」的視点でのみ見るからである。このような視点のグラハム・ハンコックは、インティ・ワタナを破壊したスペイン人は、『異教』の科学に何の関心も敬意も払わなかった」と書く。(23)しかしスペイン人はインティ・ワタナを「科学」的施設として破壊したのではなく、「異教」のシンボルとして破壊したのである。

ホーキンズはインティ・ワタナを「太陽崇拝にとって非常に重要なもの」と書いている。しかし科学的視点も捨てきれないから、インティ・ワタナのつくる太陽の影の「観測」を、「神殿天文学」と書くが、スペイン人たちが破壊したのは天文学の施設ではない。異教の神殿を破壊したのである。

インカ皇帝はクスコの広場に立っていた八本の柱で、太陽の「観測」をしたのではない。現代人の発想では「観測」つまり「調べた」であり、太陽より人間の側に主体をおくが、インカの人たちは太陽神から「教えられた」と考えており、神の告知を知るのが「観測」であり、柱がつくる影は神の「告示」であった。

インカ文明発祥の地の遺跡と聖柱

インカ文明は紀元前からのアンデスの文明を継承しているが、その一つにチチカカ湖東岸に盛えた紀元前一〇〇〇年頃からのチアワ文化がある。この遺跡はボリビアにあるが「太陽の門」と呼ばれている門が東を正面にして立っており、正面の出入口の上に創造神・太陽神といわれている神像がある。この遺跡には、中央に赤い砂岩石の三本の石柱（三本のうち特に長い石柱は約二メートルある）が立ち、この石柱（石柱にはあご髭をはやした人物が描かれている）をかこんで祭礼が行なわれた。中央の柱と他の二本の柱を結ぶ線は夏至日の出と冬至日没方位である。この遺跡を訪れ、この遺構の中に入ったときには、私と妻の二人しか居らず、遺構をかこんだ壁には、人頭の彫刻が多数あり、高度四〇〇〇メートル以上の空気の中で、異様な人頭にかこまれて立っていたのは、二度と体験できない時空感覚であった。

この遺構の隣りにカラササヤの遺構があるが、そこにも遺跡の中央に石柱が立つ（写真18）。この遺構に

写真18　チアワクナ文化のカラササヤ遺構の石柱

ついてグラハム・ハンコックは、「現在学者たちが一般的に認めているのは、この場所が精巧な天体観測所として機能していたということだ。この場所の目的は、敵を城塞に押しとどめることではなく、秋分や春分、夏至や冬至など、一年の多彩な季節を数学的に精密に割出すことにあったのだ。壁のいくつかの付属物、そして壁そのものも、特定の星座グループと対応しており、春夏秋冬の太陽の出没方位角の計算ができるように設計されていたようだ。さらに調査した人々によれば、この敷地の北西に立つ有名な『太陽の門』は、世界的な芸術品であるだけでなく、門の石には緻密な正確なカレンダーが彫刻されているという」と書く。そして「カラササヤは紀元前一万五千年前に建設された」と書くが、(23)拙著『神々の考古学』第二章で詳述したように、ハンコックの紀元前一万五千年説は信用できない。また「精巧な天体観測所」説も、石柱と周囲の壁によって「天体観測」が行なわれていたとしても、それは祭事であって、ハンコックの書く一万五千年前の「高度な科学」ではない。中央の石柱の影によって二至二分が「観測」されていたとしても、この石柱は太陽神の依代としての神柱であり、インティ・ワタナの原形である。

インカ時代の区画が残るペルーのオリヤンタイタンボは、石畳や緻密に組まれた石垣が並ぶ街で、インカ時代そのままだが、街を見下ろす段々畑はリャマの姿になっている。リャマの頭にあたる所にインカ時代の神殿跡があるが、冬至の日の朝日は、リャマの目にあたる所にある神殿跡をピッタリと射す。このような配置を、「天体観測」でかたづけるわけにはいかない。冬至―太陽―神殿が結びついていることからみても、このような巨大な造形（リャマの姿に段々畑を作り、リャマの目にあたる所に神殿を建て、そこに冬至の朝日が差すように作っている造形）は、インカ人の太陽信仰にもとづく神事《かみごと》である。

マチュ・ピチュ遺跡の太陽神殿の聖婚秘儀

今から七〇年ほど前、私が小学校六年生のときだが、ある本を読んでいた時、「宮中都市」といわれていたインカのマチュ・ピチュ遺跡の写真を見て、私は驚き、行ってみたいと思った。しかし行けるはずはなかった。大人になっても無理だなとあきらめていた。しかし四〇年ほど前に病気になり、もしものことがあったら、その前にマチュ・ピチュ遺跡だけは見たいと思い、主治医に相談すると、看護婦が同行するならよいといわれたので、妻と私は看護婦と共に、当時の航空便ではペルーまでは長い道のりであったが強行した。さらにマチュ・ピチュ遺跡まで行くのも、今のようにいかなかったが、ようやく遺跡をたずねた時、あの広い遺跡に十人ぐらいの人しか居なかった。ゆっくり自由に見てまわった。四〇年たった今も、忘れ難い旅であった。

マチュ・ピチュ遺跡には**写真19**のインティ・ワタナ（太陽をつなぐ柱）があることからみても、単なる古代都市遺跡ではなく、太陽を祀る神殿都市である。そのことを明示するのは、この神殿都市を一九一一年に

写真19　インティ・ワタナ（太陽をつなぐ柱）

発見したアメリカのハイラム・ビンガムの発掘調査である。ビンガムは周囲の洞窟から一七三体の遺体を発掘したが、一五〇体は女性で、二三体の男性は大部分老人の遺体であった。しかも女性の遺体はアクヤクーナ（「太陽の処女」の意）と呼ばれる若い遺体と推定されている。アクヤクーナはインカ帝国の各地の首長たちの娘の中で特に美しい少女が選ばれ、アクヤワシと呼ばれる修道院のような特別な施設に入り、糸つむぎ、機織り、神酒（チチャ酒）のつくり方から、神々の祭祀に必要なことを学び、十四歳頃になると首都のクスコに行き、インカ皇帝に拝謁し、審査をうけて「太陽の処女（アクヤクーナ）」になった。そして太陽神殿で一生、神に仕えた。もし不倫をおかしたときには、生き埋めなど残酷な刑に処せられたのは、後述するシュメールの聖塔《ジッグラト》で、太陽の船に乗って来る太陽神を迎える最高神婦が、不倫を犯した場合、焚殺という極刑に処せられたのと共通している。このような「太陽の処女」たちと、彼女たちを手助けする巫女や年老いた男たちのみがいた宗教都市が、マチュ・ピチュである。ホーキンズはマチュ・ピチュに居た男たちは、中国の宦官と同じ去勢された男たちと推測しているが、[21]外界から隔然された高い山の頂きに築造された都市は、スペイン人に発見されないために秘かに作られた都市ではなく、その宗教性・居住者からみても、太陽に近づけて作られた太陽神殿都市といえる。

このマチュ・ピチュ遺跡の最上部から更に三〇〇メートルも昇ったけわしい岩陰のテラスから、アクヤクーナの中から特に選ばれた高位の太陽の処女（ママクーナ）の墓が発見された。ママクーナはアクヤクーナを指導し、取締る役であったが、このママクーナの遺体のそばから銅の凹面鏡と銅の掻爬器と毛抜き用のピンセットが出土した。

凹面鏡は普通の化粧用の鏡としては使えないし、作るのも平面鏡よりむずかしい。狩野千秋はインカのインティ・ライミ（太陽の祭り）に（狩野はインティ・ライミは「毎年六月の夏至の日におこなわれる」と書くが、南半球のインカでは北半球の夏至のときは夏至ではなく冬至である。毎年冬至の日にインカの祖先の太陽神をあがめる国家的祭儀がインティ・ライミである。）、神官が大きな腕輪にはめこんだ凹面鏡を太陽にかざし、木綿の布に火をおこし、この「聖火」を太陽神殿とアクヤクーナの館に運び、一年中ともしていたことから、この「聖火」のための凹面鏡と推測されている。[20]しかし神官の腕輪にはめこまれている凹面鏡は、ちいさいから焦点が合い（曲率がちいさい）、「聖火」をとることができたが、ママクーナの遺体と共に出土した凹面鏡は、腕輪にはめこまれた凹面鏡とちがって大きく、火はとれない。それにいけにえであるヤーマを焼いて清めるために「聖火」をとる祭儀には、アクヤクーナやママクーナは参加せず、神官（男）が行なうのだから、凹面鏡は別の用途に使われたのである。

インティ・ライミは冬至祭だが、ベルリッツは次頁の**写真20**の「太陽神殿」を示し、「太陽神殿」の中にある通常「神座」といわれている台座の**写真21**を「太陽神殿内部に冬至の朝日が差し込んだ瞬間」の写真と説明している（チャールズ・ベルリッツ『謎の古代文明』一九七四年刊　紀伊国屋書店）。私はこの冬至の朝日の差し込む「神座」はベッドとみる。そのベッドに選ばれたアクヤクーナの一人が横たわり、ママクーナは彼女の陰毛を毛抜き用のピンセットで抜き、搔爬器で女陰を開き、凹面鏡で冬至の朝日を受けて、開いた女陰に入れる秘儀を行なった。このように、毛抜き用ピンセット・搔爬器・凹面鏡は、冬至祭にママクーナが行なうもっとも重要な聖具だったから、特にママクーナの遺体と共に葬られたと、私は推測している。

エジプトの太陽神殿・聖塔《ジッグラト》の聖婚秘儀

インカのマチュ・ピチュ遺跡の冬至の朝の聖婚秘儀は、具体的な太陽との聖婚だが、古代エジプトの太陽神殿でも、インカほど具体的でなくても、冬至の日に聖婚秘儀を行なっていた。

ラムセス二世の一九王朝の頃には、エジプト王（ファラオ）が太陽神と同じように、二至二分の太陽の光を受ける形になっているが、十一・十二王朝時代に建てられたカルナックの太陽神殿では、前述したように冬至の朝日が差し込む所には祭壇がある。「祭壇」といわれているが、本来はマチュ・ピチュの**写真21**と同じ太陽神と聖婚する高級巫女、わが国の「日女」・「日妻」のベッド・寝床であったろう。

写真20　マチュ・ピチュの太陽神殿

写真21　太陽神殿に冬至の朝日が差し込んだ瞬間

太陽神殿は第五王朝時代（紀元前二四九四年～前二三四五年）から作られはじめたが、最初の頃の古い神殿はヘリオポリスにある。ヘリオポリスの太陽神殿の東側には二本のオベリスクがあり、冬至・夏至の朝日は、オベリスクの金属製の尖端をまず光り輝かせ、この光りは太陽神殿の祭壇を照した。カルナックの太陽神殿の太陽の高殿にも祭壇があり、冬至の朝日が窓から入って照らす。トトメス三世は冬至の朝、この高殿に昇って祭壇を照らす冬至の朝日を礼拝したが、第五王朝の頃の太陽神殿の祭壇が「母神の祭壇」といわれているのは、太陽の子のファラオを生んだ母（太陽神の妻）が、差し込む太陽神と聖婚するベッドだったからであり、インカのマチュ・ピチュのベッド（**写真21**）と共通する。

初期の太陽神殿を建てた第五王朝の三人のエジプト王（初代クセルカフ、二代サフラー、三代ネクセフラー）は、ヘリオポリスの太陽神殿に奉仕する最高神官の娘レドジェデトと、太陽神ラーとの間に生まれた三つ子といわれている（ドイツのベルリン博物館所蔵の「ウェストカー・パピルス」にそのことが記されている）。第五王朝のファラオたちは「サー・ラー」と名乗った。「サー」は息子、「ラー」は太陽で、「太陽の子」の意である。日本の天皇を「日の御子」というのと同じである。「太陽の子」のエジプト王（ファラオ）は太陽と最高巫女の聖婚によって生まれた子だが、聖婚の場所が太陽神殿である。古代メソポタミアではその場所が聖塔《ジッグラト》になっているが、この「太陽の子」をわが国では「日の御子」という。太陽の子・日の御子を帝王・天皇と見立てる信仰は、万国共通である。

「ハレム」の「神殿淫売」と呼ばれた聖婚秘儀

前章で「日女」から「一夜妻」へとなる、わが国の時代的変化について述べたが、バビロニア語で「ハレム」といわれていた、ジッグラトの最高階の太陽神殿も、時代が下るにつれて神聖視は消えてゆく。井上芳郎は「ハレム」という言葉は、シュメール語の「閉ざされた部屋」の意で、「ハレム」は「その中に起居する神聖な『神婦』そのものの名であった」と書き、「ハレム」という語は、「かつて神に奉仕する神婦としての神聖な地位であったという事を忘れてしまって、遥かに後代のギリシア的聖売笑婦の意味と解されるか、王者または富者に買われた女奴隷を収容する女部屋、又は後閨としての意味においてのみ解されている。これは勿論、決して正しい見解でない」と書いている。(7)

「ハレム」は太陽神と聖婚する密室（太陽神殿）であったが、後代になると井上芳郎が書くような意味になっていく。このような聖から賤への意味の下落は、年に一回太陽神と聖婚する秘儀の変化にもみられる。

ヘロドトスの『歴史』（第一巻一九九節）に書かれている、現代人が「神殿淫売」「神聖淫売」という、バビロニアのイシュタル（ミュリッタ・アフロディタ）神殿での儀礼が、その代表例である。ヘロドトスによれば、バビロニア人の風習で最も醜いのは、この国の女性は一人残らず一生に一度は、必ずイシュタル神殿で見知らぬ男と交わる風習であった。裕福な婦人は気取っていて、二頭立ての幌馬車で神殿へやってきて席をとる。彼女には多数の侍女が供している。だが多くの女は頭に紐を冠のように巻いて坐って待っている。神殿には綱で仕切った通路が、あらゆる方向から女たちの坐っている場所へ通じている。見知らぬ男たちが、その通路を通って女を物色する。女たちはいったん坐ると、男と交わるまでは絶対に帰宅は許されない。男は自分の気にいった女を選び出すと、「ミュリッタ女神の御名にかけてお相手願いたい」というだけでよかった。ミュリッタとはアッシリア人がアフロディテという名の女神である。男はその時、女の膝もとへ銀貨を投げるが、金額はいくらでもよかった。つまり、その銀貨は聖なるものであって、女は最初に銀貨を投げた男に従い、交わる。女は相手がいかなる男であろうとも拒絶することはできなかった。交わりがすめば帰宅が認められるが、後でもし一度交わった男が、彼女に莫大な贈物をして言寄ってきても、女は二度と応ずることはなかった。美人の女はすぐ帰宅できたが、醜い女はなかなか務めを果たせず、長い期間、居残っていなければならなかったという。

このようにヘロドトスは書き、こうした風習はキプロスのパフォス、パレスチナのアスカロンにもあったと書いている。またユスティニアヌスによれば、シリア、リビア、エジプト、アルメニアでも行なわれていたという。

神殿淫売の行なわれたイシュタル神殿のイシュタルは、ミュリッタ女神・アフロディテ女神のことだが、アフロディテはヴィナスのことである。アフロディテの祖形のイシュタル女神は、夫であり子であるタンムーズ神（太陽神であり穀霊でもある）と聖婚を行なう日妻であり、太陽神殿としてのジッグラトに居る神婦である。この神婦はわが国の「日女」だが、わが国でも「一夜妻」といわれ、聖婚は「雑魚寝」といわれるようになるが、日妻のイシュタルの聖婚秘儀も、後に年一回のイシュタル神殿での「神殿淫売」といわれるようになり、神秘性が消えていく。

バーバラ・ウォーカーは、「イシュタルは『大いなる聖娼』である。『ヨハネの黙示録』では、『淫婦たちの母』と述べられている。そのほかの彼女の称号の一つに『女神ハル』があり、この女神は自らを『慈愛豊かな聖娼』と呼んだ。男たちは、娼婦――巫女との性交儀礼を通じて、この女神との霊的な交わりを結んだ」と書く(24)が、このような記述はヘロドトスが書くイシュタル神殿で行なわれていた秘儀に原因がある。

イシュタルと太陽神タンムーズの聖婚の日は、新年の元旦といわれているが、古代の新年は冬至だったから、ジッグラトの太陽神殿での聖婚も冬至の日である。冬至の日に行なわれていることからみても、神といっても日神との聖婚である。その聖婚秘儀が後代になると零落して「神殿淫売」と呼ばれるような風習になったが、「神殿淫売」はイシュタル神殿だけではない。ジェイムズ・フレイザーは、「シリアのヘリオポリスあるいはバールベクでは、アスタルテーの神殿ですべての乙女は、その身を外来の異人に委ねることを、国の慣習で要求され、人妻もまた乙女たちと同じやり方で、この女神に対する信心のほどを証明した。ローマのコンスタンティヌス皇帝は、この慣習を廃棄し、神殿を毀し、その代わりに教会を建てた」と書く(25)。フレイザーの書く神殿はイシュタルの神殿ではないが、アスタルテ女神もイシュタル女神と同じに、アフロディテと同一視されているから、日神の妻としては、同性格であり、太陽の子といわれる王を生む太母《グレート・マザー》である。したがってアスタルテ神殿でもイシュタル神殿と同じ秘儀が行なわれているのである。

イシュタルやアスタルテに重ねられたアフロディテ(「ヴィナス」とも呼ばれる)の信仰の中心地はキプロスだが、キプロスのパポスにあるアフロディテ神殿では、宗教的淫売の慣習があった。この慣習はキニュラス王によって創始されたといわれているが、王は王女たちを「神聖娼婦」にしたといわれている。後代では、

「神聖娼婦」と呼ばれているが、キニュラス王は王女たちを日妻にしたのである。

フレイザーは『金枝篇（三）』でこうした風俗について、「フェニキアの諸神殿では、女たちが礼拝に際して賃銀をとって、操を売った。こうすることによって女神の恵みに浴することができると信じた。またアリ人の女で結婚が近づいた娘は、門の傍で七日間にわたり姦淫することが律法で定められていた」と書く。更にフレイザーは、「リディアのトラレスで発見されたギリシア語碑文は、宗教的売淫の慣習がキリスト紀元第二世紀のころまで残存していたことを証明している。碑文はオウレリア・アエミリアなる女が、その神の厳然たる命令により売女の資格で奉仕したのみならず、その母親も、そしてその女の祖先たちも、彼女に先だって同じことをしたと記している。奉納の供物を支える一本の大理石柱に彫られた銘文にも、このような行為をおこなった家系が、何らの汚点をつけられなかったことを示している。アルメニアでは、貴族の娘たちはアキリセナにある神殿で、アナイティス女神に奉仕するために奉献された。娘たちはそこで結婚前の長い期間を聖娼として過した。彼女たちの奉仕期間が終った後、誰もそのような娘たちを娶ることを躊躇しなかった」とも書く(25)。

アルメニアのアナイティス神殿のアナイティスも、イシュタルやアスタルテと同じに、アフロディテとダブルイメージでみられていた。したがって同じ秘儀が神殿で行なわれている。

『旧約聖書』のエゼキエル書に、エルサレムの「神殿淫売」について、

路の辻々には高い床をつくりて、汝の美しさを辱《はず》かしめることとなし。すべて傍らを通る者に、足を開きて大いに姦淫をおこなう。……汝、この諸々《もろもろ》の事なせり。これ我儘なる遊女の所業なり。汝、路の

辻々に高楼を作り、巷々《ちまたちまた》に床を作りしが、金銭を受取らざりせば、娼婦のごとくならざりき。

とある。エルサレムでは神殿というより「高楼」になっているが、金銭を受取らないことにおいては「娼婦」ではない。この風習も古いイシュタル神殿やアフロディテ神殿の聖婚秘儀の名残りである。

イシュタルやアフロディテと同性格の古代エジプトの神は、イシス女神である。イシスについてバーバラ・ウォーカーは、エジプトの聖典では、「生成変化するものすべてを生んだ女神」、「この世に初めて太陽が昇ったそのときに、太陽を生んだ、生命を与える者（傍点引用者）」と書かれていると書く(24)。イシスは日妻である。歴代のエジプト王の王女も、ヘロドトスの『歴史』によれば、イシス神殿の最高巫女であると共に、神聖娼婦であった。フク王の娘は、娼婦として得た金をピラミッド建設の資金にしたという。彼女が生活に困っていたわけではないのだから、イシュタル（ミュリッタ）神殿の例のように、この場合の金銭は聖婚の意志表示であり、神への供物である。したがってピラミッド建設の資金に困って、フク王は娘を娼婦にして稼がせたなどという、現代的解釈もあるが、このような解釈は、古代人の聖と俗の一体化の考え方から、聖を切り離してしまった現代人の卑俗的解釈である。

イシス神殿の「聖婚秘儀」（いわゆる「神殿淫売」）は、エジプトの場合バビロニアよりももっと娼家的なものであった。イシス女神とその分身の豊饒神の神殿は公共的な娼家であり、神官や宦官の司祭たちが女衒の代役をつとめた。しだいに生殖的な意義は喪失し、性愛行為が商的行為に堕落し、遊戯的な性愛行為の場となり、女性の媚術が凝らされ、聖婚秘儀は、「淫売」という商行為に堕落していったが、豊饒祈願のための生殖的性愛行為が、「神殿淫売」化したのであり、イシュタル、アフロディテ、イシスなどの女神は地母神としての豊饒神であった。

なお、太陽神と聖婚する密室（太陽神殿）の意味の「ハレム」も、後代になると井上芳郎の書くように（四五八頁参照）変っていく。聖から俗になっている。したがってこの俗化した視点で古代の秘儀を見たのでは、見えるものも見えてこない。俗化以前の原点は、前述した太陽神殿で高級巫女（日妻）が日の光を受ける聖婚秘儀であった。時代と共に「神聖」視されていた物事は俗化していく。そのことは第十二章「日神の妻の『日女』から『一夜妻』へ」でも詳述しており、洋の東西を問わず同じである。そのことを示す意図も含めて、第十二章・第十三章を書いたが、それを「大衆化」ともいうが、「民主主義《デモクラシー》」という言葉は、「聖」なるものを「俗」化させていることを忘れてはならない。

古代人の太陽信仰について、さまざまな角度から論じたが、人智で「原子力」なるものを作り出したが、一方で「日光」を電力化せざるを得ない時代にもなっている。「原子力」は現代の人工の知恵だが、「日光」は原始からの自然の恩恵である。この事実を「世界各地の古代の太陽信仰」を紹介した終りに、指摘しておく。

十四章　太陽信仰と渦巻文

――死と再生の循環神話――

アイルランドと日本の渦巻文と同心円文

前章でアイルランドの紀元前四〇〇〇年末のニューグレンジ遺跡の円形羨道墓で、冬至の日とその前後の数日間、奥室まで朝日が差し込む図90（四六二頁）を示した。次頁の写真22は冬至の朝日が入口の上の窓から差し込むニューグレンジ遺跡の羨道。写真23は冬至の朝日に照らされた羨道の奥にある室の壁の渦巻文である。

私は一九九三年の夏、この遺跡を訪れているが、冬至の朝日だけでなく冬至の夕日は写真24の渦巻文の巨石を照らす。このように冬至の朝日・夕日のみが、なぜか渦巻文を照らすが、ニューグレンジ遺跡と同時期のノース遺跡が近くにある。この遺跡の墓室の羨道にも冬至の夕日が差し込むことを、私はこの遺跡も訪れて、遺跡の管理者から聞いたが、ノース遺跡には十七個の縁石に渦巻文が刻まれている。写真25の渦巻文の横にある文様は、私がアイルランドで求めた『アイルランドの巨石美術』の著書ムイリス・オサリヴァンは、「日輪」または「日時計か」と書き、「このモチーフはニューグレンジ、ラフクルー、さらにノースのほかの場所でも認められる」と書いている。ノースの奥の右副室には図93のような石槽があり、火葬した遺灰が入っていたが、石槽には渦巻文が施文されており、オサリヴァンは、こうした羨道墳でもっとも重視されているのは奥の右副室だと書いている。とすれば、その右副室に置かれた石漕の渦巻文は、ニューグレンジの羨道墳の奥室の冬至の朝日が照らす位置にある壁の渦巻文（写真23）と、同じ意味をもっている。

こうした聖なる場所の石造物に施された渦巻表現は、アイルランドだけでなくスコットランドにもみられ

写真23　冬至の朝日に照らされた奥室正面の壁の渦巻文

写真22　冬至の朝日が差し込むニューグレンジ遺跡の羨道

写真24　ニューグレンジ遺跡の冬至の夕日が照らす渦巻文などのある巨石

る。次頁の**写真26**はスコットランドのグラス・トゥィ出土の紀元前三〇〇〇年紀の石球である。ジル・パースはこの渦巻表現を「死と再生」の表現と、『螺施の神秘』で書いているが、(1)渦巻表現の見られるアイルランドの聖所は、墓地であり、冬至・夏至の日の出・日没の遥拝地でもあるから、多様な渦巻表現も「死と再

写真25 ノース遺跡の渦巻文と太陽または日時計表現

図93 ノース遺跡の渦巻文のある石槽

写真26　紀元前3000年紀の石球（スコットランド、グラス・トウィ出土）

図94　福島県双葉町清戸迫横穴古墳の奥壁に描かれている渦巻文

図95　福島県いわき市館山横山古墳の壁画の渦巻表現

図96　福島県南相馬市羽山横穴古墳の壁画の渦巻文

生」の表現と見てよいだろう。

ニューグレンジの「羨道墓」の奥壁には渦巻文が見られるが、**図94**は福島県双葉町の清戸迫横穴古墳、**図95**は福島県いわき市館山横山古墳、**図96**は福島県南相馬市羽山横穴古墳の渦巻文で、いずれも壁画である。

辰巳和弘は「宮城・福島・茨城の三県にまたがって、その太平洋沿岸地域を中心に六〇数基」ある古墳壁画は、「福岡県・熊本県・大分県に分布する九州の壁画古墳の図文に共通するものが多い。これは東国の壁画古墳が、人々の移動をも含めて、九州地方の古墳の強力な影響下に生まれたことを推察させる」と書いている。[2] 茨城県勝田市の虎塚古墳も装飾古墳だが、この古墳を発掘調査した大塚初重も、「虎塚古墳の壁画のモティーフは、北部九州とくに熊本・福岡県下の古墳壁画にきわめて共通している。（中略）東国の古墳壁画の系譜は、文様の構図と種類、描き方、顔料の選択など、いずれも九州の古墳壁画と関連する点が多く、両者に密接な歴史的な関係が存在していたものと思われる」と書いている。[3]

六世紀代の九州（主に福岡県・熊本県）の装飾古墳が消滅する六世紀末から七世紀前半にかけて、茨城県北部・福島県・宮城県南部の太平洋沿岸地域に装飾古墳が現われるのだが、九州の装飾古墳は渦巻文か蕨手文、同心円文になっている。蕨手文や同心円文が渦巻文の発展したものであることは、「渦巻文と螺旋の考

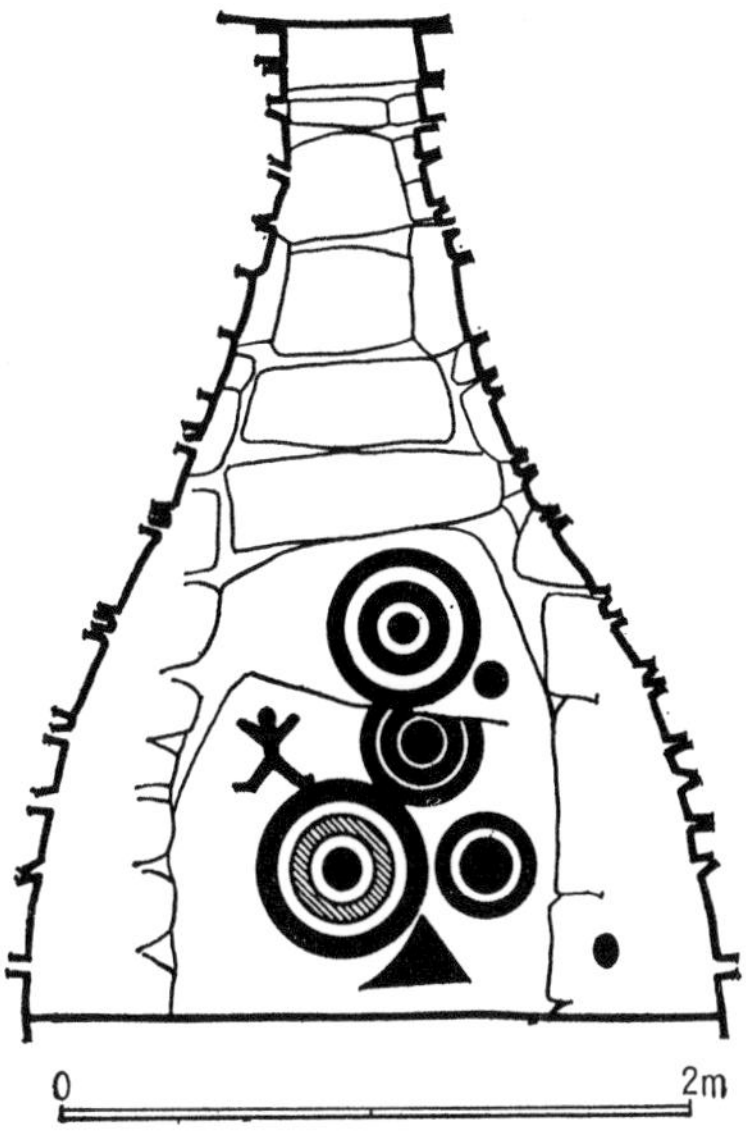

図97　古畑古墳　石室奥壁実測図

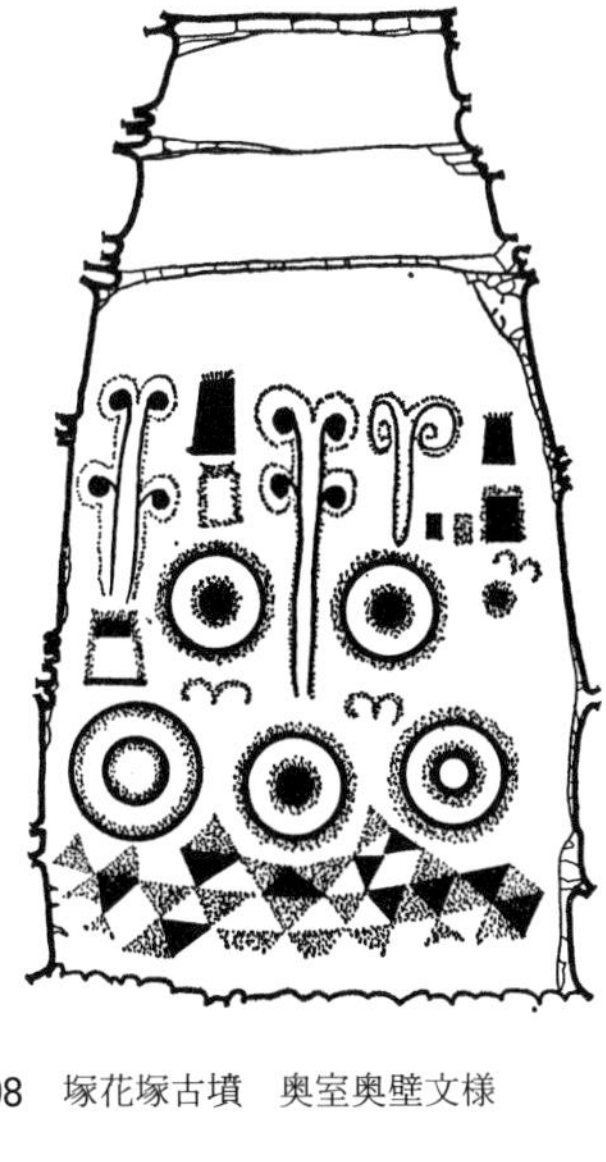
図98　塚花塚古墳　奥室奥壁文様

古学」を論じた拙稿（「東アジアの古代文化」七六号～八三号、一九九三年～九五年）で詳述した。

　前頁の図97は福岡県うきは市吉井町の古畑古墳の石室奥壁の壁画である。田中琢は『古鏡』所収の「倭鏡のイコノグラフィー」で、この図97の「同心円文」や、「中心に点をもつ円文」「点も欠く単なる円文」も含め、渦巻文が変化した文様と書いている。理由は、内区外周に渦巻文を施文する内行花文鏡は、漢鏡・倭鏡を問わず渦巻文を同心円文・円文に変えているからである。[4] この田中見解は通説だが、渦巻文の変化したのが同心円文とすれば、東国の渦巻文は古型だが、九州の同心円文と同じ意図で古墳に描かれたのであろう。

　前頁の図98は福岡県うきは市浮羽町の塚花塚古墳の奥室の壁画である。同心円文と蕨手文が描かれている。図97の古畑古墳と同じ吉井町の珍敷塚古墳の奥室の図99の壁画では、蕨手文は

図99　珍敷塚古墳の天鳥船を示す壁画略図

渦巻化しているが、渦巻文・同心円文・蕨手文は呪術的意味として共通である。

渦巻文は太陽の死と再生を示す象徴（一）

図99の珍敷塚古墳の壁画の左端の絵について、大林太良は「舟にとまった鳥はカラスらしく、これが右側のヒキガエルと相対している。中国思想によれば、カラスは太陽を、ヒキガエルは月を表すから、船の上の同心円文は、この場合は鏡よりもむしろ太陽、右端の円文は月を表している」と書く。(5) 松本信広はこの絵について『日本書紀』の天鳥船神との関係で論じているが、「鳥船」といわれている理由については、米田庄太郎の「天鳥船」と題する論文を紹介している（「芸文」八巻二号・三号、一九一七年）。米田庄太郎は「死後霊魂は太陽に随うて彼岸に行く、或は彼岸は太陽又は天にあると云う信仰が結合して複合的神話として成立したのが鳥船神話であり、この形式の神話は、今日南洋、西北アメリカ、アフリカ等に行われている」と書き、「ヤマトタケルが鳥に化したという伝説」や、「古墳から船形棺の発掘されることから、死後霊魂は船に乗って彼岸に運ばれる」という信仰があったと、書いている。

松本信広はこの米田説を紹介して、次のように書く。

古代の墳墓より発見せられる粘土槨とか木炭槨と云われるものは、原始的の舟型の木棺を押し包んで埋葬した如く考えられる。また木棺の残片の中にも船木の転用であったらしい例証が発見されておる。出雲の猪目洞窟より発見せられた木棺の断片は、明らかに古代船板から成っておる。

志摩半島で棺のことをノリフネといい、常陸の海辺で葬儀の世話役をフナウドと呼び、一般に棺をフネ、入棺をオフネイリと云うことが注目されており（民俗学辞典）、古語で柩のことを奥津棄戸《おきつすたへ》ということも海の中に棄てる容器の意味と云われておる。へという言葉が古代形べであり、舟を指す古語であると云う説が提起せられておることも注意すべきである(6)。

図100　福岡県筑紫野市の五郎山古墳の壁画

図101-1　図99の壁画の向って左の「太陽の舟」拡大図

図101-2　エジプトのテーベのセム・ネジェムの墳墓の壁画

『住吉神社神代記』の「膽駒山神奈備本記」は「日神を出し奉る」のは船木氏の祖と書き、船木氏の祖が作った船二隻を墓に納《おさ》めたと書く。この伝承も墓に船を納める船木氏は「日神を出し奉る」と、特に書いており（三六一頁参照）、舟と墓と太陽を関連させているのは、舟は単に死者を運ぶ棺の役目だけでなく、死と再生の輪廻を示しており、したがって輪廻表現として渦巻・同心円文が描かれているのであろう。太陽そのものが毎日死と再生を繰り返している。古墳に渦巻文・同心円文・舟が描かれるのは、死と再生の表象表現である。

図100は福岡県筑紫野市の五郎山古墳に描かれている舟の絵だが、棺を載せた舟の上に多数の星が描かれており、死者の棺を載せた舟だから、「星―舟―墓」イメージは「夜」表現である。しかし図99の絵の左端の舟は図101―1で示したが、この舟の上には同心円の太陽が描かれている。茂在寅男は『古代日本の航海術』で、図101―1の太陽と舟の絵と、エジプトのアメンヘテプ二世時代（紀元前一四六〇年頃）のセム・ネジェム墓の壁画絵画の図101―2を示し、「互いに遠隔の地に、時代も離れて住んだ二種類の人達の間にはなんらかの思想の伝達があったに違いない」と書き、古代人は「想像もできないほどの長距離を移動したのではないか」とみて、エジプトの絵の表現がわが国に影響したと書いているが[7]、エジプトでもわが国でも共通認識があったから、似た絵画表現が見られるのである（そのことは拙著『神々の考古学』で詳述した）。

図102　西の山の洞窟（ドゥワト）へ入る太陽の舟

図102はエジプトの『死者の書』に載る西の山の洞窟へ入る太陽の舟である。太陽の舟は洞窟（夜・冥界）を十二時間、西から東に向かって航行する。このような壁画を「ドゥワト（冥界）にあるものの書」というが、「ドゥワト」は単なる死者の国ではない。『死者の書』が『日のもとに出現する書』と呼ばれているように、再生のために通る洞窟であり、子宮であ

る。墓・洞窟が子宮に見立てられていることは、沖縄や韓国の墓の図（三一六頁）や、天照大神高座神社の洞窟が弁才天信仰の対象になっている記述（二八二頁）でふれた。「ドゥワト」は、太陽の洞窟・天の岩屋である。日神（天照大神）の隠れた天の岩屋も子宮で、女陰を突いて岩屋（墓）へ入る。洞窟（岩屋）は古墳・墓だが、この墓は再生の母胎である。そのことを図103（図60を再掲する）のエジプトのハトホル神殿の天井画が示している。

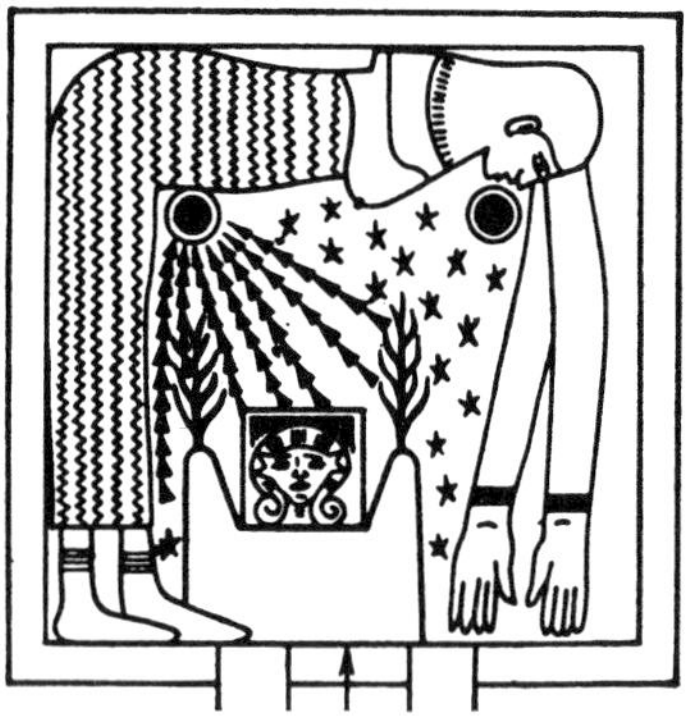

図103　デンデラのハトホル神殿の天井画

この絵では、ヌート女神の口元の太陽のそばに星が描かれており、夕日として沈む「夜」を示している。「夜」であるヌート女神の胎内を行き、下の口（膣）から朝日となって誕生する。朝日がそそぐ棺の上の顔や発芽した麦の表現は、再生を表示している。アンドレ・ポシャンはこの絵について、「毎年の冬至の日に、太陽神ラーを生みおとす自然の象徴である女神ヌートが描かれている。この太陽神ラーの光線が、復活の象徴としてオシリスの麦を発芽させる」と書いている。(8) このような太母ヌートの胎内をめぐる太陽が太母として洞窟（ドゥワト）に入る表現が図102であり、太母の胎内めぐりが十二時間の太陽の船のドゥワト巡行である。わが国の生れ変わり若返る「胎内めぐり」の風習（多くは聖山の洞窟、または寺院の人工洞窟めぐりで、善光寺本堂地下の「胎内めぐり」が有名）も、考え方は同じである。洞窟（岩屋）は古墳・墓だが、この墓は再生の母胎・子宮と見なされていたのである。

渦巻文は太陽の死と再生を示す象徴（二）

写真27はミイラを入れる棺の蓋に描かれた太陽をかかげるヌート女神である。ヌート女神は**図103**にも描かれているが、ハンス・ペーター・デュルは「多くのエジプト棺底、あるいは蓋の内側には、受胎の姿勢の女神ヌートが描かれ、棺の下部全体が「母」と称される。女神は死んだ息子を胎内に受け入れる」と書き、母とパレドロス（息子＝愛人）の聖婚によって、「死んだ息子にして愛人はヌートの体の中で新たに生まれる」と書く[9]が、ハンス・ペーター・デュルが述べている棺の蓋の絵が、**写真27**である。この絵での新生は朝日で、棺の蓋のヌートが捧げている。この太陽は**図103**のヌートの女陰から生まれる太陽、日の御子で、棺は船である。この棺の蓋の円（太陽）が、わが国では同心円文になっているが、本来は渦巻文であった。「日神を出し奉る」のは船木氏だが、船木氏が墓に入れた棺も船であった。

写真27　ミイラを入れる棺の蓋に描かれた太陽をかかげるヌート（第二十一王朝）

図104　愛媛県松山市六丁場遺跡の弥生時代の土器に描かれた太陽

図104は松山市の六丁場遺跡の弥生時代中期の土器に描かれた太陽である。古墳時代の装飾古墳の太陽表現だが（図94〜99）、渦巻文か同心円文である。古墳時代の太陽も同心円文である。図104の弥生時代の太陽も同心円文である。千田稔は同心円文の太陽の本来の表現を渦巻文と書くが、[10]四九二頁の図96の福島県の装飾古墳の渦巻文は巨大な太陽表現である。図104の外縁の表現も太陽光輝を示していると考えられるが、その表現は回転イメージで渦巻表現ともいえる。（四九二頁の図95・96も渦巻文も複数で、同心円文も四九三頁の図97・98に多数描かれており、一つの太陽表現ではない）。

私は拙著『渦巻と十字架』でわが国の渦巻表現は同心円文に変っていったが、太陽表象の一面もあったことを述べた。理由は海にかこまれた島国の人々にとって、太陽は海に沈み、海から昇るからである。海に太陽が沈む穴を渦巻と見て、その穴（女陰イメージで、海は子宮）から朝日が昇り、誕生すると表現したのである。

ジル・パースは『螺旋の神秘』で、「すべての生命の根源的な無形の母胎である水・渦の流れこそ、生命形成の根源形態である」と書くが、[11]そのことは祝詞《のりと》が示す。『延喜式』（九二七年成立）に載る大祓《おおはらい》の祝詞に、「さくなだりに落ちたぎつ速《はや》川の瀬に坐《いま》す瀬《せ》織津《おりつ》比咩《ひめ》といふ大神」が、罪や穢を「大海原に持ち出でむ」とあるが、「さくなだりに落ち」は「滝」の表現で、「たぎつ速川の瀬」は水の渦をいう。『万葉集』には、「古《いにしへ》ゆ　人の言ひ来《け》る　老人《おいひと》の　変若《をち》といふ水そ　名に負《お》う滝の瀬」（巻六・一〇三四）とある。「変若」

は「おち」といい若返ることをいうが、滝の瀬の水が「変若水《をちみず》」なのである。滝の瀬は渦を巻き、渦巻は逆転旋回するから、老人は若返り、死者はよみがえる。

滝の水は大海原に流れ込むが、祝詞《のりと》には、

荒塩の塩の八百道《やほじ》の八塩道《やしほぢ》の　塩の八百会《やほあひ》に坐す速開都比咩《はやあきつひめ》といふ神　持ちかか呑みてむ

とある。「塩」は「潮」で荒潮の会う所の速開都比売とは、開いた穴が速く廻る状態で「渦潮」であり、渦潮の穴（女陰に見立てているから、神は女神である）が呑み込むが、荒潮（塩）が集まる場所に渦潮ができる。「かか呑みてむ」とあるが、「かか」は蛇の意で、蛇のように呑み込むのは、渦潮の回転する穴、渦潮の中心の「龍穴」をいう。

渦巻に呑み込まれた罪や穢は、気吹戸主《いふきとぬし》神によって速佐須良比咩《はやすすらひめ》の居る根の国・底の国に放たれ、速佐須良比咩は「持ちさすらひて失いてむ」とあるのは、海上の渦潮（速開都比咩）の吸飲・集中と、海底（根の国・底の国）の渦潮の吐出・分散を表現している。罪・穢をもった人は海の渦に巻き込まれ（死に）、海底で洗われ（巻かれ）て、清浄な人に生まれ変わるという。老人は変若《おち》水によって若返るといわれているが、滝の渦（瀬織津比咩）・海の渦（速開都比咩・速佐須良比咩）は死者をよみがえらせる変若水である。そして速開都比咩・速佐須良比咩は海の太母であり、この太母の象徴が渦巻文であることを、**図93**〜**104**の渦巻文・同心円文があらわしているが、海の民のわが国の古代人は、エジプト人と違って海に沈み（死）、海から昇る（再生）太陽に、渦巻文様を重ねている。そのことはわが国以外の海の民にも見られる。

写真28はギリシアのエーゲ海のクレタ島出土の壺（紀元前一七〇〇年〜紀元前一四五〇年）だが、絵にはホ

ラ貝が描かれており、海中表現だから同心円文に放射状の形が描かれている絵は、「ひとで」と見られている。しかしこの絵の同心円文は太陽で、太陽光輝表現が「ひとで」と誤解されているのだが、誤解の理由は海の中で太陽が輝くはずはないと、一般に見られているからである。しかし同じギリシアのエーゲ海のキュクラデス群島出土の、紀元前二七〇〇年～紀元前二三〇〇年頃の写真29の土器文様の真中の絵は太陽と見られている。同心円文と渦巻文の相違はあるが、表現は同じだから、写真28の絵も太陽である。なぜ海中に太陽が描かれているのか。図105は写真29と同じキュクラデス群島出土の同時代の土器文様だが、太陽が魚と渦巻文に囲まれている。この絵の太陽と渦巻文（同心円文）を合体した表現、つまり回転する円イメージが図104である。図106は紀元前四五〇〇年頃のギリシア本土出土の壺の赤絵だが、三匹の魚にかこまれているのも、太陽である。このように太陽が海中にある絵が、なぜ書かれているのか。理由はクレタ島やキュクラデス群

写真28　太陽を描いた紀元前2000年紀のクレタの壺

写真29　渦巻文の太陽表現のあるキュクラデスのフライパン型土器

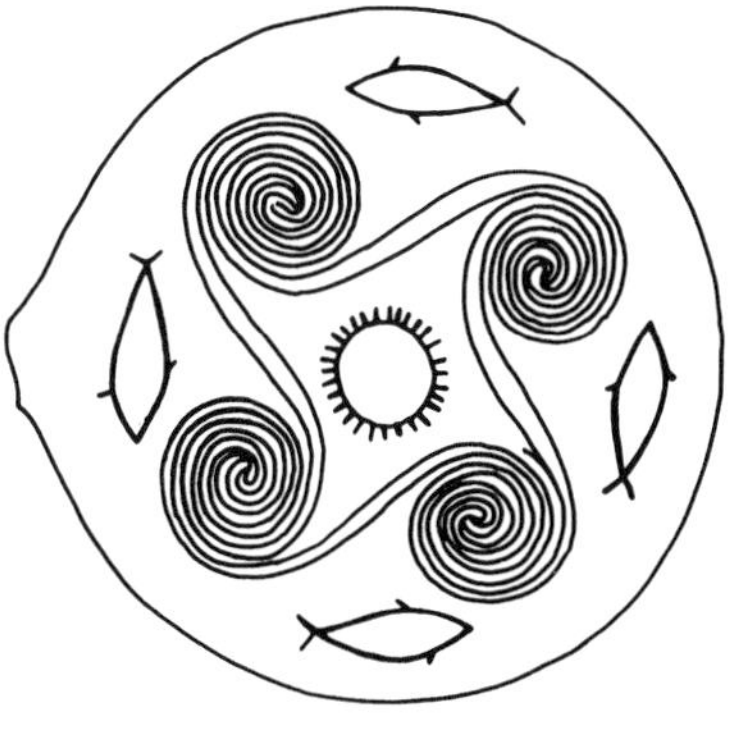

図105　水の渦を表現するキュクラデスのフライパン型遺物

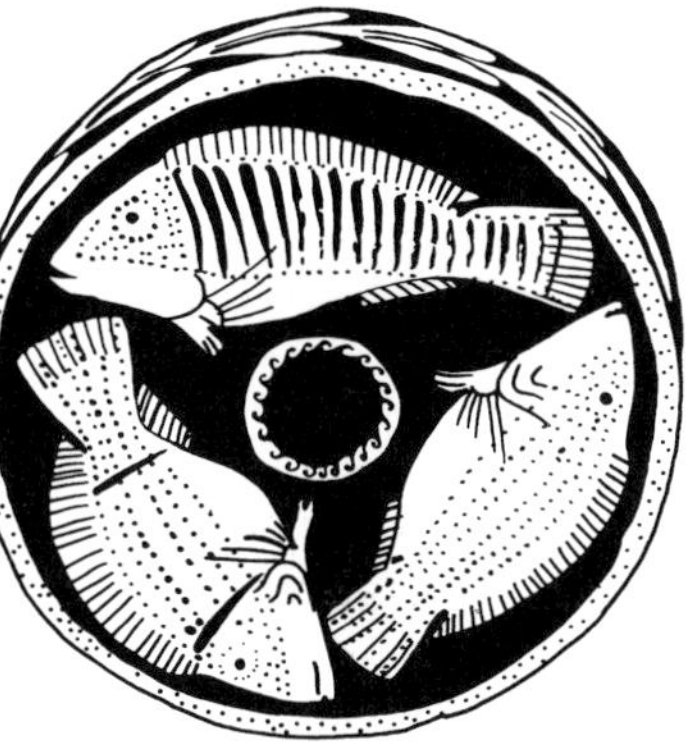

図106　紀元前450年頃のギリシアの壺の赤絵

島の人々が見る太陽は、海に沈み（死）、海から昇る（再生）からである。海は再びよみがえる太陽を生み育てる母胎・子宮であった。その象徴が渦巻文であり、同心円文はその変型なのである。この渦巻文＝同心円文の関係は、前述（四九二頁〜四九三頁）した装飾古墳の同心円文と渦巻文の関係を示しており、九州の同心円文も、福島県の渦巻文も、いずれも太陽表現であった。

九州や福島県・茨城県の装飾古墳は、いずれも海岸近くにあり、海の渦潮イメージの渦巻表現だが、海と太陽にこの表現が深くかかわっていることに、私は注目している。

海・船の子宮表現と空船《うつぼふね》伝承・日光感精伝承

海は母胎で太陽は海（母）から生まれる子と見られていた。次頁の図107・108・109は「フライパン型」と呼ばれているギリシアのキュクラデス群島出土の土器である。写真29のフライパン型土器の取手というべき部分が、図107・108・109では人の足の形になっていて、逆三角形の真中に一本の線を入れているが、この表現は女陰表現である。フライパン型土器の渦巻文と太陽表現に女陰が記されているのは、この造形を海の女神、太陽を産む母神と見立てていたからで、それが海の渦巻であった。

特に図109には魚と船が描かれている。魚についてバーバラ・ウォーカーは、『神話・伝承事典』で、「太母の世界的シンボルは『魚の容器』vesica piscisと言われる、先の尖った楕円形の女陰を表わす記号であった。これは、ヒンズー教徒が女陰の女神そのものの添え名にしていた『魚のような匂い』と関連があった。ヒンズー教徒は、女の性器は魚のような匂いがすると言っていた。中国の太母観音（女陰のなかの女陰）はしばしば魚――女神として出現した。シヴァのペニスを呑み込んだカーリーは『魚の目をもつ』者であるミーナークシーになった。エジプトで、オシリスのペニスを呑み込んだイシスが『深淵の大魚』アプトウになったのと同じだった。魚と子宮はギリシア語では同義語であった」と書いている。また「キリスト教の魚を表わす記号は、女神の女陰、すなわち天国の門の記号と同じであった。つまり二つの三日月が魚の容器を形成している。ときには、子供のキリストが容器の中に描かれていることもあった。容器は聖母マリアの腹の上に

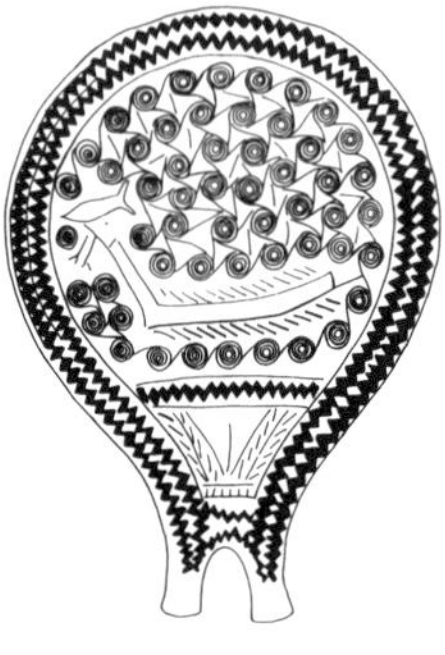

図107　舟と魚の絵のあるフライパン型遺物

図108　三角形で陰部、タテ線で陰門を表現したフライパン型遺物

図109　図108と同じ女陰表現のあるフライパン型遺物

置かれていて、古代の女神のシンボリズムの場合と同じく、明らかに子宮を表わしていた[12]」と書いている。魚が子宮表現であるように、舟も太陽・日の御子を宿す子宮と見られていた。

舟についてはエリッヒ・ノイマンは、『グレート・マザー』で、ユングが船を女性容器と見ていることに関連して、舟は「生命を保存するノアの箱舟の誕生象徴のように、大いなる女性の容器象徴に属している。このことは、語源学的に次のように確認される。『より古い語法において、舟ということばは《容器、皿》をも意味した。この用法の名残は、炉とか炉に組み込まれた水の容器である舟である』（クルーゲ、A・ゴーチェ共著『ドイツ語語源学的辞典』）。舟を容器と表す名称は、多くの言語において見られる。たとえばKanna（壺）―Kahn（小舟）の語源は等《ひと》しい」と書いている[13]。

日本の「舟」については、石上堅が『日本民俗語大辞典』で、「丸太を穿り凹めた物は、すべてフネ」というと書き、その例をあげ、「造船物語」では「稚い児を神とが説かれるが、舟行く者の守り神が女性になっている」ことから、舟は女性と見立てられていると書く。そして「垂仁天皇の皇子本牟智和気御子《ほむちわけのみこ》が三十歳になっても、物も言えぬので二俣小舟にのせ、倭の市師池、軽池にうかべゆらした呪法は、鎮魂呪術の根底にある」と書き、「葦舟によって漂蕩させられた蛭子神も、育児・出産の守護神淡島様（和歌山県加太神社祭神）に転生するのも、その一証になる」と書く[14]。

折口信夫も「舟」は「甕」「壺」と同じ神器と見ており[15]、神体を奉戴する「山車《だじ》」は「舟」といれる例をあげている[16]。そして「うつぼ舟」について、「中がうつろになったもの」で、「たまのいれもの」が「空舟《うつぼふね》」だと書く。「たま」とは「霊魂」「神」である[17]。

「大隅正八幡本縁事」（建武二年〈一三三五〉に書かれた『惟賢比丘筆記』所収）に、

震旦国陳大王娘大比留女《ヒルメ》、七歳御懐妊。父王怖畏《オソレ》ヲナシ、汝等未幼少也、誰人子有慥《タシカニ》申ベシト仰《オオセ》ケレバ、我夢朝日光胸覆所娠也ト申給ヘバ、驚テ、御誕生皇子共、空船乗、流レ着所ヲ領トシ給ヘトテ大海浮奉。日本大隅磯岸着給。其太子ヲ八幡ト号奉。

とある。この記述は日光感精伝承で、女陰を差すべき「朝日」が、「女陰」をはばかって胸を差したとなっているが、差された女性は「大比留女《ひるめ》」とあり、「大日女」と書かれる天照大神と重なる。この日女と日の御子は「空舟《うつぼふね》」に乗っている。「空舟」はこのように「子宮」イメージだが、一方で前述したように死者を入れる「棺」イメージで、死と再生の「太陽の舟」である。

対馬の豆酘村で三品彰英が採取した伝承に、「昔、宮中の女院が不義のためウツボ舟に入れて流され、豆酘内院の浜に漂着した。その時すでに懐妊、かくて生れたのが天童菩薩である」と、仏教化した伝承を記しているが[18]、この「天童菩薩」について江戸時代に書かれた『対州神社誌』は、「対州豆酘郡内院村に照日之菜と云者、一人之娘を生む。……此女日輪之光に感じて有妊て男子生む。其子長するに及て聡明俊慧にして、知覧出群、僧と成て後巫祝乃術を得たり」とあり、『天道法師縁起』には、「其母或朝日に向って尿溺し、日光に感じて娠めり。……小子を天道童子と云ひ、日輪の精なるを以ての故に、十一面観音の化身と謂へり。かつて聞く。其母は乃ち内院女御の賤婢なりしと、女御は昔日大隅国より正八幡を氏神に勧請せり。内院の正八幡是也」とある。

この対馬の民間伝承は、『大隅正八幡本縁事』の伝承と関連しており、日光感精伝承と空舟伝承と日の御子誕生譚は一体になっている。舟は海と同じに母胎で、日の御子の母（大比留女・照日之菜）と舟はダブルイメージである。舟と太陽と海とかかわるわが国の伝承、太陽と舟と渦巻文（同心円文）の装飾古墳の壁画は、前述したキュクラデス群島やクレタ島の海中の太陽・渦巻文（同心円文）・船表現と共通しており、洋の東西を問わず一致している。

死と再生の輪廻を示す渦巻表現と蛇

キュクラデスの渦巻表現の土器（日用品でなく祭器）の女陰表現は、太陽の死と再生（再生は日の御子誕生譚になっている）を示している。女陰・子宮部分を渦巻文で表現した縄文晩期の土偶（青森県弘前市十腰内遺跡出土）が、**写真30**である。次頁**図110**の縄文中期の土偶（東京都八王子市楢原遺跡出土）も、**写真30**と同じ表現である。**図111**も縄文中期の土偶（富山県大山町東黒牧遺跡出土）だが、腹部と陰部に渦巻文があるが、**図112**はテッサリア（ギリシア）の紀元前七世紀から六世紀頃の太母像だが、やはり腹部と陰部に渦巻文があり、**図111**の縄文中期の土偶とまったく同じで、洋の東西を問わず古代人の思考と表現は共通しており、渦巻表現は性交・妊娠・

写真30　子宮部分を渦巻文で表現した縄文晩期の岩偶（青森県弘前市十腰内遺跡出土）

図110　粘土玉が入った縄文中期の中空土偶

図111　縄文中期から後期前半のハート型土偶の裏面の渦巻文

出産を意味している。

ジル・パースが『螺旋の神秘』で、「すべての生命の根源的な無形の母胎である水・渦の流れこそ、生命形成の根源形態である」と書いていることは前述した[11]が、渦巻文が女陰象徴になっているのは、渦巻が死と再生の循環表象だからであり、それは太陽の死と再生の循環と重なる。

写真31はエジプトの墳墓壁画だが、ラー神の頭上の太陽を蛇がとりかこんでいる。蛇は毒蛇のコブラだが、なぜ太

図112　テッサリア（ギリシア）の紀元前6300年～紀元前5700年頃の太母像

陽をとりかこんでいるのか。理由は太陽と蛇は共に「死と再生」の輪廻を示す代表的象徴だからだが、なぜ毒蛇なのか。国分直一は「台湾南部のパイワン族は、頭目家のシンボルとしての百歩蛇を好んで祖先像の頭部にめぐらし、あるいは頭上に彫刻している」と書き、「百歩蛇」といわれるのは、噛まれると百歩も行かないうちに死んでしまう、猛毒をもつ蛇だからと書く[19]が、**写真32**の表現ははっきりしないが、頭上の表現は**写真31**のエジプトの表現とまったく同じで、太陽をかこんだ毒蛇の百歩蛇が彫られている。だからといって、台湾のパイワン族が、古代エジプトの表現の影響を受けたとは考えられない。考えることが同じだったからであろう。そのことはパイワン族が表現する蛇も毒蛇であることが示している。死と再生の輪廻の強調が、単なる蛇でなく毒蛇表現になったのである。この「矛盾的自己同一」が、渦巻に対する古代的観念、つまり太陽と蛇（毒蛇）の関係である。

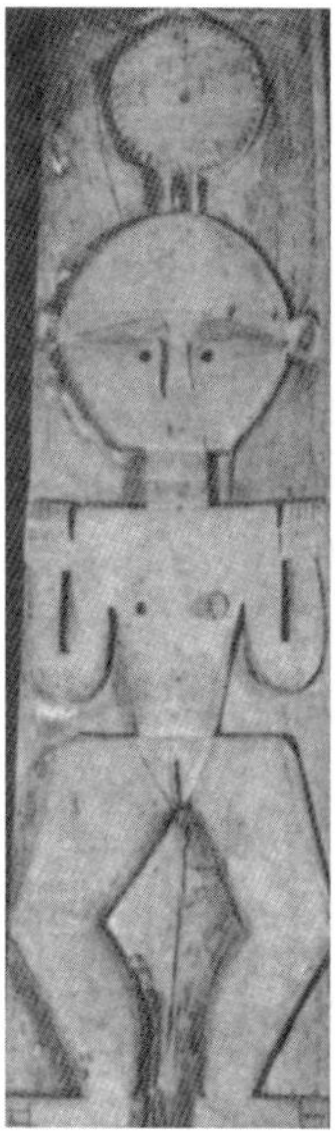

写真31　(右)エジプトの墳墓壁画の太陽をコブラがかこむ表現で描かれているラー神
写真32　(左)パイワン族の頭に太陽と百歩蛇を載せた女神像の彫刻

マリア・ギンブタスは『古ヨーロッパの神々』で、「蛇と蛇の形姿を抽象化したと思われる〈渦巻〉は、古ヨーロッパ芸術の支配的なモチーフである」と書き、「この造形表現が象徴性と審美性を統合して頂点に達するのは前五〇〇〇年頃のことであ

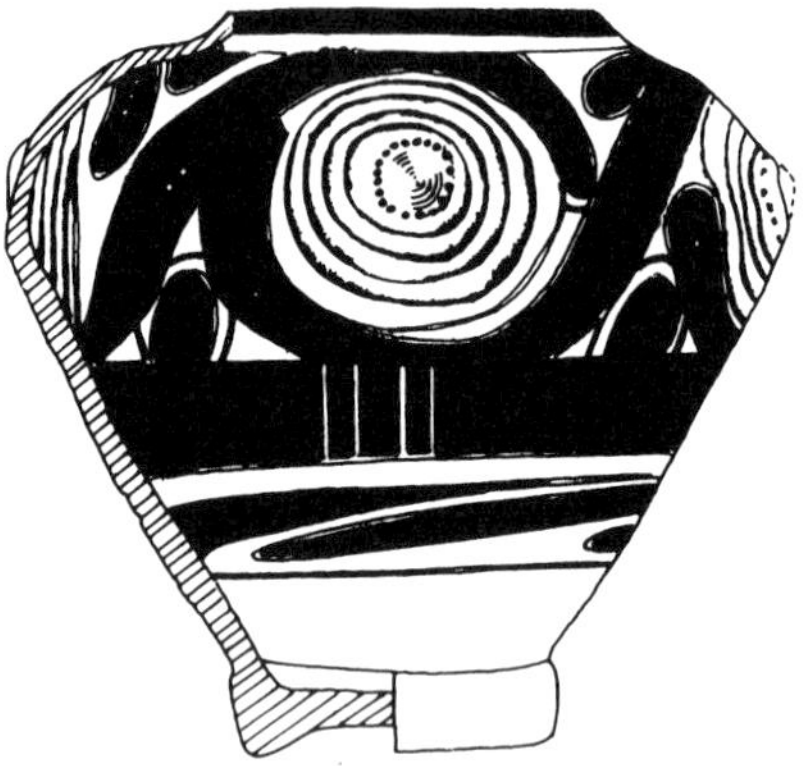

図113　ルーマニア出土の紀元前6000年紀末の壺

る」と書く。そして、「蛇の神秘的なダイナミズムや、卓越した活力、周期的に若返る生態といった属性は、新石器時代の農耕民に圧倒的な感動を呼び起こし」、「その結果、蛇という動物は全宇宙を動かしうる力をもつ者として神話化された。たとえば背を向け合う一対の蛇が祭器の肩の部分に表わされることがある」と書き、図113（ルーマニア出土の紀元前六〇〇〇年紀末の壺）を示し、「これなどは蛇が自らの身体を渦巻とする力を以って『世界を回転させている』ことを意味したのではないだろうか」と書いている。[20] またエーリッヒ・ノイマンは『意識の起源史・上』で、始源のシンボルの円は、「自己回転する生物、円をなす蛇、自らの尾を咬む始源の原蛇、自らのうちで自己生殖するウロボロス」だと書き、[21] その円（ウロボロス）は「無気味な生命力をもつ原=渦」と書くが、[22] この「無気味な生命力」が私のいう「死と再生の輪廻」である。

図115の渦巻の回転は紀元前二〇〇〇年紀中葉のクレタ島のクノッソス宮殿の写真33に見られる。中心にあるのは「ロゼット」である。「ロゼット」は円の中心から放射状に花弁を配した「円花文様」をいうが、祖型はエジプトのロータス文様（睡蓮の花を様式化した文様）の正面形をいう。鶴岡真弓は文様・象徴としてのロータスについて、「古代エジプトでは紀元前三〇〇〇年頃から、『再生』の象徴として天空神ホルスと、ま

写真33　紀元前2000年紀中葉のクレタ島のクノッソス宮殿の壁画

た『豊饒』の象徴として母神イシスと結びつけられた」と書き(23)、ジーン・クーパーはロータスを「蓮」の花とみて、「太陽の母型。日の出とともに開花し日没とともにつぼむ蓮は、太陽の再生をあらわし、転じてあらゆる再生・創造、豊饒、甦り、不死を象徴する」と書く(24)。またアト・ド・フリースは、「蓮は『生命の輪（輪廻《りんね》）』。全体で生と死の永遠の周期を表す」と書き、「蓮は太陽そのものよりも太陽による再生を表すことが多いので、再生、豊饒、女性的なるものを意味する。太陽はしばしば蓮から生まれたもの、またはまばゆいばかりの王冠をかぶり、蓮に座している若者として描かれた。エジプトでは蓮はまた（様式化された）船の絵にも描かれ、死の海からの復活を意味した」と書いている(25)。

仏教徒なら「蓮」がどのような意味をもっていたかわかる。やはり太陽イメージであり、古代エジプト人のロゼットと同じであった。この事実から見てもロゼットと太陽は、死と再生の輪廻、永遠の生（回転）を示している。

死と再生を繰り返す「永遠の生」と蛇・渦巻

クレタ島のクノッソス宮殿の壁画には、写真33のロゼットを中心に置き、左右両方向に渦巻が回転する壁画が描かれている。渦巻は左右・東西の両方向に回転している。図114はインドの創造神話の「乳海攪拌」を絵にしたものだが、蛇を縄にして「神々」と「鬼神（アスラ）」たちがひっぱっている。神と鬼・善と悪・生と死・右と左・東と西という逆転の構図は、太陽の死と再生、永遠回帰の輪廻を示す。この写真33と図114の原像は、紀元前六〇〇〇年紀末の図113の一対の蛇が両方向に回転させようとしている表現と共通している。写真33の表現はすでに紀元前四〇〇〇年紀中葉の西ウクライナ、シビンツイ出土の壺の文様（図115）が示しており、このような考え方は洋の東西を問わずあることは、インドの「乳海攪拌」が示しているが、図115と同じ表現は、図116の紀元前三〇〇〇年紀前半の中国の馬家窯文化馬家窯類型・半山類型の壺の文様の展開図からもいえる。

図114　インド創造神話の一つ「乳海攪拌」の図

ロゼットは太陽表現だが、クレタのロゼットはエジプトの影響だが、五一五頁の図117はロゼットと渦巻文を並列させた古代エジプトの墓室に描かれた文様である。このような表現からみても、太陽と蛇の関係は無視できない。そのことは連続回転表現はないが、五〇九頁の写真31・32の太陽を蛇（特に毒蛇）が囲む表現と意図は共通している。

鉄井慶紀は「図像と思想・一——伏羲女媧図・一——」で、「両極の均衡和合を象徴する二匹の蛇」は、「それが画く円環の中心を媒介として、一八〇度逆転させせると、相互に変換するので、それは『二つ巴型太

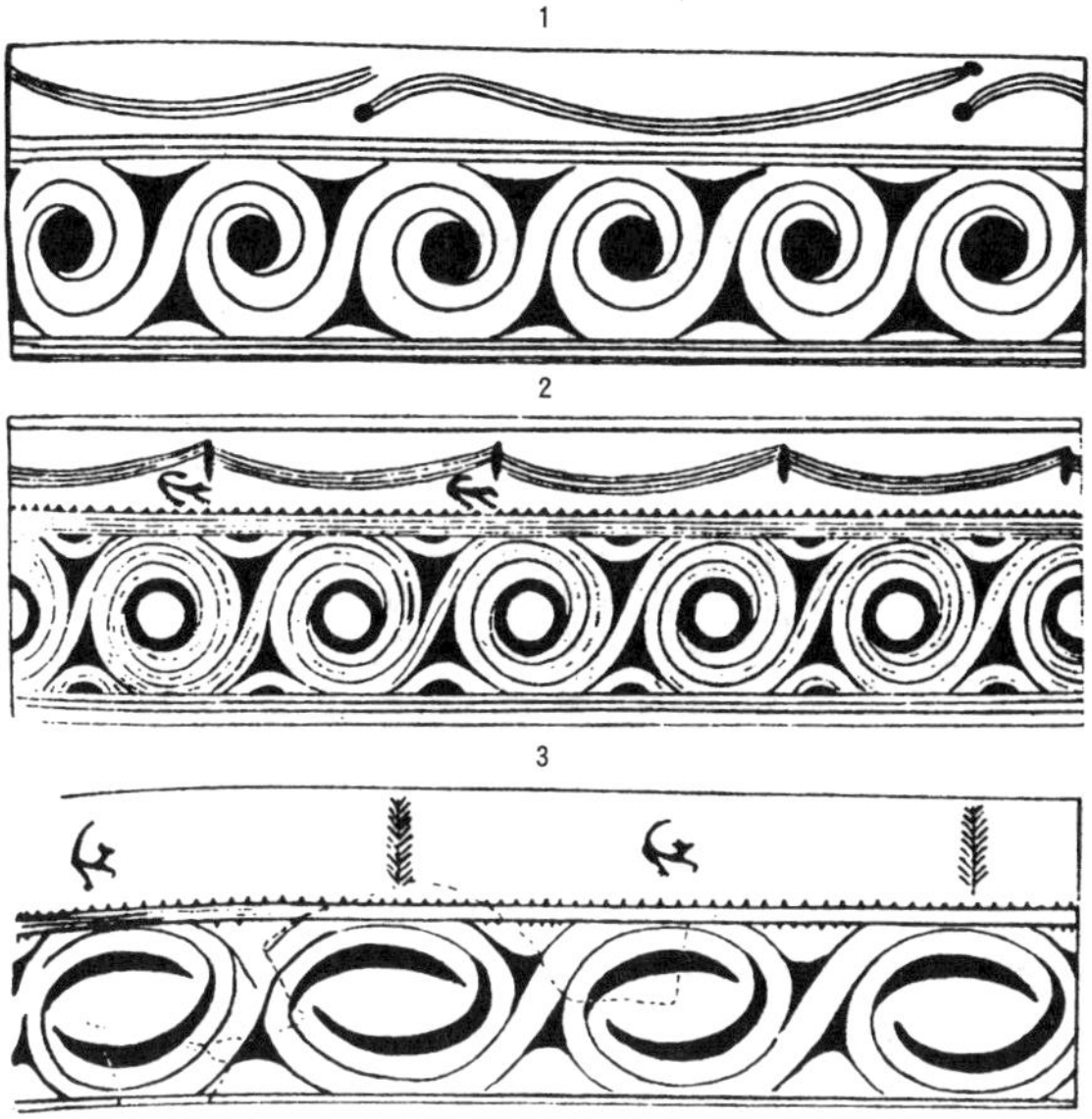

図115　紀元前4000年紀中葉の西ウクライナ、シピンツィ出土の壺の文様

図116　紀元前3000年紀前半から中葉の中国の馬家窯文化馬家窯類型・半山類型の壺の文様の展開図

極図』の原型であるということができる」と書いて、西周（紀元前一〇六六年頃〜紀元前二五六年）時代の壺蓋の絵（図118）を示す。[26] この二匹の蛇は馬家窯文化期（紀元前三〇〇〇年紀前半）には図116のような表現として見られるが、漢代になると図119の太極図となって、中国思想の重要なシンボルになっている。

図114の「乳海攪拌」の蛇の絵や、図118の二匹の蛇表現など、インドや中国では渦巻表現に蛇がかかわるが、藤森栄一は縄文土器や土偶の蛇表現について、「蛇は晩秋、霜と共に地上から消える。すなはち死である。長い冬の間に地下で睡っていることは人々は知らない。そして、五月の陽光とともに、まったく秋と同じ姿でどこからともなくやってくる。死をのりこえて生とつながっている一つの驚嘆である。そして六月卵を生む。それがマムシなら半胎生であるから、卵は母胎の中で孵化して小指ほどの親そのままの姿で産道を喰い破るように出てくる。一度、死んでも甦っていく命。……マムシは生から死、そしてよみがえって生をうむ。永遠の帰死回生の神の化身だったのである」と書く。[27] 梅原猛も「蛇は殻をぬぐ、その殻をぬぐことを、古代人は『生きかえる』と考えた。蛇は殻をぬいでおのれの古い肉体を捨てて天に帰り、新しい肉体につけかえてこの世に帰ってくる。蛇こそは、あらゆる動物の死と再生という原理をはっきりとこの世で見せてくれる典型的な動物である」と書いている。[28]

蛇が「死と再生」の生物であることは、前述（五〇三頁の図105）した水・海の「渦巻」の自然現象に、「死と再生」を見ている観念と共通するから、「渦巻」表現が蛇に見立てられているのは当然といえる。エーゲ海のクレタ島のミノス文明は、約四〇〇〇年ほど前からはじまるが（「ミノス文明」というのは、ギリシア神話によれば、ゼウスとエウロペの子のミノスが、最初のクレタ王だったからである）。クレタ王ミノスの子グラウ

図117　ロゼットと渦巻文を並列させた古代エジプトの墓室の壁面に描かれた文様

図119　漢代の「来氏太極図」

図118　西周時代の青銅器の壺蓋の絵

コスは、幼くして亡くなる。占師のポリュエイドスは神託でグラウコスを生き返らせることを命じられたので、グラウコスの墓に入ったポリュエイドスは、死体に近づく蛇を剣で斬る。すると別の蛇が死んだ蛇に薬草をこすりつけて生きかえらせた。それを見たポリュエイドスは、蛇の薬草を取ってグラウコスを蘇生させたという神話が、クレタ島に伝わっている。この神話は紀元前五世紀頃には、いくつかの劇になってギリシアで演じられている。

J・C・フレイザーは『旧約聖書のフォークロア』で、イブに禁断の実を食べさせた蛇について、神は人類に永遠の生を与えようとしていたが、使者（蛇）の悪意・過失によって、神の意志が伝わらなかったという民間伝承と、人間は永遠の生を失ったが、蛇は脱皮によって永遠の生を得たという、二つの民間伝承にもとづいて解釈している。(29)『旧約聖書』の蛇の話はオリエントの蛇の話に通じるが、クレタ島の話も含めてこれらの話は、蛇の脱皮に若返りと再生・永遠の生を、古代人が見ていたことを示している。オリエントのギルガメシュ神話の蛇は若返り・再生の薬草を人間から取る話だが、クレタ島の神話では逆に蛇の薬草を人間が盗っている。この蛇の両面性の強調は**写真31・32**（五〇九頁）の太陽を蛇、といっても毒蛇が巻きついた表現が示している。太陽の生命力・再生力を、毒蛇が太陽に巻きつく表現で、その強さを逆説的に強調している。

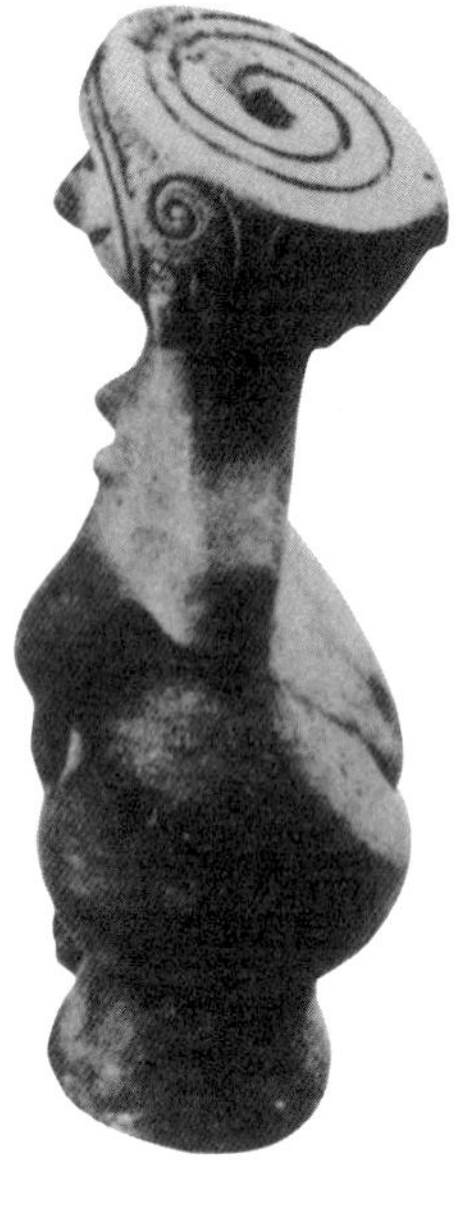

写真34 国宝に指定された「縄文のヴィーナス」（縄文中期、長野県茅野市棚畑遺跡出土）

写真34は国宝に指定された縄文中期の「縄文のヴィーナス」と言われている土偶だが（長野県茅野市棚畑遺跡出土）、渦巻文様が頭上にある。「縄文のヴィーナス」と同じ八ヶ岳山麓の縄文時代中期の土偶には、**図120**（長野県富士見町藤内遺跡出土）、

写真36　山形県遊佐町吹浦遺跡出土の深鉢・前期後半

写真35　山梨県韮崎市坂井遺跡出土の中期の土偶

写真35（山梨県韮崎市坂井遺跡出土）のような、頭部の裏面にとぐろを巻いた蛇の造形が見られる。渦巻文様とこのとぐろを巻いた蛇表現は、共に頭上に表現され、時期も縄文時代中期で同じ八ヶ岳山麓から出土しているから、同じような意図による表現と考えられる。

しかし国宝に指定された「縄文のヴィーナス」は、高さが二七センチもあり、図120・写真35の土偶にくらべて抜きんでて大型である。通常の土偶はばらばらにこわされているのに、全身どこを調べても傷らしいものはない。また、この土偶は特に穴を掘ってその中に安置された状態で発見されているから、普通の土偶とちがった特別扱いの土偶である。場所も蛇のとぐろ

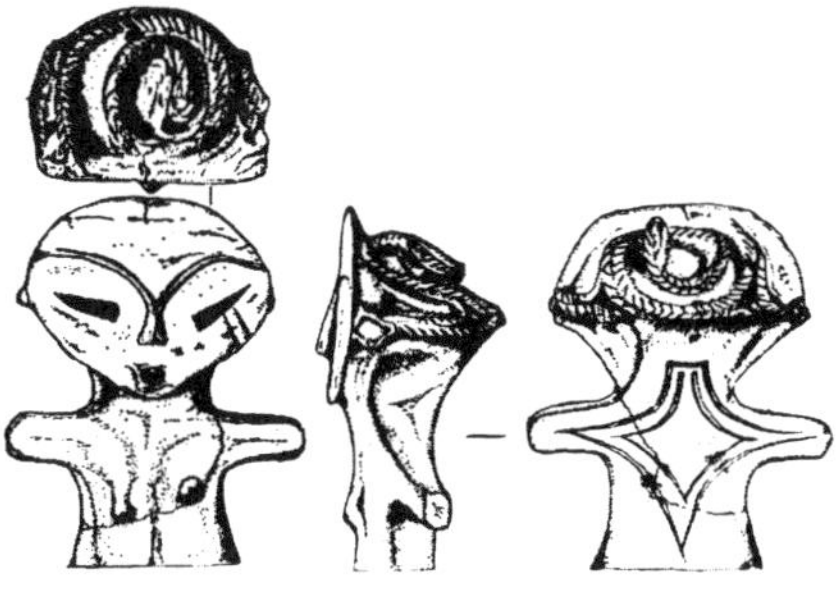

図120　蛇を頭にのせた縄文中期の土偶（長野県富士見町藤内遺跡出土）

表現のような背後でなく、頭上を平にし中央に穴を開けているから、蛇より水の渦表現といえる。具体的なとぐろを巻いた蛇表現より、渦巻表現は抽象化されているが、写真36の縄文時代前期後半の深鉢（山形県遊佐町吹浦遺跡出土）にすでに見られる。具体的なとぐろを巻いた蛇・水の渦などから、このような表現になったのだろうか、前述した世界各地の渦巻表現は、死と再生を繰り返す太陽信仰と深くかかわっている。

銅鐸に見られる渦巻表現と太陽信仰

「東アジアの古代文化」八一号（一九九四年秋号）に私は、「弥生・古墳時代の渦巻文」と題する論考を載せた。この拙稿に図121・122・123・124・125を示した。白木原和美は「銅鐸と銅鼓」(30)で銅鐸に見られる主な文様を八分類している。

① 斜格子文（横帯文・袈沙襷文）
② （連続）平行斜線三角文
③ 流水文
④ 斜行櫛歯文（綾杉文）
⑤ 四対渦文
⑥ 連続渦文
⑦ （連続）重弧文
⑧ 四葉文

図121　銅鼓の渦巻文

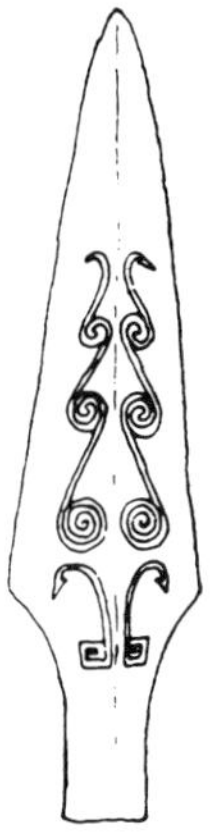

図122　トンキン出土の鏃

図123　銅鐸の主な文様

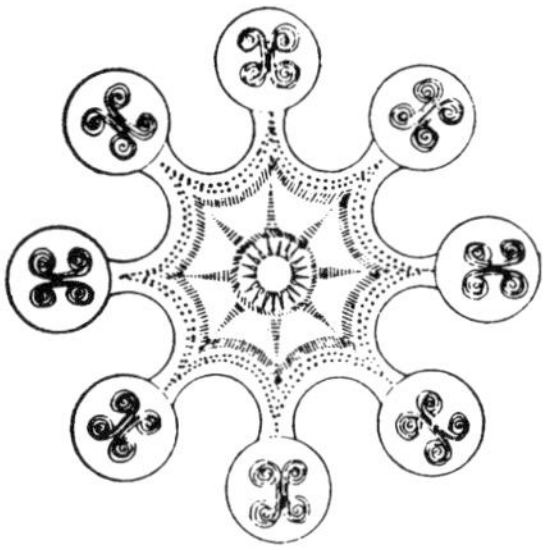

図124　青銅製八手鈴具

図125　ドンソン出土の装身具の中央部

⑤⑥が渦巻文だが、図123に載る「四対渦文」は「四頭渦巻文」ともいわれるが、図124の韓国の八手鈴具や、図125のベトナムの紀元前後を中心として数世紀続いたドンソン文化の青銅器に見られる。銅鐸や銅剣に渦巻文を施文した工人は、縄文・弥生時代の土器・土（岩）偶などに渦巻文を施文した人たちとは違うから、銅鐸の渦巻文をストレートに縄文時代の渦巻文に結びつけるわけにはいかない。海を渡ってきた青銅器工人のもたらした渦巻文も考慮する必要がある。ベトナムのドンソン文化圏には銅鐸に使われている二種類の渦巻文が青銅器に使用されており、韓国にもわが国の銅鐸の渦巻表現と同

図127-2

図127-1

図126-1

図126-2

図126･127　銅鐸の飾耳破片（図127-2は穴をあけている）

じ渦巻文が見られるから、この地域からの影響も無視できない。さらに中国の影響も考えられる。しかし縄文時代に土器・土偶に盛んに用いられている渦巻表現からみて（そのことについては、「東アジアの古代文化」に「渦巻文の出現と縄文土器」〈76号掲載〉、「縄文土器の『縄文』と渦巻文」〈77号掲載〉、「土偶と渦巻文」〈80号掲載〉で述べた）、わが国の縄文時代の渦巻表現が基底にあったことは確かである。

銅鐸の絵は単なる装飾でなく豊穣祈願の呪術的意味があるから、特に区画の中に表現されているが、渦巻文も絵画と同じに特別扱いになっているのは、渦巻文を他の文様より重視していたからである。こうした重視は縄文時代からの渦巻文に対する神聖観、死と再生の象徴としての信仰に依っている。銅鐸は音を出す道具として入ってきた外来品だが、次第に巨大化したのは、鳴らす道具から見る祭器に変質させたからである。その巨大化した銅鐸には飾耳がつけられているが、埋められた銅鐸の飾耳のみが、銅鐸からきり取られている。それが図126−1、−2・127−1、−2である。ところが写真37・38・39のように、縄文時

写真37　縄文晩期の渦巻文のみの土版

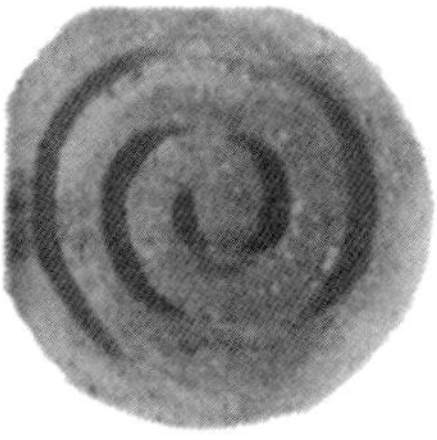

写真38　縄文晩期の渦巻文の耳飾り

写真39　縄文晩期の渦巻文の耳飾り

代晩期の渦巻文のみの土版・耳飾りが出土しているから、図126・127の銅鐸の「飾耳」のみを本体の銅鐸から切り離しているのは、「護符」として用いられていたからである。「護符」の効果は渦巻文にあったのである。

辰巳和弘は図126・127について、「いずれも渦文部分が完全に遺っており、銅鐸本体から意図的に分離させたものとみられる。しかも藤井原例（図127-2）は、本体との分離部分を渦の方向に添って丸く成形し、一つの円孔を穿《うが》って垂飾品として利用していた。こうした渦文飾耳の単独出土は、それを銅鐸本体から分離して（銅鐸を地中に埋納する時点であった可能性が強い）所持しようとした人々がいたことを示しており、そこに渦文を神聖視する思考の存在を推察させる」と書き、護符として胸飾りにしたのは「銅鐸を地中に埋納する時点であった可能性が強い」と書いているから[31]、初期の前方後円墳築造時期の人々も、縄文時代の渦巻文信仰を継承していたのである。

カール・ケレーニイは『迷宮と神話』で、螺旋・渦巻は死と再生の迷路であり、「死者がそれを通って生に立ち戻ってくる場所」であり、「祖霊復活を促そうとする場合にも、渦巻模様は不可欠の存在である」と書き、螺旋・渦巻は「もっとも客体的に、生—死—生の反覆される順序の無限性としての表現」だと書く。(32) このように渦巻文には蛇表現・水表現があり、死と再生の回転・循環運動を示しているが、その表現・運動は中国の太極図が表象しているように、すべての生きとし生けるものの根本原理を示している。根本原理の象徴が太陽である。太陽の照り輝やきがないかぎり、人を含めてすべての生命あるものの死と生の循環はない。その太陽を渦巻文・同心円文で表現していることは前述した。縄文時代の土器、弥生時代の銅鐸の飾耳の渦巻文が、護符として用いられているのも、渦巻文様の呪力・霊力を認めていたからで、それは毎日、死と再生を繰り返す太陽の象徴を渦巻の表現に見たからであろう。

死（夕日）・生（朝日）の輪廻を繰り返す太陽と渦巻

渦巻文様が護符として用いられた例は、三世紀代に使用された中国の道教の護符からもいえるが、縄文・弥生人が渦巻文を護符的文様として信仰したのは、道教の影響でなくわが国の古代人の渦巻信仰によることは、縄文土器の多様な渦巻表現や、巨大化した銅鐸・銅矛の渦巻表現からもいえる。そのことは鏡にもいえる。

内行花文鏡をわが国で作ると、渦巻文は中国鏡以上に施文されている。奈良県桜井市の前期古墳の柳本大塚古墳出土の内行花文鏡は、倭鏡だが、渦巻文は中国鏡の内行花文鏡の配置以外のところにも、施文されている。このような渦巻文への思い入れは、倭人が中国人より渦巻文に関心があったためであろう。そのことは中国鏡では鳥獣を描いている図柄を、倭鏡は渦巻文に変えていることからもいえる。

弥生時代の青銅祭器の銅鐸は、弥生終末期に銅鏡に変り、古墳時代に移行していくが、中国鏡の獣や鳥を

写真40　方格規矩鏡の全面に渦巻文を施文した倭鏡

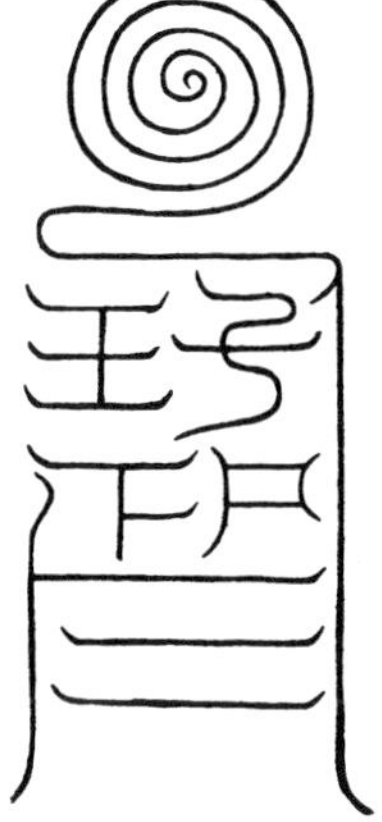

図128　三世紀代使用の道教の護符

倭鏡が渦巻文に変えたのは、銅鐸鋳造工人が倭鏡を作ったからである。弥生の唐古・鍵遺跡から銅鐸の鋳型が出土しており、銅鐸工人がいたことは確かだが、この遺跡に隣接して鏡作坐天照御魂神社がある。銅鐸工人が銅鏡工人になって祭祀したのがこの神社である。弥生時代に銅鐸を作っていた青銅器工人は、古墳時代になると銅鐸を作るようになったが、彼らの作る倭鏡は、漢鏡の方格規矩鏡の獣や神の図像を渦巻文に変え、**写真40**（出土地不明・辰馬考古資料館蔵）の「方格渦文鏡」を作っている。この写真ではよくわからないが、全面に渦巻文が施文されているので「渦文鏡」といわれているが、このような渦文鏡は中国にも韓国にもない。このように日本列島に古くから居たわれわれの先祖は、渦巻文に異常なほどの執着をもち、古墳時代にまで受けついできた。この渦巻文様は太陽信仰と無縁ではないと私は思っている。

そこで問題にしたいのは、鏡作坐天照御魂神社に近い纒向遺跡の石塚古墳出土の弧文円板である。現在地の鏡作神社と石塚古墳と三輪山頂を結ぶ線は、三輪山山頂から昇る立春の朝日遥拝線であることは前述した（一八〇頁）。この石塚古墳の周濠から弧文円板と、前述（一四三頁の図44）した鶏形木製品が出土している。鶏形木製品は日の出を知らせる鶏の鳴き声からも、太陽祭祀にかかわることも前述したが、石塚古墳そのものの位置（三輪山山頂から昇る立春の日の出遥拝の場所として後円部が築かれている事実）から、私は弧文円板も鶏形木製品と同じに太陽祭祀にかかわると推測している。

図129は弧文円板の復元図である。この弧文円板の造形に弧帯石・直弧文的要素があることは、宇佐晋一・斉藤和夫[33]、伊藤玄三[34]・設楽博己[35]らが述べている。弧帯石文様とは図130の岡山県倉敷市の弥生時代末期の楯築遺跡の「弧帯石」と呼ばれている石の文様であり、直弧文は、図131の熊本県喜島町の井寺古墳の壁画に見られるような文様である。弧帯石文様については近藤義郎[36]・伊藤玄三[34]・設楽博己[35]は直弧文が祖形と書いている。直弧文については、小林行雄は「複雑な構成の基礎」に「渦状帯」をみるが[37]、伊藤玄三は「渦巻状の形と交互クロスの文様」と書く[34]。千田稔も「直弧文は渦巻き文様と関わりがある」と書き[38]、大谷幸市も「直弧文はX印と螺旋（渦巻き）を基本に構成され、新生と復活再生の意味をもつ高度な造形イマジネーションによって考案された図形」と書く[39]。直弧文の原形は渦巻文だが、弧帯石の文様も連続渦巻文が原型であることは、くらべて見れば明らかである。図129の弧文円板の文様も渦巻文の変型で、意図としては太陽祭祀に用いられたのであろう（そのことは鶏形木製品が出土した周濠から弧文円板も出土していることからいえる。いずれも破損しているのは、こわれたから捨てられたのであろう）。

図132は弥生時代の土器に描かれた太陽だが（五〇〇頁にも掲載したが、比較のために再度掲載する）、イメー

図129　奈良県桜井市纏向遺跡出土の弧文円板復元図

図130　岡山県倉敷市弥生末期の楯築遺跡の弧帯石文様

図132　松山市六丁場遺跡の弥生時代の土器に描かれた太陽

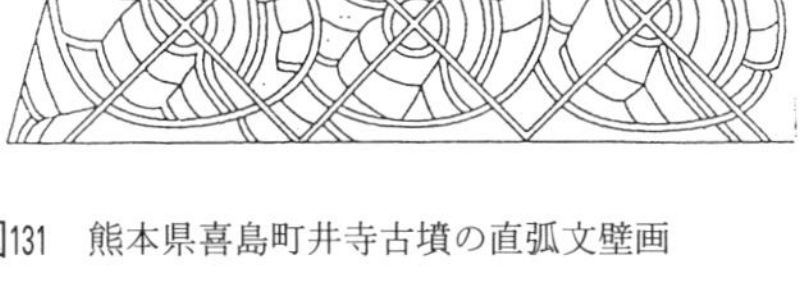

図131　熊本県喜島町井寺古墳の直弧文壁画

図133　弥生中期の土器絵画の復元図（春成秀爾復元）

ジとしては図129と同じである。装飾古墳にも図132の同心円文の太陽が多数描かれているから、そのような意味をもたせた呪術的表現が、弧文円板の表現ではないだろうか。弧文円板は直径約五六センチになる大円板である。中国鏡には三〇センチ以上の鏡はないのに、倭鏡には三〇センチ以上の鏡がある。一位は弥生時代末期の福岡県前原町平原遺跡出土の四六・五センチの内行花文倭鏡である（二位は四四・五センチの山口県柳井市茶臼山古墳出土の単頭双胴獣倭鏡）。このような巨大化は銅鐸・銅剣、銅矛などの巨大化と同じ発想だが、これらの青銅器も祭具として銅鏡に統一され、銅鏡のみが巨大化するが、そのような巨大化直前に、この巨大弧文円板が作られたのであろう。この造形に見られる回転イメージが図134の太陽の回転イメージと重なるのは、古代の日本人は太陽を渦巻文・同心円文と同じ回転イメージとして、認識していたからであろう。

　図133は鳥取県淀江町の稲吉角田遺跡の弥生時代中期の土器絵画を、春成秀爾が復元した図だが[40]、春成は同心円文に十字を入れているが、金関恕は十字はなく同心円文だけの表現が太陽表現と書く[41]。千田稔は「舟の上に描かれている同心円文は、研究者によって復原されてつく

られたもので、実のところ渦巻文である可能性もある」と書き、渦巻文は太陽に見立てられていると書いているが、[42]図134は珍敷塚古墳と同じ福岡県うきは市吉井町にある鳥船塚古墳の壁画だが、珍敷塚古墳の船の上の同心円文と同じ同心円文が描かれており、太陽であり、この構図は図133の弥生絵画と共通するし、この絵は弥生中期だが、太陽表現は図132の太陽表現とほぼ共通する。

五二五頁の図132の外周の表現は回転という動きを示しており、この回転表現は渦巻表現と重なるから、前述したように同心円文と渦巻表現は同一表現とみてよいであろう。図133・134も太陽の下に舟が描かれているが、この構図は『住吉大社神代記』の書く「日神を出し奉る」船木氏と重なるが、図135はエジプトの古墳の壁画の太陽の舟であり、この絵も船木氏イメージである。伊勢神宮の神体の「八《や》咫《た》鏡」は「御船代《みふねしろ》」と呼ばれる「船」に入っている。太陽と海との関係は装飾古墳の絵からも、無視できない。わが国の太陽＝鏡信仰の太陽は、渦巻

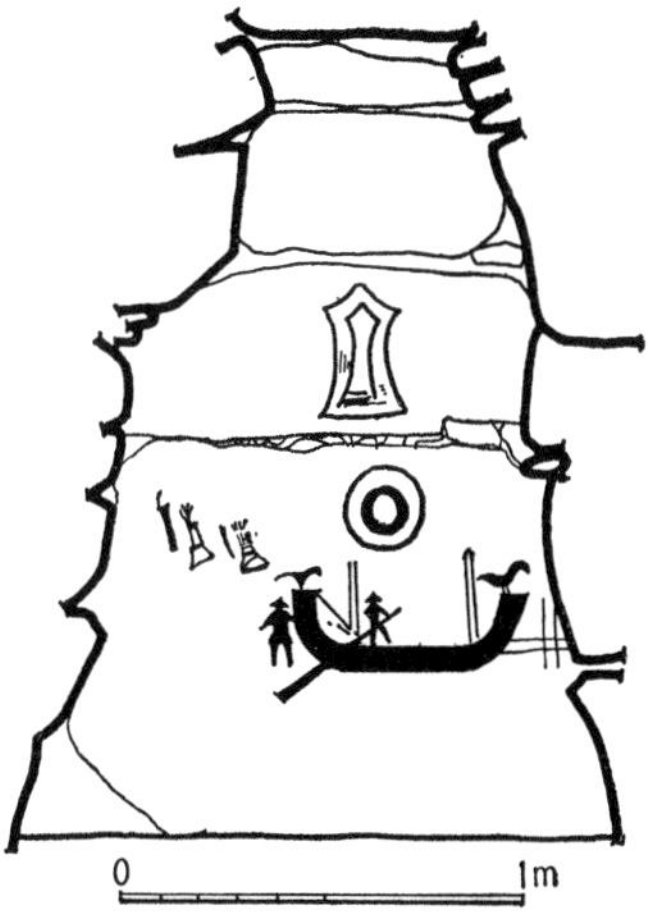

図134　鳥船塚古墳　石室奥壁

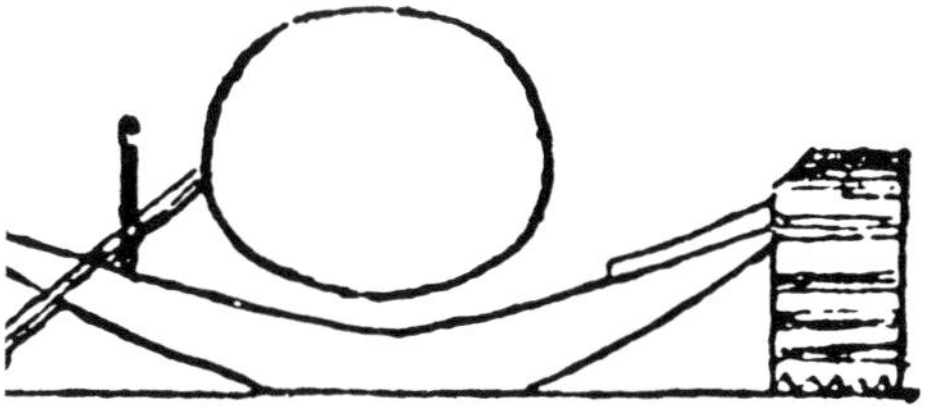

図135　エジプトの太陽の舟

文・同心円文表現と強く結びついている。

渦は新仮名遣いでは「うず」だが、旧仮名遣いでは「うづ」と書く。『延喜式』の巻八に載る大殿祭の祝詞に、

皇《すめら》、我が宇都《うづ》の御子《みこ》皇御孫《すめみま》の命《みこと》

とある。「皇」は皇祖神（天照大神）、「皇御孫の命」は天皇をいうが、天皇は皇祖神の「うづの御子」だから、「うづ」は天皇のこともいう。『万葉集』（巻六・九七三）には、

天皇朕《すめらわれ》　宇頭《うづ》の御手《みて》もち

とあり、天皇の御手を特に「宇頭の御手」とうたっている。『延喜式』の「祝詞《のりと》」にも、

皇御孫《すめみま》の命《みこと》の宇豆《うづ》の幣帛《みてぐら》

とあり（「幣帛」は特に、神にさしあげる物）、特に天皇（皇御孫の命）の幣帛に、「うづ」を冠している。

『平家物語』（巻第二・康頼祝言）に熊野三所権現に献じた祝詞が載るが、

日本第一大領験《だいりようげん》　熊野《ゆや》三所権現《さんじよごんげん》　飛滝大薩埵《ひりようだいさつた》の教令《けうりやう》　宇豆《うづ》の広前《ひろまえ》にして

とある。「宇豆の広前」は「神仏の御前」の意だから、「神仏」が「うづ」である。

『日本書紀』（神代巻・一）には、

伊奘諾尊《いざなぎのみこと》の曰《のたま》はく、「吾《われ》　御寓《あめのしたしら》すべき珍子《うづのみこ》を生まむと欲《おも》ふ」

とあり、大日孁《ひるめ》尊（天照大神）、月弓《つきゆみ》尊（月読命）、素《す》戔嗚《さのを》尊を、「珍子《うづのみこ》」と書き、「うづ」を「珍」と書く。

この「珍子」を『古事記』は「貴子《うづのみこ》」と書き、「うづ」は「珍」「貴」と書かれている。このような表記から

みても、「うづ」は特別な意味をもつ言葉である。

「うづ」は主に「天皇」をいうのは、「うづ」は本章で述べたように太陽とかかわるから、「日の御子」の天皇が「うづ」なのである。死と生の輪廻を繰返す太陽と渦巻にこそ、「珍」「貴」という漢字をあてるにふさわしく、その「うづ」（珍・貴）を「日の御子」の天皇に用いたのである。

十五章　「日本」国号の成立と太陽信仰

「日本」国号始用時期に関する諸説と批判

わが国の国号は「日本」である。この国号の命名からみても、太陽信仰とのかかわりの深さがうかがえるが、この国号の始用時期はいつ頃からであろうか。

「日本」国号の始用時期については諸説があるが、私は拙著『「日本」国はいつできたか——日本国号の誕生』（一九九六年刊）で、「日本」国号の始用時期の諸説を紹介した。

もっとも古い時期とみる説は推古朝説である。この説は『隋書』の「日出処天子」や『日本書紀』の「東天皇」などの国書の文章を論拠にしているが、推古説は平安時代に矢田部公望が『公望私記』（承平六年〈九三六〉に矢田部公望が朝廷で行なった『日本書紀』講読の記録）で述べているのが、もっとも古い。鎌倉時代の学者の卜部兼方、江戸時代の学者の新井白石・村瀬栲亭・津阪東陽らも、推古朝説だが、「日出処」や「東」が「日の本」と意味が同じだから、「日本」という表記もあったとするのは、論旨の飛躍であって、「日本」という国号表記が推古朝に用いられていたとする実証にはならない。

「日本」国号始用の時期について、かつて賛同者が多かったのは孝徳朝説である。その説の最初の提唱者は本居宣長である。宣長は『国号考』で、大化元年（六四五）七月十五日条の高麗使への詔の「明神御宇日本天皇」と、大化二年二月十五日条の蘇我右大臣への詔の「明神御宇日本倭根子天皇」を例にあげて、「日本」国号は大化元年に成立したと書く。しかし石母田正は、『日本書紀』の編者が養老公式令の「明神御宇日本天皇」を見て（『日本書紀』の成立は養老四年）、この文章を大化元年の記事に入れたのだから、大化元年から「日本」国号になったとはいえないと書く(1)。日本古典文学大系『日本書紀』の補注でも、「明神御宇日本天皇」「明神御宇日本倭根子天皇」は、『日本書紀』編集時の用語だから、「これらを根拠として、大化当時、日本・明神《あきつかみ》などの語があったことの証拠とすることは危険である」と述べている。

岩橋小彌太は『日本の国号』で、『日本書紀』斉明天皇五年（六五九）条の「伊吉連博徳《いきのむらじはかとこ》の書《ふみ》」にある、唐皇帝が「日本国天皇」といったという記事をとりあげて、斉明朝改号説を主張する(2)。しかし喜田貞吉はすでに明治三十三年に日本国号に関して書いた論文で、「博徳書の『日本』の二字は、日本紀の撰者、もしくは後人の改刪《かいさん》にして、原書には倭国天皇とありしものならん」と推論している(3)。橋本増吉(4)・坂本太郎(5)・村尾次郎(6)も、伊吉連博徳が「倭国王」を「日本国王」に改めたとし、その時期を坂本は天武天皇十二年（六八三）以降、村尾は持統天皇四年（六九〇）から慶雲元年（七〇四）の間とみている。このように「伊吉連博徳の書」に問題があるのだから、この記事をとりあげて日本国号は斉明朝から始用されたとするわけにはいかない。

天智朝説は北畠親房が『神皇正統記』（一三三九年に執筆を開始し、一三四三年に脱稿した歴史書）に、「唐書に高宗咸亨年中に倭国の使、始めて改めて日本と号す」と書いていることにはじまる。親房の「咸亨年中」は『新唐書』の「日本伝」に、

咸亨《かんこう》元年、使を遣はし、高麗を平らげたるを賀す。後やや夏音《かおん》を習い、倭の名を悪《にく》み、更《あらた》めて日本と号す。

と書いてあることによっている（「夏音」は中国語）。咸亨元年（六七〇）はわが国の天智天皇九年である。し

たがって天智朝説の論者は天智天皇九年から「倭」を「日本」に改めたと解すが、『新唐書』は咸亨元年に使者を派遣した「後」に、中国語（夏音）を習って、「倭」を「日本」に改号したと書いているのだから、『新唐書』の書くとおりに理解すれば、改号は天智朝より天武朝である（天智天皇は六七〇年〈咸亨元年・天智天皇九年〉の翌年に亡くなっている）。岩橋小彌太や(2)三品彰英も咸亨元年（天智天皇九年）の「後」に注目し、天智朝説を否定している。三品彰英は改号は咸亨元年「以後のことに属し、年次的には咸亨元年にかかるのではない」と書いている(7)。

『冊府《さっぷ》元亀《げんき》』（宋の王欽若によって一〇一三年に成立）によれば、咸亨元年三月の使者について、「倭国王、使を遣はして、高麗を平らげしを賀す」とある。この文章は『新唐書』の「咸亨元年、使を遣はし、高麗を平らげしを賀す」と、まったく文章は同じである。したがってこの時（咸亨元年）の王は「倭国王」であって「日本国王」ではない。そのことは『日本書紀』が書く天智天皇十年（六七一）十一月に来た唐の使者郭務悰がたずさえてきた信書からもいえる。信書の書函の題について『善隣国宝記』は「菅原在良勘文」を引き、「大唐皇帝敬問㆓倭王㆒書」とあったと記す。「菅原在良勘文」は「元永元年（一一一八）四月二十七日」の日付だが、なんらかの文献によって、郭務悰の書函には「倭王」とあったと記しているのである。このような文献例を示さなくても、天智朝説の論者たちが根拠とする「咸亨元年」は、「咸亨元年後」であり、その「後」を無視しての天智朝説なのだから、この主張は無理である。

上田正昭は『新唐書』の記事を咸亨元年（六七〇）の「後」と解せば、遣唐使派遣は文武天皇の大宝二年（七〇二）の粟田真人らの派遣までないから、「倭」から「日本」への改号を、上限六七〇年、下限七〇二年の間とみる。[8] 田村圓澄も天武・持統朝の七世紀後半とみている。[9] 三品彰英は持統朝の後半から文武朝の大宝二年の間とみている。[7]

このような天武・持統朝から文武朝前半までの間とする説は、下限を大宝二年にしているが、西嶋定生[10]や村尾次郎[11]は、大宝二年の七〇二年の粟田真人の遣唐使派遣にあたって、「日本」国号に改号したと推論する。

幕末の学者の椿仲輔は『日本国号論』で、和銅五年（七一二）に成立した『古事記』には「日本」の二字が見えないから、「日本」国号は和銅六年（七一三）五月に畿内七道や諸国の郡郷の名に好字をつけたとき、「倭」を「日本」にしたと書く。明治三十二年に川住鉎三郎が書いた「日本国号の管見」でも、「日本」の文字は『古事記』に見えず『日本書紀』に初めて見えるから、『古事記』成立の和銅五年から、『日本書紀』成立の養老四年（七二〇）の間に制定されたと述べている。[12] 喜田貞吉は川住説に賛成している。[3] しかし『古事記』に「日本」の使用がないのは、対外的意識をもって編集されたのではないから、「日本」表記がないのであり、『日本書紀』は対外的意図をもって編纂されたから、「日本」を明記したのである。そのことは大宝・養老令で、国内では「明神御宇大八州天皇詔旨……」と書くのに対して、国外むけには「明神御宇日本天皇詔旨……」と書いていることからいえる。また椿・川住の説は中国文献の「倭」から「日本」国号に改号の記事を、まったく無視していることからも、説得力がない。

以上の「日本」国号始用時期の見解のうち、賛成できるのは、上田正昭らが主張する上限六七〇年、下限七〇二年の間とみる説である。私はくわしくは後述するが、この推定年のうち天武天皇十三年（六八四）頃が、「倭」から「日本」に国号を改号したが、唐が正式に認めたのは大宝二年と推測している。

国内・国外で始用時期が違うと主張する説

「日本」国号始用時期に関する諸説の多くは、国内・国外ともに始用時期は同じとする説だが、なかには国内と国外では始用時期がちがうとする説がある。

梅原猛は国内では推古朝に「日本」国号を用いていたが、「日出づる処」という「日本」国号と同じ意味の用語が、中国皇帝を怒らせたから、対外的には用いず、「唐の日本進攻を恐れなくてもよい」天武天皇の時代になって、外国に対して「はじめて国号を日本と称した」と書く(13)。推古朝説の論拠は「日出処」という外交文書の記述を、「日本」国号の事と見ているからである。しかし意味としては同じであっても、表記としてはちがうのだから、「日本」という国号表記を、「日出処」という表記に重ねて論じるのは飛躍であり、認め難い。

梅原猛以外にも、国内と国外では「日本」国号の始用時期はちがうとする論者はいる。本居宣長は『国号考』で朝鮮に対してはわが国と同じに孝徳朝から用いていたが、中国に対しては文武天皇の大宝二年（七〇二）の粟田真人の遣使から、「日本」国号を用いたと推論している。

橋本増吉(4)・岩井大慧(14)も、大宝・養老令は国内に対しては「大八州《おおや しま》天皇《すめらみこと》」、国外に対しては「日本《やまと》天皇《すめらみこと》」と記しているから、「日本」国号の使用時期も国内では宣長と同じに孝徳朝であったが、国外に対しては孝徳朝の大化の改新より後代になるとみている。

橋本増吉は昭和六年に発表した「『日本』の国号に就いて」で、『旧唐書』『新唐書』の「百済伝」では、百済の滅亡まで「倭」とあり、『三国史記』『東国通鑑』も同様だから、百済の滅びた天智天皇二年（六六三）には倭国であった。しかし『新唐書』によれば咸亨元年（六七〇）後に「日本」と改めたとあり、『三国史記』には孝昭王七年（六九八）に日本国使が来たとあるから、国内の「日本」始用は孝徳朝の大化年間（六四五〜六四九）とみるが、国外に対しては六七〇年（天智天皇九年）から六九八年（文武天皇二年）の間が、公式に「日本」国号が始用された時期とみる。[4] 六七〇年から六九八年の間とするのは、前述した上田正昭の見解と同じである。

岩井大慧は昭和十五年発表の「日本国号の再検討」で、国内での始用は孝徳朝からだが、「対外的に『日本』の国号の使用せられたのは、紀元七世紀の末から八世紀の初頭に在ることは明白である」と書いている。[14]「紀元七世紀の末」と書くのは、『新唐書』の咸亨元年（六七〇）の「後」を論拠とする。七世紀末は天武・持統朝である。「八世紀の初頭」は前述した大宝二年（七〇二）で、文武天皇の時代であるから、対外的始用時期は橋本増吉の主張と同じである。

本居宣長・橋本増吉・岩井大慧・梅原猛の日本国号推古朝成立説は、私は採らないが、国内・国号での使用時期に相違があったとみる説には注目している。外国に対しては天武朝から用いられたと主張する梅原説は採らないが、外国に対して公式に用いられたのは大宝二年の粟田真人の遣使からと主張する「国号考」の説を採る。橋本増吉も、対外的使用は本居説を採っている。

前述の主張以外に「日本」国号は韓国で「つけ」たという説があるが、この説は『百済本記』に「日本」という記事があることを根拠にしているが、『百済記』『百済新撰』『百済本記』のいわゆる百済三書は、『日本書紀』の最終成立期に書かれたという見解が通説だから、日本国号朝鮮起源説は成り立たない。

小国日本が倭国を併合したと書く『旧唐書』

「日本」国号の始用時期について、もっとも重視すべき史料は、前述した『新唐書』の「日本伝」である。その史料によれば、咸亨元年（六七〇）に倭国の使者が唐に派遣された「後」、中国語を習った倭国は「倭の名を悪《にく》み」、「日本」に国号を改めたとあり、「倭」から「日本」に改号したのは「咸亨元年」の「後」である。

このような記述のある『新唐書』は、宋の欧陽脩（一〇〇七～七二）らが編纂し、仁宗の嘉祐五年（一〇六〇）に完成している。この書が『新唐書』と呼ばれているのは、晋の劉昫（八八七～九四六）らの撰で、晋の出帝の開運二年（九四五）に完成した『唐書』（『旧唐書』と呼ばれている）があるからである。その『旧唐書』は『新唐書』が「日本伝」だけなのに対し、「倭国伝」と「日本伝」がある。「倭国伝」は「倭国は古の倭奴国なり」と書き、倭国の地理や風俗を書いている。この倭国伝につづいて「日本伝」が載る。「日本伝」は次のように書く。

日本国は倭国の別種なり。其の国は日辺に在る以て、故に日本を以て名となす。あるいはいふ。倭国は自ら其の名の雅《みやび》ならざるを悪《にく》み、改めて日本となすと。あるいはいふ。日本もと小国、倭国の地を併《あは》せたりと。

この記述は「日本」国号について、三つの説があることを示している。

一、日本国は倭国の「別種」で、日辺に在るので「日本」といっていた。
二、日本国は倭国の「別種」ではなく、倭国という国号をきらって「日本」に改号した。
三、小国の日本が倭国の地を併合したから、「倭」から国号が「日本」になった。

この三説をよく読むと二説にもなる。一と三は共に倭国と「別種」の日本国をいい、その小国が大国の倭国を併合したので、倭国が日本国になったと解されるからである。

『旧唐書』は「倭国伝」と「日本国伝」に分けているのは、倭国と日本国は「別種」とみていたからである。したがってトップに「日本国は倭国の別種なりと書くのだが、本居宣長は『馭戎概言《きよじゆうがいげん》』で「別種」について、大和朝廷とは別に、九州の「熊襲」などのたぐいをいったのであろうと推論し、大和と九州の二つの国を想定している。喜田貞吉は本居宣長説をヒントに、九州筑後の山門郡に邪馬台国があり、畿内に大和朝廷、後の日本国があった。この二つの権力が併存していたため、「両者を混同」したのが『旧唐書』の記事とみる。(15)また増村宏も本居宣長説をとって、東にあった「日本」が西の「倭国」を併合したというのは、「『記紀』や『風土記』に伝える熊襲征伐説であろう」と書く。(16)

これらの説は三〜五世紀のこととする文献史料を、七世紀後半の咸亨元年の後の倭国から日本国への改号に強引に結びつけた説であって、あまりにも恣意的すぎて同調できない。本居宣長らの説は、「小国日本」を大和朝廷、「倭国」を熊襲とみて、熊襲（倭国）の地を大和朝廷（小国日本）が併合したとみるが、熊襲を「小国」とみるなら理屈に合うが、その逆は、『旧唐書』の記述の時期と「熊襲征伐」の時期のちがいを無視しても、まったく合わない。倭国を併合した日本を『旧唐書』が特に「小国」と書くことは、無視できない。

九州王朝説の古田武彦は、「日本もと小国」を「近畿大和の一小国だった天皇家」とし、この小国日本が倭国（九州王朝）を併合したことを記述していると解釈し、『旧唐書』の記述は、古田が主張する「九州王朝」の実在を証明していると書く。(17) しかし『旧唐書』は古田が九州王朝を証明すると勝手に解釈している記述以外に、「倭国は自ら其の名の雅《みやび》ならざるを悪《にく》み、改めて日本となす」という記述がある。なぜ二つの記述があるかを説明しないと説得力がない。古田は倭国が日本国に改めたという記述は、小国日本が倭国を併合したという記述を「相補足」すると書くが、なぜ「補足」なのかのくわしい説明をしていない。『旧唐書』の原文は前述したように、「相補足」どころか、まったくちがう記述である。したがってそれぞれの記述を「あるいはいふ」と書いて、異説であることを『旧唐書』は明記している。古田説の根本的欠陥は、古田の主張する九州王朝が、なぜ『旧唐書』の倭国であり、「小国日本」が近畿大和の天皇家であるのか、しかも天皇家の支配地が「近畿大和」に限定した「小国」でありながら、なぜ九州を支配していた大国の九州王朝を征服できたのか、くわしい説明をしていないことである。また倭国から日本国への改号は、『旧唐書』だけでなく『新唐書』にも記載されているが、古田は『旧唐書』のみを取り上げ、『新唐書』をまったく無視していることも、問題である（このことは本居宣長・喜田貞吉・増村宏にもいえる）。

江上波夫の騎馬民族征服王朝説は有名である。江上はこの説に立ってあるシンポジウムで、『旧唐書』の小国の「日本」は加羅にあった国の国号とし、この「日本」の都が「日本府」と呼ばれたとみる。この「日本」の王を騎馬民族とみて、彼らが倭国へ来て樹立した征服王朝を「日本」と称したのが、『旧唐書』の小国日本が倭国を併合したとある記述だという。(18) このような発言は江上は別のシンポジウムでもしているが、(19)

このシンポジウムに参加した上田正昭は、江上説では四世紀に列島に日本国があったことになるが、そんなに古くに国号の「日本」はあり得ないと反論している。[19] 三木太郎も、四世紀に成立した騎馬民族征服王朝（日本）が倭国を併合したとする所伝が、数百年もたって突如『旧唐書』に記されているのはなぜか、説明すべきだと批判している。[20]「任那日本府」の「日本」は、「倭府《やまと》」を『日本書紀』の編者が「日本府《やまと》」に改めたのだから、四世紀代に「日本府」があったとするのは無理であり、その「日本府」を論拠とした江上説は成り立たない。

以上述べたように、『旧唐書』の「倭」から「日本」に国号を改めたとする記述について述べている諸説は、いずれも問題があり説得力に欠けているから、賛同できかねる。

倭国が小国日本を併合して「日本」と称したと書く『新唐書』

『新唐書』は『旧唐書』を参考にして編纂されているが、『新唐書』は『旧唐書』とちがって、「倭国伝」と「日本伝」の二つを載せず「日本伝」一つにしているのは、『旧唐書』は「倭国」と「別種」の「日本」の二国が併存していたとみて、「倭国伝」と「日本国伝」を載せているのに対し、「倭国」が「日本」になったとみているからである。したがって『旧唐書』の書く「別種」という記述はない。

『新唐書』の「日本伝」は「倭」を改めて「日本」とした理由について、

使者自らいふには、「国、日出る所に近く、もつて名となす」。あるいはいふ。日本すなはち小国、倭の併せる所となる。故に其の号を冒せりと。使者情を以てせず、故にこれを疑ふ。また妄《みだ》りにその国を夸《ほこ》る。

と書く。「倭」から「日本」への改号について、日の出の場所に近いから「倭」から「日本」に改号したとあるのは、『旧唐書』と同じだが、『旧唐書』が小国日本が倭国を併合したと書くのに対し、逆に倭国が小国日本を併合したと書き、『旧唐書』と『新唐書』では、まったく逆である。したがって『旧唐書』の記述から推論した古田武彦の説とはまったく逆の推論を、飯島忠夫はしている。

飯島忠夫は『新唐書』が「日本はもと小国であつたといふのは、帝都所在の本州の大和で、もと饒速日命の居た地を指したものであらう。これは日本の使の或る者が国名を問はれたのに対して、『日本はもと小国であつたが、倭国に併合されたので、倭国は日本といふ国名を取つて自国のものとした』と答へたことを記したのである。これは日本といふ国名の起源としては誤つて居るが、ただ倭国が日本を併せたといふことは、九州にあつた倭国が本州の大和に移つたことを示してゐるのではあるまいか」と書いている。[21]飯島は大和を「饒速日命の居た地」と書いているから、「九州にあつた倭国が本州の大和に移つた」のは、九州の日向から出発した神武天皇の東征とみている。このような伝承を七世紀後半（咸亨元年後）の「日本」国号に改号したという文献と重ねるのは、飛躍しすぎていて説得力がない。この説は古田武彦説と逆の説だが、どちらも無理な推論である。

江戸中期の国学者の谷川士清《ことすが》が『倭訓栞《わくんのしおり》』の「ひのもと」の条で、「俗諺《ぞくげん》に奥州日本《ひのもと》の称」とあるのは、「日本紀に、東夷之中有二日高見国一といへる意なるべし」と書いているので、谷川士清と同門の戸部良熙《よしき》は「国号考」で、『新唐書』が書く小国日本を「奥州日本」の「日高見国」のこととし、この日本を倭国が併合したと解している。中世以降奥州（特に陸奥国）が「日本《ひのもと》」といわれていたことを示す文献はいくつかあるので、高橋富雄は戸部説に注目している。しかし陸奥地域をいう「日本《ひのもと》」を、『新唐書』の記述に合わせるのは、「地域的・年代的に、あまりにかけ離れ、まず無理であろう」と高橋は書き、『新唐書』の「日本」は伊勢・美濃から東の地域の「東国《あづまのくに》」とみる。そしてこの「日本国（東国）」が倭国（畿内にあったいわゆるヤマト王朝）に併合されたのが、『新唐書』の「日本すなはち小国、倭の併せる所」とみる。そしてその時期を大化の改新の時期とし、この時期に倭国から独立していた東国を倭国に強制併合し、「日本」という国号も、「その併合の戦利品として没収されて、新たに倭国に代わる国号に定められた。――『日本書紀』が故意に抹殺した大化改新史の中から、われわれはそのような東西合邦秘史を復原しなければならない」と書く(22)。この高橋説は『新唐書』の記事に注目しているが、『新唐書』が「倭」から「日本」への改号時期を「咸亨元年（六七〇）の後」と書いていることを、まったく無視している。六七〇年後の改号とあるのに、六四五年頃の大化改新の時期とするのは、基本的に間違っており、説得力がない。

「日本」国号と新旧『唐書』

『旧唐書』と『新唐書』の「倭」から「日本」への国号の改号記事と、その記事に拠る諸見解の紹介と批判を述べたが、問題は『旧唐書』は「倭」と「日本」は「別種」とみて、「倭国伝」と「日本伝」を載せているのに、『新唐書』は「別種」とみないから、「倭」が改号した「日本伝」のみを載せていることである。なぜこのように『旧唐書』の記事を改めたかについては、拠るべき史料があったからである。その史料は『王年代紀』である。『宋史』の「日本伝」に拠れば、東大寺の僧奝然《ちょうねん》は太平興国八年（九八三）に入宋し、北宋第二代の太宗に謁したとき、「銅器十余事ならびに本国の職員令・王年代紀おのおの一巻を献じた」と記している。九八四年に『王年代紀』は中国に伝わっているのだから、一〇六〇年成立の『新唐書』の編者は資料として使ったのである。杉本直次郎(23)・友田吉之助(24)・井上秀雄(25)・増村宏(26)・庭伊豆太郎(27)らも、『新唐書』の編者は『王年代記』をみていると述べているから、『新唐書』は『旧唐書』より百年以上も後の成立だが、京都大学東洋史辞典編纂会編の『東洋史辞典』は、『新唐書』より「史料としては『旧唐書』の方がすぐれた点が多い」と書いており、石原道博も『新唐書』は原史料を忠実に載せておらず、改稿している例が多いのに対し、『旧唐書』は「原文を忠実に紹介している」と書いている(28)。とすると『旧唐書』の「日本国は倭国の別種なり」という記述は無視できない。

倭国から日本国に改号したのではなく、倭国とは「別種」の小国の日本が、倭国の地を併合したから、国号が日本に変ったと『旧唐書』が書いているのは、拠るべき事実または資料があったからであろう。したがって、

日本もと小国　倭国の地を併《あは》せたりと（旧唐書）

日本すなはち小国　倭の併せる所となる（新唐書）

と日本が倭国を併合したという記述を、日本を倭国が併合したと変えているが、『新唐書』も併合の記事は無視していない。もう一つ重要なのは、「日本」を「小国」と書いていることである。このような記述からみて、倭から日本への国号改号には、併合するような事件と、「別種」の倭と日本のうち、日本は倭にくら

べて「小国」であった事実が、あったのではないだろうか。

このような疑問について、前述したようにさまざまな見解・推論がなされているが、私の批判したように納得できる見解・推論はない。咸亨元年（六七〇）後に「日本」の国号になっているのだから、咸亨年間かその前後に、なんらかの事件があったことが、「日本」国号になった原因と思われるが、私は一般に「壬申の乱」と呼ばれている王朝交替の武力闘争が、『旧唐書』の記述に反映していると推測している。

天武天皇の東国の軍と「小国日本」

壬申の乱の時の大海人皇子（後の天武天皇）の軍は、『日本書紀』の「壬申紀」によれば、大海人皇子側近の兵たちと、尾張・美濃の諸豪族の兵と信濃国造が派遣した騎兵隊など、主に東国の兵たちである。この地域（尾張・美濃・信濃）が「小国日本」とみられ、この軍が倭国の軍（近江朝廷の軍）を破り、新しい王権（天武朝）を樹立したのが、「日本もと小国、倭国の地を併せたり」であろう。壬申の乱（六七二）は咸亨元年の二年後で六七二年は天武元年である。

竹越与三郎（三叉）は明治二十九年に書いた『二千五百年史』で、壬申の乱を「壬申の革命」と書いている。中国では国号の改名は「革命」によって前王朝が倒れ、新王朝が樹立されたときに行なわれる。とすれば倭国から日本国への改号は、天武王朝こそふさわしい。竹越与三郎は、この革命軍について「天武の旗下に集りし豪族なるものは、実に東国山林の小民多くして、其武力は国より京官の比にあらざれば、一旦戦いを交るや、京官は右往左往に走り、紅巾軍の行く所、また敵なきに至りぬ」（傍点引用者）と書く。天武（大海人皇子）の軍は紅の布切れをつけていたので、竹越は「紅巾軍」と書くが、この「紅巾軍」、つまり「東国山林の小民」が「小国」であった「日本」と考えられる。

この「小国日本」の守護神は日神である。六七二年（壬申の年）六月二十二日に挙兵して、二十四日に吉野より「東に入らむ」（壬申紀）といって東国（「ヒガシ」は「ヒームカーシ」で「日に向く方向」をいい、「ヒガシ」の古形は「ヒンガシ」、さらに古くは「ヒムカシ」であると大野晋は述べている(29)）に向った大海人皇子は、「日《ひ》の本《もと》」に向ったのである。したがって二十六日の「旦《あした》に、朝明《あさけ》郡の迹太《とほ》川の辺《ほとり》で、天照大神を望拝みたまふ」と「壬申紀」は書く。伊勢の地で日神（天照大神）を望拝したのは、日神にこれからの戦いの勝利を祈願したのである（場所が「朝明」であるのも象徴的である。迹太川も朝明川という）。東国の軍を加護するのが日神なのだから、東国《ひむかしのくに》の軍は日本《ひのもと》の軍である。その軍の国の範囲は倭国（近江朝廷の統治範囲）にくらべれば、伊勢・尾張・美濃・信濃であり、小国だから、まさに「小国日本」である。

柿本人麻呂は高市皇子の挽歌（『万葉集』巻二・一九九）で、高市皇子の父の天武天皇について、

……鶏が鳴く　東《あづま》の国の　御軍士《みいくさ》を　召し給ひて　ちはやぶる　人を和《やは》せと　服従《まつろ》はぬ　国を治めと

……

と詠んでいる。歌の意は「東国の軍勢を召し集められて、荒れ狂う人を鎮め、従わぬ国を治めた」という意味だが、「鶏が鳴く」は「東」の枕詞である。鶏は夜明けに鳴き日の出を告げる。したがって「東」は「日《ひの》本《もと》」である。この日本の軍が倭国軍（近江軍）を破ったと人麻呂もうたっている。「服従《まつろ》はぬ国」とは倭国である。

人麻呂はこの挽歌で、また、

渡会《わたらい》の　斎宮《いつきのみや》ゆ　神風に　い吹き惑《まど》はし……

と詠んでいる。「渡会の斎宮」は伊勢神宮の斎宮である。日神天照大神の加護によって勝利したことを、「神風にい吹き惑はし」と詠んでいるのであり、日神の加護を受けている大海人軍（天武軍）は、日本《ひのもと》軍なのである。天武天皇は即位すると、半世紀も中絶していた伊勢の斎宮への斎王《いつきのきみ》派遣を、ただちに復活している。「日本」が壬申の乱の東国であったことは、天武天皇の東国に対する親近感からもいえる。『日本書紀』天武天皇十三年二月二十八日条に、「是の日、三野王・小錦下采女臣筑羅らを信濃に遣して、地形を看《み》しめたまふ。是の地に都をつくらむとするか」とある（傍点は引用者）。この記事を川崎庸之は「東国の経営」のためとみて、「東国の経営ということは、大化改新のそもそもの当初から、或いはもっと以前から、古代国家の基盤をととのえる意味では一つの重要な課題になっていたのではなかったかということである」と書いている。(30) 私は拙稿「天武天皇はなぜ信濃遷都を計画したか」で、(31) この川崎説にふれて、「天武天皇が伊勢に皇祖神を祭った理由も東国経営とみる説があり、信濃遷都の計画も東国経営の構想とみるように、東国について特別な事情が史料にでてくる場合、その理由づけはいつも東国経営ということで落着いている。しかし東国経営のために伊勢神宮がつくられ、信濃遷都の計画があったとしても、なぜ信濃が特に選ばれたかという理由の説明にはならぬ。太田亮氏のいうように『その原因を求むるに苦しむ』とみるのが正直なところである。ただいえることは、壬申の乱と信濃の結びつきがあって、信濃の重要性が大海人皇子に印象づけられ、それが即位したあと、『この地に都せむか』と考えるようになったのであろう」と書いた。そして『釈日本紀』所引の私記に載る安斗智徳日記の壬申の乱で活躍した信濃の兵と、諸史料に記されている信濃の「牧」の多さなどをあげて、信濃の兵を騎兵隊とみて、この騎兵隊が大海人皇子側の勝利に大きく貢献したことも、信濃遷都の理由の一つにしたが、「日本」国号の問題と関連させて考えると、「日本《ひのもと》」としての東国は地理的に東にあるだけでなく、天武天皇にとってはさまざまな意味をもつ地であったのである。

「旧小国の日辺にある日本が倭国を併合した」と『旧唐書』「日本伝」が書くのも、倭国王権を滅ぼした大海人皇子の軍事的経済的基盤が、「日辺」である東国（日本《ひのもと》の地）にあって、この東国の軍が壬申の乱で倭国軍に勝利したからであろう。

「倭」から「日本」に国号を変えた天武天皇の意志

『日本書紀』に載る天武天皇十年三月十七日、川嶋皇子らに詔した修史事業の発足を、私は倭国から日本国に国号を変えた意識の反映による、本格的な修史事業と推測する。(31) 上田正昭はこの天武十年の修史事業を、「日本紀を生み出す直接の出発点」とみて、「日本」国号始用と関連づけ、その理由として、古代貴族がもった当時の東アジアの政治情勢（唐・新羅・倭）の激変の中で高まった国家意識をあげている。(32)

上田正昭は『日本紀』『日本世記』（高句麗僧道顕の著、『日本書紀』斉明天皇六年・七年、天智天皇八年の条に載る）など、「日本」を冠する書が天武朝に編纂されたとみるが、(33)『日本書紀』が「天文・遁甲」の才があったと書く天武天皇は、その教養からみて、対外用に「倭国」を使うのは好まなかったであろう。中国人がつけた「倭」の字を分解すると、「禾《か》」はしなやかに穂をたれた低い粟の姿、「委《い》」はそれに女を添えた女性のなよなよした姿を示す。「倭」はしなやかだが、背が低く、背の曲がった小人をあらわし、「矮《わい》（背が低い）」と同系のことばである。『新唐書』は「倭の名を悪《にく》み」と書くが、『旧唐書』も「倭国は自ら其の名の雅《みやび》ならざるを悪《にく》み、改めて日本となす」と書く。たぶん中国文化に対する教養をもち、自主独立心の強かった天武天皇は、中国人のつけた蔑称の「倭」を悪《にく》んで改号したのだが、新しく選んだ国号が「日本」なのは、これから始まる戦いにあたって、日神の加護を願って日神遥拝をした記述からみても、天武天皇の太陽信仰の反映が、新国号にこめられたのであろう。

　中国では前王朝を倒して樹立した新王朝は、新しい国号を名乗る。秦を滅ぼし天下を統一した劉邦は、国号を「漢」とした。この「漢」の高祖に天武天皇は自分を擬していることを、井上通泰が指摘している。(34)『日本書紀』天武天皇元年（六七二）七月二日条に、大友皇子の近江朝軍と識別するため、大海人皇子の軍は「赤色を以《もっ》て衣の上に着く」とあり、『古事記』序には天武天皇の功業をのべて、「絳旗《あけのはた》（赤旗）兵《つはもの》を耀《かがや》かして、凶徒瓦のごと解《と》けつ」とある。また『万葉集』で柿本人麻呂は、壬申の乱における高市皇子の戦功を讃めて、挽歌（巻二・一九九）で、旗は野火のように風になびいたと歌っているから、赤色の軍衣・赤旗は、大海人皇子の軍を示している。ところが漢の高祖は赤帝の子であると自負し、『漢書』の「高帝紀」によれば旗幟にみな赤を用いたとあるから、井上通泰は大海人皇子（後の天武天皇）は自らを漢の高祖に擬したとみる。(34)

　直木孝次郎は井上通泰の説を承認し、天武朝の「朱鳥」の年号も漢の高祖に擬した例証とする。(35) 坂本太郎は大海人皇子が赤旗を使用したのは、天智天皇をその法治主義の故に秦の始皇帝に擬し、その子の大友皇子を二世皇帝に比し、自らを漢の高祖になぞらえて、乱に処する決意と将来の抱負を示したと推論する。[36]西嶋定生は「賜爵」の表現が天武朝になってあらわれるが、この表現は『漢書』に頻出する記事だから、天武朝を漢王朝に擬定しようとしたことを、記録の上で裏付けていると書き、『日本書紀』天武天皇四年正月条に載る「大学寮」も、漢代の「太学」を意識したものとみる。[37]

石母田正は天武天皇が漢の高祖に自らを擬していることについて、「天武が自己の個人的経験を、中国古代の易姓革命を媒介として解釈していること、漢書という史書を通してかれの特殊、一回的経験は、中国の王朝交替の歴史と観念的に結合されていることを示すものである」と述べているが、[38]天武天皇十年の修史事業の詔も、『漢書』を意識して出されている。「易姓革命」の認識を天武天皇がもっていたとしたら、これは歴代天皇にない特別な認識であり、そのような「革命」認識をもつ天皇なら、歴代天皇が意図しなかった国号変更（易姓）という行動も、当然と思えるのである。

吉川忠夫は「真人と革命」[39]で、前漢の末期に天帝が天命の伝達者として「真人赤精子」をくだしたと、『天宮暦』や『包元太平経』に記されている例をあげているが、この「真人赤精子」とは漢の高祖のことをいう。ところが漢の高祖に自分を擬していた天武天皇の和風諡号は、「天渟中原瀛真人」である。吉川忠夫は「『真人』が天命をうけて革命を行ない、あらたな王朝の主人となるべきだとの考えは、西暦紀元前後にほぼ固まった」と書くが、[39]天武天皇の和風諡号の「真人」は、漢の高祖に擬しているのは、武力によって前王朝を倒し、新王朝を樹立したのを天武天皇とみていたからであろう。

わが国で大規模の戦闘によって前王朝を倒し、前王朝の王を殺して即位した王は、伝承上の神武天皇を除いては、天武天皇のみである。とすれば、当然、歴代天皇のうちで国号変更をなしうる天皇は、天武天皇がもっともふさわしいのである。

なぜ使者は「矜大《きょうだい》」で「実《じつ》を以《もっ》て対《こた》へず」か

天武天皇のときに国号を改めたとみられることは、『旧唐書』『新唐書』からもいえる。壬申の乱の東国（日本《ひのもと》）の軍は、中国で考えられているような「革命」の軍とぴったり重ならない。したがってわが国の使者は、武力を行使して前王朝を倒しても、万世一系の皇統でいえば、国号改号は断絶ではないから、唐側が日本の使者に、「今まで中国と通交し、白村江で百済軍と共に唐と戦った倭国が、日本国号に変ったのか」と問えば、「はい、そうです」と答えたであろう。そのことが『旧唐書』の「其の国は日辺に在るを以て、故に日本を以て名となす」であり、「あるいはいふ。倭国は自ら其の名の雅《みやび》ならざるを悪《にく》み、改めて日本となす」であろう。ところが、新しい国号を名乗る日本国王と前の倭国王の関係を問えば、倭国王の都へ「日辺」にある小国の東（日本《ひのもと》）の王の軍が攻めこんで、倭国王を殺し倭国を併合し、新王朝を樹立して「日本国」と称したと答えたので、『旧唐書』は、「あるいはいふ。日本もと小国、倭国の地を併《あは》せたり」と書いたのであろう。

このような記述をしている『旧唐書』の「日本伝」はつづけて、

其の人で入朝する者、多くは自ら矜大《きょうだい》で、実《じつ》を以《もっ》て対《こた》へず。故に中国これを疑ふ。

と書く。『新唐書』の「日本伝」も、

使者情を以てせず、故にこれを疑ふ。また妄《みだ》りにその国を夸《ほこ》る。

と書く。『旧唐書』が使者は「自ら矜大」と書くのが、『新唐書』では使者が「妄りにその国を夸る」になっているが、このような態度は、漢の高祖と同じに武力（「壬申の乱」の勝利）で新王朝を樹立して、「倭」を「日本」と改号した使者の態度をいっているのだが、使者の国名改号の説明を「実を以て対えず」とみたのは、唐側の国名改号の認識と、使者の国名改号の説明に、大きな違いがあったからである。唐側にとっては国号が変わるのは、中国人の常識として王朝が変った時（易姓革命）である。とすれば、いままで唐朝と通交があった倭王朝が倒れ、倭王朝と別の新王朝になったから国名が変ったと理解した。そのことは「日本もと小国、倭国の地を併せたり」という説明と合う。しかし使者はそのような説明をしながら、「倭国は自ら其の名の雅ならざるを悪み、改めて日本となす」という説明をしているから、唐側は使者の発言を「実を以て対《こた》へず」とみたのである。

　このような書き方を『旧唐書』がするのは、壬申の乱による王朝交替は、武力によって旧王朝を倒し新王朝を樹立しており（そのことは天武天皇が漢の高祖に重ねられていることからもいえる）、一種の易姓革命だが、中国の易姓革命とちがって「万世一系」観に立つ武力による王朝交替だから、中国人には使者の説明は「実を以て対《こた》へず」と受取られ、使者の態度は「矜大」に見え、中国「これを疑ふ」であったのである。

「日本」国号の始用時期を唐が正式に認めた時期（一）

以上のような見解は、拙著『「日本」国はいつできたか』（一九八五年刊、改訂版一九九六年刊）で述べたが、私は天武朝に「倭」から「日本」に国号が変ったと書いたが、具体的に「いつか」については書かなかった。拙著の刊行後、吉田孝は拙著の見解を紹介して、「日本」国号の成立を天武天皇三年（六七四）から持統天皇三年（六八九）の間とし、「制度的には、おそらくは、飛鳥浮御原令（六八九年施行）で『日本』が国号とされていたのではないだろうか」と書く[40]。新藤正道は拙著で述べた「日本」国号始用の諸説を引用し、私見を採って「天武三年三月以降、天武十二年正月以前の期間に日本国号誕生の時期を限定することができる」と書く[41]。吉田孝や新藤正道が私見を採って、天武天皇三年以降からを「日本」国号の始用時期とするのは、『日本書紀』の天武天皇三年三月七日条には「倭国」と記されているからである。新藤正道が「天武十二年正月以前」と書くのは、天武天皇十二年一月十八日条に、「日本」という表記はないが、飛鳥浄御原令に見える用例の表記がみられるからである[41]。

国号の改号を唐朝に知らせ、唐側が「入朝する者、多くは自ら矜大で、実を以て対へず。故に中国これを疑ふ」とみた使者たちは、いつ派遣されたのだろうか。天武朝になると遣唐使の派遣も唐からの使者の派遣もない。但し『日本書紀』天武天皇十三年（六八四）十二月六日条に、遣唐使派遣中絶以前に入唐していた留学生や、白村江の戦いで唐の捕虜になった人たちが、新羅の官僚が送使になって、新羅経由で帰国したとある。また持統天皇四年（六九〇）九月二十三日条にも、留学僧や捕虜が新羅の送使に伴われて帰国したという記事が載っている。天武天皇十三年は唐の中宗の即位年、持統天皇四年は武后が皇帝に即位した年であった。これは偶然の一致とは考えられない。私は『日本書紀』の前述の年が、唐朝の即位年と一致しているから、「倭」から「日本」国号への改号を唐に知らせた時期は天武天皇十三年ではないかと推測している。

わが国の留学生や捕虜の帰国交渉のために、わざわざ新羅が使を派遣して、唐から新羅経由で送ってきたわけではないだろう。新羅の使者は中宗や武后の即位を祝っての派遣だから、そのとき非公式に新羅使について行ったわが国の使者が交渉した結果の帰国であろう。したがって中宗や武后の即位年と重なっているのであろう。私は留学生・留学僧や捕虜の帰国交渉のため、新羅使にともなわれて入唐したわが国の非公式の使者が、唐に対して初めて「日本」と名乗って、「倭」から「日本」への改号を知らせたのだろう。

この時の使者の「日本」国号に改号した説明を疑っていた理由についていては、すでに述べたが、この使者は長らく唐と国交が絶えていた時期の使者であることに、問題がある。はじめてか、あるいは久しぶりに中国へ「朝貢」する時、その国の使者は、中国と通交のある他の国の使者に伴われていく場合が多いという。『旧唐書』が「日本」国号を知らせた人を「日本国人」と書いて、「使者」と明記していないのは、新羅使に伴われてきた「日本国人」であって、独自の正式な遣唐使ではなかったことを示している。『新唐書』は「使者」と書くが、正式の使者ではなかったので、いつきたかを明記していない（他の「使者」は入朝年を明記している）。

『旧唐書』『新唐書』が書く、「倭」から「日本」に国号を改号したことを知らせた「日本国人」（『旧唐書』）、「使者」（『新唐書』）は、たぶん唐の中宗が即位した六八四年（天武十三年）に入唐した「日本国人」「使者」であったから（新藤正道が「天武十二年正月以前」と推定することからみても、持統四年でなく天武十三年であろう）。『新唐書』の書く「咸亨元年（六七〇）」の「後」という記事になったのであり、「後」は六七〇年（天智天皇九年・咸亨元年）から十四年後の天武天皇十三年（六八四）であろう。

「日本」国号の始用時期を唐が正式に認めた時期（二）

「日本」国号は天武天皇が決めたとしても、外国（主に唐）が認めなければ正式な国号にはならない。「日本」国号を中国が認めたのは、大宝二年（七〇二）六月に粟田真人を遣唐使として正式に派遣した時である。大宝元年（七〇一）正月、粟田真人は遣唐執政使（押使）に任命されている。真人は天武天皇十年（六八一）に小錦下（従五位下相当）に昇進し、持統天皇三年（六八九）に筑紫大宰として隼人・布・毛皮などを天皇に献上し、文武天皇元年（六九七）から開始された律令の編纂に関与し、文武天皇四年（七〇〇）六月に律令に関与した刑部《おさかべ》親王ら十九人と共に、禄を賜っている。トップの刑部親王の次に直広壱（正四位上相当）の藤原不比等、次に直大弐（従四位上相当）の粟田真人が載る。大宝元年正月二十三日の遣唐執節使の任官の時には、『続日本紀』は「民部尚書直大弐」と書く（民部尚書は民部卿のことだが、唐の官職の「尚書」を記している）。遣唐使節の一行は筑紫から出発しようとしたが、風浪が高く渡海をあきらめ、翌年六月に唐へ出発している。この遣唐使の派遣は天智八年（六六九）以降はなく、三十三年目の派遣である。三十年余の中絶の前の遣唐使派遣は八回あるが、八回のうち一回以外は、すべて新羅経由の北路を通っているのに（白雉四年〈六五三〉の派遣は大使吉士長丹らは北路、大使高田根麻呂は南島路）、粟田真人らは南島路をとっている。新羅経由でなく直接唐に向っていることは、「倭」から「日本」に国号を変えた意図と通じる。新羅使に従って行った天武天皇十三年の使者は正式の使者でなく、使者もすぐれた人物でなかったから、唐では「日本」国号を認めなかったから、「大宝」という年号を定めた年に、新羅を介さず独自に三十年余中絶した遣唐使を派遣した時には、特に粟田真人のような人物をおくったのである。

　粟田真人について『旧唐書』は「真人、好んで経史を読み、文を属《つづ》ることを解し、容姿は温雅」と書いており、則天武后は真人を麟徳殿に招いて宴し、粟田真人に司膳卿を授けている。このような扱い方からみても、「日本」国を唐朝が正式に認めたのは当然である。武后が粟田真人に会った長安三年（七〇三年・大宝三年）が、唐が正式に「日本」国号を認めた年であった。

　唐の玄宗の御製詩「送日本使」（『全唐詩逸』）には、

　日下非殊俗（日下、俗を殊にするに非《あら》ず）
　天中嘉会朝（天中、朝に会するを嘉《よみ》す）

とある（この詩は遣唐使藤原清河に玄宗皇帝が贈った詩）。「日本」を「日下」と書いているが、玄宗は天平五年（七三三）の遣唐使に対しては、勅書に「日本国王主明楽美御徳《すめらみこと》」（『文苑英華』）と書いている。したがって公式文書では「日本」だが、唐の人たちの一般的理解では「日本」は「日下」であった。玄宗も「日本」という国号を認めたが、玄宗皇帝の理解では「東夷」の国より更に遠方にある。東方の極地であった。中国の四方観は上のようである。

觚竹↑北狄↑中国↓南蛮↓北戸
西王母←西戎←中国→東夷→日下

　このような玄宗の日本―日下観だから、唐朝が正式に国号「日本」を認めた後でも、公式な記録に「日本国使」を「倭国使」と書いており、十六世紀になっても一般には「倭人」と書かれている。そのことは唐・宋の時代の地図に、倭国と日本国の二つ国が東海上に記されていることからもいえる。中国人の日本観はこの程度であった（詳細は拙著『日本国はいつできたか』で書いた）。

以上、日本国号についての先学の見解と私見を述べたが、中国人の見解の「日下」と「日本」は同義で、「日出る国」であった。わが国では古代から、天上に照る太陽よりも、海・山から昇り（生れ）、落ちる（死ぬ）朝日・夕日への信仰であった。序章で書いた、

朝日の直刺す国（地）夕日の日照る国（地）

であり、住む場所は、

朝日の日照る宮（家）夕日の日影る宮（家）

が、「甚吉《いとよ》き国（地）」「宮（家）」であった。高天原から照らす天上の太陽（天照大神）ではなかった。「タテ」ではなく「ヨコ」の関係であったのを、『記』『紀』神話が「タテ」意識に変えてしまったのである。天上と天下の統治関係でなく、朝日・夕日の「ヨコ」意識の日神観こそ、古代日本人の太陽信仰であった。この事実を忘れてはならない。

『古事記』は天孫ニニギが降臨した地を、

朝日の直刺《たださ》す国　夕日の日照《ひて》る国　故に、ここはいと吉《よ》き地《ところ》。

と書き、「いと吉き地」は、朝日・夕日が照る「ヨコ」意識の地であって、高天原という「天」と葦原中国という「国」の「タテ」意識で、中天にある昼の太陽が照らす「天照」の下の葦原中国ではない。私が本書で書いた「太陽信仰論」の「太陽」は、古代日本人の「ヨコ」意識の朝日・夕日観であり、この視点から見

れば、『記』『紀』神話（特に『日本書紀』）の「タテ」意識の日神観の作為が、きわだって見えてくる。

［補記］

朝日新聞（東京版）の二〇一一年一〇月二三日号（朝刊）に、六七八年二月に没した百済の軍人の祢軍《でいぐん》という人物の墓誌に、「日本餘噍　拠扶桑以逋誅」（「生き残った日本は、扶桑に閉じこもり、罰を逃れている」の意）とあるから、この「日本」表記は「最古の例」と記事は書く。確かに表記は「最古」だが、この表記をもって六七八年頃に「日本」国号が正式に成立していたとはいえない。

六七八年は天武天皇七年である。本文でも書いたが、吉田孝や新藤正道は「日本」国号の成立を天武天皇三年（六七四）以降と見ている。私見も同じだが、公式に唐朝が認めたのは大宝二年（七〇二）の遣唐使粟田真人の派遣である。朝日新聞の記事でも、「日本」と「扶桑」を同義で書いており、唐に居た百済の亡命者たちも天武天皇七年の段階で、国号を「日本」にしたことを聞いていたが、本文（五五七頁）で書いたように唐人も「日本」と「日下」を混同しているように、亡命百済人も「日本」と「扶桑」を混同しているから、この亡命百済人の墓誌の「日本」表記をもって、「日本」という正式国号が六七八年以前に認められたとはいえない。しかし天武天皇の時代に、唐で倭国が国号を「日本」にしたという情報が、唐に伝えられていたという事実は（公式に認められていないが）、この亡命百済軍人の墓誌から証されるから、この朝日新聞の最新の情報も私見の裏付になる。

あとがき

本書は十数年前に七割ほど書いていて中断していた拙稿を、改稿・補強に一年余をかけて出版する拙著で、一九九八年二月に刊行し、二〇一一年六月に改訂版を出した『神々の考古学』の姉妹編である。「はじめに」で本書を書く十の理由を記したが、太陽神として「高天原」という「天上」の「天照大神」は、古代日本人の一般的信仰の日神ではなく、「皇祖神」である。

高天原──→葦原中国

というタテ意識で作られた日神「天照大神」は、統治者が統治思想の基本として中国の統治思想を受け入れて、『記』『紀』神話で示した創作である。「葦原中国」の人々は天上・中天の高天原から照らす「天照《あまてらす》」の太陽を拝していたのではない。「タテ」ではなく「ヨコ」の朝日・夕日を意識していた。

朝日の直刺《たださ》す国　夕日の日照《ひて》る国（『古事記』）
朝日の来向《きむか》う国　夕日の来向う国（『皇太神宮儀式帳』）

と詠んで、「甚吉《いとよ》き地」を照らす太陽は天上の「タテ」の太陽でなく、「ヨコ」の地平・水平の朝日・夕日であった。『記』『紀』の統治者・権力者が作った日神観・太陽観ではない。したがって古代日本人が日常に拝していた朝日・夕日の「ヨコ」の太陽信仰に視点をあて、その視点を世界に拡げて本書では論じた。御批判をいただければ幸である。
本書も編集の佐野和恵、校正の杉村静子の両氏に大変お世話になった。特に校正だけでなく、引用著書の多くを原著書にあたって再検証して下さった杉村さんの労に感謝している。佐野・杉村の両氏の協力なしには、本書は刊行できなかった。

二〇一二年二月十五日　八十四歳の誕生日に

大和岩雄

〔注〕

序章 古代日本人の太陽信仰

（1）ジェラルド・S・ホーキンズ『巨石文明の謎』二九九〜三〇〇頁 一九七五年 大陸書房
（2）森浩一『日本神話の考古学』六九頁 一九九三年 朝日新聞社
（3）鎌田東二「異貌の神・サルタヒコ」『ウヅメとサルタヒコの神話学』所収 二〇〇〇年 大和書房
（4）柳田国男「神を助けた話」『柳田国男集・第十二巻』所収 一九六九年 筑摩書房
（5）筑紫申真『アマテラスの誕生』一九六二年 角川書店
（6）桜井勝之進『伊勢神宮』七八頁 一九六九年 学生社
（7）三品彰英『古代祭政と穀霊信仰』一七八頁 一九七三年 平凡社
（8）ジョン・アイヴィミ『太陽と巨石の考古学』四五頁 一九七六年 文化放送開発センター出版部
（9）都出比呂志「前方後円墳出現期の社会」「考古学研究」二六巻三号 一九七九年
（10）岩崎卓也「古墳時代の信仰」「季刊考古学」二号 一九八三年
（11）石野博信「大和平野東南部における前期古墳群の形成過程と構成」『横田健一還暦記念日本史論叢』一九七六年 塙書房
（12）清野謙次「日本古人骨の埋葬状態」『日本民族生成論』所収 一九四六年 日本評論社
（13）三宅宗悦「日本石器時代の埋葬」『人類学・先史学講座・十五巻』一九四〇年 雄山閣
（14）鏡山猛「原始箱式棺の姿相・二」「史淵」二七号、「甕棺思考」「史淵」五二号
（15）甲元真之『山陽の古代遺跡』一〇〇〜一〇四頁 一九八一年 山陽新聞社
（16）藤本英夫「北海道の墓地 とくにアイヌの墓地について」『墓地』所収 一九七五年 社会思想社
（17）守屋美都雄『荊楚歳時記』二二九頁 一九七八年 平凡社
（18）沢田瑞穂「中国民間信仰の太陽信仰とその経典」「天理大学学報」五九号
（19）益田勝実『古事記』一一四頁 一九八四年 岩波書店
（20）伊藤博『万葉集の歌人と作品・上』二五三頁 一九七五年 塙書房

（21）栗原朋信「日本から隋に贈った国書」「日本歴史」一九六五年三月号
（22）井上光貞『日本歴史・一』二四八～二四九頁　一九七二年　小学館
（23）上田正昭『聖徳太子』四〇頁　一九七八年　平凡社
（24）岸俊男「日本における『京』の成立」『日本古代政治史研究』所収　一九六六年　塙書房
（25）弘中芳男「古代中国における日本の地理像」『季刊邪馬台国』一五号　一九八二年

一章　縄文時代の太陽信仰

（1）藤尾慎一郎『縄文論争』二四頁　二〇〇二年　講談社
（2）太田原潤「三内丸山遺跡の六本柱は建物か」「東アジアの古代文化」一〇六号　二〇〇一年
（3）小林達雄「縄文人の意識革命（覚書）」「東アジアの古代文化」一一一号　二〇〇二年
（4）小林達雄「縄文ランドスケープ」『縄文ランドスケープ』所収　二〇〇二年　有朋書院
（5）寺村光晴『日本の翡翠』一〇七～一〇八頁　一九九五年　吉川弘文館
（6）岩崎義信「長者屋敷遺跡」注4前掲書所収
（7）冨樫泰時「縄文人の天体観測予察」「東アジアの古代文化」八二号　一九九五年
（8）西田泰民「死と縄文土器」『縄文土器出現』所収　一九九六年　講談社
（9）藤本英夫「北海道の墓地　とくにアイヌの墓地について」『墓地』所収　一九七五年　社会思想社
（10）清野謙次「日本古人骨の埋葬状態」『日本民族生成論』所収　一九四六年　三省堂
（11）三宅宗悦「日本石器時代の埋葬」『人類学・先史学講座・十五巻』所収　一九四〇年　雄山閣
（12）川口重一「大湯環状列石の配置」「郷土文化」一一巻一号　一九五六年
（13）下保茂「古代立石の天文学」「天文月報」六四号　一九七一年
（14）岡田芳朗『日本の暦』一二頁　一九七二年　木耳社
（15）小林達雄『縄文人の世界』二一七～二二一頁　一九九六年　朝日新聞社
（16）柳沢兌衛「大湯環状列石と二至二分の太陽」「東アジアの古代文化」九九号　一九九九年
（17）葛西勵「太師森遺跡」注4前掲書所収
（18）児玉大成「小牧野遺跡」注4前掲書所収

(19) 太田原潤「大森勝山遺跡」注4前掲書所収
(20) 佐野一絵「伊勢堂岱遺跡」注4前掲書所収
(21) 小林達雄　注4前掲書所収　二二二頁
(22) 大工原豊「天神原遺跡」注4前掲書所収
(23) 大工原豊「野村遺跡」注4前掲書所収
(24) 藤田富士夫「極楽寺遺跡」注4前掲書所収
(25) 今福利恵「阿久遺跡」注4前掲書所収
(26) 大工原豊「中野谷松原遺跡」注4前掲書所収
(27) 小林達雄『戦後五〇年古代史発掘総まくり』二〇六頁　一九九六年　アサヒグラフ別冊
(28) 小林達雄　注15前掲書　二一六頁
(29) 池谷信之「窪A遺跡」注4前掲書所収
(30) 瀬川裕市郎「千居遺跡」注4前掲書所収
(31) 和田哲「太陽祭祀と縄文遺跡」注4前掲書所収
(32) 今福利恵「牛石遺跡」注4前掲書所収
(33) 勅使河原彰「ケとハレの社会交流」『縄文人の時代』所収　一九九五年　新泉社

二章　弥生時代の太陽信仰——銅鐸論——

(1) 田中琢「〝まつり〟から〝まつりごと〟へ」『古代の日本・5』所収　一九七〇年　角川書店
(2) 佐原真「銅鐸の祭り」『古代史発掘・5』所収　一九七四年　講談社
(3) 小林行雄『古鏡』一〇頁　一九六五年　学生社
(4) 上田正昭『日本芸能史・1』一九一頁　一九八一年　法政大学出版会
(5) 大和岩雄『天照大神と前方後円墳の謎』二七四頁　一九八三年　六興出版
(6) 岩永省三『歴史発掘・7(金属器登場)』五八〜五九頁　一九九七年　講談社
(7) 春成秀爾「九州の銅鐸」「考古学雑誌」七五巻二号　一九八九年
(8) 辰巳和弘『埴輪と絵画の古代学』二九頁　一九九二年　白水社

(9)佐原真『歴史発掘・8（祭りのカネ銅鐸）』一四六頁　一九九六年　講談社
(10)久野邦雄「銅鐸の復元」朝日新聞（東京本社版）一九八二年二月七日夕刊
(11)久野邦雄『青銅器の考古学』一六～一八頁　一九九九年　学生社
(12)小林行雄　注3前掲書所収　九頁
(13)岩永省三　注6前掲書所収　八三頁
(14)寺沢薫「銅鐸埋納論」「古代文化」四四巻五・六号　一九九二年
(15)福永伸哉「銅鐸から銅鏡へ」『古代国家はこうして生まれた』所収　一九八八年　角川書店
(16)菅原康夫「銅鐸にこめられた弥生人の思想」『銅鐸の谷——加茂岩倉遺跡と出雲——』所収　一九九七年　アサヒグラフ別冊
(17)柳田康雄「平原王墓出土銅鏡の観察総括」『平原遺跡——前原市文化財報告書・第七〇集』所収　二〇〇〇年　前原市教育委員会
(18)春成秀爾「銅鐸の時代」『国立歴史民俗博物館研究報告・第一集』所収　一九八二年
(19)禰宜田佳男「弥生時代に鉄器はどの程度普及したか」『争点日本の歴史・一』所収　一九九〇年　新人物往来社
(20)村上恭通『倭人と鉄の考古学』一〇二～一〇三頁　一九九八年　青木書店
(21)喜谷美宣「銅鐸の世界」『銅鐸の世界』所収　一九九二年　神戸市市立博物館
(22)三品彰英「銅鐸小考」『古代祭政と穀霊信仰』所収　一九七三年　平凡社
(23)山尾幸久『魏志倭人伝』一四〇頁　一九七二年　講談社
(24)和辻哲郎『日本古代文化』五二頁　一九六二年　岩波書店
(25)池田潤『朝日の直刺す国　夕日の日照る国』三七頁・四一頁・六五頁　二〇〇三年　郁朋社
(26)藤芳義男『巨石文化と太陽暦の謎』一五六～一五八頁　一九八一年　新国民社

三章　弥生時代の太陽信仰——武器形祭器・鏡論——

(1)七田忠昭「文様のある銅矛について」「九州考古学」五三巻　一九七六年
(2)佐原真『吉野ヶ里遺跡展解説書』一九八九年　佐賀県教育委員会
(3)高倉洋彰「銅矛をめぐる二、三の問題」『荒神谷の謎に挑む』所収　一九八七年　角川書店

（4）寺沢薫『王権誕生』一〇二頁・一七七頁　二〇〇〇年　講談社
（5）岩永省三『歴史発掘・7』一九九七年　講談社
（6）福永伸哉「銅鐸から銅鏡へ」『古代国家はこうして生まれた』所収　一九九八年　角川書店
（7）春成秀爾「九州の銅鐸」『考古学雑誌』七五巻二号　一九八九年
（8）武末純一『最新邪馬台国事情』九七〜九八頁　一九九八年　白馬社
（9）寺沢薫　注4前掲書所収　一八一頁
（10）寺沢薫　注4前掲書所収　一八七頁
（11）神野善治『人形道祖神——境界神の原像——』三一一頁　一九九六年　白水社
（12）松前健『日本神話の新研究』四四〜五四頁　一九六九年　桜楓社（『松前健著作集』第十一巻　六三〜七三頁　一九九八年　おうふう）
（13）目崎茂和『謎のサルタヒコ』（鎌田東二編著）六八〇〜七〇〇頁　一九九七年　創元社
（14）谷川健一・宇治土公貞明・鎌田東二の座談会「猿田彦をめぐって」注13前掲書所収
（15）鎌田東二『ウズメとサルタヒコの神話学』九一〜九二頁　二〇〇〇年　大和書房
（16）小林行雄『古鏡』九〜一〇頁　一九六五年　学生社
（17）森浩一・松前健「対談　鏡のもつ意味と機能」『鏡』所収　一九七八年　社会思想社
（18）駒井和愛『中国古鏡の研究』第二章第二部　一九五三年　岩波書店
（19）原田大六『平原弥生古墳・上』四五頁　一九九一年　葦書房
（20）柳田康雄「平原王墓出土銅鏡の観察総括」『平原遺跡——前原市文化財報告書・第七〇集』所収　二〇〇〇年　前原市教育委員会
（21）原田大六『実在した神話』一四五・一五六頁　一九六六年　学生社
（22）渡辺正気「平原弥生古墳出土の玉類について」注20前掲書所収
（23）柳田康雄　注20前掲書所収　一七三頁
（24）原田大六　注21前掲書所収　一三八頁
（25）原田大六　注21前掲書所収　一四五頁
（26）原田大六　注21前掲書所収　一四二〜一四四頁

(27) 金関恕『弥生の習俗と宗教』三四～三七頁　二〇〇四年　学生社
(28) 大和岩雄『天照大神と前方後円墳の謎』二六二～二六五頁　一九八三年　六興出版
(29) 宮本長二郎「高床建築の成立と展開――唐古・鍵遺跡の重層建築絵画をめぐって――」「東アジアの古代文化」七三号　一九九二年
(30) 寺沢薫「弥生人の心を描く」『日本の古代・第一三巻・心のなかの宇宙』所収　一二四～一二六頁　一九八七年　中央公論社
(31) 奥野正男『古代人は太陽に何を祈ったのか』一五一～一五四頁　一九九五年　大和書房

四章　古墳時代初期の太陽信仰

(1) 石野博信「座談会・纒向遺跡の検討」「古代を考える」二一号　四二頁　一九七五年
(2) 原田大六『実在した神話』一六七～一六八頁　一九六六年　学生社
(3) 石田英一郎『マヤ文明』一七八～一七九頁　一九六七年　中央公論社
(4) ジョン・アイヴィミ『太陽と巨石の考古学』四五頁　一九七六年　文化放送開発センター出版部
(5) バリー・フェル『紀元前のアメリカ』二〇〇頁　一九八五年　草思社
(6) 石野博信　注1前掲書　四三頁
(7) 奥野正男『古代人は太陽に何を祈ったのか』一八〇～一八二頁　一九九五年　大和書房
(8) 尾関章「美濃の前期古墳と二至二分線・下」「東アジアの古代文化」六四号　一九九〇年
(9) 森浩一『古墳と古代文化99の謎』三九頁　一九七六年　産報出版社
(10) 奥野正男　注7前掲書所収　一九二～一九三頁
(11) 奥野正男　注7前掲書所収　一九五頁
(12) 奥野正男　注7前掲書所収　一八六頁
(13) 西郷信綱『古事記』一〇八頁　一九六八年　岩波書店
(14) 甲元真之『山陽の古代遺跡』一〇〇～一〇四頁　一九七〇年　山陽新聞社
(15) 都出比呂志「前方後円墳出現期の社会」「考古学研究」二六巻三号　一九七九年
(16) 薬師寺慎一「古代における冬至の日の出線・2」「東アジアの古代文化」七八号　一九九四年

(17)石野博信・寺沢薫・萩原儀征・橋本輝彦「座談会・纒向遺跡の課題」『大和・纒向遺跡』所収　二〇〇五年　学生社
(18)森浩一・松前健「対談・鏡のもつ意味と機能」『鏡』所収　一九七八年　社会思想社
(19)和田萃「古代日本における鏡と神仙思想」注18前掲書所収

五章　天照大神以前の日神天照御魂神

(1)溝口睦子『王権神話の二元構造』二三一～二三五頁　二〇〇〇年　吉川弘文館
(2)溝口睦子　注1前掲書所収　二六六頁
(3)アンドレ・ポシャン『ピラミッドの謎はとけた』一五九頁　一九八二年　大陸書房
(4)松前健「古代王権と記紀神話」『日本神話と古代生活』所収　一九七〇年　有精堂書店
(5)松前健『日本神話の謎』七〇～七一頁　一九八五年　大和書房
(6)上田正昭『日本神話』一一九頁・一二二頁　一九七〇年　岩波書店
(7)小川光三『大和の原像』四〇頁　一九七三年　大和書房
(8)石野博信「四、五世紀の祭祀形態と王権の伸張」『古墳文化出現期の研究』所収　一九八五年　学生社
(9)和田萃「古代日本における鏡と神仙思想」『鏡』所収　一九七八年　社会思想社
(10)森浩一「日本の遺跡と銅鏡」『古墳と古代文化99の謎』一九七六年　産報出版社
(11)高崎正秀「上代鍛冶氏族覚書」『神剣考』所収　一九七一年　桜楓社
(12)西田長男「平野祭神新説」『日本神道史研究・第九巻』所収　一九七八年　講談社
(13)小林行雄「凸面鏡と凹面鏡」『古鏡』所収　一九六九年　学生社
(14)筑紫甲真『アマテラスの誕生』一九六二年　角川書店
(15)今谷文雄「古代太陽神崇拝に関して」「日本歴史」一三一号　一九八二年
(16)小林秀雄『本居宣長補記』四五頁　一九八二年　新潮社
(17)小林秀雄　注16前掲書所収　四四頁
(18)石野博信「座談会・纒向遺跡の検討」「古代を考える」二一号　一九七五年
(19)松前健「天照御魂神考」『日本神話新研究』所収　一九六〇年　桜楓社

(20) 肥後和男「神武天皇」『日本神話研究』所収　一九四九年　雪華社
(21) 森田康之助「饒連日命について」「神道史研究」第七巻第一号　一九五〇年
(22) 谷川健一『白鳥伝説』　一九八五年　集英社

六章　天照御魂神を秦氏がなぜ祭祀するのか

(1) 『日本歴史地名大系27・京都市の地名』一三三頁　一九七九年　平凡社
(2) 西郷信綱『古事記注釈・第二巻』一四二頁　一九七六年　平凡社
(3) 三品彰英『古代祭政と穀霊信仰』三六四頁　一九七三年　平凡社
(4) 三品彰英「閼英考」注3前掲書所収
(5) 南方熊楠「ヒジリと云ふ語」「郷土研究」三巻二号
(6) 松村武雄『日本神話の研究・第二巻』五八五頁　一九五五年　培風館
(7) 西田長男「古事記の大年神の神系を通路として」『古代文学の周辺』所収　一九六四年　桜楓社
(8) 三品彰英『増補・日鮮神話伝説の研究』三九八頁　一九七二年　平凡社
(9) 足立尚計「白城神社」『日本の神々・8』所収　一三二〜一三四頁　一九八五年　白水社
(10) 足立尚計「信露貴彦神社」注9前掲書所収　一三六頁
(11) 三品彰英　注3前掲書　一八四頁
(12) 大林太良「新嘗に出現する王者・殺される王者」「文学」五月号　一九八〇年
(13) 井本英一「杖刀人」「えとのす」一二号　一九七八年
(14) 末松保和『新羅史の諸問題』一一八頁　一九五四年　東洋文庫
(15) 今西龍『新羅史研究』二三二頁　一九三三年　近澤書店
(16) 前間恭作「新羅王の世次と其の名について」「東洋学報」一五巻　一九六五年
(17) 木下礼仁「新羅始祖系譜の構成——金氏始祖を中心として——」『日本書紀と古代朝鮮』所収　一九九三年　塙書房
(18) 三品彰英　注3前掲書所収　五二八頁
(19) 折口信夫「石に出で入るもの」『折口信夫全集・第十五巻』所収　一九六七年　中央公論社

七章　天照大神以前の太陽信仰と関係氏族

(1) 岸俊男「日本における『戸』の源流」『日本古代籍帳の研究』所収　一九七三年　塙書房
(2) 平野邦雄「秦氏の研究（一）」「史学雑誌」七〇篇三号　一九六一年
(3) 佐伯有清「春日部主寸」『新撰姓氏録の研究・考証篇・第六』所収　一九八三年
(4) 林屋辰三郎『中世芸能史の研究』四四七頁　一九六〇年　岩波書店
(5) 和田萃「三輪山祭祀の再検討」『国立民俗博物館研究報告』七号　一九八五年
(6) 山尾幸久「三輪山の神について」「日本史論叢」九号　一九八一年
(7) 前川明久「天皇家の神話伝説」『古代天皇のすべて』所収　一九八八年　吉川弘文館
(8) 小川光三『増補・大和の原像』一〇九頁　一九八〇年　大和書房
(9) 大和岩雄『日本古代試論』一六〇〜一六三頁　一九七四年　大和書房
(10) 小川光三　注8前掲書所収　一〇二頁
(11) 村山修一『三輪流神道の研究』序説　一九八三年　名著出版
(12) 折口信夫「中臣の語義」『折口信夫全集ノート編・第二巻』所収　一九七〇年　中央公論社
(13) 折口信夫「中臣の職掌と分派」注12前掲書所収
(14) 折口信夫「日本文学の発生」『折口信夫全集・第七巻』所収　一九六六年　中央公論社
(15) 柳田国男「立山中語考」『柳田国男集・第九巻』所収　一九六九年　筑摩書房
(16) 小川光三　注10前掲書所収　二四〜二六頁
(17) 田中卓「神代記の概要と伝来」『住吉大社神代記の研究』所収　一九八五年　国書刊行会
(18) 八幡崇経「太神社」『日本の神々・6』所収　一九八六年　白水社
(19) 松前健「古代王権と記紀神話」『日本神話と古代生活』一九七〇年　有精堂書店

八章　天照大神の原像は日神の妻になる日女

(1) 出口米吉『原始母神論』一一九〜一二〇頁　一九二八年　武蔵野書院
(2) 吉野裕子「菱形考」『日本古代呪術』所収　一九七四年　大和書房

（3）ミルチャ・エリアーデ『エリアーデ著作集・第二巻』一四〇〜一四一頁　一九七八年　せりか書房
（4）谷川健一「埋もれた日本地図」一四四頁　一九七二年　筑摩書房
（5）谷川健一「黒潮の民族学」三〇頁　一九七六年　筑摩書房
（6）谷川健一　注4前掲書所収　一四二頁
（7）土居光知『神話・伝説の研究』一八一頁　一九七三年　岩波書店
（8）松前健『出雲神話』一九四頁　一九七六年　講談社
（9）谷川健一　注5前掲書所収　三〇頁
（10）松前健『古代伝承と宮廷祭祀』七五頁　一九七四年　塙書房
（11）伊藤久嗣編『日本の古代遺跡・三重』一九五〜一九六頁　一九九六年　保育社
（12）白石太一郎「日本神話と古墳文化」『日本神話と考古学』所収　一九七八年　有精堂出版
（13）吉野裕子「クラ考」注2前掲書所収
（14）松本清張『私説古風土記』一八〜一九頁　一九七七年　平凡社
（15）折口信夫「古代人の思考の基礎」『折口信夫全集・第三巻』所収、「天照大神」『折口信夫全集・第二〇巻』所収
一九六六年　中央公論社
（16）松村武雄『日本神話の研究・第三巻』五七七頁　一九五五年　培風館
（17）折口信夫「天照大神」『折口信夫全集・第二〇巻』所収　一九六七年　中央公論社
（18）松前健「大嘗祭と記紀神話」『古代伝承と宮廷祭祀』所収　一九七四年　塙書房
（19）上田正昭『上田正昭著作集・4』八六頁・九五頁　一九九九年　角川書店
（20）松前健「古代王権と記紀神話」『日本神話と古代生活』所収　一九七〇年　有精堂書店
（21）南方熊楠「ヒジリと云ふ語」「郷土研究」三巻二号
（22）岡田精司「伊勢神宮の起源」『古代王権の祭祀と神話』所収　一九七〇年　塙書房
（23）岡田精司「伊勢神宮の成立と古代王権」『古代祭祀の史的研究』所収　一九九二年　塙書房
（24）直木孝次郎「天照大神と伊勢神宮の起源」『日本古代の氏族と天皇』所収　一九六四年　塙書房
（25）松前健　注10前掲書所収
（26）筑紫申真『アマテラスの誕生』一九六二年　角川書店

(27)上田正昭『上田正昭著作集・3』四六〜四七頁　一九九八年　角川書店
(28)小島憲之・木下正俊・佐竹昭広『萬葉集・一』八七頁　一九七一年　小学館
(29)伊藤博『萬葉集全注・巻第一』一七九頁　一九八三年　有斐閣
(30)高木市之助・五味智英・大野晋『萬葉集・一』三四頁　一九五七年　岩波書店
(31)工藤力男「日雙斯皇子命」「金沢大学国語国文」五号　一九七九年
(32)神野志隆光「日雙斯皇子命をめぐって」『論集上代文学・第十一冊』所収　一九八一年
(33)稲岡耕二『萬葉集全注・巻第二』二四八〜二四九頁　一九八五年　有斐閣
(34)伊藤博　注29前掲書所収　二〇三頁
(35)直木孝次郎「天照大神と伊勢神宮の起源」『古代王権の祭祀と神話』所収　一九六四年　塙書房
(36)岡田精司「伊勢神宮の成立と古代王権」『古代祭祀の史的研究』所収　一九九二年　塙書房
(37)三品彰英「天ノ岩戸がくれの物語」『日本神話論』所収　一九七〇年　平凡社
(38)守屋俊彦「天岩屋戸神話とその崩潰」『記紀神論論考』所収　一九七三年　雄山閣出版
(39)土橋寛『古代歌謡と儀礼の研究』二〇七〜二〇八頁　一九六五年　岩波書店
(40)上田正昭『日本神話』一一一頁　一九七〇年　岩波書店
(41)松前健「日本古代の太陽信仰と大和国家」『大和国家と神話伝承』所収　一九八六年　雄山閣出版
(42)松本清張『遊古疑考』八六頁　一九七三年　新潮社
(43)村山智順『朝鮮の風水』二一七頁　一九三一年刊　復刻版　一九七九年　国書刊行会
(44)松村武雄『日本神話の研究　第二巻』三九九頁　一九五五年　培風館
(45)高宮広衛・名嘉真宜勝「沖縄の墓地」『墓地』所収　一九七五年　社会思想社

九章　太陽信仰と多氏・秦氏・三輪氏・賀茂氏

(1)山根徳太郎『難波王朝』一四三頁　一九六九年　学生社
(2)小川光三「都祁の国」『増補・大和の原像』　一九八〇年　大和書房
(3)吉井巌「崇神王朝の始祖伝承とその変遷」「万葉」八六号　一九七四年（吉井巌『天皇の系譜と神話〈二〉』所収　一九七六年　塙書房）

（4）益田勝実「モノ神襲来――たたり神信仰とその変質――」「法政大学文学部紀要」二〇号　一九七五年（益田勝実『秘儀の島』所収　一九七六年　筑摩書房）
（5）松前健「三輪山伝説と大神氏」「山辺道」一九号（松前健『大和国家と神話伝承』所収　一九八六年　雄山閣）
（6）山尾幸久『日本古代王権形成史論』八三頁　一九八三年　岩波書店
（7）松倉文比古「御諸山と三輪山」『日本書紀研究　第十三冊』所収　一九八五年　塙書房
（8）阿部真司『大物主神伝承論』一九一〜一九三頁　一九九九年　翰林書房
（9）和田萃「三輪山祭祀の再検討」『国立歴史民俗博物館研究報告・第七集』所収　一九八五年
（10）寺沢薫「三輪山の祭祀遺跡とそのマツリ」『大神と石上』所収　一九八八年　筑摩書房
（11）佐々木幹雄「三輪山祭祀の歴史的背景」『古代探叢』所収　一九八〇年　早稲田大学出版会
（12）加藤謙吉「大和国葛城地方の渡来人」『秦氏とその民』所収　一九九八年　白水社
（13）加藤謙吉「葛城地方の秦氏と山背移住の経緯」注12前掲書所収
（14）内藤湖南「近畿地方における神社」『日本文化史研究』所収　一九二四年　雄山閣
（15）平野邦雄「秦氏の研究（二）」「史学雑誌」七〇篇四号　一九六一年
（16）上田正昭『日本神話』二一七頁　一九七〇年　岩波書店
（17）加藤謙吉　注12前掲書所収　一九九頁
（18）原田大六『実在した神話――発掘された平原弥生遺跡――』一四五頁　一九六六年　学生社
（19）柳田康雄『伊都国を掘る』一六〇〜一六四頁　二〇〇〇年　大和書房

十章　難波の地の太陽信仰が示す実相

（1）山根徳太郎『難波王朝』一一一頁　一九六九年　学生社
（2）山根徳太郎　注1前掲書所収　一一三頁
（3）田中卓『住吉大社神代記の研究』四三四頁　一九八五年　国書刊行会
（4）田中卓「訓解・住吉大社神代記」注3前掲書所収
（5）土橋寛『古代歌謡全注釈・古事記編』二八〇〜二八一頁　一九七二年　角川書店
（6）三品彰英『増補・日鮮神話伝説の研究』三〇〜三一頁　一九七二年　平凡社

（7）松前健「天照御魂神考」『日本神話と古代生活』所収　一九七〇年　有精堂書店
（8）三品彰英「アメノヒボコの伝説」注6前掲書所収
（9）平野邦雄「秦氏の研究（一）」「史学雑誌」七〇篇三号　一九六一年
（10）今井啓一「高麗寺・新羅寺・鶏足寺」『帰化人と社寺』所収　一九六九年　綜芸舎
（11）柳田国男「杖の成長した話」『柳田国男集・第十一巻』所収　一九七〇年　筑摩書房
（12）本位田菊士「応神天皇の誕生と神功皇后伝説の形成」『日本古代国家形成過程の研究』所収　一九七八年　名著出版
（13）倉塚曄子「胎中天皇の神話」「文学」五〇巻二・三・四号
（14）三品彰英「古代宗儀の歴史的パースペクティヴ」注6前掲書所収

十一章　日光感精伝承・丹塗矢伝承の太陽信仰

（1）三品彰英「古代宗儀の歴史的パースペクティヴ」『増補・日鮮神話伝説の研究』一九七二年　平凡社
（2）三品彰英「天ノ日矛」『建国神話の諸問題』所収　一九七一年　平凡社
（3）加藤義成『出雲国風土記参究』二四二〜二四五頁　一九五七年　原書房
（4）水野祐『出雲国風土記論攷』三四五頁　一九八三年　東京白川書院
（5）松本清張『私説古風土記』一九頁　一九七七年　平凡社
（6）谷川健一「出雲びとの風土感覚」「えとのす」一七号　一九八二年
（7）土居光知『神話・伝説の研究』一八一頁　一九七三年　岩波書店
（8）松前健『出雲神話』一九四頁　一九七六年　講談社
（9）西郷信綱『古事記注釈・第四巻』一一〇〜一一五頁　一九八九年　平凡社
（10）三品彰英「御阿礼孝」『古代祭政と穀霊信仰』一九七三年　平凡社

十二章　日神の妻の「日女」から「一夜妻」へ

（1）折口信夫『折口信夫全集・第二巻』一二七頁　一九六五年　中央公論社
（2）中山太郎『愛慾三千年史』四八頁　一九三五年　サイレン社

（3）中山太郎『遺補日本民俗学辞典』八頁　一九三五年　梧桐書院
（4）柳田国男『柳田国男集・第十一巻』四七七頁　一九六九年　筑摩書房
（5）中山太郎　注2前掲書所収　四八〜四九頁
（6）宮田登『ヒメの民俗学』二二頁　一九八七年　青土社
（7）岡田精司『古代王権の祭祀と神話』三五〜三六頁　一九七〇年　塙書房
（8）折口信夫　注1前掲書所収　四五一頁
（9）折口信夫　注1前掲書所収　一五九頁
（10）折口信夫「古代生活に見えた恋愛」『折口信夫全集・第一巻』四三七〜四四〇頁　一九九五年　中央公論社
（11）中山太郎『日本婚姻史』五三〜五四頁　一九二八年（一九五六年復刻・日文社）
（12）中山太郎　注11前掲書所収　二一〜三八頁　四五〜五六頁
（13）中山太郎　注11前掲書所収　二五頁
（14）中山太郎　注11前掲書所収　四八〜四九頁
（15）堀一郎『民間信仰史の諸問題』一三一頁　一九七一年　未来社
（16）中山太郎　注11前掲書所収　三八〜四七頁
（17）中山太郎　注2前掲書所収　一三三頁
（18）西田長男「オナリについて」『世界の歴史』所収　一九六九年　学習研究社
（19）三品彰英『日本神話論』三二頁　一九七〇年　平凡社

十三章　世界各地の古代の太陽信仰

（1）ピーター・トンプキンズ『失われた王墓』一四二頁　一九八一年　日本ブリタニカ
（2）藤芳義男『巨石文化と太陽暦の謎』一五頁・一七頁　一九八一年　新国民社
（3）ピーター・トンプキンズ　注1前掲書所収　一二二頁
（4）ジョン・アイヴィミ『太陽と巨石の考古学』四五頁　一九七六年　文化放送開発センター出版部
（5）三品彰英『古代祭政と穀霊信仰』一七八頁　一九七三年　平凡社
（6）ジェラルド・S・ホーキンズ『巨石文明の謎』二九九〜三〇〇頁　一九七五年　大陸書房

（7）井上芳郎『シュメール・バビロン社会史』一七〇～一七一頁　一九四三年　ダイヤモンド社
（8）ピーター・トンプキンズ　注1前掲書所収　一三九頁
（9）ジョセフ・キャンベラ『神話のイメージ』一九九一年　大修館書店
（10）ジェニファー・ウエストウッド「ストーンヘンジ」『ミステリアス・PART・1』所収　一九九〇年　大日本絵画
（11）グリーン・ダニエル「ヨーロッパの巨石遺構」「サイエンス」一九八〇年九月号
（12）イバン・ハディンガム「南イングランドのストーンヘンジ」『世界最後の謎』所収　一九七八年　日本リーダーズ・ダイジェスト社
（13）ジェラルド・S・ホーキンズ　注6前掲書所収　二六二～二六四頁
（14）桜井邦朋『天文考古学入門』一二四～一二五頁　一九九六年　講談社
（15）ジェラルド・S・ホーキンズ　注6前掲書所収　三五九頁
（16）桜井邦朋　注14前掲書所収　一六九～一七〇頁
（17）バリー・フェル『紀元前のアメリカ』二〇二頁　一九八五年　草思社
（18）バリー・フェル　注17前掲書所収　二〇五頁
（19）バリー・フェル　注17前掲書所収　一三八頁
（20）狩野千秋「謎の空中都市マチュ・ピチュ」「歴史読本」二五巻一六号　一九八〇年
（21）ジェラルド・S・ホーキンズ　注6前掲書　二三八頁
（22）桜井邦朋　注14前掲書所収　一三八頁
（23）グラハム・ハンコック『神々の指紋・上』一〇一～一〇二頁　一九九六年　岩波書店
（24）バーバラ・ウォーカー『神話・伝承事典』三六五頁　一九八八年　大修館書店
（25）ジェイムス・フレイザー『金枝篇・三』二一～二二頁　一九五〇年　岩波書店

十四章　太陽信仰と渦巻文――死と再生の循環神話――

（1）ジル・パース『螺旋の神秘』五頁　一九七八年　平凡社
（2）辰巳和弘『埴輪と絵画の古代学』一三六～一三七頁　一九九二年　白水社

（3）大塚初重「虎塚古墳」『探訪日本の古墳・東日本編』所収　一九八一年　有斐閣

（4）田中琢「倭鏡のイコノグラフィー」『古鏡』所収　一九八一年　至文堂

（5）大林太良「銅鐸をめぐる謎」『図説日本文化の歴史・1』所収　一七七九年　小学館

（6）松本信広「神の乗物」『日本の神話』所収　一九六六年　至文堂

（7）茂在寅男『古代日本の航海術』七五～七六頁　一九七九年　小学館

（8）アンドレ・ポシャン『ピラミッドの謎はとけた』一五八頁　一九七八年　大陸書房

（9）ハンス・ペーター・デュル『再生の女神セドナ』二三七～二三九頁　一九九二年　法政大学出版局

（10）千田稔「うずまきを解く」『うずまきは語る』所収　一九九一年　福武書店

（11）ジル・パース　注1前掲書　七五頁

（12）バーバラ・ウォーカー『神話・伝承事典』五二頁　一九八八年　大修館書店

（13）エリッヒ・ノイマン『グレート・マザー』二八四頁　一九八二年　ナツメ社

（14）石上堅『日本民俗語大辞典』一一五四～一一五五頁　桜楓社

（15）折口信夫『折口信夫全集・第二巻』一九九頁　一九六五年　中央公論社

（16）折口信夫『折口信夫全集・第十五巻』九一頁　一九六七年　中央公論社

（17）折口信夫「霊魂」『折口信夫全集・第三巻』一九六六年　中央公論社

（18）三品彰英「対馬の天童伝説」「増補・日鮮神話伝説の研究」所収　一九七二年　平凡社

（19）国分直一「縄文人の思想と言語」『北の道　南の道』所収　一九九二年　第一書房

（20）マリア・ギンブタス『古ヨーロッパの神々』九二～九三頁　一九八九年　言叢社

（21）エーリッヒ・ノイマン『意識の起源史・上』四七頁　一九八四年　紀伊國屋書店

（22）エーリッヒ・ノイマン　注21前掲書所収　三九頁

（23）鶴岡真弓『ヨーロッパの文様』二二八頁　一九九一年　小学館

（24）ジーン・クーパー『世界シンボル辞典』一〇六頁　一九九二年　三省堂

（25）アト・ド・フリース『イメージ・シンボル事典』四〇七頁　一九八四年　大修館書店

（26）鉄井慶紀「図像と思想・一——伏羲女媧図・一」『中国神話の文化人類学的研究』一九九〇年　平河出版社

（27）藤森栄一「縄文の蛇」『縄文の八ヶ岳』所収　一九七三年　学生社

（28）梅原猛「遥かなる山と森の文化」「東アジアの古代文化」七五号　一九九三年
（29）J・G・フレイザー『旧約聖書のフォークロア』二二頁　一九七六年　太陽社
（30）白木原和美「銅鐸と銅鼓」『筑紫の風』所収　一九九一年　東アジア文化交流史研究会
（31）辰巳和弘　注2前掲書　三三頁
（32）カール・ケレーニイ『迷宮と神話』八二～八三頁　一九七三年　弘文堂
（33）宇佐晋一・斉藤和夫「纒向石塚古墳周濠から出土した弧文円板の文様について」『纒向』所収　一九七六年　奈良県桜井市教育会
（34）伊藤玄三「直弧文とは」『直弧文』所収　一九八四年　ニュー・サイエンス社
（35）設楽博己「古墳時代人の造形と絵画」『装飾古墳の世界』所収　一九九三年　朝日新聞社
（36）近藤義郎『楯築遺跡』二七頁　一九八〇年　山陽新聞社
（37）小林行雄「直弧文」『古墳文化論考』所収　一九七六年　平凡社
（38）千田稔　注10前掲書所収　一〇六頁
（39）大谷幸市「直弧文にみる×印と渦巻の造形」『「×と+」の謎』所収　一九九三年　私家版
（40）春成秀爾「銅鐸の世界」『弥生の巨大遺跡と生活文化』所収　一九八九年　雄山閣
（41）金関恕「弥生時代の年中行事」『弥生人の四季』所収　一九八七年　六興出版
（42）千田稔　注10前掲書所収　一一〇頁

十五章「日本」国号の成立と太陽信仰

（1）石母田正『日本の古代国家』四〇頁　一九七一年　岩波書店
（2）岩橋小彌太『日本の国号』一九三～一九四頁　一九七〇年　吉川弘文館
（3）喜田貞吉「『日本』号に関する諸家の説」「史学雑誌」一一巻二号　一九〇〇年
（4）橋本増吉「『日本』国号に就いて」「歴史教育」五巻一一号・一二号　一九三一年
（5）坂本太郎「日本書紀と伊吉連博徳」『日本古代史の基礎的研究・上』所収　一九六四年　東京大学出版会
（6）村尾次郎『奈良時代の文化』五七頁　一九七〇年　永田文昌堂
（7）三品彰英「日本国号考」「聖徳太子研究」三号　一九六七年

（8）上田正昭『日本の歴史・三』一七八～一八一頁　一九七三年　小学館
（9）田村圓澄「アマテラスと天皇制」『大王から天皇へ』所収　一九七四年　講談社
（10）西嶋定生「七世紀の東アジアと日本」『東アジアにおける日本古代史講座・五』所収　一九八一年　東京大学出版会
（11）村尾次郎「国号『日本』の成立の由来」『出雲神道の研究』所収　一九七〇年　吉川弘文館
（12）川住鉎三郎「日本国号の管見」「史学雑誌」一〇巻一二号　一八九九年
（13）梅原猛「新論・日本国家の成立」一九八三年七月一五日・一六日　毎日新聞夕刊（東京）
（14）岩井大慧「日本国号の再検討」「歴史教育」一五巻三号　一九四〇年
（15）喜田貞吉「漢籍に見えたる倭人記事の解釈」「歴史地理」三〇巻三～六号　一九一七年
（16）増村宏「旧新両唐書日本伝の検討」『内田銀蔵博士頌寿記念東洋史論集』所収　一九七八年
（17）古田武彦『失われた九州王朝』二六一頁　一九七三年　朝日新聞社
（18）江上波夫・他『シンポジウム・アイヌと古代日本』三九一～三九九頁　一九八二年　小学館
（19）江上波夫・上田正昭・他『シンポジウム・日本古代文化の成立』二八〇頁　一九七三年　小学館
（20）三木太郎「倭と日本とを別種とする『旧唐書』の記事の成立由来について――江上氏の騎馬民族説批判の一つの根拠として――」「日本歴史」一九六九年一月号
（21）飯島忠夫『日本上古史論』九六頁　一九四七年　吉川弘文館
（22）高橋富雄『辺境――もう一つの日本史――』一六七～一八四頁　一九七七年　小学館
（23）杉本直次郎『阿倍仲麻呂傳研究――朝衡傳考――』八八頁　一九四〇年　吉川弘文館
（24）友田吉之助『日本書紀成立の研究』六二九頁　一九六九年　風間書房
（25）井上秀雄『任那日本府と倭』四〇六頁　一九七三年　東出版
（26）増村宏「旧新両唐書日本伝の理解」「鹿児島経大論集」一八巻三号　一九七七年
（27）庭伊豆太郎「『王年代紀』と正史」「東アジアの古代文化」三二号　一九八二年
（28）石原道博『訳注中国正史日本伝』三一六頁　一九七五年　国書刊行会
（29）大野晋『日本語をさかのぼる』一六〇～一六四頁　一九七四年　岩波書店
（30）川崎庸之『天武天皇』一一四頁　一九五二年　岩波書店

(31) 大和岩雄「天武天皇はなぜ信濃遷都を計画したか」『日本古代試論』所収　一九七四年　大和書房
(32) 上田正昭『国民の歴史・四』八四頁　一九六八年　文英堂
(33) 上田正昭「日本国の登場」『古代再発見』所収　一九七五年　角川書店
(34) 井上通泰「天武天皇記闡幽」「歴史地理」五四巻三号　一九二九年
(35) 直木孝次郎「持統天皇と呂太后」『日本書紀研究・第一冊』所収　一九六四年　塙書房
(36) 坂本太郎『日本全史・一』一一四頁　一九六〇年　東京大学出版会
(37) 西嶋定生「草薙剣と斬蛇剣」『江上波夫教授古稀記念論集・歴史編』所収　一九七七年　山川出版社
(38) 石母田正　注1前掲書所収　二〇八頁
(39) 吉川忠夫「真人と革命」「東洋学芸研究」一七巻九号　一九八二年
(40) 吉田孝『日本の誕生』一一九頁　一九九七年　岩波書店
(41) 新藤正道「日本国号成立の外交的契機と使用開始期」『日本書紀研究・第二十五冊』所収　二〇〇三年　塙書房

神《かみ》と人《ひと》の古代学《こだいがく》——太陽信仰論《たいようしんこうろん》

二〇一二年四月五日　第一刷発行

著者　大和岩雄《おおわいわお》
発行者　佐藤　靖
発行所　大和書房《だいわ》
東京都文京区関口一-三三-四　〒一一二-〇〇一四
電話番号　〇三-三二〇三-四五一一
郵便振替　〇〇一六〇-九-六四二二七

装丁　代田　奨
本文印刷　信毎書籍印刷
カバー印刷　歩プロセス
製本　小泉製本

ISBN978-4-479-84074-9

http://www.daiwashobo.co.jp